SECCIÓN DE LENGUA Y ESTUDIOS LITERARIOS

FILOSOFÍA DE LA CIENCIA LITERARIA

Traducción de

Carlos Silva

FILOSOFIA DE LA CIENCIA LITERARIA

por

E. Ermatinger, F. Schultz, H. Gumbel, H. Cysarz, J. Petersen, F. Medicus, R. Petsch, W. Muschg, C. G. Jung, J. Nadler, M. Wundt, F. Strich, D. H. Sarnetzki

FONDO DE CULTURA ECONÓMICA
MÉXICO

Primera edición en alemán, 1930
Primera edición en español, 1946
Primera reimpresión,   1983

Título original:
Philosophie der Literaturwissenschaft

© 1930 Junker und Dünnhaupt Verlag, Berlin
D. R. © 1946, Fondo de Cultura Económica
Av. de la Universidad, 975; 03100 México, D. F.

ISBN   968-16-1386-4

Impreso en México

PROLOGO DE LA EDICION ALEMANA

CUANDO EN la primavera de 1928 se dirigió a mí la casa editorial "Junker y Dünnhaupt" proponiéndome la preparación de una obra de colaboración acerca de la "filosofía de la ciencia literaria", el deseo gustoso de aceptar la tarea fué contrariado, desde un principio, por las patentes dificultades internas y externas que ofrecía su realización. ¿Era posible encontrar para el tratamiento de cada uno de los problemas que se presentaban como los más pertinentes en nuestras conversaciones, los colaboradores apropiados, que unieran al conocimiento especial de la historia literaria un espíritu filosófico-metodológico? Y caso de que así ocurriera ¿se podía pensar que la situación de la ciencia alemana fuera tal que permitiera una respuesta unitaria y lógicamente pura, por lo menos en lo esencial, a la cuestión planteada por el título: Filosofía de la ciencia literaria?

Me cabe decir que no ahorré ningún esfuerzo para dominar la primera dificultad. En qué medida haya tenido éxito lo dirá el libro mismo.

En cuanto a la segunda dificultad, desde un principio pensé que sería imposible vencerla. Si a pesar de ello acepté el honroso encargo lo hice en la opinión, compartida también por la casa editorial, de que una obra semejante produciría un efecto esclarecedor en la actualidad y habría de satisfacer, por lo tanto, a una necesidad científica. Numerosas comunicaciones de colegas míos me han confirmado después en esta idea.

Una filosofía de la ciencia literaria, en un sentido lógicamente puro, sólo la puede escribir un autor o, caso de que se encomendara a varios, habría de ser la obra de una escuela o dirección filosófica unitaria. Porque no es posible trabajar en filosofía aditativamente sino que es menester procurar el desarrollo de los conceptos; pero, en la ocasión, "desarrollo" quiere decir tanto como despliegue de posibilidades intelectuales a partir de una idea unitaria o a partir de una actitud espiritual clara y definida. Lo mismo se puede decir del concepto de método científico. También éste, como forma lógica de la ciencia en cuestión, resulta fecundo, en un sentido profundo, sólo si se halla orientado unitariamente por un núcleo ideológico, de concepción del mundo. Una filosofía de la ciencia literaria podría convertirse, durante cierto tiempo, en la metodología dominante, si este tiempo mismo se sometiera a la influencia hegemónica de una concepción filosófica del mundo. Apenas si cabe imaginar la fecundidad que este estilo infundiría a la ciencia.

Pero en la actualidad, y creo que por mucho tiempo todavía, no existe tal posibilidad. La situación de la ciencia literaria alemana es hoy en día más confusa que lo fué jamás desde que existe semejante concepto; en su multiformidad refleja el desgarramiento de toda la vida espiritual y económico-política. Falta, en general, una idea unitaria espiritual. Los métodos, las escuelas, las direcciones, se enfrentan y luchan entre sí en forma tan aguda que en muchas ocasiones apenas si alcanzan a entenderse. Hasta en lo que concierne a los principios lógicos más sencillos del enjuiciamiento literario reina, como lo han mostrado exposiciones recientes, una inseguridad que evoca ideas muy peregrinas acerca de una época en que la palabra filosofía apenas si cae de los labios de los que de algún modo participan en la vida espiritual.

¿Tendrá, por lo tanto, algún sentido editar una filosofía de la ciencia literaria en la forma indicada?

Creemos que sí. Pero, entiéndase bien, con la limitación de que se renuncia por adelantado a una obra en forma rigurosamente unitaria y orientadora, procurando fijar únicamente y, según creemos, por gentes autorizadas, ciertos caminos y ciertas fronteras. Como decíamos en la invitación a los colaboradores, se pensó en una obra de conjunto "en la que se habrían de aclarar aquellas cuestiones que en la actualidad se encuentran en el centro de las discusiones científico-literarias. El plan de la obra está pensado de suerte que, garantizando plenamente el punto de vista propio de cada colaborador y la congruencia interna y externa de cada trabajo, todos ellos, sin embargo, confluyan en lo posible en una unidad espiritual y se logre así un cuadro sistemático del movimiento científico-literario en la actualidad".

Como se trataba, por lo tanto, de una indicación de caminos, se renunció desde un principio a esos panoramas, tan de moda, sobre el "estado actual" de la ciencia literaria. No se escogieron los temas en forma de que en cada trabajo se esclareciera una de las direcciones metodológicas que hoy prevalecen, sino de suerte de que en cada uno de ellos se desarrollara un único problema filosófico o gnoseológico entre aquellos que, desde el punto de vista de la ciencia literaria actual, se ofrecen con un valor lógico considerable. Claro que nos damos cuenta de que se pueden plantear otras cuestiones diferentes de las tratadas en estos ensayos. Habíamos pensado en algunas más, por ejemplo, la relación de la poesía con el paisaje y de la personalidad con la época; pero en el primer caso el editor no pudo dar, en el tiempo de que disponía, con el colaborador adecuado, y en el segundo, el especialista que se hizo cargo del tema se vió obligado a abandonarlo a última hora por la perentoriedad de otros trabajos. En compensación hemos insistido en la necesidad de que se escuche la voz de un representante de la gran prensa diaria, para mostrar hasta de un modo externo que el propósito del libro es el de servir a la vida; pues creemos que la ciencia literaria alemana saldrá ganando mucho cuando sus representantes cobren una conciencia mayor de su comunidad, tantas veces eludida, con las potencias de la vida pugnaz.

Ojalá que el libro logre su propósito. Espera obtener aceptación y no teme, sin embargo, la contradicción. Si la vida espiritual opera en la forma de la discusión y el enfrentamiento, nuestro deseo no puede ser otro sino que, también en este caso, se cumpla la ley. Así podrá servir al fin que nos hemos propuesto: contribuir al esclarecimiento de la situación actual.

EMIL ERMATINGER

Zürich, 20 de marzo 1930.

PROLOGO A LA EDICION MEXICANA

EL EDITOR alemán, Ermatinger, ha explicado con claridad los propósitos del libro. No se trataba, en el año 1930, de ofrecer un panorama del "estado actual" de la ciencia literaria y por eso el libro puede conservar su actualidad después de los años transcurridos. Se exponían en él, por los representantes más autorizados, los problemas filosóficos o gnoseológico-metodológicos de la ciencia literaria que se consideraban como los más importantes, los que constituían la "temática" crítica de esa ciencia. En este sentido sí es un panorama limpio y que mantiene su actualidad viva a pesar, no sólo del tiempo transcurrido, sino de la "clase de tiempo" transcurrido, uno de los más espantosos atravesados por la humanidad y, sin duda, de los más catastróficos. Esto mismo nos advierte, sin embargo, que la actualidad del libro es de un aspecto más bien complicado. Ya no se trata de darnos cuenta de lo que "se está" discutiendo sino de lo que "se discutía" antes de que se acabaran todas las discusiones académicas con el alboroto de los infiernos. Y en el silencio impuesto por la desolación de la guerra, tenemos que recoger el hilo reanudando la conversación con las voces últimas, acaso para añudarlo en otra parte. Esta es la actualidad especial que ofrece la obra, una actualidad pareja a la que presentaba, en otro "mundo del discurso", el libro *Metodología de las ciencias sociales*, de Kaufmann, editado también por el *Fondo de Cultura Económica* y en el que se resume el "estado de la cuestión" hasta el año 1935. Una actualidad retrospectiva, permítaseme la paradoja, pero inminente, con inminencia sobre las espaldas.

Este ha de ser el provecho que saquemos de la obra, sobre todo cuando sintamos, sin poder definirlos, nuestros disentimientos con ella. "La situación de la ciencia literaria alemana es en la actualidad —1930— tan confusa como jamás lo fué desde que existe semejante concepto: en su multiformidad se refleja el desgarramiento de toda la vida espiritual y político-económica". También, pues, la actualidad retrospectiva se hace más actual, porque el desgarramiento de la preguerra en modo alguno se puede decir que esté superado a no ser en

XI

el sentido de que, con el aire quieto de la paz, se ha hecho más grande. Pero sería una broma, y de las pesadas, si con la publicación de este libro añadiéramos las preocupaciones de otros tiempos a las de nuestra hora. Si aquéllas no hubieran sido el comienzo y prenuncio de éstas, la objeción estaría en su punto. Pero ¿quién duda de que, desde el 14, la historia muestra una unidad que espanta? ¿No se ha hablado tantas veces de la "nueva guerra de los treinta años"? Doble razón, pues, que abona la actualidad del libro: la necesidad en que nos vemos de reanudar la conversación y el hecho de que los últimos voceros gritaban también, como nosotros, "en vista de las circunstancias".

¿Y por qué los últimos voceros han de ser alemanes? Aunque los alemanes, puestos a hacer panoramas o mapas, tienen ganada fama de concienzudos, no quiere esto decir que sus cartografías sean siempre las más nítidas ni divertidas, ni siquiera las de perspectivas más profundas, a pesar de que tal es la impresión que muchas veces nos produce la fatiga del viaje. Pero en la ciencia literaria la tradición alemana, con sus grandes figuras del XIX, es de las más importantes y, por otra parte, de las menos accesibles debido a la escabrosidad del idioma. Después de nuestra traducción de Dilthey, de sus ensayos de poética en particular, en los que podemos ver a ese gigante luchando ya con la apremiante necesidad —en 1887— de establecer los fundamentos de una ciencia literaria, un libro como este que presentamos podrá ser, a pesar de su lenguaje a las veces filosóficamente engolado, bastante bien entendido por nuestros lectores. Verán, curiosamente, cómo la influencia de Dilthey, que empezó efectivamente a través de los maestros de literatura, no comenzó hasta el año 1904, fecha de la publicación en libro de sus ensayos juveniles reunidos en *Vida y poesía*. Verán, también, otro fenómeno interesante: cómo las grandes aguas del pensamiento creador se canalizan diversamente, casi siempre para perder su brío, algunas veces para obras fecundas de regadío, otras, de enredado estancamiento. Y podrán traer a colación otros fenómenos parejos de nuestro mundo, pensando, por ejemplo, en lo que ha ocurrido con los trabajos de Hércules en que se metió don Marcelino Menéndez y Pelayo. El discipulado con estos hombres requiere algo más que la piedad filial y la disciplina científica. Exige, además de genio poético, una capacidad poligráfica concedida a pocos mortales. Hay que remontarse, pues, constantemente a las fuentes, a través de los canalillos académicos, nada despreciables, y buscar también, sin remontarse, las fuentes cercanas de los grandes humanistas contemporáneos.

El lector observará, como en toda obra de conjunto y de colaboración escogida, niveles diferentes, aunque siempre lo suficientemente altos. No vamos a cometer la impertinencia de marcarlos con puntos. El lector hará sus cuentas, según su leal saber y entender, como las hacemos nosotros. Pero, también seguramente como nosotros, y porque ha llovido mucho desde los días en que solían presentarse las obras traducidas del alemán como el último *non plus ultra* de la sabiduría humana, conservará la distancia conveniente para no recaer, en esta tan humana y tan hispanoamericana disciplina literaria, en el provincianismo universal de lo dijo Blas —o Müller— y punto redondo. En otro momento, lo decimos con franqueza, un libro como éste hubiera resultado peligroso. Porque habría desatado una garrulería pseudo-filosófica y pseudo-literaria que nos tendría amolados durante bastante tiempo y, lo que es peor, nos enturbiaría la clara linfa de nuestra tradición crítica y literaria. Y ¡esto sí que no!, pues si los alemanes han llegado en este terreno a resultados apreciables, y muy apreciables, es porque están bebiendo, todavía, de sus grandes fuentes. Tenemos nosotros, entre otras, la soberbia lección de don Marcelino, que supo enriquecerse con la ciencia literaria alemana —la de la gran época— sin menoscabo de su brío castellano y de su formidable sensibilidad. Tenemos nosotros, también, grandes fuentes y, al contrario de lo que ocurre en otras disciplinas, un interés auténtico, siempre vivo y alerta, por las cuestiones literarias capitales, en todas sus dimensiones. Aquí no sólo tenemos que aprender sino también que enseñar, y podemos exhibir maestros que no les van en zaga a los de otros países. Y, sin embargo, la idiosincrasia alemana nos puede prestar un buen servicio con su infatigable y fatigoso empeño en cobrar conciencia minuciosa de los problemas, por lo mismo que solemos preferir nosotros la plenitud abierta que se da a los ojos a la riqueza concentrada del microscopio. Muchos problemas que ellos sacan a flote en buceo trabajoso, nosotros los tenemos resueltos casi sin saberlo, y un poquito de conciencia "dudosa" no nos saldrá sobrando. Esta es la intención mejor que se puede atribuir a la publicación de este libro: la de ofrecernos, si acaso, un panorama de problemas, que no un recetario doméstico. Este panorama hay que llenarlo con nuestros conocimientos, con nuestra sensibilidad, con nuestra lógica y con nuestras palabras. He dicho con nuestra lógica y no me arrepiento: porque si ella es algo más que el *Barbara Celarent*, será, como quiere Dewey, una teoría de la investigación, y hay muchas maneras de escalar una montaña o de explotar una mina, sin que esté demostrado todavía que el método exhaustivo y taylorista sea, siempre, el más económico o el más fruc-

tiempo en que era menester, para ser respetado, enseñar cierta disci-
tífero. Y he dicho con nuestras palabras aunque creo que ya pasó el
plina germanojerigonceando. Al llenarlo, es posible que el panorama
salte hecho pedazos o que tengamos que contraerlo, encontrándonos
de esta manera ante un panorama nuevo. ¡Ojalá y que éste sea el caso!

E. Imaz

FILOSOFIA
DE LA
CIENCIA LITERARIA

FRANZ SCHULTZ

EL DESENVOLVIMIENTO IDEOLOGICO DEL METODO DE LA HISTORIA LITERARIA

EL SIGUIENTE ensayo sobre la trayectoria del método histórico-literario en el siglo XIX no tiene por autor a un hombre especializado en los estudios filosóficos y, sin embargo, es necesario que lo que se ofrezca en estas páginas responda al título general bajo el que se agrupan los estudios recogidos en el presente volumen: "Filosofía de la ciencia literaria". El filósofo puro intentaría esclarecer los nexos teóricos de carácter lógico y epistemológico dentro de los cuales se desarrolló la ciencia literaria hasta convertirse en una disciplina especial de las ciencias del espíritu. Pero el representante de esta disciplina especial de las ciencias del espíritu no tiene más remedio que dejar a cargo del filósofo la fundamentación lógico-sistemática de su ciencia, pues su preparación no le permite abordar estos problemas. No es esta su misión, no se halla formado en este sentido ni dispone, en consecuencia, de los elementos necesarios para afrontarla. Y no tiene por qué lamentarse de ello. Este hecho no va, por cierto, en menoscabo de su propia función ni de su obra. Sería desorbitado afirmar que el tratamiento filosófico-fundamental, sistemático-conceptual de una ciencia del espíritu puede reclamar para sí rango más alto que el del conocimiento surgido de su propio medio, el de la idea que esta ciencia del espíritu se forma de sí misma. La pretensión de la filosofía de poder ofrecer en este punto conocimientos "superiores", "universales" y "últimos" no descansa sobre una base material, sino sobre una base puramente formal. El tratamiento de los métodos de las ciencias del espíritu que el filósofo puede ofrecernos guarda con el que les dan los representantes de estas ciencias mismas, una relación igual que el "concepto" con respecto al "fenómeno". No cabe duda de que el cultivador de las ciencias del espíritu puede sacar y sacará provecho de los estudios filosóficos que versan sobre su ciencia. Pero su pensamiento productivo debe seguir derroteros propios. ¿Quiere esto decir que su modo de concebir la propia ciencia quede necesariamente al margen de lo filosófico? Los trabajos de principio en torno a la fundamentación de las ciencias del espíritu, su tratamiento científico-teórico, lógico-sistemático, tal como lo encontramos últimamente en los intentos de Rothacker[1] encaminados a renovar el planteamiento de los problemas formulados por Dilthey, descansan siempre en los contenidos de hecho y hasta se apoyan por diferentes modos en las declaraciones y conclusiones programáticas, aunque no sistemáticas, tomadas de las declaraciones que los mismos representantes de las ciencias del espíritu hacen acerca de sus propias disciplinas. "Los métodos vivos de la ciencia —dice muy acertadamente Rothacker— se justifican ante el foro de su propia razón". Y no menos acertada es la afirmación de "que el meollo filosófico... no se contiene solamente en los principios más generales, sino que no existe, en realidad, ni una sola decisión científica, por alejada que se halle de la filosofía, en la cual no se trasluzca sintomáticamente una imagen filosófica del mundo".

No hay para qué entrar a examinar el problema de las distintas ideas y posibilidades que se conciben bajo la palabra "filosofía": desde luego, puede afirmarse que quien acometa la tarea de trazar la historia de una ciencia situándose en el terreno de esta ciencia misma y utilizando sus propios medios, no tiene por qué mirar con ojos de envidia al filósofo especializado ni sentir un complejo de inferioridad con respecto a él, a no ser que esta ciencia del espíritu cuya historia va a estudiarse esté dispuesta a capitular como ciencia para disolverse dentro de la filosofía o de la teoría de la concepción del mundo. Lo cual no aseguraría precisamente a los encargados de velar por las tradiciones, la disciplina y las decisiones interiores y externas de una ciencia del espíritu, ninguna amplitud de horizontes ni ahondaría su posición científica, sino que, por el contrario, les haría sentirse por fuerza inseguros e interiormente mediatizados, reducidos a vivir de conceptos y de términos tomados en préstamo, sin poder pisar firme en este terreno de confines confusos, que no sería más que un terreno pseudofilosófico. Por eso, cuanto más tiendan la historia literaria y la ciencia literaria a comprenderse a sí mismas por sus propias leyes de vida y por la historia de su propio desarrollo, más contribuirán, sin necesidad de exhibir ningún manto filosófico, a una concepción filosófica de verdad, a la fundamentación lógico-sistemática y filosófico-histórica de las ciencias del espíritu en su totalidad.

[1] *Einleitung in die Geisteswissenschaften, Tubinga,* 1920 (= Rothacker I); *Logik und Systematik der Geisteswissenschaften* (en *Handbuch der Philosophie,* ed. por A. Baeumler y M. Schröter), Munich y Berlín, 1926 (Rothacker, II).

Hasta ahora, la ciencia literaria no cuenta, ni siquiera en forma sumaria, con una exposición coherente de la trayectoria seguida por su desarrollo a lo largo del siglo XIX, que fué el siglo del auge heroico de las ciencias del espíritu. La *Geschichte der deutschen Literaturwissenschaft bis zum Ende des 18. Jahrhunderts* ["Historia de la ciencia literaria alemana hasta fines del siglo XVIII"] de Sigmund v. Lempicki (Gotinga, 1920), obra rica de contenido y hasta monumental, cuyo segundo tomo sigue haciéndose esperar, termina allí donde la historia literaria no ha comenzado aún, ni de lejos, a asumir el carácter de una ciencia moderna, nacida de los impulsos del siglo XVIII y del romanticismo. Los trabajos de acopio de Raumer y H. Paul para una historia de la filología germánica apenas si han aportado nada, hasta ahora, a la ciencia literaria. No obstante, en las páginas 658 a 684 Raumer ofrece una nomenclatura y una bibliografía sobre la ciencia literaria del siglo XIX, que distan mucho de estar agotadas. Y tampoco en este punto habría faltado a Scherer, estamos seguros de ello, el sentido para lo esencial de la historia del espíritu, si en su *Jakob Grimm* (2ª edición, Berlín, 1885) se hubiese visto en la necesidad de esbozar la historia de la filología alemana hasta más allá del romanticismo. El resumen histórico contenido en el curso inaugural explicado por Erich Schmidt en la universidad de Viena sobre *Wege und Ziele der deutschen Literaturgeschichte* ["Caminos y fines de la historia literaria alemana"] *(Características*, t. I, pp. 480 *ss.),* contiene, a pesar de todo, ciertos puntos de vista esenciales para explicar el desarrollo hasta Gervinus. El estudio de G. Roethe, *Vom literarischen Publikum in Deutschland* ["Sobre el público literario en Alemania"], Gotinga, 1902, acierta a destacar de modo impresionante mediante algunos rayos luminosos la historia literaria gotinguesa del siglo XIX (Gervinus, Goedecke). El esbozo de R. Unger *Vom Werden und Wesen der neuren deutschen Literaturwissenschaft* ("Sobre los orígenes y la esencia de la moderna ciencia literaria alemana"), 1914 (recogido ahora en sus *Aufsätze zur Principienlehre der Literaturgeschichte* ("Estudios sobre la teoría de los principios de la historia literaria", Berlín, 1929, pp. 33 *ss.),* ensayo surgido de los antagonismos metodológicos de los últimos siglos, no tiene todavía bastante perspectiva histórica. Fueron los trabajos de Rothacker los que sentaron las bases para poder "comprender" la ciencia literaria del siglo XIX, y con ellos el libro de Joachim Wach consagrado a este mismo arte del comprender *(Das Verstehen, Grundzüge einer hermeneutischen Theorie im 19. Jahrhundert* ["El comprender: líneas generales para una teoría hermenéutica del siglo XIX"], Tubinga, t. I, 1926, t. II, 1929). Y aunque, en último resultado, tampoco estas dos obras dejen plenamente satisfecho al historiador de la literatura, ello se debe a que el gran marco en que encuadran las ciencias del espíritu del siglo XIX no se halla aún suficientemente lleno de la materia específica y de los contenidos propios de nuestra historia de la ciencia. Por eso, para poder utilizarlas en una historia del desarrollo, nos vemos obligados a recurrir a otros materiales biográficos, sobre todo monográficos; entre éstos figuran a la cabeza los trabajos de M. Rychner y de E. A. Boucke.

No podemos darnos por satisfechos con que se hayan establecido y deslindado ya ciertas fases genéticas en lo tocante al desarrollo de la ciencia literaria en el siglo XIX. No basta eso, pues los hilos del desarrollo se entrelazan demasiado unos con otros y hay demasiados retrocesos y vivencias y funciones científicas condicionadas por las generaciones. Por eso, sin perjuicio de la marcha al compás del desarrollo ideológico general de las ciencias del espíritu en el siglo XIX, nosotros nos propondremos, en las páginas siguientes, el estudio de las diversas capas y la separación de unas capas de otras. Y una premisa fundamental para nuestro estudio es la convicción de que la historia de la ciencia es la ciencia misma, de que tampoco en ella, como en toda vida histórica, muere nunca lo que alguna vez existió y fué creado, sino que las actitudes del espíritu humano, una vez descubiertas, reaparecen constantemente en la problemática y la "dialéctica" del presente, bajo formas siempre nuevas y siempre cambiantes.

1

EL LEGADO

La ciencia literaria que se puede calificar como "del siglo XIX", llevaba ya en sus orígenes todos los gérmenes y todas las trabas cuyo juego había de determinar toda su historia ulterior. Veíase metida en una red de relaciones, no se había desligado aún de un modo consciente, programático y con autoridad, de las ciencias y de las actividades literarias sobre las cuales se hallaba recostada, o con las que tenía cierta afinidad, cuando no una identidad completa. Es característico, en este sentido, que en la ciencia literaria no se viese, al principio, una parte de las ciencias históricas precisamente, aunque en la *Historia del siglo xviii* de F. C. Schlosser, obra a la que los historiadores de la literatura prestan muy poca atención, se le asignaba ya un papel que no era puramente secundario. Su función dentro del marco de las ciencias históricas, tal como había de desarrollarse en el siglo XIX, fué el resultado de un desarrollo posterior en su trayectoria y sigue constituyendo todavía hoy uno de sus problemas fundamentales. E igualmente importante es y ha sido desde el primer momento su relación con la filología.[2] Claro está que para comprender esto hay que empezar sentando ciertas premisas y haciendo ciertas salvedades. Esta relación de la ciencia literaria con la filología —lo mismo si se trata de una relación existente ya en realidad o de una relación simplemente posible o concebible— adquiere una importancia mucho mayor a medida que no se trata exclusivamente de la historia literaria, es decir, de la exposición sintética de los procesos históricos de la literatura, sino de ciencia literaria, en el sentido de que predomine en ella el trabajo concreto de investigación. En todo caso y desde el primer momento, a la ciencia literaria se le plantea en común con la filología, de cualquier modo que queramos definir ésta, el problema de la comprensión, de la hermenéutica. Sólo en el siglo XIX, se entregaron a la competencia de la ciencia literaria las ediciones críticas de textos que según la antigua tradición y la vieja terminología eran de la incumbencia de la filología, cuando aquella ciencia cayó en manos de los representantes académicos de las ciencias filológicas, haciéndose valer en ella una determinada concepción del mundo, sobre todo aquel "*ethos* filológico", que jamás ha sido expuesto sistemáticamente, y a cuya repercusión sobre la ciencia literaria, ya recaiga sobre la antigua o la nueva época de la poesía alemana, habremos de referirnos. En esta concepción del mundo, se trata de algo filológico en un sentido de "enajenación" o exteriorización y angostamiento, y es esto precisamente lo que en los tiempos modernos y en los más recientes ha provocado una especie de resentimiento contra una ciencia literaria filológicamente cultivada. En cambio, las tareas vinculadas de antiguo con la hermenéutica, con el arte de comprender, no pueden serle negadas ni discutidas tampoco hoy a la ciencia literaria. No importa tanto que se siga o no empleando el término "filología", si bien es capaz de provocar cierto desasosiego y asociaciones impertinentes. Lo decisivo sigue siendo el contenido espiritual de la cosa misma.

Otro contacto fronterizo que heredó la ciencia literaria del siglo XIX —siempre dando por supuesto el estado de las ciencias en la época que precede al desarrollo de la ciencia literaria en aquel siglo— es ése con la poética y la estética, con el conocimiento y teoría de la

[2] Cfr. Lempicki, pp. 2 *ss.*; J. Petersen, *Literaturgeschichte als Wissenschaft*, Heidelberga, 1914, pp. 3 *ss.*

poesía, con la ciencia literaria "general" y sistemática, que fué general en los países de Occidente desde los tiempos del Renacimiento. El hecho de que este campo nutriese las raíces de la ciencia literaria más que la historia y la filología del siglo XVIII y comienzos del XIX, dió origen a una antinomia en su seno de la que quedan todavía huellas en los debates metodológicos de nuestros días: la antinomia entre una ciencia de tendencia histórica y otra de tendencia sistemática. A pesar de que ya en el siglo XVIII, en Inglaterra y también en Alemania, gracias sobre todo a Herder y al romanticismo temprano, se había infundido a la estética y a la poética una tendencia histórica,[3] estableciéndose sobre la base de las concepciones de aquel entonces cierta compenetración entre la historia y la estética. Es absolutamente exacto que "las categorías más importantes de la historia literaria, como son las de forma, materia, motivo y otros preconceptos descriptivos, se desarrollaron ya dentro de la trayectoria de la poética" y encuentran "extensa aplicación en el taller del historiador de la literatura y del filólogo, como herramientas indispensables de trabajo". Asimismo es exacto que el refinamiento del método filológico, tanto en lo que se refiere a la crítica de los textos como en lo tocante al procedimiento hermenéutico, obedeció al desarrollo y a la consolidación en forma de categorías de la estética y la poética general, por mucho que la filología, siempre orgullosa de sí misma, niegue bruscamente, como con frecuencia lo hace, esta concatenación. En cuanto a los filólogos alemanes, lo aportado por Lachmann y sus sucesores en el campo de la crítica y la interpretación no sería concebible sin una base sentada previamente por la estética y la poética. Y así, Wilhelm Scherer, aunque trataba de allanar el camino a una nueva poética inductiva, filológico-histórica, hubo de venir a parar a esta tesis: "No existe pleito alguno entre la filología y la estética, a no ser que la una o la otra, o las dos al mismo tiempo, marchen por derroteros falsos". Esta frase, que constituye la última palabra de su historia de la literatura, fué escrita, cosa que siempre se pasa por alto, con vistas a Fr. Th. Vischer. Esta concepción de Scherer acercábase a la posición espiritual mantenida por Dilthey, quien quería que el punto de vista histórico-positivista de la poesía se combinase con una actitud filosófico-psicológico-estética.[4] Resumiendo, en esta concatenación históricamente dada entre la historia literaria y la estética y la poética, en "su mutuo control y en sus correcciones recíprocas", residía y sigue residiendo, desde cual-

---

[3] Lempicki, pp. 7 s.

[4] Cfr. W. Dilthey, *W. Scherer zum persönlichen Gedächtnis*, en *Deutsche Rundschau*, t. XIII, 1886, pp. 132 ss.; Lempicki, pp. 8 s.

quier punto de vista ideológico o filosófico que se determinen esta estética y esta poética, uno de los elementos constitutivos de la índole de nuestra ciencia actual.

Pero la ciencia literaria del siglo XIX ha heredado además, históricamente, otras posiciones y antinomias espirituales generales, como las que se contienen en las obras especializadas de la antigua teoría de la ciencia y en la clasificación de las ciencias. El antagonismo más profundo entre los de esta clase es el que media entre la materia y el espíritu. La época de la polihistoria, en el siglo XVII, sirvió de punto de partida para el desarrollo de la "historia literaria", que era un producto autárquico del trabajo compilador y de la acumulación de materiales, actividades puramente eruditas, enciclopédicas y de compendio. No tenía el menor sentido para lo individual, ni disponía de conceptos y criterios filosóficos o históricos. No buscaba ni echaba de menos el lazo espiritual entre los nombres, las cifras y los hechos. Sus agrupaciones de hechos y sus divisiones en períodos eran puramente externas, subjetivas y arbitrarias. Apenas si hace falta mencionar los muchos nombres que podrían enumerarse aquí, tomados de los siglos XVII al XIX. Se cuentan entre ellos, en los siglos XVII y XVIII, hombres como Morhof, Reimmann, Erdmann, Neumeistler y como Meinhard, Manso, Eichhorn, Bouterweck, Wachler, Franz Horn, o como Panzer, Jördens, Erduin y Julius Koch, para citar tan sólo un par de nombres dentro de cada grupo. Este tipo de historia literaria era cultivada por eruditos. Considerábase la literatura como emanación del mucho saber. Por una parte, no cabe la menor duda de que la historia literaria alemana es parte de la literatura misma, de que los fundadores de la ciencia literaria en su forma más alta se cuentan entre nuestros clásicos, de que el modo como un Lessing, un Herder, un Goethe, un Schiller, un Guillermo de Humboldt, el romanticismo, consideran las cosas literarias, puso en manos de nuestra ciencia "el gran modelo de una investigación histórica y sistemática encaminada a los problemas estéticos". El objeto sobre el cual recaía la comprensión histórica y filosófica, aquí, no era precisamente la "literatura", sino lo "poético". Lo poético no era ya un complejo formado por el saber y la habilidad artesanal, sino una totalidad concebida como vida y fuerza, con un residuo que quedaba en su fondo y que resulta siempre inasequible a la simple razón. Pero a su lado seguía vegetando aquella historia literaria consistente en acumular materiales y erudición libresca, y así llegó a través del siglo XIX hasta el XX, no sólo como inexcusable ciencia auxiliar de tipo bibliográfico, biográfico y cronológico, sino como una disciplina que se consideraba a sí misma como un fin en sí, claro está que con ciertas gradaciones y ciertos nexos de enlace con su polo contrario, el de la espiritualidad científico-literaria, pero siempre de tal modo que el árbol genealógico y la intención fuesen manifiestos para todo el mundo. Esta polaridad, esta tensión ideológica entre dos campos tan distantes el uno del otro constituye el problema fundamental en la historia de la moderna ciencia literaria, aunque existan entre ellos numerosos vínculos y puentes inorgánicos y extensos. Además, en el siglo XIX el empirismo y la erudición material histórico-literarios recibieron un nuevo refuerzo y nuevas bases de sustentación, gracias a la concepción del mundo realista-positivista. De este modo, las antiguas formas y manifestaciones adquirían nuevo sentido y nueva justificación: fenómeno nada raro, por lo demás, en el campo de la vida histórica.

La otra corriente de nuestra ciencia, aquella que en vez de apoyarse en la "literatura" se apoyaba en la "poesía", en la obra creadora del poeta, a partir de la segunda mitad del siglo XVIII, mantenía, como hemos dicho, una comunidad de vida con la poesía misma y compartía ciertas posiciones fundamentales con ella. Esto traducíase en un estrecho contacto con la crítica literaria, hasta el punto de que era difícil establecer una separación entre la historia de la literatura y la crítica literaria. Esta trabazón de vida con la poesía y la crítica literaria podía llegar a ser también fecunda para la historia de la literatura, en la medida en que se pretendiera ver claramente lo nuevo de la poesía, su valor y su significado, y se procurase ordenarlo en una conexión histórica de este modo. Esto que decimos es aplicable ya a Herder. "Así, la consideración histórica se empalma a lo recién creado y encuentra en lo actual el impulso para investigar lo pasado. Dentro de la trayectoria de la síntesis histórico-literaria, corresponde un papel nada desdeñable a los programas de las escuelas y corrientes nuevas que ahora surgen, que tratan de justificar históricamente los nuevos ideales y pretenden demostrar la necesidad de lo nuevo sobre la base de presentar lo antiguo de un modo no pocas veces histórico-crítico".[5] Sin embargo, la relación de interdependencia entre la literatura y la ciencia literaria coetánea, el paralelismo entre ambas, no se agotan con lo que dejamos dicho. Difícilmente podrá abrigarse la duda de que en los siglos XIX y XX la ciencia literaria registra simplemente los reflejos de las tendencias y corrientes poéticas coexistentes con ella.[6] Esta afirmación podría ilustrarse con ejemplos en lo tocante a

5 Lempicki, pp. 11 s.

6 Cfr. sobre lo que sigue mi estudio *Das Schicksal der deutschen Literaturgeschichte*, Francfort d. M., 1929, pp. 45 ss.

las épocas de la Joven Alemania, del realismo, del naturalismo, del impresionismo, del neorromanticismo y del expresionismo, suponiendo que fuese necesario recurrir a investigaciones sutiles y profundas para evidenciarlo como una ley de desarrollo de nuestra ciencia. Esta sensibilidad de reacción a los contactos con la poesía y la vida literaria y, paralelamente con ella, a los de la crítica literaria, en este tejemaneje bastante inextricable en que se entretejen los hilos de aquellas actividades y los de la historia de la literatura, se revela la peculiar posición que ocupa esta disciplina y explica por qué se niega con tanta frecuencia a la historia literaria, precisamente por hallarse orgánicamente vinculada a la obra de creación poética y literaria, el carácter de una ciencia con arreglo al concepto de ciencia imperante precisamente en esta época. La unión personal entre el poeta o literato y el historiador de la literatura, la confusión de las fronteras entre estos distintos oficios, es un hecho conocido de los siglos xix y xx. Había y sigue habiendo en Alemania algo así como el *homme de lettres* de Francia, en el que se funden o tienden, por lo menos, a equilibrarse los complejos de "poesía", "literatura" y "ciencia". Pero en Alemania esto sigue siendo un producto de tipo intermedio. La ciencia, entre nosotros, ha tendido siempre a rechazar un entrelazamiento personal con la literatura y la crítica, por lo menos cuando se ha considerado especialmente firme en sus posiciones. Así sucedió, desde Grimm y Lachmann, con la joven germanística, construída sobre bases rigurosamente filológicas y de historia del lenguaje, y así ha ocurrido también con la escuela de Scherer, orientada más bien por la exactitud de las ciencias naturales. Dentro de este "riguroso" cientismo, imperaba la convicción de que las premisas y los principios epistemológicos propios del método científico son algo totalmente distinto de la actitud personalmente condicionada del poeta y del creador ante una poesía que no sea la suya propia. Sin embargo, había en el siglo xix y sigue habiendo hoy gentes situadas al margen, "dilettantes", que, sin preocuparse para nada de los preceptos y las normas impuestos por un "método" científico, pero inspirados, como es natural, por una concepción personal del mundo, por su experiencia y su vivencia personales, escriben acerca de la literatura y la poesía y de su historia. Pero la capacidad verdaderamente creadora y poética, ha aspirado siempre, con mayor intensidad cuanto más fuerte fuese, a encontrar una corroboración de las fuentes de su propia índole y desarrollo en el campo de la historia literaria. Y paralelamente con ello discurría, como no podía menos, la repulsión expresa contra el cientismo gremial en el campo de la ciencia literaria. Con lo cual se vengaba de los agravios que la ciencia le infería al querer enmendarle la plana.

Hasta aquí, hemos venido tratando de los factores formales o funcionales a que tenía que avenirse de un modo o de otro la historia literaria del siglo XIX; queda todavía por examinar la parte más importante del "legado": el contexto espiritual que, procedente del siglo XVIII y del romanticismo, siguió actuando en el desarrollo de la ciencia literaria del siglo XIX en calidad de supuestos previos. Y, en este aspecto, tendrá que figurar siempre a la cabeza de los demás el nombre de Herder. Es difícil descubrir un principio y un fin cuando se trata de caracterizar sumariamente lo que este hombre representa para la moderna ciencia literaria. La influencia ejercida por Herder sobre el desarrollo y la estructuración de esta ciencia —influencia indirecta, en el sentido de que la recepción y elaboración de sus pensamientos, repartidos por todos los canales de las ciencias del espíritu, son anteriores al desarrollo metódico de la ciencia literaria— no puede reducirse a unas cuantas fórmulas redondeadas, ni tampoco a un sistema consecuente de pensamientos. Para ello tendríamos que violentar la energía vital, la emotividad y la impresionabilidad, todo lo que hay de chorro, oscilación, fosforecencia, juego y rebosamiento en el espíritu de Herder, solidificando un elemento flúido de suyo. En el fondo, podemos decir que toda posición mantenida por la ciencia literaria de los siglos XIX y XX se halla contenido en él, por lo menos en germen. Si quisiéramos resumir en una sola frase el fondo que Herder representa para la ciencia literaria de los tiempos modernos, frase que sea, ciertamente, lo bastante amplia para poder llenar este cometido, podríamos decir que fué él, en rigor, quien inició en la literatura la "comprensión" sobre una base histórico-genética, tanto de un modo práctico como mediante la reflexión en torno a la teoría del comprender.[7] En él, la voluntad de comprender las cosas desde un punto de vista histórico-genético tiende siempre hacia algo individual, ya se trate de personas, de obras, de épocas o de pueblos. El biografismo positivista del siglo XIX podía invocar su nombre, pues ya en 1768 decía Herder:[8] "Lo que hace falta es poner a un lado lo que un autor debe a su tiempo o al mundo que le antecedió y, a otro, lo que él mismo aporta al mundo circundante. El autor lleva siempre sobre sí las trabas de su época, a la que hace ofrenda de su libro: se halla arraigado en el siglo en que vive como el árbol en la tierra en que crece y de cuya savia se nutre y a la que debe las proporciones que cobra en su creci-

---

[7] Joachim Wach, l. c., t. I, p. 19.
[8] Ed. Suphan, t. II, p. 265.

miento. Cuantos más merecimientos quiera tener un escritor para con
su mundo, más debe acomodarse a él y penetrar en su mentalidad,
para moldearla. Más aún, como él mismo ha sido modelado con arreglo a este gusto y nadie llega a sobreponerse jamás del todo a la primera forma, todo gran escritor tiene que ostentar necesariamente en
su personalidad los rasgos característicos de su época. ¡Oh tú, necio
metido a juez en cuestiones de arte, que pretendes despojarle de ellos,
sin darte cuenta de que con ello no haces más que arrebatarle los rasgos genuinos de su peculiaridad, fragmentos de su belleza, cicatrices
de sus méritos." Estas sentencias parecen echar las bases para la biografía ambiental del siglo XIX, engarzada a la autobiografía de Goethe.
Pero a esto cabría también oponer que en Herder pasa a segundo plano
como algo secundario todo lo que sea puro empirismo y mecanicismo,
todo lo que signifique una simple complicación o discriminación de
materiales. No en vano considera[9] "la lectura muerta de los libros"
de un autor como una actividad insignificante en comparación con el
esfuerzo intuitivo y vivo por penetrar en el conjunto de un espíritu y
de una personalidad: "En su caso no tengo más que los sumarios de su
manera de pensar, en otro el capital mismo; y sabido es cómo vacilan
y tropiezan quienes sólo aprenden de los índices y los títulos. Menos
aún pueden darnos la pauta de un espíritu las pocas y mal elaboradas
obras de un hombre. Este honor queda reservado a quienes encarcelan
su espíritu en sus libros, como aquel español pretendía encarcelar al
diablo cojuelo en una botella o Ariosto la inteligencia de su héroe en
un telescopio, para que no quedase fuera ni rastro de ella . . . Algunos
rasgos de los cuales pueda aprenderse *directamente* valen más que una
gran erudición que podamos aprender de memoria a base de la letra
muerta, a la par que nuestra alma se torna vieja y gris. Por eso nos
gusta tanto oír a los inventores, a los pensadores y a las cabezas originales hablar del método en que ellos piensan, aunque sólo nos trans-
mitan embriones de conceptos y pensamientos rudimentarios y a medio perfilar; lo que me interesaba no es lo que pensaba Bacon, sino
cómo pensaba. Estas imágenes no son nunca muertas, tienen vida y
hablan a nuestra alma." Esta actitud da el alto a todo biografismo
muerto y aboga en favor de una psicografía, de la captación filosofico-
vital de una personalidad nacida del seno mismo de su pensamiento y
de sus métodos creadores. Leyendo estas palabras, piensa uno en las
biografías construídas de dentro afuera y asociadas al nombre de un
Dilthey o de un Simmel, e incluso de un Gundolf o de un Kühnemann,

---

[9] Ed. Suphan, t. II, p. 262 s.

para no mencionar a otros autores. Pero también en lo tocante a la concepción de la síntesis histórico-espiritual y de una poética inductiva al modo de Scherer, habrían podido tal vez el historicismo y el positivismo del siglo xix invocar el nombre de Herder como el de un precursor. "Es sencillamente imposible —leemos en él—[10] la existencia de una teoría filosófica de lo bello en todas las artes y en todas las ciencias sin el concurso de la historia . . . ¿Por qué? Nunca o casi nunca se dan aquí ideas determinadas por ellas mismas o creadas incluso arbitrariamente, como ocurre en las matemáticas o en la metafísica más general, sino siempre ideas nacidas de una serie de cosas concretas, conceptos que aparecen en especies y manifestaciones diversas, en los que, por tanto, la γένεσις es el todo". De Herder tomó también la historia literaria del siglo xix su orientación hacia la "literatura nacional", idea que, desarrollada por el romanticismo, empieza imponiéndose plenamente en la grandiosa creación de Gervinus y que en Scherer se combina con la idea de una "ética nacional" que debe escudriñarse por caminos históricos.[11] Tampoco desde este punto de vista se contenta Herder con una "caracterización general": "Nadie se da mejor cuenta que yo de las fallas de una caracterización general. Retrátese todo un pueblo, una época, una faja de tierra: ¿qué se ha retratado? Considérense pueblos y épocas que se suceden ¿a quién se ha retratado? ¿Dónde ha dado la titilante palabra? A fin de cuentas no tenemos nada, nada más que una palabra, con la que cada cual piensa y discute lo que quiere."[12]

El problema consiste en saber hasta qué punto una manera colectivista y sintética de ver las cosas puede ponerse a tono con la voluntad herderiana de escrutar lo "individual". Su modo de individualizar no debe confundirse con la tendencia a aislar. Para él, lo individual y lo propio de una personalidad o de una nación no es principio de separación, sino de articulación, de variedad, de continuidad, de tránsitos, de combinaciones, de posibilidades de comparar y distinguir. En este sentido, Herder no puede salir fiador de todo ese especialismo puramente empírico de la ciencia literaria de los siglos xix y xx. No quiere que las interpretaciones se basen nunca en una "erudición de palabras", sino en un "conocimiento pleno de las cosas"; jamás se habría mostrado dispuesto a cubrir con su nombre el abstraccionismo, la tendencia a lo metafísico, la simple conceptualidad que caracterizan a una de las fases más recientes en la trayectoria de la ciencia

---

10 Ed. Suphan, t. v, p. 380.
11 Cfr. Rothacker, I, pp. 220-226.
12 Ed. Suphan, t. v, pp. 501 s.

literaria: "Demasiado tiempo hemos tenido que detenernos en lugares generales que dejan a quienes no están habituados a la amada abstracción tan en ayunas como estaban antes; hagamos que la filosofía, si ha de ser algo útil, descienda de las nubes al suelo." [13] Pero sus consideraciones literarias no aceptan nunca ni en parte alguna como factores determinantes las circunstancias externas, "antropogeográficas" en el sentido de aquel Montesquieu que tanta fuerza de sugestión había tenido para él en su juventud. No, lo decisivo para él era una concepción del mundo dinámico-orgánico-vitalista, que había recibido principalmente de Leibniz. Así, situándose en este punto de vista, es como hay que explicarse su actitud ante lo individual. La metafísica leibniziana coincide con la concepción del mundo de Shaftesbury, de Herder y de Goethe en el sentido en que "tiende hacia la síntesis orgánica del individualismo y el universalismo".[14] "En la variedad infinita de fenómenos cambiantes, de seres concretos individualmente distintos, manifiéstase, sin embargo, una conexión universal, espiritual-ideal de naturaleza." Por eso la poesía y la literatura son también vida, fuerza viviente, y partiendo de este "pandinamismo" llegamos como resultado al punto de vista genético proyectado también sobre la literatura, en cuanto ésta es desarrollo vivo, despliegue de disposiciones inmanentes, germinales bajo la ley de continuidad y ascenso. Esto entraña la posibilidad e incluso la necesidad del deslinde de las épocas o las fases, de las etapas de desarrollo, que Herder no enfoca como Winckelmann desde un punto de vista estético, viendo en ellas períodos de estilo, sino desde un punto de vista biológico-vitalista, como "edades de vida". De esto al concepto de generación de la moderna historia del espíritu no hay ya más que un paso, y no grande. De otra parte, el concepto de vida hace posible también la distinción entre "poesía natural" (poesía popular) y "poesía artística", en las que, siguiendo a Herder, no debemos ver términos antitéticos, sino corolarios de la idea del desarrollo. Y como tales tienen derecho a seguir existiendo hoy, después de haberse superado la antigua antinomia conceptual y estética entre poesía artística y poesía popular. La idea herderiana del desarrollo orgánico es y sigue siendo, en general, el más importante fermento metodológico para las ciencias del espíritu del siglo XIX. Para Herder, la índole de una cosa se pone al descubierto al revelarse cómo nace esa cosa.[15] En estos mismos tér-

---

[13] Ed. Suphan, t. VIII, p. 207.

[14] Dietrich Mahnke, *Leibniz und Goethe*, Erfurt, 1924, pp. 19 s.; cfr. también E. A. Boucke, *Goethes Weltanschauung auf historischer Grundlage*, Stuttgart, 1907, pp. 120 ss.

[15] Ed. Suphan, t. XV, p. 539.

minos, literalmente, podría expresarse la teoría del método filológico-histórico de la ciencia literaria de la última época del siglo XIX, que trabaja con analogías tomadas de las ciencias naturales, y así se ha expresado, también, en efecto. Pero esa teoría se apartó del verdadero camino trazado por Herder, puesto que el punto de vista histórico-evolutivo era para ella un fin en sí. Para Herder, en cambio, era un medio para llegar al fin: el conocimiento del "espíritu", del "genio" o el "carácter" de una época o de un pueblo. "Espíritu de la época" es, para Herder, un concepto evolutivo-vitalista y no un concepto de estructura o de temple de ánimo:[16] "No cabe describir, dibujar ni pintar lo que el espíritu es; pero sí cabe sentirlo, pues se expresa por medio de palabras, de movimientos, de aspiraciones, de fuerzas y resultados... Espíritu de la época podríamos llamar... a la suma de pensamientos, sentimiento, aspiraciones, impulsos y fuerzas vitales que en un determinado proceso de las cosas se manifiestan con causas y efectos dados. Nunca vemos los elementos de que los acaecimientos están formados; lo único que observamos son sus manifestaciones, y ordenamos sus formas en una combinación percibida por nosotros."[17] Partiendo de estos conocimientos, podemos sentirnos tentados a ver definida de antemano en ellos la moderna y novísima ciencia literaria sintética y fenomenológica; pero, si calamos más hondo y no enfocamos las observaciones de Herder sueltas, sino en su unidad, tendremos que darnos cuenta por fuerza de que la ciencia literaria, pese a todas las sugestiones procedentes de él, no ha tomado todavía bastante en serio la tarea de aplicar el concepto vital que arranca de Herder, aunque es cierto que lo primero sería someter a una investigación a fondo este concepto, tal como por primera vez se presenta en él, asociado a los conceptos de "espíritu y "espíritu de la época".

Ante Herder, incluso un Goethe pasa a segundo plano en cuanto al desenvolvimiento de la ciencia literaria, si bien es cierto que los modelos que Goethe traza a esta ciencia son también más comprensivos y más tangibles. También para él es la literatura, partiendo de la concepción orgánico-dinámica de la vida, un organismo vivo, cuya génesis, florecimiento y caducidad estudia y cuyos fenómenos internos y externos enfoca a través de una imagen fisiológica, es decir, de un modo vitalista: a través de la imagen de la "sístole" y la "diástole", conceptos estos que tampoco la época moderna ha sabido valorizar bastante, pues en vez de ello ha preferido atenerse a logicaísmos y conceptualismos. Goethe, al preferir la personalidad individual hu-

16 Como quiere Lempicki, pp. 387 s.
17 Ed. Suphan, t. XVII, pp. 79 s.

mana como "punto focal" a todas las caracterizaciones de un "espíritu de la época" y al aceptar esta personalidad individual, sin quebraderos de cabeza acerca de la esencia o índole de lo individual inefable, como algo naturalmente dado que se muestra, bajo las condiciones de su existencia, en su desarrollo y en sus funciones; al hacer que en sus relatos biográficos, empezando por el propio, las circunstancias cobren una fuerza de presencia viva, real y plástica, abre el camino a las mejores realizaciones del biografismo secular llevadas a cabo en el siglo XIX.

Schiller, con su división de la literatura universal bajo los conceptos de lo "ingenuo" y lo "sentimental", aparece ante la ciencia literaria moderna al comienzo de toda la formación de conceptos dualistas, de todas las antinomias que se acumulan en ella desde la antítesis nietzscheana de lo "apolíneo" y lo "dionisíaco". A Guillermo de Humboldt se le reconoce hoy como "el primer hermeneuta del hombre y de la vida históricos". Se ve en él, con muy buenas razones, al hombre que suministró la primera filosofía de la comprensión; que más tarde habrían de continuar un Schleiermacher y un Dilthey. La historia literaria tiene que agradecer que últimamente se hayan conseguido esclarecer las posiciones de Guillermo de Humboldt con formulaciones como ésta: "Su importancia como metodólogo estriba en haber concebido la idea de una antropología comparada, que aplica por vez primera el criterio de la comparación en su profundo sentido goethiano, sentando con ello una de las bases para la constitución de las ciencias del espíritu. Al mismo tiempo, echó los cimientos para una caracterología, que sigue estando justificada en lo medular, a saber, al exigir la captación de la forma o estructura personal en el sentido dinámico. Finalmente, transfirió la idea de la fisiognómica al lenguaje y lo estudió como expresión de la naturaleza humana." [18]

Y luego, el romanticismo. Por lo que a este movimiento se refiere, podemos dejar a un lado para nuestros fines tanto la ampliación del "material" y del campo visual de la ciencia literaria, la anexión de nuevas provincias a la historia de la literatura, como las valoraciones establecidas por él. Su importancia para la ciencia literaria reside —aparte del hecho de haber encauzado el concepto de generación y hasta de haberlo aplicado teóricamente— en que desarrolla y prolonga las ideas y sugestiones de Herder: el romanticismo temprano, es

---

[18] *Wilhelms von Humboldts Philosophische Anthropologie und Theorie der Menschenkenntnis*, ed. con una introducción por Fritz Heinemann (en *Philosophie und Geisteswissenschaften*, t. VII), Halle, 1929, p. LXXV.

decir, los hermanos Schlegel principalmente, convirtió la búsqueda herderiana de lo individual y lo propio en una minuciosidad "filológica" ancha, morosa y detallista, que unas veces —como en Guillermo Schlegel— es una minuciosidad construída y modelada y otras veces —como en su hermano Federico Schlegel— un deshilachamiento filosófico y un exceso de espíritu corrosivo y mordaz. Pero de tal modo, que tanto uno como otro sabían referir cada característica a un concepto vital central. Es corriente decir que aquellos románticos fueron los maestros del ensayo moderno. Y no cabe duda de que lo ejemplar de sus esfuerzos críticos y literarios consistía en no confundir la profundidad con la pesadez y la pedantería, sino en escribir acerca de la literatura y de su historia como hombres de mundo, sin pizca de espíritu gremial, en el sentido de la urbanidad social y la formación europea. Su ejemplo se mantuvo vivo en la historia literaria hasta Scherer y Erich Schmidt y sus discípulos. Si tomamos, por ejemplo, un ensayo como el de Guillermo Schlegel sobre las obras de Bürger,[19] encontraremos reunido en él todo lo que después de ciento treinta años de historia literaria no podría ser mejorado y que ha sido acopiado para su honra: una cuidadosa explicación que se remonta de las partes al todo y descansa sobre las observaciones de detalle, una ordenación histórica, la tendencia a penetrar desde lo periférico al punto central, hasta llegar a los rasgos más esenciales de la cosa, un sentido específico para descubrir la poesía y lo poético, la apreciación equilibrada del contenido y la forma, en la que resalta experto análisis y caracterización de lo formal. En esto tenemos un factor esencial: el análisis de la forma poética en que brillaron los dos hermanos Schlegel, la caracterización de la estructura de una obra partiendo de su forma, no fué continuado en el siglo XIX hasta llegar a la metódica filológica de la escuela de Scherer, que abrazó este camino siguiendo conscientemente el ejemplo de los dos hermanos.

La ciencia literaria ha evocado últimamente, volviendo la mirada a los círculos del joven romanticismo, aquellas dotes de adivinación y de visión de conjunto —que son como los raptos de una filosofía vital y que se nutren de un suelo religioso— que caracterizaban a un Joseph Görres y cree percibir, enlazándose a este nombre, que "en las grandes síntesis de los tiempos presentes revive a la vuelta de un siglo aquella actitud juvenil de la ciencia literaria".[20] Finalmente,

---

[19] *Charakteristiken und Kritiken von August Wilhelm Schlegel und Friedrich Schlegel*, Konigsberga, 1801, t. II, pp. 3 ss., en Böcking, t, VIII, pp. 64 ss.

[20] Günther Müller, en su introducción a *Gesammelte Schriften* de Joseph Görres, tomo III, Colonia, 1926, p. XI.

hay en la ciencia literaria del siglo xix cierta corriente que tiene tam
bién, indudablemente, un origen romántico: nos referimos a la actitud
germanizante, conservadora y feudal que en los últimos trabajos de
Federico Schlegel, sobre todo en su *Historia de la literatura antigua
y moderna* —que constituye el primer intento de reducir a un común
denominador histórico-espiritual la literatura, la filosofía y las ideas
político-estatales—, y en la *Historia de la literatura* de Joseph von
Eichendorff se combina con una concepción del mundo de tendencias
católicas.

Constantemente se pone de manifiesto la importancia que ese
movimiento sumariamente expresado bajo el nombre de "romanticismo" tuvo para la historia del espíritu en el siglo xix, y, en especial
para los orígenes de la ciencia de la lengua y la literatura alemanas.
Esta afirmación ha acabado casi por convertirse en un sospechoso
lugar común. ¿Cabe, realmente, establecer una relación tan íntima y
tan directa entre la "escuela histórica" y el "romanticismo"? ¿No sería más exacto hacer remontar los orígenes de aquélla hasta Herder,
por lo menos, sobre todo en lo que se refiere al concepto de organismo
y al del espíritu del pueblo? Podemos aducir como estímulos importantes para el desarrollo de la historia de la lengua y de la literatura
en el siglo xix el respeto a lo originario, el motivo patriótico, el universalismo estético del romanticismo. Los grandes representantes de
la rigurosa ciencia histórica del siglo xix, lo mismo un Lachmann que
un Gervinus, mantuvieron en su juventud, en su mayoría, relaciones
muy cordiales, aunque un tanto confusas, con la poesía romántica.[21]
Era muy necesario, sin embargo, hacer hincapié de una vez, con toda
energía, en que los representantes de la escuela histórica, para poder
cobrar conciencia de sí mismos, tuvieron que sustraerse antes al espíritu romántico y que "se desligaron de él movidos por una voluntad
consciente, porque... el deseo de claridad, de llegar al conocimiento
científico de la verdad, profundamente arraigado en ellos, los empujaba a huir de la penumbra y de las nieblas de la especulación poética o filosófica".[22] El desarrollo del método científico de la escuela
histórica equivale a la aparición y al afianzamiento del elemento racionalista en las ciencias histórico-filológicas y a una cierta recaída
en la actitud del espíritu de la Ilustración, a una especie de sístole
después de la diástole romántica, para emplear la terminología de

---

[21] M. Hertz, Karl Lachmann, Berlín, 1851, pp. 12 ss.; Gervinus, *Selbstbiographie*; cfr.
Rychner, G. G. Gervinus, *Ein Kapitel über Literaturgeschichte*, Berna, 1922, pp. 18 ss.

[22] Burdach, en introducción a la edición de las cartas entre los hermanos Jacobo y
Guillermo Grimm y Karl Lachmann, de A. Leitzmann, t. i, Jena, 1927, pp. xvi s.

Goethe. Por eso debiera ponerse más cuidado en no pegar, alegre y cómodamente, la etiqueta de lo "romántico" a conceptos de la ciencia germanística e histórico-literaria del siglo XIX que un examen más profundo de las cosas nos presenta como necesitados de revisión.

2

EL HEGELIANISMO Y SUS ADVERSARIOS[23]

El desenvolvimiento de la ciencia literaria en el siglo XIX sigue, en lo fundamental, la línea de emanciparse del romanticismo y de las especulaciones hegelianas. "La especulación y el romanticismo bajan a la tumba a un tiempo. Mientras que sus ideas cobran forma en las grandes obras de la nueva ciencia del espíritu, discurriendo a veces paralelamente y sin mezclarse..., a veces fecundándose mutuamente... y a veces fusionándose..., pero, sobre todo en las ideas tan generalizadas del espíritu del pueblo, los organismos espirituales y la historia espiritual de la naturaleza, se opera una gran transformación interior que, pasando por encima de las divergencias, modifica también su contenido; se trata de la marcha del siglo XIX hacia el realismo." [24] Hemos entrado en la época de una nueva sístole de las ciencias del espíritu, que luego habrá de provocar, como reacción contra el positivismo y la escuela de Scherer, una nueva diástole. Estos vaivenes llegan todavía hasta nosotros. La ciencia literaria, al igual que todas las ciencias del espíritu, no pudo sustraerse a las consecuencias del sistema hegeliano, imperante en aquella época. La historia de la filosofía hegeliana se convierte también para ella en su propia historia. Hegelianismo y romanticismo se condicionan y entrecruzan en múltiples aspectos; más aún, se identifican de tal modo, que los intentos que se hacen para devanar limpiamente los hilos sueltos sacados del ovillo de los conceptos y de los hallazgos de las ciencias del espíritu sólo logran llevarnos a una imagen embrollada y confusa. Sigue en pie el juicio que al final de su estudio sobre la escuela romántica dedicaba R. Haym al sistema hegeliano, conside-

---

[23] Cfr. sobre este y los siguientes capítulos el estudio de R. Unger, *Die Entwicklung des Problems der historischen Objetivität bis Hegel*, en *Deutsche Viertekjahrsschrift für Literaturwissenschaft und Geistesgeschichte*, t. I (1923, pp. 104 *ss.* (también en *Aufsätze zur Prinzipienlehre der Literaturgeschichte*, pp. 88 *ss.*)

[24] Rothacker, I, p. 128.

rado por él como la coronación del romanticismo: "Se apoyaban aquí unas en otras y se entrecruzaban, se juntaban y se entrelazaban las intenciones críticas con las estéticas, las históricas con las sistemáticas, las intenciones artísticas con las intenciones religiosas y éticas de los románticos. Fué aquí, por fin, donde se levantaron los extensos y al parecer inconmovibles muros fundamentales de aquella enciclopedia a la que los demás sólo habían aportado, en realidad, algunas piedras o proyectos inacabados. Pero, al mismo tiempo, el romanticismo se remontó aquí sobre sí mismo. Nuevamente se tomaron de la despreciada Ilustración los medios de la sistemática científica. Se propuso al entendimiento analítico y deslindador un convenio muy honroso con la intuición que pretendía abarcar el todo. Ya no se quería ver en el mundo y en su historia una poesía, sino un sistema metódico, no una obra del genio absoluto, sino el desarrollo teleológico cerrado del espíritu absoluto consciente de sí mismo..., de un organismo de gran belleza, pero dotado de inteligencia, el organismo de la razón y de la realidad comprendida conceptualmente." Una amplia exposición de las influencias hegelianas en las diversas disciplinas de las ciencias del espíritu tendría que poner de relieve, en efecto, "cómo, al seguir viviendo y desarrollándose, se disocian y se expanden por disciplinas los distintos elementos sueltos de su sistema". En lo tocante a la historia literaria, apenas podría hablarse de un hegelianismo "puro". Hasta en un hegeliano tan fecundo y polifacético como Karl Rosenkranz vemos cómo en su primera época se mezcla lo romántico con las ideas hegelianas, y en su época posterior abraza toda una serie de caminos que Hegel no trazara. Tal vez lo más específicamente hegeliano en él sea su *Handbuch der allgemeinen Geschichte der Poesie* ["Manual de historia general de la poesía"] (3 tomos, 1882 s.), obra en que se trata de razonar la idea central de un desarrollo progresivo de inspiración hegeliana... Aquí, como en otras manifestaciones semejantes de la historia del espíritu, la compenetración con Hegel no consiste precisamente en atenerse rígidamente a ciertas posiciones fundamentales, sino en lo funcional y en lo terminológico, en el gesto y en el aire que se respira, es decir, en lo indirecto. Es muy sintomático que Karl Lachmann observase en 1829, aludiendo a Rosenkranz: "Un autor de talento debe guardarse siempre del error de creer que basta con emplear pedantescamente las fórmulas de una determinada escuela para dar a su obra una fundamentación filosófica."[25] Sin embargo, ¿quién se atrevería a negar

[25] *Kleinere Schriften zur deutschen Philologue*, ed. por Karl *Müllenhoff*, Berlín, 1876, p. 357.

que ciertos puntos de apoyo con que contó la ciencia literaria en el siglo XIX, es decir, en la época de su brillante auge, difícilmente habrían llegado a existir sino hubiese existido antes el sistema hegeliano? Como más claramente se destacan estos puntos de apoyo, evidentemente, no es formulándolos de un modo positivo y sistemático, sino viendo cómo fueron atacados y discutidos. Se creó así en la historia literaria, conscientemente, aquella situación dialéctica en que se encontraba entonces y en que vuelve a encontrarse hoy. Cobra ahora una fundamentación filosófica la antinomia de materia y espíritu, implícita en la historia de la ciencia literaria desde el primer momento. Esto hace que queden relegados a segundo plano, por el momento, los problemas que se le planteaban a la ciencia literaria considerada como ciencia de una actividad artística, problemas que más tarde habría de recoger sin la menor reserva una filología orientada hacia la obra verbal artística. Hablando en términos muy generales, el ingrediente hegeliano de la ciencia literaria del siglo XIX consiste en la aplicación sistemática del concepto de espíritu, haciendo hincapié especialmente, dentro de esta expresión, en la palabra concepto. Es cierto que el concepto de espíritu desempeñaba ya un papel esencial en Herder y en el romanticismo (no tenemos más que fijarnos, una vez más, en la *Historia de la literatura antigua y moderna* de Federico Schlegel). Pero tampoco la historia literaria permanece al margen de la tendencia a concebir este espíritu como una objetivación, desligada de la manifestación real, como un desarrollo dialéctico de la razón que se verifica por etapas con una sencillez y sobriedad grandiosas. Es posible, sin duda, reducir a fórmulas breves el antagonismo conceptual en que acaban colocándose frente a Hegel la escuela histórica y el realismo, viendo en su actitud ante el concepto la línea divisoria decisiva. "Pues Hegel seguía siendo filósofo aun frente al mundo histórico, y como tal consideraba como su derecho genuino el de la deducción y la fundamentación. Oponía a lo inconsciente lo consciente, a la intuición intelectual el concepto, al organismo vivo de la divinidad, el organismo de la realidad conceptualizada, al espíritu del pueblo el estado..., al fervor y al barrunto la claridad, a lo meramente histórico la razón." [26] Frente a él, las ciencias del espíritu pugnan por avanzar hacia lo infinito, marchando con Goethe por todas las vertientes de lo finito. Sin embargo, no puede desconocerse que, por mucho que en el segundo tercio del siglo XIX se van posponiendo en las diversas ciencias del espíritu la

---

[26] Rothacker, I, p. 89.

especulación hegeliana y la herencia romántica, también la historia
literaria debe a la mecánica del sistema de Hegel su tendencia a espiritualizar y ordenar el material histórico, a la agrupación y división
en períodos, a las antítesis y a las polaridades, a la construcción por
categorías. Esta situación se explica por la sedimentación de las vivencias de cada generación y sus causas profundas y últimas deben
buscarse en el terreno de la psicología y la caracterología. Con lo
cual nos encontramos situados ante la historia evolutiva de los grandes representantes de la ciencia literaria. En todos ellos observamos
el mismo proceso. Huyen de las aguas sin riberas de la especulación
y el universalismo romántico-poético para hacer pie en la tierra firme
de los hechos históricos y de una concepción limitada que no entraña,
ciertamente, resignación, sino simplemente un satisfactorio cambio de
rumbo de la mirada, el tránsito de la mirada hacia lo infinito a la
mirada hacia horizontes cerrados, con lo que se obtienen puntos de
apoyo morales que es más fácil encontrar en lo fijo y en lo pequeño,
incluso podríamos decir en la letra, que en un "espíritu" vago y en
fusión, de carácter derivativo. Los documentos que relatan la historia de la vida y el desarrollo de estos hombres nos hablan de este
viraje ideológico a que nos estamos refiriendo. Hegel ocupa el lugar
central en las ideas del joven Rudolf Haym.[27] Su tesis doctoral sobre
Esquilo tiene como base las concepciones hegelianas. Sus cartas juveniles denotan el estilo del Hegel juvenil que tan bien conocemos de
aquellos jóvenes del *Sturm und Drang* anterior a la revolución de marzo. No adquiere una firmeza interior hasta llegar a los años 1843-
1850. "En ellos se decide el conflicto que se ventila dentro de él. Su
temperamento apasionado y sanguíneo, que le empujaba de un lado
para otro sin dejarle conocer el sosiego, su sentimiento fácilmente in-
flamable, inclinado al *pathos*, el lado sensible de su ser, que reclamaba un cambio continuo de visión y se entregaba por entero al mundo
concreto: plegándose a él, todo esto pugnaba con la firmeza de su
voluntad y la necesidad primaria de su espíritu, que apetecía claridad racional y máximas inequívocas. Tras algunos años de angus-
tiosa inquietud, el lado racional de su temperamento acabó imponiéndose por fin, definitivamente, al lado estético-entusiasta." Estamos,
pues, ante un proceso típico de psicología juvenil que representa, en
este aspecto, un tipo de la historia del espíritu: a la luz de él, vemos
cómo, al llegar a una determinada etapa de la trayectoria de un hom-

---

[27] Cfr. ahora *Ausgewahlter Briefwechsel Rudolf Hayms*, ed. por Hans Rosenberg, Berlín y Leipzig, 1930, p. 6; Hans Rosenberg, *Die Jugendgeschichte R. Hayms*, tesis doctoral,
Berlín, 1927.

bre, se asimilan ciertos contenidos y métodos espirituales situados fuera del propio yo y que corresponden a una nueva situación individual. Pero Haym jamás habría llegado a ser el biógrafo de Herder ni el expositor de la escuela romántica si, a pesar de toda su proyección sobre la materia y lo empírico, no hubiese seguido conservando el aparato conceptual, agudo y espiritual, procedente de su juventud, si no hubiese estado dotado, como herencia de su juventud especulativa y filosófica, de aquella claridad y de aquella finura para la distinción y la clasificación de los fenómenos del espíritu. No se olvide que fué precisamente Haym quien asignó a la formación de conceptos de lo romántico en Federico Schlegel un lugar central en la historia de la escuela romántica. Esto se comprende por la marcha de un investigador que, con arreglo a sus dotes (como él mismo cree definirlas en sus recuerdos autobiográficos), tendía a lo acabado, a la articulación sintética, a la culminación y a la agrupación de los hechos haciéndolos girar en torno a un eje que son propias del tratamiento *monográfico* de la historia, y que, por otra parte, llevaba todavía dentro ciertas cáscaras del huevo del hegelianismo, que le hacían ver la esencia del romanticismo en las mutaciones, en el proceso ascensional y en la agudización dialéctica de un *concepto*.

Y algo parecido ocurre con Viktor Hehn. Sabido es lo mucho que en sus años juveniles se ocupó de filosofía hegeliana. "Y, aunque no en un sentido riguroso de escuela, en cuanto a la orientación fundamental de su pensamiento científico siguió siendo hegeliano hasta el final", dice de él Dehio,[28] y Rothacker (pp. 32 s.) hubo de seguir el rastro hegeliano de este autor en sus *Ideas sobre Goethe* y en su obra sobre el *Hermann y Dorotea*. Y, sin embargo, estos escritos de Hehn están llenos de lo sensiblemente concreto, de cosas compiladas, observadas y comprobables. Lo hegeliano en Hehn es lo categorial, no el contenido de sus categorías, sino la función descollante que concede a lo categorial para el método histórico.

En cambio, no están tan claras las cosas en lo que se refiere a Hermann Hettner, con respecto a su *Historia de la literatura del siglo xviii*, cuya primera edición vió la luz en los años 1855-64. También los años de estudio de este historiador de la literatura coincidieron con la época de predominio del hegelianismo y de los estudios filosóficos en general. Con Boeckh y Ranke, influyó en su desarro-

---

28 Noticias biográficas sobre Viktor Hehn, en *Italien*, der V. Hehn, 11ª edición, Berlín, 1912, p. VIII, y en Dehio, *Kunsthistorische Aufsätze*, 1914, p. 294; Th. Schiemann. *V. Hehn*, Stuttgart, 1894; El Mismo, en *Allgemeine Deutsche Biographie*, t. 50, pp. 115 ss.; R. Unger, l. c., pp. 120 ss.

llo el historicismo. La famosa obra *Contra la estética especulativa*
(1845)[29] marca el cambio de rumbo. Esta obra proclama al final el
postulado de una "historiografía pensante", frase que pretendía ser,
deliberadamente sin duda alguna, un eco de aquella tesis de la filosofía de la historia de Hegel según la cual "la filosofía de la historia
no es otra cosa que la consideración pensante de ésta". "De este modo
—dice Hettner, en la obra citada—, la estética especulativa conduce
de por sí al mismo resultado con que nos encontrábamos por otro camino, es decir, a su historia, concebida en toda su anchura y en su dependencia externa de la religión y de las costumbres nacionales. Con
lo cual se pone punto final a la separación entre una estética filosófica y una estética empírica. Ya no aparecen de un lado la filosofía y de
otro lado la empiria, concebida como teoría técnica, como una serie
de conocimientos de arte históricos, positivos, al modo de dos campos
que se excluyen mutuamente, sino que ambos forman esencialmente
una unidad, del mismo modo que su objeto es uno y el mismo . . . La
estética y la historia del arte no son dos ciencias separadas la una de
la otra, sino dos ramas distintas de una sola ciencia orgánica del arte,
dos partes del mismo todo." [30] Estas tesis programáticas habrían debido bastar para impedir que se dijese de la *Historia de la literatura
del siglo xviii*, de este autor, que "pertenece al grupo de obras en que
el movimiento positivista viene a renovar las ideas de la Ilustración, al
mismo tiempo que transforma su sentido" o se pretendiese demostrar que la historia de las ideas tal como se expone en esta obra "no
tiene nada o poco menos que nada de común con la dialéctica hegeliana y la construcción histórica de Hegel". [31] El propio E. A. Boucke,
de quien proceden estas dos afirmaciones, se ve obligado a reconocer
que en la historia de la literatura de Hettner se encuentran una serie
de ideas procedentes no sólo de la estética hegeliana, sino también de
la concepción histórica de Hegel. Hettner consideraba como su misión escribir una "historia de las ideas y de sus formas científicas y
artísticas". [32] Pero es precisamente en este terreno donde se pretende
descubrir su antagonismo con Hegel, puesto que Hettner no parte de
la idea como de lo universal y lo absoluto que se revela en la historia

---

[29] *Kleine Schriften*, Braunschweig, 1894, pp. 164 ss.
[30] H. Hettner, *Kleine Schriften*, Braunschweig, 1884, pp. 207 s.
[31] E. A. Boucke, *Aufklärung, Klassik und Romantik. Eine kritische Würdigung von
H. Hettners Literaturgeschichte des 18. Jahrhunderts* (tirada aparte de la 7ª edición de
la *Geschichte der Deutschen Literatur des 18. Jahrhunderts),* Branunschweig, 1925, pp.
12, 16.
[32] Boucke, *l. c.*, p. 58.

a través de las diferentes fases de la conciencia y se desarrolla en el proceso dialéctico, sino que arranca de ideas históricas como de determinadas fuerzas, convicciones, postulados o impulsos espirituales que permanecen inmortales a través de sus efectos, perpetuados de generación en generación, y se trasplantan de un país, una época o unos hombres a otros. Pero, ¿acaso sería concebible la marcha que lleva la obra, su sesgo antitético, su arquitectónica conceptual, si su autor no hubiese estado en su juventud informado por la ley hegeliana del acaecer del espíritu? La consideración histórico-evolutiva podrá destacar la capa hegeliana que se percibe en el fondo de esta obra. Pero, al mismo tiempo, es evidente que la historia del movimiento de la Ilustración trazada por Hettner no corresponde ya, en su conjunto, al esquema hegeliano. Es también Boucke quien pone de manifiesto de un modo excelente la ideología compleja de que esta obra brotó. Se advierte en ella la influencia del materialismo y del criticismo de figuras como Feuerbach, D. F. Strauss y Moleschott, que se sentían afines a los enciclopedistas y a los Holbach, Lamettrie y Reimarus del siglo XVIII; de un esquema de filosofía de la historia "que, en lo tocante al ideal que debía perseguirse, el ideal de una humanidad libre, empalmaba con el antiguo concepto de la *humanitas* y que, en su construcción simétrica, delata la influencia de la teoría clasicista del equilibrio";[33] la orientación, inspirada por el estudio del Renacimiento, hacia un siglo de oro o de apogeo, el nivel superior asequible de armonía e idealidad, como en el caso del clasicismo alemán, al que preceden y siguen "períodos de decadencia"; operaban dos esquemas antitéticos rigurosamente aplicados, de los que hoy diríamos que proceden del campo sociológico: por un lado, la antítesis entre la poesía cortesana erudita y la poesía popular realista, de otro, "el conflicto entre el tenso idealismo del corazón y una realidad poco satisfactoria".[34] La segunda antítesis cobra también en Hettner —en el capítulo siguiente de este ensayo tendremos ocasión de encontrarnos con otras actitudes análogas por parte de la ciencia literaria— un aspecto político unido a la historia de su época: la contradicción entre los ideales de la cultura y la triste realidad de la vida exterior de Alemania antes del año 1870 tiene también su resonancia en la *Historia de la literatura* de Hettner. Tales son las mescolanzas con que nos encontramos en este famoso libro. En modo alguno debemos colocarlo demasiado cerca del positivismo del siglo XIX. Cuán alejado se halla de él lo revela el antagonismo de Hettner con respecto al

---

33 Boucke, *l. c.*, p. 21.
34 Boucke, *l. c.*, p. 36.

pragmatismo de lo táctico que impera en Gervinus y lo revela asimismo la enemiga de Wilhelm Scherer contra aquel autor. Su obra, dice Scherer,[35] baja considerablemente de valor cuando se le aplica la pauta de la ciencia histórica: "Y esta pauta, de la que hasta ahora se ha hecho tan poco uso, es precisamente la que yo prefiero aplicar. La historia literaria no debe dejar que se le arrebate lo que era ya de su dominio. No podemos perdonar a un historiador de la literatura el que su libro, a pesar de contener unas cuantas observaciones finas y que vienen a rectificar lo anterior, representa en conjunto y desde un punto de vista general de los estudios históricos un paso de retroce·so con respecto a Gervinus... La categoría histórica fundamental, se ha dicho. con razón, es la de la causalidad. Ninguna investigación de los hechos, por fiel y concienzuda que ella sea, ninguna clasificación y agrupación de la materia, aunque sea muy luminosa e ingeniosa, puede relevar al historiador del deber de indagar las causas de los acontecimientos. La gran falla de Hettner es su motivación deficiente." Pero lo que hace que Hettner vuelva a ser tan valioso hoy es precisamente el hecho de que su obra, prescindiendo de los méritos de su exposición sencilla y clara, no se mueve en el plano del historicismo y del positivismo, sino que sus posiciones fundamentales en cuanto a la historia de las ideas y a la estética no se difuminan por la tendencia a considerar al individuo como exponente de la historia de las ideas ni porque el autor persiga determinados fines de la pedagogía artística y social.

También Th. Wilhelm Danzel, el biógrafo de Gottsched y de Lessing, cuya prematura muerte privó a la historia literaria, de otras obras importantes que indudablemente habría llegado a escribir, es una figura salida del campo del hegelianismo. Su estudio *Ueber die Aesthetik der Hegelschen Philosophie* ["Sobre la estética de la filosofía hegeliana"] (Hamburgo, 1844) hace *pendant* con el ensayo de Hettner, más conocido. Con esa lozana agresividad y esa tersa nitidez que suelen caracterizar a los grandes eruditos cuando se lanzan de jóvenes a la palestra para tomar partido en pro o en contra de las corrientes imperantes, Danzel se aparta aquí de la especulación en la ciencia literaria lo mismo que de la historia de la literatura, que cree poder encontrar en el desenvolvimiento histórico la justificación de los fenómenos de su propio tiempo. Y se orienta hacia un "verdadero cientismo", descubriendo ya como su misión el averiguar "lo que realmente ha sucedido", sin preocuparse para nada de su repercusión

---

[35] *Kleine Schriften*, t. ii, p. 66.

en nuestra época ni de las construcciones ideales. "El limitarse a investigar —dice— cómo han sucedido realmente las cosas ya no se considera bastante distinguido; ahora se aspira a averiguar por qué se aspira a saber y se dispone uno a tratar esto o lo otro; los autores no se cansan de decir que lo importante no son los hechos puros, no es la verdad, sino el imperio de una idea. Y, de este modo, se aspira sobre todo a enfocar los problemas históricos a la luz del presente y en sentido de las tareas que el presente plantea... Los anteriores historiadores de la literatura contentábanse con acumular una serie de noticias correctas y con transmitir la realidad exterior de los hechos. En eso consiste el carácter concienzudo de estos historiadores. Nosotros, los modernos, hemos avanzado en el sentido de que nuestra mirada cala más hondo y deseamos llegar a conocer la idea que se manifiesta en los acontecimientos. Es éste un carácter concienzudo más elevado que aquél. Pero si, llevados de esta tendencia, olvidamos los hechos empíricos, si nos acostumbramos a seguir simplemente el hilo de nuestras ideas y nos empeñamos en hacer pasar por historia al desarrollo caprichoso de una ocurrencia fascinante cualquiera, no cabe duda de que, antes de caer en la segunda, debemos dar la preferencia a la primera orientación: por lo menos, el empirismo carente de espíritu nos suministra una materia auténtica que luego podemos espiritualizar, pero el ponerse a hablar ingeniosamente de cosas que jamás existieron no sirve de nada: *ex nihilo nihil fit.*" Estas líneas certeras y elocuentes fueron escritas en 1847.[36] Se da por superada la antigua erudición poli-histórica en cuanto al material y se reconoce como una alta finalidad en el modo de cultivar la historia literaria el elemento conceptual e ideal, lo que sirve de engarce a los hechos. Pero esto no quiere decir, ni mucho menos, que se admita la existencia de ideas disociadas del material y de los hechos. Y esto es lo que caracteriza, en efecto, toda la obra de Danzel. Su *Lessing* sigue conservando todavía hoy un valor propio frente al libro de Erich Schmidt, el discípulo de Scherer, gracias a su recio armazón conceptual, que, unido a la plétora de materiales y al grávido estilo del autor, hacen de él una lectura, no ciertamente fácil, pero sí muy fructífera. Y hay, además, otro rasgo característico en Danzel, lo mismo que en Haym, en Viktor Hehn y en Hermann Hettner: la orientación hacia la monografía. En el prólogo a su *Lessing* (1849), Danzel subraya que ha llegado el momento de la monografía en la moderna historia de la literatura alemana, "pues existen sobrados libros en que se contiene un resumen

---

[36] *Gesammelte Aufsätze von Theodor Wilhelm Danzel*, ed. por Otto Jahn, Leipzig, 1855, p. XXII.

más o menos completo de la materia, mientras que, para llegar a una exposición ponderada de la marcha evolutiva, tan enredada, faltan todavía las investigaciones completas de detalle". También en este punto optaba el realismo por la "terrenalidad" de Goethe, para quien parecía presentar grandes ventajas frente al estudio sintético de la historia la monografía en la que se destacase un "punto focal". Y, en realidad, la obra de Hettner, vista en el aspecto expositivo, no es otra cosa que una trabazón de diversos capítulos monográficos.

3

LA ESCUELA HISTORICA Y EL PERIODISMO POLITICO, EN LA CIENCIA LITERARIA

El cambio de rumbo de la ciencia literaria hacia la monografía que se observa hacia mediados de siglo guarda relación con un cambio de la actitud ideológica —de concepción del mundo— que Rothacker (t. I, p. 184) fué, que yo sepa, el primero en poner de manifiesto con vistas a las ciencias del espíritu en su conjunto: "La metafísica del *espíritu del pueblo,* con su proceso de desarrollo orgánico, fué viéndose desplazada más y más por la filosofía de la historia del *héroe.* La época obedecía con ello a una ley estructural del espíritu... El viraje hacia la voluntad, el nuevo ideal de la acción y de la participación activa en la vida del estado traían ahora como necesaria consecuencia la valoración del individuo activo. Este se sitúa ahora en el centro del campo visual y el acento valorativo que antes recaía sobre las instituciones y las potencias morales va desplazándose hacia el estado-poder y, a través de él, hacia las acciones de estado. Y así, la nueva experiencia vivida —vivencia— de la vida pública trajo consigo la religión del 'grande hombre'. La impresión causada por la personalidad de Bismarck se encargó luego de darle la más completa victoria." Con esta sobreestimación de la personalidad como fuerza propulsora de todo el proceso histórico vienen a combinarse ahora, en la historia literaria, un ideal moral y la vigencia de conceptos morales normativos; y ambas cosas juntas, la idea del héroe y el postulado moral dan como resultado una tendencia hacia la determinación de la voluntad, hacia la actuación en el momento fecundo del presente, es decir, natural y preferentemente, en el presente político. Tal es la forma en que las ideas de la llamada escuela histórica

influyen en la ciencia literaria. Sabemos, desde Dilthey y últimamente desde los trabajos de Rothacker, que la llamada escuela histórica,
bajo cuyo nombre se resume el desenvolvimiento de las ciencias del
espíritu desde Winckelmann y Herder, pasando por F. A. Wolff,
Schlegel, Schleiermacher y Humboldt, hasta Niebuhr, Savigny, Eichhorn, Jacobo Grimm, Ranke, Bopp, Welcker, Boeckh y otros, llegó a
"hacer época" por el hecho de "que la conciencia histórica recién
creada por ella fué convertida al mismo tiempo en una nueva conciencia del mundo. Durante estas décadas, las ciencias alemanas del espíritu no sólo encontraron su forma clásica como ciencias particulares,
sino que crearon al mismo tiempo una nueva y grandiosa imagen del
mundo. Esta imagen recogió lo que había aportado toda la época y
repercutió de un modo característico sobre la época en su conjunto.
Las ciencias del espíritu desplegaron esa imagen del mundo a mediados de siglo, la aplicaron en todos los campos de la vida espiritual y
la inculcaron profundamente en la vida práctica a través de la doctrina y de la escuela. Sin su comprensión, habría sido imposible toda
la trayectoria espiritual seguida por el siglo XIX". Hasta hoy, no se
ha interpretado sistemáticamente y de un modo satisfactorio el espíritu de esta escuela histórica, y mucho menos se ha abierto a la más
profunda comprensión del investigador dedicado a las ciencias del
espíritu. Tal parece como si el espíritu de la escuela histórica, que
representa directamente un algo dado y establecido, escapase a toda
interpretación conceptual, discursiva y sistemática. La misma *Logik
und Systematik der Geisteswissenschaften* ["Lógica y sistemática de
las ciencias del espíritu"] de Rothacker lucha todavía con estas dificultades. Este libro, al igual que los trabajos de Joachim Wach sobre
"el comprender", plantea todo un cúmulo de problemas nuevos, sobre todo para quienes proceden de una determinada ciencia del espíritu. Para mí, la importancia de los trabajos de Rothacker no reside,
ni mucho menos, en el carácter cerrado de una conexión histórica o
sistemática, sino —en la obra histórica misma— en la plétora de material y en la claridad de una serie de formulaciones y —en la obra
sistemática— en lo que tienen de ensayo, en el planteamiento de los
problemas y en un fuerte criticismo.

Lo único que aquí podemos hacer es poner de manifiesto en qué
medida y en qué forma la ciencia literaria tomó parte en el espíritu
de la escuela histórica. Su suerte y su desgracia consistieron en que
la fundamentación científica de esta disciplina en el siglo XIX no corrió a cargo de un representante de la escuela histórica de estricta
observancia y de potencia pura, de un Savigny, de un J. Grimm o de un

Ranke, sino de Georg Gottfried Gervinus, cuya personalidad científica y cuyo temperamento de escritor no quedan enmarcados en su totalidad dentro de esta adscripción. Su concepción del mundo, la del cientismo aplicado por él a lo histórico, fué formándose en él a base del diletantismo y el universalismo poéticos de sus años juveniles. Los elementos constitutivos de su concepción del mundo y de su actitud científica los tenemos en la influencia decisiva que adquirió sobre él Friedrich Christian Schlosser y en el hecho de que la autobiografía de Gervinus confiese: "Mi actividad como escritor marchó, de un modo consciente y deliberado, sobre sus huellas" (las de Schlosser). Esto quiere decir que Gervinus se situó ya desde el primer momento al margen de la objetividad de la escuela histórica. Ello implicaba, siguiendo la inspiración de su maestro, el punto de vista de la autarquía de una fuerte y aun genial personalidad que se vuelca en la obra histórica y que se aventura a juzgar el pasado y a pedirle cuentas partiendo de los factores contemporáneos del presente. ¡Qué diferencia tan grande entre esta actitud y la sentencia de Ranke en 1854!: "Cada época guarda una relación directa con Dios, y su valor no descansa para nada en lo que surge de ella, sino en su existencia misma, en su propio yo" (sentencia, por lo demás, que confiere un sentido más profundo al conocido postulado según el cual la misión de la historia consiste en exponer "lo que realmente ha sucedido"). Pues bien, a pesar de esta profunda diversidad de posiciones esenciales que media entre Gervinus y los representantes "puros" de la escuela histórica, el historicismo como tal adquiere en Gervinus, como misión de vida, un sello extremo y hasta consigue en él un adepto fanático. En rigor, la historia literaria no es, para él, sino una rama de la historia en general. El hecho de que una de sus obras históricas, la publicada en los años 1835-1842, versase precisamente sobre la historia de la literatura, sobre las actividades literarias, a las cuales había vuelto la espalda, tiene su explicación, pura y simplemente, en que consideraba un estudio sobre la literatura alemana muy adecuado para dar expresión a una voluntad de carácter político-nacional en torno a la cual tenía la ambición de unir a los alemanes: la idea de que este pueblo, "pobre en hechos y rico en pensamientos", tenía que despedirse del poetizar y del pensar, en que se habían agotado las dos direcciones —como lo mostraba la historia de su literatura hasta el momento del apogeo del clasicismo—, para abrazar el camino de la acción política. En esto reside la unión de esta obra que comentamos con la vida, unión que todavía hoy, a pesar de lo muy condicionada por su época que se halla la tendencia implícita en ella, presta a la obra un aliento con-

movido y conmovedor. Gervinus echa de menos un estudio de la historia literaria capaz de influir poderosamente en la generación de su
época. En las décadas anteriores, los autores habíanse entregado, a
su modo de ver, a las investigaciones históricas de detalles, pero él se
propone levantar un monumento a la historiografía misma. En los
precedentes decenios del siglo XIX, la ciencia histórica investigadora,
según él cree poder comprobar, se había ido separando cada vez más
de la vida; su propósito es acercar de nuevo a la vida esta ciencia y
hacer comprender a la nación su valor presente, logrando además este
propósito por medio de una obra histórica. Pero, nos dice en este importante pasaje de su introducción, "no todas las páginas de la historia se prestan para ello; para que los acontecimientos sean instruc-
tivos, es necesario que hayan conducido a algún fin, a un punto de
reposo ... Jamás deberíamos salir desconsolados de la lectura de una
obra de arte histórica. Pero me gustaría ver al artista-historiador
que supiese despedirnos, después del relato de la actual situación política de nuestro país, dejando en nosotros una impresión de consuelo.
En cambio, la historia de la poesía alemana, si es que en la historia
pueden aprenderse realmente verdades, ha llegado a un punto desde
el que es posible que nuestra mirada abarque con éxito el todo, recibiendo una impresión aquietadora y hasta exaltadora y sacando las
mayores enseñanzas ... Pero yo considero la elección de un tema
histórico a tono con las exigencias y las necesidades del presente como
un deber tan importante del historiador, que si hubiese estimado de
elaboración más adecuada y más urgente el lado político, el religioso,
el literario en su conjunto o cualquier otro aspecto de la historia de
nuestro pueblo, lo habría elegido, ya que el historiador no debe
dejarse encadenar exclusivamente por ninguna especialidad favorita".
Me complace imaginar que algún profesor universitario de nuestra
ciencia eligiera alguna vez como tema de ejercicios de interpretación
en el ramo de la historia del espíritu esta introducción a la primera
edición de la *Historia de la literatura poética nacional de los alemanes,* que a partir de la 4.ª edición ostenta el título de *Geschichte der
deutschen Dichtung* ["Historia de la poesía alemana"]. Cada una
de sus tesis, formuladas con plena conciencia y con todo rigor, daría
motivo a observaciones retrospectivas o proyectadas hacia el porvenir. De las palabras programáticas que acabamos de citar merece re-
tenerse la proyección de la mirada sobre la "literatura poética nacional", por oposición a la "historia literaria en su conjunto". Esto no
entraña solamente la limitación del tema a lo poético, no entraña solamente aquel concepto del espíritu del pueblo y del organismo tomado

de Herder y del romanticismo por la escuela histórica, no sólo la for-
talecedora idea de la unidad nacional a lo largo y a lo hondo: más
importante que todo eso nos parece a nosotros la apelación, contenida
ya en el mismo título de la obra, a una opinión pública nacional y
que rebasa todas las particularizaciones de clase o de profesión científica. Desde Gervinus, la historia literaria alemana se convierte en
asunto público y no puede darse por satisfecha con las investigaciones
encerradas entre las cuatro paredes del cuarto de estudio del sabio.
Desde Gervinus, la historia literaria es algo distinto de la "filología
alemana" o de la "germanística". Desde Gervinus, se ríe de cualquier
método valedero de una vez para todas y que haya de establecerse de
un modo fundamental. La obra de Gervinus figura entre los libros
que, como dijo Treitschke, de la *Historia de Roma* de Niebuhr, no
llegan a superarse nunca, aunque se los refute página por página. Y
no puede decirse, ni mucho menos, que la obra de Gervinus haya sido
"superada". Los problemas y las tareas de la historia literaria que
se alzan ante nosotros en esta obra, que dista mucho de haberse agotado ni siquiera desde el punto de vista puramente material y que
Max Rychner ha podido exponer detalladamente en su fino y penetrante análisis,[37] siguen siendo los nuestros. Tenemos, por ejemplo,
el complejo de problemas que la moderna terminología resume bajo
la tesis antitética de contenido *(Gehalt)* y forma *(Gestalt)*. Para
Gervinus, no existe desequilibrio entre estos dos valores determinantes
de la obra poética de arte. Su resentimiento contra sus ensayos juveniles en forma poética era tan grande, que rechazaba en redondo todo lo
que representara estudio de la forma, del carácter artístico o lúdico
de la poesía. "Yo no tengo —nos dice un poco ostentosamente en su
introducción— nada que ver con el enjuiciamiento estético de la obra
poética, pues no soy poeta ni crítico literario." Y más adelante: "En
el historiador de la literatura hay que dar por supuesto cierto buen
gusto estético, como en el historiador político cierta claridad de visión
política." "Advertiré, por lo demás —continúa—, que el juicio final
del enjuiciador estético y del histórico coincidirían siempre, si ambos
abordasen el problema con el mismo rigor; con tal de que cada cual
haga las cuentas bien a su modo, la comprobación arrojará siempre
la misma suma." (Wilhelm Scherer debía de tener presente esta afirmación de Gervinus cuando en sus conocidas palabras, citadas más
arriba, dijo que no existe pleito alguno entre la filología y la estética.)
El antiguo lírico había alejado de sí toda sensibilidad lírica, hasta el

---

[37] G. G. Gervinus, *Ein Kapitel über Literaturgeschichte*, Berna, 1922.

punto de que en su historia de la literatura trata con un desdén indecible los tesoros de la lírica alemana. El historiador había superado completamente dentro de sí al hombre estético para dejar en pie solamente al hombre dotado de voluntad política, que sabía administrar y plasmar con capacidad y gesto imperativos masas inmensas de material. No en vano habla Gervinus del "artista-historiador": el modelador superado por él y dentro de él sólo encuentra ahora satisfacción en la obra de dominar y construir el proceso histórico de una idea cultural nacional. Esa frase del "artista-historiador" revela, por lo demás, que este autor no estaba dispuesto a reconocer el carácter informe que tantas veces se ha reprochado a su obra. Lo que ocurre es que el concepto de forma es, en su libro, distinto que en el de Hettner. En Hettner impera un concepto clásico de la forma, cuya característica es la unidad en la variedad, el sentido de la agrupación y de la proporción, una claridad clasicista, y una tersura sin carácter. En la obra de Gervinus, por el contrario, domina una forma "alemana", desordenada y llena de carácter. Una forma cuyas leyes no se encuentran fuera de la obra ni de la personalidad creadora del autor y que se funde en unidad con el carácter necesario de la obra misma y con la dinámica de las fuerzas que la animan. "Es una transferencia del estilo de arabescos y del método de cajón de sastre de Juan Pablo al trabajo científico, del estilo de aquel poeta que llegó a conmover febrilmente a Gervinus, en su juventud, y cuya fantasía se esforzaba más tarde en eliminar como si se tratase de una materia patológica", dice Boucke.[38] Pero no debemos ver a través de un signo negativo esta relación estilística entre nuestro historiador literario y el poeta Juan Pablo. También en Juan Pablo impera esta forma "alemana" de que hablábamos hace poco. Refiriéndose a ella, le escribía en una ocasión Carolina Herder: "Experimentamos una maravillosa sensación; es como si todo el edificio estuviese lleno de pequeñas imágenes de santos. El ánimo y el espíritu se detienen en ellas emocionados, fortalecidos, alegres, exaltados; querríamos abarcarlo todo en nuestra mirada, y nos da rabia de no poder seguir adelante por entre estas mil sensaciones. Si hubiese usted visto la catedral de Estrasburgo, me comprendería y no interpretaría mal este símil."[39]

Por lo demás, si a la luz de ciertos criterios aislados, queremos asignar a la figura de Gervinus el lugar que le corresponde, no debemos perder de vista que las famosas comparaciones y los esclareci-

---

38 *L. c.*, pp. 59 s.
39 Cfr. mi conferencia sobre el centenario de Juan Pablo, pronunciada en la Sociedad de Amigos de Goethe de Francfort d. M., 1926, p. 21.

mientos por recíproca referencia de su obra son el sedimento característico de una nueva metodología de las ciencias del espíritu después de Hegel. Son un elemento significativo del idealismo objetivo de la escuela histórica y discurren paralelamente al método histórico-evolutivo.[40] Otro punto de apoyo para situarlo dentro de la trayectoria seguida por la ciencia literaria después de Herder lo tenemos en la relación entre lo individual y la época. La compenetración con lo individual inexpresable era algo ajeno a él. "Es —dice de él Julián Schmidt— un marcado dogmático, cualidad muy peligrosa para quien se dedica a pintar caracteres... Gervinus no siente ningún respeto por la individualidad, porque lo que hay en ella de más profundo y de más misterioso no encaja en su sistema." O, para formularlo con las palabras de Rychner: "El individuo, la existencia aislada humana y poética, no es aceptada por Gervinus como algo dado por el destino y que en cada caso se dicta a sí misma las leyes de la expresión espiritual y, por tanto, las de su comprensión crítica; en él, la personalidad forma parte de la época, es decir, se concibe como una expresión parcial de una totalidad histórica, en cuya trabazón entran también otras partes. El individuo, para él, es miembro, no cuerpo." No hemos de entrar a discutir aquí hasta qué punto esta concepción del individuo en su obra constituye precisamente uno de los rasgos tomados de la concepción histórica de Herder y el romanticismo.

Por último, la actitud ideal de conjunto de su obra. Pese a todas sus llamadas al realismo, al entronque causal de los hechos, al presente, a la profecía retrospectiva basada en la historia, a la voluntad y a la acción, su obra es un auténtico testimonio del pensamiento alemán. Y aunque vea el "espíritu del tiempo", la "época" y el "desarrollo" manifestados y encarnados siempre en determinadas personalidades, es muy significativo que éstas sean siempre también a modo de cuerpos astrales, exponentes de espiritualidades y de conceptos, encarnaciones de una idea central: la de la conciencia cultural nacional y la de la trayectoria nacional de la cultura. Lo cual no excluye, al aplicarse, el "pragmatismo de los hechos". Pero no perdamos de vista que también esta obra es, en último resultado, un fruto del pensamiento alemán, el cual a nadie debe tanto como a Hegel.

Gervinus pudo servir, de una vez para todas, de punto de orientación a aquella historia literaria consciente de que la literatura y la poesía son siempre expresión de la vida pública y nacional de un pueblo. Imperaba en ella la idea romántica, no ausente tampoco en

[40] Cfr. Rothacker, II, pp. 91 ss.

un Gervinus, de que las obras literarias y poéticas de los alemanes tenían que ayudar a este pueblo a sobreponerse a la decadencia de su vida pública y nacional y garantizaban un porvenir mejor. En esta concepción coinciden cabezas mediocres y partidarios fanáticos como los Robert Prutz y los Wolfgang Menzel, los compiladores hábiles y útiles y, a veces, incluso cautivadores como Vilmar, Johannes Scherr, Heinrich Kurz, con quienes sabían aunar una actitud y una influencia científicas importantes a un ardoroso entusiasmo, a un gran temperamento político y a un alto nivel: con Heinrich von Treitschke en los capítulos literarios de su *Historia de Alemania*, y con Julián Schmidt. Es cierto que en la obra de Schmidt son ya más débiles los reflejos de una idea nacional como base de la historia literaria alemana y que en él esta concepción fundamental se ha convertido ya en algo evidente por sí mismo. El contenido de la obra central de Julián Schmidt en el campo de la historia literaria, obra rica, modelada y remodelada y, a pesar de ello, bastante informe, se caracteriza por un eclecticismo de sabio y de buen conocedor de la materia; un juicio rápido y emotivo, que se turna con el buen sentido proverbial de este autor —don de su tierra natal en el occidente de Prusia— distingue la falta de método de esta obra, que es precisamente lo que da alas a su lozanía. Si se nos permite citar los nombres de Joseph Hillebrand, Heinrich Gelzer, Biedermann, Cholevius, Loebell, para no descender más en la escala, veremos cuántas variedades se escondían detrás de estos nombres, pues en unos predomina la estética hegeliana, en otros el psicologismo herbartiano, en otros el pragmatismo histórico-cultural o el dogmatismo clasicista, pero todos ellos poseían un punto de apoyo y un eje en la conciencia de servir con sus estudios de historia literaria a la "realidad", de coincidir con la situación espiritual y política de su época, de hallarse en una relación estimulante de interdependencia con el público para el que escribían. No se aprecia en ellos, presupuesta siempre la diferencia de nivel, ninguna brecha interior, ninguna tensión perturbadora, ninguna desproporción entre la obra y el postulado. Y este río de la ciencia literaria del siglo XIX se perdía en el bajo cauce de las historias literarias populares que siguen viviendo hasta en nuestros días, destinadas a servir a estas o las otras capas de clientes, según su posición ideológica, política o confesional y que constituyen un blanco fácil tanto para la obra de creación poética como para la ciencia. Este tipo de producciones de historia literaria sugirió a los filólogos e historiadores de estricta observancia la creencia desdeñosa de que la moderna literatura era ya sobradamente

conocida, de que cualquier persona culta podía hablar y escribir acerca de ella sin necesidad de tener estudios especiales. Esta clase de
manifestaciones venían a testimoniar, como hubo de decir ya Richard
Heinzel en 1886, en su necrología de Wilhelm Scherer,[41] hasta qué
punto nuestras ciencias del espíritu estaban todavía necesitadas de
que se depurasen y esclareciesen sus conceptos fundamentales, cuán ve-
lados se hallaban aún para muchos de sus representantes los verdaderos
fines y las posibilidades de sus conocimientos. Pero entre tanto había
ido desarrollándose una nueva situación de la ciencia literaria que
venía a poner en claro nuevamente la tensión que se encerraba en la
esencia misma de esta ciencia.

4

REALISMO Y ESPECIALIZACION. "COMPILAR Y CERCAR".
LAS TENDENCIAS FILOLOGIZANTES

Gervinus había trazado con tesis todavía hoy muy actuales la
diferencia esencial que existe entre la historiografía literaria y la investigación histórica de la literatura. Su mira consistía, según nos decía
él, en servir al mismo tiempo a los severos postulados de la ciencia y
a las esperanzas divididas de los eruditos, situados en diferentes puntos de vista, en satisfacer al mismo tiempo las verdaderas necesidades
del presente y los deseos extraviados de la multitud. Su propósito no
era emprender una obra de investigación y erudición, sino construir
una obra de arte expositiva. Se colocaba frente a aquella erudición
libresca y coleccionadora que conocemos de la historia literaria: "No
sé por qué no he de decidirme a decir sin rodeos que considero la
forma tradicional de nuestros compendios de historia literaria...
como un residuo, completamente indigno de nuestra cultura, de aquella vieja pedantería detrás de la cual se esconde cautamente, con harta
frecuencia, la superficialidad y la falta de visión." Pero esta erudición libresca floreció espléndidamente en la historia literaria hacia
mediados del siglo xix y justificó con sus obras su razón de ser, su
utilidad y su necesidad, que el propio Gervinus había reconocido. Sin
embargo, lo característico era que ella misma no parecía tener la conciencia de que sólo era, en, rigor, una simple ciencia auxiliar. Se consideraba a sí misma como un fin en sí. El realismo del siglo xix, la

---

[41] *Kleine Schriften von Richard Heinzel*, ed. por M. H. Jellinek y C. von Kraus, Heidelberga, 1907, p. 153.

orientación exclusiva hacia lo empírico y lo comprobable vinieron a darle nuevos puntos de apoyo y nueva confirmación. La conexión existente entre el realismo en la poesía del siglo xix, principalmente en la descripción poética de la naturaleza, y la ciencia literaria se pone de relieve con rasgos manifiestos cuando se leen, por ejemplo, en Stifter, afirmaciones como la siguiente: "Creo que, en la época actual, el punto de vista de la ciencia es el de la compilación. Vendrán tiempos en que se construya algo a base del material que nosotros no conocemos aún... La ciencia va siempre precedida por la obra del compilador... Es como si apuntase en los corazones el estímulo de la intuición de para qué puede existir una cosa y a qué pudo haberla destinado Dios. Pero incluso sin este estímulo tiene siempre la labor de compilar algo de atractivo. Todos mis mármoles han sido reunidos por mí en las montañas y yo mismo he dirigido las faenas de arrancarlos de la cantera, de tallarlos y de pulirlos. Este trabajo me ha producido no pocas alegrías, y creo que a esto se debe el amor que siento por estas piedras, buscadas y reunidas por mí mismo." [42] Es también la concepción del mundo de los coleccionistas y especialistas de las ciencias del espíritu del siglo xix. Lo mismo les da que la búsqueda y los descubrimientos, la labor de reunir materiales, conduzcan o no a "'resultados'", o a una síntesis científica. La renuncia a la interpretación y a la utilización de los materiales reunidos les produce la más alta de las satisfacciones. La limitación imperante en esta labor de "coleccionar y cercar" les infunde una seguridad tranquila y sosegada; la sensación de que, piedra a piedra, están construyendo de abajo arriba y poniendo el piso, da a estos investigadores la sensación de ser servidores útiles dentro de una gran colectividad, la cual se proyecta a grandes rasgos ante su espíritu. Nada de precipitadas generalizaciones, sino una modesta labor realizada con vistas a una meta tal vez muy lejana. Nada de servir al presente, sino más bien una escatología científica. Este sentimiento vital explica aquellas empresas científicas de carácter bibliográfico, aquellas grandes ediciones de textos y colecciones de fuentes cuya organización corrió a cargo del siglo xix. Podría y pudo alegarse tal vez que también los maestros de la escuela histórica —basta pensar, por ejemplo, en un Jacobo Grimm— se entregaron a la obra de coleccionar, agrupar y describir. Pero, al decir esto, se olvida que estos hombres, los Grimm, los Lachmann, etc., cuando procedían así, sólo en cuanto a la forma renunciaban a interpretar las cosas y a discurrir por cuenta propia. Se

---

[42] Adalbert Stifter, *Gesammelte Werke* (ed. Insel), t. iii, pp. 600 s.

inspiraban para sus trabajos en una grandeza de concepción y en ideas de conjunto muy meditadas, que se transparentaban constantemente a través de sus materiales, sin necesidad de expresarse directamente por medio de palabras. Todavía en Koberstein, el discípulo de Tieck y del romanticismo, resulta difícil negar esta concepción de conjunto inherente a su obra de compilador. De Goedecke, cuyo *Bosquejo* es nuestra tabla de salvación en la penuria, dice Roethe, hablando todavía por experiencia propia, que había leído lo que registraba y que su fantasía plástica sabía extraer una vida arrolladora del seco material bibliográfico: "Su entusiasmo nacional y liberal descubría detrás de las áridas masas de la literatura a la moda, detrás de las largas filas de títulos y ediciones de las obras favoritas, no sólo el artista que daba, sino también la parte que recibía, el público ávido de lectura, pues no en vano era su amado público alemán." Así fué cómo surgió dentro de la corriente nacional, el bibliógrafo que tanto impulsó la historiografía literaria del siglo XIX. También a la *Historia de la literatura* de Wackernagel y Martin nos inclinamos a perdonarle la parquedad de palabras en la inteligencia de que no quiere dejar hablar en voz alta a la plasticidad y a la articulación de las cosas, limitándose rigurosamente a los hechos. En Karl Weinhold, el discípulo de Jacobo Grimm, tenemos que dar por supuesta la síntesis tácita. Su estudio sobre *Lo cómico en el antiguo teatro alemán*, que la escuela de Scherer gustaba de elogiar como modelo de cuidadosa descripción, encabeza el *Anuario de historia literaria* editado por Richard Gosche en 1865. Con este *Anuario*, del que sólo llegó a publicarse un tomo, inicia la serie de las revistas consagradas a la moderna historia literaria alemana, que llegaron a convertirse en la verdadera patria de los especialistas con un campo de acción limitado, de la labor de "compilar y cercar". Este *Anuario* fué algo sintomático para la incipiente emancipación de la historia literaria tanto con respecto a las ciencias vecinas como en lo tocante al diletantismo ajeno a todo método. En él se mantiene ya el postulado de que la historia literaria se incorpore como ciencia especial al organismo de las disciplinas académicas. Esta ciencia "tiene su propia función, su propia materia, su propio método y, por tanto, un derecho fundado a que se la reconozca como ciencia aparte" (página VII). "El conocimiento, en la historia literaria —leemos más adelante— es más directo que en la historia política: los hechos que se traslucen en la forma transparente del lenguaje son, al mismo tiempo, las fuentes auténticas. Tiene el mismo derecho a emanciparse de la filología, en la que la historia literaria penetra con diversos enclaves, que la historia política . . . la cual reclama, con toda razón, que se la considere como un todo cerrado." También sobre las revistas flotaba, naturalmente, aquel pensamiento de la síntesis que habría de venir algún día y que era necesario preparar mediante la investigación del detalle. Y, sin embargo, todo aquello que aquí se ofrecía era, en el fondo, una renuncia que no siempre puede calificarse de voluntaria. Es sintomático que aquella formulación de la concepción del mundo del "compilar y cercar" procediese precisamente de Stifter y de Austria. La ciencia austríaca revela, en el siglo XIX, una orientación "positivista", antes de que reciba su fundamentación filosófico-programática. No hemos de entrar a examinar aquí qué factores históricos y psíquico-culturales condicionaron en Austria esta tendencia a lo empírico, a los datos susceptibles de ser medidos y contados. De allí partió y penetró en la ciencia literaria, antes de Scherer y paralelamente con él, la exigencia de una rigurosa inducción y de una "descripción" al modo de las ciencias naturales, método que, siguiendo el modelo de Th. G. Karajan, había de poner en práctica Richard Heinzel, con sus estudios sobre el estilo de la antigua poesía germánica, sobre la saga de Islandia y sobre el teatro eclesiástico de la Edad Media alemana. Este método, que tomaba por arquetipo la botánica, la zoología y la estadística, con su frente desplegado contra la plasticidad y la vivificación, contra las figuras de pensamiento inspiradas en los problemas del presente, condicionó hasta bien entrado el siglo XX la especial actitud de la ciencia literaria austríaca.

El hecho de partir de lo empírico y, por tanto, de las cosas que quedaban más al alcance de la mano, el establecimiento de lo que se llamaba una "base segura", hacía que se comenzase en el poeta por la palabra, por el texto, en la creencia de que no era posible decir nada acerca del "espíritu" si antes no se fijaban o se comprendían las palabras. Se estableció de este modo el engarce con el método filológico, sobre todo y en primer término en lo tocante a la crítica de los textos. Se tomaba por modelo la combinación de la filología clásica con la germanística, tal como la habían aplicado Karl Lachmann y Moritz Haupt. La edición de Lessing hecha por Lachmann había dado ya el paso hacia el tratamiento filológico de los textos de la moderna historia literaria alemana. Esto planteaba a la ciencia literaria tareas apremiantes y poco menos que infinitas. El primero que las reconoció fué Michael Bernays, con su pequeña obra, pero que en cierto sentido hizo época, *Sobre la crítica y la historia del texto de Goethe*, publicada en 1866. Como paladín de un método histórico-filológico, que además daba muestras de capacidad en lo tocante a la síntesis comparada

y de una enorme erudición, los representantes de las ciencias filológicas hermanas más antiguas y que se tenían por más dignas, no le ne-
garon una cátedra universitaria para explicar la ciencia literaria moderna. Pero el amigo de Salomón Hirzel, corredactor de la revista *El
Joven Goethe*, se incorporó también con ello a aquella "comunidad
silenciosa" que tenía como misión de vida el "compilar y cercar", sobre todo en lo tocante a Goethe. El *ethos* filológico: la retraída responsabilidad ante sí mismos, la fidelidad en lo pequeño, la devoción
a las cosas poco importantes, una vida recatada, el temor a las cosas
provisionales subjetivistas y a las meras impresiones, la renuncia en
todos los terrenos, el rigor y la abnegación como exigencia para ellos
mismos y para los demás, la idiosincrasia ante el "periodismo" y el
"folletonismo", el orgulloso apartamiento: este *ethos*, parte de la herencia de la mentalidad filológica desde hacía varios siglos, se fundió
ahora con los postulados referentes a la penetración en el detalle, al
empirismo y a los hechos, con una modestia y una sobriedad que in-
fundían a quienes las practicaban seguridad en sí mismos, más aún,
con una estrechez programática: fenómenos todos que acompañan a
la actitud del espíritu realista y a la reacción contra el idealismo
alemán.

5

WILHELM SCHERER Y LOS SUYOS.
EL NUEVO RUMBO

Al fondo de toda esta trayectoria que hemos venido esbozando hay
que ver necesariamente la figura de Wilhelm Scherer.[43] Son de sobra
conocidos los ataques dirigidos contra él por una época posterior de la
ciencia literaria. El reproche de haber dado alas a los excesos del materialismo haría mejor en no dirigirse contra él precisamente, sino contra sus continuadores de rango inferior. La historia del desarrollo de
la ciencia literaria no nos permite ver en Scherer un verdadero inno-
vador, sino el espíritu extraordinariamente receptivo, claro y dinámico, en el que vienen a confluir las distintas corrientes de las ciencias
del espíritu existentes desde Herder para ser encauzadas por él, una
vez reunidas y clarificadas, hacia un empleo fecundo y lleno de suges-

---

[43] Véase bibliografía sobre este autor en Edward Schröder, en *Allgemeine Deutsche
Biographie*, t. 31, pp. 104 *ss.* y en Rothacker, I, p. 207.

tiones. Tal como están las cosas hoy, estimo que no es ya tan importante estudiar esta figura desde el punto de vista de la historia de los problemas de las ciencias del espíritu como el entrar en las condiciones estructurales, psicológicas y caracterológicas, de su personalidad científica y humana. Los autores que se han ocupado de él antes que nosotros han insistido muy poco en esto. El punto de vista de la historia de las ideas envuelve hoy, también con respecto a esta figura, el peligro de que resulten oscurecidos por este camino los valores auténticamente personales que sirvieron de punto de partida a su obra y la genialidad específica de este hombre, cuya carrera quedó súbitamente cortada a los 45 años. La genialidad científica de Scherer residía en el modo como supo situar su labor científica dentro de la conexión de los puntos de vista universales y de los problemas de la vida moderna. Lo que yo juzgo más importante en él es el saber que todo en él era luminoso, penetrante y bañado en goce vital, que en su existencia no aparecen lagunas ni pausas, que este hombre vivía animado por la conciencia jamás interrumpida de que a cada uno de nosotros sólo le pertenece tal vez el día de hoy y de que, por tanto, es necesario llenarlo con el mayor contenido posible. Tal es la "terrenalidad" *(Diesseitigkeit*, "aquendidad"), palabra acuñada por Wilhelm Dilthey precisamente para él. Y esta *vista activa* es la que Scherer descubre también en Lessing, en Goethe, en los poetas de su siglo realista a cuyo conocimiento se consagra, como un Keller, por ejemplo. El "positivismo", sello que gustan de imponerle los críticos de hoy, tiene en él otro sentido que el que suele ir aparejado al significado filosófico de esta palabra. Adquiere en él el matiz de una actitud "positiva", afirmativa, ante los fenómenos de su época y de su mundo circundante, el de la posición ocupada por él, optimista de la cultura, en medio de la situación espiritual de su tiempo. Su carácter científico y humano nos lleva a plantear el problema de cómo pudieron combinarse en él aquella facilidad, aquella afirmación de vida y aquella movilidad austríaco-francesas con los rigurosos y puritanos postulados de su *ethos* científico-filológico, con su abnegada entrega a la materia, con su renuncia a todo lo personal y humano en el trabajo científico. No se crea que estos complejos convivían siempre en él pacíficamente y sin fricciones. Hasta ahora, se ha parado muy poco la atención, en el escéptico cultivado, que adoptaba una actitud muy crítica ante los hábitos usuales del profesorado alemán, a pesar de tratarse de uno de los profesores alemanes más celebrados del siglo XIX; en el hombre que iba camino de convertirse, de un profesor en el estricto sentido de la palabra, en uno de los escritores más destacados de su nación; que se empe-

ñó en aprender "método" y que exigía que sus discípulos lo aplicasen
con la precisión de un aparato de ciencias naturales, pero sin que por
ello dejara de hallarse convencido de que este método no era, ni mucho menos, algo inconmovible y valedero de una vez para siempre,
sino algo que debía variar con arreglo al tema estudiado y a la finalidad científica perseguida; que todavía el 29 de diciembre de 1885
escribía a R. Haym: "Siempre que alguien me critica de un modo
malévolo lo hace pasando por alto lo que yo he querido poner como
fuerza sugestiva en la obra criticada y haciendo hincapié, en cambio,
en la ausencia de un ideal 'exacto', arbitrario siempre, pero establecido, naturalmente, con gesto de infalibilidad." [44] Son algunos de sus
continuadores de menor cuantía, y no él, quienes se han convertido
en héroes exclusivos del "método", que no se les cae para nada de los
labios. Esta mescolanza, que encontramos incluso en el verdadero
historiador literario Scherer, no es fácil de comprender para nosotros,
hoy. Este hombre, que enfoca la historiografía literaria desde el punto de vista de una ética nacional y de una educación nacional proclamadas casi de un modo entusiasta y que apremia, al mismo tiempo, hacia una sujeción a leyes determinista y una rigurosa conexión causal, es
a la par un expositor de gran estilo y minucioso investigador del detalle y sabe apropiarse los impulsos de Herder, del romanticismo y
de la escuela histórica, ni más ni menos que la técnica de la inducción de la clasificación descriptiva o de la descripción analítica, tomada
de las ciencias naturales. En él, este problema estructural es también
un problema de la historia evolutiva. Con él, es el positivismo anglo-
francés sobre todo el que penetra en la ciencia literaria, y cabe preguntarse por qué tenía que encontrar necesariamente en este investigador una disposición favorable. En este positivismo podía Scherer
encontrar confirmadas sus dotes naturales. Entrañaba la repudiación
de todo lo que fuese especulación ideológica o tendencia metafísica,
brindaba cosas aprehensibles y comprobables por la experiencia, de
las que necesariamente tenía que gustar quien como él sabía mirar
con los ojos abiertos a la vida cotidiana, una explicación satisfactoria
de los hechos por medio de la ley de la causalidad, la posibilidad de
"conceptos y tipos simples y fijos"; ofrecía un dique, levantado por
las ciencias particulares, frente a lo "vago", palabra que con tanta
frecuencia vemos emplear a la escuela de Scherer. Y este hombre,
que tanto sentía la actitud positivista del espíritu como la que mejor
cuadraba a su propio modo de ser o, para decirlo en términos más

---

[44] *Ausgewählter Briefwechsel Rud.* Hayms, ed. por H. Rosenberg, Berlín y Leipzig,
1930, p. 340.

prudentes, como la que se armonizaba como una de las partes de su
personalidad, llegó por este camino a una sobreestimación del método
positivista de las ciencias naturales por virtud de la cual, renunciando
a todo juicio valorativo, como correspondía al modo de proceder del
naturalista, exigía que se aplicase implacablemente el método empírico, la observación de los hechos concretos, para llegar así, a través
de la comparación y la concatenación, a leyes generales y a conexiones causales: "No podemos volar de golpe y porrazo hasta las últimas
cosas. Las concepciones del mundo han caído en descrédito. Nosotros
nos preguntamos: ¿dónde están los hechos para los que se nos ofrece
una nueva clase de comprensión? Con hermosas opiniones, con palabras ingeniosas, con frases generales, no conseguiremos nada. Exigi-
mos investigaciones concretas en las que los fenómenos conocidos con
seguridad se reduzcan a las fuerzas motrices que los han engendrado.
Las ciencias naturales nos han enseñado a aplicar esta pauta... Las
ciencias naturales avanzan vencedoras sobre el carro de triunfo al que
todos estamos atados." Estas palabras y otras parecidas fueron los
clarinazos del joven Scherer, las orgías de la conciencia de aquella
"exactitud" de la que más tarde habría de burlarse él mismo, la fundamental actitud documental en que tenía que hacerse fuerte el cultivador de la moderna historia de la literatura alemana, hincándose
reverentemente de hinojos ante las ciencias naturales y la filología
clásica, para poder conseguir que aquella ciencia llegase a ocupar un
sitial entre las ciencias universitarias. Pero en el autor de la *Historia
de la literatura alemana*, completa ya en 1883, el autor de la *Poética*
y de numerosos estudios y notas críticas sobre obras de otros muestra
ya conatos de un desarrollo que habrá de conducirle muy lejos, después de superar aquel exclusivismo de las ciencias naturales que caracterizó su primera época. Esta evolución habría que buscarla sobre
todo en la tendencia hacia un colectivismo exaltado y ampliado y hacia una síntesis que tal vez no se distinguía gran cosa de la tendencia
hacia la síntesis revelada por las dos décadas anteriores. Y tal vez esta
síntesis, erigida sobre una base más sólida, habría llegado a convertirse en una satisfacción más sana y más plena de sentido de las necesidades situadas en esta línea que las construcciones y provisionali-
dades levantadas en el aire que suelen ofrecérsenos con carácter de
tal. La fuerza y el gran amor de Scherer residían siempre, aun en
sus investigaciones de detalle, en perseguir hasta el final un pensamiento y un motivo, técnica que más tarde habrían de retener sus discípulos. Lo más débil es siempre, en él, la concepción de lo individual
inexpresable, y no creo que haya razones para afirmar que en sus

años posteriores llegase a subrayar con más intensidad que antes ni a destacar de un modo más feliz la importancia del individuo en la historia.

La personalidad científica de Scherer sólo puede enjuiciarse plenamente situándonos en el terreno de los estudios germánicos en su conjunto. Pero su programa y su método eran tan multiformes y tan amplios aun en lo tocante a la moderna historia literaria alemana, que encontraremos siempre en él, de un modo o de otro, los conatos de casi todas las nuevas corrientes formadas después de su tiempo. Además, el autor de la *Historia de Alsacia*, obra emprendida en colaboración con Ottokar Lorenz, fué también el primero que realizó un estudio magistral, equilibrado, así en cuanto a la forma como en cuanto al contenido; estudio del país, de la nación y de la historia literaria al mismo tiempo, relegando por completo a segundo plano todos los ensayos anteriores de historia literaria de aquel país. Así, pues, la función de esta figura en la historia del desarrollo de nuestra ciencia consiste en que sus obras y su programática brindan un fondo que, por su extensión y su profundidad, así como también, y no en último término, por los postulados de carácter metódico que él mismo mantiene, incita a debate o a refutación. No puede hacérsele responsable a él, como queda dicho, de que entre sus discípulos hubiese espíritus poco profundos que se limitaron a seguir aquellos principios de su metódica que, por ser fácilmente asequibles y manejables, amenazaban con mecanizar la ciencia literaria y convertirla en oficio artesanal. Nos referimos al principio de la causalidad, concebido al modo de las ciencias naturales y, en relación con él, a la acentuación de lo técnico en la poesía. Scherer se preocupaba siempre de reunir y ordenar observaciones sobre la técnica del lenguaje de la obra poética y de grupos enteros de poetas y poesías. Como el material de esta técnica es el lenguaje, ello entrañaba naturalmente, como primordial e inexcusable requisito, el tratamiento filológico de la poesía. Y ambos puntos de vista llevaban aparejado, lógicamente, un elemento marcadamente racional con respecto a la concepción de la poesía y del poeta. Por este camino, quedaba fácilmente fuera del horizonte visual aquella parte de la esencia poética que no pudiera captarse de este modo. De otro lado, este método empírico inspirado en las ciencias naturales, histórico-filológico y conscientemente racionalista, creaba un modelo fácil de copiar por cabezas mediocres, por artesanos ajenos al mundo del arte y del espíritu. Da de lleno en el blanco Gottfried Keller cuando escribe, en su conocida carta sobre Erich Schmidt: "Vuestro Erich Schmidt es un muchacho inteligente y amable. Pertenece, cierto es, a la escuela de germanistas de Scherer, a la escuela de los que oyen crecer la hierba aun entre los vivos y pretende saber mejor que ellos mismos de dónde y cómo viven y crean sus obras estos autores. Sin embargo, hay que reconocer que estas mismas gentes tienen un modo de ser lozano, imparcial y benevolente; recitan sus sentencias sin preocuparse en lo más mínimo de obligar a nadie a gratitud ni a pagarles el favor y, al fin y al cabo, tienen por lo menos un punto de apoyo seguro y un método, lo que vale más que no tener nada, como acontece con la mayoría de los críticos" (22 de septiembre de 1882). Lo que ocurre es que no eran muchos los que daban pruebas de mantener aquella relación directa con los poetas y la poesía, de aquella liberalidad y urbanidad amables, propias de un hombre de mundo, de aquella fuerza de expresión y de aquel dominio del lenguaje que encontramos en este discípulo de maestros y continuador de la obra de Scherer.

La reacción contra Scherer y su escuela partió de diferentes puntos y comenzó hacia el año 1890. El ensayo de Ten Brink sobre *Die Aufgabe der Literaturgeschichte* ["La misión de la historia literaria"], 1891, desviaba el problema del estudio histórico de la literatura para llevarlo a una posición en que la ciencia literaria se convierte en una estética aplicada, y subrayaba la necesidad de estudiar la relación en que se halla toda la personalidad estético-moral del autor con respecto al tema tratado por él, relegando a segundo plano los problemas histórico-biográficos. Wilhelm Wetz, en su obra *Ueber Literaturgeschichte* ["Sobre la historia literaria"], 1891, toma por punto de partida la filosofía del arte de Hipólito Taine y establece el postulado de una "psicología estética", a la que, según él, debe supeditarse el tratamiento de los problemas históricos. Hugo Falkenheim, en su librito sobre *Kuno Fischer und die literarische Methode* ["Kuno Fischer y el método literario"], 1892, llama la atención hacia los problemas filosófico-históricos y también de nuevo sobre los problemas psicológico-estéticos de la historia de la literatura. Y podemos observar ya cómo se está dibujando una burda antítesis entre una ciencia literaria "filológica" y otra "filosófica". Pero, antes de Scherer, paralelamente con él y después de él, la ciencia literaria cobró conciencia de sí misma, como ciencia del espíritu, en los trabajos de Wilhelm Dilthey, quien, por lo demás, supo comprender las concepciones de Scherer en toda su complejidad y universalidad, partiendo de la profundidad y la plenitud de la personalidad y sin atenerse a las exageraciones positivistas. Claro está que en aquello en que se destacan en primer plano, en Scherer y en sus discípulos, los conceptos propios de las ciencias naturales, los trabajos de Dilthey, al igual que los de Ric-kert y sus discípulos, vienen a ser el contrapeso de los puntos de vista de aquéllos, pues hacen que en lo sucesivo los principios del mundo espiritual se mantengan dentro de sus propios dominios y que el objeto de los estudios científico-literarios vuelva a ser aquella "con-cepción del mundo" tan desacreditada por Scherer y los suyos. Hace ya mucho tiempo que se sabe que tampoco Scherer era un espíritu "no filosófico", aunque no fuese precisamente metafísico. La nueva ola metafísica que ahora inunda las ciencias del espíritu relega a se-gundo plano, por el momento, y hasta hace aparecer como algo supe-rado lo que aportaron Scherer y su escuela para el afianzamiento cien-tífico de la historia literaria. Con lo cual hemos entrado en un terreno de la ciencia literaria, en el terreno actual, en que lo que se impone no es ya un estudio histórico, sino una disquisición sistemática.

II

HERMANN GUMBEL

POESIA Y PUEBLO

No SE INDAGARÁ en este ensayo lo que se ha producido en la historia de la poesía para representar al pueblo, ni tampoco dónde aparece en la poesía el vocablo "pueblo" o de qué manera se ha convertido éste en materia poética. Tampoco puede constituir el sentido de la exposición el diseñar el significado del "pueblo" en la poesía alemana. Más bien debe tratar, de modo general y fundamental, de las circunstancias a que hacen referencia esas dos palabras. No se opone a este intento el traer a colación el material que sobre semejante investigación teórica se ofrece en la poesía alemana y en el estudio alemán del tema "pueblo". Cuando hayamos aclarado lo que debe entenderse por los términos poesía y pueblo podremos señalar en modo fundamental qué es lo que se nos ofrece en cuanto a las interacciones que hay entre una y otro. Comenzaremos con unas reflexiones acerca del concepto de *pueblo*.

1

PUEBLO

El problema acerca del "pueblo" es uno de esos que la guerra y las luchas después de la guerra han vuelto a suscitar y que no quieren aquietarse. Las nuevas estructuras estatales y los nuevos trazados de fronteras han vuelto a poner sobre el tapete los problemas "nacionales" y el de la relación entre "pueblo" y estado, cultura y nación. En circunstancias parecidas se desplegó, hace ya más de cien años, el estandarte del "pueblo" (o de la "nación").

"La nacionalidad alemana" *(Deutsches Volkstum)* de Jahn, publicada en 1813, tiene el significado de "la imagen ideal y éticamente plasmada de una nación alemana pura", cuyas condiciones, así internas como externas, se propuso señalar, para exigir con tanto más ardor su libertad lo mismo interna que externa. Empero, dicha obra contiene ya todos los aspectos que nunca más desaparecerían de la historia de la idea de "nación". Nada tienen que ver con ella ciertos pensamientos de moda en tal o cual época, como el que la germanidad en sí sea ya lo nacional, el que tanto "pueblo" como "alemán" tienen que volver a ser nombres honoríficos, y otros por el estilo. Por el contrario, Jahn entiende por nacionalidad algo así como un espíritu objetivo o una "sustancia vital". Ya planteó él la cuestión de lo común en el ser, de "ese algo inefable". "Percatábase uno de que hasta del seno de las revoluciones brotaba con fuerza y potencia el furor y miseria de ese no sé qué ... es lo común del pueblo, su ser interior, su movimiento y su vida" ... Ese espíritu del pueblo es una parte del espíritu objetivo de la humanidad entera, la cual se compone de la cooperación de esos espíritus nacionales, como unidad última y generalísima". "Esa fuerza unitiva en la suprema ... sociedad humana, en el pueblo, no puede denominarse de otra suerte que nacionalidad".

"En lo nacional se cifra el valor peculiar de cada pueblo y su verdadero mérito en el esfuerzo de emulación dentro de la humanidad". La nacionalidad es un "poder de conservación". Pero se encuentra primeramente en los "estados". En el concepto supremo de república son "una misma cosa el estado y el pueblo". La nacionalidad es el alma de la república. Esa esencia absoluta, ese *ente* metafísico produce en la realidad una imagen que es común a todos los miembros del pueblo y a todos los congrega en un ser superior. "Por eso circula entre todos los miembros del pueblo un pensar y un sentir nacionales ... Trae a todos los hombres del pueblo a la unión múltiple y total con los restantes, a una comunidad bellamente congregada". Ese algo "que cambia y permanece ... que se deshace y es imperecedero ... Recién nacido apenas, imperfectamente desarrollado después, va pasando luego por todas las etapas de su formación hasta llegar a ser modelo y figura de belleza". En esa formación del ser nacional se cifra para cada uno de los individuos no sólo su engarce con la armonía del pueblo, sino también la plenitud de su determinación humana, de su humana originalidad. "Y en la determinación colectiva de todos los así formados se expresa una noble nacionalidad humana"*

W. Stapel adoptó esta ideología y aun la acentuó después de haber elegido para una revista el título del libro de Jahn. Según Stapel, tras

---

* En el texto alemán encontramos expresiones como *Volk, Volkstum, Volkheit, Nation, Nationalität,* que nosotros hemos simplificado en arreglo a las exigencias de nuestro idioma, siguiendo fieles al sentido del texto.

la esencia metafísica "nacionalidad" se esconde la unidad superior, que la condiciona, de "lo popular" (según Goethe) nación. Lo nacional es la representación, "la expresión objetiva de la nación". Lo objetivo, lo acuñado por el pueblo, "pero que luego permanece por sí solo, con cierta independencia, eso denominamos, con la palabra de Jahn, la nacionalidad". La nacionalidad es para Stapel algo realmente objetivado, cuya "estructura" puede separarse: "en la estructura de la nacionalidad puedo indagar, como en un objeto real, la ley esencial de un pueblo ..." En este caso se confunden a la luz crepuscular del lenguaje las categorías reales y las ideales; debemos dar a esto el nombre de "metafisización". De hecho se diviniza al pueblo por completo, pues "el pueblo es una idea de Dios". Pero bajo esta superestructura se mantiene la idea de que en la nacionalidad "todo tiene una sola esencia, todo lo que aparece como atributo del pueblo". Ese elemento común que se agita en el pueblo como ser viviente, se entiende como su "destino, su ley de desarrollo —no, empero, con su ser real, sino como forma y vestidura, plasmación y trayectoria. La poesía, la lengua, la tradición y demás, todo cuanto es forma de objetivación de la nacionalidad, no pertenece sólo a los individuos sino al pueblo, son "populares" no "personales".

Paulatinamente pasa el concepto de este polo a otro.

El pensamiento "nacionalista"* se desarrolla al través del siglo diecinueve siguiendo dos líneas que arrancan de Jahn. Una de ellas concuerda con la mentalidad político-económica; la otra con la escuela de la psicología de los pueblos. Entrambas juntó Riehl con la preocupación por las ciencias naturales. Continúa vivaz en él la antigua concepción del espíritu y el alma populares como fuerzas motrices y plasmadoras. Nos habla del "maravilloso organismo de la personalidad total de la nación". Luz especial arroja sobre ese concepto de "personalidad de la nación" la siguiente frase de Riehl: "El mar arroja a la playa para el costeño gracia y prudencia; el mar lo convierte en genio de la personalidad de la nación". Para Riehl son las condiciones externas las que forman una disposición de espíritu de índole general. A su juicio, la "nación" y el "carácter nacional" son asimismo únicamente obra de la naturaleza externa como causa. El intento principal de Riehl consiste en indagar la dependencia que tienen las características objetivas del pueblo con respecto a las condiciones naturales de

---

* Pensamiento que se ocupa del tema pueblo o nación, no nacionalista en el sentido político todavía.

índole sociológica, geográfica y demás. Propónese estudiar el espíritu del pueblo" * en la estirpe, la lengua, las costumbres y la situación geográfica". Nos hallamos aquí con una "historia natural de la nación; ya no se establece un ser espiritual.

En la segunda mitad del siglo diecinueve el pensamiento nacionalista es un pensamiento positivo y exclusivamente político, orientado hacia el estado y su dominación. La reciente fundación del Reich en Versalles parecía pedir una justificación espiritual e interna; era menester todavía insuflar un alma a aquel cuerpo imponente. Casi todas las tentativas que se hicieron en este sentido demuestran la importancia que para la nueva y robusta conciencia del estado y de los ciudadanos del estado tienen los valores espirituales de la cultura, el pensamiento y la poesía. Indican una pragmática y una programática de política estatal, que aún siguen calcando los escritos de Paul de Lagarde. Hasta la manera de pensar del hombre que puede considerarse el polo opuesto de Jahn, el canciller wurttemburgense Rümelin, está de acuerdo con la idea de que solamente en el estado puede la nación convertirse en un ser personal y dotado de alma. La fisonomía de estos pensamientos trabados entre sí se señala por la oposición a Hegel y el rechazo de su "espíritu objetivo". Cuando Rümelin describe a la nación culta como un organismo, de ningún modo quiere que se entienda su idea como una rareza metafísica, como una "potenciación hasta el espíritu del pueblo". No puede menos de tener por fantasmagoría al "ser espiritual e individual, desprovisto de la cima unificadora de una conciencia", y quiere, por su parte, elaborar las leyes estructurales, así sociológicas como naturales. No obstante, continúa activa en él la antigua idea de "esencia". Porque, después de afirmar que el concepto de nación o pueblo "no está limitado de modo fijo por mojones meramente objetivos", sino, antes bien "exige sentimiento subjetivo"; después de dar una excelente definición de pueblo o nación, afirma que la nación presenta la realización del ser popular. Y este hombre, que pide al estado antes que nada la vivificación del pueblo como ser personal, se halla tan ajeno de todo orgullo nacionalista, que considera la humanidad como un orden superior. Este suabo típico, que comienza por negar el "espíritu de la nación" (como participación en el "espíritu objetivo") reconoce, sin embargo, una "idea de humanidad", que está por encima de toda nación. Habla de un "genio de la humanidad", completamente metafísico, servir al cual es vocación esencial, por ejemplo, para la poesía alemana. En esta

---

* "en las 4 grandes S", dice el texto *(Stamm, Sprache, Sitte, Siedlung)*.

lejanía cosmopolita de pronto vuelve a presentarse Jahn, cuya tendencia metafísica rechaza sin embargo.

No podía hacerse esperar por más tiempo una unión de las ideas formuladas hasta entonces, y una línea intermedia ancha, desde que las expresiones menores de este tipo pugnaban en el nuevo *Reich* por fundirse en una síntesis que correspondiese al sentimiento íntimo estatal y político ya maduro, a la orgullosa conciencia ascendente de la nación. Vino a suministrar ese coronamiento en el año de 1889 la obra monumental que, con el título de "La nación alemana" *(Das Deutsche Volkstum)* editó Hans Metes, con la cooperación de un círculo de especialistas, entre los cuales figuran casi exclusivamente nombres ilustres: Kirchhoff, Köstlin, Mogk, Thode y otros por el estilo.

El propio editor indica los marcos de la obra en un artículo inicial: "La nación alemana". También a su juicio la nación consiste en lo que hay de común en el carácter del pueblo, el cual es constante e indestructible. La nación es una base psíquica unitiva, es el carácter nacional, la estructura de un "pueblo natural". No es posible derivar dicho carácter del pueblo de una sola propiedad fundamental. Para ello es menester estudiarlo por todos lados y en todas sus manifestaciones. Los conjuntos de todas esas manifestaciones son las de carácter popular, que actúa en todas ellas. La unión orgánica de las propiedades psíquicas y sus manifestaciones en la vida y en la historia, abarcada en la vanidad del carácter popular y sus productos, constituye la nación. Sigue Meyer las huellas de Jahn cuando tiene presente "la manera de pensar y de sentir que mora en lo íntimo del pueblo entero". Según él la nacionalidad es un producto que no consiste únicamente en "la suma cerrada de las propiedades, [del pueblo]", sino que es "un producto psíquico, que resulta de la acción recíproca de las diversas propiedades del pueblo que se fragua con sus destinos históricos". En todos los pueblos encontramos los mismos, rasgos, pero lo único esencial de la nación es la ley y forma ordenadoras, la "imagen total que resulta de la unión orgánica de todos esos rasgos aislados". También hallamos aquí la idea de que sólo por la historia puede conocerse el carácter popular, y en la página 10 se dice expresamente: "Unicamente la historia entera de un pueblo nos da la imagen de las modalidades recurrentes de su vida psíquica; tan sólo considerando todo el desarrollo temporal y causal de la vida de un pueblo hallamos el polo fijo en medio del torrente de las manifestaciones."

Pero al mismo tiempo Meyer se refiere al "espíritu del pueblo" tal como lo entiende Riehl, como el conjunto de las "propiedades íntimas", como el conocimiento de las "disposiciones y tendencias ínti-mas". Y quiere analizar esos elementos en los individuos, para descubrir, "por vía de síntesis", el carácter popular, el contenido de una nación. En la "superficialidad general de la vida anímica", que capta él con la red de "los sentimientos, la voluntad y las representa-ciones", ve "surgir de honduras desconocidas, y hacerse así cognosci-bles, las propiedades psíquicas". Esas honduras desconocidas escon-den las raíces, lo que condiciona. Bien sabe Meyer que esas "fuerzas imponderables, imposibles de pesar y medir" permanecen por ahora "ocultas en tinieblas místicas". Y, a pesar de saberlo, desarrolla por la superficie una síntesis de la nación alemana, y del ser de lo indivi-dual saca un "espíritu del pueblo". No procede tan sólo histórica-mente, reuniendo las modalidades más frecuentes (que en tal caso difícilmente habría logrado su objeto); sino que parte del vago con-cepto de la esencia alemana. Difícilmente captable sin círculo. Vése como aquí persiste todavía una separación entre la teoría y la prác-tica, cuán poco claro se muestra Meyer en lo tocante al alcance de algunos puntos de su teoría.

Un divorcio semejante puede señalarse hasta nuestros días.

Quieren captar en ese misterioso "no sé qué" objetivo, el germen de una "nación en sí"; no quieren confesarse lo incomprensible e incognoscible que es; poseen retazos de metodología del todo acerta-dos, opiniones razonables acerca de la índole histórica del concepto de nación; pero se resisten a sacar las consecuencias que de ello se desprenden, porque al punto intervienen los propios sentimientos na-cionalistas, porque, en virtud de sus amores, no pueden renunciar a una glorificación del propio ser; porque, con sobrada facilidad, quie-ren considerar como necesario y colmado de significación, como cosa que de todas maneras hay que querer, lo que uno se empeña por hacer triunfar. Del mismo modo el segundo colaborador de Meyer, el gran erudito Kirschhoff, dice en una ocasión lo siguiente: "Ciertamente que la manera de ser propia de cada pueblo ... no puede explicarse por el influjo que en su desarrollo tuvo el lugar donde a la sazón ha-bitaba. Pero 'originariamente', en el sentido de primitivamente, al nacer en los albores del día de la creación, no existe ningún pueblo, y la suma de sus propiedades sólo en el decurso del tiempo se produce. Lo que junto a eso va llevando al cabo un territorio cerrado por fron-teras naturales, arrullado por el movimiento de intercambio que tra-baja en silencio pero sin cesar, se olvida en favor de las dramáticas catástrofes de la historia y de las "dotes" místicas, que siempre se presentan como algo adquirido". Y, sin embargo antes le parecieron "juicios superficiales [pretender ver] en el reciente florecer de Austria, Suiza, el Imperio Alemán ... a partir de la antigua Germania, procesos puramente históricos, actos del libre albedrío humano, hechos de guerras y pactos". Quiere, pues, que no se pase por alto los influjos naturales del paisaje, etc., y se expresa como si entre los acontecimientos y los lugares hubiese una relación teleológica de dependencia causal.

Con lo dicho damos por terminada la revisión crítica. Nos ha ofrecido, más que nada las determinaciones conceptuales de índole negativa. Pudiéramos adherirnos al parecer de quienes no vinculan al vocablo "nación" una idea romántica o mística. Ha de considerarse la nación como "factor histórico", como resultado del desarrollo histórico, más bien que como ser objetivo y preestablecido. Establecen la nacionalidad "rasgos de carácter y disposiciones del todo determinadas, una peculiaridad de los miembros de la Nación condicionada por factores geográficos, geológico-climáticos y, sobre todo, históricos". En esta fórmula Steinhausen incluye entre los elementos de la nación los factores culturales y formativos. Empero es difícil discernir entre el carácter producido por el desarrollo histórico y las disposiciones primeras. Apenas es posible desentrañar ese proceso del origen de la índole nacional por lo que concierne a los tiempos primitivos. Actúa, junto con los factores naturales, la mera contingencia de los acontecimientos históricos. La nación, aun cuando sea antigua, no es rígida, sino mudable y sometida a las condiciones históricas. Como podría parecer que Steinhausen hace demasiado hincapié en el aspecto naturalista de la cosa, en la "historia natural del pueblo", una doble consideración nos conducirá más lejos:

1. La nación, en cuanto magnitud originada históricamente, sólo puede conocerse en el devenir de sus manifestaciones, de sus "objetivaciones", de sus objetos.

2. La nación, que se nos presenta condicionada en múltiples formas, no tiene una esencia mística y absoluta; sino que, como suma de todas las exteriorizaciones esenciales del pueblo, representa el contenido sintético de su ser. "La comunidad espiritual que constituye a la nación ha de buscarse en los fundamentos de la vida espiritual, en los problemas fundamentales del espíritu, en lo vitalmente esencial del espíritu; a ese contenido esencial del espíritu damos el nombre de contenido cultural". Al escribir estas palabras, concuerda Spann con Steinhausen. Hacemos nuestra la frase de Spann: "La nación es algo espiritual, fundado en una comunidad espiritual". Hay que añadir

que el pertenecer a una nación se funda en la voluntad y en el sentimiento de la propia pertenencia al ser del pueblo; que el participar de él y entrar en él es posible fundándose en un libre parentesco de almas. El mismo Spann niega que el estado, la raza y la lengua sean los valores en que de inmediato se cifra la nación, los valores que *son* la nación. "El estado, la lengua, la raza son poderosas condiciones de la nación"; y a ellos se añaden otras condiciones: la comunidad de intereses económicos, el clima, el derecho, los usos y costumbres. Empero la nación es "una modalidad espiritual, una manera determinada de sentir y de pensar, de recibir y plasmar ... que da esa comunidad espiritual con los connacionales que constituye la nación". No relegaremos nosotros tan en segundo término como Spann todas las condiciones naturales, los factores biológicos. No obstante, sigue siendo de capital importancia la observación de Spann: "lo espiritual y sólo lo espiritual, la esencia íntima de aquellos contenidos da el cuño". La biología reciente aplica el concepto de "modo de reaccionar", "norma de reacción" a las peculiaridades espirituales de los individuos, tipos y especies. Si convenimos en considerar por un momento el tema desde el punto de vista biológico, podríamos decir con Lars Ringbom, que con buen criterio aplica la psicología de la reacción a los problemas raciales, lingüísticos y nacionales: "Todas las modificaciones así accidentales como permanentes a que está sujeto un organismo a consecuencia de la actividad de estímulos tanto internos como externos o de unos y otros juntos, la biología moderna las encierra en el concepto de constitución o norma de reacción". Transladando este concepto a la esfera de la ciencia de la cultura, consideramos la nacionalidad como la manera de reaccionar propia de los hombres que durante un largo lapso temporal e histórico, reciben el influjo alternativo de los mismos y múltiples factores así internos como externos. Según esto, el pertenecer a tal o cual nación consiste en lo siguiente:

1) Estar expuesto al influjo de idénticos factores naturales externos.

2) Estar determinado por un contenido cultural común y, sobre todo, por los siguientes "dominios de la vida espiritual: moral, religión y concepción del mundo, ciencia y arte".

3) Estar sometido en común a estos factores durante un tiempo largo y rico en acontecimientos y actividades; es decir, haber llegado, por las vicisitudes de la historia, a una comunidad de necesidades y peligros (Stahlberg) y,

4) en medio de esas vicisitudes, al través del espacio, la tradición espiritual, la historia y el tiempo, un haber cobrado un "modo determinado de reaccionar", el cual no es una forma estable y rígida, sino un ser en devenir.

Sólo nos queda una cosa qué agregar a lo dicho. La nacionalidad es una magnitud que "ha llegado a ser" y cognoscible únicamente como tal. Por eso el "modo de reaccionar", se hace tanto más inteligible, claro y comprensivo, cuanto más lejos lo captamos de las etapas primitivas y remotas. Dificilísimos de desentrañar son los comienzos del desarrollo de la nacionalidad; en tal empeño nos amenaza el peligro de las frases hechas. A juicio de Tobler, la nacionalidad en cuanto magnitud artística y literaria sólo ha de mostrarse históricamente, pues sólo en la época moderna se hace visible la acumulación de los rasgos más firmes en un efecto total. Plantéase por ende el problema de si puede hallar aplicación en el campo de la literatura ese modo de considerar las cosas que recientemente tanto ha contribuído al progreso de la ciencia histórica del territorio, de las investigaciones lingüísticas y de la geografía de los dialectos. Acaso con la diferenciación de nacionalidades suceda lo mismo que con los orígenes, las estirpes,* de los dialectos, de las fronteras dialectales, las formas de las casas y los nombres de los lugares: todas esas cosas se han producido históricamente y son inteligibles como "normas de reacción"; la manera como se han originado está determinada por muchos factores del desarrollo político, territorial, del comercio y del tráfico. Fenómenos de fecha más reciente, de lo que hasta ahora se había creído. Sólo más tarde los pueblos cobran conciencia de sus nacionalidades, como los niños adquieren conciencia de su individualidad tan sólo andando el tiempo. "Sólo hacia fines de la edad media" empieza a considerarse lo peculiar de la estirpe sajona.

¿Qué sucedería si sometiéramos la articulación de la unidad del cuerpo de la nación (según estirpes y comarcas; véase Spann, p. 12) a este criterio?

La nacionalidad, como ser en devenir de una comunidad, sometida a influjos y presupuestos externos, a contenidos culturales y espirituales comunes y a una conciencia común de destinos históricos, se nos presenta como una formación viva, de naturaleza tan compleja, que sólo puede comprenderse por vía afectiva y en conjunto. El conocimiento de ella sólo puede adquirirse, visualizando, concéntri-

---

* *Stämme*, refiriéndose a sajones, bávaros, gente de Franconia, etc. Como nosotros al hablar de yucatecos, veracruzanos, etc.

camente todas sus condiciones y formas de expresión. Tales son:
a) las condiciones naturales de suelo, economía, clima, situación;
b) la raza, el estado, las estirpes y la estratificación social, lo mismo
que la lengua, la sabiduría popular, la religión, el arte, la ciencia, la
filosofía; *c)* finalmente (factores dinámicos) la historia y la morfología de la cultura.*

2

POESIA

Es la poesía uno de los factores que, como lo hemos visto, son expresión y manifestación y, al mismo tiempo, condición y supuesto de la
nacionalidad. Quizá entenderemos mejor las peculiares interacciones
entre este factor y el contenido total, supraordinado, de la nacionalidad, echando mano del concepto matemático de "función". Poesía y
nacionalidad están entre sí en relación funcional. Y ésto significa,
además, que la poesía guarda también esta relación con las demás
actividades parciales que en conjunto dan como resultante la nacionalidad. Así, pues, la tarea que ahora se nos presenta consiste en considerar por separado los fenómenos particulares, puesto que sólo así podremos comprender y explicar esa relación funcional de conjunto. El
presentar la relación que existe entre poesía y nacionalidad exige —sobre todo en un libro que debe contribuir a dar una idea sistemática
del actual movimiento de la ciencia literaria— aclarar la relación
funcional que tiene la poesía con los demás factores de la nacionalidad. No es posible abarcar de una sola mirada atrevida todo el conjunto, sino que es menester proceder a explicarlo a partir de los aspectos parciales operantes si constituye en su devenir mismo ese conjunto;
de esta suerte la realidad está de acuerdo con nuestro método. No
esperemos hallar una fórmula compacta; sólo es posible entender y
analizar los elementos parciales de la vida.

No menos problemático que el concepto de "nación" es el de "poesía" y la realidad a él subyacente. Esta realidad ha ido perdiendo su
unidad y perfil en virtud de las recientes investigaciones etnográficas,
y se ha dividido en dos partes. Huelga repetir aquí, aun en forma de
esbozo, la historia de los conceptos de poesía y de poesía nacional,

---

* El mejor estudio acerca de los conceptos de nación y nacionalismo, Hans Kohn, *The
idea of Nationalism* (MacMillan, Nueva York, 1944). El Fondo de Cultura Económica prepara su publicación en español.

porque ya en muchos lugares se halla expuesta con suficiente profundidad.

Nos hemos acostumbrado a decir que sólo a partir del siglo dieciocho existe poesía fundada en la vivencia personal. El hincapié que hizo el siglo diecinueve en el individuo y en la biografía externa de éste, el interés por la vida y la persona, en lugar de la obra y de lo suprapersonal, ha provocado la aparición de esa división de la poesía en alta y baja, en personal y anónima, en cultural y popular. Los trabajos llevados a cabo por Hans Naumann en el campo de la etnografía han despertado la conciencia de ese abismo y la han ahondado. Esa separación existente entre la realidad y el concepto "poesía" dificulta más aún la faena de colegir el concepto de nacionalidad a partir de muchos factores. Pues quienes entiendan la nación sobre todo de una manera orgánico-biológica, y la quieran unir con las fuerzas de la sangre, de la estirpe y del suelo, propenderán a fijarse sobre todo en aquella poesía en que se manifiesta una fusión orgánica con las realidades de la naturaleza. Pero a esto se opone el concepto antagónico de esa misma etnografía que se ocupa de las formas típicas, comunes y no diferenciadas de las manifestaciones primitivas del espíritu y del arte. Al revés procederá quien sólo pretenda tener en cuenta la poesía personal de las capas superiores, aquellos que (como Spann) bajo el concepto de nacionalidad quieren entender "únicamente lo espiritual", tal como aparece en el arte, la filosofía, la religión y la ciencia. Pero los tales corren peligro de dar importancia a manifestaciones que están separadas de la vida real del pueblo en toda su amplitud y de erigirlas, de modo consciente, en esencia general, abstracta y no nacional. ¿La "capa de los cultos", que sólo es una pequeña parte de la nación, constituiría ese algo "espiritual" en que consiste la nación? ¿O también pertenece a ese algo la nación entera, con sus manifestaciones artístico-poéticas?

Ni en este lugar ni en otro alguno tenemos que dar respuesta a la pregunta, tal como se propone en ese tema tan tratado de "la historia literaria y la etnografía". El nuestro es, por una parte, más estrecho, pero, por otra, más amplio. Si en un caso se compara el vasto complejo o "literatura" con el pequeño de "etnografía" debemos enfrentar la "poesía", que es una sección de los dominios de la "literatura", a la realidad más amplia de la nación, que también abarca lo popular.

Parece claro que la poesía popular, como todo aquello de que se ocupa la "etnografía", es un factor de la esencia y del desarrollo de la "nacionalidad". Y la "poesía", que es un componente de la nación, ha de considerarse también en su unidad frente a los demás factores. El separarla del conjunto procede cuando se la estudia en su esencia, y no sólo metódicamente separada, y se le trata de determinar por sí misma.

Pero la poesía —y con ello quedan descartados todos los demás objetos de la literatura que no son poesía— ha de ser de modo indudable y definitivo, *arte*, y no artesanía, ciencia ni filosofía. Además, es arte que emplea como materia el lenguaje, arte lingüístico o verbal. Todo arte verdadero, ya fuere individual o colectivo, siempre pretende expresar la relación esencial del hombre con los fundamentos del mundo y del ser, y abarca en símbolos los problemas fundamentales eternos de la muerte, el nacimiento, Dios, la salvación, el amor, el dolor, la juventud, la vejez, la naturaleza y el espíritu. De este modo resulta religioso en el sentido amplio de la palabra, y ese aspecto religioso "se apaga" (Tillich) en la medida en que se hace culto, académico, consciente y literario. Este es el fundamento general y humano del arte. Sus temas son eternos, absolutos, incondicionados, por encima del espacio y el tiempo. El carácter artístico de la obra literaria depende de que dichos temas hallen en ella su valor expresivo y su contenido simbólico sustanciales más altos posibles. A esto está subordinada la adopción de un acervo de fórmulas, de una ornamentación, de un mundo de representaciones, de una particularidad comarcal o verbal (paisaje y lengua). En la efectividad inmediata del trasfondo religioso, en el contenido simbólico existencial, la unidad de forma y contenido es autógenamente creadora, inderivable. Los elementos y medios estilísticos pueden ser desechados, utilizados, rebajados por esa fuerza, de una manera o de otra; son relativos ante el carácter artístico y, por consiguiente, también lo son las categorías estilísticas. Y con tanta mayor razón, sin embargo, habremos de procurar —colocados ya en semejante actitud— distinguir estilísticamente las finas diferencias orgánicas en aquellas fuerzas fundamentales primarias y artísticas, de buscar las diferencias más finas posibles. En este punto es donde tiene que comenzar una investigación estilística de detalle del género más sutil. Pero estamos muy pobremente equipados para resolver tareas del tipo siguiente: distinguir estructuralmente las poesías de los diversos pueblos en forma esencial y por ellas mismas; decir qué es lo alemán, lo español, lo sueco en las obras poéticas. Se ve con claridad que, en este aspecto, habrá de tratarse de penetrar un poco más en el aspecto estructural del asunto, con esa "mirada" nueva de la que habla Walzel y Pongs, capaz de captar el carácter existencial de la realidad poética. Es menester aprehender la estructura operante. Así se captará la unidad del poema y no será menester enfrentarse hostilmente o con recelo con la fecunda "hipótesis de trabajo" de las capas superiores e inferiores, del tesoro cultural hundido.

Claro que las fronteras de lo poético son fluídas y claro también que el arte verbal puede desembocar en virtuosismo verbal, que se extiende precisamente, cuando la vida y la plasticidad van desapareciendo. No haya temor de que abramos las puertas de par en par al estoicismo subjetivo. Si se reconoce como tarea obvia la "penetración concreta en los datos de la obra de arte singular"... tendremos como principio regulador fecundo "aquella profunda compulsión hacia la autognosis" "que fuerza hoy en día a la ciencia literaria a que se haga fecunda, con la síntesis espiritual que una mirada ahondadora procura entre lo afín... "Estas exigencias nos abocan... hacia decisiones fenomenológicas"... Los escasos intentos llevados a cabo para explicar las relaciones entre poesía y pueblo han partido de la unidad de la poesía, de las divisiones únicamente metódicas y por épocas de la poesía artística y popular.

3

POESIA Y PUEBLO

Con una inconsecuencia patente se ensalza unas veces y otras se menosprecia la "poesía popular". Cuando falta la aportación individual superior, solemos detenernos en la poesía popular, pero muchas veces por necesidad; es cierto que se percibe su bondad particular, pero se la mide, con pérdida, con el patrón de la gran poesía.

Por lo que respecta a los que nos han precedido en el tratamiento de nuestro tema, el librito de L. Habrich: *Deutsches Eiheits- und Stammesbewusstsein im deutschen Schrifftum von den Anfängen bis zur Gegenwart...*", 1888 [La conciencia alemana de unidad y de estirpe en la literatura alemana, desde los comienzos hasta nuestros días] y el de A. Harpf: '*Uber deutschvolklitches Sagen und Singen. Streifzüge im Gebiet deutschen Schrift- und Volkstums mit besonderer Rücksicht auf die deutsche Ostmark*, Leipzig 1898, [Acerca de las leyendas y cantos populares alemanes. Incursiones por el campo de la literatura popular alemana...] se encuentran en la clase ya citada de exposiciones románticas al servicio de la idea nacional. Entre ellos, al revés de lo que ocurre en nuestros días, se trata de destacar lo alemán general mediante la comparación de las diferencias entre las estirpes, mientras que el librito de Grupp "acerca del carácter del pueblo y las estirpes alemanas a la luz del pasado", Stuttgart, 1906, nos interesa sobre todo por la circunscripción acertada y ágil de ciertos desarrollos regionales, (de las estirpes) y junto a ciertas generalidades tropezamos con intuiciones bastante certeras acerca de la significación de las fuerzas político-económicas. También Wychgram, que se ocupó de la poesía alemana en la obra de colaboración de Meyer, se daba cuenta de las dificultades de la empresa: ensayó, por primera vez, el destacar el "núcleo", la "disposición original" partiendo de las manifestaciones externas. Pero también se basó luego en rasgos esenciales típicos, generales, que, en definitiva, constituían la meta suya y no debieran de haber funcionado como suposiciones. Así, por ejemplo, tenemos que lo alemán busca lo personal, mientras que lo latino no conoce más que tipos. No le parece exageración hablar de que "en este campo de la canción popular hay que atribuir al pueblo alemán algo más grande y más bello que todo lo que poseen los demás pueblos". Esta contradicción característica cuando se trata de defender únicamente el tesoro popular, se repite en el ensayo de Wychgram en otros muchos pasajes. En realidad no se investiga, sino que se parte del supuesto a demostrar. Entre los rasgos divergentes de una época, lo popular funciona como la potencia compulsiva que impone fatalmente orden y sentido. Hasta esa informidad ruda de la poesía alemana de la época de la Reforma hay que considerarla como "un resultado de nuestra índole original". Pero también corresponde al destino alemán, como "un resultado de la esencia íntima de nuestra índole nacional" —con lo que se expresa la unidad de la poesía— el que más tarde surja un segundo florecimiento. Wychgram se da cuenta de que en este caso casi se ha quebrantado la unidad, y que la unificación de los antagonismos gigantescos se convierte en problema para la valoración de lo nacional. Por esta razón concibe la poesía clásica como "un gran resultado elemental de la historia del espíritu". Precisamente estos antagonismos constituirían la amplitud de tensiones de lo nacional, una idea que, por lo demás, podemos dejar pasar. Y tenemos así que en este gran ensayo, excelente en parte (aunque se halle anticuado en los detalles), domina la idea de que en la historia del espíritu se puede considerar a un pueblo como idéntico con los cambios de las épocas de florecimiento en la poesía.

Es imposible dibujar de un modo sencillo lo nacional como una magnitud bien perfilada de la poesía. Es imposible elaborar una fórmula redonda que abarcaría la esencia de una poesía, o la fracción de una historia de la poesía, y convertirla luego en contenido del pueblo o nación. El tema "poesía y pueblo", así en su generalidad, podría sonar a algo inverosímil. Y todavía aumenta la dificultad si se lo concibe en aquella forma particular. "En diversos pueblos encontramos, propiedades psíquicas particulares en la misma forma. Y también ocurre que pueblos diversos participan en común de ciertos grupos de cualidades psíquicas"... La relación entre poesía y pueblo es de género dinámico, designa un acontecer vivo, un ser en cambio constante. Hay que precaverse de cualquier fórmula rígida y perfilada. Así es como podemos prestar a la ciencia, lo mismo que a los pueblos, el servicio que tanto importa en la actual situación histórico-espiritual.

Pueblo, es decir, "el cuadro total que surge de la unión orgánica de todas estas particularidades, y que depende de las influencias que provienen del mundo material e ideal que le rodea, plasmado en configuraciones, avanzando en una vida histórica continua y, en esta medida, libre e indefinible.

Poesía, es decir, un reino de configuraciones, un núcleo de condensación de tales "modos de reacción" en el material del lenguaje hablado y escrito, que se nutre de la suma de todas aquellas particularidades y que depende también de las influencias del ambiente y de las fuerzas formativas naturales, que ya están espiritualizadas, y del tiempo que fluye. Pero la poesía se destaca además como forma actuante, como símbolo encarnado de la relación del transfondo resonante de la vida con lo universal, abstracto, absolutamente libre —y representa, por lo tanto, un tejido de dependencia y libertad, de condensación y difusión, de hallazgo y superación de los "modos de reacción" con los que se halla en orgánica vinculación. La poesía es, finalmente, un resultado, un nuevo anillo en la cadena evolutiva de los "modos de reacción" de un pueblo. Como tal, determina su curso ulterior y, como factor con leyes propias, coopera de rechazo en el nacimiento de aquella conexión vital dinámica y eleva a conciencia la forma de apropiación, la ley del orden, la "norma de reacción", y la aclara, la verifica y la desarrolla al mismo tiempo.

Metódicamente tenemos un resultado doble: podemos ocuparnos de la forma en que lo nacional condiciona a la poesía o, al revés, podemos ocuparnos de la acción de la poesía sobre el pueblo. Por el momento no nos cabe más que describir teórica y sistemáticamente cómo, a nuestro entender, conviene proceder, en estas materias. Por eso, no vamos a añadir una exposición más a las muchas de la historia de la poesía alemana, ni siquiera una que discurra desde el punto de vista del tema que estamos tratando. Porque no es, ni con mucho, posible todavía, y aunque las exposiciones citadas por nosotros sean tan insuficientes desde nuestro punto de vista, nos servirán mientras la base sobre la que apoyar una investigación aplicada de lo nacional no sea más resistente. Se podrá conocer la función de la poesía y lo nacional en forma más sólida que la ofrecida por esas síntesis precipitadas y sentimentales, cuando se proceda a los análisis de detalle, cuando se observen procesos parciales y cuando, arrancando de estos procesos particulares, avancemos históricamente hacia la unidad existencial. Por consiguiente, vamos a poner en relación la poesía con la serie de factores que componen al pueblo, comenzando con el aspecto natural de estas relaciones fundamentales.

a) POESÍA Y RAZA

Sin duda que el carácter racial determina, con la mayor fuerza, tanto la peculiaridad de una poesía como del pueblo que la crea. Quien no tenga prejuicios tendrá que reconocer que en este caso se impone la mayor circunspección ya que el estudio de las razas se halla en los comienzos de su consolidación científica. No existe en Europa, en la actualidad, ninguna raza pura, ningún pueblo de raza pura, y siempre tendremos que contar con mezclas. Esa atribución de determinadas características psíquicas a las diversas razas ofrece sus dificultades. Todavía resulta más difícil de desenredar el problema de la mezcla de semejantes cualidades psíquicas a lo largo de la historia. Tampoco la ley de Mendel nos sirve en este caso de mucho. No existe acuerdo alguno entre los etnólogos acerca de si la mezcla es perjudicial o ventajosa. Rauschenberger considera que los pueblos con mezclas de raza se hallan particularmente dotados en el aspecto filosófico. Los genios, se dice, surgen en las zonas marginales. El este de Alemania y su fecundidad en el movimiento histórico-espiritual del país nos ofrece un ejemplo especial a este respecto. Grupp considera que el carácter del prusianismo, la mezcla de independencia y subordinación, de nobleza y sentido del deber, se halla condicionado, esencialmente, por la sana mezcla con los eslavos. Los pueblos de raza pura serían, según Rauschenberger, ricos en talentos y en dones artísticos pero pobres en genios (Frisia, Westfalia, el alto Hessen), pero se reconoce actualmente que en el caso del genio fracasan todas las teorías sobre la herencia. Además, el concepto de genio es algo muy impreciso. Una cuestión especial la tenemos en lo que se refiere a los celtas y a la población primitiva de Europa. Se propende hoy a no separar esencialmente a los celtas y los germanos. Esta actitud repercutiría, por ejemplo, sobre la obra de Nadler, cuando introduce en diversos modos la incógnita de la "población primitiva" para explicar determinados fenómenos literarios. Esto significa trabajar con magnitudes incontrolables. No es posible aclarar el proceso de la formación del carácter nacional en los tiempos remotos. El libro de Driesmann acerca del celtismo en la mezcla europea de sangres, llega a reconocer en lo céltico-romántico lo eternamente femenino y en lo germánico lo eternamente masculino. Así tendríamos que la sátira social, la comedia de salón, el teatro para familias, serían celtas, mientras que la poesía de pensamiento sería germánica y varonil. Tan atrevidas afirmaciones no contienen más que un pequeño grano de sensatez: la reducción de las cualidades raciales a "modos de reacción" y la comparación de tales modos con los modos biológicos individuales y sexuales. Esta idea no es nueva. En forma parecida, y con mayor fuerza convincente, la ha desarrollado recientemente L. Ringbom. También señala él como masculinos los modos de reacción de los germanos: se apoya en el impulso de propia conservación, muestra un dominio mejor de la situación exterior, física, y es más individualista. Los eslavos, especialmente los rusos, se señalan como femeninos, colectivistas y mejores dominadores de la situación psíquica, etc. Ya vemos que no hay ningún acuerdo ni en lo que respecta a la atribución del tipo femenino. El mismo Ringbom rechaza el concepto racial hereditario y puro: en sentido biológico se llama raza a los "modos de reacción" heredados de los antepasados. Esto nos lleva a considerar los otros factores de tales modos de reacción. Y Ringbom ha llegado a decir que la pertenencia racial es algo también espiritual, que también depende de la voluntad el pertenecer a una raza, el acogerse a un parentesco de elección. "Es finalmente ... cuestión de puro sentimiento a qué raza se pertenezca. Si en algún lugar, aquí es donde podemos observar que la simpatía y la antipatía determinan la pertenencia a una raza".

No hace falta demostrar, nos dice Fritz Kern, que "no existe ninguna raza germánica propiamente dicha". Pero, sobre todo, nos enteramos de que la ciencia no dispone de método alguno para constatar de modo suficiente y objetivo el condicionamiento recíproco de los rasgos raciales anímico-corporales. Todo lo que se ha dicho hasta ahora descansa en la intuición". Es interesante observar que el estudio actual de las razas se orienta hacia las unidades menores y trata también de captar en tipos sociales primarios las peculiaridades comerciales, sociales y populares, para distinguir los factores de oficio, ambiente y cultura. Claro que la peculiaridad nacional, que es en parte inconsciente, pero en parte consciente debido al creciente senti-

miento nacional", no es posible "captarla con los instrumentos de medida" de que dispone la antropología. La comunidad de un tipo
nacional está por encima de la raza ... Muchas veces se ha afirmado
(aunque sin haberlo demostrado hasta ahora) que la mezcla de razas
tiene el valor de engendrar tensiones creadoras en el individuo. Una
consideración racial de la poesía resultaría conveniente en lo que respecta a los judíos si nos liberara de las discriminaciones infundadas
y lograra claridad sobre la mezcla de razas que representa en la actualidad el pueblo judío. Si se llegara a investigar, en forma comparada,
lo que corresponde a los "modos de reacción" en las poesías nacionа-
les, tendríamos algo mejor que esa consideración del judaísmo como
enemigo mortal de la poesía nórdica. En este último movimiento —el
"nordismo"— podemos ver con claridad el valor que puede cobrar
la poesía en la elevación a conciencia y la canalización de los fenómenos nacionales en sentido racial. El mesurado punto de vista de
Fritz Kern muestra claramente cómo en este caso la poesía, no ya en
su desarrollo total, sino selectivamente, repercute en los modos de
reacción y es empleada para fijarlos. Kern puede sacar del estilo y
contenido de la vieja poesía alemana su concepto de la raza nórdica,
que se convierte para él en un concepto esencial, en una espiritualidad de grupo, en un ideal. El heroísmo y la autonomía moral determinan, para él, la imagen anhelada de la raza señorial y de su *ethos*
social. El movimiento nórdico pretende representar conscientemente
este ideal, mostrarlo en la poesía y en el arte, y formar así una raza
partiendo de lo espiritual, sin potenciar los prejuicios raciales hasta
el moderno odio entre naciones. El "pensamiento nórdico", en la forma en que lo representa Kern, como un eslabón en la cadena de los
esfuerzos que tienden a proteger lo propio, es algo que puede ser
tomado en consideración. Como el pueblo, según dice Spann, es algo
espiritual, también quien no sea puramente nórdico puede tomar una
parte activa y pasiva en el espíritu que "ha creado en primer lugar
nuestro pueblo". En consecuencia, al reducir o referir la poesía y las
poesías a las peculiaridades raciales, se imponen la mayor circunspección, la mayor libertad de prejuicios y una comprensión muy generosa.
Vemos también cómo la poesía puede participar en la formación de
ideales raciales, en la valoración consciente de tipo colectivo, y nos
basta con recordar la reanimación del mundo nórdico aristocrático
que se debe a las poesías de Ernst Bertram. Pero habría que oponerse, como dice Hans Naumann, a una poesía alemana que pretendiera ser, por encima de todo, nórdico-germánica, puesto que no somos
ni podemos ser ya germanos, y el corte longitudinal histórico, y no

digamos el corte transversal contemporáneo, trazado en nuestro pueblo, ponen en evidencia que tales intenciones no compaginan para nada en la realidad. Pero ninguna investigación podrá eliminar o declarar insignificante un fenómeno sociológico o artístico que opera como ingrediente en el tejido de un espíritu nacional en devenir.

b) POESÍA Y PAISAJE

Si se renuncia a tomar en consideración la acción de la raza y de la sangre sobre la poesía y la cultura, acaso se recalcará tanto más la significación de los grupos regionales y de los elementos naturales tales como suelo, paisaje y clima. Así, se pretende a veces explicar el modo poético de un pueblo por "la estirpe y el paisaje". Por ejemplo, Steinhausen considera que "el paisaje, el cielo y el suelo" influyen más poderosamente en la cultura que la raza. De todos modos, la influencia de la naturaleza exterior en los modos de reacción reviste su importancia particular. "Se suele decir a menudo que el medio ambiente influye en el carácter del pueblo. Hasta cierto grado, este carácter refleja la naturaleza en que el pueblo vive. Pero no es más que una expresión de los modos de reaccionar del pueblo ante las influencias exteriores. Razas diferentes reaccionan de diferente manera ante el mismo ambiente. La biología moderna no reconoce al medio exterior la capacidad de-poder cambiar la norma de reacción. La norma de reacción de una raza se cambia únicamente por la mezcla con otras". Y por lo que respecta a las unidades regionales nos dice Helpach que los alemanes no pierden su lentitud ni melancolía en los Alpes ni en las montañas centrales, y que los de Franconia y los de la alta Sajonia han conservado su sentido ágil en la llanura. Hay que rechazar, decididamente, esos ensayos bien intencionados y diletantes que pretenden penetrar en forma adivinatoria en la esencia de un paisaje y que se entusiasman hablando del "alma" del paisaje y de la armonía de ciertas poblaciones con la "esencia" de su paisaje. El renano es como su paisaje, el frisón como el mar, etc. Me bastará con señalar que ciertos rasgos que Storkebaum presenta como típicamente bajo-alemanes, se indican con frecuencia como constitutivos de la esencia de los suabos, y que también en este caso se explican por el paisaje. Estas generalizaciones tan admiratorias no llevan a ninguna parte, pues no poseemos ninguna información sobre muchas de las influencias del ambiente en el desarrollo espiritual de los hombres.

En este aspecto son menester conceptos claros y actitudes también claras. No ignoramos que el paisaje, el clima y la naturaleza ejercen alguna influencia sobre el poeta y la poesía. A lo que nos oponemos es a las construcciones atrevidas y montadas en el aire de tales influencias, que son extremadamente sutiles, y reclamamos métodos más seguros y más finos, y muchas más investigaciones de detalle. A este particular sería conveniente distinguir con rigor lo siguiente:

1) Puede tratarse de la influencia *directa* que el paisaje ejerce en la poesía.

2) Puede darse una síntesis espiritual más fina entre el paisaje y la poesía, de tal suerte que la influencia *pase a través* de la captación inconsciente del paisaje. Habrá que llegar, simpáticamente, a semejante contemplación esencial del paisaje, ya sea estética, ya sea históricamente (separar el paisaje cultural y el paisaje natural).

3) Se puede investigar en qué medida se acoge el paisaje en la poesía como motivo. Observaciones de este tipo nos llevarán a reconocer la repercusión de la poesía en la imagen que los hombres tienen del paisaje.

Ya Ulrich Jahn ha rechazado la influencia directa: "Se puede escribir y gritar como se quiera que la montaña alberga más leyendas que el llano, que en éste la leyenda no puede anidar etc.; el caso es que *la cuestión nada tiene que ver con la geografía.* Cuanto más olvidado un ángulo... tanto más rica su fe popular."

Las circunstancias del suelo y las climáticas, la contextura geográfica y el paisaje guardan de seguro alguna relación con cosas tan concretas como la construcción de las casas y, probablemente, más todavía si constituyen peculiaridades regionales, o de una estirpe. Pero en la poesía las cosas son diferentes y faltan, además, las investigaciones pertinentes. Precisamente, Nadler no ha mantenido en este caso aquella circunspección en las palabras que parece indicada y Kirchhof hasta parece haber puesto las cosas del revés, por más que sus opiniones, en general, son tan meritorias y amplias, y por más que su impulso inicial sea tan bueno. De una manera o de otra, ha formulado abiertamente aquella teleología según la cual las estirpes y los pueblos no habrían podido ser otra cosa de lo que fueron en virtud de su condicionalidad geográfica y paisajista. "¿En qué otro lugar se hubieran desenvuelto los suizos-alemanes, los tiroleses, los suabos del Nécar, junto con las gentes del Palatinado y junto a los alsacianos, los turingios, los de Hessen, y los holandeses, en la forma que lo han hecho, sino en los países a los que dan su nombre?"... Destacamos frases de este tenor por el peligro que encierran, pero la probidad nos aconseja enfrentarles otras manifestaciones de Kirchhof que muestran una idea más templada de las relaciones entre paisaje y cultura.

Tampoco Nadler ha podido ni querido poner en relación con la poesía aquellas irradiaciones directas de la naturaleza y las estaciones del paisaje. Cierto que habla con frecuencia de paisaje, pensando más que nada en el "espíritu del paisaje" —y por esta expresión habremos de entender, casi siempre, la suma de las tradiciones espirituales históricas que han brotado en un lugar determinado y de las cuales jamás se podrá decir que, por fuerza, tenían que brotar ahí y en ninguna otra parte más. Su maestro A. Sauer ha comprendido muy bien la obra del discípulo cuando le oyó hablar del "espíritu del paisaje" y en la formulación que hace Sauer enmarca el estrecho patrón de estirpes y paisajes en forma que corresponde a los hechos reales de la vida: "La mentalidad común, el carácter, el espíritu de una comarca brotan de las condiciones geológicas y geográficas fundamentales, de las comunidades seculares de sangre y de destino, de la exclusión o de la unión política, de la unidad o la escisión religiosa y de otros mil supuestos diferentes. De sus profundidades emerge el individuo, que crece fundido con ellas. Puede ser trasplantado a otro paisaje, permanecer en éste como un cuerpo extraño, secarse y marchitarse, puede también lanzar nuevas raíces y crecer en la nueva comarca cuyo carácter popular ennoblecerá o determinará, pero lo determinará y cambiará constantemente. Son tangibles las más diversas posibilidades, contactos, influencias, desviaciones y luchas".

"Las gotas de sangre extraña se harán sentir en la mezcla homogénea, se destacarán y diferenciarán del contorno. Podrán extenderse en su acción, asimilarse al contorno; podrán asomar y sumergirse en él, podrán ser articuladas a las masas. También en este caso hay vencedores y vencidos".

Vemos que se rompe la rigurosa y bella causalidad, pero esta formulación se halla más cerca de los hechos que la de Nadler, a menudo bastante dogmática. Además, esta matización no hace fijarnos más que en la simplicidad en la complejidad de los fenómenos y en las numerosas tareas particulares, todavía sin resolver.

Para la solución de estas últimas, a la que quisiera contribuir en lo que sigue, poseemos dos ensayos recientes. A. von Grolmann ha escrito uno sobre "La llanura. Observaciones sobre su esencia y su significación estética en la literatura alemana". Ve la cuestión como un problema del cambio de la significación estética. Se ocupa por extenso del papel que corresponde a las montañas y a las llanuras

como motivo y tema de la poesía. Pasa luego al análisis esencial,
siempre con referencia a obras poéticas maestras. Las montañas que
se mantienen inalterables funcionan en cierto sentido como una cárcel,
mientras que la llanura sugiere libertad y reclama grandeza de ánimo. Una obra típica del llano es "Otoño" de Stifter. La llanura forma el ser, la montaña la acción. Con estas delimitaciones obtenemos
ideas penetrantes acerca del paisaje como factor de lo nacional. Pero,
al mismo tiempo, estas investigaciones se enderezan al paisaje espiritual. Constatan cómo apresan los poetas el paisaje, lo que en él
captan y exaltan, lo que de él sienten como esencial. Y cuando los
connacionales oyen y leen esos poemas comienzan, sin querer, a ver
el paisaje del mismo modo. Lo que los poetas hicieron del paisaje
entra en los lectores como fuerza efectiva. Vemos también cómo de
este modo se aclara la acción del poeta sobre el carácter nacional del
paisaje, el terruño, el suelo y el clima.

El modo como los épicos del alto alemán medio ven el mar, puede darnos algunas luces, pero no si nos contentamos con agrupar esta-
dísticamente en las fuentes los términos marítimos, sino observando
que también los poetas alemanes del sur poseen un gran conocimiento
del mar y emplean con frecuencia expresiones marinas, y si además
se indica que las más de las veces se describe al mar con trazos de ho-
rror y que lo movido y salvaje repugna a los primeros poetas.

Voy a citar como extremadamente sugestivo el libro de Helmut
Trüper sobre "El paisaje nórdico alemán en el arte. Su estampa y su
alma" (Hanover, 1928). En este libro se expone con precaución y
con fuerza convincente el vínculo interno de artistas y poetas con el
paisaje. En la introducción se distinguen muy bien los dos caminos.
En primer lugar se ocupa del paisaje mismo: "los poetas nos vienen
a ofrecer la ilustración de aquello que una época vió y encontró en
un paisaje." Y al tratar de la literatura alemana del norte y de sus
representantes se ofrece una "cierta posibilidad . . . de aproximarse
a la manera artística y, en general, a la unidad espiritual del arte
nórdico alemán partiendo del paisaje". Que esto no es una esperanza
vana nos lo muestra, por ejemplo, el capítulo sobre el romanticismo.
En él surgen conocimientos y aclaraciones valiosas del tipo romántico
y de su espíritu. (El romanticismo, a pesar de su anhelo de infinito,
no guarda ninguna relación con el llano, ya que propende fundamentalmente a la negación del espacio. Las verdes llanuras son para él
antirrománticas).

Trüper, valiéndose de análisis históricos y descriptivos, ha podido casi siempre seguir la pista de aquellos finos fenómenos sintéti-

cos que importan más para la vivencia total de un paisaje y de su índole que para la de su eficiente realidad en las obras de arte. El mismo, al final del libro, nos habla de los hechos a que se aplica su investigación: "el hombre siente la unidad de un paisaje y, al tomar conciencia de él, lo delimita, y el sentimiento obliga en alguna forma a la decisión..."

Para no limitarme a la crítica voy a mostrar en lo que sigue algunos puntos positivos desde los cuales se pudiera arrancar. En Nadler encontramos la afirmación de que las montañas engendran el drama. *a)* Semejante afirmación se puede poner en duda con una referencia a Kleist, Schiller y Hebbel. Pero las cosas cambian si encontramos un dramaturgo que lo reconozca y en el desarrollo de su obra nos muestre, por la elección de tema y por el sentido ascensional, que considera las montañas como "su" elemento y las aguas como lo dinámicamente oscuro, como el elemento demoníaco y destructor. Así parece ocurrir con un dramaturgo como G. Hauptman. Ponen esto en evidencia *Atlantis, Manuel Quint* y *Primavera olímpica*, que se consideran como lo más representativo junto con *Hombres Solitarios, Campanas sumergidas, J. Pippa baila, Gabriel Schilling, El hereje de Soana*. No se trata pues de un puro juego de ingenio cuando Tewelles nos dice: "Apenas si existe un país en que se haya representado y se represente tanto teatro como en Bohemia. A los habitantes de esta comarca les invade un afán por el teatro que quizá surja de la tierra, de los bosques y gargantas, donde anidan las figuras de la leyenda, de las Montañas Gigantes, las del Erz y de los bosques de Bohemia"... Los Hauptmann procedían de Bohemia. En esta conexión podemos ver también cómo T. Paur nos cuenta que en Silesia, en las capas bajas de la población, manda y gobierna la mujer. Lamentaciones sobre el estado matrimonial: "también aquí nos encontramos, si no me equivoco, sobre suelo silesiano... En forma parecida habrá que examinar el motivo del jinete, que cita Nadler, y que sería típico del Este. Dejo de lado, por ahora, los resultados, aproximados y todavía no definitivos, que nos aporta el estudio de líricos del paisaje. Inició esta dirección la excelente investigación de Kapff acerca de las fuerzas plasmadoras en la leyenda suaba. Ha constatado Kapff que en las de Hessen, consideradas por él a los fines de un estudio comparado, predominan los motivos históricos, mientras que en las de Suabia los mítico-religiosos. La misma impresión obtenemos si repasamos los temas, motivos y tonalidades del libro sobre la poesía de Hessen editado por W. Traut (Kassel, 1895). Un cuadro, sin demasiadas pretensiones de

exactitud, nos mostrará la distribución de los diversos poemas entre
los siguientes temas:

Historia y Patria	16 y 12
Amor	28
Pasión (!)	1!
Ideas Generales. Exaltación del ideal	24 y 8
Naturaleza	4
Bosque	8!!
Primavera	6 ⎫ = 28
Otoño	7
Mar	3!!
Piedad	6
Soledad	1 ⎫ = 6!
Nostalgia	4
Separación	1
Bebida	2

Vemos lo que domina. Pero todavía se destaca más lo peculiar
si examinamos el contenido de cada grupo. El amor se presenta casi
siempre como amorío, asunto ligero y alegre. Podemos señalar también: una confianza sencilla en Dios, ética optimista, incitaciones
al valor y a la fe —y, no en último lugar, salvación contra la duda
y una imagen generosa del mundo—, alabanza de la lealtad y de la
piedad de los de Hessen. El aspecto que nos ofrece el libro acerca
de la poesía westfaliana del presente (1895) es bien diferente. El
tono fundamental es más sombrío, la primavera y el amor redimen
más, y para el que está lejos y tiene que volver, la vida es una carga
y el país y la naturaleza sombríos. Pocas leyendas históricas, todo lo
más de los primeros tiempos germánicos, y leyendas de la naturaleza.
La sosegada y ensoñadora llanura westfaliana, lo demoníaco, lo malo,
el no querer amar, el desgraciado tener que amar. Es importante la
indicación de que poetas notables, conocidos más allá de Westfalia,
Hart, P. Hille y otros, presentan estos rasgos comunes. Entre los que figuran en ese libro de poesías de Hessen no encontramos nombres más
conocidos. En la antología de la poesía hanoveriana los representantes
más conocidos resultan los menos típicos, como, por ejemplo, Evers, O.
E. Hartleben, X. Henckell, Ompteda y Münchhausen. En Henckell encontramos de todo pero nada de serenidad, de reflejo de la naturaleza
y el paisaje, inspiraciones socialistas, artificios formales, pero ni la
muerte ni la serenidad del campo.

Sin embargo, el resto de contribuciones muestra claramente rasgos comunes:

1) El fuerte amor al terruño, a la naturaleza, especialmente a una serena naturaleza.

2) La preferencia por los temas de los primeros tiempos germánicos, la oposición entre cristianismo y paganismo, que se celebra como etapa primera de la índole sajona. Pero muy cerca de esto tenemos todo el aparato arqueológico.

3) Se subraya el linaje o el vínculo familiar. En la mayoría encontramos un canto a la madre y en muchos a los antepasados.

4) Las canciones no son propiamente sombrías. Poseen, sin duda, muchos motivos paganos desagradables, pero no en forma inquietante, como en los westfalianos, sin el matiz tenebroso y melancólico. Lo histórico se limita a los primeros tiempos y al anhelo de libertad de los frisones.

5) El amor ocupa un gran lugar pero no el mayor. No tiene un tono alto, hay mucha resignación y posee también un callado anhelo y ardor hogareño.

6) Sentido para el tiempo que vuela, con sus grandes cuestiones (típico, Dietrich), que parece en oposición al olvido del mundo. Sólo una semejanza encontramos entre la poesía de Hessen y la de Westfalia: los poemas dialectales son casi siempre de tipo humorístico y emplean el contraste con el alemán para obtener efectos cómicos y grotescos. Muy diferente es lo que ocurre en el libro de la poesía de Hanover, pues el dialecto expresa los efectos de una sensibilidad más fina ante la serenidad de la naturaleza.

Para terminar, podemos ofrecer algunas indicaciones y hacer unas propuestas prácticas en cuanto al método. Quizá la cuestión más urgente sería la de si es la poesía popular o la personal la que muestra mayor influencia de la particularidad del paisaje. Volveré a ocuparme del tema al hablar de las canciones populares. Se tendría que comenzar por ver si no se puede obtener algo común de los dramas y poemas que proceden del mismo paisaje, pero de distintas épocas. Por ejemplo, de las poesías de un Baumbach, Rückert, Bottenlauben, Morunger, Mörike, un Hartman, un Gottfried de Estrasburgo y un Schickele, un Hohenfels, Ludwig Finckh, Seuse y Hermann Hesse. En segundo lugar, se podría seguir el camino inverso: poner juntos todos los escritores, a poder ser de la misma época, que se han enfrentado con un paisaje y que nuestro sentimiento considera como típicos. Extráigase de ellos los rasgos comunes, el "tipo ideal", y véase si aparecen tipos parecidos en la misma época en otros paisajes, y también en otras épocas. Se trata de fijar, en una sección transversal y sin mirar a la derecha o a izquierda, el "núcleo", y de marcar como característico únicamente lo que pertenece, en mayor o menor medida, a ese núcleo. No hay que ocuparse de las "fronteras". Tampoco hay que formar el núcleo mediante la comparación y el contraste con otros paisajes. No es necesario esto para eliminar conceptos tan enturbiados como el de familia, sangre, paisaje, estirpe, que no podemos abordar sin prejuicios. Como punto de vista para escoger los monumentos típicos, atiéndase de preferencia a los sociológicos, a los histórico-económicos, etc. y enderécese la investigación del estilo de suerte que se ponga atención más en la forma interna que en los temas y en el léxico. Podemos añadir la cuestión de en qué grado muestran diferencias de paisaje obras de estilo primitivo, de carácter popular. No podemos responder a la cuestión afirmativa o negativamente mientras falten los estudios correspondientes.

Sería oportuno en este caso la comparación de trozos semejantes procedentes de paisajes diferentes. Con muchos ejemplos se podría mostrar si ciertos espacios sienten preferencia por determinadas formas de expresión, por determinadas estrofas, por determinada construcción y selección de estrofas. La psicología debería esforzarse partiendo de la "legalidad" de la forma interna. Estas investigaciones tendrían que extenderse hasta el punto que nos permitieran decir en qué se diferencia una farsa de Ayrer de otra de Sachs y en qué se diferencian ambas de las de Waldis o Lauremberg.

Estas son unas cuantas indicaciones concretas. Se fija la meta, aunque al autor le quepan todavía muchas dudas sobre la existencia de una real espiritualidad del paisaje. Si consideramos los poetas suabos de la segunda mitad del XVIII, veremos cómo hay un desarrollo del paisaje de tipo especial. Pero se halla condicionado por la particular situación histórica de Würtemberg, por el despotismo del duque, por las largas luchas constitucionales de los estamentos con los príncipes, por la educación que se impartía en la fundación. Este es el transfondo sobre el cual un Schiller potenció estos rasgos, gracias a sus disposiciones especiales y a su genio personal, hasta crear unas poderosas formas inderivables.

c) POESÍA Y ESTIRPE

Esta sección, ya anticipada en parte por la anterior, la trataremos brevemente. Además remitiré al lector a mi ensayo citado. Pero permítaseme una observación particular. No se trata, naturalmente,

de empequeñecer la obra incomparable de J. Nadler. Tampoco sería
posible, porque su valor se halla consagrado en la historia de nuestra
ciencia. Nadler realiza demasiado rápidamente la investigación reclamada por Sauer, pero tenemos que agradecérselo, porque de este
modo demostró la "realidad" de estas ideas y conexiones. A la explo-
ración osada deben seguir ahora las disciplinas en un ancho frente y
con estrategia organizada. La discusión de la obra de Nadler cobra
significación sobre todo con respecto a la nacionalidad y a la poesía
alemanas, pero también la tiene, y ejemplar, en el marco de nuestro
tema. La exposición de Nadler nos produce la impresión de que nos
quiere mostrar, no sólo lo que ha ocurrido en el decurso histórico en
las diversas estirpes y comarcas, sino también que ha ocurrido en ellos
lo que ha ocurrido según ciertas leyes. Se busca la necesidad biológica del acontecer, al modo recientemente formulado por Scheidt:
"En este tipo de consideración no se trata de que Pedro, un hombre
sin tacha, haya matado a su vecino porque éste deshonró a su hija, sino
que se trata de que hombres qué, por su índole, tenían que obrar como
obraron, se hallan en el momento y lugar convenientes por necesidad
de la naturaleza." Esta "teleología" no está presupuesta ni contemplada de un modo expreso y consciente. Contra esto se opondría, sin
duda, Nadler. Pero se halla implicada por el modo de enfocar las
cosas y por el lenguaje empleado. Nadler ha expuesto sus ideas sistemáticas sobre la secuencia causal y sobre la fundamentación suficiente en su *Ciencia de la historia literaria*. Las exigencias que se plantean en esta obra coinciden, en parte, con las nuestras. El enlace entre
cuerpo y alma constituye uno de los puntos capitales en esta sistemática, y el conocimiento del cuerpo humano es necesario para funda-
mentar cualquier consideración que tenga en cuenta la estirpe y el
paisaje. Pero no se deben adoptar conclusiones apresuradas mientras
no sepamos algo más sobre las relaciones que reinan en este campo.
Tenemos, además, que se han investigado muy poco los caracteres de
los productos literario-espirituales de las unidades regionales de los
pueblos. Claro que Nadler no puede reemplazar estas investigaciones
parciales. Nada hay qué objetar al método que consiste en partir de
la estirpe y del paisaje como de parciales unidades naturales. Pero
con Nadler sacamos la impresión de que no se trata sólo de un método
sino de una meta y un resultado. Parece que, partiendo de las ideas
capitales del proceso de apropiación del mundo cultural romano, se
puede fijar el papel y la índole de las estirpes. Tenían que acomodarse en ese armazón. Por lo menos, así lo parece muchas veces. No
es posible rechazar por razones metafísicas que las estirpes puedan

ser entidades formadoras de literatura y acarreadas por la literatura. Pero puede ocurrir que se metafisice la supuesta individualidad espiritual de las estirpes. Es decir, que se coloque, como principio, al comienzo del desarrollo, y así parece ocurrir en Nadler. El desarrollo es evidente, pero la ley que se le prescribe no lo parece tanto. Viejas y nuevas estirpes son, sin duda, realidades, y de ellas parte el historiador Nadler. Pero no es tan fácil retrotraer sin violencia las literaturas de las viejas o de las nuevas estirpes a los francos, alemanes, turingios, etc. Nadler parte de muchos fenómenos particulares "según los diversos cuencos de paisaje de diferente forma, tamaño, situación, profundidad. Bajo la influencia de la tan rica y contradictoria articulación del espacio alemán, no podía producirse una fusión unitaria y homogénea de toda la masa como en un solo cuenco". No tenemos nada que objetar cuando, sobre todo en la primera edición, se nos habla del proceso de nacimiento de las estirpes condicionado por circunstancias políticas, económicas y de intercambio. Pero el ser espiritual de la estirpe, de los coterráneos, no surge sólo por influencias culturales y por realidades territoriales, sino también por mezcla de sangre y por el efecto irracional del espíritu del paisaje. Han desaparecido en su mayor parte. Los apoyos que la vieja investigación del tema encontraba en la geografía dialectal, en la toponimia, etc. Una amplia investigación ha hecho verosímil la idea de que las estirpes no descansan tanto en primitivas diferencias como en un desarrollo ulterior bajo la influencia de factores externos. Los importantes estudios de Aubin, Frings, Steinbach, Wagner, Wrede, permiten cierta crítica de la exposición de Nadler, aunque quizá su idea fundamental no se halle tan lejos de la de aquellos como parece. El concepto de estirpe, como primitiva diferenciación por la sangre, ha sido muy quebrantado por esas investigaciones. Más bien parece que las estirpes son formaciones nuevas en espacios nuevos, surgidas en creciente diferenciación, desde el arranque de la Edad Media, en virtud del desarrollo histórico y político-territorial. En la actualidad podemos hacernos una idea más o menos completa de la índole de una población cualquiera, y denominarla "peculiaridad de la estirpe". "Una conciencia de la estirpe alemana es una construcción tan dudosa como la de la estirpe de Franconia". Quien habla de tal cosa se mueve en un círculo vicioso: aquello que destaca como devenir histórico, que es consecuencia de las manifestaciones históricas —si es que ha llegado tan lejos— lo coloca, como protoser y legalidad, al principio. También las estirpes son cambiantes y se forman al surgir "modos unitarios de reacción" de los grupos, que llegan a cobrar conciencia propia a través de la administración, las dinastías, la educación y un destino particular común. Nadler no se sentirá en contradicción con esta idea, especialmente por lo que se refiere a las nuevas estirpes. Pero en su afirmación de la predeterminación espiritual, de la acomodación e interpretación esenciales, no reinan la flexibilidad y la objetividad que en este caso se imponen. Si quisiéramos un ejemplo de en qué grado simplifican las fórmulas oscuras, misteriosas y hostilizantes, no tenemos más que considerar lo que dice Nadler sobre el caso Schubart: la procedencia de Schubart de Franconia, sería un ejemplo "de cuán a menudo y fácilmente los de Franconia desembocan en alamanes". Da mucho qué pensar el hecho de que la poesía dialectal, como arte regional, surge en el siglo xix, después del romanticismo y del clasicismo (si prescindimos de la baja Alemania). Acaso nos lleva más lejos el agrupar los paisajes poéticos de suabos y bávaros en la Edad Media en torno a la corte y hablar de una poesía de "los Staufen" y de los "guelfos". Quizá tengamos de antemano los factores decisivos. No por eso debemos rechazar como falsa la relación de la poesía con la estirpe. Pero antes es menester explicar y fijar, comparativamente, qué sea lo suabo en Hartman y en Hohenfels. También, y acaso con anterioridad, tendríamos que saber lo que significan las diferencias de estirpe en Francia, Suecia, e Italia, y si se pueden captar en la poesía.

Hay que tratar con mucha circunspección la diferenciación de índole de las estirpes. Por ejemplo, Hauffen se empeña en la citada obra acerca del trabajo en Bohemia, de distinguir las estirpes alemanas en esa comarca, los bávaros, los sajones y los silesianos. Para acabar por reconoeerlos, a pesar de la diversidad de importantes cualidades internas y externas, como simplemente alemanes: temperamento tranquilo, grave, obstinado, profundo, seriedad, intimidad, vida sentimental, vida matrimonial sana (compárese, sin embargo, lo que se dijo a propósito de G. Hauptman), individualismo, tenacidad, disención, tozudez, sencillez, amor a la verdad, campechanía, humor, fidelidad a la patria y a la familia. Le vienen a uno ganas de preguntar qué es lo que falta en este espejo de virtudes.

Frente a la interpretación que hace Pessler de la nacionalidad basándose en particularidades etnográficas, nos dice Hübner que existe una geografía de la cultura que "trabaja con trasmisiones culturales con entera independencia de la nacionalidad... Pero también se halla establecido el carácter inmediato de estas formas de vida y de manifestación, y su vinculación rectilínea a sus exponentes: de aquí que, inferir del objeto etnográfico a la actitud anímico-espiritual, a la peculiaridad de estirpe de un paisaje y otras cosas semejantes resulta algo inocente". Frente a esto sostiene que ni el carácter de la estirpe ni el carácter del pueblo son aprehensibles todavía científicamente.

Esta es también nuestra opinión. Si no hay que rechazar del todo los hechos de la estirpe por sangre o por "espíritu", por lo menos hay que confesar que el análisis de este objeto deja mucho todavía que desear y que estamos a la espera de investigaciones que nos muestren la conexión exacta y necesaria entre estirpe y peculiaridad poética. Mientras falte esto (y la teoría de Nadler no es a este respecto nada satisfactoria) correremos el peligro de interpolar el término "estirpe" como etiqueta mística de algo obvio: el proceso histórico de una sintonización de los modos de reacción de los hombres en un lugar que se demarca de algún modo (interna o externamente). Como este desarrollo se hace cada vez más claramente consciente en los tiempos recientes, como un desarrollo que transcurre bajo la influencia del acontecer económico-político, de la educación y de las tradiciones espirituales, es natural que la poesía y el poeta, que crean símbolos para esta vida vivida en común, refuercen esa conciencia y la empapen de sangre y de naturaleza, de sentido por los antepasados y la familia, de culto a los héroes y de amor al terruño. Así surge la estirpe "espiritual", creada por la poesía pero también por la teología, por la política, por el orgullo nacional y por el individualismo, y que luego se metafisiza como "protohecho" querido por Dios.

d) POESÍA Y FAMILIA

Quien considere la poesía bajo el aspecto de una ley de la vida se orientará, sobre todo, a la cuestión de la herencia de las cualidades poéticas en determinadas familias. Semejante planteamiento del problema nos lleva al campo de la biología y sería de desear que los historiadores de la literatura aprendieran a moverse en este terreno con mayor desembarazo y seguridad. El problema de las generaciones, ahora un problema candente, queda incluído en esta conexión. No haremos más que rozar el tema, pero quizá no dejen de tener importancia algunas indicaciones oportunas.

No se ha escrito todavía, ni desde el punto teórico ni del práctico, la historia natural del talento y del genio. Una mirada a cómo se distribuyen los grandes poetas en el mapa alemán parece confirmar la opinión de que el talento es, por lo general producto de una vida cerrada en la comunidad, mientras que el genio es con frecuencia resultado de cruces favorables de razas, naciones, estirpes y clases bien dotadas. Conocemos la herencia del genio sólo en pocas familias (Bach, Holbein). Se manifiesta muy en claro el carácter singular de la aparición de la genialidad si se piensa que la mayor parte de los genios permanecen solteros. Parecerá, pues, más fecundo entretenerse con las observaciones sobre la herencia del talento y hasta de un talento discreto. Es una cuestión muy escabrosa saber si se puede o no hablar de ciertas frecuencias en una cultura, de ciertos ritmos de las fechas de nacimientos. Scheidt lo duda; ha examinado las indicaciones de H. von Müller y, como no podía menos de esperarlo como biólogo, no encuentra más que el reino del azar. La biología de la herencia es capaz de apoyar la teoría de las estirpes en su concepción antigua. Mediante, digámoslo así, la cría interna y la pérdida de antepasados, surgen en caso de asentamiento, según Sommer, formaciones unitarias, formaciones que, con razón, podríamos llamar estirpes. Factores como el afán de peregrinar y el aumento de las comunicaciones contrarían este adensamiento de las cualidades familiares. En la población rural la mezcla no es más que aparente y, a menudo, decide sólo la endogamia. Gracias a esta endogamia surgió en muchas aldeas la unidad de los tipos o sea la estirpe. La época moderna, merced al desarrollo del tráfico, ha cambiado mucho las cosas en este aspecto: la productividad, el número de los dotados aumenta en todos los pueblos pero también se pierden muchos talentos logrados endogámicamente. Si a una estirpe consolidada endogámicamente, pero puesta también por ello en peligro, se le añade sangre extraña, puede surgir en ella el genio. También en este caso podríamos hablar de endogamia en sentido figurado: "combinación de cualidades semejantes mediante la selección libre dentro de la serie paterna y materna de antepasados. Estas indicaciones muestran a las claras en qué grado la biología nos tiene que enseñar todavía algo más. Hay que investigar la igualdad de los antepasados, y le corresponderá una gran importancia para la sociología de la poesía. "Sólo teniendo en cuenta con mayor cuidado las afinidades de sangre podremos obtener poco a poco algunos conocimientos por lo que se refiere a la herencia de determinadas cualidades". Poseemos un cuadro muy incompleto de la complexión psicológica de las generaciones anteriores. Lo completamos en la medida de lo posible con las obras que nos dejaron y con sus manifestaciones. Se ve claramente que la poesía y la historia literaria pueden proporcionar al estudio de las familias conclusiones preciosas. A este respecto interesan la historia de los juicios estéticos, del arte y de la cultura. Tampoco dejan de tener importancia los conceptos de "mutación" y "variación", especialmente las endógenas. El desarrollo de la sociedad humana se produce muchas veces por variación endógena, mediante individuos que, gracias a la fuerza de sus ideas, producen cambios por millones, que a su vez cambian el tipo. Es ocioso decir que, en este capítulo, habrá que contar a los poetas con la fuerza operante de sus obras. Parece que estos problemas han sido planteados de una manera fecunda en la época moderna partiendo también del presente hacia el pasado. Los sorprendentes resultados proporcionados por el estudio de H. W. Rath están todavía por agotar y representan un buen comienzo. La historia de la poesía y de la literatura deberían de proceder, también en este campo, al análisis de las fundamentales cualidades estéticas y psicológico-espirituales (Sommer) y examinar la cuestión de si se manifiesta asimismo una semejanza familiar en el espíritu y la obra de los emparentados por la sangre. Seguramente que tales trabajos harán progresar el estudio de pueblo y poesía "mejor que esas agrupaciones injustificadas de A. Sauer, que no son más que una acumulación caótica y confusa de hechos particulares que se refieren a la nacionalidad de los padres de los poetas, a las conexiones de familia, etc. De todas maneras, podemos sacar en limpio de semejantes acumulaciones de material el que conceptos tomados tan en serio como los de poesía suaba, silesiana, etc. se nos disuelven cuando escuchamos, por ejemplo, que Suabia recibió sus mejores familias de Austria, cuando la Contrarreforma, por ejemplo, los Hauff, Kerner, Hegel, Stockmeyer, Moll. Este solo ejemplo completa de modo decisivo el planteamiento de Rath, que hace verosímil la fecundidad de la serie del linaje de los Burckhardt por la mezcla con sangre borgoñona. ¿Pero no tenemos que los antepasados de Schiller viven no menos largo tiempo en la moderna Württemberg? Antes de la segunda mitad del XVIII, y mejor todavía, en el siglo XIX, no se hace visible la formación de una tradición espiritual, de un tipo unitario muy amplio pero muy perceptible, en ese espacio estatal, que sucumbe poco a poco a las tendencias de los grandes espacios unificados de los siglos XIX y XX.

e) POESÍA Y LENGUAJE

El lenguaje no es ni constituye la nacionalidad. Hay muchos hechos que se oponen a semejante idea. Pero sí es seguro que el lenguaje constituye uno de los factores más importantes de la nacionalidad, factor que a su vez guarda la más estrecha relación con la poesía como arte de la palabra y del lenguaje. Las relaciones entre los dos poseen el alcance de las grandes leyes elementales. El lenguaje constituye media vida de la poesía. La forma y el contenido de una poesía dependen en gran manera del carácter espiritual, de las leyes, de la estructura del lenguaje. Pero también se puede decir, y acaso con más razón, que es la poesía la que crea el lenguaje, que es ella la que le mueve a desarrollarse en su riqueza de sentidos, en su mayor viveza y en su profundidad formal. Hace tiempo que se ha dedicado la mayor atención a esta acción recíproca. En la historia del lenguaje se refleja un trozo de la historia de la cultura y del espíritu, y en la historia formal de la poesía la del lenguaje. La nueva filología, que marcha desde Walzel hasta Pongs, desde Vossler hasta Spitzer, marcó la tendencia de que la historia del lenguaje debería desembocar en la del estilo. El análisis de la forma interna del lenguaje en las obras poéticas y literarias nos aporta lo más importante para la demostración del hecho de que cada idioma posee una forma espiritual peculiar (Hankammer), que se puede conservar aun en las épocas de mayor extranjerización. Estas cualidades fundamentales fueron conservadas en algunas épocas por la capa más profunda de la poesía popular y de masas. Pero después que, con la cooperación de todas las estirpes alemanas y bajo la acción plasmadora de poetas y pensadores, surge un lenguaje alemán común, nace sobre él la gran poesía clásica y romántica alemana que ha marcado con un sello tan firme a la moderna nacionalidad alemana. Y esta poesía, a su vez, ahonda, depura y forma el idioma alemán. Estas conexiones son patentes. La recopilación de la vieja poesía heroica en lenguaje nacional, su traducción al lenguaje vivo, la exaltación consciente de la poesía en lengua alemana, la influencia de las obras poéticas en el lenguaje, son factores decisivos para la nacionalidad, como podemos verlo en el Tirol meridional, en Finlandia, Estonia, Bélgica y hasta en la Baja Alemania.

Pero tenemos que ocuparnos también, brevemente, de otras dos conexiones. Debemos especialmente a la filología romántica, que supo penetrar tanto en el cuerpo y el espíritu verbales de un idioma, tal como los encarnaban en la forma más eficaz y clara los poetas. Así, por ejemplo, Spitzer pudo mostrar a qué formas peculiares propende el idioma francés merced a su contextura fonética, musical y sintáctica. También para el idioma latino poseemos algunas investigaciones iniciales (Norden, Nägelbach, Traube). En cuanto a la investigación alemana estamos un poco en retraso y tenemos que contentarnos con ensayos vulgares que se apoyan en puros juegos de la fantasía (por ejemplo Weise, en la obra de Meyer), con afirmaciones generales poco demostradas o con las secas obras de especialistas de la pura poética formal (Elster, Roettecken, Herber). Partiendo de lo concreto, el análisis deberá penetrar en el conocimiento exacto y esencial. Será más fácil destacar el tipo supraindividual, el modo de reacción y la norma del estilo de un lenguaje en épocas en las que la aportación individual es menos importante. Pero tampoco el lenguaje, el espíritu del lenguaje y las formas del lenguaje son constantes, algo metafísicamente inalterable sino perpetuamente en desarrollo y cambio. Ni siquiera los factores étnicos poseen en este caso ninguna duración determinada.

Se nos abre otro campo de trabajo apenas si demarcado y explorado. Es menester hablar de que el lenguaje como tal repercute de modo directo en la forma de la poesía, reacción que se sustrae a la conciencia pero de la que nos ofrecen testimonio poetas e investigadores. Se trata de fenómenos difíciles y delicados. Pero de seguro que la impresión de la sonoridad, el ritmo, la melodía y la significación que asociamos inconscientemente a los elementos de nuestro idioma, han asistido a menudo al nacimiento espontáneo de la poesía lírica y de la prosa rítmica. Habrá que investigar psicológicamente y en detalle los efectos sensibles de ciertas partes y procesos lingüísticos sin sentido, como factores que condicionan al poeta sin él saberlo y, a menudo, con más fuerza que la elección consciente de los medios lingüísticos. Quizá sea posible llegar tan lejos con un análisis tenaz que podamos abarcar esta parte del lenguaje en sus formas técnico-simbólicas fundamentales. Una semejante investigación tiene que partir, naturalmente, del conocimiento de las "posibilidades" en general, y se concentrará en el "desplazamiento de las posibilidades". Finalmente, se traerá a colación las "realizaciones" de las "posibilidades" para compararlas.

Semejantes consideraciones parecen recomendables, sobre todo, cuando se trata de la relación entre dialecto y poesía dialectal. Fácilmente se suele destacar el dialecto para caracterizar las unidades nacionales más pequeñas. Parece que el carácter de una estirpe tiene que manifestarse inmediatamente en su manera de hablar. Sin duda que existen relaciones. Mucho de su ser ha decantado el bávaro, el suabo, el sajón, el escocés y el galés en el tonillo, el ritmo y el acento fonético de su lenguaje. Sentimos todos que en este campo rige la fuerza expresiva. Pero semejantes impresiones se sustraen a su captación firme. Entra por mucho en juego la simpatía y la antipatía. A gentes que han viajado mucho, les ocurre que el dialecto de su región ya no les es tan grato como antes. A unos les parece bello el tonillo y otros no lo pueden soportar. A nosotros nos importa sobre todo la cuestión de si un dialecto posee ya por sí una determinada forma interna, una cualidad sensible como peculiaridad que la poesía podrá exaltar o aniquilar. La cuestión, que habría que explicar con claridad, queda abierta. Remito al lector a las citadas observaciones referentes a la lírica dialectal en las antologías comarcales de los años 90. Así se podrá avanzar. Pero muchas veces encontramos, en lugar de esto, que se generaliza una impresión personal de tipo sentimental: así, el tonillo de Suabia se encuentra agradable y simpático y los suabos lo son también. Pero ¿qué ocurre con el tonillo y demás condiciones entre las gentes de Turingia, Palatinado, Alsacia? No pocas veces tropezamos en estas cuestiones con círculos viciosos y demostraciones tautológicas. Dice Hauffen: "el dialecto silesiano expresa una animosa amplitud, un abandono cómodo y, sin embargo, un espíritu sensato y aplicable. Concuerda con el carácter de los silesianos tal como ha sido descrito por Freitag y Weinhold". No habrá dialecto alguno que no concuerde con el carácter de las gentes que lo hablan y que lo hablan desde hace siglos. Pero ¿podemos captar este complejo colectivo que se cierne sobre las disposiciones individuales? Tenemos que, por ejemplo, se sostiene y sospecha esta conexión respecto a G. Hauptmann, pero no es demostrable porque los criterios que se emplean son demasiado subjetivos y las diferenciaciones poco agudas. Un alemán del Báltico, un tirolés del sur, reciben acaso una impresión bien distinta del dialecto silesiano si son lo bastante despreocupados para no hacer caso de lo que se ha escrito sobre el asunto. De esta manera se conocerán y distinguirán las diferencias regionales en forma más sólida. Y se ve también cómo la poesía ofrece puertas de acceso en este aspecto.

f) LA POESÍA Y LO POPULAR

(Historia de la literatura y Etnografía)

El objeto de la etnografía se halla en el puente entre los componentes orgánico-materiales y los espirituales de la nacionalidad. Este campo puede ser elaborado, como material, por la poesía, y no sólo por la popular sino también por la erudita. La poesía erudita suministra, por su parte (según Naumann), muchos elementos que, sumergidos en el pueblo, son transformados en patrimonio popular, que se nos presenta como más nacional que la producción sutil de las personas refinadas. No es posible desarrollar toda la problemática de la etnografía ni destacar todo lo que, en este aspecto, se encierra en la poesía. A dos cuestiones aludimos mediante algunas observaciones: qué relación guarda la poesía con el acervo popular, y viceversa, la que guarda en especial con la canción popular.

Atenderemos en primer lugar a las opiniones de Naumann y Spammer. El punto de vista de Naumann ha experimentado en su exposición más reciente un giro importante, que nos interesa en especial porque se ocupa del pueblo y la poesía. "El estudio de lo alemán nos instruye de cómo la capa superior llegó a adquirir su cultura o, con otras palabras, cómo lo germánico desembocó en la continuidad europea. La etnografía nos instruye de en qué medida esta cultura descendió a la última capa, en qué medida también desembocó ésta en la continuidad para, a base de la primitividad, hacerse también, a su manera, alemana". La poesía de la capa baja, que tampoco antes fué estimada negativamente por Naumann, hora se hace alemana y hasta pasa por especialmente "nacional". "Al descender el acervo cultural, alcanzó su propio destino. En este punto termina el proceso de alemanización en la realidad. El *Minnesang* estaba todavía a medio hacer. La canción popular significa la realización . . . de una primera lírica nacional alemana". Esta nueva formulación trae consigo importantes consecuencias. Porque una de ellas es que la cultura es quien otorga a la capa baja el valor propiamente nacional. ¿Pero no es cierto que anteriormente se calificó la estructura de esta capa como primitiva? Aunque para muchos el primitivismo de los campesinos alemanes no se pudiera comparar con el de los llamados pueblos primitivos, sin embargo, también se podría atribuir a esa capa baja la actitud alógico asociativa, mítico-mágica. Naumann encuentra una nueva característica: "la vida espiritual inconsciente de la nación corresponde a la etnografía." Se plantea la cuestión (sin ocuparnos por ahora de si es suficiente la antítesis consciente-inconsciente) en qué medida resulta típico el patrimonio espiritual inconsciente y estructuralmente semejante en todas las capas bajas. Y de hecho, por mucho que el título de su trabajo y sus formulaciones tengan presente lo alemán, su estudio representa una fusión completa de los caracteres populares, una separación, humànamente general, de capa superior y capa inferior, concepción que tanto da como quita al estudio etnográfico todo punto de partida. Porque si resulta característica verdadera de lo popular el patrimonio popular descendido, realmente "popular", en ese caso se aíslan de la nación la vida espiritual consciente de la capa superior y la poesía alta; y el objeto del estudio etnográfico de lo alemán no es lo alemán completo y no puede pasar, por lo tanto, como realmente nacional.

No vamos a criticar estas ideas sino a fijarnos sólo en sus consecuencias. De todas maneras, no resulta muy acertado abandonar los puntos de diferenciación claros entre lo individual y lo impersonal, entre el pensamiento progresivo y el colectivo-primitivo en favor de la diferencia entre consciente e inconsciente. Las opiniones de Spammer se orientan hacia la sociología y consideran como lo más importante el punto de vista de la espiritualidad del grupo. Pero tampoco por este lado gana mucho nuestro tema. Suponiendo que se haya aclarado el carácter poético de la poesía popular, sigue siendo algo oscuro el carácter "nacional" de la poesía popular. Queda sin resolver la cuestión de en qué punto la poesía y el tesoro popular, por ejemplo, la canción popular, ofrecen los mismos rasgos de "nacionalidad". Se vuelve a plantear la cuestión, y en forma más apremiante, de qué es lo que hace que la canción popular alemana sea esencialmente alemana, la sueca, sueca, etc. El planteamiento de estas cuestiones no nos obliga a precipitarnos en su solución, nos basta con señalarlas. Para esta solución aportaremos algunas observaciones sobre diferenciaciones nacionales de las canciones populares y otras sobre la problemática en que se mantienen la historia de la literatura y la etnografía.

Hasta ahora ha habido bastante conformidad en creer que el tesoro popular y la canción popular de estirpes y comarcas, pueblos y círculos culturales muestran más rasgos comunes que diferencias. Se trata de aquellos rasgos estructurales de lo mágico-primitivo, de lo asociativo-alógico, de lo típico-impersonal, de la finalidad material, de lo colectivo vinculatorio: rasgos todos de un "objeto colectivo orgánico". La posibilidad de forma y de arte no radicaría tanto en el factor personal cuanto en el hecho de que en este caso tenemos un adensamiento plasmador de los protoproblemas, de que el acervo popular "se halla en comunidad insoluble con la existencia, con el contenido de la vida". A. Haberlandt, que escribe estas palabras, ha descrito excelentemente el arte popular en una forma que abarca en unidad toda la vida de expresión artística de un pueblo. "Es uno y el mismo rasgo del crecimiento de las fuerzas operantes", pero también se nos dice que el arte popular es "el arte de aquellos que sacan sus fuerzas y sus capacidades de la espiritualidad, de las fuentes y de las tradiciones de la acendrada existencia popular". Fuera de esto, ninguna investigación seria ha podido decirnos algo definido sobre la relación entre poesía popular y paisaje. Paur encuentra sorprendente que entre las muchas canciones dialectales de Silesia predominen las altoalemanas. "En relación con la naturaleza, no se encuentra en las últimas [en las canciones populares antiguas] ningún rasgo muy característico antes de llegar a las alemanas". Faltan en Silesia las canciones báquicas y las eróticas, mientras que las canciones satíricas sobre el matrimonio parecen patrimonio especial de los silesianos". Habría que extender un poco más semejantes observaciones y hacerlas con mayor precisión. Walther que en su estudio sobre "el lenguaje y poesía popular de los wendos" pretende encontrar en su canción popular las peculiaridades de éstos, no nos ofrece nada específico; por lo que se refiere al contenido es seguro que "el arpa de los cantos populares de los wendos ofrece tantas cuerdas fuertes como el arpa alemana". G. Meyer duda que el característico baile bávaro de brincos pueda explicarse por razones etnológicas (celtas). "La estrofa de cuatro versos es una forma preferida en todos los casos de poesía popular". Para esto no hay otra explicación que la general disposición del espíritu humano. En los estudios de etnografía sajona de Wuttke se expresa como exigencia ideal que "cada estirpe alemana ha llevado su propia vida y muestra su peculiaridad, cuya investigación sería, sin duda, el tema más importante de una etnografía alemana". Pero también está seguro Wuttke de que esta peculiaridad sajona "empezó a desarrollarse a fines de la Edad Media". En el mismo volumen Dunger renuncia al empeño de describir lo sajón a base de la canción popular y hasta declara que es errónea la pretensión de limitar esas canciones comarcalmente o por el paisaje. También nos dice Mogk en el mismo volumen: "en nuestro país de Sajonia la fiesta de Navidad se distingue poco de las de otras comarcas alemanas". Un ejemplo de que no sólo en cuanto a la canción popular se da lo problemático. El excelente trabajo de Arens nos informa, respecto a otros aspectos del tesoro lingüístico popular, de que su estructura es completamente primitiva. Le ha sido más fácil ofrecernos un cuadro general de la cultura y el alma campesinas en el Tirol que no algo específicamente tirolés. Debo advertir que sus indicaciones coinciden exactamente con la estructura del estilo de la prosa popular alemana en el siglo XVI, tal como la describí en un libro mío antes de que conociera yo este de Arens. Un examen ligero con la canción popular estudiada por Hauffen en el islote lingüístico de Gottschee nos muestra que esta canción, conservada en condiciones especialmente favorables, posee algo así como un carácter propio. Es grave, moderada, contenida, piadosa, evita la rudeza y la grosería y se nos ofrece con prosaica sencillez; faltan la sensualidad y la erótica de las canciones de mayo, de adulterio, frailunas y de francachelas, etc. Semejante selección dibuja ya una estampa cultural de la vieja Gottschee. Se añade un grupo de fórmulas estereotipadas. Casi siempre la fórmula para comenzar es la del despertarse el alba, venga o no a cuento. Casi se podría destacar una estructura típica, una protocanción (pocos adjetivos, ausencia casi completa de la rima, hecho que H. explica filológicamente de modo plausible). Un ejemplo semejante refuerza la idea de que bastaría acaso una arremetida enérgica para que cobráramos luz acerca de la poesía popular y de lo nacional.

En este sentido nos llama la atención A. Sauer en su famoso discurso rectoral de 1904. Sus intenciones iban en otra dirección que aquella en que su gran discípulo Nadler buscó y encontró una realización. Aunque nos atrae mucho un análisis crítico de este ensayo, ello nos llevaría muy lejos y por tal razón tendremos que limitarnos a unas cuantas observaciones. El terreno seguro sobre el cual levantaba Sauer sus pretensiones es el de la historia comparada de la literatura, el estudio de otras historias literarias para, de este modo, conocer "las normas y las leyes bajo cuyo dominio transcurre la vida literaria de los pueblos". Pero todavía nos hallamos lejos del conocimiento de estas "leyes vitales". Y, sobre todo, es en el campo nacional donde se nos han hecho problemáticas esas unidades parciales estudiadas por Sauer, las estirpes y los paisajes o comarcas. No conocemos, ni con mucho, las condiciones que han conformado a estas unidades parciales. ¿En qué consisten las "diferencias comarcales más finas"? ¿Qué ley resultaría si, suponiendo que se las conociera con exactitud, se las transcribiera en el mapa literario? Me temo que lo que resultara fuera no una ley sino el caos de un estado natural. Pero en la actualidad se buscan leyes a toda costa y se vuelven con desdén las espaldas cuando no hay más que desarrollo, resultados y un "sentido" con francas lagunas. Quizá el caso particular "suabo" no sólo se dé en Württemberg sino también en Italia y en Suecia, debido a las condiciones generales del paisaje y de las comunicaciones. ¡Qué rico en consecuencias fué para Sommer la supuesta procedencia de Nüremberg del escritor Gegenbach junto a la procedencia aragonesa de Moscherosch! ¡Y cuántas consecuencias tiene hoy la constatación de que ambas cosas eran falsas! En puntos importantes Sauer se desliza hacia la etnografía, cuando se fija en el interés de Goethe por lo etnográfico, es decir, en su interés por la materia popular y no en la correspondencia por el estilo. En general considera la etnografía en el sentido de Hauffen, es decir, que trata de mostrar la significación de la etnografía para la historia literaria, con objeto de ofrecer a ésta nuevas tareas. También se produce en él un hiato entre la fisonomía cultural de la escarpa inferior, el "alma del pueblo" "y el "espíritu nacional". La historia literaria provincial tendrá que explicar la índole de cada uno de los paisajes literarios. Por desgracia, se ha caído en el peligro de seguir el camino contrario. Nos falta y nos debe faltar la "historia literaria desde abajo" porque nos faltan, todavía, los criterios para inferir lo espiritual aparte del suelo, de la masa, de los grupos, de la sangre. Es menester buscar primero las raíces.

Al fondo de todo esto tenemos la creencia, tanto romántica como positivista-materialista, de la condicionalidad de los hombres por la tierra. Stefansky en el epílogo a su obra, ha puesto en evidencia, esta base cuando trata de interpretar la meta que persiguen los maestros de las ciencias del espíritu por el año de 1925; Sauer no lo ha comprendido del todo así. La concepción de Stefansky es más precavida pero también más incolora. Nos parece bien que marche del punto de partida morfológico, "forma que cambia", al modo de reacción, "forma de vivencia acuñada". Pero hay que preguntar ¿estamos en posesión de la "forma de vivencia claramente acuñada"? ¿Cuáles son las relaciones más íntimas entre Hartmann y Schubart, cuáles son los protoproblemas en Westfalia? La categoría de espacio, que encontramos como núcleo del "destino espiritual", como última razón explicativa palpable, también se nos ofrece en este caso como algo oscuro, como algo que necesita ser aclarado, como una gran incógnita que surge cuando no es posible lograr "el trazado de líneas racionales a través de la agitada plenitud de la historia". Las leyes de la naturaleza —y también para Stefansky, en forma característica, la vida no es más que naturaleza— no pueden aplicarse tan sencillamente al espíritu y perseguirse sus rastros en él. La vida del arte es no menos espíritu que naturaleza y, en el contexto de nuestro tema, habría que hablar de un "espacio natural cultural", si es que se puede hablar de cultura, naturaleza y espacio.

Entre las muchas contribuciones al tema "historia de la literatura y etnografía" vamos a destacar una de género muy distinto, la que debemos a Robert Petsch con ese título. También para este es la poesía una unidad y el matiz nacional de la poesía popular tiene que entrar dentro de la poesía total. "En la canción popular y en las viejas farsas carnavalescas se expresa en la forma más directa la fuerza poética creadora del pueblo". El concepto de "lo nacional" del autor se nos revela al final de su trabajo. Condena la poesía de los cenáculos y no ve la fuerte necesidad ético-social del naturalismo que busca el enlace con la nueva capa inferior, el proletariado. Es popular lo indiferenciado, lo apegado al terruño, también lo muy corriente (Schiller). Una idea que leemos entre líneas es que el poeta tiene que aprender de la forma de la poesía popular. Reaparecen las viejas dudas y problemas. Y, sin embargo, Petsch no quiere reconocer como poesía más que "la expresión artístico-verbal de la vida personal". Como vemos, tampoco en este caso existe claridad alguna sobre la relación entre poesía y pueblo. Son bienvenidos los análisis y las palabras que tratan de animar para el estudio de la esructura y el estilo; "pero para esto tendría que funcionar en su forma más pura y madura una consideración fenomenológica de los medios artísticos".

Terminamos con esta revisión. Resulta seguro que también la etnografía está llamada, por su manera de considerar las cosas, a suministrarnos conocimientos profundos y decisivos acerca de la relación entre poesía y pueblo. Cierto que la situación de la etnografía es, en estos momentos, de crisis y la corriente sociológica de una manera dinámica de considerar las cosas es todavía muy joven frente al arraigado fanatismo que se fija en los objetos materiales y frente al punto de vista museográfico. La etnografía tiene que contestarnos todavía a las preguntas de qué es lo nacional y por qué, tanto por interés de la poesía popular como de la alta poesía. Acaso sea conveniente prestar atención a cosas más objetivas y distantes, por ejemplo, al tesoro popular de otros pueblos, para de este modo poder asentarnos en suelo firme.

Mientras nos falte una sistemática esencial tendremos que contentarnos con la captación simple de lo que es y de lo que transcurre históricamente, como síntesis de un carácter vivo y apenas analizable, resultados de un devenir que transcurre en una red de condiciones innumerables. En esta red se hallan insertos de una manera nueva los objetos nacionales y también la poesía. Las comunidades parecen desaparecer, con la vida misma, cuando se aísla una pieza entre lo que ha devenido ya, y se eleva, sin las condiciones que le rodean, a una pálida perenneidad en la que, faltando naturalmente distancias e indiferencias, se pregunta por su propia sustancia.

CONCLUSION

De este modo habríamos cerrado el círculo que podríamos señalar como "historia natural de la poesía". Pero no hemos obtenido una fórmula final para la relación entre poesía y pueblo. La exposición tendría que pasar ahora a la "historia espiritual de la poesía". Pero recorrerla, como la anterior, significaría tanto como desenvolver en una nueva exposición toda la historia de la poesía. En este punto podemos finalizar convenientemente la investigación, si nos es posible trazar los objetivos y las líneas fundamentales de un trabajo semejante para generaciones venideras. Después de lo mucho que se ha dicho no puede caber duda de en qué forma habría de procederse. La frase de Schubart "clima, educación, la forma de gobernarnos, todo esto constituye el carácter de los alemanes", puede señalarnos el punto más candente. La esencia de una poesía, como miembro y órgano de una nacionalidad, no puede captarse más que en el transcurso histórico, como historia que sucede y que cambia. Es menester "integrar" a la poesía con la nacionalidad en toda intersección del tiempo y de la naturaleza, con todos sus factores espirituales y también con todos sus factores externos. La totalidad viva está sometida a la ley del cambio, del fluir y disiparse, y rebasa con frecuencia los mojones intelectuales arbitrarios que plantamos en medio de la corriente. También la historia de poesía podrá aplicar con fruto los métodos que siguen la geografía histórica y la dialectal. También las obras poéticas son "bienes de cambio" y se hallan más condicionadas por las realidades palpables del acontecer político, del gobierno dinástico, de la consolidación territorial y de las comunicaciones que por herencias, peculiaridades de estirpe o espiritualidades de paisaje más o menos basadas en la sangre o en el misticismo.

Estos son los escuetos factores que sintonizan los modos de reacción de muchos connacionales en aquella unidad que constituye la nacionalidad. En la historia literaria de las naciones se han estudiado ya las influencias espirituales que sobre la poesía ejercen el estado, la forma política, el código moral y el espíritu de la época, la ciencia, el arte, el derecho y la religión. Pero apenas si necesita una demostración el hecho de que en este campo queda mucho por hacer y de que hay que proceder en forma mucho más sistemática, cosa que vamos a ilustrar con el ejemplo sacado de la política y de la religión. Quien no crea que un carácter nacional surge por acumulación y adición de almas individuales, mediante "concentración de fenómenos privados" reconocerá la primacía de las influencias políticas y sociológicas. Se puede reconocer e influir en un "alma de las masas", como algo independiente, partiendo de la política, sobre todo. Llegar a un "carácter colectivo" a partir de manifestaciones artísticas o espirituales resulta más difícil, hasta para el mismo Klein. Por otra parte, resulta peligrosa toda deducción que va del alma de las masas a los individuos. La religión ha sido siempre un medio para sintonizar unitariamente los modos de reacción de los pueblos. Creemos que le está reservado un porvenir brillante a una consideración de la poesía que parte de la historia de la religión y de la filosofía de la religión. Y como en este campo se trata de distinguir también entre la capa baja de la religiosidad mágica y las confesiones superiores, las relaciones y los problemas se multiplican otro tanto. Ya la etnografía se ha ocupado del ingrediente de religiosidad primitiva que encontramos en la poesía, así como también de la influencia inversa del cristianismo sobre la canción popular y las canciones religiosas. La cuestión más importante de la relación entre cristianismo y alta poesía se ha planteado únicamente en relación con el idealismo y el barroco. En la Edad Media la iglesia y el cristianismo se ciernen como una bóveda celestial sobre toda la cultura, sin excluir la poesía clásico-cortesana caballeresca. Con el Renacimiento y la Reforma, se quebranta esta abarcadora unidad y el trasfondo religioso "se amortigua" por completo en la época moderna. Resultaría un tema muy atrayente trazar el proceso de la secularización de la poesía alemana a partir de la Edad Media.

Pero en la misma medida en que van faltando las ligazones y las normas unificadoras, surgen éstas en otros campos, unifórmanse la situación nacional de los estados, la imagen científica del mundo y la común conciencia moral de todas las naciones.

Todo estudio de las nacionalidades, desde la poesía a lo popular, tendrá que tener en cuenta la particular necesidad en la síntesis compleja de un desarrollo. Esta necesidad se halla siempre en la ley ordenadora, en los "coeficientes de mezcla" según los cuales se funden las condiciones heredadas, las tradiciones espirituales y las peculiaridades externas para conformar también compactamente la poesía, que les da verbo y eficacia. Es menester captar sistemáticamente la diversidad de las manifestaciones, realizaciones y rasgos espirituales dentro de un espacio. De este modo podremos darnos cuenta de las formaciones, de los organismos que se han entretejido en la marcha de la historia no menos que en el intercambio del presente, organismos cuyo miembro y órgano de importancia no pequeña es también la poesía. A su manera, refleja la ley ordenadora de la entidad espiritual que llamamos pueblo, que es el resultado de lo "devenido" en el momento presente. El tiempo sólo puede ser vivido a medida que transcurre, el espíritu como cerniéndose libremente, la poesía sólo como espejo de esa libertad superior del espíritu, lo nacional o el pueblo sólo como verdad en semejante libertad.

III

HERBERT CYSARZ

EL PRINCIPIO DE LOS PERIODOS EN LA CIENCIA LITERARIA

HAY UNA historia de la retaguardia y una historia del frente. La consigna de la primera es *primum vivere, deinde philosophare;* la segunda obedece al destino expresado en este lema: *navigare necesse est, vivere non est necesse.*

Si nos limitamos a proyectarla sobre un material extensivo, la historia literaria ofrece un campo de experiencia de centésima magnitud y validez; cuando sirve a las cualidades intensivas, se convierte en la más profunda ciencia de las almas y en el más elocuente y rico documento del hombre.

Y esta debe ser, precisamente, su trayectoria: de un apéndice de la historia universal a la imagen del mundo de la propia nación, a un concepto de la vida científico-fundamental y no simplemente científico de especialista.

Pues bien, este cambio de rumbo se refleja también en el "principio de los períodos" de la ciencia literaria: también aquí nos encontramos con la evolución de una serie de datos coordinados y yuxtapuestos en sucesión cronológica por historiadores especialistas a una intrincación de datos de la historia del espíritu, con el ascenso de las clasificaciones basadas en el tiempo a las estructuraciones de orden tipológico; en una palabra, con la interiorización del *qué* subsumido para convertirlo en un *cómo* orgánico.

La periodología, tratada como un sistema de reglas de sucesión y de fijación de límites, sólo plantea problemas de rango inferior; en cambio, la periodología, concebida como línea y no como herramienta, como forma esencial y no como norma de ordenación, revela la estructura total de una ciencia y, a través de ésta, un sector y hasta tal vez un hemisferio de todo el globo intelectual.

La dimensión específica de toda creación humana, según la cual un ser *en* devenir no es precisamente un ser *y* un devenir, las fases de crecimiento y entrelazamiento de la individualidad, las leyes que presiden la gestación y la acción de la poesía, el nervio de la tradición y de la inmortalidad, la encarnación de unidades rígidas en pluralidades cambiantes y condenadas a cambiar y, en general, un reino de vida en que cada cosa individual aparece referida a otra cosa individual, sin que haya cabida para problemas aislados ni para métodos aislados, todo esto aparece iluminado aquí desde *un* punto arquimédico.

Por eso en las siguientes consideraciones trataremos, en primer lugar, del modo como la "periódica" de la historia literaria se convierte en lo que es y adquiere conciencia de sí misma, de su ramificación y de su emancipación con respecto a la historia universal (capítulo I). Luego, bajo el meridiano así determinado, haremos un rápido corte longitudinal del cosmos de las ciencias del espíritu, para así filtrar teóricamente el método previamente descubierto de un modo empírico (capítulo II). La parte final (capítulo III) vuelve a la historia de la literatura, para echar por último una ojeada a la situación de conjunto de nuestra ciencia.

Todas estas investigaciones nos proporcionan una base científica real, en lo que se refiere, concretamente, a las ciencias del espíritu: el horizonte antropocéntrico: el ser humano unitario hacia el que apuntan todas las auténticas pinturas de la historia y del alma sin llegar a abarcarlo ni agotarlo nunca en toda su desnudez, rige aquí de un modo absoluto, sin relación alguna con las fuerzas divinas ni con los fundamentos metafísicos. Por lo demás, también este fragmento de filosofía de la ciencia literaria aspira a brindar al investigador perspectivas sistemáticas y al teórico gérmenes de realidad. Pero una tecnología de la formación de períodos y de la exposición de períodos sólo puede lograrse por medio del ejemplo y de la sucesión.

1

Las premisas esenciales de la periodología de las ciencias del espíritu son tres: la primera señala los períodos homogéneos del pensamiento "prehistórico", períodos de tiempo nítidamente deslindados y uniformes, como los "períodos" de lluvias, de sesiones o del calendario. La fase siguiente pertenece a los períodos de desarrollo de la marcha histórica, que no son unidades de materia y de estado, sino de meta y de movimiento, llenas de nuevas tensiones entre el ser y el devenir, entre la ley de persistencia y la ley de cambio. La tercera clase de períodos corresponde ya a la biología del siglo XIX; no se parecen, por oposición a los períodos de evolución lineal, o cortes en un proceso en línea recta, sino más bien a la curva de una ola, en que el momento progresivo se enlaza con un momento cíclico.

La estructuración de la historia en su conjunto ha sido hecha posible por el cristianismo: es éste el primero que ve en la humanidad total una unidad solidaria y continua de destino. Los más antiguos intentos de división en períodos fueron la teoría (atribuída a Claudio Tolomeo en el siglo II de la era cristiana) de las cuatro monarquías universales (la asirio-babilónica, la medo-persa, la greco-macedonia y, finalmente, la romana) el empeño de san Agustín de desarrollar a base de los reinos del profeta Daniel un progreso y un plan de historia universal. Son las raíces de aquella "teoría helenística" que divide la historia con arreglo a los cambios de prepotencia de los pueblos que dominan el mundo: una nación tras otra van conquistando la hegemonía, pero estas épocas nacionales se relevan unas a otras como las guardias y son el instrumento (ni siquiera la materia) de la Providencia; la función lo es todo, sus exponentes no son nada (un platonismo que más tarde purificará Hegel y que rectificará la teoría de las ideas históricas de la época de Ranke).

La división en tres actos que sigue prevaleciendo hoy —Antigüedad, Edad Media, Epoca Moderna— fué un parto del Renacimiento: la grandeza de Roma, según hubo de descubrir el estudio renovado de la Antigüedad, declinó hace unos mil años; el humanismo se entrega a la quimera de poder resucitarla, por eso el lapso que transcurre entre aquel ocaso y esta restauración se considera lógicamente como una sombría época intermedia, como una especie de largo período inversal; y este período sigue rodeado de una muralla de la China aun después que, desde los días de Herder, se descubren su belleza y su fecundidad. Durante mucho tiempo se calumnió, considerándolos como padrinos científicos de esta trilogía, a los investigadores gottingueses Schlözer y Gatterer, hasta que este papel hubo de ser transferido al profesor de Leyden, Georg Horn (nac. en 1620 en Kemnat, en el Alto Palatinado), y a su discípulo de Halle, Cristoph Cellarius (Keller), el autor de la *Historia medii aevi* (1688). Como es natural, esta "clasificación" sólo puede ofrecer, en el mejor de los casos, el más burdo esquema a una historiografía crítica: Ottokar Lorenz la condena de raíz; Friedrich y Viele establecen el corte hacia el año 1300, en que comienza según ellos la época moderna que la Historia de la cultura de Steinhausen hace datar de 1650 solamente (también Gustav Freytag considera los siglos que van de 1254 a 1648 como períodos de igual rango); por su parte, Ranke, como antes de él había hecho ya Johannes von Müller, rehuye de antemano, con gesto de recelo y superioridad, semejantes límites.

Claro está que la periodología de la ciencia literaria se halla diferenciada ya por la menor longitud y, sobre todo, por la menor latitud del campo de investigación. La poesía alemana se halla más libre de convencionalismo que la francesa y más libre de constelaciones políticas que la inglesa (entre nuestro período antiguo, medio y moderno no se abre en parte alguna una brecha tan súbita como las que registra la historia literaria y general inglesa en el año 1066 o en el 1689). Y en ninguna otra se mezclan los resortes culturales de un modo tan embrollado y pugnaz, tan anticronológico, como en la historia del espíritu alemán. Esto hace que la divisoria Edad Media-Época Moderna aparezca aquí simplemente, como capacidad de captación y de rendimiento, pero no como separación entre dos estructuras, entre dos épocas. (Por lo demás, el lenguaje literario de Lutero es el fruto de un proceso cuya simiente germina, a más tardar, en el siglo XIV; y también el contraste Antigüedad-Cristianismo, que se presenta no pocas veces como signo de la época moderna, se trasluce ya a través del período del florecimiento caballeresco; pero en la época de Lutero, la poesía estrictamente renacentista habla todavía en latín y no se plasma en lengua alemana y en verso alemán hasta llegar a la época de Opitzen, mientras que el individualismo fáustico del siglo XVI sigue vinculado en absoluto a las formas tradicionales.)

Los períodos de desarrollo señalados por el siglo de la historia —XIX— se caracterizan por una mayor rigidez pero también por una unidad más profunda. Es cierto que este siglo XIX se encuentra con el principio periodológico, esencialmente, como una herencia del racionalismo, que había convertido la ordenación en épocas en hermana de su poética de género legislativo. Así, en la "poesía ingenua y sentimental" de Schiller la antítesis de estos dos tipos ideales coincide con la división en las épocas antigua y moderna. Todavía en las lecciones de los hermanos Schlegel, que se suelen incorporar demasiado unívocamente a la imagen histórica del mundo, vemos cómo la óptica histórica se entrecruza y disputa con los intereses sistemáticos, intereses que en Federico Schlegel son, predominantemente, de orden filosófico-histórico y en su hermano Augusto Guillermo de un carácter estético más estricto (relacionados bien con la teoría de las artes, bien con los géneros poéticos). Y la consumación de este juego de contrastes lo tenemos en la torre de Babel histórico-arquitectónica de Hegel: en esta síntesis titánica del río de la realidad y el dique de los conceptos se hermanan las ideas lógicas de la estética y de la filosofía de la cultura de la Ilustración con las ideas morfológicas del reino de la historia y de la vida recién descubierto

Por eso, toda la historia literaria directa o indirectamente influída por Hegel presenta como rasgo esencial la tendencia a reducir en lo posible el desarrollo y la estética, en especial la estética de los géneros (ya en ella ve Hegel imponerse la realidad histórica y el apriorismo conceptual), a un denominador común que es el período: así, para Moritz Carrière la historia literaria se convierte en canon de los géneros (cuyas ideas "se realizan" precisamente, como dice Hegel, a través de la historia de la poesía); también la *Historia de la literatura del siglo xviii*, de Hettner, es la pugna constante en torno a un concepto de desarrollo que permita someter la estética y la historia de poesía, estructuradas en el espacio y cambiantes en el tiempo, a la misma periódica; y el mismo Koberstein hace seguir sus dos volúmenes históricos de un tercer tomo, dedicado principalmente a clasificar los géneros; y todavía Wilhelm Wackernagel, que sierra el tronco de la moderna literatura alto-alemana para sacar de él las tablas de cuatro siglos, sólo es capaz de desembrollar con arreglo a los géneros las intrincadas raíces de la literatura alto-alemana media. Hasta aquí, una de las parentelas de Hegel, la legítima.

Otro tropel de autores se acoge, en cambio, al trazado lineal hegeliano de la historia de la humanidad, a la dinámica y la dialéctica del curso histórico como tal: Hegel, que de una parte domina magistralmente, como nadie, toda la extensión en el tiempo de los siglos de nosotros conocidos, concibiéndolos como una unidad coherente de sentido, de otra parte obliga con una mirada de Dante y un puño de Miguel Angel a entrar en un cauce único de continuo discurrir la inmensa variedad de lo en cada caso simultáneo, que los Gibbon, los Hume y los Voltaire sólo saben forjar en cadenas compactas de acaecimientos en determinados trechos y zonas de la historia. El Senado, el derecho, el arte, la ciencia, la religión: no son simplemente las actividades del mismo espíritu cósmico, sino también pasos iguales de una y la misma metamorfosis. Y esta tendencia a destacar las dimensiones de la historia tanto en longitud como en profundidad —de la problemática de la unificación de lo "simultáneo" (de lo sincrónicamente simultáneo según Hegel o de lo singenéticamente simultáneo según Spengler) hablaremos más adelante— desencadenó, para bien y para mal, el más fuerte de los movimientos del siglo.

En el campo de la historia literaria marcha a la cabeza Gervinus, quien, ungido con los óleos hegelianos y además iniciado por su maestro Schlosser en la filosofía de la Ilustración, recoge, para construir con ellos una orgullosa y esbelta torre, los materiales de la más antigua historia literaria, diseminados por todos los puntos cardinales. Es cierto que la división hegeliana en períodos adolece de un platonismo que busca la unidad no en los fenómenos mismos, sino antes de ellos, en parte, en categorías apriorísticas, y en parte detrás de los fenómenos, en metas extrahistóricas, en vez de poner a contribución la simultaneidad interior y la dignidad pareja del todo y la parte. Y lo que a peores consecuencias conduce es su subordinación de la historia del espíritu a los acontecimientos de la historia universal: para él, la historia universal está delante o por encima de la historia del espíritu, pero no en ésta. (La fobia schopenhaueriana contra la historia y contra Hegel sólo puede aplicarse, en justicia, a la tendencia hegeliana a violentar el ser histórico-espiritual por el devenir de la historia universal.)

Con esto no queremos disminuir, ni mucho menos, los méritos del siglo y tal vez del milenio de la filosofía hegeliana de la historia. Hegel proyecta el decurso del acaecer perecedero sobre el ciclo de la eterna metamorfosis del espíritu omnicreador. Pero este monodrama metafísico no es simplemente, ni mucho menos, una enseñanza sacada del espectáculo de los milenios, sino más bien el lado de la eternidad, el valor o el sentido de la eternidad de los destinos temporales y sustraídos al tiempo de la tierra. Hegel, que convierte así, por arte de magia, la sucesión de los acontecimientos en una yuxtaposición de los conceptos, postula prometeicamente aquella identidad del devenir y el ser que, virtualmente, hace inmortal toda la vida creadora de la historia. Sin embargo, ni Hegel se prestó nunca a contrastar el juego de fuerzas de la inmortalidad (y otras ideas afines), descrito por él en grandiosos poemas conceptuales, sobre sus bases históricas, ni a examinar los diversos modos de ser y de actuar de la duración y la continuidad históricas, ni su mirada, proyectada siempre hacia los más vastos espacios, llegó a darse cuenta nunca de la diferencia de estructura que existe entre el actuar y el formar, entre el hecho y la forma, entre la historia del querer y la historia del contemplar, diferencia preñada de consecuencias, sobre la que ya Schopenhauer basaba toda su filosofía (filosofía que era también, por ello mismo, antihegeliana, si bien desvirtuaba en otro sentido, es cierto, el problema estructural "historia del espíritu e historia universal"). Así como Schiller recoge las corrientes de la historia universal en dramas imperecederos, Hegel teatraliza el proceso pragmático de las cosas en fases metafísicas detrás de las cuales se esconde un sistema (entre otros sistemas posibles) de sentido *dado* y no un sentido *encontrado* históricamente real, de ciencia de vida y de espíritu. Mediante la incorporación de la historia a su mundo conceptual, Hegel crea una nueva dimensión (superkantiana) del sistema filosófico y un despliegue de fuerza de la metafísica jamás conocido hasta él (intuído, a lo sumo, por Schiller, pero apenas sospechado por Fichte): Este encuadramiento creador de la materia histórica en las imágenes conceptuales platónicas fué actualizado, dramáticamente animado, cargado por decirlo así con los poderes del destino, por la dialéctica hegeliana de las ideas —la cual fué siempre, claro está, una dialéctica schillerianamente voluntarista—. El auténtico Hegel sirve por medio de la historia al concepto, a la fuerza directa y viva del pensamiento; en cambio, el pseudo-Hegel de sus escoliastas historizantes quiere servir por medio de los recipientes de los conceptos a la historia; y es aquí dónde surgen aquellos patrones del progreso aplicados en períodos, que por hallarse sobrepuestos al tiempo, planean por encima de todo porvenir.

Ahora bien, la impetuosa corriente de la ley evolutiva neutralizada (del esquematismo periodológico), cuyo carácter de libertad y cuyo nervio trágico se revelan con menos fuerza que su engranaje conceptual, es también la que mueve los más alegres molinos del positivismo. En los altos hornos de Hegel funde Marx las vetas minerales de *todos* los procesos culturales en la evolución social que todo lo domina, haciendo que *todos* los acaecimientos históricos reciban su orientación y su ritmo, su periódica lineal, por medio de un ideal construído. Y a los mismos o parecidos períodos progresivos se atienen también, el dogma darwiniano del ennoblecimiento crónico de la humanidad y la fiebre de progreso de la era de los almacenes y de las máquinas.

Es cierto que, en su conjunto, este positivismo estimula poco la ambición periodológica. El punto de vista de las ciencias del espíritu, que aspira a la formación del organismo más finamente estructurado de unidades que se penetran las unas a las otras, procura salir adelante con un mínimo de complejos periódicos: tan pronto se trata de clasificaciones del tipo de los antiguos conceptos genéricos (rígidos) como de pautas puramente cronológicas que forman, por decirlo así, un catastro o sistema de números de casas y de placas de calles (la escala de los números de años sólo encierra nombres generales de lugares —nombres basados en la física teórica, en la cuarta dimensión del espacio—, los cuales no son de por sí, para los espíritus creadores, ni más ni menos importantes que su medio físico-local). Por tanto, el positivismo trata el período histórico, en parte, como una suma agotable de sumandos tal vez inagotables y en parte como una generalidad abstraída de cosas empíricamente concretas.

Por medio de este atomismo anticolectivo R. M. Meyer, por ejemplo, va encerrando la literatura de nuestro siglo XIX en diez compartimientos congruentes, cada uno de los cuales comprende, en un embrollo insuperable, precisamente un decenio. (Meyer duda, con razón, de la posibilidad de una división en actos, de una limpia sucesión de períodos de subsunción, dentro de este siglo. Tampoco el siglo XIX puede encuadrarse más que en totalidades superpuestas y yuxtapuestas. La misma extensión longitudinal del realismo, por ejemplo, que no coincide, ni mucho menos, con el papel evolutivo que desempeña, ni es siquiera paralela a él, convierte a los jóvenes alemanes, a los clasicistas y a los pantragistas en protagonistas simultáneos a él.)

Por lo demás, ya una ley de inercia psicofisiológica ("sin fósforo no hay pensamiento", enseña Moleschott) aspira a razonar a base de la historia general tanto la obra biográfica individual como las conexiones poéticas; error éste apoyado también por los historiadores pragmáticos (y con una fuerza especial por Treitschke y Lamprecht), cuya refutación constituye uno de los principales deberes de la periodología en la ciencia literaria.

El *summum* de la elevación del esquema crinológico a lo absoluto (como si el año del calendario fuese de por sí una sustancia autónoma, más aún, un contenido de destino de la humanidad entera) nos lo ofrecen aquellas "leyes causales" y "leyes numéricas", aquellos "períodos espirituales" de la historia universal (Sasse y Mewes, Kemmerich y Stromer) que se atreven a encajonar el acaecer total en reglas de desarrollo valederas también para el futuro: parecidos en sus pronósticos a aquellos jugadores de Monte Carlo que están seguros de poder dominar la ruleta por medio de una minuciosa contabilidad, como si, por ejemplo, una serie de 9 rojos representase a la décima tirada un noventa por ciento de probabilidades para el negro; en realidad, estos cálculos de probabilidades deben basarse sobre la totalidad de los casos posibles, y el número de éstos es infinito; si realmente hubiese salido el rojo continuamente en los 9/10 de los casos posibles sí podría apostarse 9 contra 1 al negro; pero como toda parte de lo infinito es también infinita, las probabilidades a favor del negro seguirán siendo de 1:1 para cada nueva tirada, por muchas que sean las series de tiradas que la hayan precedido. Y lo que de este modo es susceptible de prueba en cuanto a la infinitud de la repetición rige también, en una extensión, mucho mayor, con respecto a la infinitud de la sucesión.

También la tan sabida restricción de Wölfflin: "no todo es posible en todo tiempo" dice, desde el punto de vista de la ciencia especializada, algo puramente evidente y metafísicamente indemostrable. En efecto, el tiempo no existe antes del estilo, sino en él; antes de que se hayan engendrado en acción mutua el tiempo y el estilo todo (prescindiendo de lo artesanal como artesanal) es posible en todo tiempo; y si el tiempo y el estilo están ya realizados, lo real se comprobará, naturalmente, como algo posible, pero no como lo único posible en cuanto a la situación existente con anterioridad. Pues la causalidad de todo lo creador, tal vez pura y simplemente de lo individual, puede ser disyuntiva, es decir: vistas las cosas desde cada punto de desarrollo, son siempre posibles varias continuaciones causales. Por tanto, desde el punto de vista histórico-real, la tesis de Wölfflin (siempre y cuando que no se refiera simplemente a cosas técnicas, lo que sería un poco banal) sólo encierra una simple tautología: los tiempos pintan como pintan y tiempos distintos pintan de un modo distinto.

Pero lo infundado de las leyes históricas, a las que Wölfflin sólo se somete en apariencia, el engaño del desarrollo carente de sentido y del progreso privado de contenido fueron anatematizados hace ya una generación por Wilamowitz en su disertación sobre los "períodos universales". Todas las reglas imperativas de sucesión pertenecen al reino de las cosas, a la mecánica física, a la órbita de los géneros animales, que aunque importante en lo que se refiere a las consideraciones de la historia universal, en la historia de las almas y del arte no son nunca más que circunstancias accesorias y fragmentarias. La región primigenia de la historia literaria no es ni el "érase una vez" de los idilios románticos del pasado ni tampoco el "alguna vez será", en la que desemboca en última instancia la historia progresiva, tanto la de Hegel como la de Marx, sino el ser, lo que eternamente *es* al devenir eternamente y lo que es *eternamente* porque todos sus cambios no hacen otra cosa que servir a su permanencia.

Pues bien, la investigación de este ser en devenir y de este devenir que es, debe también a las ciencias naturales cierto conocimiento. Ya Goethe, patriarca de toda la morfología, incluso la de las ciencias del espíritu, nos lega en sus escritos de ciencias naturales la más profunda confesión de su concepción estética e histórica. Schopenhauer, que según las últimas pruebas (Cysarz, *Schopenhauer und die Geisteswissenschaft* ["Schopenhauer y la ciencia del espíritu"], 1925), fué uno de los que allanaron el camino a una historia del espíritu todavía actual, atestigua indirectamente, con todas sus bombas contra Hegel, aquel aspecto ontológico que, en cierto modo (Schopenhauer exagera aquí, ciertamente, el platonismo), levanta un templo, pero no rueda una película. Y Breysig, que en su obra *Vom geschichtlichen Werden* ["Del devenir histórico"] se esfuerza también por poner en consonancia crítica la historia del espíritu y la historia universal, exterioriza su gratitud —en el prólogo— en primer lugar a Hegel y después de él a Hans Driesch. Y es precisamente la problemática de los períodos la que saca de la biología no pocos esclarecimientos auxiliares.

Fueron el médico Wilhelm Fliess y el psicólogo Hermann Swoboda los que, basándose en las investigaciones del físico Auerbach y del fisiólogo Tschermak, intentaron reducir a ritmos específicos la periódica como uno de los altos misterios de toda vida: Fliess *(Die Beziehungen zwischen Nase und weiblichen Geschlechtsorganen* ["La relación entre la nariz y los órganos sexuales de la mujer"], 1897) ha observado alteraciones en la pituitaria durante la menstruación y, partiendo de aquí, descubre períodos totales del organismo. Swoboda, penetrando del campo biológico en el campo psicobiológico, reconoce un intervalo de 23 horas como la fase funcional más breve de la naturaleza humana psico-física y cree haber descifrado con ello la estructura fundamental de la totalidad de vida que abarca el cuerpo y el alma; sin embargo, no utiliza este descubrimiento en un sentido de mecánica de progresión lineal, sino que combina el continuo de la periodicidad con el contiguo de la conciencia para formar un concepto polar de vida, que se roza tanto con la teoría bergsoniana del tiempo y del espacio como con elementos del novísimo pensamiento histórico.

Claro está que también aquí vuelve a amenazar el miedo de caer en la Scylla del decurso mecánico y del desarrollo en el vacío, con el peligro de dar de bruces en la Carybdis de las pautas finalistas. Así, Karl Camillo Schneider *(Die Periodizität des Lebens und der Kultur* ["La periodicidad de la vida y la cultura"], 1926), partiendo de sus agudos análisis de la periódica natural entrópica y de la periódica vital ektrópica y remontándose a la tercera posibilidad, a la periódica cultural sintética, acaba echándose en brazos del más escueto progresivismo y cae en el esquema de los periódicos del futuro, como escalones que apuntan a la edad de oro, cada uno de los cuales no es más que el punto de apoyo para el siguiente. El mismo Spengler, que empieza reduciendo la sucesión unívoca de la cronología a un paralelismo singenético, abusa de la analogía biológica Juventud —Madura— Decadencia para determinar la historia como un profeta vuelto hacia el porvenir.

Sin embargo, ya otras teorías de la periodicidad anteriores —por ejemplo, la hipótesis gerviniana de las tres formas de gobierno que se suceden las unas a las otras, la concepción de Scherer sobre un cambio de épocas masculinas y femeninas o la guía de las generaciones de Lorenz— giran secretamente en torno a la previsión del porvenir como en torno a la piedra filosofal. Lorenz cree poder determinar la "estructura periódica natural" de la historia por medio de los cortes de las generaciones; para él, el siglo es —de un modo bastante vago— la suma de tres actos representados por tres generaciones; las unidades supremas las forman en él, como en Scherer, los períodos de 300 y 600 años. Pero Lorenz, cosa asombrosa, enlaza todas las generaciones como una posta en que los caballos se cambian como los años y los meses, mientras que, evidentemente, a cada minuto nace una nueva generación: verdad banal que, no obstante, neutraliza toda "legalidad" periódica de las generaciones. Y con la misma ausencia de crítica se aferra Lorenz a la unidad de orientación de las curvas de desarrollo (mientras que, en realidad, todo desarrollo, precisamente por aquel cambio de las generaciones, cobra un ritmo preñado de conflictos e incluso trágico): la experiencia cotidiana se encarga ya de enseñarnos de qué modo tan inmensamente duro puede una generación joven madurar, aprender, adquirir prudencia y sabiduría a costa de los sufrimientos de otra generación. (Es, pues, un error muy grave de la pedagogía racional el creer que deben ocultarse a los hijos todos los extravíos y pecados de los padres, como reza una sentencia de Ranke, más que simplista en lo que se refiere a los bienes de la vida, no a los bienes materiales: "¿Qué cosa mejor puede una generación legar a la que le sigue que la suma de sus experiencias?").

Pues bien, Spengler es el primero que destruye fundamentalmente estos rudimentos dogmáticos: en contra de todo desarrollo unívoco, Spengler hace que surja con cada nueva unidad de crecimiento un nuevo destino y concibe este destino como función de un tiempo interior, el cual requiere, ciertamente, una diferencia más consecuente que la que Spengler cree observar.

Otra corrección científico-vital de la periódica de las generaciones es la que nos encontramos en la obra de Wilhelm Pinder, *Problem der Generation* ["El problema de la generación"]: Pinder sirve a una crítica de la periodología con su decidida valoración de la superposición histórica: en cada momento laboran conjuntamente varias generaciones que se asimilan de distinto modo el genio de la misma hora. Sin embargo, si enfocamos la cosa en el terreno de los principios vemos que el modo como Pinder destaca la rítmica de las generaciones no deja de ser arbitrario. La "no simultaneidad de lo simultáneo" no puede seguirse nunca con bastante rigor y profundidad. Junto a las ramas decadentes y marchitas florecen las lozanas y no hay morfología capaz de predecir si mañana será la raza que hoy se halla en efervescencia o la decadente la que domine la signatura de la época; y aun cuando pudiéramos dar por seguro que marchamos, al envejecer, hacia un período de fellahs o hacia un período de dictadores, ello no bastaría para dar por sellado ni siquiera biológicamente, cuando más en sus detalles, el futuro de cada individuo: la culminación filogenética de las distintas curvas (que de este modo escapan a la red cronológica y a la red singenética de Spengler) puede provocar en cada medio una primavera del arte y del espíritu sin precedente.

Ahora bien, ¿es necesario o siquiera útil ligar precisamente *generatim* este haz inabarcable de cosas yuxtapuestas y superpuestas? El problema de las generaciones ha cobrado una gran actualidad a consecuencia de la primera guerra mundial, la cual ha hecho que se enfrentasen con una rudeza sin precedente dos grupos, por lo menos, de generaciones; y quien investigue la espiritualidad europea de estos últimos diez años (antes de 1930) no podrá pasar de largo, en modo alguno, ante las diferencias nítidamente deslindadas, en lo que a la participación de esos dos grupos de generaciones en la guerra se refiere. Hans von Müller, en su estudio titulado *Diez generaciones de poetas y pensadores alemanes* subdivide cada una de estas en categorías de 7 a 8 quintas, lo que da un total de 45 manípulos (sobre poco más o menos, con el mismo contingente de personas cada uno de ellos), y no cabe duda de que sus listas ofrecen capas más fecundas de devenir y existir históricos que las de R. M. Meyer, por ejemplo, cuyo principio ecléctico, de compromiso, consiste en presentar como camaradas de generación, al mismo tiempo, a los que fueron primeramente impresos y primeramente representados (y también que las generaciones de Kummer, no muy diferentes de éstas). También en el libro de Pinder encontramos un esbozo expositivo de la "historia del arte por generaciones", ensayo lleno de aspectos atrevidos y de sutiles glosas. Las "polifonías" de la historia de la pintura se truecan, sin embargo, en sus modestos intentos de traspasar las estructuras de fondo y transversales a las artes vecinas, en yermas cacofonías. Y probablemente no es necesario exponer lo que el simple balance de la pintura del presente —"Casi ninguno, por no decir que ninguno de los que hoy tienen algo que decirnos es menor de cuarenta años"— incluye, o por mejor decir excluye, en otros sectores del arte y de la cultura, en lo que se refiere al valor de los hechos o del conocimiento. (Por lo demás, este juicio de Pinder, suponiendo que deba ser aceptado como sentencia firme entre pintores, no rige por razón de una ley de vida de largo alcance, ni mucho menos, sino pura y simplemente por obra y gracia de la guerra.)

El principio de las generaciones (que nuestra historia literaria hace mucho que venía teniendo en cuenta como el factor épocas: el *Sturm und Drang*, la Joven Alemania y el naturalismo, se han interpretado siempre más como unidades de generaciones que como unidades de estilo) sólo garantiza con frecuencia una *amplitud* de períodos relativamente pequeña o —según echa de menos Pinder— poca congruencia de *profundidad*. La periodicidad generacional se refiere estrictamente a un árbol genealógico y no puede aplicarse, sin más, a los árboles vecinos. Quien opte por construir *generatim* toda la historia espiritual de la humanidad, deberá tener ante su vista no sólo millones y millones de ramas, sino el bosque entero de los troncos, por lo menos a lo largo de un milenio, espectáculo ante el que es bien seguro que toda formación de series se embrollará. Y allí donde el "momento" de las generaciones ponga al descubierto realmente un nervio de las cosas, este "momento" o factor no será nunca el único determinante ni el simplemente determinante, sino más bien la resultante de los más múltiples ritmos periodológicos.

Por eso, en buena lógica, aunque deseemos con Pinder que este principio estructural se afine, no debemos apetecer con Lorenz que se convierta en una categoría absoluta. Su posición de privilegio y de cúspide científica, de cetro teórico de la ciencia literaria, se debe precisamente a que convierte en una armonía *individual* la inmensa variedad de conexiones formales y potencias activas de tipo periodológico y caracterológico, biológico y sociológico, histórico, estético y antropológico, por sí mismas problemáticas o neutrales, y que se hacen fecundas y valiosas cuando se aplican en el mejor momento como ordenamiento eficacísimo al objeto justo. Todos los días se comprueban hoy y se ponen en venta con pregón de feria nuevos impulsos de vida, nuevos carriles para el alma, nuevos relojes para seguir la hora de toda la historia: el niño sólo puede tener la sensación de ser una personalidad independiente a partir de los doce años, el pintor que no haya llegado aún a los cuarenta despierta sospechas, las mujeres otoñales son las más bellas, la presión del hígado pesa sobre el estado de ánimo y sobre la maltrecha imaginación; es posible que los hombres de hoy debieran limitarse a poner huevos llamados a abrirse allá en el año jubilar, hacia 1970 o en el 2100; y, en la variante del *Hyperión*, el hombre es un cerdo cuando sueña, un fluviómetro cuando crece y un piano de períodos cuando se ve históricamente asolado. Sin embargo, lo que interesa no es multiplicar esas "leyes" arbitrarias, tan fáciles de formular, sino de sacar de ellas conclusiones obligatorias.

Lo que tiene de bueno la formación de períodos en la historia literaria no estriba, pues, en el deslinde de períodos homogéneos de tiempo, de secciones lineales de progreso, de ondas rítmicas de vida, sino más bien en aquella selección y en aquel entrelazamiento de elementos auténticamente periodológicos en los que la plenitud más extrema de lo individual va asociada con una plenitud pareja de las conexiones (que, lejos de empobrecer, enriquecen).

Sin embargo, de lo que aquí se trata es de penetrar, sin dejarse fascinar por la mecánica cronológica ni por las leyes objetivas del decurso, en el terreno peculiar de toda la historia real del arte, cuyo devenir no sustituye el ser anterior por otro posterior, sino que crea para cada verdadero ser una propagación permanente: la estructura peculiar de esta historia del ser, de este ser en devenir se comprueba desde el primer momento en el hecho de que aquí la irradiación de un poeta, de una poesía en una obra, en un estilo, en una época —y a la inversa— no disminuye entrópicamente las energías individuales, sino que, lejos de ello, las aumenta ektrópicamente.

Pero, después de haber descubierto esta estructura y esta dimensión de la historia del espíritu, lo que necesariamente interesa es el máximo de periodización, el entrelazamiento cada vez más variado y más íntimo del todo con las partes. Frente a la economía de pensamiento del positivismo, que pretende tratar también la historia del espíritu con arreglo al "principio del mínimo esfuerzo" y que aspira, por tanto, a un mínimo de abstracciones ordenadoras, la visión de la historia del arte —a tono con sus fuerzas ektrópicas creadoras— aspirará a plasmarla con arreglo al máximo esfuerzo, la máxima riqueza, y tendrá que aspirar, también, a perfilar del modo más agudo y ahondar del modo más profundo las unidades periódicas. Cuando más estrecho sea el entrelazamiento sinfónico de cada elemento individual —ya se dé dentro del marco de una biografía o una monografía, del análisis de una obra o de un pueblo, de un retrato de grupo o de una pintura de época—, cuanto más apasionadamente y más a fondo empuje cada fibra a convertirse en organismo y este organismo pugne hacia la individualización, con mayor afinidad electiva reflejará la imagen científico-literaria el carácter esencial del espíritu vivo en la historia de la poesía. Y sólo bajo este aspecto es como hay que entender nuestro principio de los períodos.

2

Hace ya mucho tiempo que las discusiones periodológicas han quedado reducidas a la historia universal. En lo que a la historia literaria se refiere, sólo Richard M. Meyer *(Euphorion,* VIII, pp. 1 *ss.)* ha tocado últimamente esta clase de problemas. La ciencia literaria marchó durante varios siglos, en estas aguas, a remolque de los historiadores políticos, gracias a la superior ambición y a la mayor sagacidad metodológicas de éstos. Por eso también en este terreno se considera la historia pragmática, primordialmente, como la verdadera historia universal y la historia literaria simplemente como un sector secundario o parcial. Todavía en el estudio de Georg von Below *Sobre los períodos históricos* cree encontrar en lo político "el factor más general y más amplio" para la fijación de épocas, y Eduard Meyer, a pesar de entrever la diferencia estructural que media entre la historia universal y la historia del espíritu, dice que "toda división en períodos, no sólo la de la historia política, sino también la de la historia de la cultura y la de toda historia en general, se halla gobernada por factores políticos, aun cuando considere como lo esencial los grandes virajes culturales, como ocurre en el ocaso de la antigüedad" *(Geschichte des Altertums* ["Historia de la antigüedad"], t. I, parte 1, p. 196). Estas tesis y otras semejantes mantienen su razón mientras también la historia del espíritu es considerada como una sucesión y sus períodos se valoran como actos de un proceso teatralizado. Pero este criterio equivocado es precisamente el que se trata de rectificar.

Las pretensiones de soberanía que, como una exigencia de principio, alegan los factores políticos sobre la historia literaria se enfrentan ya, en lo que a Alemania se refiere, con una parábola monumental: de un lado el yugo napoleónico, de otro lado el firmamento estrellado de los clásicos idealistas. Y el tosco andamiaje del progreso se contradice ya con la simultaneidad de los dos mediodías, el de Weimar y el romántico, pandemonium que tienta a experimentos de filosofía de la historia incluso a los Koberstein y los Goedeke. La servil sumisión de la historia de la poesía a la historia universal —de la que tenemos un ejemplo grotesco y único en las *Epocas de la Literatura alemana* de J. W. Schäfer (cfr. R. M. Meyer, 1. c., p. 25)— parece, por tanto, constituir, de momento, un obstáculo. Sin embargo, todavía a un Scherer incitó, por ejemplo, el año 1648, a una funesta analogía periodológica: un corte tomado de la historia política y que,

trasplantado al campo literario, parte en dos la época barroca. Y la
congruencia más general entre el mundo de los hechos y el de las
formas bajo la tutela de la historia pragmática la tenemos sobre todo
—después de los vuelos sintéticos de Federico Schlegel y de Hegel—
en Gervinus, el discípulo de aquel Friedrich Cristoph Schlosser que,
bajo la impresión causada por la revolución de París, valora toda la
literatura como fruto o como fuerza políticos. Sin embargo, ya en
el *Génie du Christianisme* de Chateaubriand resplandece como una
clara visión de política realista la influencia de la religión sobre la
literatura, mientras que más tarde el *Tableau du xviiie siècle* de Vil-
lemain y especialmente el libro de madame Staël sobre Alemania muestran el reflejo que más tarde analizará de un modo expreso la Staël en
su tratado *De la littérature considérée dans ses rapports avec les institu-
tions sociales.* Por lo demás, fué Voltaire el primero que incorporó la
historia literaria como tal a una historia universal (Fueter, *Historiographie*, pp. 427 ss.).

En cambio, los modernos investigadores empiezan a darse cuenta de la profunda diferencia y de las mutuas influencias que existen
entre los dos ángulos visuales, pues de lo que se trata, en rigor, es de
imágenes del mundo y no de disciplinas cerradas o especialidades.
Así, ya el citado Eduard Meyer *(Zur Theorie und Methodik der Geschichte* ["Sobre la teoría y la metódica de la historia"], 1902), señala al filólogo, por oposición al historiador pragmático, el poner
como meta toda la vida del pasado a contribución para el presente. Y
esta antítesis aparece también luminosamente razonada en el *Lehrbuch
der historischen Methode* ["Tratado del método histórico"] (p. 91)
de Bernheim: "La concepción genética, que constituye el punto de
vista fundamental del historiador, no lo es para el filólogo, sino simplemente una concepción auxiliar; el filólogo no se propone, en efecto, comprender sin más el desarrollo de los pueblos, a base de sus
actos y manifestaciones." Y en su obra *Théorie de l'histoire*, Xénopol
—para quien la historia no representa "une science spéciale, mais
bien un charactère commun à toute une classe de sciences" (p. 27)—
investiga sagazmente el "mode successif", cuyo principio evolutivo y
periodológico sigue siendo la "série historique": también esta característica de la historia universal es, a todas luces, inaplicable a la historia del espíritu. Partiendo de esto, se comprenderá cuánto terreno
ahistórico y antehistórico tuvo necesariamente que recorrer (con Goethe
y con Schopenhauer) nuestra disciplina de la ciencia estética antes
de que las *Reflexiones sobre la historia universal* de Jacob Burckhardt

pudieran intentar reducirla al cosmos histórico y Dilthey, siguiendo las huellas de Hegel, esforzarse en amalgamar de nuevo la historia de los acaecimientos.

También la ciencia literaria, que, como queda dicho, pretende obtener de la estructura y la dimensión específicas de la vida y la formación creadoras el método peculiar de una periodología que no sea ni subsuntiva ni sucesiva, tiene consecuentemente —después de esta labor preliminar— la misión de empezar diferenciando del modo más nítido el aspecto óntico, que ofrece la historia del espíritu, del aspecto diminuto, de devenir, que brinda la historia universal:

La historia de la literatura no es, desde luego, un enclave de la historia universal; de serlo, no pasaría de ser una mísera ciencia de rincón. Es el renacimiento total, la meta más genuina, fecunda y generadora, de todos los actos creadores, filológicamente creadores, del espíritu alemán.

Ya el lenguaje mismo encarna los hechos primarios del ser perdurable y en devenir, que si bien se halla enlazado —por encima de la causalidad —con lo anterior y lo posterior, no se ve sin embargo superado en este proceso por lo semejante ni tampoco lo supera por su parte: el que habla infunde fuerza a las notas más individuales, pero al servirse de la palabra la expresión personal cobra un contenido suprapersonal (como más certeramente puede transcribirse esto es recurriendo a los conceptos de la teoría del espíritu objetivo, cuyos elementos hegelianos ha acoplado recientemente Hans Freyer a las modernas ciencias del espíritu): querríamos gritar al mundo nuestro yo y nuestro ahora, pero sólo podemos hacerlo sometiéndonos a una forma, a una permanencia; almacenamos nuestra vida en una imagen y, por otra parte, estamos siempre en condiciones de poder rescatar también nuestra vida, una y otra vez, de esta imagen; nuestra vida, convertida en lenguaje, no se esteriliza o petrifica en deyección o en cristal, sino que permanece presente como nuestra propia vida. Ya en este sentido, las imágenes del lenguaje garantizan una parte de la inmortalidad anónima de nuestra vida, de nuestra vida más propia y genuina.

Pues bien, estas mismas características reaparecen en la obra de arte culminante: evoquemos, por ejemplo, ante nuestro espíritu la imagen del Aquiles de Homero, la imagen del héroe de los héroes que se alza en miles de solemnes salones regios y sobre millones de sombríos bancos escolares; o la del anciano Edipo de Sófocles marchando del brazo de Antígona y buscando a tientas el camino de regreso hacia las "jamás adormecidas ondas del Cefiso", en cuyo espejo sonríe el atardecer (aquella lejana tónica de los bienaventurados que destella entre las sombras del viejo Rembrandt, que brota de la varita mágica del fatigado Shakespeare o que nos dice su melancólica despedida en los últimos cuartetos de Beethoven): por doquier tonos florecientes que avanzan y que al avanzar permanecen, un cálido ahora diariamente nuevo para todo el que tiene oídos para oír.

Por consiguiente, siempre y en todas partes el mismo fenómeno primario de la ciencia literaria: los procesos de vida más peculiares se han convertido íntegramente en imágenes, sin dejar ninguna escoria del yo o el ahora, y es esto precisamente lo que hace que su yo y su ahora sean inmarcesibles. Aquí no sirve de nada, ni interesa, saber "cómo ocurrieron las cosas", pues averiguamos directamente "cómo son en la actualidad". Vemos con los ojos de la historia del espíritu cuando podemos decir, refiriéndonos a cosas ya pasadas: son. También en este mundo existe, indudablemente, el movimiento, pero este movimiento no conduce a nosotros ni arranca de nosotros; es un movimiento cíclico, no hay en él escaleras ni escalones; su símil es el de la serpiente que se muerde la cola: vive, se mueve y permanece como un conjunto de puntos que se han movido: así es cómo expresa la inmortalidad. Las raíces cuadradas y los logaritmos no son nunca inmortales (son, sencillamente, atemporales), pues la inmortalidad es siempre, necesariamente, el último fruto de la ektropia creadora; lo inmortal es un Siempre, no un Nunca, ni el pasado, por poderoso que él sea, ni el más intrépido zarpazo al porvenir (pues ambas cosas son superadas o absorbidas más tarde o más temprano), sino más bien el presente inextinguible, el presente, pero no como corte concomitante, sino como aquel ciclo de vida contenido ya en el mismo lenguaje que asocia todos los momentos creadores para formar una continuidad homogénea. Por tanto, lo que hace que la vida pasada cobre la fuerza de un ahora inmortal es el hecho de que —sin que, al desplegar su más genuina peculiaridad, sufra ésta menoscabo— se acople a una amplia totalidad, en primer término dentro del organismo colectivo del lenguaje y en última instancia dentro de los períodos de la historia literaria (los cuales no son, por cierto, simples sumas de cosas sueltas y de detalles, sino sus fusiones orgánicas para formar asociaciones de esencia y de destino). Por donde la historia literaria es la ciencia del presente vivo, presente en todas partes y de un modo perdurable, y por ello mismo la ciencia de los entronques y las penetraciones de la vida misma. El principio y el problema de los períodos es, por tanto, inseparable del aspecto ontológico de la ciencia literaria, que entraña el devenir espiritual y excluye el progreso histórico-universal. Y es esto precisamente lo que hace que la periodología de la ciencia literaria constituya un tanto original de organización y estructura de toda la historia del espíritu, factor que no puede ser analizado en sí mismo, sino que debe más bien ser comprendido partiendo de la trabazón total de una imagen del mundo. Por donde se impone la necesidad de seguir ahondando, por el momento, en el juego de fuerzas del cosmos histórico.

La historia universal —y aquí nos referimos solamente a la óptica, al punto de vista, no a la disciplina como tal— ordena sus materiales con un criterio de sucesión; revela, allí donde la mirada imparcial abarca un panorama gigantesco, que Alejandro precede necesariamente en dos mil años a Napoleón y que Federico II está antes que Federico Guillermo II y Metternich antes que Cavour; contempla el río en que nadie puede bañarse dos veces, el trágico proceso del ahora y el antes. La historia del espíritu, por el contrario, que Aristófanes no es, en lo íntimo, más lejano a nosotros que Bernard Shaw, que sólo el ojo ciego a las esencias puede considerar los objetos diversamente asequibles a nosotros como estando también a distinta disparidad de nosotros —por qué, por ejemplo, a un espíritu histórico le parece que la presencia de lo poético es más convincente en un Gottfried Keller que en Gottfried de Estrasburgo—; pero precisamente el investigador establece por doquier la perfecta igualdad de los radios, aunque este principio, por circunstancias puramente externas, aparezca más oscuro en el caso de la Canción de los Nibelungos o de la Canción de Hildebrando que en el caso del *Wilhelm Meister* o del *Anillo encantado*. Y por ello también nos encontramos con que los períodos de la historia literaria no son fases o trechos de un proceso, sino ciclos unitarios.

La historia de la literatura no es, por tanto, una provincia de la "historia universal" (que es, por lo demás, como suele llamarse, esquivando un problema fundamental que habremos de discutir más adelante, no a la historia total de los acontecimientos, sino sencillamente a toda historia de éstos que rebase las fronteras de las naciones o de los estados), sino un reino de por sí, con su propia constitución y su propia moneda, más aún, una órbita de evidencia propia. Cierto que el poeta vive también su índole propia mediante la acción (aunque preferentemente, sin duda alguna, en su incapacidad de obrar): y cierto también que ante la novela social se abre un panorama lleno del más peculiar simbolismo (si bien los contenidos mismos deben encerrarse en la obra poética como cosas poéticas); además, hay casos fronterizos, como el de aquel único Jean-Arthur Rimbaud, que después de conquistar varios triunfos en edad muy temprana, dejó a un lado la pluma para siempre y se dedicó desde entonces hasta su pre-

matura muerte a buscar oro y aventuras en el Africa sudánica oriental. Pero, en general, el proceso externo de escribir, editar y leer, el
mercado de lo poético en su conjunto, no difiere menos de la verdadera vida creadora que la sustancia nerviosa del alma. Quien equi-
pare estas ondas poéticas terrenales que son, por decirlo así, la trama
de hechos de la historia universal (vista con los ojos del inspector de
guardias forestales histórico: "cómo ocurrieron realmente las cosas");
al contenido esencial, al ser inmortal de la poesía y de la fuerza poética, llegará por este camino, necesariamente, a aquella pedantesca
dualidad de "vida y obra" tan familiar a la antigua historia literaria,
que —haciendo tosco *pendant* con el más burdo paralelismo psicofisio-
lógico— despliega las andanzas llenas de disgusto y dolor de un fracasado profesional que ha creado también sus obras, aunque al margen y de modo increíble (basta pensar en la imagen externa de un
Schubert: lo que *fué* nos parece un necio, lo que *es* un demonio, cuya
identidad con aquel Hans Huckebein sigue siendo un misterio impenetrable aun después de diez mil cartas). Por eso todo auténtico
período de la historia literaria tiene sus raíces en la conexión autónoma del ser y no en una comunidad heterónoma de causas y efectos.

El diario tejemaneje de la literatura, las escaramuzas tal y como
se desarrollan en la realidad, vistas por tanto, naturalmente, como una
sucesión pragmática, poseen un peso científico, es decir, un cierto valor de eternidad, a lo sumo, cuando se las valore moralmente, como
testimonios de la eterna psique moral. El lote artístico y crítico de
una moda a otra, el grito de guerra y las riñas caseras de los impotentes de anteayer y de pasado mañana, el griterío de coyuntura de los
tenorios o de los coros, todo eso no significa absolutamente nada desde el punto de vista de la historia del espíritu. El hecho de que algunos de los extasiados admiradores del expresionismo, por ejemplo, al
cambiar la dirección del viento llenen de baba esa corriente del arte y
exalten la escuela constructiva y varonil de la objetividad (si ayer un
par de desertores pretendían que Europa se curase en la escuela de
los zulús o los achantis, hoy no faltan niños a quienes se les ha indi-
gestado la leche de la guerra que proclamen muertas todas las "ilusiones" desde Platón hasta Nietzsche), eso no tiene la menor importancia desde el punto de vista de la historia del espíritu y es, cuando
más, un suceso relevante en el aspecto moral. La mayoría de los valores eternos de la historia pura de los acontecimientos, que, naturalmente, no pueden desglosarse nunca por entero de la historia del alma,
residen también en el reino moral: sólo, como testimonios (positivos
o negativos) de la humanidad moral, siguen siendo inmortales muchos

héroes de la historia universal. Por el contrario, el más noble y más peculiar contenido de la historia de la creación poética como tal queda al margen de la sucesión de la imagen callejera que fluye como un río. Incluso dentro de esos fenómenos de masas tan vinculados al tiempo como las epidemias del wagnerismo, del meyerbeerismo o del offenbachismo, o las modas en torno a la "Decadencia de Occidente", al "Hombre es bueno" o a "Sin novedad en el frente", la periodización de la historia del espíritu presta servicios muy distintos, como es lógico, que la de la historia universal, por medio de los contenidos que los cambios de los tiempos afianzan en vez de contradecir.

Desde el punto de vista del pragmatismo histórico podremos llegar tal vez a la conclusión de que, en buena parte, la sífilis acabó con los *minnesängers* y con su convencionalismo polígamo o de que la restauración de la moneda alemana de postguerra dió al traste con el expresionismo (que se esfumó como moda casi exactamente a fines del año 23). Sin embargo, la visión esencial del *minnesang* y del expresionismo no tiene, evidentemente, nada que ver con esos otros fenómenos. Lo que interesa es saber lo que son uno y otro y no por qué lo son. Este por qué abre simplemente un *regressus in infinitum:* ¿porqué el espiroqueta de la sífilis se propagó a fines de la Edad Media? ¿Por qué la moneda alemana se restauró a fines del año 23? Y así sucesivamente, hasta llegar al huevo de Leda. Desde el punto de vista de las causas y los efectos, nuestra vida es una cadena de vicisitudes necias y llenas de lágrimas, que terminan siempre con los estertores más o menos violentos de la muerte y los acaecimientos terrenales un fuego volcánico contenido que conducirá un día a la explosión de nuestro planeta. Pero esto no hace más que delimitar la acción del espíritu creador, sin llenarla: del mismo modo que sólo podremos afirmar o intentar afirmar nuestra personalidad creadora en la vida, marchando, fieles a nosotros mismos, como si marchásemos por las órbitas indefectibles de los astros, hasta que nos ahogue la guerra de gases o nos destroce un cáncer —construyendo, por tanto, un todo que un bacilo podrá, sin duda, destruir, pero nunca contradecir—, así la obra creadora es inmortal en la historia, no por los impulsos que reciba o por las repercusiones que tenga, sino precisamente por ser una unidad de innumerables puntos cerrada dentro de sí misma y como unidad de estos puntos. Y, consecuentemente, toda periodología es también el descubrimiento absoluto de un sentido (descubrimiento histórico-real de un sentido y no atribución de un sentido mediante la acción o la poesía): ningún ser creador rige ante ella como medio para un fin, y se comportan ante las "metas" históricas algo así como el genio ante la ambición.

Todo esto significa la emancipación consciente y consecuente de la ciencia literaria con respecto a la historia universal. La historia de la literatura, "siempre en la meta" según la frase de Schopenhauer, almacena vida, incrementándola al guardarla, con arreglo al principio ektrópico; la historia de los hechos derrama y transforma las energías, en entrópica "elanguescencia" (Kant contra Mendelssohn), acompañando al enfriamiento del universo. En la historia literaria ha habido hechos y agentes, en la historia universal solamente informes más o menos falseados sobre negocios casi siempre irreales de empresas rara vez personificables. En la obra poética, la creación y el creador forman una unidad (aun allí donde se han borrado el nombre y hasta las huellas del autor): el dato de que los últimos dramas de Schiller fueron obra de un tísico y los últimos cuadros de Van Gogh obra de un loco carece de importancia esencial mientras no sepamos ver en aquellos dramas de Schiller, como en tales dramas, la curva de la fiebre y en las pinturas de Van Gogh como tales, la turbonada de la demencia, y una vez descubierto esto aquellas referencias subjetivas-objetivas carecerán ya de significado, implicadas y absorbidas por un conocimiento del ser. En cambio, ¿quién arrojó la chispa a la pólvora en 1914? ¿Quién ganó la batalla de Tannenberg? Y, aun suponiendo que fuese posible señalar unánimemente al autor del plan: ¿qué parte corresponde en la victoria al ejército alemán, y cuál al hecho de haber sabido descifrar las órdenes radiotelegráficas de los rusos? (Es decir, ¿cuál al golpe de genio estratégico y cuál a las maniobras tácticas de precisión? Aquí preside aquel dios en cuyo nombre se hacen las guerras y se llevan los libros comerciales —las líneas más esenciales de las imágenes del proceso proceden de causas parciales inexplicables o imponderables— ¡y la ciencia de tales cosas quiere ser la que nos guíe metodológicamente!

La historia universal coloca en un plano de mutuas influencias, de acciones y reacciones, la vida y el pensamiento, el impulso y el fin, el alma y la pesantez, el guía y la masa; formidables coeficientes de fuerzas de uno y otro lado se compensan entre sí. Los más poderosos efectos son ejercidos tan pronto por los protagonistas más eminentes como por los más viles. La historia universal es, por el momento, como si dijéramos, la escena o el patio de butacas de las gentes ricas, ¿y quién podría decir en detalle qué parte de capacidad y cuál de avaricia ha enriquecido a éstos y aquéllos? Pero en el teatro de la riqueza el gran público gusta precisamente del principio plebeyo: el premio grande de la lotería puede caer en el regazo de cualquiera, de un artesano guantero o de un director general. Y antes conduce el dinero a la cultura que la cultura al dinero. ¿Quién no preferiría los tesoros de Rothschild a los dolores de cabeza de Nietzsche? Es y seguirá siendo un elogio tributado con harta frecuencia a los potentados y a los demagogos el de que en el terreno "humano" *(privatim)* son buenas gentes que disfrutan con los placeres usuales, como cualesquiera otros... Generalmente, la historia universal (cuando hace algo más que acarrear una erudición vacua) ceba la voluntad de poder y la voluntad de dicha, mientras que la ciencia literaria, entregada a las imágenes de la vida más alta y más dura, estimula la voluntad de lo valioso y también la voluntad de sacrificio. Cierto que también la historia universal rinde tributo a esta voluntad de lo valioso: Macaulay, Burckhardt, George personifican tres prototipos de este comienzo. Sin embargo, quien eche de menos críticamente el ingenio caracterológico de un Ranke, por ejemplo, o incluso de la historia imperante, no se maravillará de que sea precisamente en este campo donde el folletonismo recoge sus frutos más logrados, a costa de la ciencia. Claro está que cabe —e incluso Schiller lo atestigua— seguir siendo un magnífico vidente y expositor de la historia pragmática y carecer en una medida muy considerable del don de la interpretación del alma humana e incluso —véase Ranke (y aquí ya no Schiller, por supuesto)— del don de la mirada creadora para lo esencial. (El arte del retrato se halla tan lejos de la imagen externa del devenir, del proceso, como de la imagen externa del ser propio de los cuadros de género: en él coinciden el ser y el devenir.)

Todo esto refuerza y confirma primordialmente la antítesis teórico-práctica entre la visión de los acaecimientos y la visión de la esencia de las cosas (mezcladas y confundidas en diversa proporción en las diferentes ciencias especializadas). La historia universal persigue las mutuas influencias, teleológicas, entre la corriente heraclítica y el dique aristotélico; pero el arte como tal no tiene de momento historia: no reclama repetición o restauración, sino que se alumbra incesantemente a sí mismo como ser perdurable. La inmortalidad en la historia universal descansa casi siempre sobre la incondicionalidad supraterrenal de los valores morales; la inmortalidad en la historia del espíritu sobre la perduración en el presente de la vida hecha imagen. Pero esta perduración no es, ni mucho menos, la capacidad de envejecer o de permanecer joven (sólo a esto se refiere la frase de Droysen: "la historia versa sobre lo vivo"), ni es tampoco simplemente obra de una memoria (como la misma "historia de la fama", a la que la "historia monumental" de Nietzsche ennoblece de un modo prometeico, pero no esclarece de un modo fáustico: todavía en ella queda mucho de proceso, de cadenas de chispas que saltan de un modo inconstante y no de la luz continua de una llama perenne). Por eso nuestra periodización no debe buscar nunca sus conexiones en una dirección simplemente, en la dirección del desuso en el tiempo.

Así, por ejemplo, no lograríamos representarnos certeramente a todo el linaje alemán de Homero aunque lográsemos reunir todos los traductores y todas las traducciones de este poeta griego al alemán, e incluso todos sus lectores y todos los frutos obtenidos de su lectura; allí donde se ocupa de Homero un Simon Schaidenraisser se ocupa también de él el siglo XVI en que Schaidenreisser vivió, es decir, un inmenso entrelazamiento de círculos espirituales, y esta ósmosis no sólo tiñe a las incontables consecuencias y a los innumerables seguidores en los siglos XVII y XVIII, sino que repercute también, de rechazo, sobre los bienes culturales del hombre, del estilo y de la época procedentes de la baja Edad Media. Y cuando Shakespeare revive en Herder, tampoco esto se mantiene como un efecto aislado: Shakespeare no sólo sigue influyendo a través de Herder en los discípulos de éste (en los poetas del *Sturm und Drang)*, sino que a través de él arroja también cierta luz sobre Hamann, el hombre que despertó a Herder; sobre el precursor de Herder, Leibiniz; sobre todos los haces de fantasía, sentimiento y fe de todo el siglo XVIII; y Shakespeare no se halla solamente en Schiller y en August Wilhelm Schlegel, no sólo influye a través de Schiller sobre Schlegel, sino que a través de Schlegel (a quien Shakespeare empuja definitivamente al lenguaje y a la escena schillerianos) repercute también sobre Schiller. Y cuando un Byron (quien, por lo demás, tiene ya en el siglo XVIII sus "epígonos", teñidos en parte de Rousseau y en parte de Jean Paul) logra encender el fanal de un sentimental pesimismo ante el gran público en los días de la moda de Sand, del dolor universal de Lenau, del desgarramiento de la Joven Alemania, cuando aúna y al mismo tiempo divorcia el alma revolucionaria y el alma interesante en el pecho de Herwegh y de quienes piensan y sienten como él, cuando luego, sostiene en el mundo de Wagner el coturno monumental de un nervioso exhibicionismo y, finalmente, cuando siembra en Carl Bleibtreu y en sus seguidores una superhombría no apta aún para volar, despertando a cada paso acordes nuevos, a la vez que sacudiendo nuevas cuerdas del sensorio de la decadencia, tampoco este juego de fuerzas puede ser comprendido ni expuesto como una acción de un punto a otro, sino solamente como una continuidad de presencia espiritual: no como una sucesión de relaciones, sino como una imbricación de cosas esenciales. Tampoco aquí sirven los períodos para la ordenación de una sucesión unidimensional, sino para la articulación de un entroncamiento de infinitas dimensiones.

Los grandes individuos son, por tanto, los exponentes de numerosas, de infinitas comunidades (Hölderlin, por ejemplo, es un testimonio tanto de la poesía germánica como de la poesía antigua, del sentido humano clásico y del romántico, del germanismo greco-mítico y del cristiano-trágico, y su grandeza descansa precisamente sobre la inagotabilidad de sus objetivaciones, ya que cada nueva generación descubre en él motivos nuevos). Cada momento creador es siempre un ansiado hermano de otros hermanos que lo ansían; lo que conmueve a uno, siempre que lo conmueva en su esencia, traspasa y recorre necesariamente el mundo entero; así es cómo la historia del espíritu contesta a la intervención de Lessing: "¿Acaso no es mía toda la eternidad?" Los efectos lejanos no son más débiles que los efectos próximos, ni las vinculaciones innominadas más flojas que las nominales. Pues tanto en un caso como en otro laboran y actúan energías individuales que, por su actividad específica, se buscan y estimulan las unas a las otras: de una parte, la individualidad se siente individualmente diferenciada por cada nueva simbiosis, al modo como un estradivarius suena siempre de un modo más suyo y más rico cuanto más y mejor se toque; pero, al mismo tiempo, por otra parte, se truecan en caracteres individuales los tipos y los estilos, en una palabra, las unidades periódicas. Esta fuerza de procreación y de plasmación que empuja del todo al todo da lugar a cualquier supraordenación y subordinación (de un lado lo general, de otro lado lo concreto) entre los cuerpos de la historia del espíritu y crea una paridad orgánica entre todo lo que es deviniendo. Y por eso mismo que una pluralidad de objetos debe ser individualizada en torno a *un* centro con tanta frecuencia como *un* objeto en torno a muchos centros, surge aquella penetración de las formas que constituye las aguas madres de toda periodización en la historia del arte: esta periodización es, por tanto, ante todo, relación y vinculación de un "ser" —que tiene validez propia, que es infinitamente dimensional, que busca constantemente nuevas penetraciones y que es enriquecida por cada una de ellas—, con todas las corrientes de la vida creadora, que perduran en el presente, con una vida que no se halla por encima de todo, sino en todo.

Por el contrario, la consideración exclusiva de la obra que hoy —llena de un atomismo no crítico y, no pocas veces, de una intransigencia cínica para con la vida y el espíritu— se arroga el papel de sacerdotisa exclusiva de la verdadera objetividad, se aferra a una actitud esencialmente reproductora y aisladora. Sin embargo, la reproducción es innecesaria mientras lo que se trata de reproducir —la forma, la cosa formada— sigue viviendo como presente, y es inútil cuando ya ha muerto como esencia. Y en cuanto al aislamiento, no sólo tergiversa la materia y la estructura del mundo de la historia del espíritu, sino que además va contra lo que hay de más peculiar en el arte y en el artista: si nos limitásemos a valorar las obras poéticas como sus autores suelen desear verlas valoradas —y en realidad toda obra de arte aspira a imponer su dominación exclusiva, como la vaca de Mirón elogiada por Goethe, atrae hacia sí tan irresistiblemente la mirada del espectador que, al contemplarla, éste no acierta a comprender que exista en el mundo nada que no sea ella—, no lograríamos establecer aquel ciclo del dar y el recibir que constituye la energía específica de la individualidad en la historia del espíritu, a diferencia, por ejemplo, de las formas de la superficie de la tierra, investigables por igual desde el punto de vista estético y morfológico; más aún, con este abandono del criterio periodológico limitamos la obra de arte a los efectos y repercusiones, en vez de preocuparnos de su verdadera perduración creadora.

Conservación de la vida creadora es siempre incremento de sus nexos: y como la poesía no ejerce solamente una serie progresiva de impulsos, sino que al mismo tiempo se conserva y crece derivando cada vez en nuevas combinaciones individuales, su perduración jamás menoscabada descansa sobre la concreción de nuevas y nuevas unidades de sentido y de forma, sobre un proceso de organización que dentro de un mundo sano, garantizan las tradiciones naturales y que en un mundo menos sano tiene que facilitar la investigación. Pues bien, esta "conservación mediante la incrementación" no puede asegurarse metódicamente con mayor firmeza que por medio de un principio periodológico profundo.

Por consiguiente, la periodología no es una cinta métrica o un torno, sino la función fundamental de una interpretación de la obra literaria y una reflexión sobre la vida. Por eso no es posible demostrarla geométricamente; si ello fuese posible, cabría también comprar los profesores de literatura en las boticas y en las librerías de viejo. Por lo demás, hace ya mucho tiempo que sabemos que en las ciencias del espíritu hay algo más importante que toda la discordia tecnológica sobre los métodos, a saber, la pregunta délfica: ¿qué es la verdad, dónde reside la realidad? ¿Qué es lo que importa objetivamente, los impulsos y los fines del poeta o los signos y valores de la poesía? ¿Qué es lo más cercano a la realidad, la obra tal y como es o aquello que implícitamente o como referencia representa? ¿Cuál responde más a la verdad, aquella concepción concreta que se comunica al público contemporáneo de la obra o la que puede obtenerse mediante la crítica histórica comparada, "la que debe ser"? ¿Cuál es la interpretación más objetiva, la más simple y asequible a todo el mundo, o la más sutil de los escogidos (la de aquellos a quienes tildan de estetas los que a sí mismos se llaman plebe)? Respuesta: la interpretación más cercana a la verdad y a la realidad es aquella que contiene un máximum de pluralidad individual, de cualidades y formas singulares, un máximum de conexiones unificadoras de sentido y de imágenes. Y esta fecundidad es también la balanza de toda periodología. En el fondo, es posible comparar a un poeta, cualquiera que él sea, con cualquier otro poeta, referir cualquier creación a cualquier época. Pero si, por ejemplo, se caracteriza a Klopstock como poeta barroco, este planteamiento del problema y la respuesta que a él se dé serán valiosos en la medida en que contribuyan a afinar el retrato del poeta y a enriquecer el concepto del barroco y en la medida en que, por encima de este marco, contribuyan a establecer relaciones y a esclarecer esencias. Además, cada período pesa en la medida en que albergue más características que las unidades conocidas antes y la suma de ellas. Por tanto, de una parte todos los períodos se afirman por encima de sí mismos y, de otra parte, no se miden con arreglo a su amplitud sintética, sino con arreglo a su rendimiento analítico. Por eso nuestra mirada debe volverse ahora a la Rodas de la ciencia literaria.

3

Por tanto, la unidad vital-espiritual creadora no absorbe corrientes veloces, sino que describe círculos en innumerables planicies del presente, planicies de creación y no de validez. Ya cada obra es una pluralidad estructurada en totalidad, y la personalidad individual un centro intrínsecamente inagotable de fuerza y de plasmación. Por donde tampoco el período histórico es una abstracción ni una suma de sumandos, sino un complejo entre complejos. Es cierto que tanto el poeta como la poesía son totalidades "realmente" dadas —todas como cosa, *res*—, mientras que los períodos son, a lo que parece, "objetos de orden superior". Sin embargo, aquellas unidades "reales" —que toda ciencia literaria tiene por *non-nisi* psicofísico el cultivar, incrementar y clasificar— se hallan aún, como tales, al margen de toda historia. Lo que distingue al espíritu de la personalidad de Goethe de la esencia de la época de Goethe es, *en última instancia,* un absoluto ético, que jamás podrá soldarse mediante la morfología histórica; y lo que diferencia el contenido de un poema de Gryphius del sentido del poetizar, de lo poético de este poeta, es —más allá de la limitación por la cosa— la encarnación de una idea, que se halla a su vez al margen de la esencia y la dinámica históricas (condicionadas también, ciertamente, por la forma). Aquel valor moral de la personalidad y esta emanación de la belleza en la obra son fuentes de inmortalidad metafísica de validez; pero el despliegue y la conservación perdurables de lo individual por medio de una nueva penetración alumbra en el tiempo una inmortalidad de creación, que es la única aportación máxima de la historia asequible a la ciencia empírica. Si por "realidad" *(Sachlichkeit)* se entiende la limitación por principio a los objetos, personas o poemas, dados como cosas —y tal es, desde el punto de vista de la teoría histórica, el único significado claro de este término, del que todos los días se abusa—, este principio no impugnable de por sí expresa la renuncia en redondo a toda óptica histórica. Pero, vistas históricamente, las obras singulares creadoras pertenecen a períodos de un sistema homogéneo de penetración, en los que la impregnación de una multiplicidad viva por la unidad espiritual crea siempre nuevas totalidades individuales.

Ya no tiene, pues, absolutamente ningún sentido el llamar a los períodos "síntesis". La visión de vida y de esencia esbozada hace imposible enfocar simples partes o simples todos, pues cada formación es a un tiempo todo y parte. La estructura y el método permanecen, consiguientemente, los mismos, ya se articulen o desarticulen creadores y creaciones o épocas y estilos o concepciones del mundo y del arte. La periodología crítica, que se impone en todos los casos donde se da un continuo individual, significa, pues, la definitiva superación de la antítesis superficial entre el individualismo y el colectivismo. Para ella no existe contraposición alguna entre la visión de unidad y la visión de grupos, pero sí, en cambio, una diferencia, tanto más profunda, entre "totalidad" de un lado y del otro "suma", entre la interpretación del elemento como lo colectivo y del período como individualidad, de una parte, y de otra la aglutinación de átomos para formar agregados y conglomerados. En modo alguno se pretende afirmar la primogenitura o la primacía de los cuerpos sueltos *o* de los cuerpos colectivos (pues semejante duelo sería poner fuera de la razón a los dos contrincantes); lejos de ello, lo que aquí se propugna es un sistema individualista y colectivista, tanto frente a la necia acumulación de seudo-sumandos para formar seudo-períodos como frente al vacuo manejo de complejos sin raíz y sin rostro.

Claro está que el descubrimiento y la formación de períodos (individuales) representa hoy, por el momento, un campo de trabajo más científico-literario que la monografía colectivista recíproca. Ya los antiguos biógrafos incluían siempre entre sus caracterizaciones de la personalidad estudiada ricas caracterizaciones de la comunidad de que formaba parte, mientras que la exposición de períodos morfológicos no ha sido reclamada ni aventurada casi nunca. Además, todo estudio de una época hace que la indicada continuidad se destaque en un sentido metódico de modo más imperativo y más ostensible que en el retrato individual. No cabe duda, sin embargo, de que la capacidad de comprensión colectivista de las unidades "reales" (poeta y obra) es todavía susceptible de ser ampliada hasta el infinito: y así, yo mismo, después de haber intentado en mi *Barockdichtung* ["La poesía del barroco"] plasmar en totalidad individual de ser y de forma el organismo de un siglo, me esforzaré en aplicar el mismo método —que se aclarará en diversos puntos— a un monumento literario de Schiller, lo que, al borde mismo del objeto, que no puede ser desindividualizado en ninguna veta suya sino, al contrario, reforzado minuciosamente en su individualidad, nos llevará a un enjuiciamiento de Alemania, a un panorama histórico-universal.

Esta afinidad estructural que existe entre las imágenes individuales y las colectivas aparece también entretejida en el reino del presente de la historia del espíritu. Del mismo modo que Simmel ha trazado una semblanza de Goethe en la que esta figura se interpreta, no como una sucesión de estaciones, sino como un anillo dentro de sí mismo, como una serpiente que se mordiese la cola, por decirlo así; del mismo modo que, después de él, Gundolf ha acuñado el símil de la esfera radiante, el símil de una vida en la que cada momento creador vale tanto como los demás, sin que el después pueda explicarse nunca por el antes ni el antes ser derrocado por el después; del mismo modo es necesario emancipar a todas las épocas de ese esquema monótono de antecedentes y consiguientes, para elevarlas del plano de lo sucesivo al plano de lo cíclico. Es así, por ejemplo, como, falsamente, se ha referido el romanticismo tan sólo a todas las fuentes imaginables del siglo XVIII, guardando silencio acerca de sus innumerables frutos en el XIX; no se dice una palabra de que el *Tristán* de Wagner, por ejemplo, arroja retrospectivamente más luz sobre Novalis que la que, precediéndolo en el camino, puedan arrojar jamás todos los Hamann

o los Hemsterhuis. Con este criterio he intentado yo recientemente
(Von Schiller zu Nietzsche ["De Schiller a Nietzsche"], 1928) esclarecer ese complejo colectivo individual que se llama romanticismo no
sólo mediante la historia que lo precede, sino también a la luz de la
que lo sigue, más aún, comprender todo el siglo XIX no sólo como una
corriente evolutiva y una sucesión de actos, sino al mismo tiempo como
una conexión regresiva de sentido y como un proceso de crecimiento
(para, con este contrajuego, equilibrarlo en el presente que deviene siendo). Sólo mediante este tratamiento será posible convertir el período
—que dejará de ser así un corte longitudinal sin sustancia o un corte
transversal o costumbrista— en eslabón de un "continuo" inmortal y,
por tanto, en esencia creadora y necesaria dentro del cosmos histórico-espiritual.

En efecto, los períodos y los tipos periodológicos no son divisiones de un algo ya existente, sino formas de realización y desarrollo
de algo que realmente no existe fuera de ellas mismas. No existe,
primeramente, un substracto temporal y después sus demarcaciones.
Y del mismo modo que con aquel esquema del antes y después, el verdadero método periodológico choca también con el esquema de lo
superior y lo inferior. El propio Troeltsch, a quien en este punto sólo
supera Marx, aísla falsamente las "infraestructuras socialeconómicas,
jurídicas y políticas" sobre las que, con arreglo a las leyes exactas de
la física, hacen descansar sus construcciones, sus supraestructuras, los
creadores en materia de concepción del arte y del mundo. Esta manera de concebir el problema no tiene en cuenta debidamente ni siquiera las repercusiones de la supraestructura sobre sus supuestos cimientos (repercusiones que Max Weber entreteje de una manera tan
magistral en sus análisis pragmáticos), ni mucho menos el carácter
de universalidad que presenta precisamente lo individual llevado a
la máxima diferenciación. La simple presencia en masa de un fenómeno no realza en modo alguno su dignidad teórica; para la mirada
del historiador del espíritu, hay simples individualidades que, en casos afortunados, encarnan y representan a colectividades enteras; del
mismo modo que, por ejemplo, el embeleco científico no gana ni un
adarme de peso por exaltar las hecatombes (de otro modo un batallón
de beocios, sumado, daría un héroe).

Infinitamente más valiosa y de mayores quilates es, en cambio,
aquella diferenciación entre lo individual-irracional y lo espiritual
supraindividual dentro de la vida histórica (desligada de vinculaciones "reales" extrañas a su esencia), tal como la ha razonado Dilthey
y cómo en la actual ciencia literaria la sostiene, por ejemplo, Unger.

En este caso se busca la intervención más íntima entre la vida y el pensamiento y se la utiliza (en el más profundo estilo romántico) para una especie de organización progresiva del reino de la vida espiritual y del estado vivo del espíritu: la corriente caótica o la guerra de los elementos individuales de suyo "inefables" se articula así, con sentido, mediante una red de puentes y garfios supraindividuales, cuyos contenidos de comunidad se convierten, a su vez, en vida, se transforman en objetos de la voluntad creadora, en un mutuo juego constante de objetivación e individualización. También en este aspecto puede crearse consecuentemente un universo periodológico de las esencias histórico-espirituales. Sin embargo, tampoco por este camino es posible lograr —prescindiendo, de una parte, de las rigideces dialécticas y, de otra parte, de las fragilidades caracterológicas de la práctica— un máximo asequible de penetración de sentido y forma: la inflamación de la vida al entrar en contacto con el espíritu (y viceversa) no se trata aquí como el hecho primario de lo creador, sino como el núcleo irreductible de un dualismo; pero de este modo no se espolea a conseguir realizaciones finales y definitivas ni a la energía imaginativa ni a la energía conceptual; ni la pujanza del drama histórico ni la grandeza sublime del destino histórico adquieren así su más alto tratamiento teórico.

De todos modos, está justificado el intento de contraponer a esa ciencia dualístico-kantiana del comprender, nuestra ciencia antidualístico-goethiana del contemplar, que parte como de elementos dados de la totalidad vital-espiritual y de la unidad individual y no colectiva, tanto de la personalidad como del período. Imagen y concepto forman aquí una concordancia armónica sin precedente. Cada proposición se convierte en un experimento encaminado a comprobar hasta qué punto puede captarse lo espiritual dentro de la imagen y lo vivo dentro del concepto. De este modo se llega a veces —hablando *pro domo*—, por el momento, a aquel estilo a la par recargado de conceptos y exaltado de imágenes que no es, sin embargo, ni garrulería barroca ni éxtasis expresionista, sino un tanteo prudente y ponderado en busca de medios científicos de distinción y expresión para el fenómeno central que acabamos de explicar y que es también el fenómeno periodológico central.

Por tanto, el *savoir faire* en la historia del espíritu no descansa en la inducción ni en la abstracción, sino en una colectivización compensadora de la imagen individual y en una individualización también compensadora de la imagen colectiva. La exigencia de que es necesario sacar a todo el máximo de sentido histórico-real requiere, de una parte, llenar con el más amplio contenido significativo posible datos concretos (ejemplo: ascensión de Petrarca al monte Ventoux en 1336), naturalmente después de caracterizar con la mayor nitidez posible el proceso especial de que se trata y sus motivos y, de otra parte, dotar de fisonomía individual amplios campos temáticos (baste citar como ejemplo las descripciones del jacobinismo o del puritanismo hechas por Taine). Tan pronto es un individuo el que sirve de testimonio o de guía de múltiples épocas (así, Nietzsche alimenta tanto el impulso revolucionario del naturalismo como el refinamiento artístico del neorromanticismo, tanto el esteticismo *fin de siècle* como las virtudes monacales del idealismo de un George y muchas otras corrientes del espíritu) como vemos a pequeñas figuras (por ejemplo, los poetas cortesanos de los días de Cantzen o los poetas tendenciosos del gremio de Freiligrath) perdurar simplemente como miembros de una familia, aunque no de una familia sola, ciertamente.

Por tanto, todo complejo periódico lleva en sí su propia justificación. La periodología no es simplemente un arte de separar ni una práctica de componer, no es un simple modo de ver ni una simple reproducción, sino la articulación de una unidad corporal-espiritual que, en cada uno de sus puntos, sólo puede ser encarada y acuñada simultáneamente. Ya por esta sola razón no es posible trazar normas de investigación o de formación en cuanto a la periodología, sino simplemente señalar sus peculiares factores de evidencia.

Sin embargo, las leyes de exposición así condicionadas son tan objetivas como los axiomas del dibujo de perspectiva. Lo que ocurre es que no es posible formularlas en normas, como no es posible formular tampoco en normas las máximas de investigación de que son resultado. El mundo de la historia del espíritu no es homogéneo como el de la naturaleza: tan pronto brotan en un punto los manantiales de energía que alimentarán a un milenio entero como encontramos décadas y décadas hechas de piedra berroqueña. Por eso la selección, la procuración de lo esencial es siempre uno de los principios constitutivos de la ciencia literaria, que no admite en modo alguno el símil "del botánico que sólo quisiera seleccionar para sus investigaciones flores de agradable perfume o de bellos colores" (Bernheim, p. 150). Aquí, no se aprende nunca nada de unas cosas para otras, sino de cada una de ellas para el todo, muchas cosas diversas de cada una. (Ya Schopenhauer, acusador en voz cada vez más alta de la historia universal y silencioso abogado de la historia del arte, reconoce: "Incluso lo que hay de más general en la historia no es de por sí nunca más que algo singular e individual, a saber: un largo período de tiempo o un acontecimiento capital; lo particular se comporta con respecto a ello como la parte con respecto al todo, nunca como el caso con respecto a la regla.")

La objeción más corriente contra la periodología repite los antiquísimos argumentos de los nominalistas: dícese que la "esencia" del período es una hipóstasis ingenua y su nombre casi siempre un tópico que sólo sirve para llenar las lagunas de nuestro conocimiento y encubrir los fallos de nuestras concepciones. Por este camino se va a parar, fundamentalmente, a aquella crítica del lenguaje que empuja los Mauthner y los Mach, los Wahle y los Stöhr a un herostrático psicologismo: la palabra es, para ellos, un simple signo y no un recipiente, la sintaxis, los rieles de la esquematización, los conceptos, en el mejor de los casos, un álgebra, la metafísica, el reino de la fe o incluso del arte poética y retórica; muchos de los extravíos científicos no responden, para ellos, a una visión falsa o una manera falsa de pensar, sino simplemente al curso que sigue la palabra echada a rodar. Sin embargo, así como la palabra queda unas veces reducida a la nada, pero otras veces —para decirlo con Bergson— alberga los corazones de las cosas, del mismo modo ocurre con los períodos, que tan pronto son cáscaras vacías como fisonomías vivas. Y sin la articulación en totalidades no reinaría el positivismo, la objetividad, sino el caos. Asimismo es de todo punto injustificado concentrar el análisis crítico en un solo período suelto, prescindiendo de la imbricación de unos períodos con otros. Los saltos o las brechas que se advierten en nuestra periódica reclaman con mucha menos frecuencia la eliminación que la complementación de una unidad demasiado rotunda por medio de unidades vecinas diferenciadoras. De nada o de muy poco sirve, por ejemplo, desintegrar la categoría Renacimiento incorporando a ella un sinnúmero de rasgos clasicistas o individualistas de los siglos xv, xiv y xiii o destrozar la categoría romanticismo mediante la incansable eliminación de sus motivos hasta lo informe; lo que importa es que toda labor de articulación y diferenciación, bienvenida de suyo, contribuya en algo a la edificación de la organización periodológica.

Otra objeción es la que envuelve la duda de si nuestra periodología será capaz de respetar los derechos de primogenitura, la distancia que debe guardarse entre los innovadores y los que marchan sobre sus huellas. Sin embargo, ya la diferencia que existe entre los nombres notorios y el anonimato marca un orden jerárquico fundamental. La simple repetición de chácharas —el "Cretino" de Holzen, que rima como el centésimo-milésimo dolor del corazón— queda para la estadística. Otros epígonos sirven de eco y de intermediarios. Y no menos importante que la distancia entre los que rompen la marcha y los que van detrás es la que media entre el iniciador de una época y el hombre pintoresco y original que da un tono nuevo. Pero sólo un aspecto periodológico es capaz de arrancar todas sus variantes y sus matices a todos estos factores; sólo él puede descifrar todos los temblores y enigmas de la inmortalidad, no sólo como un espectáculo grandioso, sino también como un renacimiento capaz de transformar el mundo.

Los ataques, que no objeciones, de quienes pretenden volver atrás el carro de la ciencia literaria hasta la fase aquella de "el hombre y la obra" tergiversan, en primer lugar, la periodización como tal, reduciéndola a una relación de superioridad y subordinación (en vez de concebirla como una serie de funciones de parte y totalidad) y además degradan al historiador literario al simple papel de un coleccionista de monedas o sellos de correos. Cuando es así que la investigación literaria resulta, por comparación con sus hermanas, la administradora de la vida en lo más alto y lejano.

Por todo lo expuesto llegamos, pues, a la conclusión de que la actual periodología tiende, sin duda, a filtrar y precisar, pero *a potiori*, más a aumentar que a disminuir los elementos de su estructura. Allí donde los títulos dicen algo en cuanto tales títulos, como tratándose de libros o de cursos universitarios, hay que respetar y se respetan las antiguas muestras. Desde el punto de vista extrahistórico, incluso los complejos constructivos, por ejemplo el de la "antigüedad clásica", conservan cierta validez. Pero la periodología científica avanza de la sucesión a la imbricación, de las divisiones a los leitmotivos, de las unidades temporales a las unidades tipológicas.

Los primeros períodos establecidos en la historia literaria se hallaban bajo el signo de una especie de ideas platónicas. Bacon —venerado durante mucho tiempo como el gran precursor de la historia literaria (por el libro II de su obra *De dignitate et augmentis scientiarum*) ha encontrado no hace mucho, según los estudios de Lempicki, un antecesor en aquel Cristóforo Mileo (Müller) que puso a su libro *De scribenda universitatis rerum historia libri quinque* (Basilea 1551, p. 15; cfr. Lempicki, p. 101) el siguiente lema: *"Atque ita hoc opus confeci, ut singula ex omni rerum multitudine ad unum aliquod constitum caput... referrentur: non aliter, quam arborum dilatatos ramos ab uno et eodem trunco deduci conspicimus"*: desde este punto de vista surge también la tarea del *mutuum consensus*, de la *quasi discors concordia*, de la *commoda inter se distinctio, collocatio*. Desde esta unidad trascendente, no demasiado lejana todavía de la pirámide medieval del mundo cuya cúspide era Dios *(Omnia in mensura et numero et pondere disposuisti, Sapientia,* xi, 21), el híbrido sistemático de carácter histórico de la época de Herder y el híbrido histórico de carácter sistemático de la época de Hegel, nos conducen a la unidad de idea y experiencia en la historia, que Goethe se limita a determinar en el terreno de las ciencias naturales. La más reciente evolución elimina todas las subsunciones sumarias de duraciones fijas de tiempo y de amplitudes universales de materia a favor de formaciones individuales impregnadas. El cambio del punto de vista de la periodización, que se inspira en la máxima de lo más lleno de sentido y lo más fecundo, da especial valor y encanto, todavía, a la *Historia de Roma* de Mommsen y a la *Historia de la Literatura* de Scherer; claro que no hay que confundirlo con aquel *quodlibet* de conatos de acumulación-ordenación-formación que no hacen de muchos tratados publicados últimamente ni obras serias de consulta ni realizaciones ejemplares. Por lo demás, la ciencia literaria, gracias a su amor por lo esencial, rehuye no sólo los períodos-procesos de la historia universal, sino también el caer en el extremo contrario: desindividualizar los períodos y sustraerlos al tiempo para convertirlos en simples conceptos funcionales (como hace, por ejemplo, Roscher al entender por "Edad Media" una fase que se presenta en todos los pueblos, la fase que consiste en remontarse de la naturaleza a la cultura, o Eduard Meyer, al igual que antes de él el historiador de la literatura Bergk, al delinear una "Edad Media" griega). Sin embargo, los germanistas están a salvo de ese juego a veces loco de las analogías, entre otras cosas, por la delimitación nacional de su campo de trabajo y también, desgraciadamente en la mayoría de los casos, de su campo visual, claro está que a costa de un alto precio, ya que con ello se restringe su competencia dentro del campo de la filosofía de la historia.

Pero más importante que el seguir contribuyendo a multiplicar semejante casuística es, de ahora en adelante, el formular la siguiente pregunta liminar: ¿cuál es, en el caso extremo, la longitud y la amplitud de los períodos? ¿Existe, en una u otra dirección, una unidad y una totalidad amplias de la historia del espíritu que pueda llamarse historia universal en el más riguroso de los sentidos? ¿Cabe, por tanto, bajo una y la misma óptica, una verdadera exposición de conjunto de la evolución de la humanidad, ni siquiera una imagen completa de conjunto de un siglo?

En ningún nivel de la cultura espiritual o material es posible descubrir una continuidad completa de sentido de los milenios de nosotros conocidos: el servicio de la sabiduría y de la belleza, el dominio de la realidad y de la naturaleza han declinado una vez por lo menos para nacer de nuevo, y no, ni mucho menos, en función de la misma finalidad. El signo más general de esta indubitable interrupción en la historia es nuestra era cristiana. Sólo haciendo la reserva de este gran cambio de rumbo podría apreciarse un progreso moral en las cosas humanas: la difusión del cristianismo entre los pueblos más fuertes de la tierra crea un proceso, tal vez unitario y extensivo a toda la humanidad, de crecimiento de las capacidades morales de juicio (no, ni mucho menos, naturalmente, de las capacidades morales de conducta, eternamente iguales), que los inmensos descarríos prácticos no hacen más que reforzar y tensar. Pero no debe pensarse, en modo alguno, que esta era cristiana represente una especie de realización (ni mucho menos una continuación) del sentido del mundo antiguo. Hasta la evolución probablemente más general de todas aquellas por que ha pasado el género humano, el paso progresivo de lo comunitario a lo societario, la cohesión organizativa, acusa un profundo corte entre la antigüedad y la cristiandad. Lo único que garantizaría una unidad de conjunto del acaecer sería o bien el principio más material de todos, el de la entropia universal, el del desmoronamiento de todas las fuerzas brutas (¡no el de todas las fuerzas vitales!) con arreglo al grado de enfriamiento de la tierra o el del plan divino de la creación o el imperativo del espíritu cósmico.

Pero aún es más urgente para la ciencia literaria la determinación del límite de amplitud (también podríamos decir de profundidad) de los períodos. Ya el relativismo singenético de Spengler pone de relieve la multiplicidad de sentidos y de facetas de toda cronología. Y el propio Pinder demuestra, dentro de un marco más estrecho, a qué desdoblamiento es necesario someter hasta la más pequeña unidad cronológica. Y la crítica sistemática tiene, no pocas veces, que remontarse sobre ambas. No obstante, la más reciente periodología plantea precisamente en lo que se refiere a la profundidad, pretensiones de un volumen mucho mayor que en lo tocante a la longitud en el tiempo. Claro está que, en el fondo, estamos aquí ante la misma problemática periodológica de la historia universal: la unidad periódica inferior y, por tanto, vista la cosa en su conjunto, el elemento de la historia universal puede definirse como el conjunto de los fenómenos "simultáneos" en el sentido de la historia del espíritu (no en un sentido cronológico simplemente, ni tampoco en un sentido filosófico-histórico). Por consiguiente, laboraremos en pro de la periodología histórico-universal si, tomando una determinada formación temporal, vamos investigando campo por campo la totalidad de las formaciones análogas, coincidentes con ella en cuanto a las características temporales, aunque no presenten un paralelismo cronológico completo. Y así es cómo se plantea, hablando *grosso modo*, el nuevo problema liminar: ¿qué amplitud puede tener un período?

Ya dentro del campo de la poesía como tal son muy pocas las épocas características que pueden concretarse de un modo completo; es elocuente que el período más homogéneo de la historia literaria moderna, el manierismo del barroco tardío, sea al mismo tiempo el menos originario y el menos fecundo. Rara vez una unidad periódica sella de manera homogénea a las artes vecinas: así, el expresionismo se caracteriza por una dinámica colectiva, mientras que, por ejemplo, el impresionismo concede a lo pintoresco, como la nueva "objetividad" a la arquitectura, una preferencia fisionómica (que tiraniza no pocas veces a las artes hermanas). Una forma única, relativamente fija, de todas las instancias culturales, la representa hasta cierto punto la Ilustración, aunque ya en la Alemania católica vemos cómo este movimiento aparece desviado y helado por todos los vientos. La tendencia a obligar a todos los campos humanos a colocarse bajo el cetro estético es el nervio filosófico-histórico que caracteriza principalmente al romanticismo. Una iniciativa que irradia a través de todos los campos de la vida alemana se arroga el derecho de subvertir todos los valores; claro que lo único que se transforma son las decantaciones espirituales, aplazándose en cambio muchas reformas de la vida práctica: así, "la supresión del tormento (que en muchos estados alemanes no se logra hasta el año 1820), de la servidumbre de la gleba y de la sumisión feudal al señor de la tierra, la implantación de la autonomía administrativa, del derecho a cambiar libremente de residencia y de la libertad industrial, la abolición de las diferencias de condición jurídica basadas en el credo religioso (1829: emancipación de los católicos en Inglaterra)" (Friedrich, *Historische Zeitschrift*, 122, p. 33). En general, ya la distinta proximidad y sensibilidad al tiempo, sujeta a leyes propias de la vida activa, de la formadora y de la pensante, amenaza con limitar de antemano a una de estas tres estructuras la estricta coincidencia de un despliegue esencial en la historia del espíritu. Claro está que esta discordancia se convierte en una magnitud desdeñable cuando se trata de campos tan amplios como, por ejemplo, el del capitalismo, que hoy puede ser tal vez considerado como el más amplio período universal (es cierto que el desarrollo de tal totalidad extensiva al mundo entero sólo se ha hecho posible en los últimos tiempos; ¿qué representa el año 476 para las grandes culturas asiáticas, ni siquiera para Rusia el 1492?)

Y, sin embargo, también en lo tocante al capitalismo, se lograría una colectividad absoluta solamente a costa de renunciar por entero a lo espiritual. Allí donde todos en absoluto se someten a una cualidad, a un comportamiento, falta la libertad de vida, la libertad de opción que le permite a uno formarse a sí mismo, y tal vez también la libertad de elegir entre distintas series causales (de encrucijada a encrucijada); es decir, falta una de las características fundamentales de todo lo humanamente espiritual. Por tanto, el verdadero período es unidad y totalidad como, necesariamente, *pars pro toto,* individualidad dentro de un cosmos inagotable de vida perdurablemente creadora. Por eso la aspiración de la ciencia literaria al más grande ahondamiento de la periodización no gira en torno a divisiones transversales del corte de la establecida entre la Antigüedad, la Edad Media y la Epoca moderna, sino en torno a la más amplia irradiación de las formaciones colectivas *más características.*

De este modo, los períodos de las distintas ciencias van extendiéndose ambiciosamente a lo ancho de la vida histórica. El ámbito y el nombre de la Edad Media proceden de la historia de la literatura, los de la Reforma, de la historia de la iglesia, los del Renacimiento de la historia del arte; el concepto del "helenismo" de Droysen ha cobrado una extensión de validez insospechada en el campo de la historia universal y en el de la filosofía de la historia, el de la "Contrarreforma", bautizado ya por Johann Stephan Pütter (y rubricado por Ranke), se extendió también durante algún tiempo al terreno vecino de la música; el estilo tipo barroco no conquistó hasta este último quinquenio la historia literaria y ya desde varios lados se abren las puertas a la recepción del concepto del rococó (una obra fundamental sobre el rococó en la literatura flota en el aire). También el imperialismo de los períodos nacionales alumbra problemas teóricos (pues no en vano la mirada exploradora del investigador tiene que calar siempre más hondo que sus manos constructivas): en este sentido internacional ha sido sobre todo el Renacimiento, expuesto por Konrad Burdach de un modo en parte demasiado europeo y en parte demasiado nacional, el que ha servido sobre todo de marco para analizar y organizar un inmenso espíritu periodológico de los pueblos; también el barroco va convirtiéndose de un modo cada vez más apremiante en objeto de la periodología comparada; y, a su vez, el romanticismo crea no sólo entre los distintos campos culturales, sino también entre las distintas corrientes paralelas nacionales una trama de vínculos y transformaciones de valores llena de trascendencia y significado.

La disolución a que esto nos conduce, no sólo de la sucesión, sino también de la coexistencia en el tiempo, para trocarse en una imbricación de esencias comunes individuales, hace que la última colectividad que llamamos "historia universal" se convierta en una magnitud tan extracientífica, tan ajena a la ciencia real, como el concepto total a que damos el nombre de universo. Sobre parecidas observaciones apoya el historiador de la iglesia, Heussi, su tesis de que no existe una historia universal, ni siquiera la historia colectiva absoluta de una sola cultura, tesis que Below *(Ueber geschichtliche Periodisierungen*... ["Sobre las formaciones de períodos históricos"], analiza demasiado superficialmente. En cambio, Dilthey, tendiendo en torno su mirada amplia y aguzadísima, pone al desnudo, sobre todo en sus estudios sobre el mundo cultural de la Reforma y el Racionalismo, el sistema de compenetración de capas y de articulaciones en profundidad. Precisamente el caso de Dilthey, que pone de manifiesto cómo cualquier fragmento de verdadera "historia del espíritu", si bien no agota el contenido de un aspecto histórico-universal, por lo menos lo despliega en su estructura, del mismo modo que toda auténtica individualidad es, en realidad, un microcosmos...

Pues bien, una trama periodológica así concebida —saliendo al paso de la aberración de que la historia literaria puede cerrarse en el año 1832, en el año 1880 o en el de 1914— hay que traerla hasta el presente. Pues tampoco el presente, en lo que a la historia del espíritu se refiere, se limita a tender un nuevo caparazón sobre el inmenso arrecife de coral de la humanidad, sino que mueve y hace que se desplace constantemente el todo: el ahora creador no decide solamente en cuanto a nuestro destino actual y futuro, sino también la suerte de todo lo que aparentemente ha sido (y la responsabilidad que de esto se deriva basta ya para hacer que la historia literaria se remonte por encima de toda la pacotilla de exámenes y pedagogía).

Y, a la inversa, podemos decir que el presente tampoco puede ser comprendido como un todo más que desde el punto de vista periodológico: nuestro punto de vista empírico actual nos lleva hasta el siglo XVI, nuestro pensamiento científico-natural hasta el XVII, nuestro método racional hasta el XVIII, por lo menos. En cuanto al XIX, alumbra aquella industria y técnica, aquella economía mundial y de grandes ciudades, aquel régimen capitalista y de superproducción que —considerada la cosa desde un punto de vista histórico real— abren en la humanidad una era más poderosa que Lutero o Colón. Ahora bien, las potencias demo-liberales surgidas de aquel siglo, organizadas en falange cerrada por la férrea marcha de los acontecimientos, destronan a comienzos del siglo XX a los tres imperios europeos. Sin embargo, el infortunio alemán de la postguerra provoca, por el momento, reacciones antirrealistas y antirracionalistas: en el Occidente una mecánica consciente de sus fines y un relativismo en cuanto a las cosas humanas, en el Oriente hirviente magma y absolutismo humano. El Centro empieza pactando con el caos contra el utilitarismo; alarga la mano hacia las culturas más conservadoras del Asia, tantea buscando cualquier alianza contra el puño vencedor de la civilización. Pero de pronto se impone el orden, sobreviene la calma y las cosas dan un viraje brusco: vuelve a haber suelo donde pisar: ha llegado la época de los arreglos sobre reparaciones. La probidad y la salud vuelven a verse cortejadas, la gente aspira de nuevo a ganar y a ser feliz, se profesa otra vez el respeto por la realidad y el amor a la colectividad, aunque, por otra parte, se procura también, es cierto, encubrir y justificar el desmadejamiento y la enervación dominante, mediante supuestas vinculaciones suprapersonales. ¿Acaso podrán conservarse e incorporarse a tales tiempos las más altas tradiciones del espíritu alemán? Quien, por ejemplo, dentro de este esquema que dejamos esbozado, conciba la historia del espíritu como un absurdo, como el epifenómeno de la historia material, caerá en un mortal nihilismo. Quien vea en el presente simplemente un brote aislado desde el que hay que acechar las manzanas de oro del porvenir, sólo podrá ser salvado por un salto de desesperación. Sólo quien reconozca en el reino de las almas la continuidad creadora del ser se dará cuenta de que también en este mundo nuestro existen fuerzas humanas inmortales que si bien no nos garantizan un "porvenir mejor", nos aseguran por lo menos un presente del espíritu que sigue engendrando. Por donde la periodización de la ciencia literaria, que implícitamente está siempre llena también de significación histórico-universal y de problemas filosófico-históricos, nos ofrece así una brújula incluso en medio de la crisis cultural de nuestro tiempo.

Finalmente, el *ethos* de nuestro postulado periodológico de interacción entre las potencias individuales y colectivas es, para decirlo de un modo sumario, una educación de lo distinto para lo igual, en tiempos en que toda libertad humana vive amenazada por las mil espadas de Damocles de las dictaduras de derecha y de izquierda. Las luchas públicas del día son reñidas por adversarios que, en lo esencial, se parecen tanto entre sí como un huevo a otro, y sólo por las metas propuestas forcejean como enemigos a los extremos de la cuerda. Pero a nosotros se nos antoja que es mucho más noble un estado de cosas en el que, por el contrario, las más variadas modalidades y las artes más diversas se coordinan en un criterio de valores y una actitud volitiva, los más armónicos que puedan concebirse. La desaparición paulatina de las individualidades en la Alemania de hoy es ya algo insuperable y no necesita ser acelerada, además, ideológicamente. Por otra parte, no cabe la menor duda de que el aislamiento individual, puesto a fermentar dentro de sí mismo, sería la miseria y la muerte. Por eso es hoy más necesario que nunca salvar y depurar todos los bienes valiosos de la soledad a través del tráfago de las miríadas.

Todas estas perspectivas no dañan en lo más mínimo al conocimiento honesto y por tanto progresivo de las cosas. (Por lo demás, la doctrina que dejamos expuesta aspira por doquier a la fidelidad más abnegada de la memoria, a la vinculación cada vez más estrecha del contenido espiritual con la forma-configuración verbal, al enlace más abierto posible de los juicios y sus bases de hecho y a todas las garantías de este género que sean posibles.) El muro divisorio entre análisis, de una parte, y síntesis, de otra, no deja de ser una quimera. ¡Cada maestro de obras su propio acarreador, y viceversa! A la ciega laboriosidad de las abejas saltando de siglo en siglo se opone la férrea ley de nuestro tiempo: la era de los gases asfixiantes impone al investigador un doble deber: laborar paciente y sosegadamente para el porvenir más remoto, pero sin perder de vista ni un solo día el fin propio. El servidor de la ciencia literaria no se limita a aportar, con la modesta labor de una existencia terrenal, su grano de arena a la torre de Babel del eterno saber, sino que, abriga también, la medida inmortal de todas las cosas, la disposición constante a redondear y a legitimar. No se limita a leer en el reloj de sol del sistema de los períodos la marcha y el estado del tiempo, sino que lee también su secreto y su precepto: UNA EX HIS ERIT ULTIMA.

BIBLIOGRAFIA TEORICA

a) INVESTIGACIONES DIRECTAS

R. M. Meyer, "Principien der wissenschaftlichen Periodenbildung. Mit besonderer Rücksicht auf die Literaturgeschichte", en *Euphorion*, VIII, pp. 1 ss.

O. Lorenz, *Die Geschichtswissenschaft in Hauptrichtungen und Aufgaben*, Berlín, 1886 (sección VI: "Sobre un sistema natural de períodos históricos"). K. Heussi, *Altertum, Mittelalter und Neuzeit in der Kirchengeschichte. Ein Beitrag zum Problem der historischen Periodisierung*, Tubinga, 1921. G. von

Below, *Ueber historische Periodisierungen mit besonderem Blick auf die Grenze zwischen Mittelalter und Neuzeit.* Berlín 1925.

F. Stieve, "Die Perioden der Weltgeschichte", en *Deutsche Zeitchrift für Geschichtswissenschaft,* 1893 (cuaderno especial). G. Schnürer, *Ueber Periodisierung der Weltgeschichte,* discurso rectoral, *Friburgo* (Suiza), 1900. A. Elkan, "Entstehung und Entwicklung des Begriffs "Gegenreformation", en *Historische Zeitschrift,* 112, pp. 473 *ss.* A. Dove, "Der Streit um das Mittelalter, en *Historische Zeitschrift,* 116, pp. 209 *ss.* F. Friedrich, "Versuch über die Perioden der Ideengeschichte der Neuzeit und ihr Verhältniss zur Gegenwart", en *Historische Zeitschrift,* 122, pp. 1 *ss.* H. Spangenberg, "Die Perioden der Weltgeschichte", en *Historische Zeitschrift,* 127, pp. 1 *ss.*

O. Spengler, *Der Untergang des Abendlandes. Umrisse einer Morphologie der Weltgeschichte,* t. I, Viena, 1918; t. II, Munich, 1922. E. Troeltsch, *Der Historismus und seine Ueberwindung,* Berlín, 1924. K. Breysig, *Der Stufenbau und die Gesetze der Weltgeschichte,* 2ª ed., Stuttgart, 1927. El Mismo, *Vom Geschichtlichen Werden,* t. I: Persönlichkeit und Entwicklung, Stuttgart y Berlín, 1925; t. II: Die Macht des Gedankens in der Geschichte. In Auseinandersetzung mit Marx und mit Hegel, Stuttgart y Berlín, 1926. El Mismo, "Zeit und Begriff als Ordnungsformen des geschichtlichen Geschehens", en *Philosophischer Anzeiger,* 1926, pp. 427 *ss.*

G. Ruemelin, *Reden und Aufsätze,* Serie I, Friburgo y Tubinga, 1875 (páginas 285 *ss.*: "Sobre el concepto y la duración de una generación"). W. Pinder, *Das Problem der Generation in der Kunstgeschichte Europas,* Berlín, 1926. H. von Mueller, *Zehn Generationen deutscher Dichter und Denker. Die Geburtsjahrgänge 1561 bis 1892 in 45 Altersgruppen zusammengefasst,* Berlín, 1928 (con más bibliografía, que se completa con la monografía de J. Petersen, incluída en la presente obra).

b) Estudios indirectos

H. Paul, *Grundriss der germanischen Philologie,* t. I (1801): Methodenlehre, cap. 6, especialm. pp. 236 *ss.* S. v. Lempicki, *Geschichte der deutschen Literaturwissenschaft bis zum Ende des xviii. Jahrhunderts,* Gottinga, 1920. R. Unger, *Literaturgeschichte als Problemgeschichte,* Königsberga, 1924.

E. Bernheim, *Lehrbuch der historischen Methode un der Geschichtsphilosophie,* 5ª y 6ª ed. Munich y Leipzig, 1914. E. Fueter, *Geschichte der neueren Historiographie,* Munich y Berlín, 1911. H. Tietze, *Die Methode der Kunstgeschichte,* Leipzig, 1913. W. Bauer, *Einführung in das Studium der Geschichte,* 2ª ed., Tubinga, 1928.

Ch. Seignobos (y Ch. V. Langlois), *Introduction aux études historiques,* París, 1898. E. Meyer, *Zur Theorie und Methodik der Geschichte,* Halle, 1902.

A. D. Xénopol, *La théorie de l'histoire* (2ª ed. de *Principes fondamentaux de l'histoire)*, París, 1908. J. Thyssen, *Die Einmaligkeit der Geschichte*, Bonna, 1924. N. Berdjajeff, *Der Sinn der Geschichte, Versuch einer Philosophie des Menschengeschictes. Mit einer Einleitung des Grafen Hermann Keyserling*, Darmstadt, 1925.

E. Sasse, *Das Zahlengesetz in der Weltgeschichte. Eine Anregung zur mathematischen Behandlung der Weltgeschichte* (2ª ed. de *Das Zahlengesetz in der Völker-Reizbarkeit)*; parte I: "Statistik der neueren Geschichte von Frankreich", Berlín, 1899. R. Mewes, *Die Kriegs- und Geistesperiodem im Völkerleben und Verkündigung des nächstens Weltkrieges*, 3ª y 4ª ed. Leipzig 1922. K. Kemmerich, *Das Kausalgesetz der Weltgeschichte*, 2 ts., Munich 1913-14. F. Stromer v. Reichenbach, *Was ist Weltgeschichte? Zukunftsgedanken*, Ludwigshafen 1919. El Mismo, *Was wird? Vorausberechnung der deutschen Revolutionsentwicklung*, Ludwigshafen, 1919. El Mismo, *Historionomie, ihr Wesen und ihre Bedeutung*, Constanza, 1924.

U. v. Wilamowitz-Moellendorff, *Reden und Vorträge*, 3ª ed., Berlín, 1913 (pp. 120 *ss.:* sobre los períodos universales). H. Swoboda, *Die Perioden des menschlichen Organismus in ihrer psychologischen und biologischen Bedeutung*, Leipzig y Viena, 1904. El Mismo, *Das Siebenjahr. Untersuchungen über die zeitliche Gesetzmässigkeit des Menschenlebens*, t. I, Viena, 1917. K. C. Schneider, *Die Periodizittät des Lebens und der Kultur*, Leipzig, 1926.

IV

JULIUS PETERSEN

LAS GENERACIONES LITERARIAS

1

SIGNIFICACION DE LAS GENERACIONES EN LA HISTORIA LITERARIA

Todas las ciencias que se ocupan del hombre y de sus creaciones participan, de algún modo, en el problema de las generaciones: historia universal, historia de las ideas políticas, historia de la cultura, filosofía de la historia, sociología, etnología, antropología, teorías de la evolución y de la herencia, biología, psicología y pedagogía, historia del lenguaje y del estilo, historia del gusto, historia de todas las artes y de las ciencias. Se trata tanto de ciencias de la naturaleza como de ciencias del espíritu. Cada una trabaja acaso con un concepto distinto de lo que es "generación" pero todas tienen que esforzarse en fundamentarlo.

Si dentro de la historia espiritual es la ciencia literaria la que convierte en cuestión candente la referente a las relaciones de tensión entre las diversas "clases de edad" coetáneas, ello se debe a que en su exposición del decurso histórico se halla necesariamente vinculada a la sucesión de las generaciones. Apenas si dispone de otra posibilidad de lograr una visión de conjunto que la de ir agrupando según "comunidades" temporales.

Los hechos de la dependencia, la interacción y la homogeneidad relativa de todas las creaciones literarias producidas por las gentes de la misma edad, aun dentro de un círculo cultural determinado, que parten de una misma conexión vital, imponen en forma irremediable la necesidad de abarcar a la vez lo homogéneo y coetáneo, pues, por muy diversas que sean las obras y las personalidades incluídas, representan siempre una unidad por comparación con las obras y los hombres de cualquier otro período. No es posible que la masa de la producción literaria cobre una forma si no se la ordena en esos movimientos espirituales que ponen en marcha imperativamente a los de una misma edad y los determinan en su voluntad artística. El surgir de nuevos movimientos, la resistencia que se les enfrenta en su marcha, la superación, el dominio, la defensa ante la contradicción y el repliegue ante una nueva onda, acaso también la recuperación de lo ya mortecino en un nuevo ascenso, todo esto se nos presenta siempre como resultado de las luchas entre edades diferentes, entre una juventud que va madurando y haciéndose vieja y un espíritu juvenil que irrumpe pujante. Lo mismo si se trata de padres, hijos y nietos que si se trata de antiguos discípulos que, según la imagen de Heine, azotan a sus antiguos maestros para luego sufrir ellos la misma suerte. La violencia de este antagonismo es diversa según los tiempos, y el ardor de la lucha representa un criterio para medir la intensidad del empuje y la originalidad del nuevo espíritu, y también acaso para conjeturar la duración de sus logros. En mayor grado que cualquier otro campo del espíritu, es la literatura escenario de estas luchas, pues el lenguaje representa el arma por excelencia y entre lo hablado la "obra literaria" es lo que permanece, lo que nos sigue hablando de esas luchas en una existencia supratemporal, como las montañas nos hablan de las inundaciones, derrumbamientos, resquebrajaduras, elevaciones, corrimientos, del trabajo de erosión de la corriente o como la fina arena de la playa nos dibuja el movimiento ascendente del agua y su resaca.

Podemos intentar sustraernos a la compulsión de estos golpes de onda del tiempo, formadores de etapas, tratando de aquietar la corriente en remansos donde se espeja el cielo; podemos convertir en objeto de nuestro estudio las fuerzas y condiciones permanentes de las formas genéricas, de la nacionalidad, de la comarca o de las posibilidades expresivas del lenguaje y someter a estas categorías todas las manifestaciones singulares de vida; podemos considerar como muros más o menos firmes del edificio los problemas eternos, las certezas de la fe, las formas confesionales y las concepciones del mundo o esas formas de la sociedad, de las clases y de las capas de educación conprendidas en un cambio lento. Pero siempre, aunque sea de un modo secundario, tendremos que prestar a la articulación aquel ritmo del antagonismo en el que se emplea la marcha del tiempo, a no ser que, en virtud de una sistemática rígida, queramos eliminar violentamente todo punto de vista evolutivo.

La historia literaria, que pretende exponer el curso de un desarrollo, es siempre, de manera expresa o tácita, la historia de las generaciones literarias y de sus creaciones. La palabra "generación" representa la clave de los hechos innegables del cambio y del desarrollo, del progreso y del retroceso, y la cuestión es si esta clave puede ser manejada como un *passepartout* al que se abren todos los caminos o como una palanqueta que violenta todas las puertas, o si se trata de una clave secreta que, como obra de un arte sutilísimo, sólo puede prestar servicio manejada por los expertos.

La actualidad del concepto de generación no quiere decir que su aplicación práctica en la historia literaria sea una conquista reciente. Ya las bibliotecas de la literatura nacional se han solido acomodar no por orden alfabético o cronológico sino por el año de nacimiento de los autores, considerándose tal ordenamiento como objetivo y viéndose en él la base para una clasificación periódica, sin que se creyera, sin embargo, que se había logrado así un conocimiento científico revolucionador. Lo nuevo, lo que tiene que ocupar seriamente a la ciencia es la tarea de cimentar teóricamente una práctica ya vieja y de explicar las causas de un desarrollo que procede por saltos. A su vez, la teoría de la generación se halla sometida a un cambio de generación en generación. En los tiempos en que la gran monografía representaba el trabajo de más empaque en la exposición histórico-literaria, la "genealogía" del individuo, que nos remitía a la herencia de los antepasados, era acaso mucho más importante que la "generación", que lo ponía en relación con sus coetáneos. Pero en el planteamiento actual de los problemas histórico-espirituales, que trata de conocer las raíces de que procede la dirección concordante de las concepciones y creaciones coetáneas en todos los dominios del espíritu humano, en la religión, en la política, en el derecho y en el arte, el problema de la generación se hace capital. El término "generación" representa hoy un sustitutivo diferenciado del concepto sumario y apenas aprehensible de "espíritu de la época" y un supuesto fundamental del concepto "estilo de la época".

2

EL CONCEPTO DE "GENERACION"

El empleo corriente de la palabra se ha hecho tan equívoco, gracias a sus múltiples versiones, que es menester examinar y delimitar la amplitud de su contenido valiéndose de unos cuantos ejemplos. Originalmente, el vocablo nada tiene que ver con la historia espiritual; la "generación" es un dato obvio dentro de un linaje, como un miembro en la cadena de la procreación. Esta estructura horizontal del árbol genealógico se convierte en una medida del tiempo cuando se observa la presencia de cierta regularidad en la distancia de las edades entre padres e hijos. Cuando Herodoto se entera por los sacerdotes egipcios del secreto de que tres generaciones componen un siglo, tenemos, como supuesto de este concepto, una media de treinta y tres años y medio por generación. En un examen estadístico llevado a cabo por Gustav Rümelim en su ensayo sobre "el concepto y la duración de una generación",[1] llegó éste al resultado de que esa media cambia con los tiempos y con los pueblos y que en la Europa moderna oscila entre treinta y dos y treinta y nueve años (para Alemania, entonces, treinta y seis y medio, Inglaterra treinta y cinco y medio, Francia treinta y cuatro y medio), mientras que en los países de desarrollo sexual más precoz o de costumbres polígamas tiene que regir una proporción numérica distinta, y el cálculo de Herodoto puede ser adecuado para su época pero en modo alguno se puede considerar como una medida universal invariable.

A esto se añade que, a los efectos de la cooperación histórica, apenas si tiene importancia que el biznieto venga al mundo exactamente cien años después del bisabuelo o un poco más tarde; es mucho más importante el hecho de que un siglo abarca la acción de cinco generaciones, pues el padre y el abuelo de aquel bisabuelo nacido al comienzo del siglo pudieron acompañar y dirigir durante un buen espacio de tiempo la crianza de sus descendientes y de los hijos de éstos. Y en este intrincamiento sin solución de continuidad tenemos una particularidad destacada ya por David Hume de la sucesión de generaciones entre los hombres, a diferencia de la animal. Los padres y los abuelos se hallan en situación de transmitir toda su experiencia de la vida a los descendientes. Pero esta transmisión no pocas veces se convierte en una imposición que restringe el derecho de la juventud a tener una experiencia propia de la vida y la incita a levantarse contra la tradición.

Se ha tratado de apoyar de otro modo la idea de generación como espacio de tiempo de un "tercio de siglo", fundándose en el principio de la "eficacia vital" de los individuos. Correspondería sólo a tres generaciones familiares de las cinco que caen dentro del marco de una centuria; pues la "eficacia" histórica del hombre comienza, por lo regular, a los treinta años y termina entre los sesenta y los setenta; por lo tanto, el bisabuelo, que entra todavía en el siglo en el último trecho

---

[1] "Über den Begriff und die Dauer einer Generation" (Reden und Aufsätze) Friburgo i. B. 1875; pp. 285-304.)

de su vida, no es ya efectivo y tampoco lo es el biznieto que entra con su primer trecho. Este cálculo, tomado de prestado de la genealogía, puede convenir por lo que se refiere a la capacidad generativa pero no tanto a la estimación de la acción espiritual, en cuyo respecto significa una equivocación completa. Ninguna genealogía nos puede servir, pues no nos interesa la sucesión de los miembros de una familia sino las diferencias de edad sin conexiones de parentesco; y menos nos sirve todavía la estadística, pues dentro de la productividad espiritual no interesa el término medio sino lo que se sale de él. De existir una norma dentro de lo anormal podríamos decir que, por lo que respecta a la creación poética, las obras geniales que provocan estupor, hacen época y se convierten en lema de una joven generación y constituyen la expresión revolucionaria de una nueva época, se encuentran siempre entre los primerizos, mientras que los efectos más demorados, pero también más persistentes surgen con frecuencia de las obras que los ancianos dejan como testamento. Goethe con ninguna obra suya ha tenido tanto éxito y un efecto tan amplio como con el *Werther,* que publicó a los veinticinco años, pero ninguna otra obra suya alcanzó la significación universal del *Fausto,* que terminó a los ochenta. Joh. Christ. Günther, Friedrich von Hardenberg, Percy Bysshe Shelley, Wilhelm Hauff, Georg Büchner y el conde von Strachwitz no han alcanzado los treinta y un años, y, sin embargo, han ejercido una gran influencia. Theodor Fontane, por el contrario, publicó su primera gran novela a los sesenta años y sus obras maestras son fruto de los setenta y de los ochenta. En otras artes las distancias son todavía mayores: Mozart componía ya a los seis años y a los trece obtenía su primer éxito en la ópera, mientras que Ticiano seguía pintando la *Pietà* a los noventa y nueve años. Y lo último es una prueba de que la "efectividad" del creador puede abarcar más del doble de aquello que se suele designar como media de una generación.

Si la acción histórica de un espíritu es tan amplia como la de Goethe puede dominar con su nombre a toda una época. Una exposición como la que hace Korff en su *Geist der Goethezeit* expresa ya en su estructura que la acción de Goethe abarca a varias generaciones; pero propenderemos a considerar como su propia generación únicamente a los de su misma edad, por lo tanto, a los pintores del *Sturm und Drang* Müller y Sprickmann (1749), a los condes Christian y Friedrich Leopold zu Stolberg (1748-50), a Jacob Michel Reinhold Lenz (1751), a Friedrich Maximilian Klinger y a Johann Anton Leisewitz (1752), mientras observamos cómo el desarrollo de Goethe iba más allá de ellos. Schiller es clasificado por su último biógrafo, H. H.

Borcherdt, en otra generación, como ya lo había indicado Ermatinger en su historia de la lírica alemana.

La historiografía dinástica nos ha acostumbrado a designar las grandes épocas por los monarcas, o jefes de estado; la época de Pericles en Atenas, la Roma de Augusto, la época de los Médicis en Florencia, la Isabelina en Inglaterra y el siglo de Luis XIV en Francia significan, en el sentido de Herder, regiones cimeras de la cultura de las naciones y los que vivieron en ellas suelen ser designados, a pesar de las diferencias de edad, como "una generación" ya que la cultura que los comprende aparece como una unidad. Así, también los nombres de Luis XV y Luis XVI caracterizan a sus épocas con un concepto estilístico. Asimismo, los miembros sucesivos de una dinastía pueden designar cada uno una generación literaria cuando influyen en el fomento de la producción literaria sin ser ellos mismos creadores. Carlo Magno mandó recopilar cantos épicos del tipo del cantar de Hildebrando; su hijo Luis el Piadoso ordenó el *Heliand;* a su nieto Luis el Alemán le dedicó su libro de evangelios Otfried; y el "cantar de Luis" *(Ludwigslied)* celebra la victoria de Luis III en Saucourt. El árbol genealógico de los carolingios representa en cuatro generaciones una hoja característica de la cronología de la vieja poesía alemana. E, igualmente, los servicios prestados por Walther von der Vogelweide a dos generaciones de Staufer y a un emperador güelfo intermedio puede ayudarnos a datar sus "sentencias".

Sólo una vez nos ofrece la historia alemana la posibilidad de designar toda una época por la persona de un monarca. Kant señaló a la época de la Ilustración "siglo de Federico el Grande"; Lessing, en su último ensayo sobre las fábulas de los *Minnesänger* objetó por anticipado a semejante designación con la pregunta irónica de si los buenos emperadores suabos habían hecho más por la poesía de entonces que el actual rey de Prusia por la poesía de su tiempo; Goethe en su *Poesía y verdad* recogió la indicación de Kant y celebró a Federico como el primero que dió a la poesía alemana asunto contemporáneo. Sin embargo, existe en este punto una desarmonía. La tragedia del rey solitario, que cerró los ojos a la poesía nacional que se dirigía a él, es "tragedia de generación": ni entre los escritores que le precedieron, Ganitz y Besser (1654), Neukirch (1665), König (1688), Pietsch (1690) y Gottsched (1700) ni entre los de su misma edad, Samuei Gotthold Lange (1711), Kase Christian Gartner (1712) y Gottschedin (1713) encontró a ninguno que pudiera entusiasmarle por la poesía alemana. Y no encontró ningún punto de contacto con la generación siguiente, que hablaba por boca de Klopstock, Lessing y Wieland un nuevo lenguaje, extraño para él.

El caso es un poco diferente en la "época Guillermina" ya que no se suele contar para su gloria las décadas que nos preceden. Los de la misma edad que Guillermo II son los creadores y simpatizadores del naturalismo: en 1857 nació Hermann Sudermann, en 1858 Karl Hauptmann, en 1859 Julius Hart, Karl Bleibtreu, Heinrich Sohnrey, Gabriele Reuter, Maria Janitschek, Helene Böhlau, en 1860 Bruno Wille, Clara Viebig, en 1861 Wilhelm Bölsche, Wilhelm von Polenz, Joseph Ruederer, en 1862 Wilhelm Weigand, Arthur Schnitzler, Johanes Schlaf, Hermann Conradi, Gerhardt Hauptmann, en 1863 Arno Holz, Hermann Bahr, Richard Dehmel. Los escritores a cuyo alegre optimismo mostró su favor el emperador, Joseph Lauff (1855) y Ludwig Ganghofer (1856), pertenecían a una generación anterior; eran los epígonos de aquel realismo romántico nacido por las décadas treinta y cuarenta que, con Scheffel, Stieler, Seidel, Busch, Raabe, Rosegger, Ferdinand von Saar, Paul Heyse, Felix Dahn y Wildenbruch habían llenado con su sentido optimista el tercer cuarto de siglo de la pasada centuria. Su actitud político-social al comienzo de su reinado refuta la afirmación de que al emperador le faltó desde un principio cualquier sentimiento de comunidad con los de su edad, y, sin embargo, entre el romanticismo apócrifo de su gusto artístico y la sinceridad implacable del naturalismo consecuente existe un abismo tan grande que este ejemplo nos hace ver con claridad en cuán poca medida la relativamente unitaria dirección de los escritores nacidos hacia 1860 estaba impregnada de un nuevo espíritu, en cuán poca medida significaba una dirección unitaria de todos los alemanes de la misma edad. Si la "generación literaria" que emerge en 1890 bajo el signo del naturalismo se compone de los nacidos hacia 1860, una gran parte de los de la misma edad se hallaban en oposición con ella En este sentido "generación" no puede significar el conjunto de todos los de la misma edad.

Este ejemplo nos muestra más bien, que, durante la vida y la acción de este grupo, quien logra la victoria es una dirección opuesta a la que ellos trajeron. Si bien es cierto que los naturalistas de la generación de 1859-63 viven todavía en su mayoría, el naturalismo mismo, cuya acción duradera consistió más en abatir falsas direcciones artísticas que en erigir un nuevo arte, no ha alcanzado entre nosotros una duración mayor de quince años. Ya en el año 1890 comienzan a aparecer los *Blätter für die Kunst* y hacia 1900 está ya decidida la victoria de los neorrománticos, de los neoclásicos y de los simbolistas idealistas, victoria que en su mayor parte trae consigo una crítica, un cambio o un desarrollo de los viejos naturalistas. Ricarda Huch (1864), Eduard Stucken, Friedrich Lienhard (1865), Paul Ernst, Richard Beer-Hofmann (1866), Max Dauthendey, Rudolf Georg Binding (1867), Stefan George (1868), Karl Wolfskehl (1869) Alfred Mombert (1872), Hugo von Hofmannsthal, Richard von Schaukal, Wilhelm von Scholz (1874), Rainer Maria Rilke (1875), Heriberto Eulenberg, Wilhelm Schmidtbonn, Ernest Hardt, Theodor Daubler (1876), nada tienen que ver con el naturalismo. ¿Habrá que designarlos como la otra parte de la generación naturalista o como una nueva generación cuya "acción histórica" comienza diez años después de los anteriores? La situación se complica todavía porque al mismo grupo de gentes de la misma edad pertenecen, tanto discípulos del naturalismo, como Max Halbe (1865), Ludwig Thoma (1867) Wilhelm Schaefer (1868), los hermanos Mann (1871-75) Georg Hirschfeld (1873), como vanguardistas de la dirección artística que sigue, el expresionismo, tales como Ernest Barlach (1870), Augusto Stramm (1874), Elsa Lasker-Schüler (1876). Nos encontramos, pues, ante el hecho de que cada grupo de la misma edad comprende lo mismo seguidores de la dirección anterior como vanguardistas de la siguiente, pero su carácter se halla determinado por una voluntad mayoritaria que se diferencia lo mismo de los predecesores que de los sucesores.

Las relaciones observadas en este caso entre naturalismo y simbolismo parecen invertirse si consideramos el caso de Francia, en la que el simbolismo fenece con la muerte de Verlaine y Mallarmé (1896) por el mismo tiempo en que despierta en Alemania el movimiento que le sigue, mientras que el naturalismo de Zola florecía todavía al tornar el siglo, siendo así que para sus seguidores alemanes se hallaba ya liquidado. En este punto se hacen valer diferencias nacionales que nos muestran que el naturalismo constituye en Francia un elemento del espíritu nacional más original, más genuino, más arraigado, así como en Alemania ocurre lo mismo con el romanticismo simbólico. También tenemos que los románticos franceses nacidos después del 1800 representan una generación más tardía que los románticos alemanes, mientras que el naturalismo francés se anticipa en más de una generación. Resulta, pues, que no se puede identificar la generación, como concepto temporal, con cierto número de años, como de 1890 a 1900, que significan lo mismo en todos los países con calendario cristiano, sino que se trata, más bien, de un tiempo interior que, lo mismo que el florecimiento, la madurez y el fruto se diversifica por diferencias climáticas, lo mismo que cada uno de esos países dispone de un meridiano distinto y experimenta la salida y la puesta del sol a horas distintas.

Es cierto que las relaciones de edad entre naturalistas y simbolistas franceses más parecen indicar una convivencia de generaciones que una sucesión de las mismas: Baudelaire ha nacido en el mismo año que Flaubert (1821), y Mallarmé (1842), lo mismo que Verlaine (1844), son "compañeros de edad" de Zola (1840). Sin embargo (o tal vez a causa de esta coetaneidad de diversos tipos), podemos observar en la Francia moderna un ritmo "generacionista" del desarrollo, pues aproximadamente cada diez años surge un nuevo grupo juvenil que varía el dualismo fundamental del arte "expresivo" y del arte "impresivo" con las nuevas consignas de sus programas artísticos.

Esa duración esquemática de una acción que abarcaría un tercio de siglo pierde su validez frente a estas interferencias; como ha sido trasladada del campo de las genealogías físicas, no tiene consistencia alguna en la vida espiritual, en la que concurren infinitas series de generaciones físicas sin confluir en modo alguno. De hecho, de cada cien familias nace cada día un hijo que para ellas significa el comienzo de una nueva generación. Pero cada año lleva una generación de niños de "seis años" a la escuela y una generación de "veinte años" a la universidad, poniéndolos en una comunidad de vida en la que no sólo aprenden juntos sino que se influyen recíprocamente, surgiendo la "nueva generación" en un sentido histórico-espiritual tan pronto como estas gentes de la misma edad cobran conciencia de que quieren algo distinto que los mayores, que consideran como natural que los descendientes sigan su propio camino. En este sentido la actitud de la juventud depende de la elasticidad de los mayores; en la medida en que éstos sean todavía gentes que buscan y que no se han "logrado" todavía, serán capaces hasta de aprender de la juventud y de marchar con ella; pero su anquilosamiento fuerza a la juventud a la secesión.

El problema radica, pues, en la cuestión de si la nueva voluntad de los descendientes se halla ya implicada por la fecha de nacimiento como predestinación de futuras aportaciones, o si esa voluntad se engendra bajo la impresión de vivencias homogéneas en las que se coincide simpáticamente. Podemos ilustrar en ejemplos ambas hipótesis: la conocida duplicidad de los casos muestra siempre que hombres de la misma edad y sin ningún contacto personal son conducidos por el mismo tiempo a un planteamiento similar de problemas y a una solución pareja; pero con la misma frecuencia, por lo menos, podemos observar que se produce un salto de chispa y que lo nuevo se produce como resultado de una comunidad en recíproca incitación, como una toma de conciencia de metas idénticas, como contenido de una revela-ción común.

El concepto histórico-espiritual de generación, tal como lo ha for-mulado, por ejemplo, el filósofo español José Ortega y Gasset, como "fusión dinámica de masa e individuo", como "cuerpo social nuevo, cerrado en sí mismo, con su propia minoría alerta y su propia masa, que se lanza en el círculo de la existencia con una velocidad y una dirección vitales dadas de antemano", incluye ambas cosas: edad pa-reja y dirección igual. Pero tenemos una causalidad diferente si la igualdad de dirección procede de la edad pareja o si los que tienen poco más o menos la misma edad crecen dentro de una corriente ya existente y, gracias a su edad pareja, son acogidos por ella por el mis-mo tiempo. En una palabra, se trata de la cuestión de si la unidad "generación" nace o se hace. En este punto se separan dos direcciones en la investigación: para una de ellas, la tabla de nacimiento consti-tuye, vistas las cosas desde fuera, su material y su punto de partida; para la otra, ocurre lo mismo con la cronología de las manifestaciones literarias, de la cual resulta el momento en que aparece la nueva vo-luntad simultánea. La una es, por lo tanto, más individualista, la otra, más colectivista. La astrología y la mística son "los dos extremos que se tocan" de ambas direcciones, pero en su línea media la primera propenderá más a métodos biológicos y la segunda a métodos feno-menológicos. Tenemos todavía una tercera dirección (que por la fecha de su aparición es la primera) y que podríamos denominar "univer-salista", ya que transfiere puntos de vista individualistas a la totali-dad, y también "quiliástica", ya que eleva el problema de la genera-ción a patrón de medida de los períodos de la historia universal.

3

TEORIAS ACERCA DE LA "GENERACION"

En su luminoso examen sobre la situación de este problema, Karl Mannheim[1] distingue el planteamiento positivista del romántico-his-toricista. El positivismo encuentra en la ley biológica de la duración limitada de la vida, dividida en edades, un medio conveniente para abarcar el destino humano cuantitativamente y calcularlo con núme-ros fijos. Al historicismo romántico, por el contrario, la observación del cambio de generaciones le suministra una posibilidad de sustraer-se al esquema rígido de los números y de sustituir, valiéndose de un

---

1 *Kölner Vierteljahrshefte für Soziologie*, VII.

"tiempo interior" captado cualitativamente, la consideración lineal del curso histórico por una perspectiva de profundidad de tipo espacial. Para la idea teleológica progresista del positivismo, las generaciones no significan más que peldaños homogéneos de un ascenso continuo; para el historicismo relativista son como ondas cuyas crestas y valles regulares representan una medida del tiempo que depende de la intensidad de las fuerzas que lo mueven.

a) El formalismo mecánico se origina en Inglaterra y en Francia y encuentra su punto culminante a mediados del siglo XIX; el historicismo orgánico arraiga en el romanticismo alemán y cobra nueva validez en la "filosofía de la vida" de la actualidad; pero ambas direcciones se han puesto a menudo en contacto en busca de una alianza. El positivismo más puro está representado, por ejemplo, por la ley de las generaciones con la que el francés Justin Dromel quería llegar a predecir científicamente el futuro en su libro *La loi des revolutions* (1861). Los cuarenta años a que se extiende regularmente la actividad política del ciudadano demócrata, suelen ser limitados al comienzo por la supervivencia de los viejos y al final por la extinción de la propia generación; así, cada generación sólo dispone durante unos quince años de la mayoría de votos para poder dirigir la suerte del estado. Los interregnos entre las revoluciones francesas de los años 1789, 1800, 1815, 1830, 1848 confirman la ley; en cada una de esas fechas se presenta en escena una nueva generación y da un paso adelante en la dirección de los ideales de la humanidad.

El historiador alemán que publicó su teoría de las generaciones un cuarto de siglo después (1886), Ottokar Lorenz, buscó una conciliación entre el positivismo y la filosofía romántica de la historia, esperando conciliar así la ciencia natural y las ciencias del espíritu. Frente a las objeciones de los naturalistas que, como Du Bois-Reymond, derivaban el accidental sistema numérico que cuenta por centurias, de los dedos de la mano humana, fundó la unidad objetiva del "siglo" en la suma de la vida activa de tres generaciones. En oposición con el sistema formalista de períodos de la vieja historiografía, es decir, en contra de esa consideración de la Edad Media como una unidad conexa, reclamaba una caracterización de períodos más finamente escalonada que la determinada por el caudillaje de grandes personalidades. Esto correspondía a la manera de historiador de Leopold von Ranke, en cuya autoridad se apoyaba Lorenz. En realidad, el cambio de las generaciones desempeña un papel no insignificante en la historiografía de Ranke, y ese apéndice, tan citado, con que cerró en 1874 la reelaboración de su primera obra *Historia de los pueblos romano-germánicos* traza con mucha cautela un programa que él mismo no pudo realizar: "Habría que tratar acaso de presentar las generaciones, en la medida de lo posible, unas después de otras, tal como se presentan en el escenario de la historia universal y divergen unas de otras. Habría que hacer justicia a cada una de ellas; se podría presentar una serie de figuras brillantísimas que guardan siempre las relaciones más estrechas y entre cuyos antagonismos avanza el desarrollo del mundo: los acontecimientos corresponden a su naturaleza." (Obras completas, vol 33 p. 323.) Lorenz podía referirse también a conversaciones con el maestro en las cuales éste había señalado la "generación" como "expresión de ciertas ideas que actúan en la edad madura".[1] Tampoco omite la advertencia de Ranke ante el peligro de las sistematizaciones, aunque no ha hecho mucho caso de ella al exponer su propio esquema. Este sistema no consiste en otra cosa sino en una transferencia de las circunstancias generacionistas a las relaciones entre los siglos. Así como tres generaciones constituyen un siglo con la copertenencia de abuelo, padre e hijo, así también tres siglos vuelven a componer una unidad, y la misma repetición compone, en proyección gigante, una unidad de tres veces tres siglos. No importa que un siglo que comienza con el abuelo pudiera comenzar también con el padre o con el hijo y terminar, por lo tanto, con el nieto o con el bisnieto, y que ese mismo desplazamiento hubiera que trasladarlo a esas unidades trinitarias de siglos: lo mismo que en el rosario se hace un nudo después de diez cuentas, aquí a cada tercera generación, y este rosario enorme llegará, después de veintisiete cuentas, al mismo punto, pues novecientos años constituyen un período universal. Lorenz pretendía encontrar un apoyo para sus unidades de trescientos años en la historia literaria alemana, es decir, en la teoría de las ondas de Guillermo Scherer (1883), quien destacó entre trescientos años de ascenso y trescientos años de descenso, tres puntos culminantes, hacia el 600, hacia 1200 y hacia 1800. Pero precisamente esa generosa articulación de Scherer, que sobrepasa el ritmo de las generaciones, delata los puntos más débiles de la construcción positivista al fijar un punto culminante hipotético que se construye, sin ilustración alguna, en torno al año 600, como una especie de forma lingüística alemana primigenia y al que añade dos supuestos puntos profundos hacia el 900 y hacia 1500. No podía, pues, servir de mucha ayuda a la teoría de la generación, y Ernest Troeltsch la considera en su *Historia del historicismo* como pura cábala.

La esperanza de que, después de cincuenta años, todo el que haya

---

[1] Die Geschichtswissenschaft in ihren Hauptvertretern II, 138.

pasado por la escuela calculará sirviéndose de las "generaciones" de Lorenz, no se ha cumplido, hasta ahora más que en el caso de su hijo, Alfred Lorenz, quien publicó en 1928 una historia de la música sometida al ritmo de las generaciones, estableciendo el balance de la historia de la música dentro del esquema de su padre y mostrando que cada tres siglos tiene lugar un cambio en el predominio del "sentimiento de tiempo" o de "espacio", que se hace efectivo en una rítmica homófona o en una visión interior polífona y señalando que cada seis siglos retorna la misma situación.

La construcción alemana se distingue de la francesa porque en lugar del progreso coloca el retorno de lo idéntico, pero entre dos filosofías quiliásticas de la historia tiene de común lo siguiente: *1)* La generación es considerada, en lo esencial, como una medida temporal del desarrollo total y, por lo tanto, se halla impregnada de muy poca vida personal. *2)* En la relación de las sucesivas generaciones se acentúa más la conexión que la oposición. La primera falla, la subsana el cálculo biológico, que hace decisiva la fecha de nacimiento y coloca así en un primer plano, individualistamente, la vida de cada uno, la segunda, la actitud fenomenológica, que se orienta hacia la esencia de los movimientos espirituales colectivos, que aparecen en determinados momentos del tiempo.

b) La dirección biológica ocupó el primer plano con la publicación del libro de Guillermo Pinder acerca del "problema de la generación en la Historia del arte europeo" (Berlín 1927).[1] Se trata, en primer lugar, de un asunto propio de la ciencia del arte, pues frente al ideal a la moda de redactar una Historia del arte sin nombres, se defiende con nuevas razones la necesidad y la legitimidad de una historia del arte no anónima. Esa "nocontemporaneidad de lo contemporáneo" que se sigue de la coetaneidad de "grupos de edad" diversos, ingeniosamente formulada, no dice en sí nada nuevo pero tiene una importancia especial en la Historia del arte para la que con demasiada facilidad venían a ser la misma cosa la fijación del estilo y la fijación de fecha. Frente a esto se subraya la importancia del hecho de que cada momento del tiempo abarca varias generaciones de las que

---

[1] *Das Problem der Generation in der Kunstgeschichte Europas* (Berlin, 1927). Le precedió el ensayo *Zwischen Philosophie und Kunst*, Leipzig, 1926. Con independencia, han tratado del problema de la generación en la historia del arte, Ludwig Coellen, *Methode der Kunstgeschichte* (Darmstadt, 1924) y K. H. Clasen, *Die milttelalterliche Kunge im Gebiete des Deutschordensstaates* (Könisberg, 1927). Pinder cita como antecedentes, en la segunda edición (Berlín, 1929), los libros de Richard Hammann *Deutsche Malerei vom Rokoko bis zum Expressionismus* y *Frührenaissance der italienischen Maleri*.

cada una se halla en una edad diferente. La comprensión consiste en captar la polifonía de capas de edad diferentes con un pensamiento temporal pluridimensional. Se puede ilustrar esta polifonía con imágenes musicales: lo que aparece como matiz temporal unitario es el acorde aparente de la confluencia vertical de diversos tonos que, sin embargo, pertenecen a los sistemas horizontales diversos de una fuga. Se trata, por lo tanto, de un dualismo de tiempo y generación. Existe un carácter temporal en la unidad de los medios, pero en esta unidad de los medios se da una diversidad de problemas y sólo la unidad de problemas expresa el "carácter de generación".

Caracteriza la unilateralidad del punto de vista "predestinacionista" que los problemas no surgen en los que "devienen" sino que habían nacido con ellos como por fijación del destino. A cada uno se le ha colocado en su cuna, como regalo, la posibilidad de su despliegue y la coincidencia entre estas posibilidades constituye la entelequia de la generación. Todo eso que, en forma de fricciones y experiencias, influencias y relaciones, opera en el desarrollo vivo de la "forma acuñada" resulta secundario. En qué poca medida se tienen en cuenta estas influencias lo podemos ver, por ejemplo, en este párrafo: "El filósofo de una generación de pintores no es aquél a quien lee (acaso en él crea) sino el que ha nacido con ella (acaso no lo conozca). En este sentido se encuentra una conexión entre Vermeer y Spinoza (1632), entre Watteau y Berkley (1684), entre Manet y Wundt (1832).

El nacimiento precede a la coetaneidad de la existencia pero el ritmo de las generaciones y su dinámica se deben al azar de la naturaleza. En forma diferente a lo que al estilo de la Ilustración pensaba un Ibsen, quien creía que en cada momento de tiempo hay en el mundo poco más o menos la misma cantidad de inteligencia y que la prodigalidad de algunos casos se ahorra a costa de algunas inteligencias medianas,[1] Pinder nos revela la economía de la naturaleza como procediendo por saltos y derrochando en unos cuantos años el lujo de la inteligencia para luego descansar en un largo tiempo. Estos intervalos nos darían la medida del tiempo y no la duración de la acción. Esa medida es irregular, pues "existen tiempos en que los intervalos son muy cortos y una poderosa corriente vital engendra decisivas capas de nacimiento que se suceden con gran rapidez", pero también se dan grandes maestros que "poseen la fuerza histórica estilística de una sucesión de generaciones". Lo primero se ilustra, por ejemplo, con esa

---

[1] Citada por R. M. Meyer, "Prinzipien der wissenschaftlichen Periodenbildung"r, *Euphorion*, 8, p. 19.

supuesta distancia de diez años entre la generación Miguel Angel
–Giorgione (1475|78) y Tiziano– Rafael–Correggio (1477|83|94), que
se superponen, o también con la distancia aproximada de veinte años
entre Menzel (1815), Marées (1837), Hodler (1853), que encuentra
su paralelo en la relación entre Courbet (1819), Cézanne (1839) y Van
Gogh (1853). Pero Pinder limita el concepto de la prepotente naturaleza mediante la cultura, ya que ve en esto una ley europea, circunscrita
sólo a Occidente, y que pone en conexión con el "wiquinguismo" espiritual de Europa.

También habrá de aplicarse a las demás artes. La "ley de las generaciones se exagera hasta realizar una transferencia alegórica de la
sucesión de sus edades, pues también las artes viven, como los hombres,
coetáneamente, cada una perteneciendo a una edad distinta de su propio desarrollo. La sucesión de edades la tendríamos con la arquitectura, escultura, pintura y música. La arquitectura, que en la actualidad
no es más que un arte al servicio de fines, ha vivido ya su vida, mientras que la música absoluta se halla en su juventud. La música de Beethoven significa para el año 1800 lo mismo que la catedral para la
Edad Media, cuya sinfonía fue.

En este ordenamiento de las artes por la duración de sus entele-
quias y por el cambio de sus caudillajes efectivos no hay ningún lugar
adecuado para la poesía. Ocupa una posición especial debido al carácter dual del lenguaje como medio de comunicación y como forma artística y se sustrae a esta tabulación natural, a la ley generacionista de
las artes fundadas matemático-artesanalmente y viene a formar grupo
con la filosofía y con la ciencia. Pero en cada momento del tiempo
tendrá que hallarse en íntima conexión generacionista con las demás
artes, especialmente con la que sea dominante. Y, sirviéndose de fechas
de nacimiento, se establecen igualdades ora entre poetas y pintores
(Cervantes-Greco, 1547-48; Heinse-Goya, 1746), ora entre poetas y
músicos (Hölderlin-Beethoven 1770; Eichendorff-Weber, 1788-86).
Es de notar que la feliz comparación establecida por Witkop entre Beethoven y Enrique von Kleist (1777) resulta más fecunda que la establecida con Hölderlin.

Pinder saca a discusión su teoría de la generación como interpretación de una masa de hechos indiscutibles, como una importante posibilidad de "articulación, internamente fundada, aunque inexplicable".
No nos interesa en este momento la acogida que tuvo entre sus compañeros los historiadores del arte[1] pero sí el *pendant* literario que publicó

---

[1] Puede citar las recensiones de A. Grisebach, *Repertorium L. Kunstwiss*, 49, pp. 247-
50; F. Landsberger, *Krit. Berichte Z. Kunstgesch. Lit.* 1127, pp. 33-37; H. Schrader, *Dt. Lit.*

Hans von Müller, *Diez generaciones de poetas y pensadores alemanes*, el año 1928 en Berlín, prosiguiendo investigaciones anteriores. No nos ofrece ninguna nueva teoría sino una masa de hechos sin interpretación; un fenómeno que puede ser visto pero no explicado. Una ojeada superficial sirve para introducir las "tablas de nacimiento" en las que se distribuyen las series de edad de la literatura alemana desde 1561, fecha del nacimiento de Cristóbal von Schallenberg, hasta 1892. Prevalecen los puntos de vista prácticos del ordenador de bibliotecas; pero se trasluce la intención de "enmascarar ideas revolucionarias con el aspecto de una indicación inocente a los coleccionistas para el ordenamiento de sus libros".[1] Por eso este ensayo ofrece una faz doble: como tabla biográfico-cronológica que completa el manual bibliográfico del compendio de Goedeke, y en este sentido presta muy buenos servicios; pero también tiene el valor, no buscado, de conducir hasta el absurdo la aplicación consecuente del principio de que las "tendencias comunes" surgen sencillamente por imposición del nacimiento y que se pueden encasillar por años como en sistema linneano.

Vistas las cosas por fuera se tiene la impresión que el juego de paciencia ha salido, por fin, después de infinitas combinaciones. Se han formado diez generaciones de las que cada una abarca entre veintinueve y treinta y seis años y medio de nacimientos y se divide en cuatro o cinco grupos de cinco a ocho años. Hasta la quinta generación, forman una época que se designa como "Renacimiento en sentido amplio y que comprende tres miembros: Barroco primitivo (generación I), alto Barroco (generación II), Barroco tardío mezclado con Ilustración (generación III hasta V). De la sexta a la octava generación se articulan, como Siglo de Hamann, en tres miembros, de los que el primero abarca Rococó, *Sturm und Drang* y Clasicismo, el segundo se llama Romanticismo, mientras que el tercero, inspirado todavía en una pequeña parte por el espíritu de Hamann, es caracterizado con las palabras de Decadencia y Florecimiento tardío. La generación novena, que de todos modos comprende nombres como Conr. Ferd. Meyer, Josef Viktor von Scheffiel, Paul Heyse, Wilhelm Raabe, Ludwig Anzengruber, Detlev von Liliencron, Ernest von Wildenbruch, y Karl Spitteler,

---

Ztg. 49, 1, pp. 373-82; O. Holtze, *Ztschr.* f. *bild. Kunst*, 61, pp. 107-109; F. Roh, *Cicerone*, 19, pp. 5211; M. Dessoir, *Ztschr.* f *Acth.* 23, pp. 348-50; P. Fechter, *D. A. Z.* 27 Febrer. 27; Th. Schneider, *Leipz. N. Nachs.* 20 Abril 27. Pinder ha discutido algunas en el prólogo de la segunda edición (1928).

[1] Así caracteriza el autor su ensayo de 1917: "Los poetas y pensadores alemanes más importantes a partir de Reimazus y Günther, ordenados por grupos de edad. Proyecto para la ordenación de bibliotecas".

se escaparía a la poesía. Su filósofo Nietzsche habla en el vacío. Lo mismo se podía haber dicho, con mayor razón, de la tercera generación, en la que ningún poeta responde a la voz del filósofo Leibniz o de la cuarta, en la que todo el peso cae sobre los 'nombres de los músicos Händel y Bach. Pero estas generaciones son tratadas con más cariño, porque se dejan acomodar, como comienzos de la ascensión, en una captación cíclica, mientras que la desgraciada generación novena es asignada al grupo C pero queda vacía de contenido, porque el tercer ciclo comienza con la décima generación.

La iniciación del ascenso depende siempre de la ayuda extraña: la generación I emerge de la nada con ayuda de los latinos (en la épica y en la lírica) y de los ingleses (en el drama); el segundo ascenso, de la sexta a la octava generación, se inicia gracias a la renovación de la poesía alemana mediante ocho diferentes fuentes estimulantes, a saber, la Antigüedad oriental y la clásica, la Edad Media europea y asiática, la poesía popular inglesa y alemana, los dramas de Shakespeare y la propia reflexión estética; pero el tercero, que comienza con la décima generación, se apoya en los compañeros de edad escandinavos, rusos y franceses de la generación IX. Y el porqué no se cuenta con la literatura anterior a la primera generación, se debe al mismo principio: "se extinguió completamente por no cruzarse" (p. 47). Pero si esto no es cierto ni para un criadero, caracteriza además la ligereza del tono y de la fundamentación. El viejo y completamente anticuado principio de los períodos con influencias extranjeras, es acaso lo más opuesto al principio de las generaciones; en todo caso, podrá concordar con la idea de que la unidad de generación se forma por la crianza común dentro de corrientes espirituales pero en modo alguno con la idea de que lleva sus potencias por nacimiento.

Finalmente, los "grupos de edad", entre los que existe una distancia de treinta y seis años, no son generaciones ni en sentido genealógico ni en el de la unidad de estilo o de la comunidad de problemas. Tampoco se hallan determinados desde el centro sino desde la periferia. Los límites flúidos se fijan, pero no se captan los puntos de cristalización. Se establece una separación entre Lessing y Hamann, que están distanciados por un año de edad: uno es considerado como coronación y término de la generación buscadora de normas, que comienza con Bodmer y Gottsched, a pesar de que si alguna vez se manifiesta una oposición de generaciones la tenemos sobre todo en la lucha de Lessing contra Gottsched; Hamann es el profeta vigoroso del irracionalismo y con él empieza la nueva generación. Tenemos como consecuencia no sólo que —"con premura para no perder el último momento"—, se coloca dentro de la generación del *Sturm und Drang* al longevo trío del Rococó, Wieland, Scheffner y Thümael, con Musäus en cuarto lugar, sino que ilustradores y racionalistas de primera hora, como Friedrich Nicolai, Cornelius Hermann von Ayrenhoff y Joseph von Sonnenfels avanzan hacia la nueva generación en el séquito de Hamann, y Karl Gotthelf Lessing, que por el concepto genealógico de generación corresponde al grupo de su hermano mayor Gotthold Efhraim, es separado de él, siendo así que los dos Möser, padre e hijo, fueron contados antes en la misma generación. Igualmente desacertado resulta que Knorr von Rosenroth, Heinrich Mühlpfort y Quirinus Kuhlmann, representantes genuinos del alto Barroco, tienen que acomodarse en la primera generación de la Ilustración burguesa, o que Kotzebue y Garlieb Merkel, Haug y Weisser, Matthisson y Schmidt von Werneuchen, los clasicistas Conz y Baggesen y el racionalista Paulus, representantes todos de la reacción con la que luchaban los románticos, son puestos en comunidad con ellos. Son compañeros de edad pero no compañeros de generación en el sentido en que se formuló por primera vez este concepto, precisamente para el romanticismo alemán, a saber, como "un estrecho círculo de individuos que, mediante su dependencia de los mismos grandes hechos y cambios que se presentaron en la época de su receptividad, forma un todo homogéneo a pesar de la diversidad de otros factores". (Dilthey.)

Un biólogo profesional, Walter Scheidt, en su libro *Leyes biológicas de la cultura,*[1] ha sometido a una interesante crítica el método que se denomina biológico, y ha llegado al resultado de que se trata más bien de un intento habilidoso que no de un método. Los agrupamientos que hace von Müller mejor pueden figurar como un "ensayo a ciegas" que como una "corroboración experimental". El material de fechas de nacimiento no ofrece ningún punto de apoyo firme para una agrupación no accidental de las distancias de nacimiento entre poetas y pensadores famosos. Para descifrar el misterio de la formación de grupos habrá que buscar, más bien, en el sentido de la conexión vital entre "pueblo" y "caudillo", es decir, en el de una adaptación entre hombre y mundo que le rodea, cosa que sólo puede encontrar una explicación por la tercera vía.

c) En un momento en el que el positivismo se hallaba, en su apogeo, Guillermo Dilthey, en quien perduraban las enseñanzas de Ranke, construyó el "concepto romántico-historicista de generación" sirviéndose del ejemplo del romanticismo alemán. En tres lugares de

---

[1] *Lebensgesetze der Kultur*, Berlin, 1929.

su obra encontramos la indicación de lo que él considera como esencial y aplicable en este concepto: en el ensayo sobre Novalis, de 1866 (incluído ahora en *Vida y poesía)*, ve en la delimitación de la generación una posibilidad fecunda para el estudio de las épocas intelectuales de la cultura; en la *Vida de Schleiermacher,* de 1870, el concepto de generación constituye la base de su exposición; en su ensayo *Acerca del estudio de la historia de las ciencias del hombre, de la sociedad y del estado* (1875) ese concepto es empleado metódicamente, apoyándose de modo expreso en el ensayo sobre Novalis, como armazón del curso de los movimientos espirituales. Vemos funcionar ese concepto con la mayor claridad en el capítulo 6 de su *Vida de Schleiermacher* y la idea de Dilthey se distingue tanto del esquema constructivo del positivismo como de la teoría biológica predestinacionista. No se contentan con señalar el hecho paradójico de que la poesía romántica que, muy próxima a las creaciones máximas de Goethe y Schiller, y favorecida en alto grado por la época, atrajo a sí todas las fuerzas, "se consumió, sin embargo, en sí misma, como a consecuencia de una disposición congénita de su organización". Más bien le parece que este hecho se puede explicar por la constelación literaria. No se debió a una deficiencia de dotes; por el contrario, los talentos se presentan con una riqueza y precocidad extraordinaria. "La misma masa de disposiciones con las que se forma el genio poético puede existir, poco más o menos, en una nueva generación. Pero las condiciones en que se desarrollan estas disposiciones deciden las trayectorias de la vida. De lo contrario ¿cómo explicar el hecho de que jamás falta el genio completo a un movimiento poético en ascenso?" Pero el romanticismo no era ningún movimiento en ascenso: se vió enfrentado con el punto culminante de la literatura alemana; toda la joven generación creció en el estudio de visiones de la vida, técnica, estética y recursos poéticos de los poetas máximos; en lugar de entregarse a la impresión del mundo con un sentido vital despreocupado, estuvieron elaborando los diversos modos de contemplar el mundo y de expresarlo poéticamente; en lugar de recibir de los hombres y del destino un nuevo contenido de vida pleno, se formaron ideas de ideas, visiones sobre las visiones que otros tuvieron del mundo.

Hay que destacar en esta exposición de Dilthey —que no quiere agotar la esencia del romanticismo y se limita a unos pocos "momentos", es decir, a lo supraliterario, a la vida de segunda mano, al intelectualismo de los primeros románticos— cómo señala que esa generación estuvo condicionada por las importantes aportaciones de la generación anterior. Estas aportaciones no habían salido a luz todavía a la hora de nacer la promoción romántica y sólo en los años de su desarrollo se pudo convertir en una vivencia formativa que decidió su destino. La comparación con la genealogía física se sostiene en el sentido de que no se pueden pensar los hijos sin los padres, pero cojea por otro lado, ya que el punto fecundo del condicionamiento no se encuentra en el acto unilateral de la procreación sino en el contacto recíproco, en la fricción y en la tensión entre los que están siendo y los que ya son del todo.

En este sentido ha tenido que formarse también una nueva generación dentro del romanticismo ultimado, generación que no sería imaginable sin la precedencia de aquél, aunque tenía ante sí metas completamente diferentes. A medida que nos acercamos a nuestra propia época el ritmo generacionista se va llenando más de vida personal, pues estamos acostumbrados a mirar retrospectivamente, desde nuestra propia situación, a la época de los padres y de los abuelos. Así se explica que el siglo anterior haya sido el primero en incitar a una exposición conjunta de su literatura en forma generacionista. El año 1909 apareció la *Historia de la literatura alemana en el siglo xix, expuesta por generaciones,* de Federico Kummer.[1] Citaba como incitador a Erich Schmidt, como precedentes históricos a Ranke, Rümelin, Lorenz, como historiadores literarios afines a Haym, Stern y Bartels, pero no mencionó a Dilthey, a pesar de que su definición se acercaba mucho a la de éste: "Una generación abarca a todos los coetáneos que proceden de las mismas situaciones económicas, políticas y sociales y que se hallan equipados, por lo tanto, con una concepción del mundo, con una educación, con una moral y una sensibilidad artística afines." Hay identidad en el fondo pero una comparación ulterior nos muestra cómo se ha difuminado la formulación: el "círculo estrecho de los individuos" se ensancha a todos los "coetáneos" el "enlace en un todo homogéneo" se sustituye por un "equipamiento con concepciones del mundo, educación, moral y sensibilidad artística afines"; faltan los "grandes hechos y cambios" como circunstancias formadoras de generación, así como los factores diferenciadores, que no pueden impedir la formación de la generación. Pero, de todos modos, se mantiene en el desarrollo una marcha evolutiva que nos permite mirar con la lupa la marcha de las ondas y distinguir, como si dijéramos, "generaciones" dentro de "la generación", es decir, vanguardistas, los que encuentran el camino, talentos dirigentes, genios (cuando existen), talentos independientes sin significación directiva, talentos dependien-

---

[1] *Deutsche Literaturgeschichte des* xix *Gahrhernderts, dargestellt nach Generationen.*

tes, talentos industriosos. No se concede ningún valor a las fechas de nacimiento sino únicamente, al momento de la aparición en escena; no se reconoce, pues, en todo su rigor, la diferencia, tan certeramente señalada por Pinder, entre "coetaneidad" y "edad pareja"; antes bien, ese principio tolerante de "todos los hombres que viven por el mismo tiempo" permite un intercambio entre "los grupos de edad", de modo que a Fontane, nacido en 1819, se le cuenta artificiosamente en la quinta generación del siglo, es decir, con los naturalistas nacidos hacia 1860, mientras que Sudermann, nacido en 1857, tiene que entrar en la cuarta generación, en la vecindad de Spielhagen y Lindau. La crítica que hace Hans von Müller, a saber, que no se trata de generaciones de poetas sino de lectores, quizá no da en el blanco, pero la separación justa que hace Pinder entre "unidad de los medios" y "unidad de los problemas" puede señalar muy bien la falla del cálculo. Fontane participa de los medios de la generación joven pero da los problemas de su propia generación.

En este punto tengo que referirme a mis propios trabajos en esta cuestión. En mi conferencia inaugural de 1913 en Basilea, *La historia literaria como ciencia*[1] tuve ocasión de ocuparme de la teoría generacionista de Kummer, y observé cómo en ella no cobraba la consideración de vida, junto a la comunidad temporal y cultural, la formación local de grupos, como tercera coordenada de la efectiva conexión tridimensional. La separación potencial en talentos directivos, talentos independientes sin significación directiva y talentos dependientes, distancia, por ejemplo, en la exposición de Kummer, a los tres paisanos, casi de la misma edad, Uhland, Kerner y Schwaab, y quebranta así la unidad generacionista comarcal. Kummer tenía razón al señalar que la fecha pareja de nacimiento no garantiza absolutamente una copertenencia. Ponía yo, como ejemplo, en el siglo XVIII, a Jak. Mich. Reinh. Lenz y a Johann Heinrich Voss, que difícilmente se pueden reducir a un denominador común aunque ambos han nacido en meses sucesivos del año 1751.

La cosa no es tan fácil como pretende el "generacionista" español José Ortega y Gasset,[2] que da por existente la diversidad de los antagonistas entre los compañeros de época y cree poder descubrir sin dificultad la comunidad de actitud tras las más violentas aposiciones. Existen "compañeros de edad" que, sin conocer su fecha de nacimiento, no asignaríamos a una misma generación teniendo en cuenta su

---

[1] *Literatur Geschichte als Wissenschaft*, Heidelberg, 1914.
[2] *El Concepto de generación.*

acción histórica. Las tablas de Müller muestran algunos ejemplos de parejas desiguales de este género, como Gottsched y Zinzendorf (1700), Uz y Möser (1720), Vulpius y Fichte (1762), Börne y O. H. von Loeben (1786), Enrique Heine y Jeremias Gotthelf (1797), Hauff y Wienberg (1802), Storm y Scherr (1817), Ricarda Huch y Frank Wedekind (1864), Wilhelm von Scholzs y August Stramm (1874), Jakob Schaffner y Rainer Maria Rilke (1875). En la mayoría de los casos es la procedencia de comarcas y círculos de vida muy diferentes la que ha impedido que se impusiera la tendencia generacionista que crea la unidad, pero también actúa otro factor, a saber, una diversidad de "disposición", independiente de tiempo, raza y comarca.

Mi modo de tratar el problema de la generación en la obra *Determinación esencial del romanticismo alemán*[1] pudo provocar en un crítico predispuesto como Hans von Müller el comentario de que he utilizado este concepto "con los más fuertes obstáculos interiores". Creo que estos obstáculos se hallan en el objeto mismo más bien que en mí. Había que buscar explicaciones para las dos desviaciones de la regla antes observadas: la limitación local de la formación de la generación y esa oposición y diversidad de índole que se da, a pesar de la tendencia unitaria, entre los nacidos al mismo tiempo.

Para lo primero, la expansión del movimiento romántico ofrece un buen campo de observación. Ese condicionamiento, destacado por Dilthey, de la culminación de la poesía clásica, rigió, sobre todo, en el círculo de los primeros románticos de Jena y Berlín, que se encontraban directamente ante esa culminación. Se les imponía la tendencia ascensionista de trasmontar esa cúspide. La resistencia ante el escolarismo reseco de la Ilustración se había adelantado ya en el pietismo, en el rousseaunianismo y en el *Sturm und Drang*, de suerte que este movimiento de reacción no necesitaba abrirse paso con la joven generación. Pero en aquellas regiones a donde no había llegado el pietismo protestante, donde no se había desarrollado el *Sturm und Drang* y el poder de la Ilustración seguía inquebrantable, como la Baviera católica y la Austria josefina, tenía que desarrollarse antes en la joven generación un espontáneo movimiento de defensa. Tampoco se había desplegado allí el clasicismo; el romanticismo chocó directamente con la Ilustración y en un momento esencialmente posterior que en la Alemania del Norte, donde casi coincidió con el clasicismo. Por el contrario, en Austria el clasicismo se despliega con Grillparzer, que creció en la lucha entre Ilustración y Romanticismo,

---

[1] *Die Wesensbestimmung der deutschen Romantik*, Leipzig, 1926.

como síntesis de elementos muy distintos (es decir, del romanticismo en vez del *Sturm und Drang*) pero en una generación postrromántica. Sin embargo, en la católica Baviera, en el año 1765 (antes, por lo tanto, de los hermanos Schlegel) viene al mundo el romántico total Franz Baader. La generación está ahí, pero antes tiene que ser despertada. En lo que respecta a Baader, que se puso en contacto con el mundo sentimental del pietismo a través de su maestro Sailer, se realiza el despertar, como ha mostrado David Baumgardt, a través de su amistad con Schelling. Una diferencia de edad de diez años, pero hacia 1797 el mismo nivel de la filosofía natural además. Un romanticismo se desarrolla en el nuevo siglo en los grupos de Munich y de Landshut.

El otro fenómeno que necesita explicación radica en esa posición especial, que se puede observar siempre, que excluye a algunos "compañeros de edad" de la comunidad de la generación, así como en la formación de partidos que provoca a veces una escisión de la generación. Este fenómeno no se puede explicar únicamente por las condiciones locales sino que, no obstante de que vale como contraprueba de la supuesta forzosidad que impone el nacimiento, debe de retrotraerse al nacimiento como entelequia individual y condicionamiento congénito de las disposiciones. En mi libro sobre el romanticismo he indicado una posible solución de este problema al combinar la idea de generación con la teoría de los tipos. Entre los nacidos por el mismo tiempo los tipos diversos de disposición pueden hallarse en una mezcla más o menos igual pero está reservado a un determinado tipo la posibilidad de encender la mecha al aparecer en una situación tensa, y su palabra encandiladora agrupa a la joven generación como bajo una nueva consigna. Este tipo se convierte en el *tipo directivo de la generación*, y no sólo logra el desarrollo completo de su peculiaridad, el incremento de sus disposiciones, la transformación de formas viejas y la creación de nuevas gracias a factores que favorecen su formación, sino que consigue también, por su unidad compacta, atraerse a sí a otra parte de la generación, con disposiciones típicamente diferentes. Este segundo grupo constituye el *tipo dirigido* de la generación que, mediante su adaptación, refuerza la superioridad del primer tipo y, mediante su cambio, completa la impresión de unidad de generación que se hace visible desde fuera. Pues mediante su acceso se aísla un tercer tipo antagónico del primero, que resulta condenado a una falta de influencia en la época. Se trata del *tipo oprimido*, que no puede hacerse valer conservando su propia peculiaridad y se encuentra, por lo tanto, forzado a elegir entre caminar por vías abandonadas, a tono con su índole, negar su propia peculiaridad al marchar al compás de la moda, desempeñando, por lo tanto, un papel subordinado, o esperar obstinadamente la resonancia que en el futuro habrá de tener lo que le es peculiar, aconchándose ásperamente en su soledad. Si no cede, se convierte en epígono de los abuelos o en vanguardista de los hijos y nietos. El que se produzca esta situación depende de la intensidad del primer tipo y de la flexión del segundo y del tercero. Si no se produce la atracción efectiva que da el señorío al primer tipo, no se produce tampoco ninguna unidad de generación, y el antagonismo entre el primero y el tercer tipo desemboca en una escisión de la generación.

El romanticismo alemán nos ofrece la imagen de la "unidad de generación". Junto al tipo romántico puro, personificado por Federico Schlegel, Novalis, Werner, Wackenroder, Brentano, tenemos a los atraídos, quienes, como Augusto Guillermo. Schlegel y Tieck, llegan a desempeñar, gracias a su habilidad, hasta un caudillaje temporal. Todo un enjambre de pseudorrománticos sigue la moda del tiempo. Pero el tipo antirromántico, que no puede someter su disposición racional a las leyes mentales del romanticismo, se halla preparado en posición de ataque y logra por último el predominio al irrumpir una nueva generación.

El cuadro de la "escisión de la generación" lo veremos a menudo entrando en el siglo XIX, cuya falta de unidad hace surgir fácilmente la impresión de una sucesión rápida de generaciones. Acaso lo vemos con la mayor claridad en los naturalistas de por el año 1890, que en parte eran "atraídos" y en ocasiones volvieron a su propia peculiaridad, y que en parte fueron "atraídos" por una victoriosa corriente contraria, que también se puede considerar como aparición de una nueva generación.

En el examen crítico de Carlos Mannheim, que mencioné al comienzo de esta sección, se aprueba el empleo de la tipología en el análisis de la unidad de generación, con la salvedad de que no se tiene bastante en cuenta la diferenciación sociológica. No es posible que disposiciones de carácter "supratemporales" y un "espíritu de la época" unitario e indiferenciado (que no existe) puedan confluir directamente en un espacio suprasocial sino que "el individuo es formado, primariamente, por aquellas acciones y corrientes espirituales de la época que tienen su hogar, precisamente, en aquellos círculos sociales de vida a los que hay que asignarlo sociológicamente". Reconozco que mis indicaciones en los pasajes aludidos pueden, por sí solos, producir la impresión de que me contento con la abstracción del "espíritu de la época", siendo así que en los capítulos anteriores se trataron convenientemente las funciones de la cooperación de los factores regionales y sociales.

Mannheim no presta ninguna atención a las repetidas indicaciones del romanista Eduardo Wechssler. En un ensayo del año 1923 acerca del "enfrentamiento del espíritu alemán con la Ilustración francesa" *(Deutsche Vierteljahrschrift,* I, 615), reconocía que, desde hacía más de veinte años, había construído todos sus cursos de historia literaria y espiritual sobre la base de "comunidades de edad", pero que no se apoyaba en el sentido genealógico ni en el biológico y mucho menos en el natural, sino en el sentido histórico-espiritual de un Ranke y un Dilthey. "A distancias desiguales, se presentan promociones nuevas, mejor dicho, los voceros y cabecillas de una nueva juventud, que se hallan trabados íntimamente por supuestos similares, debidos a la situación temporal y, externamente, por su nacimiento dentro de un término limitado de años". Cinco "comunidades de edad" han levantado el edificio de la Ilustración francesa; la primera es la de Richelieu, Descartes, Gassendi, Marquesa de Rambouillet, Balzac, Voiture; la segunda, la de Pierre Corneille, Madeleine de Scudéry y Conrart; la tercera, la de Antoine Arnauld, La Rochefoucauld, Cyrano de Bergerac, St. Evremond y Scarron; la cuarta la de Bossuet, Pascal, Molière, La Fontaine, Jean Racine, Malebranche, Boileau; la quinta la de Pierre Bayle, Fontenelle, Fénélon, Abbé St. Pierre. Cinco "comunidades de edad" alemanas se han encarado con ellas: pertenecen a la primera los nacidos en 1708-19, que en 1732 se presentaron en dos grupos separados; el primero (Federico II, Hagedorn, Gellert, Elias Schlegel), se sometió al modelo francés, el otro (Haller, Winckelmann, Gluck) se entregó a una condición más genuina; a la segunda comunidad de edad pertenecen los nacidos entre 1720 y 1733: Kant, Klopstock, Lessing, Gessner, Hamann, Möser, Wieland, Haydn; a la tercera, los nacidos entre 1740 y 1754 y que se presentan hacia 1770 con el movimiento del *Sturm und Drang;* a la cuarta, Schiller y Fichte (las réplicas alemanas de Corneille y Richelieu) lo mismo que Mozart, Jean Paul y los jefes de la guerra de liberación; a la quinta, Beethoven, Hegel, Hölderlin, Schelling y los románticos nacidos entre 1767 y 1777.

Cosa notable, no se intenta hacer coincidir generaciones francesas y alemanas del mismo siglo, a pesar de que también para fines del siglo XVIII se distinguen tres comunidades francesas de edad, la primera con Mirabeau, a la cabeza, la segunda con Danton, la tercera con Napoleón. Mirabeau es el compañero de edad de Goethe; Danton ha nacido en el mismo año que Schiller; Napoleón es compañero de edad de Ernst Moritz Arndt y Alejandro de Humboldt. A esos tres grupos de edad franceses corresponden, por lo tanto, dos grupos alemanes, y resulta que este punto de vista, que abarca las generaciones como ondas y capas del movimiento espiritual, se mantiene alejado de esa comparación internacional a que conduce la sobreestimación del año de nacimiento y, por el contrario, tiene en cuenta las particulares circunstancias de desarrollo de cada cultura nacional.

En un ensayo posterior de Wechssler acerca de "la generación como comunidad juvenil" ("Geist und Gesellschaft". *Festschrift für Brefsig*, 1927, i, 66-102) todavía se tiene menos en cuenta la cuestión del nacimiento y se hace hincapié, sobre todo, en el momento de la aparición en común. Es el momento gracioso en el que irrumpe un nuevo espíritu juvenil. "Las acciones y las pasiones del genuino espíritu juvenil; éste es el verdadero contenido de la historia universal." La "comunidad juvenil" es la que lleva el espíritu juvenil; se explica como "la suma de aquellas promociones de una raza, de una nación o del mundo, que se ha educado en un temple vital, en una actitud espiritual y en un planteamiento de problemas parejos, gracias, exteriormente, a los años comunes de nacimiento e, interiormente, a impresiones, vivencias y acciones comunes de su época infantil y juvenil; de este modo han sido estimuladas y corroboradas por el trato diario y la animación recíproca y también, a menudo, por la resistencia del mundo en torno, hasta llegar a la primera madurez con que irrumpen en el tiempo". Esta sucesión de generaciones se suele presentar a distancias irregulares, completamente independientes de nuestro cálculo habitual del tiempo, pero permite grandes síntesis, pues podemos darnos cuenta de que, de tiempo en tiempo, se produce un corte brusco, un viraje en el cual lo nuevo se diferencia más netamente de lo viejo y el grupo de equipos juveniles que alcanzan de un viraje a otro se llama período o época.

Para completar estas indicaciones debemos destacar todavía las tesis en que se condensa el contenido de las conferencias pronunciadas por Wechssler en el segundo curso superior de Davos, en la primavera de 1919, sobre el problema de las generaciones en la historia espiritual y también la quinta esencia de un libro suyo que apareció poco después *(Davoser Revue*, año iv, nº 8, del 15 de mayo, 1929). Se distingue netamente el espíritu juvenil del llamado "espíritu de la época", cuya índole consiste, precisamente, en desplazar el verdadero espíritu juvenil hasta reemplazarlo por completo. Se supone que los problemas de la nueva generación se esconden orgánicamente en el alma de la juventud; se desarrollan como a la sombra de un gran acontecimiento que ha ocurrido ya o que está en marcha (Revolución Francesa o Guerra mundial). En toda nueva irrupción de una comunidad juvenil se manifiesta la fuerza misteriosa de todo lo divino. Esto divino, que se renueva incesantemente, hace presa primero en las grandes personalidades, luego en las masas, pero se halla condenado a la limitación y al debilitamiento por su adaptación ineludible a una época determinada y a un país determinado.

No se ve muy claro en qué medida es compatible con esta predestinación divina una libertad de elección de la nueva "comunidad de edad" en lo que se refiere a la forma mental que ha de adoptar, tal como se afirma en la tesis 7: "Es muy importante para la dirección y destino de toda idea filosófica o científica que toda nueva "comunidad de edad", en su totalidad y en cada uno de sus pensadores, tiene que escoger entre diversas formas mentales". Si la comunidad de sentir se establece por una elección homogénea, entonces la "comunidad de edad" no preexistía como unidad. Tenemos cuatro formas mentales, la cósmica, la antropológica, la fisicomatemática, la racional, persiguiendo cada una abarcar el mundo y la humanidad en su totalidad. La elección libre entre estas formas mentales se halla limitada ya porque la nueva comunidad juvenil, para marchar por su propia vía, tiene que iniciarse en una dirección distinta que la generación anterior. Y queda la cuestión de si la actitud de la generación anterior no obliga a la nueva en una dirección determinada; si quiere mostrar su propio valer no le queda otro remedio que abordar aquellos problemas cuya solución dejó pendiente la generación anterior. En este sentido quería mostrar Dilthey que el romanticismo alemán no tenía libre elección del camino a seguir para imponerse frente a la plena consciencia de los clásicos. Este camino tenía que conducir hacia lo inconsciente.

Se presenta una nueva generación siempre que la obra de la anterior se halla acabada en sus perfiles. Las lagunas que deja en claro el sistema de la generación anterior señalan el camino a la venidera. Toda sencillez abre la posibilidad de la potenciación y la exageración; toda unilateralidad exagerada provoca la unilateralidad contraria. En este sentido el espíritu de los viejos participa, mediante su fracaso, en la formación de una nueva generación, no menos que el espíritu de los jóvenes mediante su fomento.

4

LOS FACTORES QUE FORMAN LA GENERACION

a) *Herencia*. Incitado por los teóricos ingleses y franceses de la herencia, tales como Galton, G. de Lepauge y Ribot, Ottokar Lorenz trató de basar su teoría de la generación en las leyes de la herencia. Aquello que más interesaba a su propósito de establecer períodos, a saber, la copertenencia de tres generaciones sucesivas, se podía derivar fácilmente, lo mismo que la continuidad del espíritu y del carácter nacionales, por el parentesco de sangre y por la mezcla de las series de antepasados. Tampoco el cambio de generación en generación parecía descansar más que en una nueva mezcla de sangre a consecuencia del enlace con otras familias. Lo que se aplica para una sola serie de antepasados se aplicó, sin más reparos, a la pluralidad y al conjunto, pasando por alto el hecho de que jamás en la historia el caudillaje espiritual ha sido hereditario en una familia, en una raza o en un pueblo. Hasta esos famosos ejemplos que nos ofrece la familia Bach por lo que se refiere al talento musical, la de Ticiano o la de Kaulbach en lo que se refiere a dotes pictóricas y la familia Bernouille en cuanto al ingenio matemático, se agrupan en su mayoría en torno a un punto central destacado.[1] No otra cosa ocurre con las disposiciones poéticas de la familia Coleridge en Inglaterra. Por lo demás, en familias importantes se presenta no pocas veces, gracias a la "polimería", un cambio de dotes en generaciones, sucesivas, lo que dificulta el conocimiento del acervo hereditario: el criminalista Anselmo Feuerbach tuvo por hijo al filósofo y por nieto al pintor. La hija del filósofo de la Ilustración, Moises Mendelssohn fué la escritora romántica Dorotea Schlegel y su nieto el músico Félix Mendelssohn-Bartholdy.

Menos todavía que las demás artes, es la disposición poética una herencia familiar, y se manifiesta en formas de precocidad extraordinaria más raramente que la capacidad musical, pictórica, matemática o teatral. Es un caso bastante raro en la historia literaria que el padre y el hijo ocupen el mismo rango, como los dos Alejandros Dumas en Francia. Los ejemplos alemanes de Niclas y Hans Rudolf Manuel, Cyriacus y Wolfhart Spangenberg, Georg y Gabriel Rollen-

---

1 Se estudió por entonces el tema y se ofrece abundante bibliografía en la obra de colaboración editada por Bauer, Fischer y Lenz, *Mensliche Erblichkeitslehre*, 3ª ed. Munich, 1927, I, pp. 473 ss. El ensayo se debe a Fritz Lenz.

hagen, Andreas y Christian Gryphius, Joseph y Guido Görres muestran en general un descenso. No podemos hablar todavía de Thomas
y Klaus Mann. En todo caso, sólo los hermanos románticos Schlegel
sobrepasaron con mucho a su padre Juan Adolfo. El caso, teóricamente señalado, de que las dotes literarias del abuelo reaparecen en
el nieto, no se ilustra con ningún ajemplo importante fuera de la situación trágica del nieto de Goethe (Gottfried Justus y Gottlieb Wilhelm
Rabener: August Gottlieb y Alfred Maissner). En la línea femenina,
por el contrario, parece que la herencia transcurre más favorablemente
que en la masculina, de lo que nos ofrece un ejemplo, junto con la
descendencia de Karschim y de Charlote Birch-Pfeiffer, la línea de
Sofía de La Roche. La sensitiva autora de la *Señorita de Sternheim*
tiene como nieta a la romántica Bettina von Arnim, como biznieta a
Gisela Grinn y como tataranietas a las dos hermanas Isabel von Hey-
king e Irene Forbes-Mosse. Esta serie se extiende (con una interrupción) sobre cinco generaciones; pero a pesar de la fuerte tradición
familiar, en cada una de estas escritoras la peculiaridad hereditaria
es superada por las características de la generación. Otros miembros
de la familia han recibido iguales disposiciones pero no han sido alcanzados por el llamamiento de la generación; la disposición hereditaria se presenta hasta como un obstáculo si no encuentra en los nuevos
problemas de la época ocasión para un desarrollo independiente. El
necesario cambio de dirección se halla en contradicción con el principio hereditario y explica que una misma familia no pueda sostener
durante varias generaciones el caudillaje como una magistratura hereditaria.

b) *Fecha de nacimiento.* Cada año de nuestra época, tan amiga
de fiestas, da ocasión a los oradores de circunstancias y a los redac-
tores de periódicos para rendir pleitesía a los nacidos uno o varios
cientos de años antes. Estas festividades del calendario dirigen la
atención hacia igualdades de edad hasta ahora no observadas y, ante
el reflector de la posteridad, se aproximan unas a otras y muestran
relaciones que apenas si pudieran ser observadas por los contemporáneos. ¿Quién hubiera pensado, por ejemplo, en el siglo XVIII, en
nombrar a la vez a Klopstock y a Kant? No se quiere decir con esto
que la posteridad sea víctima de una ilusión óptica al hacer estas apro-
ximaciones; algunas cosas las ve con mayor agudeza al enfocar su
catalejo a las cúspides, cuya cordillera no podía percibir el mundo
contemporáneo porque su mirada se hallaba impedida por los valles
y las colinas. La lejanía es la que acuña la silueta característica de

la marcha de los años y nos coloca ante el enigma de una causalidad insondable.

¿Es un juego del azar el que de la ruleta del tiempo salten determinados números que acumulan en sí toda la ganancia? Hubo un año afortunado para el drama cuando en 1564 nacieron Shakespeare, Marlowe, Alejandro Hardy y el conde Enrique Julio de Braunschweig; el año 1632 fué favorable a la filosofía, pues que nos regaló a Juan Locke y a Spinoza, pero el año 1685 favoreció a la música, pues en él vieron la luz Händel, Bach, Francesco Maria Veracini y Domenico Scarlatti. Tienta la comparación con los años de buena cosecha de vino, y su *bouquet* característico es distinguido por el catador entre los productos de una bodega, sólo que el vino crece dentro del año afortunado mientras que los hombres empiezan a crecer entonces, de suerte que la comparación habría que extenderla hasta la madurez de la botella y en el concepto de promoción habría que abarcar todo el tiempo de evolución que viven conjuntamente los de la misma edad. Como de la misma edad se presentan al ingresar en la escuela, en el servicio militar, en la universidad, en el examen profesional, en el empleo y cosas parecidas. La "clase de edad" resulta desplazada frente a la promoción, puesto que los retardados se retrasan y los precoces se adelantan.

Sin embargo, parece como si se tratara de una lotería de la naturaleza que, por ejemplo, se diría que se impuso un ritmo de a diez años cuando Juan Elías Schlegel viene al mundo en 1719, Lessing en 1729, Schubert en 1739, Goethe en 1749 y Schiller en 1759. ¿Puede considerarse esta distancia como muy natural, en el sentido de que el mayor en diez años tiene que convertirse en maestro del más joven en un momento decisivo de su desarrollo, como ocurre en la relación entre Lessing y Schlegel, de Schiller y Goethe? En esta aritmética de las generaciones queda también como algo misterioso, como una concordancia que no se puede explicar por ninguna influencia recíproca, el que el año 1813 trajera consigo una "clase de edad" que, como si cumpliera un destino, marchó por el camino del drama con Ludwig, Hebbel, Wagner, Büchner. Y todavía más misterioso resulta que el músico italiano Giuseppe Verdi se halle en ese cruce de destinos con su compañero de edad Ricardo Wagner, hecho que Franz Werfel ha convertido en tema de su novela. Y, finalmente, tendría cierto fundamento la afirmación de Pinder de que el filósofo de una generación no es el leído por ella sino el nacido con ella si colocamos a Sören Kierkegaard, nacido en 1813, con su dramático "O esto o aquello", junto a Hebbel.

Si se pretendiera explicar tales coincidencias por las conmociones europeas de los años de guerra, habría que buscar el destino en condiciones anteriores al nacimiento. Pero podemos atribuir también a las repercusiones de la guerra de Independencia el que estos compañeros de edad crecieran en una atmósfera cargada de tensión dramática. Cuando la revolución de julio fué la señal en Francia de un movimiento que a los contemporáneos se les figuraba como de los que hacen época, contaban diecisiete años. Y precisamente en esta edad coloca la psicología juvenil el momento de receptividad especial y de independencia creciente. La "situación de nacimiento" significa un alejamiento parejo de las experiencias de la generación. Ricardo Wagner y Jorge Büchner, arrastrados por el mismo movimiento, eran muy diferentes por sus disposiciones. Pero el drama había sido elevado por los clásicos al rango de género poético por excelencia y el hecho de que los románticos hubieran fracasado en el género dramático, a pesar de su culto shakespeariano, empujó a las generaciones siguientes a buscar sus triunfos en este terreno. Así ha ocurrido que Otto Ludwig, en contra de sus propias disposiciones, más bien de tipo épico, se dedicó al drama con una tortura indecible, y que otros narradores de la misma generación y de la siguiente, como Gottfried Keller y Paul Heyse, apenas si pudieron soportar el fracaso de sus intentos dramáticos. Por el contrario, en Inglaterra, donde la novela se había convertido, con Walter Scott, en género de primera categoría y la vida política transcurría sin grandes tensiones, nacen en esta generación los grandes narradores realistas Thackeray (1811) y Dickens (1812), que no sintieron ninguna vacilación sobre la dirección de sus talentos.

El golpe de dados de la naturaleza sigue siendo algo inaprehensible. Hechos como el aumento de las cifras de natalidad y el predominio de los nacimientos masculinos después de guerras sangrientas, nos revelan un régimen misterioso y una voluntad de compensación que no es posible explicar racionalmente. Y a la misma voluntad se debe el que, cuando el tiempo está ya maduro, nace siempre el genio que la época necesita. Pero es imposible, saber cuándo y cómo surgirá, a pesar de todas las genealogías y horóscopos; pero sí se puede captar históricamente las fuerzas que lo forman. Aun de ser cierta la comparación con la que se fundó una vez una "filosofía de la astrología", a saber, que el hombre que entra en la vida no es como una hoja en blanco en la que traza sus signos arbitrariamente el destino sino que se parece más a una placa fotográfica que ha sido impresionada pero no revelada todavía, aun en ese caso sería digno de estudio el proceso "revelador",[1] evolutivo, que experimenta la vida, y que se desarrolla en su cámara oscura, porque nos podría dar razón, por lo menos, de una parte de las condiciones del devenir. Y de una parte en modo alguno secundaria, pues si se hace mal el revelado, corre peligro de estropearse la placa. Pero las fuerzas vitales del revelado —del "evolucionador"—, que dan forma y destacan visiblemente la imagen, son las mismas para toda la serie de placas; pasa cierto tiempo hasta que la solución pierde su virtud y, por lo mismo que se disipó, tiene que ser renovada. De este modo el individuo participa, con toda su generación, de la influencia de las fuerzas evolutivas formadoras, y aquí encontramos, si no todas, por lo menos ciertas causas de la igualdad de la generación.

c) *Elementos educativos.* Si una historia penetrante de la pedagogía ha de exponer no sólo el cambio de los principios y de los medios educativos y de su aplicación sino también los frutos y resultados de este cambio, en los tipos de educación de cada época no verá otra cosa que tipos de generación. Hasta ahora, y apoyándose en conceptos estilísticos de la historia literaria, se han podido ver el tipo románico y el tipo gótico de hombre, el renacentista, el barroco y el rococó, en la diversidad de sus direcciones fundamentales. El ilustrado, el sensitivo, el romántico, el hombre de la restauración, prosiguen la serie como representantes de mundos de ideas cerrados. Pero estos tipos se nos muestran únicamente en perfiles groseros. Nada nos puede ayudar mejor en su puntualización y en la comprensión del desarrollo genético-psicológico que la observación de las cambiantes influencias educativas en su sucesión. Ya la escolástica senescente de la baja Edad Media experimentó una escisión generacionista con el antagonismo nominalismo-realismo entre la *via antiqua* de Santo Tomás y la *via moderna* de Guillermo de Occam. El Renacimiento italiano ofrece en seguida el ejemplo clásico del cambio del hombre medieval en el hombre moderno, que se lleva a cabo con la expansión de la formación helénica, con la resurrección de Platón, con la nueva concepción de la naturaleza, con los efectos de las grandes invenciones y descubrimientos y con la "ilustración" religiosa.

La cultura del Renacimiento de Jacobo Burckhardt y, casi al mismo tiempo, la *Restauración de la antigüedad clásica,* de Jorge Voigt, que trata del primer siglo del humanismo, agruparon a los humanistas italianos por generaciones: a la primera, que tiene su ante-

---

[1] Al revelado de la placa se le llama en alemán *Entwicklung,* evolución, y así se explica el juego de palabras del símil. (T.)

cesor en Dante (nacido en 1265), pertenecen: Petrarca (1304), Boccacio (1313) y Rienzo (1313), todos ellos poetas-filólogos entusiasmados por la idea de restaurar la vieja Roma y su magnificencia, y cuya ambición nacional y personal se caracteriza, según Burckhardt, por el símbolo de la coronación del poeta en el Capitolio; a la generación inmediata pertenecen los discípulos de Petrarca que, como Coluccio Salutati (1330) y Luigi Marsiglio (1342), prosiguen su obra en estilo ciceroniano; la generación siguiente crece ya bajo el signo de los estudios griegos aclimatados en Florencia por Chrysoloras y se desenvuelve, con Lionardo Bruni (1369), Poggio Bracciolini (1380) y Enea Silvio (1405), en aquel humanismo cosmopolita que hace su aparición en el concilio de Constanza; los estudios helénicos que se siguen desarrollando con Bessarion, Plethon, Georgios Trapezuntios, Gaza y Laskaris repercuten en la filosofía natural neoplatónico-cabalística de Marsiglio Ficino (1430) y de Pico della Mirandola (1466). Encuentran en Alemania sus compañeros de generación en Rodolfo Agricola (1443), Juan Reuchlin (1455) y Juan Tritemio (1462).

En Alemania se distingue fácilmente una primera generación de humanistas que había estudiado en Italia y que propagó el nuevo acervo cultural con traducciones alemanas, la generación de Nicolás de Wyle (1410), Alberto de Eyb (1420), Enrique Steinhövel (1420), de la segunda, que fundó en las universidades alemanas un estilo neolatino de matiz nacional, con Wimphelinc (1450), Conrado Celtis (1459), Jacobo Locher (1471) y Enrique Webel (1472). La obra educativa del primer grupo arrastró entre tanto otros círculos que se extendían entre burgueses y artesanos, y un Hans Sachs (1494), fué capaz, al contrario de los maestros en los que aprendió, de llenar su biblioteca con traducciones alemanas de historiadores y clásicos antiguos. Pero tres generaciones después, su compañero de artesanía, el zapatero de Gorlitz, Jacobo Böhme (1575), lee obras de filosofía natural en idioma alemán y esto fué posible después de que la tercera generación de humanistas alemanes, los compañeros de edad de Hans Sachs, entre los que están, además de Lutero (1483) y Hutten (1488), Paracelso (1493) y Sebastian Frank (1499), habían realizado el retorno a la lengua vernácula y el enlace con la vieja mística alemana. De este modo, generaciones posteriores repiten, en otra capa social, el movimiento de aquellos que tenían la misma edad que sus abuelos. No se debe hablar, en el sentido de la etnología, de un "acervo cultural hundido", porque, en un momento posterior, la capa social alcanzada por la onda educativa no deja a un lado lo tradicional como un arrastre de playa sino que, acogiéndolo, se hace ella misma productiva y explota esa riqueza, pero hay que tener en cuenta la distancia entre las capas sociales y las educativas lo mismo que entre los países.

Si en el siglo XVII conquistan el señorío indiscutible sobre todas las cúspides del Parnaso alemán dos generaciones de poetas silesianos, cuya serie marcha desde Martin Opitz (1597), pasando por Federico de Logau (1604), Andreas Gryphius (1616), Christian Hofmann de Hofmannswaldau (1617), Juan Scheffler (1624) y Daniel Gaspar de Lohenstein (1635), hasta llegar a Quirino Kuhlmann (1651), el predominio de la comarca tiene su base en la excelencia de los establecimientos de enseñanza, que ya fueron celebrados por Melanchton como los mejores de Alemania. Un genio como el de Grimmelshausen (1621-2?), que humana y artísticamente supera a sus compañeros de edad y cuya formación autodidacta arraiga todavía en el siglo XVI, ha sido excluído de la comunidad de generación no tanto por la distancia espacial cuanto por la distancia cultural, aunque ya tiene tanto de común con sus coetáneos que una obra de Juan Scheffler, poco más o menos de la misma edad, pudo ser incorporada falsamente a la edición de sus obras completas.

Un siglo más tarde goza de superioridad la educación sajona y las escuelas principescas de Meissen y Pforta han dado las bases de su educación a un Gellert (1715), a un Juan El. Schlegel (1719), a un Klopstock (1724) y a un Lessing (1729), mientras que la universidad de Leipzig les ha procurado el enlace con grupos de la misma edad y los mismos afanes, y también la primera visión de las tareas que les imponía su tiempo. También el suabo Wieland (1733), ha asimilado algo de la atmósfera pedagógica sajona, gracias a sus años de escuela en el monasterio de Bergen. Pero un tercio de siglo más tarde, deberemos a la voluntad pedagógica y organizadora de Carlos Eugenio de Wurttemberg que surja toda una generación de grandes suabos como Schiller (1759), Hölderlin, Hegel (1770), Schelling (1775), de los que ninguno pudo acabar su formación en la patria chica.

Pero en ese intermedio propezamos con una generación que no se halla unificada ni por la misma formación ni por la comunidad comarcal; coinciden lo mismo que los Reyes Magos, sin saber unos de otros, procedentes de diferentes puntos del horizonte pero guiados por la misma estrella. Hamann (1730) fué su vanguardia en la generación anterior; se van aproximando en conjuntos: del Este lejano Herder (1744) y Lenz (1751), del Norte Gerstenberg (1737), Claudius (1740), los condes Stolberg (1748-50); de la Alemania central Goué (1742), Heinse, Gotter (1746) y Bürger (1747); del Sur Schubart (1739) y Miller (1749), Lavater, Füessli (1741) y Sarasin (1742); del Oeste Jung-Stilling (1740), Federico Enrique Jacobi (1743), Enrique Leopoldo Wagner (1747), Goethe, el pintor Müller (1749) y Klinger (1752). Proceden de círculos muy diversos: el conde, el hijo de patricios, el hijo de una lavandera; donde quiera que se encuentren, en Gottinga, en Estrasburgo, en Darmstadt, en Wetzlar, en Düsseldorf o en Münster, se sienten unidos por un mismo espíritu. Sin necesidad de contacto personal, viven en tal forma el mismo planteamiento de los problemas, que los tres dramas que se presentan ai concurso de Schröder, en 1774, tratan de la misma manera el tema de la escisión entre hermanos, sin que un autor sepa nada del otro. Un tema semejante se ofrece en épocas de tensión de la generación y se convierte en su expresión particular en la medida en que se atribuye a la incomprensión de los hijos por los padres la escisión que se produce entre hermanos.

Los jóvenes que se presentan hacia 1770 no deben su comunidad a ninguna escuela y, sin embargo, son unánimes en su oposición al polvo escolar y al mundo de los libros; equipados por la negación que de la cultura ha hecho Rousseau, buscan en el caos las fuerzas formadoras; concordes en su apelación a la naturaleza y a la fuerza creadora sin trabas, respiran con avidez el alto aire de la libertad, ya sea en la Biblia o en los viejos cantos de Ossian, en las baladas escocesas o en los cantos populares alemanes, en la barbarie de Shakespeare o en la ingenuidad de Homero, en la enormidad del gótico, en el esplendor del renacentismo italiano o en la filosofía panteísta de Giordano Bruno, Spinoza y Shaftesbury. Parece que no son producto de sus elementos educativos sino que plasman y transforman violentamente todo lo grande que se ofrece ante su mirada; por eso el equilibrado Píndaro, se les convierte en un extático embriagado, Shakespeare en un titán desatado, Sócrates en un genio religioso demoníaco, Spinoza en un negador revolucionario de la divinidad personal. Tan fuerte es, tan poderoso el viento del espíritu de la época que asola por entonces a toda Europa y quebranta como una *hybris* el señorío de la razón y levanta un nuevo mundo sobre la certeza del sentimiento, que descuaja árboles, arranca tejados y todo lo arrastra en su dirección. El primer supuesto del movimiento unitario lo forma, pues, el fracaso de la norma y la forma de elementos pedagógicos gastados. Otros países han preparado la nueva actitud mediante una crítica escéptica de la razón, pero en ninguna parte se presenta con tanto ímpetu como en el espíritu juvenil de la generación alemana del *Sturm und Drang*, que tiende sus velas al viento.

d) *Comunidad personal.* Las tres etapas de la formación de la generación que distingue Carlos Mannheim en la consideración sociológica del problema, se denominan "situación de la generación", "conexión de la generación" y "unidad de la generación". De la *situación de la generación,* que no significa otra cosa que la vivencia temporal común limitada a un determinado espacio, y que establece afinidad por la participación pareja en los mismos acontecimientos y contenidos vivenciales —expresiones—, que remueve el suelo y crea la disposición para una dirección vital parecida, pasamos a la *conexión de la generación,* que se presenta como unidad de destino de los individuos que se encuentran en la misma situación tan pronto como caen en el suelo removido contenidos sociales y espirituales reales. Dentro del marco de la conexión de generación, que aúna a la juventud orientada en una misma problemática histórico-actual, se forman las *unidades de generación* como grupos que, en formas diferentes, elaboran estas vivencias. Dentro de cada grupo se produce una reactividad unitaria y un empuje afín, mientras que, entre uno y otro grupo, se pueden dar situaciones polares; pero por eso mismo de que se hallan abocados los unos a los otros, aunque sea por la lucha, permanecen en la "conexión de la generación".

Esta explicación se apoya visiblemente en la vida política y su irremediable formación de partidos, cuyo antagonismo ofrece mayor continuidad que el de los programas literarios. Puede servir de ejemplo la división de la juventud prosiana a principios del siglo xix en un grupo romántico-conservador y otro racionalista-liberal, que pertenecía a la misma "conexión de generación", pues representaban no más que dos formas polares del enfrentamiento espiritual y social con el mismo destino histórico-actual que afectaba a todos ellos. Pero en la poesía no había por entonces ninguna escisión generacionista: el grupo romántico-conservador tenía el gobernalle. Es cierto que Wilhelm Neumann y Adalberto de Chamisso comparten el año de nacimiento con Achim de Arnim (1781), Varnhagen de Ense con Bettina (1785), Juan Fernando Koreff con Max de Schenkendorf (1783), Luis Borne con Isidorus Orientalis (1786), Hoffmann de Fallersleden y Harro Harring con Wolfgang Menzel, Bilibaldo Alexis y Cristián Federico Scherelberg (1798); pero antes del año 1830 los tiempos no están maduros para la aparición de una poesía racional liberal. Pero desde ese momento opera una situación deferente; frente a la unidad de generación que aparece en los jóvenes alemanes, el romanticismo en ocaso no ofrece ninguna resistencia; el esplendor de la generación ha pasado. Y si entre los líricos políticos como Fernando

Freiligrath (1810), Francisco Dingelstedt (1814), Godofredo Kinkel (1815), Roberto Prutz (1816), Carlos Beck, Jorge Herwegh (1817) y Rodolfo Gottschall (1823), se encuentra también un compañero de edad reaccionario, como Jorge Hesekeil (1819), el autor de "Las canciones de un realista", esta voz aislada no representa ninguna segunda unidad de generación. Más bien se muestra siempre que la poesía política, cuando se presenta periódicamente, está inspirada por una misma ideología. En tales casos no parece haber ninguna diferencia entre conexión y unidad de generación. Más bien se podría hablar de escisión de la conexión en cuanto que, junto a los poetas políticos, tenemos también poetas apolíticos de mucho mayor rango. Mörike (1804) y Stifter (1805) se hallan separados por muy pocos años de Enrique Laube y Gustavo Kühne (1806), de Teodoro Mundt (1808) y Carlos Gutzkow (1811). Pero quedan por debajo de sus compañeros de edad, sin ningún enlace expreso: les falta el grupo, el coro, la orquesta, para hacer oír su voz con fuerza directiva en el alboroto de la época.

Pero aquellos compañeros de edad han sido empujados a la unidad de generación por una presión y compulsión externa. Heine, Gutzkow, Laube, Mundt y Wienbarg mantienen todavía una unión muy laxa cuando la acusación de Wolfgang Menzel y el acuerdo del consejo federal del 10 de diciembre de 1835, que la siguió, los fundió en una fracción. Con perspicacia histórica se reconoció en el informe de la comisión investigadora la "situación de generación", puesto que se hace responsable a la literatura entre los años 1806 y 1819 del nuevo movimiento, malfamado con el nombre de "Joven Alemania": los *Discursos a la nación alemana*, de Fichte, el *Catecismo* y el *Espíritu de la época*, de Arndt, *El pueblo alemán* y las *Hojas rúnicas*, de Jahn, los *Pensamientos*, de Schleiermacher, *Líneas fundamentales para una futura constitución del Reich alemán*, de Follen. También la sospecha de una conexión con la "Giovine Italia" de Mazzini (1805), hubiera sido, en el sentido profundo de la conexión de la generación, una indicación acertada, si bien la inculpación de una conexión efectiva hubiera sido injusta para los perseguidos. Se convirtieron en una "unidad de generación" gracias al destino común de la represión, que afectó todavía en grado mayor a los líricos políticos, a Freiligrath, a Kinkel y a Herwegh, que se vieron forzados a representar en el extranjero la unidad disgregada de su círculo.

A este grupo de refugiados que, como Freiligrath, habían prescindido del favor real por defender su opinión libre, se le enfrenta un segundo grupo generacionista de apolíticos que, como el conde Schack y Geibel (1815), Federico Bodenstedt (1819), German Lingg (1820), Guillermo Enrique Riehl (1823), Enrique de Reder (1824), Enrique Leuthold (1827), Julio Grosse (1828, Pablo Heyse (1830), Guillermo Hertz (1835), Martín Greif (1839) y Max Haushofer (1840), encuentran su hogar en Munich, al amparo de la gracia del rey Max. El sentido formal ecléctico de esta escuela de Munich representa también una unidad de generación con una dirección estilística que continúa la vía que el solitario Platen (1796) había recorrido primero. Una poesía cortesana como la que floreció en la Edad Media en la Champaña y en Provenza, en Viena y en Eisenach; en Florencia y Ferrara, en Londres y en París en tiempos del Renacimiento y del Barroco. Se le había anticipado Weimar; el grupo de Munich sigue el ejemplo de la corte clásica de las musas, en el sentido de que no es ningún reconocimiento espontáneo de un mismo espíritu juvenil, ninguna *Sturm und Drang* lo que establece el enlace. También Wieland, Herder, Goethe y Schiller se encuentran en Weimar cuando ya se había cerrado su desarrollo juvenil, completamente diferente. Su unidad significa más bien un nivelamiento de generación que no una formación de generación. De todos modos, tenemos un núcleo de comunidad juvenil en la viva relación directiva de Herder con Goethe y de Geibel con Heyse, sólo que el impulso inicial no tiene lugar ni en Weimar ni en Munich, sino, una vez, en Estrasburgo y otra en Berlín.

La universidad es la sede del espíritu juvenil que despierta y la chispa salta en el roce de las generaciones. En ella confluyen en sucesión regular promociones de compañeros de edad y el acervo cultural que la capa más vieja transmite es elaborado en una nueva actitud. Tres veces ha dado el grito de alarma en la historia literaria alemana la universidad de Heidelberg: en la época del humanismo, a comienzos del XVII y dos siglos después, cuando los jóvenes románticos del Este y del Oeste confluyeron a orillas del Neckar. Erfurt fué la sede original de un nuevo espíritu cuando los autores de las *Epistolae obscurorum virorum* abrieron la vena de su burla contra los representantes de la anticuada sapiencia frailuna. Leipzig conoció el favor del tiempo cuando, a mediados del siglo XVII, se creó la nueva canción de sociedad por Fleming y su círculo y, un siglo más tarde, cuando, bajo la mirada de Gottsched, una nueva generación quebrantó el conjuro de su dictadura. Halle fué el punto de arranque de la anacreóntica con los camaradas de estudios Gleim, Uz y Götz; Gottinga tuvo su ocasión cuando los compañeros de Hain recibieron la visita de Klopstock. Jena se puso a la cabeza cuando los discípulos de Fichte fundaron la "alianza de los hombres libres", cuando Hölderlin y Hardenberg dirigieron

sus ojos a Schiller, cuando los hermanos Schlegel y sus esposas trajeron la levadura para una nueva fermentación, cuando Tieck, Steffens,
Ritter, Gries, Brentano, cedieron a la atracción magnética de este
círculo. Tubinga vió formarse tres generaciones de comunidad juvenil
de coterráneos cuando Hölderlin, Hegel y Schelling encontraron su
punto de coincidencia en la idea de la "iglesia invisible", cuando Uhland, Kerner y Carlos Mayer dirigieron su mirada a la capilla de
Wurmlinger y cuando la promoción de Blaubeur de 1825, con David
Federico Strauss, Federico Teodosio Wischer y Gustavo Pfizer, desis-
tió de entrar en la fundación, no abandonada todavía por Mörike y
Waiblinger. Berlín alzó la cabeza con la *Estrella del norte* y *El túnel
sobre el Spree* y llegó la hora de Kiel cuando Teodoro Storm publicó
con los hermanos Mommsen el *Libro de cantares de los tres amigos*.
Estos gérmenes de unidades de generación se extendieron también, mediante mensajeros que establecieron los puentes, de lugar a
lugar, entre círculos de la misma edad; la primera generación de
Tubinga manda su representante a Jena, la segunda se pone en relación con los románticos de Heidelberg; los de Kiel se dirigen a Berlín
y el *Cocodrilo muniqués* se convierte en una filial del *Túnel* berlinés.
La correspondencia mantiene un nivel igual, como en los vasos comu-
nicantes, y refuerza el sentir en las cosas comunes, y los órganos en el
que los círculos locales desarrollan sus programas operan con una
gran fuerza proselitista. Las revistas editadas por una comunidad juvenil son formadoras de generación: así, la *Bremer Beiträge*, la *Lite-
raturbriefe* de Berlín, el *Athenaum* de Jena, el *Zeitung für* de Heidelberg o, en época más moderna, la *Gesellschaft* y la *Blätter für die
Kunst* han hecho cada vez un llamamiento a las gentes de edad. Todas
estas revistas duraron hasta que cumplieron con su programa; no podían
envejecer porque servían la causa de la juventud; ninguna ha vivido
lo que una generación. No otra cosa ocurría con las sociedades de poetas, que sólo podían ser algo vivo como centros de confluencia de
la juventud, pues sólo los que andan buscando necesitan la sociedad
para cobrar conciencia de su camino. Los viejos pueden cultivar los
recuerdos comunes pero su comunidad deja de ser productiva. Semejante espíritu de comunidad no se puede transmitir. De las muchas
sociedades de poetas cuya fundación constituyó una peculiaridad de
la generación de los nacidos hacia 1600, subsiste todavía la *Pegnesis-
che Blumenorden* de Nuremberg, pero no vivió propiamente más que
en la comunidad de sus fundadores, Harsdörffer y Klaj, y de Sigmund
von Bierken, que muy joven se juntó a ellos.

c) *Experiencias de la generación.* Aquella "incontemporaneidad de lo contemporáneo" de que habla Pinder, no sólo afecta a las creaciones coetáneas de gentes de diferente edad sino, también, a sus vivencias coetáneas, que significan cosa diferente para el niño, para el joven, para el hombre adulto y para el anciano, porque son alcanzados por ellas en un momento distinto de su existencia. Tendrán significación generacionista, formadora de generación, las vivencias juveniles comunes que abarcan y forman la etapa evolutiva más sensible. La actitud pasiva de los viejos tiene un efecto apartador de la generación, pues el alma de los ancianos ya no vibra con los acontecimientos que excitan tan extraordinariamente a la juventud.

La impresión que produjeron la revolución francesa de julio del año 1830 y sus repercusiones en Alemania, muestra en forma muy particular qué diversa puede ser la estratificación de las vivencias de las generaciones. Heine vió en ella un hecho de la historia universal que venía a dividir el tiempo en dos mitades. A la primera mitad pertenecía Goethe, con sus ochenta y un años, quien, según nos informa Soret, nada quería saber de estas cosas, pues el resultado de la pugna científica entre Cuvier y Geoffroy de St. Hilaire le parecía mucho más importante. También Guillermo de Humboldt con sus sesenta y tres años vió con la fatiga de un sabio la perturbación de la paz por la barbarie: "Las cosas del mundo se encuentran en un perpetuo sube y baja y en un cambio incesante, y este cambio debe ser voluntad de Dios, pues ni al poder ni a la sabiduría le ha dado fuerzas para represarlo" (a Carlos Diede, 7 septiembre, 1830). José de Eichendorff, con cuarenta y dos años, se liberó de las impresiones molestas del entusiasmo político y libertario con un relato satírico, en forma de sueño, "yo también estuve en Arcadia", que se desarrolla en la hostería "El dorado espíritu de la edad".

La segunda mitad comienza con Platen e Immermann, de treinta y cuatro años, que son sacudidos de su indolencia política; uno de ellos trata el acontecimiento en su oda "A Carlos X" como cumplimiento de un destino justo, mientras que el otro participa febrilmente desde lejos en los acontecimientos extraordinarios de julio y, sin embargo, termina con la convicción que de las masas no puede salir nada grande. Heine, de treinta y tres años se deja encender en su arrebato por las noticias impresas que le llegan de París. "Sentía como si pudiera quemar todo el Océano hasta el Polo Norte con el fuego del entusiasmo y de la alegría loca que en mí brotaban." Gutzkow, de 19 años, entra, después del reparto de premios en la universidad de Berlín, en una cafetería, donde, por la primera vez en su vida, lee apasionadamente el periódico; siente un giro decisivo en la dirección de su vida: "La ciencia estaba detrás de mí, la historia delante." Era todavía lo bastante joven para dejarse plasmar por este acontecimiento íntimamente, mientras que los mayores se enfrentaron con él con una personalidad ya hecha. Para ellos se trata de una experiencia de la generación sólo en la medida con que ofrece ocasión a los grupos de edad para diferenciarse por una actitud diferente.

Sigue siendo un hecho sorprendente que la modesta revolución, incruenta, sin mayores consecuencias tanto para el destino político de Europa como para el de Francia, produjera casi mayor conmoción en Alemania que la Revolución Francesa de 1789. La razón reside en que, en virtud del acontecimiento magno que le precedió, en Alemania se estaba preparado en forma muy diferente y se anhelaba la liberación de una presión insoportable, presión que afectaba sobre todo a la joven generación, mientras que los viejos apenas si la sentían. La división de las dos épocas corresponde, poco más o menos, a las situaciones de edad: unos habían vivido la Revolución o, por lo menos, sus consecuencias inmediatas, y contemplaban el retorno de lo mismo con estupor cuando no con indignación; los otros conocían el acontecimiento histórico sólo de oídas y atribuían a su repetición, por lo mismo que se sentían llamados a una participación activa, una importancia considerable. Por lo demás, nada puede molestar más a los jóvenes que ese principio de los viejos de que "todo se repite". Desea su experiencia peculiar, su propia revolución, su ocasión genuina para actos heroicos y su derecho a realizar las propias tonterías.

Otro acontecimiento que separaba a las clases de edad fué esa transformación paulatina que se produjo con el desarrollo de los medios de transporte, el ferrocarril y los barcos de vapor. Los románticos veían en ello la muerte de toda poesía; un grupo intermedio al que pertenecía Nicolás Lenau (en la primavera de 1838), quedó dividido entre la lamentación y la esperanza, mientras que la joven generación de Freiligrath, Anastasio Grün, Carlos Beck y Hebbel saludó en ese acontecimiento su acción aunadora de pueblos, el triunfo del espíritu, el ritmo vibrante de la vida y el *tempo* de la nueva edad con grandes perspectivas de futuro. Pero la generación siguiente creció bajo el signo de los nuevos medios de comunicación y tuvo que aceptarlos como forma necesaria de vida. Si quería sustraerse a la desazón, poco idílica, y a la ausencia de poesía, no tenía otra salida que el campo de la historia y por este camino han marchado los poetas de la época de Bismarck, entre una ciencia histórica floreciente, cuadros de historia y un teatro también histórico. Conrado Fernando Meyer (1825) y Scheffel (1826) son compañeros de edad de Piloty (1826) y del duque Jorge II de Meiningen (1826), y cuando se inauguró el primer ferrocarril alemán tenían nueve años. Pero quedó reservado a la siguiente generación realista el descubrimiento de la poesía de las impetuosas locomotoras, del ruido de las fábricas y del alboroto de las máquinas con todo su dinamismo.

Todos los cambios económicos, todos los inventos, todos los ensanchamientos del horizonte operaron paulatinamente, pero irrumpen retrospectivamente con su significación cultural cuando un determinado acontecimiento hace patente la actitud de la nueva generación, modificada por esos cambios. Se puede hacer una distinción entre experiencias —vivencias— *culturales* y *catastróficas* de una generación. Las primeras obran a largo plazo; forman parte de los elementos educativos que, en un desarrollo lento, van cambiando a los hombres, colocados en una atmósfera espiritual o en un medio técnico distintos; las otras representan verdaderas tormentas que, con sus relámpagos, iluminan la actitud distinta de las diversas generaciones coexistentes. El mismo acontecimiento puede ser por sus repercusiones catastrófico para una generación y cultural para la siguiente. No sólo tenemos una diferencia de duración de la vivencia, sino también de su expansión especial, diferencia que depende de la longitud de onda del movimiento. Una corriente religiosa, como el movimiento cluniacense de la Edad Media, que, al apagarse el espíritu antiguo, encendió el terrible *memento mori* y colocó los pensamientos en el más allá, ha dado origen a toda una literatura de poemas de la muerte, de origen monacal, como obra de un grupo de edad, y en el cambio de las generaciones se cambia la actitud ante este problema, como ha mostrado Walter Rehm en su libro sobre *La idea de la muerte en la poesía alemana desde la Edad Media hasta el romanticismo* (Halle, 1928). Las cruzadas, que fueron propagadas como movimientos de masa apelando a los cuidados por la salvación del alma, se convirtieron en una gran experiencia cultural para toda Europa, gracias a la apertura del Oriente; pero, al mismo tiempo, originaron en las mujeres que se quedaron aquel descontento con los medios de gracia de que disponía una iglesia orientada hacia el exterior, descontento que fué un supuesto precio del movimiento místico. Los descubrimientos y las invenciones de comienzos de la edad moderna, han acrecido la alegría por el "más acá" y la voluntad de acomodarse en este mundo, pero, al mismo tiempo, han mantenido despierta esa necesidad de renovación religiosa inherente al Renacimiento desde sus orígenes. La Reforma tiene un efecto doble: representa un acontecimiento catastrófico que divide a dos generaciones de humanistas, que capitanean los nombres de Erasmo y Hutten, pero, en sus efectos consiguientes, representa un movimiento transformador, pues, como han mostrado las investigaciones de Max Weber, Ernst Tröltsch, Herbert Schöffler y otros, trajo con el luteranismo, el calvinismo y el puritanismo, nuevas formas de vida que cambiaron todo el estado de la cultura. La Revolución Francesa, como explosión del racionalismo, no es sólo el acontecimiento catastrófico que separa a las generaciones a fines del siglo XVIII, sino que, por sus consecuencias ulteriores, ha impedido que se apagara la llama de libertad. También ocurre que la primera guerra mundial y la transformación que la siguió, no sólo significó una experiencia completamente diferente para las tres generaciones que en ella participaron (los viejos que ya habían luchado en la guerra del 70, los de edad media, que crecieron en la época entre las dos guerras, y los jóvenes que fueron a las trincheras desde los bancos de la escuela), sino que apenas si se pueden abarcar los efectos que la situación diferente de Europa, acarreada por la guerra, ejerce sobre los que ahora crecen, a pesar de que ya asoman los indicios del cambio; sólo podemos darnos cuenta de que jóvenes y viejos hablan un lenguaje diferente.

Junto a esta forma doble de la experiencia de las generaciones existe todavía una tercera, que representa, a la vez, una concentración momentánea y un efecto formador paulatino, a saber, la impresión que produce una gran personalidad que se coloca a la cabeza de su época; es controlada por una juventud sin guía y, una vez que ha sido reconocida, arrebata con la fuerza de un acontecer natural y su influencia, que crece como un alud, acuña de modo perdurable a toda una generación. Un guía semejante pocas veces la juventud lo busca entre sus compañeros de edad; entre ellos, la mayoría de las veces no buscará, en todo caso, más que a los profetas de los dioses que adoran. Los caudillos pertenecen a una generación más vieja, y los dioses inmortales hasta una generación fenecida. Así, el caudillaje representa, dentro del antagonismo de los grupos de edad, un factor enlazador de generaciones y que hasta salta por encima de las generaciones.

f) *El guía.* Cada época y, si se mira con atención, cada generación, tiene ante sus ojos un determinado ideal de hombre: el Renacimiento, *l'uomo universale*, el Barroco, al cortesano, la Ilustración francesa, al *bel esprit*, la inglesa, al *gentleman,* la alemana, al hombre honrado, la época del *Sturm und Drang* al genio sensible, la época de la Restauración al desgarrado, la decadencia del XIX al *dandy*, mientras que, a fines del siglo, se convierte en consigna el superhombre. No deja de tener significación caracterológica que, bajo la impresión de semejante estampa, los ademanes, la mirada y la actitud pueden adquirir un cuño tan unitario que se podría hablar de una "fisonomía de las generaciones". Responde a la interacción entre la poesía y la vida, que aquélla recoja semejante tipo de la vida misma como una tendencia que existe en ella y lo devuelva a la vida, ya acuñado, como un modelo. Los simpatizadores de un movimiento se forman en su aspecto, en su modo de expresarse, en su peinado y en su indumento, según la imagen plasmada por la poesía: así, después que el Grandison de Richardson desempeñó su papel, los genios sensibles llevaron el frac azul de Werther y la cajita de Lorenz; luego, a las mujeres les sirvieron de tipo Delfina y Corina, más tarde Lelia, y los hombres atendieron al tipo heroico byroniano, hasta que el marqués de Posa, de Schiller, fué encarnado, como tipo ideal, por Herweg y sus compañeros.

Se puede entender de diversas maneras el concepto de guía: como organizador que se coloca a la cabeza de los de misma edad; como mentor que atrae y señala el camino a los más jóvenes que él; como héroe adorado por su época. El primer tipo lo tenemos en Opitz Gottsched y en Augusto Guillermo Schlegel; el segundo pretendieron serlo Bodmer y Gleim y a ellos aplica Goethe la imagen de "los jóvenes talentos empolladores" y Herder lo fué para su generación al señalar hacia el héroe Shakespeare; entre los terceros contaríamos a Klopstock y a Stefan George y, en otro campo, a Ricardo Wagner; según el modelo de cada uno se ha formado todo el modo de ser de un círculo de jóvenes. Goethe y Fichte se convirtieron en los héroes de los románticos de Jena, pero así como la filosofía romántica se desarrolló por encima de Fichte, así también la relación del genuino poeta de este grupo, Novalis, se cambia en oposición mientras trabaja en el *Heinrich von Ofterdingen.* E. von Kleist lucha con los olímpicos a los que lleva en ofrenda su obra y, al mismo tiempo, quiere arrebatarles la corona de la frente. Al final de su lucha se da cuenta que, en oposición a Goethe, que había relacionado todos sus pensamientos con los colores, para él fueron decisivos los sonidos; por eso escoge la música como mentora y cree que en el pentagrama se contienen las conclusiones más importantes acerca del arte poético. Un cambio parecido vive Schiller cuando se libera de Klopstock, Hölderlin cuando supera la influencia de Schiller, Heine cuando se separa de Augusto Guillermo Schlegel, Hebbel cuando se distancia Uhland, Nietzsche cuando combate a Wagner, Hauptmann cuando se apaga su entusiasmo juvenil por Felix Dahn. En todos estos casos se caracteriza de un modo claro el momento del desprendimiento de la generación, con el conocimiento de una idiosincrasia creciente y de un planteamiento propio de los problemas.

No siempre son los poetas los guías más influyentes de una generación. Hombres de ciencia, especialmente filósofos e investigadores de la naturaleza, pueden influir de un modo más penetrante la visión del mundo de la juventud que se encuentra a su paso, ya sea en el trato personal de la clase, ya sea mediante sus obras, ya sea por una influencia indirecta que tiene lugar a menudo después de la muerte del maestro a través de sus propagàndistas. Los románticos experimentaron la influencia directa de una personalidad científica con aquellos que asistieron a las clases del geólogo Abraham Werner, en Freiberg; Gottfried Keller la experimentó cuando fué atraído en Heidelberg a la comunidad de Ludwig Feuerbach; y Jena fué una segunda vez punto de concentración de una generación cuando los naturalistas escucharon las enseñanzas de Ernesto Haeckel.

La penetración profunda en un mundo de ideas filosóficas suele ocurrir en un segundo período de evolución, una vez que se ha superado el seguimiento ingenuo de los modelos poéticos. Herder, que fué discípulo personal de Kant y a quien debió la atención por Rousseau, se apartó de Kant a medida que se hizo independiente, pero Schiller, Hölderlin, y Kleist, lograron en lucha independiente con los sistemas de los filósofos que dominaban a su generación, consiguieran cambiar de modo visible la dirección de su vida. Semejante proceso evolutivo puede desarrollarse en cada uno en forma completamente hermética. Pero la elevación repentina sobre el pavés de un pensador de otros tiempos no puede-llevarse a cabo más que en comunidad por sugestión de las masas. De esta suerte el maestro Eckhart logró una influencia póstuma en la generación de místicos que le siguió; así también Leibniz se convirtió en educador de Alemania a mediados del siglo XVIII; Spinoza le sigue en la generación del *Sturm und Drang;* la doctrina de St. Simon hizo escuela en la generación de los "jóvenes alemanes"; la influencia de Hegel dominó después de su muerte los diversos grupos generacionistas de la misma época; en torno a Schopenhauer se cuajó una comunidad en el nuevo Reich, comunidad que tenía su base en el conocimiento de la locura; Nietzsche ha logrado dirigir los espíritus en nuestro siglo únicamente. Y con él, el olvidado poeta favorito de su juventud, Hölderlin, en quien formó su estilo. Dilthey, a pesar de ser un maestro universitario tan eficaz, sólo después de su muerte ha logrado un caudillaje efectivo. Y si las actuales generaciones no tuvieran en Bergson y Husserl sus filósofos, casi podríamos invertir el principio de Pinder antes citado, a saber, que el filósofo leído por una generación no es aquel que ha nacido con ella sino aquel que murió antes que ella.

Las razones de la lenta penetración de los valores culturales filosóficos, no residen únicamente en la densidad del contenido ni en la profundidad —que obliga a escoger el rodeo de los canales y los diques, por donde nos puede llevar una barca ligera sin sobresaltos—, sino que se debe también a la índole del lenguaje, que ofrece una resistencia pasiva a la nueva terminología, a la aceptación de nuevos contenidos conceptuales y representativos, resistencia que sólo se puede vencer gracias al trabajo acogedor e irradiante de una generación. Este trabajo se lleva a cabo en parte por comentaristas, que llenan odres viejas con el vino nuevo, en parte por propagandistas que aplican las nuevas formas verbales a viejas representaciones, hasta que, por fin, la forma verbal y la forma mental se compenetran en el uso general.

Pensadores como Hamann, Schopenhauer, Nietzsche, fueron al mismo tiempo, grandes escritores, grandes estilistas, creadores de imágenes y modelos del buen decir, pero su lenguaje, tan individual, tan musicalmente rítmico, tan salpicado de ingenio, sátira e ironía, ha pasado entre los contemporáneos por algo no científico, demasiado oscuro para algunos, demasiado claro para otros, y demasiado atrevido para muchos. Por otra parte, fueron críticos agudos del prosaico lenguaje convencional que imperaba entonces, de la "jerga destrozona de ahora", como califica Nietzsche, en el sentido de Schopenhauer, el estilo de David Federico Strauss y de todos los hegelianos que disfrazaban el alemán. Su propio lenguaje era, para emplear la imagen con que caracterizó Juan Pablo el estilo de Hamann, un precipitado torrente por donde no podían navegar las naves fabricadas en astilleros alemanes, pero la fuerza de esta corriente irrumpió pujante en las generaciones sucesivas, impregnadas de su estilo.

g) *El lenguaje de la generación*. Según la frase de Guillermo de Humboldt, el lenguaje no puede ser enseñado sino únicamente despertado. Quiere decirse que el lenguaje duerme en tanto que no se haga más que aprenderlo y emplearlo en las formas aprendidas. Como todo organismo vivo, que vive bajo la ley del metabolismo, requiere el sueño reparador. Pero también requiere el grito del despertar que resuena en el alba con una nueva generación que se levanta para una nueva tarea.

Entre todos los factores que provocan la comunidad de generación es el lenguaje el más elemental, en la medida en que toda comprensión recíproca, las actitudes ante experiencias comunes, toda la crítica de las situaciones a superar, todo acuerdo sobre metas comunes, requiere del medio del lenguaje. La nueva generación se encuentra por vez primera en su lenguaje. Todo el programa nuevo tiene que ser verbalmente nuevo para que prenda la mecha. El nuevo espíritu que anima a una comunidad juvenil no sólo busca consignas sino que hasta se puede decir que es despertado mediante palabras mágicas, que insuflan un contenido, oscuramente presentido, de conceptos, representaciones y sentimientos. Todo nuevo planteamiento de problemas en el arte y en la ciencia significa un cambio de terminología, fenómeno que quizá se pone de manifiesto en forma más visible en la historia de las artes no verbales, la música y las artes plásticas; pero el problema del lenguaje cobra una significación potenciada para aquella ciencia cuya índole más genuina es el planteamiento de problemas, es decir, la filosofía, y para aquel arte cuyo único medio es el lenguaje, a saber, la poesía. No sólo en la teoría, sino en toda su práctica, vive mediante la gestión creadora y despertadora del lenguaje.

Todo círculo acoplado estrechamente por la afinidad de la meta desarrolla un lenguaje propio, que encierra el secreto de la comprensión mutua y que sobre los de fuera produce el efecto de un lenguaje esotérico. Las formaciones de palabras y las conexiones de sentido suelen nacer generalmente dentro de este círculo, hasta que se hallan ya perfiladas para poder ser lanzadas fuera. Pero a esta expansión se le fijan límites precisamente por la pasividad de los de fuera, que niegan la acogida porque la reacción eléctrica ante la magia de las palabras no tiene en ellos fuerza bastante. Este fenómeno toca íntimamente al problema de la generación en el sentido de que, tanto la fantasía verbal creadora como la actividad verbal receptiva, se presentan con la mayor viveza en los años juveniles, y en toda vida humana llega un momento de consolidación en que se logra definitivamente el acervo lingüístico. Si el lingüista francés Meillet llega a la conclusión de que, después de los veinticinco años, apenas si cambia el lenguaje del individuo, tal constatación se limita a las propiedades fonéticas y, además, puede estar especialmente influída por la tendencia normativa más fuerte del idioma francés. En la literatura alemana tenemos el ejemplo de que Justus Mösser entró a los cuarenta en contacto con el estilo de la generación joven. Pero es cierto que a determinada edad se ofrecen resistencias al enriquecimiento del acervo verbal; en la misma medida en que la forma arcaica de expresión se conserva como resto de una educación verbal anterior, se manifiesta también una resistencia para acoger nuevas formaciones, pues falta el órgano para su asimilación íntima, ya que no resuena con la nueva música conceptual inspirada por una nueva orientación del espíritu. La consecuencia es que la oquedad de las expresiones nuevas provoca a risa.

La historia de la literatura alemana nos ofrece un ejemplo, todavía no agotado por la historia del lenguaje, de semejantes incomprensiones con el *Diccionario de neologismos* del barón de Schönaich, quien, como escudero fiel de Gottsched puso en la picota lexicográfica, en el año 1754, todas las creaciones nuevas de vocablos, "que proceden de los acentos de los santos varones y bardos del actual siglo, tan entusiasta". La oposición verbal entre Suiza y Sajonia desempeña en éste caso un papel esencial, y esta sátira trivial apenas si tiene que ver con el problema de la generación si comparamos la edad de Schönaich (1725) con las de sus víctimas principales, Bodmer (1698), Haller (1708), Naumann (1719) y Klopstock (1724), y se tiene además en cuenta que tampoco queda bien parada la memoria del hinchado Hans Caspar von Lohenstein (1635). Pero si el joven Schönaich se siente muy moderno, también se expresa la resistencia reforzada de la vieja generación entre los jóvenes, pues Schönaich se convierte, por comisión de Gottsched, en abogado de un lenguaje aprendido, que se formó en la tendencia de naturalidad que caracterizó a la lucha contra el estilo hinchado en el siglo XVII y que desde entonces se había adormecido. Pues el ataque emprendido por Schönaich en nombre del racionalismo, bien atrincherado, contra las vanguardias del irracionalismo, que se pasea a campo abierto, no es más que una reacción, más bien un ronquido, del lenguaje que duerme y no quiere ser perturbado por los primeros gritos del despertar.

Cosa parecida se repite cuando Federico Nicolai pretende ridiculizar en su *Pequeño y fino almanaque* (1736), mediante canciones populares auténticas impresas con una ortografía disparatada, los empeños en favor de la poesía popular de Bürger y Herder, o cuando Baggesen, Schreiber y Voss, en 1810, fabrican su *Almanaque Klingkling* contra los románticos sonetistas de Heidelberg. De no haber sido adelantada por Schönaich la idea del *Diccionario de neologismos*, muy bien pudieron haber salido de los talleres de la Ilustración, para fines parejos, muestrarios del lenguaje del *Sturm und Drang* o de los románticos, y en algunas críticas ocasionales se han solido fabricar algunas listas de este género.

Pero tampoco faltan ejemplos de que la joven generación se haya divertido con sátiras miméticas del vocabulario anticuado de los viejos. El ejemplo clásico lo tenemos en las *Epistolae obscurorum viro-*

rum con su burla del mal latín de los frailes. Le sigue en el siglo XVII la sátira de Rachel y Wernicke con sus irónicas alabanzas del estilo suntuoso de los marinistas de Silesia. Resulta especialmente significativo el *Hombre en la luna*, donde Guillermo Hauff (1802) se burla del estilo melífluo de Clauren (1731), pues no se trataba, originalmente, de una parodia sino de una imitación, que acabó por superar el joven escritor que luchaba por su independencia. Toda la serie de brillantes parodias de escritores contemporáneos llevadas a cabo por Fritz Mauthner, Hans von Gumppenberg, Roberto Neumann, no sólo agradan como reflejos excelentes de todas las peculiaridades del estilo individual sino que son también instructivas para caracterizar el estilo de la generación, pues muestran qué particularidades verbales resultan cómicas para una generación, ya porque aparecen anticuadas o por hipermodernas. Lo mismo que la caricatura por lo que se refiere a la historia política, la parodia representa en la historia del gusto y del lenguaje un material precioso para observar el desarrollo que se está verificando.

La historia del lenguaje puede encontrar en la oposición de generaciones un fecundo principio explicativo del desarrollo que no ha sido, ni con mucho, utilizado, sobre todo en la época moderna, en que el rico material y la sucesión claramente delimitable de las generaciones ofrecen inagotables posibilidades de observación para el desarrollo general del lenguaje. Hermann Paul en sus *Principios de historia de lenguaje* (§43) nos ha remitido ya, por lo que respecta al cambio fonético, al hecho de que, dentro de la misma generación, sólo se suelen producir cambios insignificantes. "Los cambios perceptibles tienen lugar cuando una generación vieja es desplazada por otra nueva. Al principio, cuando el cambio ha penetrado en la mayoría, mientras que una minoría resiste todavía, es natural que la generación en crecimiento se rija por la mayoría, más si tenemos en cuenta que su manera de hablar le es más cómoda. Y si la minoría persiste en la vieja costumbre, de todas maneras va extinguiéndose poco a poco. Pero también puede ocurrir que el sentimiento orgánico de la generación más joven se configure, desde un principio, en una cierta dirección que se desvía de la antigua. Las mismas razones que empujan a la vieja generación a un cierto desvío del sentimiento dinámico ya en marcha, operan en la generación joven en el sentido de conformación inicial. Se podrá decir, por lo tanto, que la ocasión principal para el cambio fonético reside en la transmisión de los fonemas a nuevos individuos."

Carlos Vossler se ha pronunciado, desde el punto de vista de la investigación lingüística idealista, contra el mecanismo de la hipótesis de que el cambio fonético está causado por "la sucesión de generaciones" y ha explicado la infinita variedad de los cambios fonéticos por los procesos espirituales del cambio de significado.[1] De este modo se enfoca la historia evolutiva del lenguaje como un problema de la historia del estilo. Pero el estilo no es únicamente una práctica individual por la cual se diferencia el estilo del individuo de los demás compañeros de edad, sino que esta configuración individual tiene como base el uso lingüístico general de una comunidad, que se destaca de la vieja generación, y cuando no existe esta base hay que crear antes el ámbito de resonancia para que no choque el nuevo sonido. El cambio de significación no se puede imponer por una creación individual más que en el caso en que lo acoja una comunidad. Max Kirschstein, en su libro sobre la *República de las letras alemanas de Klopstock* (Berlín, 1928) ha mostrado con el ejemplo del concepto "representación" *(Dorstellims)* cómo la significación creada por Klopstock se convierte en consigna de una nueva concepción del arte. En este sentido toda historia del lenguaje que coloque en un primer plano el cambio semántico tiene que ser una historia de generaciones.

h) *Anquilosamiento de la vieja generación.* El grupo de edad reconocido como unidad no siempre mantiene el hermetismo de su primera aparición. Los grandes se remontan gracias a su entelequia individual sobre la situación de la generación; los simpatizadores del movimiento vuelven a su disposición congénita o se dejan arrebatar por una nueva onda; pero el término medio se mantiene rígido en su situación de generación y ofrece resistencia a los nuevos ataques. Y hasta los provoca en cierta medida al cerrarse a la juventud y bloquearles la calle; la unidad de generación se encastilla. El mismo Goethe, luego de haberse emancipado en Weimar y en Italia de sus compañeros del *Sturm und Drang,* no quería reconocer a los que vinieron tras él, el mismo derecho de emancipación. Al recordar su primera amistad con Schiller, confiesa en qué grado, al volver de Italia, le chocaron manifestaciones como el *Ardinghello* de Heinse y *Los bandidos* de Schiller, porque le renovaban con paradojas éticas y dramáticas una fermentación que él ya había superado. Pero, con cierta comprensión de la generación, añade: "El hombre no puede evitar el querer actuar según su índole; primero lo intenta en forma incons-

---

1 "Sprache als Schöpfung und Entwicklung", Heidelberg, 1905, pp. 49 ss. Este ensayo se halla incluído en *Positivismo e idealismo en la lingüística y el lenguaje como creación, y evolución,* Ed. Poblet, Buenos Aires, 1929. Literaturblatt für germanische und romanische Philologie, vols. 28 (1906) esp. 17.

ciente, indisciplinada y luego va cobrando una mayor conciencia en cada etapa de su formación; de aquí que tantas cosas excelentes y fútiles se extiendan por el mundo y se desarrolle la confusión a base de la confusión." Esta comprensión encuentran a veces en él los hermanos Schlegel y Zacarías Werner, mientras que fracasa frente a Kleist. Schiller, al rechazar bruscamente a Federico Schlegel, dió ocasión a que los románticos de Jena formaran un grupo con la revista *Athenäum*. No se puede caracterizar en forma más clara la conciencia cerrada de la madurez de lo que ocurre en los versos que llevan el titulado de *Los hijos domingueros*

> *Por años trabaja el maestro y nunca está satisfecho;*
> *Pero a la generación genial se le regala en sueños.*
> *Lo que ayer aprendieron, ya lo quieren enseñar hoy*
> *¡Qué entrañas más cortas tienen estos señores!*

Y en los *Xenien* dirigidos contra Federico Schlegel se manifiesta en forma insuperablemente clara cuán incomprensible le aparece al viejo el lenguaje paradójico de la juventud.

Resulta misterioso cómo Herder, que en *Titón y Aurora* había expuesto la esperanzada idea del rejuvenecimiento constante del lenguaje, en su *Adrastea* vuelve la mirada a la poesía de Uz, Gleim y Götz como siglo de oro y, según el juicio de Goethe, "busca con empeño la vieja literatura muerta para calumniar al presente, haciendo maliciosas comparaciones". Es notable la calificación que hace Paul Heyse de los *Espectros* de Ibsen como "poesía de hospital", pues el mismo Ibsen, en su *Constructor Solness*, señaló el miedo ante la juventud como síntoma crítico de envejecimiento. Y el hecho de que se le aprecie tan alto al viejo Fontane su comprensiva actitud ante los comienzos de Gerhart Hauptmann, demuestra que tal suceso es casi un milagro o que, por lo menos, es sentido como una rara excepción de la ley.

La biografía de todo grande hombre nos ofrece ejemplos del descorazonador desconocimiento por parte de la crítica de la vieja generación. Considerando las cosas desde el lado la vejez, surge la cuestión de si esta imposibilidad de comprender no representará, por encima de la incapacidad individual, una ineptitud que obedece a leyes, y de cuándo se presenta este estado, que depende del grado de la propia vitalidad y movilidad, de las experiencias y metas personales, estado que los aforismos de Schopenhauer han caracterizado con la antítesis: "Si el carácter de la primera mitad de la vida lo constituye un anhelo insatisfecho por la felicidad, el de la segunda es preocupación por la desdicha." Visto desde el lado de la juventud, se muestra que la experiencia de una supuesta o efectiva incomprensión por parte de los viejos constituye uno de los factores más importantes en la formación de la generación. El ataque contra los viejos no es lo primario del movimiento juvenil; más bien se siente la confiada voluntad de atraer a los viejos al reconocimiento de la aportación propia y de la propia peculiaridad, y esto ofrece el incentivo más fuerte. Si se logra la superación del antagonismo de las edades, entonces puede formarse un modo de vida más firme y riguroso que el representado por la unidad juvenil. En el caso de Goethe y Schiller, el sentimiento de estar el uno abocado al otro, superó a toda separación antiódica que, según la expresión de Goethe, parecía ser más grande que el diámetro terrestre, y tanto más fácilmente cuanto que los dos habían escapado ya a su comunidad juvenil. Pero si fracasa esta superación del antagonismo, que tiene que establecerse como reconocimiento de la aportación objetiva dentro de una comunidad de trabajo, en ese caso se ensancha el abismo por el encono. Tanto a los viejos como a los jóvenes no les queda más remedio que ir a buscar la comprensión en los compañeros de edad, comprensión que es asegurada por una situación de generación homogénea, por experiencias iguales, por una actitud en el mismo sentido y por una comunidad de destino.

5

LO QUE ABARCA LA UNIDAD DE GENERACION

Del proceso señalado de la formación de la generación resulta que la formación que llama una generación no puede pasar ni por una medida regular del tiempo, que se nos da por la duración media de la acción de los individuos, ni tampoco por una igualdad fijada por el nacimiento, sino como una unidad de ser debida a la comunidad de destino, que implica una homogeneidad de experiencias y propósitos. Sólo mediante esta comunidad se esclarece en su necesidad el concepto de destino, como trozo de vida limitado por el nacimiento y la muerte, levantado por el crecimiento y el desarrollo, llenado por la acción recíproca cooperativa y antagónica. La sucesión de generaciones significa el compás del destino, que fuerza a innumerables individuos a un ritmo de trabajo. El compás corresponde, si se me permite una comparación técnica, al trabajo rítmico de un motor. La acumulación y prensado del combustible tiene que preceder a la descarga; la misma onda que llena un cilindro abandona, a compás, el otro; el encendimiento prematuro acelera y el encendimiento tardío retarda el *tempo*. La imagen sigue siendo adecuada también en el sentido de que una consideración "generacionista" unilateral podría conducirnos a mirar a la humanidad como una máquina. Y aquí está el peligro de la exageración metódica.

La facilitación del trabajo por el ritmo no sólo se da en la actividad de los individuos sino, sobre todo, en el trabajo de los grupos y en la voluntad del conjunto. La unidad de voluntad de la generación potencia la fuerza empleada y representa el medio más fuerte para aumentar la producción. Pero el compás rítmico no es melodía y resulta, por lo tanto, imposible descubrir con este principio de orden la plenitud de cada una de las aportaciones individuales con todas sus luces y colores. Puede servir, únicamente, para esbozar las líneas del cuadro y señalar el perfil de la estructura. Pero nunca podrá ampliarse la aportación del individuo de un modo exhaustivo partiendo de su generación, por muy dependiente que sea de ella, como tampoco la raza a que pertenece o la comarca en que ha crecido determinan de un modo definitivo y exclusivo.

El principio "generacionista" representa en la historia literaria el correlato del sistema racial y comarcal; la categoría del ordenamiento temporal completa la del ordenamiento espacial. Todo lo que en la consideración espacial es rígido, la patria, el carácter racial, el lenguaje y el estilo vinculado a él, es puesto en movimiento, y todo lo que en la consideración espacial es fluyente, como cambio y desarrollo, queda solidificado. La consideración por generaciones permite engarzar el devenir literario en el acontecer del tiempo, en los grandes acontecimientos políticos, las corrientes espirituales, las conmociones de los estados de espíritu a través de las cuales se va cambiando la índole de los hombres.

Pero este modo de consideración universal nos coloca ante la cuestión de si será legítima la limitación a las generaciones literarias, y si no será mejor entender que la generación literaria coincide en tal medida con la política, la social y la económica, que el problema se habrá de considerar, mejor, como sociológico o histórico-cultural. Si Schopenhauer distingue dos historias, la política y la de las artes y letras, la primera como la historia de la voluntad, con efectos atemorizadores y angustiosos, la otra la del intelecto, que produce una impresión serena y alegre, en ese caso realizamos la separación polar de dos esferas de vida que, en sus acciones, interfieren una en otra y se condicionan mutuamente, aunque el arte recorra el camino de lo temporal a lo eterno y la política de lo eterno a lo temporal.

La sucesión de generaciones constituye un problema *sociológico* en esa primera etapa de la "situación" unitaria, que constituye el supuesto de la "conexión de generación". Se convierte en un problema *histórico- cultural* en la "conexión de generación", que sirve de base a la unión y a la interacción radical entre movimientos, concepciones del mundo y programas de partido políticos y religiosos, entre aportaciones científicas y artísticas. Pero toda unidad de generación que se forma dentro de la gran conexión en los dominios de la política, de la ciencia y de cada una de las artes, con direcciones paralelas, trabadas por la interacción pero singulares en la particularidad de sus medios y metas, merece una consideración aparte. Existe, por lo tanto, un problema *literario* de la generación.

En las artes, aquella diversidad en las etapas del desarrollo por la cual cada una de ellas puede haber alcanzado un punto diferente en el mismo momento del tiempo, puede condicionar la dependencia recíproca, como señala Pinder; la unidad de generación, que alberga siempre la voluntad más fuerte, logra la dirección dentro de la conexión de generación. Así, la pintura barroca ha influído en la voluntad artística de los poetas del Barroco, la música religiosa de la primera mitad del siglo XVIII ha influído en la voluntad artística de la poesía, por ejemplo, del *Mesías* de Klopstock, y la altura de la poesía clásica entre fines del XVIII y comienzos del XIX ha tenido papel dirigente tanto para las artes plásticas como para la música de la época, en tal forma que, para las generaciones que aparecen luego en la historia del arte y de la música tenía que convertirse en programa el emanciparse del patronato literario. La poesía se ha sentido casi siempre en un punto medio entre la escultura y la música y se ha inclinado algunas veces más hacia un lado que a otro. Pero no siempre la dependencia es consecuencia de una superioridad del arte vecina. Cuando el clasicismo alemán toma su patrón, bajo la dirección de Goethe, de las artes plásticas, no se halla bajo la impresión de la superioridad artística de la misma generación sino que apela, como ya lo habían hecho Winckelmann y Lessing, al arte del pasado, el antiguo y el renacentista. Después que el sentido sentimental y musical del período anterior había traído consigo una tendencia desmesurada e informe, se sentía la necesidad de buscar una compensación, de encontrar un respaldo en el concepto formal riguroso de las artes plásticas, y si la propia generación no se presentaba con la potencia suficiente para proporcionar este respaldo, no había más remedio que acudir a la aportación de generaciones pasadas al efecto de fortalecer las tendencias inmanentes. Del mismo modo, tenemos razones profundas que explican que el romanticismo marcha por los caminos que el clasicismo había dejado abiertos y no se debe únicamente a las aportaciones musicales de las generaciones de Mozart y de Beethoven el que todo el romanticismo fuera determinado por una dirección musical y que hasta la misma pintura romántica, con Runge y Friedrich, incluída en la unidad de generación de los poetas románticos, buscara además, a través de la literatura romántica, el contacto con la música. En la misma forma, el realismo y el naturalismo de la literatura y la pintura europeas del siglo XIX han mantenido una marcha de generaciones paralela, y a fines de siglo han determinado el programa musical de la "unidad de generación" musical, en tal medida, que la liberación de la música de esa vinculación literaria no se presenta como una marcha evolutiva tan unitaria y constante como pudiera parecer desde el punto de vista de la música absoluta del presente, que a su vez ha traído a sus vías grupos de generaciones de poetas y pintores todavía en vida. Más bien se muestra un cambio rítmico pero que no se agota con la sucesión regular de esas dos tendencias polares designadas por Pinder "forma como entrega" y "forma como imposición" ni tampoco con el retorno de los abuelos en los nietos. El "tanto esto como aquello" del clasicismo no representa sólo una etapa fugaz de transición sino por su propósito de acoplar las fuerzas y por su ideal de armonía orgánica, también la tendencia inmanente de un tipo de hombre que puede dominar en ocasiones a toda una generación. Además del movimiento metronómico pendular de la antítesis, es posible la tendencia unitaria y abarcadora de la síntesis y, por encima de esto, el ensayo de fuerza de un crecimiento unilateral,[1] y esta posibilidad de las direcciones, cuya persistencia depende de la fuerza de la aportación y del éxito, presta al ritmo generacionista una diversidad incalculable.

Igualmente incalculable es el alcance espacial de un movimiento generacionista y de su penetración social. El año de nacimiento pierde importancia cuando la amplitud de las experiencias que constituyen a la generación no es lo bastante para abarcar a los de la misma edad. En su ensayo sobre "el problema de la generación en la historia" (*Zeitschrift für deutsche Bildung*, 1929, p. 524), recuerda de pasada Ricardo Alewyn que pueden existir en Australia pueblos primitivos que vivan en la edad de piedra, que se hallen, por lo tanto, fuera de la historia y no guarden la menor conexión de generación con nos-

---

[1] Cf. *Wesensberlinnery der deutschen Rominlik*, pp. 159 ss.

otros, y hasta se pueden dar culturas históricas que lleven una existencia separada que no permite ninguna conexión de generación. Ciertas experiencias constitutivas de generación quedan limitadas a un círculo relativamente pequeño, y me parece dudoso el que, por ejemplo, la penetración de la canción secular italiana hacia 1580, que afectó a los compositores y poetas seculares alemanes pero no a los místicos, teólogos, dramáticos, prosistas y satíricos de la misma época, pueda considerarse como una experiencia generacionista decisiva, más si se tiene en cuenta que se trata de un movimiento reflejo y de acoger un arte constituído en otro país y por otra generación. Pero las experiencias generacionistas más amplias son aquellas que no se refieren a las formas literarias sino que conmueven la estructura fundamental del hombre entero de una época. Movimientos europeos y acontecimientos universales como el de la penúltima guerra, que afectaron a toda la tierra, tienen una longitud de onda mucho mayor y una profundidad que penetra en todas las capas de la sociedad, y por eso son capaces de hacer surgir la comunidad de generación por encima de todos los límites de clases y de países. Semejantes acontecimientos acarrean también una nivelación entre los diferentes estados culturales de los diversos países; y su efecto de largo alcance es que el ritmo del desarrollo, dispar dentro de las diversas conexiones culturales, finalmente resulte en un ritmo concorde dentro de los límites de una época, de suerte que la gran sinfonía articula todos los instrumentos con sus pausas y altibajas.

La unificación de las comunidades y el acortamiento de las distancias por los barcos, aviones, la radio y la televisión, la generalización de los medios educativos, la ampliación de las traducciones, la tendencia hacia el idioma universal, el comercio mundial, las bolsas, el servicio informativo de la prensa, los trusts, todos estos fenómenos modernos sobre cuyo valor cultural se puede discrepar, refuerzan cada vez más, al sofocar las particularidades regionales que se resisten a la formación de una generación universal, la comunidad de destino y el paso parejo del desarrollo, de suerte que se puede decir, con razón, que va creciendo la conciencia de generación en su expansión espacial y en su penetración social, así como se va acelerando la sucesión de las generaciones. Por las condiciones de la vida actual, el problema de la generación tiene también gran actualidad para el conocimiento científico.

La distancia temporal entre las formaciones que llamamos "generaciones" es tan incalculable como la de las otras dos dimensiones, es decir, la estratificación espacial y la social. Cuanto más breves los intervalos tanto más rápido el movimiento general y cuanto más rápida la evolución más se apresura la sucesión de las generaciones que son sus sujetos. Pero si con la aceleración se levanta más polvo, también mengua en la nivelación la fuerza de choque del antagonismo.

El destino nos lleva en viaje apresurado y no sabemos si hacia arriba o hacia abajo. "Espoleados por espíritus invisibles, los caballos solares del tiempo marchan rápidamente con el carro ligero de nuestro destino." Pero mirando a los astros eternos, tenemos que acordarnos, en nuestra acelerada carrera, de la otra sentencia de Goethe: cada momento es un representante de la eternidad. Y cuando nos amenaza el vértigo podemos recordar la ancha mirada del viejo en Weimar, que reconocía al final de sus días el derecho de la juventud y veía en los corros de niños el símbolo del mundo que se gasta y se rejuvenece constantemente.

> *¡Vivan las hogueras de San Juan!*
> *¡que no se pierda la alegría!*
> *Siempre se pondrán las escobas al revés*
> *y siempre nacerán niños*

V

FRITZ MEDICUS

EL PROBLEMA DE UNA HISTORIA COMPARADA DE LAS ARTES

1

ALGUNAS OBSERVACIONES PREVIAS DE CARACTER ESTETICO E HISTORICO-FILOSOFICO

EL ARTE —todo arte— cumple en la vida de la humanidad dos funciones polarmente separadas. Sitúa a quien se entrega a él en un mundo de *apariencias* ante el que se desvanece el mundo de la realidad. Y le *revela*, al propio tiempo, las profundidades de la realidad misma.

Como *apariencia*, la obra de arte es algo opuesto a la realidad. Para poder comprender el significado de la palabra "apariencia", hay que pensar al mismo tiempo en la realidad, del que aquélla es la negación. Claro está que también la obra de arte forma parte de la realidad, de la realidad común y corriente. Los materiales de que está formada o sobre la que se plasma la exponen a las condiciones y a las amenazas de la existencia general; se la puede medir y pesar, se la puede vender y gravar con tributos, está expuesta a ser comida por los ratones y sepultada por los terremotos. Pero sólo se convierte en contenido de vivencia artística siempre y cuando que no pueda incluírsela ya entre los objetos de la realidad común y corriente y se mueva dentro de una esfera propia, aparte del mundo de aquella realidad. Esta esfera es la de la apariencia estética. Lo no-real, lo puramente aparente de la obra de arte, envuelve esta condición, hace que las relaciones reales con el resto del mundo no sirvan para poder vivir esta apariencia. Como apariencia, la obra de arte es un mundo aparte, con existencia propia, que no puede juzgarse con arreglo a las leyes que rigen para la realidad común y corriente. En este mundo, el compositor de óperas puede hacer que sus personajes salgan a escena cantando en

195

versos rimados, el pintor y el poeta pueden forjar toda clase de seres fabulosos, el arquitecto puede avergonzarse de las leyes constructivas que aseguran la estabilidad de sus edificios y esconderlas bajo una plétora de elementos ornamentales. Hasta el mismo retrato se rige por una ley suprema, que no es precisamente la de la realidad del personaje representado en él, sino la del modo como lo ve y lo vive el artista: el retrato de arte no es copia de un fragmento de la realidad general, sino pura apariencia estética con vida propia como un mundo aparte; y si tiene fuerza de expresión se debe precisamente a que transmite una vivencia personal y no una simple impresión impersonal de la naturaleza, como una fotografía. (Cuando lo que se busca en el retrato, al juzgarlo, es su valor documental o se juzga un edificio desde el punto de vista de su utilidad práctica; cuando el poseedor de una obra de arte la aprecia porque le sirve para poner de relieve su riqueza o sus intereses espirituales o para atraer a gentes deseosas de contemplarla, entran ya en juego criterios ajenos al campo específico del arte. No existe ninguna obra de arte que se reduzca exclusivamente a serlo, que no sea además otras cosas.) Como pura apariencia que es, la obra de arte no tiene por qué exigir nada de la vida vinculada a la realidad; vive para sí misma, autárquicamente, dentro de un mundo propio. No tiene nada que ver con la ley de la gravedad: la vivencia de la apariencia estética es goce, deleita y hace feliz a quien la vive.

Sin embargo, frente al momento de la apariencia se da en el arte, como queda dicho, el momento de la *revelación*. Y tampoco el significado de esta palabra puede ser comprendido si el pensamiento no empareja con ella la idea de la realidad, afirmándola aquí del modo más resuelto, es decir, en un sentido que trasciende de la órbita de la existencia común y corriente. Toda obra de arte, por el mero hecho de serlo, es en mayor o menor grado revelación de la realidad (del mismo modo que, de otro lado, toda obra de arte nos arranca en mayor o menor grado de la realidad para transportarnos a la región etérea de la apariencia). Testimonio de realidad son las severas imágenes de los dioses egipcios, como las figuras de un Escopas o un Praxiteles, nimbadas de una gracia irresistible; de realidad nos hablan el sublime poema del Dante o el *Decamerón* de Boccaccio, la *Pasión según san Mateo*, de Bach, o los valses de Johann Strauss. La realidad vivida tiene muchas facetas. Todo hombre vive horas de desbordante alegría y horas de profunda y reconcentrada seriedad, sin que esta antítesis de por sí tenga por qué amenazar con destruir la unidad de su existencia personal. Incomparablemente mayor todavía es la antítesis de vivencia de la humanidad que se manifiesta a través de su historia sin que esta antítesis destruya tampoco ni ponga en tela de juicio su unidad. Ahora bien, la experiencia vivida de la humanidad sólo se revela a la receptividad estética, y los más vigorosos y fieles documentos de esa experiencia vivida son las obras del arte. Las grandes obras de arte expresan lo último y lo más amplio que una comunidad cultural ha podido vivir de la realidad en una época dada; por su parte, las pequeñas obras de arte dependen de las grandes: en aquéllas se refleja algo de la revelación de la realidad que cobra en éstas su expresión originaria.

Pero no se crea que esta captación de la realidad, por trascender de la existencia común y corriente, sea una tarea que haya de afrontarse desapasionadamente y con objetiva frialdad. Nada de eso. Los dioses de un pueblo son para el otro demonios cuyos altares deben ser derribados y cuyos fieles merecen ser exterminados. La realidad infunde imperativos a quien está seguro de haberla captado. No es necesario que esas voces sean sombrías y sangrientas; el "vivir y dejar que otros vivan" es también un imperativo: la clase de imperativos que de ella emanen -dependerá del contenido específico de la vivencia de la realidad, del grado de su seriedad y de empuje. Pero, como el hombre es el ser que la naturaleza trae al mundo sin acabar, que tiene que ir haciéndose y construyendo por sí mismo su humanidad una y otra vez, incesantemente, y como es, además, un ser destinado a convivir con otros, ya que "sólo es hombre entre hombres", tenemos que la historia de la humanidad entraña siempre una serie de imperativos, los cuales dominan la existencia de las comunidades culturales. Para poder vivir humanamente, el hombre necesita *tareas supraindividuales*. Estas tareas las da la historia y cambian a través de ella. Cobran forma aprehensible para quien sabe mirar a las profundidades de la realidad, para el "vidente". Y jamás pueden ser proclamadas en prosa, pues el mundo de la prosa es la existencia común y corriente, de la que hay que trascender para mirar a lo que está llamado a hacer que el presente se remonte a sus alturas y, por tanto, se desprende de sí mismo. Todo vidente, todo profeta, es un artista. Y como todos los artistas, ya lo sean en grande o en pequeña escala, son, a su vez, videntes y profetas; como no se limitan nunca a copiar objetos, sino que se hacen acreedores al nombre de artista precisamente por dar expresión a una realidad vivida, tenemos que las obras de arte de una comunidad cultural históricamente dada expresan siempre las tensiones que caracterizan su vivencia. Pero, al llegar aquí, es obligado poner de manifiesto que las distintas artes comparten esta función reveladora de las profundidades y las alturas de la vida en distinto grado y magnitud, las cuales no permanecen siempre idénticas, ni mucho menos, sino que varían de diferentes modos a lo largo de la historia.

2

EL PROBLEMA DE LA SUSTANTIVIDAD ESTETICA
DE LAS DIVERSAS ARTES

¿Tienen las artes una existencia sustantiva e independiente, las unas con respecto a las otras? Conrad Fiedler lo afirma en términos enérgicos: "no existe —dice— un arte en general, sino solamente artes".[1] Según él, los problemas estéticos deben plantearse dentro del campo específico de cada arte. Hoy, combatiendo de vez en cuando las ideas de Fiedler y con mucha frecuencia el "error sobre los límites de las artes" en que incurre Lessing, Benedetto Croce profesa la "unidad del arte" (o "de las artes"). Las artes sólo pueden deslindarse las unas de las otras mediante conceptos empíricos, carentes de segura precisión y de significado permanente, nunca con claridad especulativa. No existen, por tanto, problemas específicos de las distintas artes.[2] La terminología que habla de colores en poesía, de ritmo en la escultura, de líneas en la música no emplea términos aproximativos, sino que confirma la profunda unidad interior de las artes.[3] La fuerza intuitiva no es "ni pictórica ni poética, ni es tampoco musical o arquitectónica, ni algo puramente aislado, sea lo que fuere, sino que es todas estas cosas conjuntamente, formando una unidad indivisible".[4] Toda obra de arte es música y pintura y poesía y escultura y arquitectura.[5] La visión estética del artista es la que decide de qué recursos ha de valerse para cobrar expresión. Pero no son estos recursos, ni los órganos de los sentidos, ni el espacio y el tiempo tampoco, los que establecen la posibilidad de trazar una divisoria de principio entre las distintas artes. Estos principios de clasificación no tienen razón de ser en estética: el ojo y el oído son hechos pertenecientes a las ciencias naturales, pero imposibles en estética como conceptos fundamentales,[6]

[1] *Schriften über Kunst*, ed. por V. H. Marbach (Leipzig, Hirzel, 1896), p. 185.
[2] *Problemi di Estetica* (Bari, Laterza, 1910), p. 227.
[3] *Ibid.*, p. 246.
[4] *Nuovi Saggi di Estetica* (Bari, Laterza, 1920), p. 249.
[5] *Problemi di Estetica*, p. 227.
[6] *Estetica come Scienza dell Espressione e Linguistica generale* (Bari, Laterza, 1912),

y así sucesivamente. Todo criterio verdaderamente estético (que no se halle condicionado por razones puramente técnicas o empíricas) es aplicable al arte en general, sin limitación alguna.

Francesco Flora, apoyándose en Croce, declara: El arte sólo puede dividirse en distintas artes para fines prácticos de comodidad; no existen círculos estáticos en que la innúmera diversidad dinámica del arte pueda encuadrarse. Toda obra de arte es algo infinitamente distinto de cualquier otra. La materia de que esté hecha no puede servir de base para una clasificación de orden fundamental. Lo sensorial no cuenta para nada en el mundo de las actividades estéticas. Cada obra de arte es de por sí autónoma, pero no existe tal autonomía de las distintas artes. El color, el sonido, no son realidades fijas y determinadas: son algo cada vez e innumerables veces nuevo y distinto, algo que rehuye toda clasificación empírica. Palabras, colores, líneas, sonidos: todo esto no son más que metáforas, desdoblamientos físicos de la realidad espiritual y suprasensible del arte. Se dice que el pintor vive el mundo de los colores y el músico el de los sonidos. "Pero los sentidos abstractos y separados unos de otros son conceptos de las ciencias naturales, que nada tienen que ver con el arte... El hombre como tal mira con todo el espíritu." En una mancha de color puede haber vibraciones musicales. "Cuando los sentidos se hunden en la unidad espiritual [es decir, en la vivencia estética], entre una canción de Pergolesi y una pintura de Rafael no hay otra diferencia que la que entre ellas establecen las individuaciones. Una combinación de colores es algo perfectamente comparable a una combinación de sonidos. Una pintura es un ritmo de colores dentro del espacio... Sonidos y colores son valores perfectamente iguales, siempre y cuando que sean combinaciones rítmicas de estados de ánimo." El espacio y el tiempo —construcciones físicas— no tienen cabida en la vivencia estética; "La realidad fluye íntegra en el alma del artista; y en el acto espiritual realizado por él se encierra el universo todo, compendiado en una visión individuada y por encima de los valores puramente sensoriales del ojo, el tacto o el oído."[7]

Convenimos de buen grado en que no pueden establecerse límites fijos entre las distintas artes. Entendemos, sin embargo, que no es tan claro el que el ojo y el oído, el espacio y el tiempo, no desempeñen papel alguno en el campo de la estética. Cuando Flora —coinci-

p. 135; *Nuovi Saggi di Estetica*, p. 247; cfr. también, sin embargo (ocho años más tarde), p. 270.

7 *Dal Romanticismo al Futurismo* (Milán, Mondadori, 1925), pp. 110-120.

diendo en esto, por lo demás, con Oskar Walzel[8] afirma que también en las obras de las artes plásticas hay ritmo y, por tanto, algo relacionado con el tiempo, tiene razón. Pero cuando no admite ninguna diferencia de principio entre una combinación de colores y otra de sonidos, debemos hacer la siguiente salvedad. El ritmo en la pintura, donde lo que domina es una superficie pintada (el espacio) no tiene un determinado *comienzo* ni un determinado fin (determinantes para la vivencia de esta obra de arte), mientras que, por el contrario, en la obra musical la combinación de los sonidos comienza y termina siempre de un cierto modo. El comienzo y el fin en el tiempo no guardan una relación necesaria con su yuxtaposición en el espacio. Un "ritmo de colores" no tiene nunca límites claros dentro del tiempo. Pero la pieza musical sí los tiene; y es principalmente el final lo que reviste importancia estética en ella; hay una ley musical según la cual el final requiere "consecuencia armónica", retorno a la tónica sobre un valor temporal que puede servir de conclusión. Es ésta una ley a la que el compositor no puede sustraerse, en realidad. Puede, es cierto, poner fin a su obra con un suspenso, puede dejar sin escribir el tono o acorde final —así como el *Niño suplicante* de Schumann termina dulce y apremiante con un acorde en séptima dominante—, pero el oído (y al decir esto no nos referimos, naturalmente, al órgano abstractamente concebido desde el punto de vista fisiológico o anatómico, sino al oído que, aun siendo, evidentemente, un algo físico, se halla como tal conformado espiritualmente y actúa como órgano del espíritu, como un órgano animado por él): no puede darse por satisfecho con eso: así como el verdadero final deja en él la conciencia de serlo, un final "no satisfactorio" le obliga a buscar por sí mismo, en silencio, la relación con la tónica.[9] Un "final no satisfactorio" reclama en el caso concreto su especial interpretación, la cual toma siempre como norma, necesariamente, el postulado de la consecuencia armónica, ya reconozca como "sentido" de las disonancias el grito desesperado clamando redención, la voz exigiendo imperturbable tenacidad en la lucha contra las potencias que se ciernen amenazadoras sobre la vida, o lo que sea. La disonancia al final sólo cobra sentido (o, lo que tanto vale, fuerza de expresión), sólo puede decir algo si guarda relación con la norma de la consecuencia armónica. En todo caso, el

[8] *Wechselseitige Erhellung der Künste* (Berlín, Reuther y Reichard, 1917), p. 16. *Gehalt und Gestalt im Kunstwerk des Dichters* (Berlín-Neubabelsberg, Athenaion, 1923), p. 275.

[9] Cfr. Jacob Gehring, *Grundprinzipien der musikalischen Gestaltung* (Leipzig, Breitkopf y Härtel, 1928), p. 51.

final de la obra de música se halla informado siempre por una ley propia y necesaria.

En la pintura (y en las artes plásticas en general) no existe nada análogo a lo que son el comienzo y el final de la obra de música. Y, por tanto, nada análogo tampoco al efecto que el compositor consigue cuando sustrae al oído los sonidos correspondientes a un acorde final "satisfactorio". Tal vez se sienta uno tentado a pensar como paralelo pictórico en la "forma abierta", para emplear el término con que tan brillantemente caracteriza Wölfflin el arte plástico del barroco: no cabe duda de que aquí se cumplen ciertas leyes formales, pero de un modo invisible, sin que el ojo se entere de ello, del mismo modo que en el caso musical a que antes nos referíamos no se entera de ello el oído. Sin embargo, este ocultamiento no tiene idéntico sentido en ambos casos. En la pintura barroca se dan todos los factores determinantes que imprimen unidad artística al todo; lo que ocurre es que algunos de ellos no entran por los ojos. Así, a diferencia de lo que ocurre con el arte del Renacimiento, la superficie pintada no se adapta al marco destacando en ella el centro de la pintura y mediante la ordenación simétrica de ésta, etc.: "La ley, cuando se la reconoce, es siempre insoportable." [10] Sin embargo, en la obra de arte plástico las leyes se cumplen siempre —aunque con la mayor parquedad posible de recursos—. En cambio, en la obra de arte musical con "final no satisfactorio" la ley queda incumplida en la objetividad de los acordes sonoros y su cumplimiento indispensable sólo se realiza en la órbita subjetiva del oído que no se limita a escucharla de un modo puramente "receptivo", sino que colabora hasta cierto punto en ella. Este paralelo de las artes plásticas que no nos ofrece, como vemos, la forma abierta del barroco, no lo encontraremos tampoco, menos aún, en ejemplos como el de una máscara plástica, supongamos, que el artista haga terminar arbitrariamente en la frente o en la mejilla: esta máscara forma, artísticamente, un todo; su inconclusión objetiva nada tiene que ver con el problema de su unidad estética. Y otro tanto podríamos decir con esa clase de pinturas que quien no es capaz de comprender su lenguaje considera inacabadas: lo que tratan de sugerir a quien las contempla no es, ni mucho menos, la necesidad de "completarlas", de recurrir mentalmente a las pinceladas "que faltan" para poner en estos cuadros "el finàl" que echa de menos en ellos. En cambio, sí podríamos señalar en *poesía* (que es, como la música, un arte habla-

---

[10] Heinrich Wölfflin, *Kunstgeschichtliche Grundbegriffe: Das Problem der Stilentwicklung in der neueren Kunst* (Munich, Bruckmann, 1915), p. 158. Existe traducción española de la *Rev. de Occ.*

do) obras creadas deliberadamente por sus autores como *fragmentos*, para incitar a quien las escuche o las lea (son palabras de E. T. A. Hoffmann) "a echar un vistazo detrás de las cortinas" y construir o buscar por sí mismo el final necesario, pero no formulado expresamente en la obra.

Las palabras de Hoffmann que acabamos de citar figuran en los *Hermanos de Serapio*. Pero el ejemplo más famoso de esta clase de obras deliberadamente fragmentarias que nos viene a las mientes al citar el nombre de este autor es la biografía del director de orquesta Kreisler, intercalada en fragmentos sueltos en las *Opiniones de Kater Murr*. La antítesis formal existente entre estos dos relatos entreverados ejerce sobre el lector un efecto seguro: el manuscrito de Kater Murr se reanuda después de cada interrupción exactamente en el sitio en que quedó interrumpido; en cambio, el autor sólo nos ofrece unas cuantas "hojas sueltas, al azar" de la biografía del director de orquesta. "Los apuntes del buen burgués Murr —dice Paul Hensel—[11] forman un todo coherente, la sólida continuidad de una vida..., los relámpagos y chispazos eléctricos que a veces nos permiten mirar a los abismos de la gran alma de Kreisler, sólo duran breves instantes." Precisamente este caso nos demuestra que lo que decimos acerca del final en la obra de arte no se refiere exclusivamente al final de toda la obra. Así como en esta biografía a trozos cada fragmento tiene su propio final (que en este caso es un final "abierto"), la ley de la terminación musical rige para cada una de las frases que forman una pieza de música; no pocas veces, nos encontramos con que el final de un período de ocho acordes aparece regido ya por sus propias leyes: más aún, podría afirmarse fundadamente que en las artes habladas se halla omnipresente la ley del final armónico y que el compositor o el poeta pueden dejarla traslucirse con mayor o menor fuerza de expresión en cualquiera de las fases del proceso de su obra en el tiempo. En un poema, por ejemplo, la necesidad de un final sujeto a ley puede aparecer clara ante la vivencia del lector al final de cada canto, de cada estrofa, de cada verso.

No vale, pues, querer equiparar el "ritmo" de una pintura (o de una escultura, o de una obra arquitectónica) al ritmo propio de una obra de arte hablado, pues si bien es cierto que el ritmo es siempre algo que se desarrolla en el tiempo, en las artes plásticas se halla dominado por el factor espacio, por cuya razón no puede presionar hacia un final determinado, sino que tiende a retornar siempre a sí

---

11 *Kleine Schriften und Vorträge* (Greiz, Henning), p. 71.

mismo (cosa que no hace nunca el ritmo, libre de una férula extraña a él). Y, por las mismas razones, perderíamos el tiempo si pretendiéramos equiparar el gran ritmo que rige la relación que guardan entre sí las frases de una sonata, de una sinfonía, de una *suite* o los actos de una ópera o un drama con la relación existente entre los distintos cuadros de un ciclo pictórico. La Casa de Arte de Zurich alberga el ciclo de la fuente de Juvencia, de Cuno Amiet; elegimos concretamente este ejemplo porque estas pinturas murales proceden precisamente de un pintor musical y confirman, por tanto, bastante bien la tesis de que entre la música y la pintura no existe una línea divisoria escarpada. Sin embargo, nadie considerará la terminación de esta serie de cuadros como un "final": los últimos son como los primeros, no hacen sino rodear al cuadro central: también en este caso vemos cómo el ritmo gira en torno al momento de su culminación. Ni cabe tampoco afirmar, evidentemente, que el cuadro central (que representa la metamorfosis, recién ocurrida de los dos viejos) represente el verdadero final de la serie; por la sencilla razón de que en las artes plásticas no existe semejante final.

De todo lo dicho se desprende que la tesis de la "unidad de las artes" es una exageración de la verdad de que entre las distintas artes no existen murallas divisorias. No fueron simplemente motivos de comodidad práctica los que condujeron a la división de las artes. Cuando van a refugiarse a la pintura o a la escultura cosas que se mueven en la línea del tiempo, se hallan siempre encadenadas por las necesidades del espacio, imperantes en estas artes. Y no es difícil comprender que otro tanto acontece, a la inversa, con los "momentos" espaciales que encuentran cabida en la música o en la poesía. Y, al decir esto, no nos referimos, ciertamente, a expresiones puramente alegóricas (sugeridas en ciertos individuos por fenómenos psíquicos) como las de "línea musical", "superficie musical" o "espacio musical", sino más bien a la "arquitectura" de las obras musicales y poéticas, que puede tener como refuerzo el "color".[12] La palabra "arquitectura" se refiere aquí a la simetría de las partes, a la relación permanente de interdependencia en que se hallan enlazadas las unas con las otras. No queremos referirnos a una arquitectura en el espacio, del mismo modo que la frase "ritmo de colores" no alude precisamente a un ritmo en el tiempo; el ritmo de los colores reside más bien en la superficie pintada, y el "momento de fluencia temporal no permite que se le complete, acabándola en un tiempo que se refiere al contenido de

---

[12] Jacob Gehring, *Grundprinzipien der musikalischen Gestaltung*, p. 26.

la vivencia estética, que valga para ella. Así, la arquitectura de la obra musical constituye, indudablemente, un factor o momento espacial, pero .no existe ningún espacio que pudiera abarcar el contenido de la vivencia musical. Esta vivencia es inespacial, y aunque en ciertos individuos la vivencia musical vaya acompañada de representaciones espaciales, éstas son siempre absolutamente separables del contenido estético de la composición.

Lo temporal en las artes plásticas, como lo espacial en las artes habladas, se halla sujeto al imperio de principios antagónicos: ambos grupos de artes guardan entre sí una relación *polar*. Y así como el polo norte depende del polo sur, y viceversa, pues ninguno de ellos podría existir sin el otro, las artes plásticas necesitan del ritmo y las artes habladas de la tectónica estructural. Por tanto, estos dos grupos de artes no se excluyen entre sí, ni mucho menos, en todos los sentidos; pero esto no quiere decir que exista una "unidad del arte", sino una antítesis polar entre las artes habladas y las artes plásticas, y cada uno de estos dos grupos de artes tiene sus problemas estéticos propios y específicos, condicionados por la inversión de las relaciones de imperio y de servidumbre en cuanto a los factores que hemos señalado.

Una frase de Francesco Flora que citábamos más arriba —y lo mismo, en términos iguales o parecidos, ha sido sostenido por muchos otros— dice que la obra de arte es símbolo "del universo todo", de la totalidad. La frase no es falsa; no obstante, debe ser interpretada en sentido restrictivo con vistas de la polaridad de las dos direcciones en que se desdobla la creación artística: en la obra de arte, el todo no está nunca presente más que con una acentuación unilateral. El universo *todo* se contiene en el espacio *y* en el tiempo (es naturaleza *e* historia). Y aunque el símbolo artístico nos lo revele en el espacio inmóvil, la obra pictórica, escultórica o arquitectónica puede muy bien contener movimiento, una dosis considerable de él: sin embargo, el movimiento queda sujeto a su lugar y no se hace justicia a la dinámica que se manifiesta en la órbita histórica de las revelaciones del espíritu. Allí donde pueden darse por conocidos ciertos sucesos históricos o mitológicos, cabe invocar con una fuerza extraordinaria esta dinámica (Niobe, el Crucificado): pero la dinámica no se contiene jamás en la misma obra pintada o esculpida. El propio movimiento de la naturaleza se encarga de señalar al artista plástico sus límites: éste puede representar lo que se mueve y elegir el momento más favorable o significativo para el movimiento; pero los recursos plásticos o pictóricos jamás pueden captar el movimiento mismo, lo dinámico de los acaecimientos. En cambio, ¡cómo se percibe el movimiento (y no sólo "lo movido") en el versos de Goethe!

¡Blandas nieblas beben en torno a la elevada lejanía!, o en la invocación de Gottfried Keller al "dorado esplendor de las estrellas, que se mece jugando en el espacio cósmico". Y, a la inversa, en las obras de las artes habladas sale perdiendo siempre la fuerza de expresión de la forma espacial. Lo tenaz, lo permanente, lo intemporal del ser, el carácter obvio con que éste se afirma en todas sus formas, no encuentran símbolos directos en las artes habladas (a lo sumo, símbolos indirectos, por ejemplo, mediante el rodeo de que las obras de las artes plásticas —las pirámides, v.gr.— se convierten en tema poemático).

Es cierto que no existen fronteras rígidas entre las distintas artes. En la *escena*, vemos cómo se combinan íntimamente los factores tiempo y espacio: aquí, no hablan solamente la palabra y el sonido, sino que hablan también los gestos que actúan especialmente dentro del espacio y llenan de vida el espacio escénico (realzados, además, en su fuerza de expresión, por la cooperación del decorador, del sastre y del peluquero). Pero no por ello queda abolida aquí la antítesis polar entre los factores correspondientes al espacio y al tiempo. En efecto, lo que da la pauta en el teatro son las palabras del poeta o, si en la obra teatral interviene la música y ésta pretende ser algo más que simple acompañamiento, los acordes del compositor; el cuadro que nos presenta la escena se halla siempre al servicio de lo que tiene que ser captado como movimiento que se desarrolla en el tiempo. El sentido de la representación puede perderse o correr peligro de perderse cuando un elemento decorativo exagerado absorba por sí mismo el interés del espectador. Pero el drama sólo se convierte en realidad artística cuando se llena el espacio escénico con vida; pero la forma como la vida debe exteriorizarse en cada momento del proceso dramático, está prescrita en el texto del poeta o en las notas del compositor. La representación demuestra cómo a la palabra y al sonido les es propia una fuerza anímica que actúa también en la existencia externa; y lo demuestra principalmente en las imágenes ópticas que retiene la memoria del espectador de aquellos momentos en que los grandes actores expresan del modo más conmovedor una pasión o una emoción. Los gestos de gran fuerza de expresión se hallan aquí al servicio de la visión de un poeta que ha sabido infundir a sus palabras el vigor necesario para plasmar en el espacio escenas visibles de fuerza imperiosa y penetrante. Si las artes plásticas se dirigen al alma exclusivamente a través del ojo, las artes habladas no apelan a ella exclusivamente por medio del oído. El drama requiere una representación exteriormente visible: quien conoce los "Puntales de la sociedad" por medio de la lectura, no se entera hasta el final de que Marta ama a Juan y le ha amado siempre; en la escena, esta revelación va precedida necesariamente de una preparación mímica. El poeta dramático cuenta con la interpretación mínima de su obra. Con razón decía Goethe de Schiller, para dar idea de su talento dramático: "Veía su objeto, como si dijéramos, desde fuera." [13]

En las artes habladas, que giran en torno al polo del desarrollo en el tiempo, debemos incluir también, en última instancia, el arte *cinematográfico*. Es cierto que aún no puede presentar ninguna creación que pueda calificarse seriamente de obra de arte; pero no cabe duda de que este arte podrá llegar a existir como un arte serio en el mejor de los sentidos. Su meta consiste en presentar dinámicamente la realidad por medio de la dinámica. Los distintos gestos del actor cinematográfico no pueden concebirse, como los de la figura plástica o pictórica, en un ritmo sin principio ni fin, que tiene la tendencia de retornar constantemente a sí mismo, sino, como en el drama o en la ópera, en conexión con un proceso que se desarrolla en el tiempo y se sitúa en un determinado punto de éste. Sólo dentro de esta escala en el tiempo dice el arte cinematográfico lo que tiene que decir. Es cierto que ni el gesto del actor de cine ni todo el arte cinematográfico dicen nada al oído (aquí, prescindimos en absoluto, expresamente, de las películas habladas): el arte "hablado" del actor de cine habla al espíritu exclusivamente por medio del ojo. Pero de un modo muy distinto a como puede hacerlo una serie de imágenes coordinadas e inmóviles dentro del espacio y que dejan a cargo del espectador el imaginarse el movimiento que articula las distintas representaciones entre sí. En el cine, todas las escenas que se extienden en el espacio se hallan sometidas a un ritmo unánime en el tiempo.

El camino que va desde la música hasta el arte cinematográfico pasando por la poesía (la cual, a su vez, permitiría otras diferenciaciones, bien entendido que sin deslindes conceptualmente determinados) es un camino de dentro *afuera*. Es cierto que todo este camino se halla presidido por la dinámica —forma de toda manifestación del espíritu—; pero esta dinámica parece irse enredando cada vez más en una existencia ajena y hasta hostil a ella. Hasta en el drama más vigoroso se halla lo espiritual expuesto, en la escena, al peligro de verse arrollado por lo externo, por lo cuantitativo, por lo que llena el espacio

---

13 *Conversaciones con Eckermann,* 18 enero 1825; cfr. también la del 25 mayo 1831.

y cautiva los sentidos del espectador. Y no digamos, en el arte cinematográfico. Y la categoría de la cantidad carece siempre de alma. Es la verdadera categoría de lo externo. Para el alma, la inmediatez de la vivencia al aire libre constituye una tentación satánica. Y, como tal, penetra hasta en las zonas más recónditas del alma, en la esfera de la música, influyendo en ella y amenazándola con enajenarla. Lo cuantitativo actúa sobre los sentidos, y los sentidos son las puertas abiertas al mundo exterior. El más espiritual de todos los sentidos es el del oído. En todo lo que los demás sentidos se encargan de transmitir al espíritu permanece la relación con lo extraño, con la existencia exterior. Claro está que también a lo que el oído transporta al alma puede ir adherida esta relación. Pero aquí hay, además, contenidos, que el alma se asimila sin dejar residuo alguno, en los que se encuentra a sí misma y se siente enriquecida. Existe, pues, una diferencia muy notable entre las artes habladas que sólo hablan al espíritu a través del oído, las que le hablan por medio del oído y el ojo al mismo tiempo y, finalmente, las que sólo le hablan por medio del sentido de la vista. Claro está que la tentación a que más arriba nos referíamos tiende a silenciar esta diferencia.

En las artes *plásticas* es evidente la relación con la existencia exterior. Todas estas artes se realizan en la quietud del espacio. Vivir en el espacio, quiere decir vivir exteriormente. En cuanto pertenece a la realidad general, el ser exterior se halla dominado por el tiempo. Pero el tiempo no tiene poder alguno sobre la órbita estética a que pertenecen las obras de las artes plásticas; no penetra en ellas, sino que fluye por delante de ellas, sin tocarlas. El ser que corresponde a las figuras artísticas situadas en la quietud del espacio vive *al margen del tiempo* (en el sentido no falseado de esta frase). Y el ser exterior, como tal, es además algo carente de problema. Problemas sustanciales sólo existen allí donde existe una dinámica directa, un devenir vivido en lo que tiene de problemático. Los problemas arrancan siempre de algo: tienen un comienzo. Y reclaman una solución: tienden hacia un fin. Pero lo espacial en cuanto tal no pregunta; es, simplemente, superficie exterior. Por eso no se halla tampoco en una relación de superioridad con respecto al tiempo.

Pero el ser es *uno,* uno en su polaridad de dentro y de fuera. La superficie de la realidad que aparece exteriormente encierra una *vida* para quien no tiene un valor definitivo ninguna forma limitadora. El individuo no se vive a sí mismo solamente en la forma de su propio cuerpo sino que —empujado a ello, precisamente, por lo problemático del ser— extiende el volumen de su vivencia a los dominios del espacio (para lo que necesita tiempo). Ninguna existencia exterior necesita permanecer para él como algo puramente externo. Claro está que tampoco ninguna existencia exterior (ni siquiera la de la propia manifestación) cesa nunca por completo de oponerse a la interioridad de su vida como algo exterior, como superficie. Pero las *artes plásticas* sólo muestran lo externo en la' medida en que se ha vivido. En aquello en que la superficie tiene detrás vida, en aquello en que se halla dominada por la dinámica ilimitable de nuestra propia extensión. "Damos forma a nuestro amor", ha dicho Hodler, hablando de su propia obra.[14] El artista plástico ha penetrado con su vivencia en la existencia exterior representada en sus obras, y el que las contempla vive en las obras del artista. En las artes plásticas, lo que toda obra de arte tiene de convincente se orienta a la capacidad de expresión de la existencia tal como aparece en el espacio. Y esta existencia es expresiva en la medida en que atestigua una dinámica viva. Suele decirse que *la naturaleza* es una artista y es frecuente ver en sus creaciones formas de arte. Y no cabe duda de que la naturaleza crea inconscientemente; no hay ninguna objeción de principio que oponer a esta afirmación: también lo que hay de decisivo en la visión artística se sustrae a una regulación consciente. Pero el arte es la expresión *libre* de la vivencia. Quien crea poder reducir las creaciones de la naturaleza al concepto de una necesidad ciega, no puede acceder en modo alguno a que se la presente como una artista.[15] Sólo puede asentirse a esta denominación si —como en los Upanishados y en Tagore, en Goethe y en Schelling— se busca lo que hay de creador en la naturaleza en un principio ideal. Pero, aún así, queda en pie una diferencia importante, que no puede pasar inadvertida. La obra de creación artística de la naturaleza no tiene historia, mientras que la conexión histórica es algo muy importante para el arte del hombre. Es cierto que la naturaleza, en el período actual de la "historia de la tierra" o geología, crea formas distintas que en el período cretáceo (del mismo modo que en las regiones polares hacer brotar una fauna y una flora distinta que en las zonas tropicales): pero ni con estas diferencias se sobrepone al tiempo, ni depende con ellas de éste, como depende el hombre del tiempo por sus deseos y logra existencia histórica en la lucha por superar esta servidumbre. Allí donde los pueblos primitivos siguen dando hoy a sus viviendas y a los objetos de su culto y de su uso, sobre

---

14 Ferd. Hodler, *Ueber die Kunst* (O mein Heimatland, Berna, Grunau, 1915-16), p. 94.
15 Hermann Lotze, *Geschichte de Aesthetik in Deutschland* (Munich, Cotta, 1868), pp. 446-447; Benedetto Croce, *Estetica*, 4ª edición, pp. 112-113.

poco más o menos, las mismas formas que hace miles de años, también la existencia humana aparece adherida a la naturaleza. Sin embargo, las realizaciones de los llamados "pueblos naturales" *(Naturvölkern)* se distinguen de las creaciones de la naturaleza en el hecho de que en las primeras cobra expresión la problemática de la existencia. Claro está que no al modo como en el arte de la humanidad incorporada al movimiento histórico. En ellas, la problemática de la existencia se vive todavía por entero o, mejor, casi por entero como una entrega a potencias espantosas. Con la historia, falta la tendencia de superación. En las creaciones de los pueblos primitivos imperan los demonios. (Es cierto que no podría darse en la realidad una existencia humana totalmente carente de historia. Pero sí hay muchos casos en que lo histórico es tan tenue que la ficción de "pueblos naturales", empleada con la necesaria cautela, es un concepto muy instructivo).

Allí donde el arte habla por medio de formas exteriores que aparecen en el espacio, estas formas son expresión de lo interior y hasta de lo más íntimo. Sólo que la interioridad, la dinámica —por indispensable que su acción sea— es solamente el polo oculto. No se manifiesta como tal, de un modo directo, sino que se halla representada por una forma externa situada en la quietud del espacio. El yo, al vivir la obra de arte, se refiere a un objeto que se enfrenta con él en el espacio, como *algo exterior*. A diferencia de la música y la poesía, las artes plásticas sólo pueden representar al portador de la vida, no a la vida misma. La *Melancolía* de Durero no representa a la melancolía misma, sino a un símbolo de su *manifestación;* la *Unanimité* de Hodler no representa a la misma unanimidad, sino a su expresión en un *fenómeno;* un molino de agua de Hobbema nos ofrece a través de la impresión óptica el símbolo *externo* de aquello que hace vibrar en el alma de quien contempla la pintura. El punto de partida de las artes plásticas es la vivencia de la fuerza de expresión de la existencia exterior; nos dan una *expresión de la expresión,* mientras que la música y la poesía nos ofrecen la *expresión de la esencia misma.* En estas artes que hablan al oído, queda —más o menos— oculta la manifestación externa. Contienen siempre un algo de relación (polar, que asoma con signos antagónicos) con ella. Aun cuando el músico diga lo más inexpresable, lo más supraterrenal, sólo en una vida terrena y luchando con las fuerzas terrenales ha podido llegar a dar forma a lo más alejado de la tierra. Y aunque en su obra se eche de menos toda alusión tosca y tangible a lo común y a lo fugaz, la expresión sublimada de que se vale sólo ha podido lograrla a base de las más duras luchas y recibe de éstas su fuerza de convicción, y la forma

específica que ostenta se halla determinada por el contenido específico de aquellas luchas vitales. Cierto es que una vida demasiado
precipitada no dispondrá del tiempo necesario para esta sublimación
(dispone de poco tiempo o de ninguno, pues se halla dominada por
el tiempo): ahora bien, las creaciones musicales gustan de engarzarse
rápidamente a determinadas vivencias, antes de que se haya producido
un alejamiento interno, una liberación íntima de ellas; lo exterior se
traduce del modo más rápido al lenguaje de la música, en el que actúa,
poco más o menos, como un vocablo extranjero.

Sin embargo, no es necesario, ni mucho menos, que la buena
música o la buena poesía rehuyan el recuerdo de lo espacialmente
externo. Esto, como algo perteneciente al espacio, no puede entrar,
sino antes, en la trama de lo audible. El dar un modo y una medida
a los momentos polarmente antitéticos es, sencillamente, cuestión de
buen gusto. En la tercera parte de la *Divina Comedia,* el camino hacia
el cielo y, una vez dentro de éste, hacia estrellas cada vez más altas,
va recorriéndose de tal modo, que el Dante tiene la mirada fija en la
que le guía y ésta en el que va delante de ella: *Beatrice in suso, ed io
in lei guardava.* Esta manera de hacernos sentir que el mundo que
aparece en el espacio está lleno de compresión produce el efecto artístico más fino que imaginarse pueda. Pero siempre que un poema describe minuciosamente la existencia exterior, corre el peligro de producir hastío, a menos que el encanto de sumergirse en la existencia
sensible sea precisamente lo sensible. Pero, aun así, podemos afirmar
que si la poesía puede aventurarse a expresar la vivencia de lo sensible, esa poesía sería, artísticamente, de rango inferior si se propone
mostrar lo sensible solamente como tal. (La vivencia lleva siempre
consigo la tendencia a lo ilimitado y lo sensible concreto es, como tal,
finito.)

La problemática de la vida es la verdadera zona de las artes que
entran por el oído (no de las artes habladas: es evidente que el arte
cinematográfico que habla al ojo, al igual que la pintura, tiene que
atenerse a la "expresión de la expresión", tal como se forma exteriormente dentro del espacio). Pero, gracias a su afinidad, basada en la
antítesis polar, tampoco las artes espaciales se hallan del todo cerradas a la problemática. Las formas de la naturaleza están llenas de
expresión; y aun lo están más las regidas ya por la fantasía creadora,
las que pertenecen, por tanto, a la zona de lo estético, los gestos culturales: el lenguaje de las formas de las artes espaciales, sobre todo,
ofrece nuevas posibilidades. Indudablemente, debe exigirse del artista que diga la "verdad", es decir, que se mantenga fiel a la realidad.

Pero *la única* realidad a que aquí podemos referirnos es la realidad
vivida, y ésta no se vive nunca, en absoluto, meramente como naturaleza —es decir, al margen de los problemas—, sino que se vive siempre, al mismo tiempo, en su problemática socialmente (históricamente)
condicionada, aunque con una fuerza más o menos penetrante, en una
escala de gradaciones, según las diversas épocas y los distintos artistas. Y para poder mantenerse fiel a esta realidad vivida y no quedar
demasiado atrás de ella, el artista tiene que remontarse sobre las
figuras de expresión que penetran por su ojo receptivo. De qué modo
ha de hacerlo se lo dice su genio, en el que no actúa como creador
solamente el don natural, sino también la fuerza de la vida histórica:
ésta le hace encontrar un lenguaje simbólico que habla de la esencia
de los problemas que acucian al presente y surgen dentro de él. El
principio del paralelismo, proclamado por Hodler, constituye sin duda
el ejemplo más importante de estas últimas décadas. La repetición del
motivo convierte lo típico en algo impresionante, las diferencias entre
las diversas figuras concebidas de un modo totalmente individual revelan las distancias que abre el tipo. El robusto individualismo se
asocia con el reconocimiento de la más profunda unión, ya sea en el
sentido de los fines últimos, ya por la comunidad de destinos. En este
lenguaje de las formas se hace visible una vivencia históricamente
condicionada, propia de una determinada época, y esto podemos decir
de todo el lenguaje de las formas de los grandes maestros. Es cierto
que el espíritu de una época histórica sólo se presenta en las artes espaciales como algo vinculado a una existencia exterior. La dinámica
del espíritu como tal sólo puede expresarse a través del arte poético
y de la música.

La *forma de las artes habladas* es adecuada por sí misma a la
dinámica del espíritu, se halla en íntima relación con ella. Si esta
relación se quebranta (cosa que acaece cuando habla a través de ella
un contenido no espiritual, un contenido meramente finito), la obra
que se urda se expondrá necesariamente a un juicio valorativo desdeñoso; a menos que los recursos artísticos empleados tiendan precisamente a conseguir un efecto cómico: si la obra tiene gracia, el humor
recibe de buen grado el juego realizado con la forma artística. Hay
chistes y salidas de ingenio que sólo puede conseguir un artista. Pero,
a pesar de ello, es evidente que los chistes y rasgos de ingenio no son
de por sí obras de arte. La forma de una obra de arte significa, en
términos generales, las condiciones por medio de las cuales se hace
expresivo lo que llena el tiempo o el espacio o el tiempo y el espacio
de la obra de arte. No es algo perceptible, sino algo que se vive en la

actividad espiritual que reduce a unidad las partes. No podría captarse como unidad un caos de sonidos o colores: éste es algo informe. La forma da a la obra de arte cohesión, totalidad. Una cosa suelta sólo cobra fuerza de expresión cuando sale de su aislamiento y entra a formar unidad con otras.[16] La forma de las artes habladas, supone, a diferencia de la de las artes plásticas, un comienzo y un fin. La obra musical y la obra poética comienzan en el tiempo y terminan en el tiempo. Cubren un trecho en el tiempo. La obra musical no encierra, en rigor, nada que exista exteriormente: *se hace* mientras dura su tiempo; la realización que se le concede es algo que flota y huye. Tan pronto como termina su tiempo, cuando se apaga su último acorde, escapa del tiempo, se sale de él. Y sólo ahora se establece su "sentido", es decir, sólo ahora podemos afirmar que ha dicho lo que tenía que decir en su lenguaje, que ha expresado lo que estaba llamada a expresar. Estas obras pasan en el tiempo, pero solamente en él, pues ahora se convierten en formaciones de sentido cerrado (estético) y, como tales, no pertenecen ya al tiempo: su sentido es *supratemporal*. Si queremos hablar, con referencia a una obra musical o a una poesía de lo que "hay" en ella, es decir, de *lo que es*, tendremos que hablar de su sentido, y su sentido es un ser supratemporal. Pero la palabra ser ofrece aquí una significación problemática. La realidad de la obra musical o de la poesía debe buscarse en la esfera por la que *se pregunta* y necesariamente tiene que preguntarse desde el mundo de lo existente, pero que permanece siempre como un problema: ¿hasta qué punto lo que acaece en el tiempo —en el tiempo, en el que no se da ninguna consistencia— adquiere un sentido? Las conclusiones de la música clásica, regidas por sus leyes y que nos hacen retrotraernos siempre al comienzo, suenan a confesiones: terminan de tal modo, que eliminan todo lo de "poco más o menos", todo lo arbitrario, que antes pudo tener su cabida y lo convierten todo en una totalidad perfilada y redondeada. La música moderna no sabe ni quiere saber nada de semejantes leyes. Ocurre hoy con la música lo que hasta hace poco tiempo ocurría con las artes plásticas, cuando irrumpió la sublevación contra la mordacidad deliberada de un idealismo embellecedor:[17] la vida humana, en ella, no aparece terminada, redondeada; termina en alguna parte, pero sin obedecer a una ley que le imprima una forma cerrada y eleve lo ya transcurrido a un plano supraterrenal. Cualquier

---

[16] Cfr. Heinrich Rickert, "Die Erkenntnis der intelligiblen Welt und das Problem der Metaphysik", en *Logos*, t. XVIII (1929), pp. ss.

[17] Cfr. por ejemplo Henry van de Velde, *Kunstgewerbliche Laienpredigten* (Leipzig, H. Seemann Nachf., 1902), pp. 47, 167.

disonancia es buena para final. Más aún, si nos fijamos en una corriente novísima, parece incluso discutible que el final disonante deba ser considerado como fuente de inquietud: la *pregunta* sobre el sentido de la vida se ha tornado en la *negación* y en el desprecio de ésta. Claro está que, con ello, esta música tiende a desplazar la relación con lo supraterrenal y lo infinito. Lo único que todavía puede brindarnos es la traducción de las cosas finitas a otro lenguaje, que es precisamente el lenguaje de los sonidos. No negamos que esta clase de ˙música pueda ser interesante (predicado intelectualista muy en boga hoy); pero ha dejado de ser, desde luego, bella.

No hay ninguna obra de las artes habladas a la que no se le plantee necesariamente, por la forma artística, una determinada actitud ante el problema del sentido de la vida. Es la forma de las artes habladas la que lo plantea. En los desenvolvimientos de su libro sobre *Das dichterische Kunstwerk* ["La obra de arte poético"] dedicados a estudiar la "vivencia de la forma", dice Emil Ermatinger: "Toda poesía es, por su esencia, algo simbólico. No coloca ante nosotros, como enseña un superficial naturalismo, figuras que sean imágenes exactas y coincidentes de la realidad externa... La verdadera poesía representa la vivencia que surge del choque entre el yo y el mundo." El poeta nos da, en toda auténtica obra poética, "una *imagen* del *sentido* descubierto por él en la realidad, es decir, un símbolo".[18] El sentido de la realidad, el sentido de la vida no se le revela al hombre si éste no se preocupa de indagarlo; toda obra de las artes habladas entraña una pregunta o una respuesta. O, dicho en términos más precisos: entraña necesariamente ambas cosas, y las dos en la medida propia y peculiar de ella y a su manera propia y peculiar. Es cierto que también son símbolos las obras de las artes plásticas. Pero símbolos cuyo polo principal y dominante es la estática de lo que existe exteriormente. La existencia es siempre afirmación de sí misma. Pero cuanto menos decisiva es la importancia que en una obra de arte tiene lo espacial, más relegado a segundo plano va quedando el factor de la existencia que se afirma a sí misma detrás de la disolución de lo existente (o lo que aparece) en el movimiento, que convierte todo lo que se afirma a sí mismo en algo problemático. La problemática, el problema, en las obras de las artes habladas, se enfrenta a la afirmación como polo dominante. El espacio se llena de un modo cierto; el tiempo, sólo de modo problemático. El tiempo como pasado, ya no es, el tiempo como

---

18 *Das dichterische Kunstwerk* (Leipzig, Teubner, 1921), pp. 286 s; cfr. también *Krisen und Probleme der neueren deutschen Dichtung* (Viena, Amalthea-Verlag, 1928), p. 59.

porvenir no es todavía y el tiempo como presente es un límite inextenso entre aquél y éste. ¿Cómo es posible, en general, "llenar" el tiempo? La obra de las artes plásticas no resulta cargada con esta problemática de las condiciones formales. Ni siquiera su ingrediente temporal, incorporado a su estructura, queda afectado por esto: el ritmo de una pintura no se mueve nunca de su sitio, no hay nada en ella del "fluir" del tiempo. La obra de las artes plásticas adquiere relieve artístico por aquello que cobra expresión visible, por lo que nos permite *ver*. Pero un problema, una materia, nunca es visible, como tal. No quiere esto decir que neguemos la posibilidad de que también las obras de las artes plásticas guarden relación con algún problema: basta pensar, por ejemplo, en las monstruosas danzas macabras o en las representaciones de temas mitológicos. Pero esta relación va siempre implícita en el contenido, el cual, en una obra concreta de arte, coincide evidentemente con la forma (sólo como plasmada está en ella), pero como tal contenido es siempre algo fortuito, sin ninguna necesidad de ser así y no de otro modo. No hay ninguna necesidad fundada en las condiciones espaciales de expresión de las artes plásticas que obligue a plantear el problema del sentido de la realidad. El artista plástico puede soslayar ampliamente la problemática de la vida, puede entregarse a un sentimiento optimista del mundo, no es necesario que sus obras sean, si él no quiere, otra cosa que símbolos de una afirmación alegre del universo. Cabe que su afirmación del mundo sea superficial y que, sin embargo, su pintura o su obra escultórica o arquitectónica tenga un alto valor desde el punto de vista estético. Claro está que también al poeta le es dado ensalzar la belleza de la existencia. "¡Bebe, oh ojo, lo que las pestañas abarquen de la dorada plétora del mundo!" Así termina la "Canción del anochecer" de Gottfried Keller. Pero en las artes habladas (en las que nunca hay lo bastante en lo que nos hacen *oír*), ya la misma necesidad de la forma se encarga de convertir semejante palabra en la fase dialécticamente determinada —siquiera sea la fase final— de un movimiento, en el que es necesario oír también palabras de sentido opuesto que den cierta tensión al todo. Y esta tensión tiende a la infinitud. El ojo a quien se invita a gozar de la dorada plétora ve alzarse también ante él esta advertencia: "Llegará el día en que quedarás ciego".

También las obras de las artes plásticas pueden revelar contradicciones internas. Pero, en ellas, estas contradicciones pueden permanecer adheridas a la superficie visible; no necesitan internarse en la hondura problemática del sentido de la vida. Se hallan encuadradas dentro de la yuxtaposición del espacio en quietud. En estas obras, tienen una consistencia permanente para el ojo; no hay en ellas un final unívoco. Las obras de las artes plásticas no aguardan para recibir la totalidad de su sentido al momento en que terminan de hablar directamente a los sentidos. Indudablemente, el hombre común y corriente intenta vencer la problemática del tiempo por medio de lo que se revela dentro del espacio: este hombre se despliega dentro del espacio, acumula tesoros en los que hace mella la polilla y el orín y se consuela de ello pensando que, mientras le dure la vida, dispone de los tesoros acumulados. Pero el sentido de la vida no radica en la extensión externa. Esta y todo lo que vive en ella, todo aquello cuya existencia es comprobable y retenible dentro de ella, se halla sujeto al poder del tiempo. Y el sentido de la vida sólo debe buscarse en la superioridad sobre el tiempo, una superioridad que no es posible comprobar ni retener exteriormente, que se halla constantemente asaltada por problemas, que es siempre algo problemático.

Hebbel dijo que el arte era "la filosofía realizada".[19] Indudablemente. En la filosofía, toda tesis se halla caracterizada por la popularidad de afirmación y cuestión. Las mismas tesis formuladas de un modo afirmativo sólo se conciben como filosóficas cuando se escuchan o se buscan los problemas que llevan implícitos. Y lo mismo, o algo parecido, podemos decir del arte. El "momento" problemático es inseparable de la dinámica que llena el tiempo y que influye también en el arte espacial como poder contrapolar. En la existencia puede comprobarse cómo se llena sustancialmente el espacio. En cambio no es posible comprobar lo mismo con respecto al tiempo. Podemos *creer* en ello, *preguntaremos* por ello, y el hombre que quiera vivir humanamente *tiene necesariamente* que preguntar por ello. Pero podemos también *dudar* de ello. También los factores espaciales que forman parte de las obras de las artes habladas —su arquitectura, su color— se hallan sometidos al tiempo y a su problemática: lo contrapuesto al polo dominante carece de propia peculiaridad y tampoco con respecto a ello se da la afirmación de lo que llena el tiempo como si se tratase de algo existente. Además, la medida en que lo espacial ocupa un sitio en las artes temporales es extraordinariamente variable. En la unidad cerrada de un período musical de ocho acordes, por ejemplo, se contiene algo afirmativo, que no encontraremos en la melodía infinita. Pero la "afirmación" de un período musical no es, evidentemente, una "comprobación": la música no se presta para ello, pues flota en el aire, sin referirse a nada concreto. Así como en la pintura hasta el

---

[19] Prólogo a *María Magdalena.*

ritmo más vivo no se mueve del sitio y todo movimiento se halla dominado por la quietud de las cosas yuxtapuestas, en las artes habladas
todo lo tectónico y afirmativo se halla presidido por el fluir y la problemática. Indudablemente, los finales de la música clásica son confesiones, afirmaciones de la consumación del tiempo como de algo
esencial y lleno de sentido. Pero esto no quiere decir que en ellos se
aquiete lo problemático. El problema que se plantea bajo la forma
de las artes habladas es un problema infinito, un problema que se
convierte dentro de ella (y no sólo dentro de ella) en algo incesantemente nuevo. Pues una obra concreta de arte no puede ser nunca más
que un exponente finito de lo infinito. "Toda obra de arte —dice
Jonas Cohn— es parcial porque sólo asume aquel contenido que admite precisamente esta forma." [20] Donde quiera que se plantea el problema del sentido de la vida, este problema tiene una ocasión y un
comienzo limitados, y aunque el esfuerzo por encontrarle una solución
pueda remontarse muy por encima de ellos, su carácter limitado es
siempre decisivo por lo que respecta al contenido que se podría lograr. En la música, por ejemplo, este comienzo se halla determinado
por el tema dominante de una frase. La peculiaridad de la confesión
en que la frase pueda acabar depende del modo como esté concebido
el tema inicial. Pero, lo mismo este tema que aquel final hállanse
relacionados con la mentira infinita del sentido de la vida, cuestión
demasiado grande para que ninguna obra de arte pueda darle definitiva expresión (ni a ella ni a la respuesta buscada). Si es cierto que
el arte es "filosofía realizada", no lo es menos que los problemas de
la filosofía son ideas infinitas. Problemas que no se despejan con
ninguna respuesta, puesto que sólo se plantean desde los puntos de
vista limitados determinados por las tensiones que dominan la vida
espiritual de cada época. Cualquier solución que encuentre un problema filosófico, por madura que ella sea, va marcada por las tensiones de su presente. Claro está que son éstas precisamente las tensiones
en gracia a las cuales este presente no se pertenece solamente a sí
mismo, sino a la vida supratemporal del espíritu. El contenido de esta
vida supratemporal es el mismo enigma del universo, el sentido eternamente problemático de la realidad. La interrogación supratemporal,
eterna, que pregunta por el sentido de la realidad, se encierra en la
historia, y cualquier actitud que ante ella se adopte reviste una forma
históricamente limitada, determinada por la concreción de la situación
histórica de cada momento.

20 *Theorie der Dialektik* (Leipzig, F. Meiner, 1923), p. 68.

Así opina también Hebbel, quien, con respecto al drama, que es la modalidad en que él piensa preferentemente como teórico del arte, comprendía con absoluta claridad que su tensión artística no proviene exclusivamente de contradicciones psicológicas, sino de la insolubilidad del enigma del universo. La tragedia, escribe en su prólogo a *María Magdalena*, se debate siempre con lo "absolutamente inasequible". En un ensayo escrito catorce años después (en 1858),[21] Hebbel hace a las representaciones shakespearianas de aquella época el reproche de que no llevan a la escena más que "mera psicología". La vivencia de la tragedia plantea siempre el problema del sentido de la realidad. Nos infunde el conocimiento de que lo que decide en cuanto a la entraña de una vida humana no es solamente lo positivo en que pueda apoyarse, sino también, y con el mismo rango, los problemas con los que se debate. Ni teórica ni prácticamente le es lícito al hombre sustraerse a la lucha infinita. Lo insoluble no es solamente algo situado en el más allá, ajeno a las realidades del mundo: reclama constantemente la forma que necesita revestir para el presente, si éste se ha de hallar a la altura que le corresponde. Pero esta altura de su problemática tiene que conquistarla luchando. Esquilo y Platón, el Dante y santo Tomás de Aquino, Shakespeare y Giordano Bruno, Goethe y Schelling, por muy gigantescas que sean sus figuras, no pueden decirle al siglo xx después de Cristo la última palabra acerca del modo en que el sentido de la realidad cobra forma en las angustias actuales de la vida. Cada época tiene que librar por sí misma sus luchas decisivas. "La ley trágica excluye toda posibilidad de una inteligencia entre las partes contendientes y enlaza la solución a la lucha", escribía Hebbel en 1860.[22] Solamente luchando, como coexponente de una problemática supraindividual y suprahistórica, es decir, siempre históricamente condicionada, es como únicamente puede el hombre aprehender el sentido de la realidad. Por lo demás, el drama, al poner al desnudo la lucha como tal, no se distingue fundamentalmente de los otros géneros de las artes habladas (entre los que, como con razón subraya Croce, no corren linderos conceptualmente determinados): las artes habladas surgen todas de la lucha en torno al sentido de la realidad.

Entre las artes *habladas*, las artes del tiempo, media una diferencia digna de ser notada, y es que en la música (y algo parecido acontece con el arte cinematográfico), en contraste con la poesía, no es

---

21 Crítica de los *Studien und Kopien nach Shakespeare*, de F. Dingelstedt.
22 Carta de 20 de julio a Friedrich von Uechtritz.

posible plasmar *el tiempo mismo,* pues aquí no existe más tiempo que el que llena la obra misma (en la obra cinematográfica, con la posibilidad de que entre las escenas mostradas hayan de suponerse determinados lapsos). Es cierto que en la poesía lírica acontece, en la mayoría de los casos, algo parecido a lo que ocurre con la música. Pero la poesía lírica no es, en realidad, un concepto preciso y riguroso. En general, puede decirse de lo poético que el dominio *conceptual* sobre la existencia y el acaecer que en él se da por supuesto permite intercalar en el tiempo que llena la obra poética misma otras ordenaciones de tiempo artísticamente conformadas. Así, vemos cómo en el proceso de una obra épica o dramática van descubriéndose acaecimientos y hechos anteriores; a veces, el relato abandona un escenario para retornar a otro y, mientras va avanzando el tiempo que la poesía llena, en ocasiones la acción da dos pasos atrás en la época representada; y, del mismo modo, en las novelas extensas se entreveran, a veces, como partes del todo, novelillas o relatos cortos con su ordenación propia del tiempo.[23] Podemos traer a colación, a este propósito, un paralelo tomado del campo de la pintura: numerosos interiores reproducen en el lienzo otros cuadros dentro de su marco especial (pintado). Allí es una obra de arte en el tiempo, aquí una obra de arte en el espacio incrustada en otra. Pero, inmediatamente surge la duda de si este paralelo nos llevará muy lejos. La historia de Meretlein en *Enrique el Verde* o el poema del "Gran Inquisidor" que figura en los *Hermanos Karamasoff* son de por sí obras de arte que forman una unidad cerrada y que, aun desempeñando una función subalterna dentro de la gran unidad sistemática de que forman parte, son también susceptibles de desglosarse de ella para ser enjuiciadas como algo aparte. En cambio, no sería posible desglosar de un interior de Pieter de Hooch, supongamos, ni siquiera de una de las "galerías pintadas" de David Teniers el Joven uno de los cuadros que aparecen representados sobre la pared, para considerarlo como algo con vida propia: todo su valor artístico consiste en la función que desempeña dentro de aquella unidad cerrada del espacio, la cual es indivisible. El marco pintado, al igual que el cuadro circundado por él, se halla demasiado condicionado por lo que significa para el todo dentro del que se halla inscrito para que podamos convertirlo en un marco real (o sustituirlo por éste). Siempre y cuando que el "cuadro dentro del cuadro" no

---

[23] Cfr. Emil Ermatinger, *Das dichterische Kunstwerk,* pp. 331 *ss.,* 343 *ss*; Alois Riehl, "Bemerkungen zu dem Problem der Form in der Dichtkunst", en *Philosophische Studien aus vier Jahrzehnten* (Leipzig, Quelle y Meyer, 1925), pp. 295 *ss.*

ocupe por azar el centro de la gran unidad formada por la pintura en que aparece, ya el solo punto de vista de la perspectiva hace imposible que se le aísle, y desde el punto de vista pictórico su aislamiento sería imposible en todo caso. Sólo el arte que crea sus obras de un material que entraña el poder del concepto confiere la libertad necesaria para incorporar a la objetivación artística los principios de ordenación de la existencia misma y relativizar así las vinculaciones que emanan de ellos, es decir, las pretensiones que tienen a los contenidos aprehendidos por sí mismos, rebajándolos a contenidos de una unidad más alta. No quiere esto decir que el poeta pueda proceder arbitrariamente con el tiempo plasmado por él; así, por ejemplo, Riehl hace notar delicadamente que la revelación, dentro del propio drama, del tiempo situado antes del comienzo de éste reclama "una fuerza mucho más intensa de movimiento hacia el porvenir", pues de otro modo la representación dramática perdería "la profundidad unitaria" y la acción se paralizaría o parecería moverse de adelante hacia atrás.[24] Es cierto que estos últimos años hemos asistido en el terreno de la pintura y de las artes gráficas a ensayos encaminados a competir en este sentido con el arte poético, no creando, ciertamente, el "cuadro dentro del cuadro", pero sí sometiendo el espacio y su ordenación —y con él el tiempo— a la libertad de plasmación: el arte *futurista* dibuja o pinta en planos yuxtapuestos y entrecruzados cosas que, desde el punto de vista de la unidad del espacio, difícilmente podrían aparecer sobre la misma superficie pintada. Pero, en este caso, no cabe hablar de un efecto artísticamente puro: la dinámica que el pincel o el punzón están llamados a desencadenar tiene que ser interpolada dentro de la superficie pintada o grabada. Y la invitación a realizar esta operación intelectual no puede ocultar en modo alguno su violencia.

Para lo poético, la superioridad intelectual sobre el ahora y el aquí va implícita en el material conceptualmente ya *preformado:* este material no es algo puramente pasivo, como la arcilla que modela el escultor; no es sólo el hálito animador del poeta el que le imprime forma: la *comunidad de lengua* a la que éste pertenece (como coexponente creador, no como producto) se ha encargado ya de plasmarla poéticamente y de pensarla antes de que lo haya hecho *él* mismo, y las posibilidades de expresión que ofrece a éste hállanse ya empapadas de conocimientos y de tensiones conceptuales. Así como el actor llamado a representar en escena la figura del rey Lear no la plasma a base de un material indiferente, sino a base de la vida propia y peculiar de su

---

[24] *Philosophische Studien aus vier Jahrzehnten,* p. 298.

personalidad, de un material característicamente preformado ya, el poeta recoge en las palabras que el lenguaje le ofrece multitud de tendencias y exigencias potenciales y actuales.[25] El verso de Goethe: "Para encontrarse en lo ilimitado, El individuo desaparecerá de buen grado", presupone una rica historia espiritual, sin la cual sería ininteligible; estos versos serían intraducibles a un lenguaje primitivo. En su versión original, *Im grenzenlosen sich zu finden, Wird gern der einzelne uverschwinden,* forman parte del patrimonio literario del pueblo alemán, como el rey Lear de un actor forma parte del patrimonio de su capacidad artística personal y no es, por tanto, el rey Lear en general, sino *su* rey Lear. Toda poesía pertenece a una determinada comunidad lingüística.

En el lenguaje de las palabras, la expresión de la vivencia (a diferencia de lo que acontece en el lenguaje de los sonidos o de los colores) es conceptualmente unívoca y se convierte así en medio para la dominación espiritual del hombre sobre la existencia e incluso sobre las leyes de ésta. Ya en las palabras pasado, presente, futuro, se expresa algo de dominación sobre el tiempo, algo de dinámica autoconsciente del espíritu. Con los medios que el lenguaje le ofrece, el poeta domina el tiempo, saca de él, del principio de ordenación unívoca de cuanto acaece, posibilidades de entrelazamientos artísticos para la representación de los acaecimientos. Es cierto que el elemento lógico pierde su independencia en el terreno poético.[26] Cuando una poesía encierra valor estético, no tiene ninguna finalidad teórica. Pero esto no es obstáculo para que el lenguaje vaya formándose en conexión indisoluble con los fines del conocimiento a los que se aspira y que se logran en la comunidad a que el lenguaje pertenece, y para que los fines de conocimiento ya alcanzados conserven su eficacia dentro del lenguaje aun cuando éste sirva de medio para expresar visiones poéticas. Lo que ocurre es que ahora su eficacia no versa ya sobre la captación de *existencia* alguna. "En tiempo inmemorial vivía en el oriente un hombre que poseía un anillo de valor inestimable, regalo de un ser querido. La piedra que adornaba el anillo era un ópalo . . .": si arrancamos estas palabras de su contexto, ellas por sí solas no nos dirán si son el testimonio de una realidad histórica o pertenecen al mundo de las apariencias estéticas. Su procedencia de un drama de Lessing decide el problema. La apariencia es negación de la realidad,

---

[25] Cfr. Karl Vossler, "Das Verhältnis von Sprachgeschichte und Literaturgeschichte, en Logos, t. II (1911), pp. 177 s.

[26] Cfr. Benedetto Croce, *Estetica*, 4ª edición, pp. 4 ss. Hay edición española.

de la meta de un acto lógico como tal. Pero todo lo que en la labor lógica se obtenga en cuanto a la *ordenación* de la imagen del mundo se incorpora al lenguaje, aun al manejado por el poeta, siempre y cuando que se acomode a su visión o que el poeta quiera que se conserve en él.

El poeta domina los medios de expresión que el lenguaje le ofrece. Puede situar sus creaciones en un escenario fantástico, pero puede situarlas también en la realidad, tal como la conoce o cree conocerla a base de la experiencia. En todo caso, su dominio del lenguaje no se halla a merced de la arbitrariedad individual. Lo lógico vive en la historia y pugna en toda comunidad de cultura por encontrar un desarrollo rectilíneo. A medida que el trabajo intelectual va adueñándose más y más de la realidad, va eliminando también posibilidades conceptuales características de un pensamiento menos progresivo. El poeta no puede sustraerse a esta evolución: a ningún poeta nuevo se le ocurriría, aunque dejase rienda suelta a su fantasía, exponer hoy ideas fisiológicas como las que el Dante pone en boca de Estacio.[27] Esto no quiere decir, claro está, que también en la historia de lo poético se desarrolle en línea recta lo conceptual. Las aspiraciones lógicas que llevan implícitos los elementos del lenguaje son poderes que el poeta se halla obligado a tener en cuenta como sea pero que no necesita, ni mucho menos, valorar exclusivamente de un modo positivo. En cuanto a los fines de un poema didáctico, prevalecerá necesariamente el punto de vista afirmativo. Pero en el lenguaje poético las palabras se enlazan con extraordinaria frecuencia de tal modo, que se contrarrestan las unas a las otras en el terreno lógico y tal vez se embrollan las unas con las otras en imposibilidades y en contradicciones, precisamente para poder escalar así alturas inasequibles al intelecto puro. En la órbita del entendimiento, las cosas, como "objetos", se contraponen al yo, aparecen desligadas de él; el conocimiento es siempre frío.

Pero el poeta, como todo artista, lo que quiere es expresar una realidad *vivida*. Lo vivido es inasequible a las ordenaciones del entendimiento. La realidad vivida está más acá de la contraposición del sujeto con respecto a los objetos, de los objetos con respecto al sujeto. Cuando se dice del poeta que domina el tiempo, debemos pensar, por oposición a toda "dominación del tiempo" técnica, basada en el entendimiento (que sólo significa una utilización de distintos períodos de tiempo dentro de las vinculaciones de éste, pero en modo alguno una superioridad sobre el tiempo mismo), en una obra de creación que se

---

[27] Purgatorio, xxv.

impone al tiempo. El gran mago, dice Hofmannsthal, "pronunció este
tú en días que nos parecen completamente remotos, grandes y llenos
de dolor". Lo lógico, lo que fija significación es, para el poeta, simple
medio; forma parte del material utilizado por él para modelar sus
obras de arte: y en éstas, lo lógico es algo elemental, dominado; la
obra de arte no plasma nunca un significado lógico (algo que implique
relación del sujeto con una cosa objetiva, "finalizada"), sino que es
siempre, como expresión de vivencias, corroboración de una infinitud
positiva. Hasta la misma poesía didáctica es poesía solamente en cuanto
no enseña, sino que convierte en vivencia el contenido de una enseñanza.

Para la actitud intelectual, el hombre se convierte en objeto individual. Para este hombre (pensado), el tiempo es la forma individual
de ordenación de la historia de su vida: guarda en su conciencia del
tiempo personal y propia de él lo que ha hecho, lo que le ha ocurrido
y lo que piensa hacer. Pero ninguna vida humana es humana sin comunidad: el hombre no tiene que habérselas solamente con objetos, con
finitudes. La comunidad se vive del lado de acá de los objetos.
Las trayectorias de vida se entrelazan unas con otras. Y con ellas las
líneas reales del tiempo. Pasados separados conducen a vivencias comunes; donde quiera que un hombre toma parte interiormente en
otro, incorpora a su línea propia del tiempo una parte de la de éste,
convirtiendo aquélla así en una formación no poco complicada. Todavía más no es posible considerarlo como una formación, es decir, como
un objeto individual: con su conciencia temporal concreta y llena,
el hombre no es individuo, pues esa conciencia le sitúa dentro de un
complejo supraindividual, le hace compartir los destinos de otros,
al igual que éstos comparten los suyos. Una *poesía*, como obra que
es de una de las artes temporales, reclama siempre un cierto lapso;
lo necesita para ser pronunciada o escuchada. Pero el contenido que
en ella se exterioriza no es algo limitado en el tiempo, sino infinito.
Y cuando la poesía representa vida humana (como la representa
siempre en su sentido más profundo), en ella se condensan, como
en una vida humana, elementos esenciales tomados de muchas líneas
del tiempo. En el *drama*, aparecen en escena, visiblemente, varios
personajes al mismo tiempo, cada uno de los cuales representa su
papel conjuntamente con los otros; el espectador se asimila la representación de conjunto y goza con sus complicaciones. Si se respeta la
unidad de lugar y tiempo, las complicaciones son claras y la acción es
sencilla (siempre y cuando que la obra no aparezca desvirtuada por

ardides artificiosos).[28] El poeta consigue posibilidades más ricas de plasmación y su obra se convierte en un símbolo más amplio de la realidad cuando no se atiene a aquellas reglas. La única unidad que el artista está obligado a respetar, es la unidad artística. La obra de arte gana en libertad de forma y en plenitud de contenido cuando echa por tierra las normas convencionales. En este caso de las unidades de lugar y tiempo, el rechazarlas supone la posibilidad de trazar los caracteres dramáticos con muchas menos trabas y más a fondo, a base de sus líneas personales de tiempo, tal como se entretejen en el drama: estas líneas afirman sus derechos propios, pero sólo para que de este modo el todo se revele más profundo y más rico: la realidad es siempre rica y profunda. La teoría francesa sobre aquellas unidades pretendía hacer que la realidad fuese más tangible de lo que de suyo es: esto explica, indudablemente, que llegase a conquistar todavía la voluntad de un Federico Nicolai.[29]

Se ha dicho en contra de *Lessing*, el gran adversario de esta teoría de las unidades, que distaba mucho de ser radical y que lo que hizo, en realidad, fué oponer otras reglas a las proclamadas por los franceses.[30] Y la afirmación no falta a la verdad. Sin embargo, conviene poner de relieve una diferencia muy significativa que se advierte entre las reglas combatidas por él y las que él propugnaba. En un importante estudio de Wölfflin (aunque directamente sólo se refiera a las artes plásticas) leemos estas palabras referentes a la actitud típica del germano y del latino ante la ley, ante la regla en el arte: "El alemán la esconde, el latino la pone de manifiesto."[31] Las reglas contra las que batallaba Lessing eran ostensibles, incluso demasiado ostensibles, aparecían puestas repelentemente al desnudo por el contenido, el cual, por discrepar de ellas, les rendía honores puramente hipócritas. Lo que más sublevaba a Lessing era precisamente el que no se cambiase la escena durante toda la representación, dando con ello a entender que los sucesos discurrían todos en un solo día, cuando en realidad los acaecimientos llevados a la escena se compaginaban muy mal con aquella forma tan reverentemente respetada. "Una cosa es el resignarse a las reglas y otra cosa muy distinta el guardarlas de un

---

[28] Cfr. Lessing, *Hamburgische Dramaturgie*, fragmentos 44-46.

[29] *Abhandlung vom Trauerspiele*, 1757; reproducida en *Lessings Briefwechsel mit Mendelssohn und Nicolai über das Trauerspiel*, ed. por R. Petsch (en *Philosophische Bibliothek*, Leipzig, 1910), pp. 15 ss.

[30] B. Croce, *Estetica*, 4ª edición, pp. 516-517, con referencia a la *Hamburgische Dramaturgie*, fragmentos 96 y 101-104.

[31] *Italien und das deutsche Formgefühl*, en *Logos*, t. x (1921), p. 256.

modo real y verdadero."[32] En cambio, las reglas en favor de las cuales abogaba él —las reglas aristotélicas bien entendidas— son reglas ocultas, cuyo sentido sólo creía Lessing haber llegado a comprender a través de un largo y paciente estudio del arte dramático. Para Lessing, estas reglas eran tan ciertas y verdaderas como los elementos de Euclides, "aunque no tan fácilmente comprensibles".[33]

El germano, "que tiene su patria en el mundo de lo entrelazado, lo irracional y lo misterioso",[34] encuentra las obras teatrales de los latinos, ahormadas por la teoría de las "unidades", demasiado transparentes para que puedan satisfacerle como símbolos de la realidad. La lucha con lo infinito es incompatible con las reglas, sobre todo con aquellas cuya observancia pretende imponerse a los sentidos. Coincide también con esta actitud la estimación un poco recatada que el alemán suele sentir por la música romántica. Muy otra es su actitud ante la pintura, la escultura y la arquitectura de los italianos y los franceses. El contexto del que hemos tomado las palabras de Wölfflin citadas más arriba, dice así: "a quien tiene su patria en el mundo de lo entrelazado, lo irracional y lo misterioso, la línea pura, la forma clara, le producen una impresión que el italiano apenas es capaz de comprender. La quietud de la arquitectura meridional produce en el norte la sensación de una idealidad, de un adentrarse en la paz después de un bregar eterno, ajena al mismo país de origen. Y si a esto se añade aquella belleza de los espacios bien proporcionados y de la forma esbelta y plenamente desarrollada —en una noble columnata, por ejemplo—, tenemos la sensación de estar ante un milagro y nos parece vernos redimidos de un turbio y encadenado estado de cosas... La 'pureza' de la forma encierra para nosotros un sentido especial: no la sentimos solamente como algo apetecible, sino como algo que en rigor no puede existir en el mundo real y que, por tanto, aunque aparezca por momentos, nos parece tan raro y supraterrenal..."[35] ¿De dónde proviene esta antítesis en el modo de enjuiciar las artes habladas y las artes plásticas de los latinos? Ya señalábamos más arriba que la teoría según la cual toda auténtica obra de arte es un símbolo del todo, reclama una interpretación restrictiva: el todo sólo es comprensible para el hombre dentro de la tensión polar del ser y del hacer, de la naturaleza y de la historia (o como se quiera formular

---

[32] Hamburgische Dramaturgie, fragmento 46.
[33] Ibid., fragm. 101-104.
[34] Wölfflin, en Logos, t. x, p. 258.
[35] Ibid., pp. 258 s.

estos dos términos antitéticos). En las artes espaciales impera lo estático, la autoafirmación del ser fuera del tiempo, la serena proporción; en las artes del tiempo, reina lo dinámico, el movimiento que lucha por el sentido de la vida, la inquietud supratemporal. En las obras de las artes plásticas, jamás puede llegar a encontrar expresión plena la lucha en torno a la profundidad del mundo, la lucha en torno a Dios: a estas artes no les falta nada aunque no nos hablen de esta lucha o, por lo menos, no nos hablen de ella con la fuerza y la penetración con que nos hablan de ella las fugas de Bach, las sinfonías de Beethoven, o los dramas de Shakespeare, de Goethe, de Kleist o de Hebbel. Al alemán no se le ocurre reclamar en las calles, en las plazas, en los museos de Italia, dramas y sinfonías. Pero lo que encuentra allí le conmueve como revelación de la perfección del ser de un modo que jamás consiguen hacerlo las artes plásticas de su propia patria; pues éstas fueron creadas por hombres cuya orientación de vida se sentía atraída demasiado fuertemente por aquel otro polo que el modo de ser de los germanos considera siempre como el más importante. "Para nosotros —dice Wölfflin—, lo esencial no reside en la forma permanente, sino en lo que acaece." [36]

Los medios conceptuales con los que la obra poética domina la existencia concreta no se hallan al alcance de la *música*. Esta no designa nunca unívocamente una existencia (prescindiremos aquí, por el momento, del hecho de que el compositor puede enlazar esta designación con determinadas series de sonidos, pues en tales casos no se trata de una expresión musical directa, sino de efectos musicales logrados al valorar la música por medio de la reflexión). En la vivencia musical, la interioridad pura (no referida al exterior) se encarga de recoger los sonidos y vive en ellos un enriquecimiento de sí misma. La riqueza de las obras musicales nace, indudablemente, de las luchas de vida del compositor. Pero la expresión musical no contiene nada de la concreción de determinadas luchas. Para expresar cosas concretamente determinadas, necesita la univocidad conceptual. Y el lenguaje de los sonidos no sabe nada de esto. No obstante, la obra musical es un símbolo, ni más ni menos que la obra poética. Por eso, tanto ella como sus frases, sus períodos y sus temas deben encerrar también una significación. Significación sin univocidad. A falta de otra expresión mejor, empleemos la de "significación vaga". Ya hemos hablado más arriba de la infinita problemática en torno al sentido de la vida, a la llenazón esencial del tiempo. El sentido, la espiritualidad

[36] *Ibid.*, p. 255.

de la vida es autoformación; nada hay más cierto para el espíritu que
el que sólo puede mostrarse como tal espíritu al formarse a sí mismo.
Pero todo lo que hace para realizarse y corroborarse, es siempre problemático. Toda la historia del espíritu nos dice que las formas que
el espíritu ha cobrado han tenido siempre una legitimidad puramente
relativa. Las preguntas a que da respuesta el espíritu en su autoformación, no se hallan formuladas de un modo *determinado*: siempre
tienen una *significación vaga*. En cambio, los hechos en que el espíritu
se realiza son determinados y concretos: por eso resultan demasiado
pequeños, medidos por la indeterminación de la tarea que la humanidad tiene que cumplir. Todas las diversas culturas de que nos habla
la historia de la humanidad no son más que otros tantos intentos para
encontrar una solución al problema, carente en su originariedad de
toda determinabilidad concreta, de realizar lo sustancialmente humano. Y en toda crisis de cultura se adquiere la conciencia dolorosa del
carácter condicional y fortuito, de la legitimidad puramente relativa
de las formas culturales concretas que han regido y han sido recono-
cidas hasta entonces. En toda su profundidad, la espiritualidad y la
humanidad pura tienen una significación vaga, indeterminada. No
cabe duda de que la vida debe cobrar un significado por medio de su
propia formación. Pero todo lo concretamente determinado, todo lo
que puede hacerse para llenar de un modo sustancial el tiempo, queda
entregado a la búsqueda de la humanidad y es siempre algo problemático. Los criterios con arreglo a los cuales se enjuicia no sólo el
valor de lo formado, sino también la actividad de la formación misma, su orientación y determinabilidad concretas, se hallan arraigados
en la historia y su fijación figura entre las tareas que revelan constantemente su carácter problemático. El hombre no puede aferrarse a lo
informe, a lo "prehistórico": sólo se torna humano dentro de la historia. El hombre es el que valora. El fundamento significativamente
vago de sus mismas fuerzas espirituales reclama la realización de sus
posibilidades. Pero el entrar en la historia y en sus valoraciones representa una tragedia, y en el fondo el hombre siente siempre una
nostálgica tristeza por una especie de paraíso perdido en el que su
libertad no era simplemente el otro lado de su condicionalidad, de su
vinculación. "Me dan miedo las palabras de los hombres, que todo
lo expresan con tal claridad" (Rilke). Hablar en palabras de aquel
paraíso perdido, de aquel mundo que aún no era unívoco ni, por tanto,
duro, es balbucir. Pero allí donde la palabra es demasiado concreta,
demasiado unívoca, es demasiado plegada a las condicionalidades
comprobables y manifiestas y no satisface, por tanto, empieza el campo

propio y peculiar de la música. Todas las inspiraciones genéricamente musicales hablan de aquel fondo vago indeterminable de lo que hace humano al hombre (y no en sentido ético, exclusivamente). Toda la multiformidad y multivocidad de la vida espiritual tal como va plasmándose en la historia, brotan de aquel fondo; y la música lo revela del lado de acá de las concreciones, del lado de acá de las unidades, pero no, ni mucho menos, de un modo caótico.

En sus profundos desenvolvimientos sobre la diferencia existente entre la obra poética y la composición musical, Hans Pfitzner ha puesto de manifiesto que en la primera es esencial el transcurso de la obra, puesto que la idea poética sólo es tangible a través de él, mientras que en la música la riqueza decisiva reside hasta tal punto en los temas, en las inspiraciones, que el transcurso de la obra es algo accidental. Por consiguiente, varía radicalmente en ambas artes la relación entre los *distintos pasajes* y la obra en su conjunto.[37] Las inspiraciones musicales —Pfitzner entiende "aquello a lo que no conduce ninguna combinación", "regalos" que asombran al mismo que los recibe—[38] son, en su "inmesurabilidad", revelaciones de aquel algo indeterminable que sirve de base a lo determinado, a lo mensurable, a lo vinculado dentro del mundo. Pero, según dice en su importante obra Paul Tillich, quien quiera descubrir su profundidad existencial, su razón de ser, tiene que saber ver a través de la "vinculación al mundo" de las cosas.[39] La música conoce esta profundidad como la patria del alma, del alma que se ha divorciado de ella para penetrar en el mundo, que se busca una segunda patria entre las univocidades, entre las relatividades, pero permaneciendo en su profundidad ajena a ellas. Son varias las posibilidades que ante la música se abren: puede jugar y danzar en torno a las cosas plasmadas del mundo exterior, acariciarlas: también ellas han brotado del fondo primigenio, también ellas tienen su profundidad propia, dentro de la cual no son otra cosa que lo que es la misma alma: su determinabilidad unívoca es, simplemente, superficie, el lado externo. O bien, puede dar expresión a la misma vida primigenia que irrumpe en la naturaleza o en la vida social: no la determinabilidad material de su existencia (pues ni la música programática más naturalista sería capaz de imitar el galopar del caballo de tal modo que pudiera confundirse con el verdadero), sino aquel algo absoluto que es, en lo finito y en lo relativo (para decirlo

37 *Vom musikalischen Drama* (Munich, Verlag Süddeutsche Monatshefte, 1915), pp. 104-115.
38 *L. c.*, pp. 97, 100.
39 *Das Dämonische* (Tubinga, J. C. B .Mohr, 1926), p. 10.

con Schelling), "la afirmación infinita de sí mismo": a través de lo unívocamente determinado, en que nos hace pensar, nos revela el "infinito actual".[40] Y puede también, llevada de una nostalgia ilimitada, ir resonada en todas las formaciones positivas: se ha dicho con razón que lo más alto, lo más sagrado y lo más poderoso que es capaz de conmover al corazón del hombre reside en las lentas frases interiores de la música clásica orquestal y de cámara.[41]

La *música de programa* se acerca a la pintura. "Más sentimiento que pintura de sonidos", escribe Beethoven con referencia a la sinfonía *Pastoral,* señalando con ello un lindero peligroso que a su juicio debe ser tenido en cuenta. "Toda pintura pierde, si se la lleva demasiado allá en la música instrumental." [42] El peligro está en que la música pictórica, en su intento de reproducir con la mayor fidelidad posible las cosas concretas delimitadas por los sentidos, deje de expresar el infinito actual; en que se convierta en una serie de juegos no artísticos mediante recursos artísticos. Pues la música pictórica (y otro tanto podría decirse de la poesía pictórica) no tiene a su alcance las posibilidades por medio de las cuales el pintor convierte en símbolo de lo infinito las cosas sensorialmente limitadas que lleva al lienzo. El pintor da a su obra la unidad cerrada que le permite, dentro de la yuxtaposición del espacio, convertirla en un mundo simbólicamente significativo de por sí. La vivencia estética presupone que esta yuxtaposición en quietud sea captada como unidad intuitiva. Y en esta unidad, las líneas y los colores no *apuntan* hacia afuera —pues son ya desde el primer momento exteriores—; pero lo que hay en ellos de movimiento, de ritmo, no los aleja de quien contempla la pintura, sino que los une con él, puesto que el espectador vive este ritmo como un movimiento que vibra dentro de él mismo, como un movimiento que borra la distancia existente entre él y el cuadro. En el cuadro mismo (en el cuadro estéticamente vivido) hay concentración, cohesión de las partes, una relación de interdependencia capaz de desplegar algo inagotable en la quietud de la yuxtaposición, convirtiendo así lo exterior en símil de lo infinito, en un mundo que forma una unidad cerrada dentro de sí misma. Este tipo de yuxtaposición con la que lo pintado produce su efecto es ajena por completo al compositor que pinta con sonidos. Y la sucesión de lo que deviene audiblemente carece de la posibilidad de cohesionarse en una unidad con

---

[40] *Sämtliche Werke* (1856-1861), t. I, VII, pp. 157 y 159.

[41] J. Gehring, *Grundprincipien der musikalischen Gestaltung,* p. 58.

[42] *Beethovens persönliche Auzeichnungen,* gesammelt von A. Leitzmann (Leipzig, Insel-Verlag), p. 9.

sentido artístico, es decir, es una unidad que apunta hacia lo supra-temporal, entre otras razones porque los sonidos pictóricos tienen la tendencia funesta hacia el ser o el acaecer externo: no *son* algo externo ni representan tampoco de por sí algo externo (como la casa pintada o el árbol pintado), pero *apuntan* hacia afuera, se orientan hacia el exterior, escapando así a la posibilidad de la cohesión musical.

Sin embargo, el blanco hacia el cual apuntan no se puede señalar unívocamente con los medios del arte "indeterminado". Así se explica que los pintores musicales, para que su programa no se exponga a equívocos, recurran no pocas veces a las palabras del lenguaje. Por donde la actividad intelectual, a la que la sucesión externa no opone dificultad alguna, puede ser abrazada con plena razón por el compositor, enlazando las sucesiones de sonidos que tienden hacia lo exterior o, mejor dicho, las representaciones de cosas o acaecimientos externos que tratan de expresar. La asociación intelectual de cosas exteriormente sucesivas se llama conexión causal. Semejante concentración es, naturalmente, finita: lo infinito no es objeto para el intelecto. Y sólo se produce una unidad finita y, por tanto, no artística cuando el programa de una pintura musical pretende definirse, mediante el concepto (o el pseudoconcepto, según la certera terminología de Croce) de una "tormenta", por ejemplo. La unidad de series de sonidos sólo tiene rango artístico cuando no tiende hacia lo exterior, sino que es expresión directa de una vivencia. Cabe perfectamente la posibilidad de que lo vivido sea una tormenta; el alma puede sentir muy bien en su interior la fuerza con que obran los acaecimientos naturales, puede sentirse arrasada por las fuerzas naturales y agitada por los sonidos y los ritmos que estas fuerzas le imprimen. Pero lo que el compositor expresa no es la misma naturaleza exterior, sino que es en todas y cada una de sus notas, vivencia anímica. "Más expresión de sentimiento que pintura": la indicación de Beethoven proclama lo que es decisivo para las posibilidades musicales de la música de programa. Pfitzner ha negado, con razón, que la sinfonía *Pastoral* "pueda interpretarse" en el sentido de un proceso continuo. "¡Cómo tiene que perturbar a quien busque en la música un *proceso* todo retorno, sobre todo el de la *reprise*." [43] Es, en el fondo, lo mismo que quiere decir Erhart Ermatinger cuando aboga por la *Sinfonía doméstica* de Richard Strauss con las siguientes palabras: "Esta obra ha surgido de la vivencia de una institución social y naturalmente condicionada, de la vivencia de la fa-

---

[43] *Die neue Aesthetik der musikalischen Impotenz* (Munich, Verlag Suddeutsche Monatshefte, 1920), p. 138.

milia como de una forma moral de convivencia humana"[44] o lo que expresa Max Steinitzer acerca de la *Sinfonía alpina* del mismo maestro, cuando dice que expresa "procesos *anímicos*, vivencias internas de una personalidad creadora en el lenguaje más natural y más peculiar, el de la música."[45]

También la música se ha esforzado en superar, por su parte, la diferencia entre la música y la pintura, basada en el antagonismo polar existente entre estas dos artes.[46] Polaridad no significa solamente separación, sino también copertenencia. Esta puede acentuarse, y aquí, en que la tendencia no es, como en la música pictórica, de dentro afuera, sino, por el contrario, de fuera adentro, pues partiendo de la expresión de la expresión, se aspira a la expresión de la esencia misma, el resultado no necesita ser artísticamente problemático: lo tenemos ante nuestros ojos en la *pintura expresionista*. Pero, aunque aquí haya perdido mucho de su fuerza el antagonismo entre la pintura y la música (un retrato expresionista puede rivalizar con la música en cuanto a vaguedad, pero también en cuanto a fuerza de penetración anímica), queda en pie, sin embargo, la tensión polar consistente en el hecho de que, mientras la pintura presenta sus obras de arte en el espacio, como obras exteriores, las impresiones musicales de por sí (es decir, prescindiendo de los fenómenos psíquicos que llevan aparejados en el espíritu de algunas gentes de dotes musicales —las líneas, las superficies, los colores— y que desde el punto de vista de la valoración musical no tienen interés alguno) se captan única y exclusivamente en el interior del espíritu.

Los antagonismos polares de dentro y fuera, la situación de las obras de arte en el tiempo y en el espacio, sientan para grupos afines de obras y tendencias de creación la posibilidad de caracterizaciones basadas en principios: las estructuras formales de estas dos clases de obras de arte son claramente distintas. Pero la investigación histórica del arte (tomando la expresión histórica del arte en el más amplio de los sentidos) emplea distinciones más extensas. La estética puede entrar también a examinarlas desde puntos de vista *filosófico-naturales*. De un modo o de otro, toda obra de arte está formada por *materiales* suministrados por la naturaleza y cuya capacidad de expresión se encarga ya ésta de poner de manifiesto. Y aunque el artista considere

---

[44] *Bildhafte Musik* (Tubinga, J. C. B. Mohr, 1928), p. 19.

[45] Eine Alpensinfonie, Thematische Einführung (Leipzig, Leuckart), pp. 3-4.

[46] Cfr. especialmente Kandinsky, *Ueber das Geistige in der Kunst,* 3ª edición (Munich, Piper, 1912), p. 37.

el material como indiferente con respecto a la forma que él le imprime, no puede ver en él un cuerpo muerto enfrentado con su propio
yo, es decir, con un ente dotado de conciencia propia: el abismo intelectualista separaría el fondo natural de las visiones artísticas; éstas
sólo surgen allí donde el yo plasmador cobra vida en sus materiales.
La vida expresiva de la naturaleza se da también en el artista, y en su
vivencia de la materia realzada por la problemática del espíritu cobra
determinadas posibilidades nuevas, reviste nuevas tendencias especiales. La naturaleza modela con madera las formas de los árboles,
y no cabe duda de que estas formas están llenas de expresión. Sin
embargo, sólo dan una remota idea de lo que es la libertad: la vida
que en ellas se manifiesta parece estar encuadrada en esquemas rígidos. El movimiento de la naturaleza —como ha puesto de relieve
Schelling—[47] retorna siempre a sí mismo; sus tipos de plasmación no
varían jamás: la naturaleza es incapaz de remontarse sobre sí misma.
El reino en que tiene su asiento la tendencia a remontarse sobre sí
mismo, es el reino de la historia. El escultor en madera vive en ésta
la posibilidad de crear símbolos inspirados en la vida humana y en la
vida social, de cuyos problemas actuales participa él mismo. En las
obras de un Tilman Riemenschneider parece revelarse lo último que
el material de la madera de tilo lleva implícito como capacidad de
expresión, y al mismo tiempo se revela en ellas la época. En este mismo sentido podemos decir que son expresivos el rumor de la tormenta
y el canto de los pájaros, el juego de las moscas y el del corderillo:
pero tampoco en nada de esto hay historia: el artista, en cambio, vive
la fuerza de expresión que se manifiesta en estos procesos naturales, la
vive en sí mismo, como una fuerza domeñable con libertad y la incorpora a la historia.

Ni de la naturaleza ni de la historia cabe trazar una clasificación
conceptual rigurosa. Por eso tampoco existe ningún *sistema de las
artes* conceptualmente satisfactorio. En el transcurso de la historia, se
descubren constantemente nuevas posibilidades de arrancar efectos
artísticos a lo que nos brinda la naturaleza (ρ de lo creado a base de
lo que naturaleza produce): encuentran empleo nuevas materias, se
consiguen nuevos efectos por medio de nuevas combinaciones de recursos artísticos. Todas las materias, todos los medios tienen su propia
naturaleza e, implícito en ésta, un principio de su tendencia de expresión. Esto hace que se manifiesten necesariamente límites tanto de
carácter técnico como de orden estético para las distintas "artes", es

---

[47] *Sämtliche Werke*, t. I, VIII, pp. 229-231.

decir, en cuanto al empleo de determinadas materias, límites que separan unas veces de lo imposible y otras veces de la carencia de gusto.
Claro está que debemos observar, a este propósito, que los límites estéticos se desplazan, a su vez, dentro del propio movimiento histórico:
por regla general, los grandes innovadores pasan ante las gentes de
su época por artistas carentes de gusto.

Hay, además, otro sentido en que el buen gusto traza límites a
las distintas "artes" o a los distintos campos de actividades artísticas.
No es sólo la materia de que está formada la obra de arte, sino también
la *forma* artística la que sirve de base a distinciones usuales en la
historia del arte; la forma, claro está, no en cuanto general, sino en
cuanto referida al sentido estático de determinadas tareas típicas. Las
distinciones a que se llega partiendo de aquí coinciden muchas veces
con las basadas en el material (como ocurre, por ejemplo, cuando se
concibe la industria del vidrio pintado en relación con sus especiales
problemas estéticos); pero no siempre acontece así. La *pintura mural*
plantea problemas estéticos de carácter específico porque tiene tanto
de pintura como de escultura (su superficie pintada no está sobre la
pared, sino que es la pared misma). Cuando Croce dice que toda obra
de arte abarca dentro de sí todas las llamadas "artes", que es a un
tiempo mismo pintura y arquitectura, escultura y poesía y música, no
cabe duda de que sus palabras tienen un sentido, pero no el que estamos discutiendo en este momento. La pintura mural es pintura sin
restricción, pero también es sin restricción arquitectura, plasmación
de los efectos arquitectónicos de los muros, continuación con medios
arquitectónicos distintos de la obra comenzada por el arquitecto; en
cambio, lo que pueda haber en ella de poesía, de música o de escultura
se halla dominado por lo arquitectónico y lo pictórico. Claro está que las
palabras "sin restricción" no tienden a poner en tela de juicio que
la pintura mural haga imposibles ciertas posibilidades arquitectónicas;
quieren decir únicamente que en la pintura mural todo puede y debe
enjuiciarse como tal pintura y, al mismo tiempo, como arquitectura.
Estas pinturas serían malas si, por tener en cuenta el otro arte, no se
las pudiera juzgar íntegra y seriamente como tales pinturas. Pero, si
el pintor llamado a ejecutar una pintura mural no comienza por adentrarse con su vivencia en la conformación de la pared establecida ya
por el arquitecto y si no demuestra en cada una de sus pinceladas
que ha sabido comprender el lenguaje de la arquitectura a que tiene que
adaptarse y cuyas intenciones se trata de continuar, su obra fracasará
forzosamente. Y, al decir esto, no nos referimos simplemente a que
deba adaptarse al estilo especial del edificio cuyas paredes viene lla-

mado a decorar: nos referimos a algo más profundo y que obliga a la pintura mural en general. Así, por ejemplo, una perspectiva demasiado profunda sería antiestética, en este caso, pues vendría a negar la arquitectura. La pintura de caballete puede mostrar esta perspectiva, pues aquí no se trata precisamente de una pared, sino de un cuadro destinado a colgarse en ella, y que adquiere vida propia y sustantiva tan pronto como se circunscribe por medio de un marco. Es el sentido estético de la pintura mural el que se encarga de trazar aquel límite que señalábamos; límite que permanece en pie aunque a lo largo del siglo XIX se hayan cubierto muchas paredes de iglesias y palacios con pinturas que no se atienen a él en lo más mínimo.

Pondremos otro ejemplo para ilustrar cómo, independientemente de las diferencias que afectan a los materiales empleados, el sentido mismo de la forma artística puede trazar determinados límites a un arte: la *escultura*. Esta se distingue formalmente de sus artes hermanas, la plástica en relieve y la pintura, en que los contornos de las figuras representadas en ella son, al mismo tiempo, los contornos de la misma obra de arte. Ahora bien, la apariencia estética convierte a toda obra de arte en algo que se basta a sí mismo, que encuentra en sí mismo su propia satisfacción. En el retrato creado por el pintor, la obra de arte cerrada no es el personaje mismo representado, sino éste en unión de su fondo. Pero en la plástica el mismo personaje representado se convierte en un ser sustraído a toda relación de dependencia: la escultura diviniza. Si la escultura, dice Schelling, "sólo quiere satisfacerse *a sí misma* y a sus postulados especiales", debe representar solamente a dioses.[48] Las figuras escultóricas son, como tales, exponentes de una vida suprema. Las mismas figuras de animales se convierten en deidades cuando se las vive en la liberación que la escultura confiere; basta fijarse en los gavilanes, las leonas y los monos de los egipcios. Los tocones de árboles y otros objetos semejantes representados en las obras escultóricas por una necesidad estática, perturban generalmente la unidad de la obra: la vida vegetal carece de la intensidad que esta clase de plástica requiere: es demasiado quieta, demasiado impotente, demasiado carente de libertad. Claro está que el escultor, como cualquier otro artista, tiene la posibilidad de dedicar sus dotes a fines arbitrariamente trazados por él mismo: no es difícil eludir la expresión de la divinidad; hay muchas obras a las que les falta la llenazón interna de una forma exigente: no se ha satisfecho o

---

[48] *Sämtliche Werke*, t. I, v, p. 621; cfr. K. W. F. Solger, *Vorlesungen über Aesthetik* (Leipzig, Brockhaus 1829), p. 323.

cumplido el sentido estético de la plástica escultórica. Sin embargo,
"si lo menos que divino" representado indudablemente en muchas va-
liosísimas obras escultóricas, ha de ser comprendido, habrá que tener
también en cuenta otro factor muy distinto, sustraído al artificio subjetivo. Con razón se ha señalado el poder del bloque que mantiene en
un haz las diversas figuras, de donde el creador va sacando su obra.
Así, Hermann Nohl ve en todas las grandes esculturas símbolos de "la
ley metafísica de nuestra existencia a la que nadie escapa y que gobierna hasta a quien se rebela contra ella". Este autor encuentra en
las obras plásticas un "rasgo melancólico, nacido de la resignación ante
un destino".[49] Ambas cosas van implícitas en la forma de la obra escultórica: la divinización y la vinculación, y en esta tensión polar reside
realmente el sentido estético de la escultura. En la práctica artística
pueden desdoblarse los dos factores y hacerse insensible la vinculación
o la divinización. Pero pueden también unirse: recordaremos tan sólo
alguna de las obras de Miguel Angel, por ejemplo los esclavos, que
no son dioses, pero sí titanes, superhombres a pesar de sus cadenas.

3

LAS ARTES EN LA HISTORIA

Toda obra de arte es autónoma, forma, en el plano de las apariencias estéticas, un mundo de por sí, regido por leyes propias. Pero ello
no impide, naturalmente, que existan afinidades estéticas. No es indiferente, ni mucho menos, ni en cuanto a la vivencia artística ni en
cuanto al juicio artístico, que una obra de arte llene el espacio o el
tiempo o los llene ambos, que hable al ojo o al oído, que esté hecho
de este o del otro material, etc. En este sentido, podemos darle la
razón a Walzel, quien por oposición a quienes "cifran todo el valor
en el carácter concreto de una obra de arte", quiere que se tengan en
cuenta también los elementos que unen a unas obras de arte con
otras.[50] En cambio, sólo en una medida muy restringida podemos
asentir a sus manifestaciones cuando sostiene que "la contemplación
y el contemplador de otras artes podría aprender de éstas los ardides
por medio de los cuales se comprende mejor lo esencial [!] de la obra

---

[49] "Ueber den metaphysischen Sinn der Kunst", en *Deutsche Vierteljahrsschrift für
Literaturwissenschaft und Geistesgeschichte*, t. I (1923), pp. 364 s.
[50] *Wechselseitige Erhellung der Künste*, p. 74.

de arte del poeta":[51] la relación existente entre las diferentes artes se halla demasiado preñada de problemas. "Quien quiera vivir una obra de arte como una totalidad, se ve impulsado rápidamente a sustituir el antagonismo entre las artes por una relación de coexistencia o sucesión entre ellas."[52] Es posible; pero, poco a poco, se irá dando cuenta de la existencia del antagonismo en puntos importantes.

Como es sabido, Wölfflin establece cinco parejas de categorías para el lenguaje de las *artes plásticas*; parejas, pues este lenguaje tiene una resonancia distinta en las distintas épocas: estas categorías tienden a fijar los profundos antagonismos de su vida histórica. Su investigación parte del antagonismo de estilo entre el Renacimiento y el Barroco; tras la antítesis del estilo, se percibe la que separa a la diversa manera de ver el mundo de cada época. La diferencia que en el terreno de los principios se advierte entre el lenguaje de formas de estas dos épocas procede de una vivencia distinta del mundo o de la realidad. Wölfflin coloca por delante la antinomia de lo lineal y lo pintoresco. Esta antinomia tiene importancia "categorial", pues cala más hondo que, por ejemplo, la diferencia entre la mayor o la menor movilidad de expresión: para ésta existe una medida única, para aquélla no.[53] "La gran antinomia del estilo lineal y del estilo pintoresco responde a un interés fundamentalmente distinto por el mundo... Es sólo el estilo pintoresco el que conoce la belleza de lo incorpóreo. Según cuál sea la orientación del interés por el mundo, surge en cada caso una belleza distinta."[54] Otra pareja de categorías bajo la que se concibe el antagonismo entre las mismas épocas es la de la forma cerrada y la forma abierta (la tectónica y la atectónica): "En el primer caso estamos ante valores del ser, en el segundo ante valores del cambio. Allí, la belleza está en lo limitado, aquí en lo ilimitado. Otra vez volvemos a encontrarnos con conceptos en los que detrás de las categorías artísticas se trasluce una distinta concepción del mundo."[55] Lo que Wölfflin nos brinda no tiende a servir solamente a la historia de las artes plásticas como campo cerrado de investigación, sino también a la historia del espíritu, concebida en el más amplio de los sentidos. Sin embargo, aunque ésta tenga grandes y poderosas razones para acoger con gratitud los conocimientos contenidos en la obra de Wölfflin, no debe caer en el error de pensar que el problema

---

[51] *Gehalt und Gestalt im Kunstwerk des Dichters*, p. 273.
[52] *Ibid.*, p. 276.
[53] *Kunstgeschichtliche Grundbegriffe*, p. 12.
[54] *Ibid.*, p. 31.
[55] *Ibid.*, p. 142.

estriba, de un modo esencial, en su generalización. Error a que, por lo demás, no da pretexto en lo más mínimo el propio Wölfflin: lejos de ello, parece tener conciencia de las dificultades inherentes a esto. Karl Vossler ha exteriorizado una desconfianza muy fundada contra los intentos "de hacer extensivos al mundo poético los conceptos históricos-suprahistóricos trazados por Wölfflin". Tiene, según nos dice, miedo a observaciones de un valor·más o menos metafórico o equívoco, "lo cual no es obstáculo para que diga, en relación con el mismo problema, que ningún historiador de la literatura debiera dejar de leer los *Kunstgeschichtliche Grundbegriffe* ["Conceptos fundamentales de Historia del arte"], de Wölfflin.[56]

Es la *polaridad* que se traduce en un sentido opuesto en las artes plásticas y en las artes habladas la que hace que sea tan posible como dudoso el transferir a éstas los conceptos valederos para aquéllas. La antinomia de la forma cerrada y de la forma abierta vale para la poesía y la música no menos que para las artes plásticas y guarda relación, así en unas como en otras, con la visión del mundo; pero la relación no es la misma en ambos casos. (De aquí el hecho conocido de que, por regla general, para establecer comparaciones entre la estructura estética de sus respectivas creaciones se suelen escoger representantes de artes polarmente contrapuestas, por ejemplo, un pintor y un músico, pero cuando se trate de épocas distintas.) La *forma cerrada* funda en las artes plásticas, según la frase de Wölfflin que citábamos hace poco "valores del ser"; en las artes habladas, en cambio, esa forma quiere decir que se hace justicia al movimiento.

En la música clásica, la tonalidad inicial domina victoriosamente a lo largo de toda la obra. Las tonalidades accesorias se hallan determinadas por ella y el final resuena de nuevo en la tonalidad fundamental. Al terminar, el retorno a la tónica, con arreglo a la ley musical, da a la obra un final unívoco que las artes plásticas no conocen. El final total, importante para la obra cerrada, hace que el movimiento encuentre su necesaria meta. Lo que en el tiempo no podría tener existencia alguna queda anulado como todo simbólico en lo supratemporal. Pero el final pertenece a la tonalidad inicial: la meta del movimiento es, al mismo tiempo, su origen. En las artes plásticas, la forma cerrada no ha encontrado nunca ni en parte alguna encarnación más perfecta que en el *cinquecento* italiano, una época cuya tónica terrenal nadie puede discutir. Lo que Nietzsche dice en este

---

[56] *Wissenschaftliche Forschungsberichte*, ed. por K. Hönn, t. I: *Französische Philologie* (Gotha, Perthes, 1919), pp. 57-58.

sentido de Rafael, a saber; que incurría en "la falsedad de divinizar la *apariencia* de la interpretación cristiana del mundo",[57] no rige solamente con este pintor. Leopold Ziegler caracterizaba una vez con palabras certeras a los arquitectos del Renacimiento italiano, comparándolos "con el hombre que no teme a lo natural ni busca lo sobrenatural. Toma, sencillamente, lo que le brindan el destino, la suerte y la marcha del mundo. Lo lleva sobre sus hombros, sin murmurar ni hacer visajes y demuestra orgullosamente, al soportarlo, que es tan fuerte somo su carga. Y hasta tal vez no dé a entender claramente que aquel peso le resulta agradable en contraste con su propia ingravidez... Este hombre buscará símbolos que le parezcan adecuados a él y tenderá a simbolizar la marcha natural de las cosas de por sí, y no la lucha contra ella. Creará una forma arquitectónica que no devore, por decirlo así, los materiales, la piedra y sus cualidades, sino que las reduzca a una manifestación equilibrada".[58] En las artes plásticas, la forma cerrada es expresión de la unidad cerrada del ser. Si queremos dar crédito a la frase de Goethe según la cual "el verdadero tema de las artes plásticas es el hombre",[59] no cabe duda de que la unidad cerrada de su forma es testimonio de la condición del hombre de bastarse a sí mismo. En las artes habladas, por el contrario, la forma cerrada atestigua la fe en la perfección del hombre en lo supraterrenal. El verdadero tema de las artes habladas no es tanto el hombre como la relación entre el hombre y lo supraterrenal eterno. La forma clásica exige la expresión poética de lo supraterrenal. Goethe sabía, dice Fritz Strich, "que el hombre puede eternizar su instante y puede eternizarse a sí mismo siempre y cuando que se realice en él la forma eterna del hombre, que jamás puede morir. El prototipo dura por encima del tiempo y esto hace que se halle fuera del alcance de la muerte, la cual sólo puede hacer mella en lo temporal". "Toda la intención de la tragedia de Schiller no era otra que el triunfo clásico sobre la muerte. Pues también el pensamiento y la vivencia de Schiller eran que la muerte sólo era dueña y señora sobre el hombre temporal." "Así es cómo la duración clásica vence a la muerte. Los hombres de esta poesía no mueren desde dentro..."[60] Lo que antes decíamos de la música es también fundamentalmente aplicable a la

---

[57] *Der Wille zur Macht* (Werke, Taschen-Ausgabe, t. x, p. 90).

[58] *Florentinische Introduktion zu einer Philosophie der Architektur und der bildenden Künste* (Leipzig, F. Meiner, 1912), pp. 49-50.

[59] *Einleitung in die Propyläen* (1798).

[60] *Deutsche Klassik und Romantik*, 3ª edición (Munich, Meyer y Jessen, 1928), pp. 119-121.

poesía. Para lo que aparece en el tiempo y que va desapareciendo en su devenir no existe ningún acabado o perfección, que pudiera mostrarse como tal; en la esencialidad de lo que aparece sin consistencia no cabe más que creer. El acabado de la forma exige fe para sí misma y también, por eso mismo, fe para el contenido al que se refiere; es decir, su contenido debe ser de tal clase, de tal valor, que sea posible creer en él. (Para quien no sea capaz de poner alguna fe en ello, la obra poética no dice nada.) Emil Ermatinger ha mostrado cómo la lucha religiosa de C. F. Meyer discurre paralelamente con la madurez de su obra de artista: su creación va adquiriendo seguridad de forma a medida que se esclarece y afianza su fe protestante.[61] La forma no es ningún ropaje que un sastre hábil sea capaz de cortar a la medida de quien ha de vestirla, aunque sea indigna de él: es lo que da a una obra de arte fuerza de expresión, es decir, el nexo simbólico que da unidad a las partes: es parte inseparable del contenido de la obra de arte. Si ésta es pobre en cuanto a la vivencia del poeta, ya pueden las rimas ser perfectas y la obra poética impecable desde muchos otros puntos de vista; la forma acabada es algo más que eso; sólo existe allí donde una profesión simbólica de fe en una sustancia supratemporal, en un sentido de la realidad encuentra expresión.[62] Al igual que en la música, en la poesía la forma cerrada, la forma acabada, es la forma de la fe (mientras que en las artes plásticas es la forma de la intuición). Huelga decir que la forma que trasciende, la forma capaz de empapar los círculos de lo terrenal con una confesión positiva, se manifestará también de un modo "cerrado" en el sentido externo: la unidad del todo, que surge mediante la interdependencia de las distintas partes, se convierte en un todo afirmativo, no es un simple fragmento, ni es tampoco un simple problema.

Allí donde lo suprasensible, la tensión de las cosas humanas hacia lo más que humano, pugna por encontrar expresión en las artes plásticas, empujará al artista a la *forma abierta*. No porque ésta impulse necesariamente hacia el más allá, pues la forma abierta es multívoca. En Italia, sobre todo, gusta de representar frente a lo sujeto a leyes lo fortuito, frente a lo rigurosamente vinculado lo libre: esto hace que conduzca fácilmente al naturalismo y a la carencia de espíritu. Pero es también esta forma la que hace que sea representable la "belleza de lo incorpóreo", "de lo infinito"; infunde al ojo la vivencia de un movimiento para la que el marco de la imagen pintada no representa

---

61 *Krisen und Probleme der neueren deutschen Dichtkunst*, pp. 290 ss.
62 *Kunstgeschichtliche Grundbegriffe*, p. 54.

ningún límite, de tal modo que lo encerrado dentro de estos linderos apunta hacia afuera. "Lo objetivo se disuelve, en cierto modo, en un efecto supraobjetivo", dice Wölfflin, hablando de un cuadro de Adrián van Ostade, y con estas palabras certeras define todo el estilo de la forma abierta en la pintura.[63] El talento creador del pueblo italiano rindió su aportación más peculiar bajo el Renacimiento; en ningún otro campo han permanecido los italianos tan insuperados e incomparables como en sus artes plásticas de aquellos días.[64] El Barroco, la época de la forma abierta, aparece allí como una fase de decadencia del arte. Pues lo que constituye el supremo derecho de vida del barroco es poco adecuado al modo de ser italiano. Adquirió, sin duda, una fuerza poderosa en un Miguel Angel, pues las distinciones etnológicas se detienen ante el individuo descollante y sólo se refieren a la actitud que ante él adoptan los hombres de su pueblo. Y el arte italiano no pudo, desde luego, soportar al maestro de la capilla de los Médicis y del *Juicio final*. Tanto menos, cuanto que lo admiraba.[65] Las enormes luchas en torno a un sentido de la realidad, aquellas luchas en torno a Dios en que vivió Miguel Angel, permanecieron incomprendidas de un pueblo como aquél, en que hasta para las necesidades religiosas se tiene por algo evidente la regulación, la conciencia de algo sujeto a la ordenación de leyes: e incomprendido quedó también el sentido de una forma que pugnaba por deshacerse del ser como de una cadena. En Italia, "la forma más cerrada" se sentía (y sigue sintiéndose) "como la más viva".[66] Las grandes y reveladoras obras del arte barroco hay que buscarlas en el norte. También el arte católico habla en el norte del espíritu que ninguna forma puede captar, que ninguna forma puede expresar positivamente. Así como la teología mística del Pseudo-Dionisio considera los testimonios negativos acerca de Dios más verdaderos que los afirmativos, las artes plásticas del norte poseen su cuño principalmente en el barroco, símbolo de lo divino, que a través de su forma niega lo finito. También en la pintura y en la escultura expresionistas del siglo xx hay obras concebidas por el espíritu religioso, obras en las que la ruptura de la forma cerrada atestigua la superioridad de lo divino sobre los "valores del ser".

---

[63] Kunstgeschichtliche Grundbegriff,e, p. 54.
[64] Cfr. Wölfflin, "Italien und das deutsche Formgefühl", en *Logos*, t. x, p. 251.
[65] Romain Rolland, *Michelangelo*, trad. de S. D. Steinberg (Zurich, Rascher, 1919), pp. 178, 181.
[66] Wölfflin, *Kunstgeschichtliche Grundbegriffe*, p. 152.

Pero, mientras que en las artes plásticas del norte el tránsito de la forma cerrada a la abierta viene precisamente a satisfacer una exigencia de la vida religiosa, en las artes habladas este cambio representa la disolución de la certeza de lo supraterrenal. Con ello no aludimos, evidentemente, el tránsito de la época del renacimiento a la del barroco. Cysarz ha puesto de manifiesto de un modo convincente que la época de la literatura alemana del barroco debe ser considerada como un período preclásico:[67] puede decirse que, en este período, la forma no es suficientemente cerrada, pero no puede decirse que sea abierta, pues el pleno valor de este tipo de exposición presupone la forma cerrada y el correspondiente dominio técnico de los medios de expresión. El barroco literario alemán prepara el clasicismo del siglo XVIII y comienzos del XIX, y la época que podría parangonarse con el barroco de las artes plásticas si quisiera hablarse de la disolución de la forma cerrada, no podría ser más que una: la del romanticismo. Pero aquí debe tenerse en cuenta que la forma clásica de las artes habladas apunta a la certeza de lo supraterrenal (no a la glorificación del ser): tiene necesariamente que desplazar a la forma abierta, porque dentro de ella ya no parece posible la afirmación absoluta de lo supraterrenal. Aquellas desesperadas palabras que Kleist escribió bajo la conmoción que le produjo "la llamada filosofía kantiana", no hablan de otra cosa que de la súbita rapidez con que se esfuman aquellas posibilidades: "No podemos decidir si lo que llamamos verdad es verdaderamente la verdad o solamente algo que a nosotros nos parece que lo es. Si ocurre lo segundo, resultará que la verdad que nos hemos esforzado por reunir aquí no valdrá ya después de la muerte, y serán en vano todos nuestros intentos para llegar a adquirir un patrimonio que nos acompañe a la tumba... Mi única, mi suprema meta se ha extinguido, y ya no tengo ninguna."[68] La pasión que habla en estas palabras forma parte de la personalidad de Kleist, pero su dualismo es característico del proceso de disolución de la certeza de lo supraterrenal en la época postclásica: el romántico posee una cierta verdad sobre el ser sensible de este mundo y, al lado de ella, una verdad problemática acerca de lo que no puede incluirse ya dentro de este ser. Paul Hensel enfrenta una vez la personalidad de Goethe con la de E. T. A. Hoffmann: "Goethe no era una de dos cosas, o ministro o poeta, pues los dos órdenes de actividades se combinaban en la unidad de

---

67 Herbert Cysarz, "Vom Geist des deutschen Literatur-Barocks", en *Deutsche Vierteljahresschrift für Literaturwissenschaft und Geistesgeschichte*, t, I (1923), pp. 243-268.
68 Carta a Wilhelmine v. Zenge, 22 marzo 1801.

su yo, en el mundo que se había creado, como partes integrantes, y en ambas vivía íntegramente." Hoffmann, en cambio, era un funcionario modelo en el cumplimiento de sus deberes profesionales, pero tan pronto como se veía junto a un vaso de vino, al lado de sus amigos Lutter y Wagner, "su alma se despojaba del hábito burocrático que se había visto obligado a vestir durante todo el día, y el consejero judicial aparecía allí como el rey de los espíritus que real y verdaderamente era".[69]

En la música romántica y neorromántica, como en la poesía romántica y neorromántica, el relajamiento de la forma revela que aquí no se cree íntegramente, sin reservas, en una colmación del tiempo llena de sentido. Pero con esto nada hemos dicho todavía acerca de la dirección en que se mueve la vida desorientada en cuanto al sentido de su hacer y debatirse. El escepticismo ligero o filosóficamente serio puede conducir aquí a una decidida negación, pero también que la nostalgia del paraíso perdido de la fe aventure un apasionado ¡A pesar de todo!, o que se intente formar la oración al Dios desconocido. Heine acierta todavía, hasta cierto punto, a esconder detrás de sus chistes el dolor del desdoblamiento. Y cuando pone punto final a una poesía con una pregunta, terminándola por tanto en una forma acentuadamente abierta, puede ocurrir que esta misma pregunta encierre un chiste.

. . . .

Preguntemos, pues, una y otra vez
Hasta que, por último, nos tapen
La boca con un puñado de tierra.
¿Pero, acaso es esto una respuesta?[70]

El chiste hace que el sujeto disfrute de su elevación sobre el objeto: ello le hace sentirse fácilmente libre: Heine vive todavía el derrumbamiento de la fe en la supratemporalidad con la convicción de que ello equivale a una liberación espiritual. En Werfel, ya no aparece contrarrestado el dolor por semejante sentimiento de orgullo. En él habla ya el desamparo desesperado del hombre que no tiene a Dios ni se tiene a sí mismo.

Esa inseguridad (no del ser, sino) del movimiento de la vida, colmación esencial del tiempo, tan característica del hombre moderno,

---

[69] *Kleine Schriften und Vorträge*, pp. 75 s. Cfr. también Gustav Egli, E. T. A. Hoffmann, *Ewigkeit und Endlichkeit in seinem Werk* (Zurich, Orell Füssli, 1927), pp. 50 *ss.*
[70] Ultimas poesías. A "Lázaro".

apenas le permite ya alcanzar en las artes habladas la forma cerrada, "perfecta". Nietzsche, que se daba clara cuenta de que la extinción de la fe en Dios amenazaba al hombre con el vacío espiritual (baste recordar el capítulo titulado "El hombre loco" en el libro tercero de su obra *La gaya ciencia)*, intentó soslayar este peligro y hasta ofrecer abundante compensación a lo que se perdía, dando nueva forma a la idea de la supratemporalidad con el pensamiento del eterno retorno. En su libro sobre Zaratustra, se proclama la nueva religión como el más formidable Sí que pueda decirse a la vida. La forma abierta que revela también este poema no representa inseguridad: es la forma de oposición de la vida "embelesada y desbordante", aunque no prometa, ciertamente, al individuo humano ninguna consumación en lo supratemporal. *La Gaya ciencia* empieza burlándose de quienes enseñan que la vida tiene un sentido, un valor, y hacen estremecerse a sus creyentes con este pensamiento: "¡Sí, vale la pena vivir! ¡Sí, yo soy digno de vivir!" [71] *La Gaya ciencia* es el preludio más bien científico a las palabras de Zaratustra; éstas admiten, es cierto, un "sentido de la tierra", pero el tal sentido no se encierra en el hombre.[72] "Zaratustra es el único y el primero que pregunta: ¿cómo es *superado* el hombre? ¡Oh, hermanos míos, lo que yo amo en el hombre es precisamente que es un tránsito y un ocaso". "¿Qué importancia tiene el que os malogréis?" [73] Richard Strauss ha tomado el *Zaratustra* de Nietzsche como tema de un poema sinfónico. Es extraordinariamente significativo que esta sinfonía termine de un modo claramente escéptico. El propio Nietzsche, mientras trabajaba en la tercera parte del *Zaratustra,* concibió la idea de hacer seguir esta obra de algunas composiciones musicales, en las que se proponía decir lo que no era posible expresar en palabras.[74] Y el último capítulo de la tercera parte de aquella obra termina con esta exclamación: "¡Ahora canta y ya no hables!" Hay razones para dudar de que a Nietzsche le habría gustado el final de la sinfonía de Strauss. No obstante, sus mismos papeles póstumos revelan que tampoco para él era la teoría del eterno retorno una verdad absoluta; los puntos más fuertes de apoyo en que la fundaba eran necesidades de orden práctico. Y es que el mismo fundador de la teoría del eterno retorno era demasiado hijo de su época para estar completamente convencido de ella.

71 *Werke* (Taschen-Ausgabe), t. VI, p. 62
72 *Así hablaba Zaratustra.* Prólogo de Zaratustra.
73 *Así hablaba Zaratustra.* Parte cuarta: "Del hombre superior".
74 Elisabeth Förster-Nietzsche, *Das Leben Friedrich Nietzsches* (Leipzig, Naumann, 1895-1904), t. II, 2, p. 485.

A las artes habladas parece que la forma cerrada es, en la época actual, inasequible por la más profunda necesidad.[75] Tampoco hoy atrae mucho a las artes plásticas. Pues, pese a todas las corrientes materialistas, no ha bastado todavía una época sensualmente alegre, ni es de esperar que brote: el espacio es demasiado angosto y la lucha por la existencia demasiado dura para que este goce libre pueda ser el signo de la época. Sin embargo, incurriríamos en un prejuicio clasicista si quisiéramos interpretar estas constataciones en el sentido de que la época actual se halla condenada a la pobreza artística. La forma abierta, la forma de representación de la problemática de la vida, no es de por sí menos valiosa que la forma cerrada, la forma propia de la afirmación y la satisfacción. También la filosofía ve hoy claro que el hombre cobra su esencia tanto a través de los problemas con que se debate como por medio de las "verdades" en las que cree. Ya al final de nuestras observaciones previas apuntábamos que la relación existente entre las distintas artes y la sustancia de la realidad. reside en el movimiento de la historia: no hay ninguna época que pueda alcanzarlo todo. Las posibilidades artísticas guardan en todas las épocas relación con el conjunto de las aportaciones culturales. Los poetas dieron forma a los mitos religiosos, los escultores y pintores trazaron los rasgos bajo los que los fieles se representaban a sus dioses, los arquitectos influyeron en las prácticas del culto. Los poetas han inflamado de entusiasmo a los guerreros y a los revolucionarios, los pintores y dibujantes han iluminado la conciencia de los poderosos y han puesto al desnudo ante los poderosos y ante los humildes las miserias de su época. Los impulsos de su creación, las posibilidades de su actuación les han brotado a los artistas como fruto de las grandes conexiones de la vida. Los artistas se hallan, con su obra, en medio de una vida total que contribuye a determinar, pero no con una independización ilimitada, puesto que se hallan determinados, a su vez, por esta misma vida supraindividual. En su carácter histórico particular, la vida total de cada época se halla caracterizada por tensiones, por tareas supraindividuales a cuya influencia ninguna vida individual se sustrae.

Ahora bien, las diferentes artes apuntan, con sus posibilidades específicas, en diversas direcciones. En la mudanza de los problemas históricos que caracterizan a las diferentes épocas, tiene que corresponder necesariamente tan pronto a este arte como a aquél la misión

---

[75] Cfr. también Emil Ermatinger, *Krisen und Probleme der neueren deutschen Dichtung*, p. 72.

de sentirse llamado a revelar lo último y lo más profundo. Pues lo último y lo más profundo no es algo inconmoviblemente rígido y atemporal, sino algo supratemporal, que no se consuma en ninguna época pero que entra en todas, que exige de todas ellas la altura que en cada una puede alcanzarse. Una época puede alcanzar principalmente su altura haciendo honor a la existencia visible; otra época puede conquistar su rango en la historia de la humanidad perforando con osadas preguntas el mundo de los fenómenos, dando nueva forma a los problemas eternos de lo que está por encima del ente y del tiempo y conduciendo la vida del hombre en una tensión acentuada. En cada arte puede expresarse (y se expresará) lo peculiar de su época, pero no en cada una de ellas con la misma amplitud y con las mismas características. Regularmente, la estructura *formal* de *un* arte lo capacitará especialmente para dar testimonio de los problemas de la época, de lo que hay en ella de peculiar, ya sea en forma cerrada o en forma abierta. La ventaja de poder dar expresión convincente a lo esencial de la época dará a este arte cierto *predominio* sobre las demás y atraerá a éstas a sus derroteros. Pero aquí no debemos perder de vista que las épocas de la historia se entrecruzan: hombres que orientan su posición ante la vida por concepciones de diferente edad y contrapuestas acerca de la tarea suprema de la época, son contemporáneos. Y así, el predominio del arte al que corresponde en esta época el papel dirigente se verá, no pocas veces, engolfado en la misma contradicción que es también decisiva para la conciencia cultural de la época.

Pongamos un par de ejemplos que contribuirán a esbozar algo del sentido concreto de estas últimas afirmaciones.

En la *Edad Media* predominaba la *arquitectura*. En este arte cobra su expresión simbólica más adecuada la gran aportación espiritual de la época, la obra de los padres de la iglesia. La labor espiritual contenida en los gruesos volúmenes de aquellos hombres representa un gigantesco armazón de tesis rígidas, pero sometidas a un profundo proceso de elaboración por el pensamiento; los detalles aparecen ordenados en una unidad sistemática ricamente ramificada, pero no precisamente orgánica: cada una de ellas ocupa su lugar, inconmoviblemente. Cada tesis pretende permanecer invariable, como es, y seguir por siempre donde está: dentro del lugar que ocupa, es necesaria. No es la pura subjetividad la que la ha colocado allí: la ordenación a la que la Edad Media consagró sus mejores fuerzas es algo sagrado. Y otro tanto acontece con la sociedad medieval. También ella es un armazón de ordenanzas de vigencia inconmovible, que cada individuo contribuye a sustentar desde el lugar que le ha sido asignado. En su grandiosa obra titulada *Wandlungen der Weltans-chauung* ["Mudanzas de la concepción del mundo"], habla Joël de una "lógica de la jerarquía", que elevándose a la prueba ontológica, no consiente el menor divorcio entre la identidad y la realidad, entre el pensar y el ser. En lo absoluto, el pensar y el ser aparecen vinculados. Queda excluída toda subjetividad.[76] El mismo Joël hace la comparación con la arquitectura: "El siglo XI se elevaba al cielo como una catedral." Es cierto que a continuación dice que, relativamente, el siglo XII "daba la impresión de ser un campo de batalla".[77] Pero, no cabe duda, lo arquitectónico triunfa sobre los conatos individualistas, que en el fondo tampoco querían huir de aquella severa ordenación. Por la determinación geométrica y por la solidez pétrea de sus obras, pero también por su rigidez, la arquitectura es el arte llamado necesariamente a crear, una vez y otra, símbolos para la vida de esta época. En este arte, la rigidez no significa tanto falta de vida como forma de vida, una ley suprema que esta vida misma afirma de buen grado para todas sus manifestaciones. Es sabido que la pintura y la escultura de la Edad Media se hallaban fielmente sometidas a la arquitectura. También la poesía y la música se regían por la ley de la estructura arquitectónica. Apenas es posible hablar de la forma literaria del grandioso poema del Dante sin recurrir a símiles de carácter arquitectónico. "Lo que podían enseñarle [al Dante] e indudablemente le enseñaron las obras monumentales de su tiempo formó la grandiosa, firme y simétrica estructura de su poema. Aunque no lo supiésemos, bastaría con conocer la *Divina Comedia* para convencernos de que el arte que seguía marchando a la cabeza al final de la Edad Media era todavía la arquitectura eclesiástica."[78] Así escribe Vossler, a pesar de que en un pasaje citado más arriba se expresaba con extraordinaria cautela sobre la posibilidad de transferir al arte poético los conceptos fundamentales de la historia de las artes plásticas. Y en ambos casos tiene razón. Pues dondequiera que un arte influye en otro es siempre posible utilizar la herramienta conceptual de que se vale el historiador de aquel arte para comprobar la existencia de esta influencia efectiva. Acaso pueda irse todavía más allá, pero el instrumento resulta peligroso, pues las analogías formales podrían tener una intención artística completamente distinta.

[76] Karl Joël, *Wandlungen der Weltanschauung, Eine Philosophiegeschichte als Geschichtsphilosophie*, t. I (Tubinga, J. C. B. Mohr, 1928), p. 176.

[77] *Ibid.*, p. 178.

[78] Karl Vossler, *Die göttliche Komödie, entwicklungsgeschichte und Erklärung* (Heidelberga, Winter, 1908), t. II, 1, pp. 775-76.

En cuanto a la música de la Edad Media, podrían servir de ejemplo, ante todo, los corales antiguos. Un oído moderno sentiríase herido por los sonidos de la misma longitud, acompañados de cuartas (más tarde también de quintas), que se encuentran en las obras del siglo IX (y tal vez ya en las del siglo VIII). Sin embargo, el brío que marcaba cada paso de este canto parafónico, producía un efecto estético. La cuarta estaba considerada por la teoría antigua como la consonancia dominante (más tarde, muchos compositores encontraban todavía más espléndida la quinta),[79] y esta *consonantia* seguía siendo en cada nueva composición un goce que no quería perturbarse mediante ningún movimiento paralelo. Por el contrario, con el enriquecimiento de la segunda voz fué como se consiguió que la música adquiriera la fuerza de expresión que se quería. Ambros compara una vez estos sonidos largos, uniformes y severos a las columnas de piedra de una basílica: el símil apunta al sitio en el que y para el que nació esta clase de canto. En sus *Studien zum Formproblem des Minnesangs* ["Estudios sobre el problema de la forma del *minnesang*"],[80] ha demostrado Günther Müller que en la música del *minnesang*, sin la que la esencia de éste sería inconcebible, no puede verse una "forma de expresión anímica", sino que es más bien una "forma puramente matemática"; y recuerda la posición que la enseñanza de la música ocupaba en el *quadrivium* de la Edad Media, entre la aritmética, la geometría y la astronomía. En las canciones de los *minnesänger*, la estructura de las estrofas era extraordinariamente artificiosa: la música servía para aclararla. Por medio de ella, "se elevaba todavía más la forma estrófica y su arte matemático hacíase más grato al oído". La moderna composición del *lied* persigue otro fin: en ella, "aquella aclaración formal va viéndose cada vez más desplazada a favor de la expresión intrínseca de los sentimientos. Un ejemplo general de esto lo tenemos en los progresos de la llamada composición total: aquí, ya no es la forma estrófica lo que interesa musicalmente, sino que cada nueva estrofa aporta al contenido nuevo algo también musicalmente nuevo". En su actitud matemática, en su alejamiento de todo lo sentimental, la música de los *minnesänger* aparece vinculada a una fuerte conciencia suprapersonal de forma. En la Edad Media, el poeta "no es un vidente que se adelante a su época como Hölderlin o Kleist, ni el realizador o paladín de un nuevo

---

[79] Cfr. Hermann Abert, *Die ästhetischen Grundsätze der mittelalterlichen Melodiebildung* (tesis doctoral), Halle a. S., 1902, p. 10.

[80] *Deutsche Vierteljahresschrift füt Literaturwissenschaft und Geistesgeschichte*, t. I (1923), pp. 61-103.

estilo de vida, como los clásicos o incluso los poetas dramáticos de la época de la Reforma, es, simplemente, el vocero de su tiempo, que si bien en el detalle arregla la ordenación establecida, en el conjunto permanece siempre estable". La vida del individuo se mantiene dentro de una armazón que apunta a lo trascendente, y la arquitectura, con su forma, le da su más fuerte expresión. Ya la poesía y la música se colocan luego bajo la ley de esta forma.

Tan firme, tan recia es la ordenación de la Edad Media, que en el terreno del arte el predominio de la arquitectura no es puesto en tela de juicio por ninguna corriente contrapolar. Y no porque faltasen, ni mucho menos, estas corrientes. En la pintura de miniatura del mínimo formato apuntaba ya, muy modestamente, algo de la intimidad y la afirmación del encanto individual. Y sobre los artistas verdaderamente grandes vemos cómo proyecta ya su luz, por adelantado, la época del Renacimiento, como ocurre por ejemplo con la poesía caballeresca de un Walther von der Vogelweide. Pero, si bien es cierto que quien desee comprender la Edad Media no puede pasar de largo por delante de estos fenómenos, no lo es menos que los testimonios más impresionantes de la peculiaridad de la vida medieval eran las obras de la arquitectura; junto a ellas es justo enumerar también las obras de las otras artes, en la medida en que su espíritu se hallaba dominado por el de las realizaciones arquitectónicas.

Ahora, algunos ejemplos tomados de otra época. En el período de la *Ilustración,* es la *música* el arte llamado a revelar lo más profundo. Lo representable ha caído ahora bajo el predominio del intelectualismo. La relación entre el intelecto y la realidad se halla determinada por la contraposición entre la consciencia y los objetos: sólo desde fuera aborda el yo lo real, que se expande ante él en la infinita variedad de los objetos finitos. En el siglo XVIII, la vida artística aparece ampliamente intelectualizada. Podemos mencionar a este propósito a Boileau y a su continuador alemán Gottsched, que se empeña en reducir la poesía a una serie de reglas a que ha de atenerse el poeta: cree poder imprimir a su materia una forma de fuera adentro. También se halla dentro de esta corriente Gellert: sus fábulas bordan una serie de chistes inocentes con una moral que desconoce todas las tensiones interiores de la vida. También las graciosas comedias de Goldoni se mantienen en la superficie de las cosas: las figuras aparecen manejadas con una gran seguridad, pero los caracteres están esbozados de un modo puramente externo; no hay manera de vivir aquí ningún problema sustancial de la humanidad. El estilo de las pinturas de un Balthasar Denner, de un William Hogarth es un estilo de dibujante:

pero no habla ya, como bajo el renacimiento, del goce despertado por la riqueza maravillosamente multiforme de la naturaleza, sino que se halla informado por la frialdad y la sobriedad de la ciencia. La materia, en estas obras, no recibe su forma directamente de la vivencia; la tiene ya, existe objetivamente en ella y el pintor se limita a copiar esta forma objetiva. El pintor, aquí, no hace más que imitar la realidad objetiva. En la medida en que estos cuadros tienen una unidad artística, ésta es, naturalmente, una unidad "plural".[81] Denner tiene toda la paciente minuciosidad de observación del investigador para quien no existe nada demasiado pequeño, como si el pintor tuviese por encima de cualquier otro deber el de la meticulosidad. En Hogarth, es el tratamiento científico-moral del tema "las cosas manchan como más quiere". Sus robustos cuadros exponen observaciones morales. Todos los nombres citados son nombres muy conocidos; pero no puede decirse que ninguno de ellos sea grande. Nombres grandes de esta época a que nos estamos refiriendo son los de Bach, Händel, Gluck, Haydn, Mozart. Por tanto, mientras que corre por toda Europa una ola intelectualista que se empeña en orientar hacia lo objetivo (que vale tanto como decir hacia lo finito) todos los intereses, incluyendo los de los artistas, y en mantenerlos sujetos a eso, la certeza de lo eterno va a refugiarse a la órbita de lo no objetivo, de lo irrepresentable. Indudablemente, la *Flauta encantada* de Mozart ensalza en 1791 la Ilustración, pero solamente en la medida en que esta libra la lucha contra el poder de las tinieblas. El verdadero contenido de la ópera en que Tamino y Pamina caminan "alegres a través de la noche sombría de la muerte, llevados de la mano por la fuerza de la música" es cualquier cosa menos intelectualista. Todo el arte grande de esta época y el que aspira a serlo recibe del espíritu de la música la orientación hacia lo preobjetivo, hacia lo indeterminable. Tal, por ejemplo, la poesía del *Sturm und Drang*. En 1773, Herder ensalza, por contraste con un arte intelectualizado y sujeto a reglas conscientes, la salvaje belleza de las poesías pertenecientes a la vida de los pueblos. Y las caracteriza con palabras que parecen acuñadas para definir las obras musicales, como es natural y obligado que lo haga, pues estas poesías son *lieder* y los poetas autores de ellas "cantores". La temprana lírica de Goethe y Schiller es una lírica musical,[82] y un poeta absolutamente musical es Klopstock.[83] También en la pintura del siglo XVIII se ad-

81 Cfr. Wölfflin, *Kunstgeschichtliche Grundbegriffe*, p. 163.
82 Cfr. Fritz Strich, *Deutsche Klassik und Romantik*, 3ª edición, p. 340.
83 Cfr. Oskar Walzel, *Wechselseitige Erhellung der Künste*, pp. 75, 82-84.

vierte la tendencia a lo musical. Este rasgo se manifiesta allí donde los contornos de los objetos representados se disuelven en una consonancia de colores, donde lo objetivo parece fundirse de un modo indeterminado. Parece vivirse en estos cuadros algo inefable, ante lo que las claridades objetivas se tornan insuficientes y que, sin embargo, se expresa precisamente a través de la realidad visible. Personalidades artísticas tan distintas como Watteau, Tiépolo, Guardi, coinciden en la tendencia a remontarse mediante la música de sus cuadros sobre lo objetivo. Y más todavía que en la pintura, advertimos la influencia musical en la arquitectura de esta época, sobre todo en la alemana. Es posible que la frase de la "música hecha piedra" se acuñase todavía en el siglo XVIII; en todo caso, refleja de un modo magnífico las características de aquel arte arquitectónico. De las escaleras construídas en los palacios de esta época se ha dicho certeramente que son "como la obertura de una grandiosa composición de conjunto, un medio para despertar el estado de ánimo".[84]

La *música* había de sentirse llamada una vez más a decir a la época lo más necesario, dando con ello la pauta a todas las demás artes. Ocurrió esto cuando Ricardo Wagner emprendió la tarea de unificar en la "obra de arte total" todas las artes, unidas por el nexo de la música. Al igual que en la época de la Ilustración, había vuelto a extenderse un funesto movimiento de enajenación y achatamiento de la vida. La redención había de surgir de las más íntimas profundidades de la realidad. Fué así cómo el joven Nietzsche sintió la misión que la música wagneriana estaba llamada a cumplir. Claro está que eran demasiado imperativos los aires con que esta música pretendía someter a todas las demás artes a su imperio y a imponer en todos los órdenes de la vida el mensaje del presente.

Las extensiones cambiantes de la órbita de poder de las distintas artes no tienen interés en lo que se refiere solamente a la historia de la cultura: tampoco la historia de las artes querrá pasar de largo por delante de ellas. Porque ocurre que se plantean problemas *artísticos* que son comprensibles únicamente desde el punto de vista de aquel predominio "moral" del arte que marcha a la cabeza de los demás. Cabe concebir la historia de un arte como historia de las obras de arte y ésta como "una serie de tentativas de solución de los problemas de carácter estético, necesario, que se dan realmente" [85] (no obstante,

---

[84] Hermann Popp, *Die Architektur der Barock- und Rokokozeit in Deutschland und der Schweiz* (en *Bauformen-Bibliothek*, t. VII), p. IX.

[85] Karl Vossler, "Das Verhältnis von Sprachgeschichte und Literaturgeschichte", en *Logos*, t. II (1911), p. 171.

permítasenos recordar que la misma forma de las artes habladas impone postulados que trascienden con mucho de la esfera de lo "artístico") : pero los problemas estéticos no se desarrollan en una dialéctica
puramente estética que pueda ser concebida haciendo abstracción de
la historia cultural, sino que su condicionalidad histórica sólo puede
comprenderse teniendo en cuenta los grandes problemas de la época,
de los que depende la orientación en que hayan de buscarse las posibilidades de una vida digna de ser vivida. La relación histórica en
que se hallan entre sí las diversas artes jamás podrá comprenderse
desde puntos de vista puramente artísticos. El mayor de los problemas
"estéticos, necesarios, que se dan realmente" es siempre el de la forma
de representación, es decir, el problema del arte que en cada momento
está llamado a dar la pauta, y de la actitud que impone a las diversas
artes, en lo tocante al lenguaje de las formas, el más fuerte entre ellos,
ya que de otro modo no serían artes verdaderamente actuales (sino
una simple continuación del pasado). Las visiones de todo artista
importante adoptan las formas que corresponden a la época. Sería
absurdo, dice Wolfflin, preguntarse cómo se habría expresado Bernini
si hubiese adoptado el estilo lineal de la época que dejaba a su espalda, pues para lo que tenía que decir necesitaba valerse del estilo pintoresco de su propia época.[86] El único modo de que las distintas artes
expresen la plenitud de sus posibilidades consiste en que no se atengan
nunca estrictamente a sí mismas (cosa que, por lo demás, tampoco
podrían hacer, por falta de límites rigurosos), sino que cultiven también su afinidad con las demás artes en la medida en que así lo exijan
los problemas específicos de la época. Claro está que también existen
y tienen necesariamente que existir períodos turbios para las distintas
artes: la vida de un arte puede tropezar con serios obstáculos cuando
lo que es propio y peculiar de su estructura no ofrece acceso libre a
los grandes contenidos de la época.

---

[86] *Kunstgeschichtliche Grundbegriffe,* p. 12.

VI

ROBERT PETSCH

EL ANALISIS DE LA OBRA LITERARIA

1

DETERMINACION DEL OBJETO

ENTENDEMOS por análisis de una obra de arte (especialmente, de una obra poética),* ateniéndonos al sentido literal de la expresión, la resolución de su todo al modo como se resuelve un tapiz, rico en figuras y en color, en los hilos que lo forman, para descubrir el secreto del efecto que produce. Pero, al hacerlo, debemos tener muy presente la advertencia de Goethe (aunque es cierto que éste aplica la metáfora del tapiz a otro campo de actividades espirituales): procurar que los hilos que tenemos en la mano no nos lleven a perder de vista el "vínculo espiritual". También en lo que se refiere a la obra poética podemos hablar, metafóricamente, de una serie de hilos que se entrelazan y forman una trama: la obra poética no se halla compuesta precisamente por "elementos", a modo de una serie de piedrecillas aisladas, cada una de las cuales produciría efecto propio. Hasta en el mosaico artístico se forman inmediatamente series, campos, correspondencias y gradaciones importantes y, en último término, figuras; así, en la obra poética no son simplemente unos cuantos rasgos o imágenes sueltos, "acuñados en palabras", los que actúan sobre nosotros, sino toda una sucesión de cadenas, series, conexiones y ordenaciones, que podrían compararse, quizá, a hilos abigarrados de determinada fuerza y luminosidad. Con la diferencia de que, en este caso, en lo que se refiere al efecto de la obra poética, tienen mucha mayor importancia la dirección y posición, el entrelazamiento y las relaciones recíprocas entre

---

* *Dichtung*, en alemán, se refiere a todos los géneros literarios y acaso la traducción obvia sería "obra literaria", pero hemos querido respetar la "intención" del término alemán que no se interesa más que de "lo poético" y descuida lo meramente "literario". Conviene acostumbrarse con la terminología alemana que considera como "creación poética", la novela y el drama. [Ed.]

251

los hilos. Y, lo mismo que en un tapiz, estas combinaciones y estos entrecruzamientos nos refieren en último término a una intuición estética de su autor, que las determina hasta en sus últimos detalles, por mucho que pugnen por abrirse paso e imponerse, aquí y allá, los efectos gráficos, pictóricos e incluso "materiales". Este punto unitario interno que informa al todo es el que, en último término, interesa al investigador de la literatura llamado a analizar una obra poética: lo que tiene ante sí no es una mera acumulación fortuita de elementos ni una simple suma externa de cosas, ni tampoco un mecanismo muerto de por sí, cuya "esencia" pueda recogerse cómodamente en una "fórmula", sino una "totalidad" estética cuya vida se basa, al igual que la del organismo natural, en una interacción de condiciones físicas y anímico-espirituales, sólo que esta interacción discurre en un plano distinto. Raras veces logra el poeta mantener la unidad hasta en los últimos detalles y hacérnosla sentir. Trabajo tiene, pues, la *crítica*, actividad que no se confunde con el análisis, aunque una y otro (combinadas siempre en todo auténtico investigador) se fecunden mutuamente. Nosotros, al tratar de determinar el objeto y la metodología del análisis, debemos tomar como base el caso ideal: aquel en que el poeta ha logrado su fin. Pero este fin presenta, además, otro aspecto que tienen que tener en cuenta la comparación analítica y la crítica: por lo mismo que todos los hilos cooperan en la unidad con arreglo a su sentido, a su fuerza de expresión simbólica, su efecto particular, que depende de lo material y sensorial, no debe entorpecer la impresión total o buscar salidas propias. Para el auténtico poeta, la rima es un ala y no un grillete, por mucho que a veces parezca querer independizarse: de modo invisible, una nueva luz irradia de ella sobre lo poético y anima su vida. Y esta relación recíproca ("polaridad") entre los efectos internos y externos se halla sujeta tanto al análisis como a la crítica. En realidad no es más que otro aspecto del primer problema, del problema de la unidad interna de la obra, ya que ésta no sería imaginable en modo alguno como "poesía" sin la forma artística verbal.

De lo anterior se desprende claramente que el análisis cumplirá tanto mejor su función cuanto más rigurosamente se atenga a la obra concreta, y además a la forma bajo la que el artista la presenta. Esencialmente, el análisis no se propone comprender la obra poética como una parte de la literatura nacional, como un monumento del lenguaje, ni siquiera como la plasmación en palabras de una vivencia humana importante, sino que pretende simplemente comprenderla como obra de arte verbal, que descansa en sí misma y cuyas fuerzas propulsoras irradian, por decirlo así, desde el núcleo hasta las zonas periféricas más alejadas, para repercutir con nueva fuerza vivificadora desde la periferia al núcleo. La dinámica y la vida propias de lo poético, que, teóricamente, sólo se puede perfilar o sugerir de un modo aproximado, se eleva aquí a conciencia en un caso determinado y, en la medida de lo posible, se racionaliza, sin silenciar por ello el resto, eternamente irracionalizable. El análisis se realiza, pues, en el campo de lo racional, teniendo en cuenta al mismo tiempo las zonas marginales de lo irracional; es una especie de recreación de la obra poética con arreglo a su trabazón interna y a la estructura de su conformación externa, haciendo que se destaquen claramente las relaciones entre el contenido ideal *(Scholt)* y la forma. Su objetivo no es otro que lograr un todo científicamente adquirido y formulado, que nos ofrezca una visión más libre de la obra poética en su totalidad. No nos desvía de la obra poética, sino que, a través de su ordenación y de su forma externa, nos regresa constantemente a su peculiaridad estética; nos remite por encima de ella misma, ya que pone las bases para una apreciación, puramente artística, más profunda y consciente y para un goce más elevado de la obra.

2

DELIMITACION

Ya apuntábamos en el apartado anterior que el análisis se halla íntimamente relacionado con la crítica, pero sin confundirse con ella. Y lo mismo acontece con otros dos modos de tratar lo poético con los que frecuentemente se confunde el análisis y cuyos métodos le han sido impuestos a éste. Estas manifestaciones a que nos referimos no han adoptado siempre un carácter auténticamente científico; el modo como durante largos años fueron tratadas las obras poéticas en la enseñanza de la literatura apenas puede ser calificado de "precientífico". No puede llamarse análisis, aunque con harta frecuencia se hiciera pasar por tal, a un breve resumen del contenido (es decir, tratándose por ejemplo de dramas y epopeyas, el relato de los hechos que en ellos se desarrollan), entrelazado con algunas indicaciones encaminadas a caracterizar la obra (por ejemplo, acerca de la fecha, y del país en que fué escrita y de sus personajes principales) y unos cuantos juicios estetizantes sueltos y dispersos. Es cierto que, no pocas veces, eran precisamente la insuficiencia de estas falsas maniobras las que despertaban la necesidad de una labor científico-analítica.[1]

1 No podemos hablar en este breve ensayo del análisis parcial, entretejido por fuerza

Tampoco es análisis la aplicación de "reglas poéticas" generales al caso concreto, al examen de un drama, por ejemplo, "a la luz" de la "técnica' de Gustavo Freytag. Ni lo es tampoco la clasificación de la obra de que se trata en ciertos grupos, ateniéndose al contenido o a la forma, ni el examen de ella desde un punto de vista general muy determinado, que encubra, por tanto, considerablemente todo lo que haya en ella de individual. Tenemos ejemplos abundantes de que este modo de examinar una obra puede encerrar un gran valor científico y estimular en una medida considerable la comprensión (e incluso el análisis) de una obra poética.[2] Pero, del mismo modo que el *Nathan*, por ejemplo, no debe su efecto poético única y exclusivamente a su contenido espiritual, tampoco podemos considerar como "análisis", en el sentido que nosotros damos a esta palabra, la exposición de tal contenido (aun cuando en ella se tenga en cuenta su expresión *directa* en la poesía).

El análisis no es tampoco la "explicación" biográfica ni otra "explicación" histórica cualquiera (por ejemplo, la de la materia, el espíritu o la forma) de la obra, la cual tiene, naturalmente, su razón de ser científica, siempre y cuando que tenga conciencia de sus límites y de su importancia puramente periférica, puesto que se refiere a hechos y procesos situados todavía más allá de la verdadera actividad creadora del poeta. No obstante, si sabemos emplear prudentemente los resultados de este método podemos obtener referencias muy valiosas sobre la orientación concreta de la fantasía y la estratificación y colorido peculiares de la obra poética en su estado primario. Pero, en realidad, el análisis comienza allí donde estas cosas han perdido ya su virtud auxiliar (y, a veces, entorpecedora).

Y, por iguales o parecidas razones, es necesario distinguir rigurosamente el análisis, en cuanto a su esencia, de la *interpretación filológica*, propiamente dicha, por muchos que sean los puntos de contacto que con frecuencia tiene con ésta y aunque no pueda poner nunca manos a la obra sin contar (aunque sea tácitamente) con los trabajos previos de esta interpretación. La interpretación corriente, ya verse sobre cosas, sobre pensamientos o sobre el lenguaje gramatical de las formas (por ejemplo, sobre el "sentido" del *Praesens historicum)*, enfoca sus objetos, en primer lugar y sobre todo, en su significación *general*, más allá del sentido único e incomparable que tienen dentro

desde puntos de vista muy determinados en las historias de la literatura o en los manuales de enseñanza y que puede hallarse henchido de espíritu científico.

[2] Recordaremos el estudio de R. Unger, "Von Nathan zu Faust" (en *Neue Forschung*, t. II, pp. 67 *ss.*).

de una determinada poesía, y los enfoca, además, en su realidad pre-
estética. Los valores puestos al descubierto por ella tienen que ser
transferidos luego a la esfera poética y disueltos en su "verdadera"
existencia y modo de ser antes de poder ser empleados para comprender la poesía misma y sus diferentes pasajes, y mucho más para
poder entrar en el análisis de la obra. El hacer esto corre a cargo de
la *interpretación estético-literaria*.

"Cumbre" y "cima" no son, en rigor, lo mismo, aunque estas palabras
se hallen unidas en alemán: [*Gipfel* y *Wipfel*] por el vínculo fortuito de la
rima. Al extranjero que leyese el *Sueño nocturno del caminante* habría que empezar por explicarle, tal vez, el sentido de estas palabras. Quizá se consiguiera
así, sobre el fondo de la naturaleza nocturna, sugerir una cierta correlatividad
de las dos intuiciones por medio de exposiciones puramente materiales, que ro-
zarían, ya, lo estético. Pero esas dos ideas sólo cobran una vida poética plena
dentro del contexto total de la poesía de Goethe, perdiendo, de paso, en fuerza
significativa sensorial y directa: en parte, nos vemos obligados incluso a
olvidar lo que la interpretación filológica nos ha dicho acerca de las palabras
"cumbre" y "cima", para poder darnos cuenta de la intención poética de Goethe; y lo mismo ocurre con los valores auditivos y otros valores sensoriales que
se asocian al sonido de las palabras "corme ntes": quedan relegados a segundo plano y ceden el puesto a una nota dinámica peculiar que sólo parece per-
cibirse aquí: en el contexto del pequeño poema, parecen sugerir el movimiento,
recién apaciguado en reposo, de la naturaleza circundante. Con ello, nos inter-
namos ya en el análisis del todo y vemos cuán eficazmente contribuye a él una
cuidadosa "explicación" artística de los detalles. Para que ésta se desarrolle
debidamente debe trabajar siempre, en cierto modo, una previa concepción de
conjunto o que va esclareciéndose gradualmente. Pero, lo que por este
camino se logre, no suplirá en modo alguno la captación consciente del todo
poético, que deberá efectuarse en medios propios y proponiéndose fines especiales. Entre la interpretación estética y el análisis existe una fecunda relación
de interdependencia, mientras que la explicación puramente filológica no es
más que su premisa necesaria, de la que jamás podremos prescindir, por razones de "indigencia humana". ¡Cuántas palabras y cuántas imágenes, cuántos
símiles y cuántas alusiones de la poesía, no sólo la de la Edad Media y la de
la antigua poesía del nuevo alto-alemán, sino incluso de la poesía clásica y
hasta de la moderna, interpretaríamos, de lo contrario, de un modo sencillamente "falso"! [3]

---

[3] Cfr. por ejemplo el "Beso la repelente (empleado aquí en sentido de reacia) boca",
de Euforión, *Fausto* II, v, 9798.

3

SUPUESTOS PREVIOS DEL ANALISIS

De lo dicho anteriormente se desprende que el análisis tiene que contar, si no quiere derivar por caminos falsos, con ciertas magnitudes dadas. Siempre y cuando que no perdamos de vista que la solución de estos problemas constituye una especie de antesala y no tiene nada que ver con la *esencia* del análisis como tal análisis, ganaremos mucho tomando estas cuestiones previas lo más en serio que podamos. Hay, sobre todo, dos direcciones en que nuestra mirada vaga a lo lejos, pero sin llegar a abarcar del todo lo que constituye nuestro verdadero objetivo. Por una parte, nos representamos la *situación histórica*. Un poeta barroco se enfrenta desde luego a cualquier objeto, por ejemplo a la catedral de Estrasburgo, de un modo distinto a como se enfrentaba, supongamos, el joven Goethe. Basta pensar en el *Epigrama sobre Estrasburgo* de J. W. Zinkgref o en el soneto sobre Estrasburgo de M. Opitz. Introduciríamos en el análisis de una obra del siglo XVII una tónica falsa si intentáramos poner de relieve en el caso concreto como tal lo que en ella era propio de la época y estaba sin más en la conciencia de sus contemporáneos: lo convertiríamos con ello, necesariamente, en algo conscientemente querido y tal vez subrayado por el mismo poeta. En este punto, las "observaciones previas" pueden decir lo necesario acerca de las conexiones y las cosas comunes. Y así como la historia literaria (como historia del estilo) impulsa aquí nuestro trabajo, concebida, por ejemplo, como simple historia de las formas podría ilustrarnos, supongamos, acerca de la significación y la trayectoria de la forma del soneto en la misma época. Es evidente por sí mismo que, en el caso concreto a que nos estamos refiriendo, sería necesario ponerse de acuerdo, además, en el plano de la historia general de la cultura e incluso de la historia política, acerca de la actitud de los alemanes de aquella época con respecto a Estrasburgo y asimismo será necesario, en otros casos tal vez más que en el presente (recordemos, por ejemplo, los *Secretos* de Goethe) establecer el análisis sobre la base de la historia del espíritu. ¡Cuántas veces una creación poética se proyecta sobre un fondo espiritual que en su tiempo se comprendía directamente, sin necesidad de ninguna explicación, pero que en nuestra época es necesario explicar! Si todos estos problemas formasen directamente parte del análisis, tendríamos la falsa

impresión de que el poeta se había propuesto decir algo especial y ·
"nuevo", cuando en realidad este algo genuino suyo se halla escondido en otra parte, en ciertos detalles o en una determinada matización
y profundización de los pensamientos generales. Tampoco en este
punto se debe llevar a la poesía nada que no se haya convertido en
materia poética, algo que, gracias a su existencia real y a su significación efectiva, forma más bien parte del punto de vista del poeta.

Las *vivencias personales* que han sugerido tal vez al poeta su obra
de creación, sean de carácter espiritual o sensorial, formen parte de
la experiencia cotidiana o del destino anonadador, sean "fuente" o
acervo, sólo pertenecen también, como tales, a la periferia de la poesía
y de nuestro estudio analítico de ella. Las experiencias vividas por
Goethe con Kestner y con Lotte Buff, los días dolorosos y alegres
pasados por él en Wetzlar, la conmoción que le produjo el suicidio del
joven Jerusalem, no aparecen incorporadas al *Werther* con su realidad y su influencia sobre la "persona" del joven Goethe. Para ello,
tuvieron que someterse a una disolución concienzuda de su modo de
ser y casi de su existencia, a un renacimiento completo dentro de la
esfera poética del autor del *Werther*. Claro está que ello no sería posible si aquellas primeras impresiones no hubiesen adquirido ya relaciones fijas y fecundas con la actividad poética de Goethe precisamente
como "vivencias", como experiencias capitales de un modo eminentemente personal, potenciadas de por sí y puestas en continuo contacto
con los sucesos y las valoraciones de la propia vida. La capacidad y el
impulso para la visión y la plasmación poéticas se presentan cuando
el poeta no sólo experimenta algo, sino que "lo vive".* Y su vivencia
"real" significa, también, algo más que la usual transformación, predominantemente pasiva y mecánica, de las cosas dadas por la imaginación del hombre; todo tiende aquí a ordenaciones y valoraciones de
tipo superior, las cuales, sin embargo, sólo se despliegan plenamente
dentro de la órbita puramente poética. Lo que a esa capa de vivencias
del poeta le falta todavía en cuanto a claridad poética y "legalidad"
propia se ve compensado en cierto modo por la inmensa riqueza de
las relaciones vitales internas, por la posibilidad de ahondamiento
constante en las más diversas direcciones. No todo lo que brota en
este terreno es susceptible, sin más, de desembocar poéticamente en palabras e imágenes poéticas; pero como también en la vida humana ínti-

---

* En este caso se ve la dificultad de traducir *Erlebnis* por experiencia, pues "experimentar" es, nada más, que algo pasa por uno, mientras que "vivir" es que "le pase
algo a uno", que uno resulte "impresionado". Sin embargo, hay casos, como cuando se
habla de *religiöse Erlebnis*, en que la mejor traducción es "experiencia". (E.)

ma el poeta busca un todo cuyas partes guarden relación entre sí, todo lo que pertenece a aquel misterioso e intrincado fondo de vida pugna por encontrar en cierto modo su representación *simbólico-verbal,* en la medida en que no sea eliminado más tarde, sin contemplaciones, por el trabajo consciente y plasmador del poeta. Este vuelve a sumirse, una y otra vez, durante el proceso de creación poética, en aquella sima de la que va sacando nuevas sugestiones y tareas parciales.[4] El análisis no puede entrar en estos fenómenos, que son más bien de la. competencia de una historia evolutiva de cada obra; sin embargo, siempre es provechoso y conveniente llegar a ver claramente desde el primer momento los fondos personales de la poesía, del modo como puede hacerlo la moderna biigrafía en el más amplio sentido de la palabra, que se interesa por la investigación biográfica del "momento" decisivo. El frecuente desdén que se siente por la capa táctica de vivencias procede de que se las suele confundir con el suelo poético de que brota directamente la obra poética particular, en el que la experiencia externa e interna del poeta tiene que experimentar necesariamente una transformación fundamental, aunque cuente ya con la grandeza de la "vivencia".

4

EL PUNTO DE PARTIDA DEL ANALISIS

"En cada obra de arte —dice Goethe— todo, la mismo en lo grande que en lo pequeño y hasta en lo mínimo, depende de la concepción". La concepción poética representa una muy determinada concepción del mundo, fuertemente condicionada todavía desde fuera pero impregnada ya de medio a medio por la actividad propia, concepción que se ofrece en una sección plástica y significadora. Lleva ya en su seno, en germen, toda la *intención* activa del poeta con respecto a la obra independiente, que hay que deslizar de él, y cuya figura va cristalizando poco a poco durante el proceso de creación. También el análisis de la obra poética debe arrancar, en rigor, de su concepción, es decir, *ab ovo,* y hacer resaltar poco a poco, cada vez con mayor fuerza, los valores intencionales. Ya desde el primer momento es necesario, por tanto, captar con la mayor claridad posible, en su

---

4 Goethe no dejó de estudiar nunca la antigua poesía dramática y épica sobre el tema de Fausto, con objeto de estimular de este modo su propia fantasía.

modalidad y vivacidad poéticas, el peculiar proceso de transformación y recreación de la "vivencia" o las imágenes libres de la fantasía del poeta, condicionadas solamente por la oscura voluntad de plasmación y por una vaga fe en los valores, procurando expresar este conocimiento del modo más racional que sea posible, sin poner en peligro con ello la fisonomía estético-poética del todo.

No podemos desarrollar aquí una teoría general de lo poético, sino que tenemos que contentarnos con algunas sugestiones sobre la idea en que habrá de inspirarse lo que sigue. La actitud poética (ya sea de creación o de goce, siendo éste, en el fondo, de re-creación), constituye una expresión particular del "estado estético" en el cual nos comportamos lúdicamente ante los valores del mundo. Jugando, pero no como niños, sino como hombres, como seres llenos de espíritu, que se distinguen precisamente por el don de esta capacidad de juego de todos los demás seres vivos y que al ejercitarla se elevan a una cierta culminación o perfección de sí mismos. Ante el espíritu del hombre los valores más bien materiales, los valores vitales y económicos, desempeñan un papel secundario. Sólo le interesan en la medida en que su goce o su posesión despierta y estimula lo espiritual o en cuanto que su "ser-ahí" o su "ser así" simbolizan posiblemente lo espiritual. Pero el dominio propio del espíritu son esas capas del mundo y de los valores trabajadas y cultivadas con sistemático esfuerzo por la ciencia, la moral y la religión. Y cuanto más seriamente tome estas actividades según su actitud y trabajo peculiar con sus objetos y valores propios, en tanta mayor medida tendrá que destacarlos de las grandes conexiones, aisladas y tratar de despojarlas de su condicionamiento natural. El arte pugna siempre por reconstituir la unidad y totalidad originarias. Y si es cierto que con ello se pierde mucho en un sentido particular, de especialidad, por decirlo así, no es menos cierto que se gana otro tanto en el sentido universal, puramente humano. El espíritu, renunciando a la "seriedad" de las valoraciones del especialista y situándose ante el mundo en actitud puramente contemplativa, no se preocupa gran cosa, por ejemplo, de saber si los hechos científicos, con los que trabaja son realmente "verdaderos" ni cuál es su alcance en la vida práctica; le basta con tener conciencia radical de su capacidad para la investigación científica, para el pensamiento metódico, para llegar a nuevos conocimientos, para formular un juicio moral y abrazar una fe, para gozar toda la dicha y sufrir todo el tormento de la pura "problemática"; lo único que el arte se propone es poner estas capacidades "en juego". El poeta puede permitirse el lujo de jugar con invenciones que son científicamente "imposibles" o que de mo-

mento se consideran tales (como durante mucho tiempo ocurrió con
el dirigible), siempre y cuando que se hallen dentro de la órbita del
trabajo científico del espíritu. Y puede también manejar ideas como
las de la astrología, que la ciencia de su tiempo dé ya por descartadas,
con tal de que linden, digámoslo así, con hechos y métodos de carácter científico. Apenas existe un solo hecho lógico, ético o religioso
que no ofrezca, desde determinados puntos de vista, algún enlace, algún punto de contacto con los valores humanos de carácter general,
alguna relación con otras zonas de valores y con la vida humana en
general, o con el universo. Y otro tanto acontece con los valores puramente sensoriales, por ejemplo con los que se refieren al color o al
sonido, a los que las artes plásticas y la música y también el arte espacial arrancan sus profundas referencias humanas, para crear con ello
un mundo nuevo, un mundo estético con una significación y un sentido
humanos. La poesía se distingue de estas artes en cuanto que se atiene,
primordialmente y ante todo, a aquellos hechos y valores que son susceptibles de ser plasmados libremente por medio de la palabra, más
aún, que sólo por medio de la palabra pueden cobrar su verdadera
altura, pueden alcanzar una cierta culminación. Cuando aquellos objetos espirituales de que hemos hablado son llevados a la esfera poética, todos los factores reales y "de especialidad" a que parecen hallarse vinculados de por sí se convierten en punto de partida, en des-
pertadores y en soportes simbólicos de las más sutiles valoraciones
humanas, que nadie puede demostrar ni formular, y, que, sin embargo,
se imponen por sí mismas a nuestro espíritu cuando se las sabe plasmar con las palabras adecuadas. Cosas que en el mundo de la experiencia chocan entre sí o se superponen, se distinguen fríamente las
unas de las otras o mantienen solamente contactos hostiles, se convierten, al situarse en el mundo superior del poeta, en piedras de un edificio armónico, en elementos armónicamente entrelazados al conjuro
de la lira poética. Las esferas celestes, parecen resonar realmente en
su marcha, y no sólo resonar, sino incluso hablar, y lo que dicen se
armoniza libremente con el lenguaje pleno de sentido, aunque no lógico, de las demás cosas. Tal es la esencia y tales los efectos del
"juego" poético con las cosas, un juego que no constituye un vano
pasatiempo, pero tampoco una actividad iniciada a modo de juego y
que a cada momento pugne por convertirse en una cosa seria, como
el juego de la suerte con la bola rodante de la ruleta.

Puede ocurrir que la "vivencia", concebida en el sentido de nuestro apartado anterior, conserve mucho de su color propio sensorial y
de sus propios efectos sensoriales, que nos recuerde todavía mucho de

los valores sentimentales y las valoraciones espirituales del mundo real; pero todo esto aparecerá como visto a través de un velo y puesto al servicio de una "forma" estructurada de un modo completamente distinto, con repercusiones humanas mucho más profundas. Todo lo que el poeta "representa" apunta constantemente más allá hacia profundidades insondables, y un acto como el suicidio, por ejemplo, que en la vida real nos repugnaría tal vez por razones morales o religiosas y que incluso podría sernos sospechoso desde el punto de vista estético como tema del que se abusa demasiado, si aparece tratado de un modo verdaderamente poético puede conducirnos a capas cada vez más profundas de la "vida" a las que sólo cabe llegar, en efecto, por la vía contemplativa o estética. Si volvemos la vista una vez más a la novela juvenil de Goethe, descubriremos en el relato de la muerte y el entierro de Werther toda una serie de rasgos de carácter tangible y sensorial que, aparentemente, tienden a una "descripción" completa y realista, pero ¡cuántas cosas faltan en este relato para que pueda ser considerado como un verdadero informe de hechos! [5] El poeta procura suavizar lo que hay de cruel en los hechos, pero al mismo tiempo lo acentúa para exaltar con ello nuestra simpatía en el dolor; las imágenes que el autor del relato hace aparecer ante nosotros jamás habrían podido ser pintadas sin la activa e intensa participación de la fantasía del poeta, artista, pintor de imágenes, quien para ello se ve obligado a desplazar la unidad total de su relato a un terreno distinto del de la realidad. Trátase de imágenes abigarradas como las que sabe pintar el poeta, formadas en parte de colores brillantes y de limpios perfiles y, en parte, de porciones pálidas, difusas, sombreadas o totalmente "vacías"; imágenes que de por sí no nos "dirían" gran cosa si a ellas no se añadiese el lenguaje (y no tanto, ciertamente, el lenguaje descriptivo, enumerador de hechos, como el lenguaje sugestivo y que vive por medio de la sugestión), con sus alusiones secretas y sus finos matices y gradaciones, con su ritmo y su acentuación, con sus registros que llaman directamente al alma. Lo decisivo es el modo *como* se habla aquí de las cosas o, por mejor decir, el modo como se hace hablar a las cosas".

Es necesario que el sutil adiestramiento del oído interior nos acostumbre a captar este entrelazamiento, esta unidad viva de la intuición y la expresión poéticas. Aquí es donde se halla precisamente el verdadero punto de partida de todo análisis. Si la obra poética no

---

[5] Cfr. R. Petsch, "Bericht, Erzählung, Dichtung". En *Deutsche Allgemeine Zeitung*, núm. 161, del 7 de abril 1929.

irradiase por sí misma, con una especie de fuerza imperativa, esta unidad en la dualidad, no sería capaz de producir goce artístico alguno, ese goce que todo hombre "profano" abierto a las sugestiones de la poesía experimenta, tiene necesariamente que experimentar y que defiende con la pretensión de que su juicio tenga una validez absoluta. Pero en el investigador esa impresión será siempre más directa, más plena y más pura. La actividad analítica equivale a una actualización y un esclarecimiento racionales de la impresión directa mediante la separación, en tanteo de sus elementos, que luego vuelven a juntarse por medio de la síntesis. Sólo en apariencia nos movemos en un círculo vicioso, pues en realidad nos movemos siguiendo una espiral que marcha hacia lo hondo. Sólo en apariencia volvemos al punto de partida, pues por el camino hemos aprendido infinitas cosas referentes a nuestro objeto y a cada nueva vuelta lo contemplamos como desde una altura más despejada. Y de este modo podemos ir contrastando, ahondando y enderezando nuestra impresión primera. Y nuestro goce poético como tal no resultará en modo alguno menoscabado por este análisis, siempre y cuando que después de recorrer el trabajoso camino sepamos entregarnos de nuevo al encanto irracional de la poesía, que ahora arrastrará también a su círculo nebuloso los conocimientos racionalmente adquiridos por nosotros en nuestra excursión analítica. Muy mal investigador del *Fausto*, por ejemplo, sería aquel que por el hecho de dedicar su vida entera a estudiar la forma artística de esta obra maestra fuese menos capaz de sentir los efectos libres y puros de su lectura o de una buena representación (harto rara, por cierto) del drama. Lejos de eso, el buen investigador volverá una y otra vez con la mirada más limpia y con nuevo celo a su tarea, que es, en el fondo, infinita y va creciéndose y transformándose a medida que madura la personalidad y maduran también los tiempos. En realidad, existe entre el goce directo y el análisis científico-literario una fecunda *relación* de intercambio, cuyos resultados se remontan muy por encima de las vivencias de cada investigador de por sí, siempre y cuando que sepa dar a su investigación una forma que no se desvíe de la poesía analizada, sino que, por el contrario, nos conduzca una y otra vez a su círculo mágico.

A primera vista, cuando leemos la *Canción nocturna del caminante,* de Goethe, nuestra atención recae ante todo sobre la unidad que en ella forman la personalidad y el paisaje ("¡también tú!"), enlazados entre sí por la santa espera del descanso, de tal suerte, que uno de los dos aspectos de la vivencia fecunda siempre al otro. Ya el efecto que produce el contenido de este breve poema, su particularidad, parece darse en este nivel por completo. Y, sin embargo, es precisamente la plasmación por medio de las palabras la que irradia sobre nosotros el carácter específico, benéfico, apaciguador y aquietador de este anhelo de descanso. Las palabras escogidas por el poeta, con su grandiosa sobriedad, la estructura de las frases, con su conmovedora sencillez (el final, por ejemplo, sin la transportación "descanses también tú"), el movimiento libre y sin embargo "ordenado" del verso: todo contribuye aquí a producir el efecto deseado, con su significación peculiar y cargada de sentimiento. Y este efecto se colma por la fuerza del encanto puramente musical de la poesía. El poeta escogió "inconscientemente" palabras de una infinita sonoridad, que se enlazan entre sí en consonancias significativas y que, por otra parte, no estorban el libre curso del ritmo por el peso de sus sílabas, su longitud, etc. También aquí nos parece percibir el leve murmullo de las suaves hojas al atardecer y recordamos, al mismo tiempo, en cierto modo, la dulce luz de la caída de la tarde, en la que se borran todas las durezas y que parece teñirlo todo de oro y azul. Y es también ésta, sobre poco más o menos, la impresión que la poesía de que estamos hablando produce al lector desde el primer momento, cuando este lector está acostumbrado a escuchar la voz de su vivencia poética. Lo que ocurre es que el análisis persigue e investiga estas sugestiones con un cierto carácter sistemático y, en la medida en que puede hacerlo, empleando para ello medios racionales.

5

EL CONTENIDO *(INHÄLT)* DE LA OBRA POETICA

Empezamos examinando la obra poética desde el punto de vista de su contenido: lo que ante todo se destaca en el primer plano de nuestra atención es el *qué*, no el *cómo* de la representación, aunque también en tal caso nos vienen constantes sugestiones e interrogantes del lado de la expresión. Y si bien nos dejamos llevar hasta cierto punto por ellas, nuestra atención se dirige sobre todo al objeto, a la visión poética, que se trueca en una "imagen" en la fantasía del poeta. En esta imagen se abrazan en cierto modo el yo y el universo y se establece entre ellos el más puro estado de equilibrio. El objeto poético se desglosa, en efecto, del yo, se convierte en algo "objetivo"; ya no es apetecido o repugnado directamente, ya no es juzgado moralmente, venerado religiosamente o científicamente definido y clasificado o puesto al servicio de fines técnico-prácticos. Se ha convertido ya en un "puro" objeto de contemplación. Lo cual no quiere decir que no resuenen en él al mismo tiempo, en cierto modo, todas las posibilidades humanas de su modo de ser tratado y utilizado, precisamente como tales capacidades y con una ordenación jerárquica entre sí que cambia a cada vez, de tal modo que el uno o el otro lector se siente afectado por la obra en capas muy particulares de su ser, pero sin que el comportamiento estético deje de ser nunca lo primordial. Ahora bien, esta "ilimitada determinabilidad" depende del hecho de que el objeto se halla tan distante de los hechos reales como de los vínculos que atan y determinan al yo en la experiencia de la vida diaria. Las cumbres de los árboles o los pájaros que dormitan no son exactamente lo mismo en la poesía que en la naturaleza exterior. En poesía pierden sus cualidades botánicas y zoológicas y otros valores de la realidad hasta el punto de que sólo nos hacen recordarlas como desde lejos. En cambio, todo lo que palpita en la intuición poética y en torno a ella puede enlazarse entre sí y en fecunda relación con tanta mayor facilidad, hasta lograr que en el más pequeño espacio y en torno al objeto en apariencia más diminuto surja algo así como un universo totalmente nuevo, con su contenido ideal *(Gehalt)* y su propio y privativo encanto emocional. Pero esta "imagen del universo" que sirve de fondo y de marco a cada formación poética no es el resultado de la suma puramente externa de contenidos representativos, sino del entrelazamiento de series enteras, que con sus intrincaciones cada vez más extensas y profundas acaban produciendo la impresión de un "todo" de orden superior. Por este camino no se forman simplemente series de valor igual, situadas en el mismo plano, si no que se forma una estratificación claramente perceptible. Y del mismo modo que en la palabra y en la poesía se desposan siempre lo sensible y lo espiritual, estos estratos se caracterizan sobre todo por su mayor o menor acercamiento al polo sensible o al espiritual. Puede ocurrir que una poesía tenga una orientación predominantemente espiritual y que, por tanto, juegue con ideas (como ocurre con *Los artistas* de Schiller) y que, sin embargo, apele fácilmente a lo sensorial, debiendo tenerse en cuenta en este sentido que los símbolos tangibles o históricamente intuíbles ponen constantemente en acción nuestras fuerzas espirituales y arrancan nuevos y nuevos valores a la gran vivencia central. Y, a la inversa, una poesía que se mueva primordialmente dentro del mundo tangible (como la *Canción nocturna del Caminante,* de Goethe) sólo logrará que la presencia sensible explaye todos sus efectos poéticos mediante el contacto de fondos cada vez más profundos. Esta interrelación entre los sentidos y el espíritu, que se entrecruza con otras, no menos fecundas, entre el yo y el universo, vuelve constantemente en las más diversas gradaciones y mezclas. Tan pronto predomina lo conceptual, el contenido ideal *(Gehalt)*, como lo sensorial de la imagen, la "materia" *(Stoff)*. Ninguno de los dos factores excluye al otro, ninguno de ellos puede existir por sí solo, si se trata de crear una verdadera obra poética. Y si aquí analizamos por separado el "contenido ideal" y la "materia" es simplemente por razones de conveniencia práctica, de oportunidad.

De lo que antecede se desprende con bastante claridad el poco servicio que se presta al análisis de la obra poética con esas "descripciones del contenido", cuya esterilidad y cuyo carácter ridículo resaltan desde el primer momento cuando se trata de poesías líricas (¿cómo describir, por ejemplo, el contenido de la *Trilogía de la pasión* o de los *Artistas?)* y que todavía siguen elaborándose fatigosamente en cuanto a los "géneros pragmáticos" la narración del drama, y no solamente para fines escolares. Un relato *a posteriori* de la "acción" del *Egmont* no dará a nadie ninguna idea clara de los valores auténticamente dramáticos de este poema, y una descripción del contenido del *Werther* llevará necesariamente a pobrísimos resultados. Estas cosas además de ser inútiles son peligrosas, pues hacen que el lector se extravíe, lo sacan del terreno de la vivencia estética para llevarlo al campo de los hechos escuetos y descarnados. Sucesos de un gran colorido, de una intensa vida y de una gran profundidad se achatan para convertirse en una línea pálida y sin relieve, las finas gradaciones de los hechos entre sí y sus enlaces invisibles sobre el fondo del acaecer desaparecen o se convierten en simples caricaturas. Claro está que el análisis del drama tiene que referirse también, forzosamente, al desarrollo del movimiento dramático en el tiempo, al despliegue de la "acción", pero sin perder nunca de vista la gradación de los acentos ni la peculiar estratificación de todos y cada uno de los acaecimientos parciales, ponderando con todo cuidado la intervención y la cambiante agrupación de los personajes principales y teniendo también muy en cuenta la cambiante primacía del destino y de la voluntad humana, la aparición en primero o en último plano de los acaecimientos, etc.[6] Y otro tanto acontece con la poesía épica. Las descripciones de contenido, ordenadas v. gr. por actos o por escenas, sólo pueden tener cierta utilidad como orientación provisional, en una fase precientífica del examen de la obra poética. Acerca de esto dice A. Böckn, en el prólogo a su edición de la *Antígona:* "La descripción del contenido de una obra de arte es siempre un penoso trabajo manual, ajeno a la verdadera filología, si bien como preparación para descubrir la unidad y la idea fundamental de una obra es necesaria, en todo caso, una ojeada de conjunto."

[6] Cfr. R. Petsch, *Gedanken über den Aufbau des Dramas*, Leipzig, 1926.

6

LA MATERIA *(STOFF)*

Al hablar de "materia" o estofa en el análisis de la obra poética
no se alude ya a la materia bruta que el poeta extrae de su "fuente"
o saca de la "experiencia" de su propia vida, sino del "contenido" ya
preformado, de la materia capaz de ser convertida en símbolo. En la
"esfera poética" interesa muy poco saber lo que era esta materia antes
de entrar en ella: si procede de un encuentro del poeta con otros hombres o de la profunda introspección de su propia alma, de una crónica, de la hoja de un periódico, del arroyo o de una poesía anterior, si
es tal vez una parte o un motivo de ésta, ya se trate de un producto literario popular o una creación de la alta literatura. El poeta tiene
que elevar todo lo que capta, de donde quiera que proceda, al mundo
poético y negar con ello su existencia particular o, por lo menos, di-
solverla hasta el punto de que de las condiciones en que hasta ahora
vivió sólo se desprende una nota específicamente poética, tal vez muy
fecunda. ¡Cuánto no debe la poesía narrativa y dramática al estilo
"fiel" de la crónica y a su "pintura al fresco" y qué cantidad tan grande de atmósfera no comunicaron a las comedias de Shakespeare los
cuentos italianos! El análisis de la obra literaria deberá tener en cuenta, incondicionalmente, estos factores y examinar la medida y el modo
en que influyen en ella.

Pero con ello el análisis no ha pasado aún del pórtico de su verdadero reino. Pues su misión fundamental, en lo que a la "materia"
se refiere, consiste en examinar la *peculiaridad* de aquélla y lo que
significa para la obra en su conjunto. Y al decir "peculiaridad" de
la "materia poética" queremos referirnos ante todo al modo peculiar
como el poeta la capta y que sólo de un modo muy parcial depende
de la condición efectiva de la materia prima, pues la determina con
fuerza mucho mayor la idea de la poesía misma. Sin embargo, al
examinar en primer término la peculiaridad de la materia de por sí,
no deben perderse de vista tampoco sus fundamentos reales. Lo que
el poeta expone como vivencia personal o pone en labios de testigos
oculares (también de los sucesos históricos) tiene de por sí una fuerza
mayor de convicción que lo que se relata como simple hecho histórico
o se presenta abiertamente como producto de la fantasía. Y sobre
todo, el poeta deberá saber dar a la materia histórica, de algún modo,

el encanto de lo único, de lo incomparable, de lo vivo que es inherente
a la "vivencia" singular. Será necesario, que el material dado sufra
una mayor transformación, que se lo enfoque desde una perspectiva
especial, cuando, por ejemplo, las vicisitudes de un país sean relata-
das con rasgos personales por uno de los afectados o explicadas por
diversas figuras que participaron íntimamente en ellas, como ocurre
cuando Wallenstein y Questenberg narran los sucesos de la Guerra de
los Treinta Años al comienzo de los *Piccolomini*. Los relatos de la
guerra que se hacen en el *Campamento de Wallenstein* y en el gran
diálogo del héroe con la condesa Terzky, que tan eficazmente comple-
tan aquellos relatos en unión de otras partes del drama, nos muestran
que los puntos de vista cambian y que, a tenor de la persona que habla, se revelan diferentes capas (no solamente diferentes partes) de
las circunstancias y los hechos históricos, y así ocurre también en la
prehistoria personal de Wallenstein, dividida o "dramatizada" de un
modo semejante. Schiller renuncia totalmente a reproducir de un modo
completo los distintos sucesos e incluso la estratificación de la masa
de material. La materia, tal como el poeta la necesita y la ofrece, produce de otro modo la impresión de plenitud, de integridad y de unidad sistemática: la produce por medio del entrelazamiento, por las
fuertes y fecundas combinaciones de los efectos que proceden de
las diferentes partes. Y todavía con mucha mayor libertad trata el
poeta, en el mismo drama, la "patraña astrológica", el símbolo de la
parte fantástica del mundo que se propone representar. Entre los elementos de hecho que acerca de esto brindan las fuentes o pudiera encontrarse en ellas, el autor del drama sólo utiliza aquello que influye
directamente sobre nuestra emoción o contribuye a crear una atmósfera de la que el desenlace trágico se desprende como una necesidad
ineluctable. Por donde, partiendo de la peculiaridad de la materia,
nos vemos siempre conducidos a hablar de su significación para la
obra poética.

No obstante, también la materia poética, como tal, reclama sus
derechos, invocando para ello como título, y no en último lugar, las
raíces que tiene en una capa cualquiera de la realidad presente, de
la histórica o de la fantástica. No seríamos nosotros hombres históricos si tan pronto como sale a escena una figura histórica, cualquiera
que ella sea, no se agitase en nosotros algo así como la curiosidad
histórica; y aún era mayor la fuerza ejercida por el interés despertado por materias de muy diversas clases en las escenas de ambiente del
"naturalismo", en los "cuadros de costumbres" del siglo XVIII, en las
"obras populares" de teatro de los austríacos o en las novelas de Eu-

genio Sue, de E. A. Poe, etc., sin que por eso la "representación" se viese obligada a descender *siempre* por debajo del nivel de la poesía. Aun por encima de este nivel, puede el poeta dejarse llevar en muy distinto grado por el encanto de la materia. En seguida, favorece más, sin duda, al efecto religioso-edificante y, en todo caso, al efecto lírico-hímnico que al épico-poético el hecho de que Klopstock "esfume" los fondos espacio-temporales de su *Mesíada* y también, en rigor, los de su *Bardiete,* hasta el punto de hacerlos palidecer y de que no digan nada o muy poco. Lo que en estas obras nos habla de los tiempos bíblicos y germánicos no es nada que pueda ser contemplado; es, en todo caso, simple atmósfera y, como tal, no carente de valor poético. Cuanto más se acerque el poeta, en toda su actitud, a los fenómenos de la realidad, más dejará transparentarse los propios colores de ésta y, no pocas veces, tendrá que ceder al placer que le produce transcribir en palabras las cosas dadas, transmitidas por los sentidos, aun a trueque de salirse con ello del reino de lo simbólicamente significativo. Cuando el tratamiento dado por el escritor es certero, el *conjunto* de la masa de materia tratada produce un efecto que jamás podría conseguirse con ningún detalle ni con ninguna sección. Basta pensar en el comienzo del *Guillermo Tell* de Schiller, que tanto entusiasmaba a Goethe y que sólo desde puntos de vista superiores aparece como parte inseparable de la obra poética.[7]

En todo caso, en toda creación poética genuina nos encontramos con que la proximidad, la plenitud y el colorido de la materia dependen, a su vez, en última instancia, de la *significación* que tenga para la totalidad de la obra. Claro está que esta significación depende también en gran medida del *contenido ideal,* de la obra poética, pero es necesario examinarla brevemente, en sí misma. El análisis deberá descubrir si las diversas "materias" cualquiera que su naturaleza sea, desempeñan o no un papel esencial dentro de la obra poética. O, para expresarnos con más cuidado, si determinadas zonas de la materia, por ejemplo, el ambiente militar y guerrero del *Wallenstein* debe ser considerado como realmente importante para la plasmación de la total visión poética, mientras que en este drama van pasando cada vez más a segundo plano, capa tras capa, lo político, las condiciones generales de cultura de la época y, sobre todo, la vida privada de los hombres. De por sí, cabe perfectamente que el poeta, como hace por ejemplo

---

[7] Y aún es peor cuando el goce del escritor por la plasmación en palabras es sustituído, supongamos, por la tendencia del investigador a "enseñar", como ocurre en las "novelas de profesores" del siglo XIX, con sus masas de materiales exentas de todo valor poético o cubiertas de una red de "poetastrería" puramente convencional.

Schiller en *Los Artistas*, pase con pie veloz sobre todo lo que tiene aspecto de materia, bien para evidenciar su carácter insignificante, bien para enlazar inmediatamente a las menciones, alusiones e imágenes fugaces, vivencias de carácter superior, carentes de materia o, por lo menos, altamente "sublimadas". En estos casos, la materia (no sólo esta o aquella zona de materia en particular, sino la materia en general) aparece ante él como incapaz para sustentar y simbolizar aquellos valores que transportan su alma a regiones poéticas. La "significación" poética de la materia depende, por tanto, de la *valoración de la realidad* (de la realidad cotidiana, histórica o fantástica) en que se apoya el poeta y cuyos elementos combina para crear su "nuevo mundo". El reino de los valores que a él le interesa puede, hasta cierto punto, implicar una actitud negativa frente a toda realidad (si bien incluso hay que "representar" esta negación mediante el repudio de la realidad, si se quiere llegar a una plasmación literaria cualquiera). También puede el poeta, limitarse a emplear las diversas partes de la realidad como simples soportes y apoyos, enlazando a ellos de un modo asociativo sus verdaderas conquistas y prendiéndolas en ellos a modo de trofeos; pero puede asimismo tomar la realidad, con sus ordenaciones y leyes de evidencia directa de carácter gozoso o deprimente, como el verdadero objeto de la representación artística, subrayando todo aquello que ponga de manifiesto estas ordenaciones y prescindiendo de cuanto parezca ir en contra de ellas; y puede, sobre todo, presentar un mundo en el que los valores obvios de la vida social humana, se acepten de buena fe y aparezcan como realmente existentes y eficaces en un sentido ideal, del mismo modo que, con una actitud negativa, puede también naturalmente, poner al descubierto de un modo más o menos implacable la fragilidad o la mendacidad de esta clase de valoraciones. Puede asimismo hacer que la realidad "se transparente", por decirlo así, y poner de relieve, más allá de las ordenaciones y necesidades que "aparecen" o se afirman directamente, y que son tratadas, tal vez, como problemáticas, leyes que se alzan al fondo y se relacionan, bien con la "forma pura", con la "idea de los procesos efectivos (en sentido goetheiano), bien con una idealidad supraordinada cualquiera (en sentido platónico o, por ejemplo, en sentido cristiano). Por este camino va esfumándose más y más lo específicamente "material" por la aspiración de atribuirle precisamente una "significación superior" en sentido poético o de examinarlo poéticamente y convertirlo en vivencia del lector. El análisis es el llamado a poner de manifiesto la significación y con ella la extensión, la densidad y el peso específico de lo que corresponde a la representación de la materia.

También esta significación especial de la materia, tal como el poeta quiere que sea captada y reconocida, reclama en cierto sentido su derecho propio. Es necesario que sean tenidos en cuenta el tipo y el grado de esta influencia del material. Si, por' ejemplo, el cambio de las estaciones del año tiene una importancia especial en lo que se refiere a la articulación y a la marcha interna de la acción del *Werther*, el poeta no aspirará simplemente a dibujar cuadros naturales de un elevado encanto natural propio y a recrearse en ellos, sino que subrayará por medio de mil pequeños rasgos las relaciones simbólicas secretas existentes entre las estaciones del año y las etapas de la vivencia, aunque sin llegar a proclamarlas en realidad, se dejará llevar fácilmente por el deseo de hacer que su arte de representar el fondo brille en todo su esplendor. En H. Ibsen este sentido del fondo amenaza a veces con degenerar en manerismo y crea el recurso expresivo llamado "diálogo de doble fondo", cuyo dominio puramente técnico quiere celebrar su triunfo. En este caso lo significativo desemboca claramente en lo formal. Vista la cosa en conjunto, tanto la amplitud como el método con que el poeta destaca la significación que corresponde también a la materia son, a su vez, de esencial significación en lo que se refiere al cuño estilístico de toda la obra que se analiza. A este nivel de nuestro estudio, fuertes y delgados hilos nos llevan al tema del contenido ideal, al que vamos a dedicar ahora nuestra atención.

7

EL CONTENIDO IDEAL (GEHALT)

Así como el análisis de la materia poética tiene que detenerse, entre otros fundamentos de la obra, en las fuentes efectivas, así también el análisis del contenido ideal de una obra poética no podrá descuidar las ojeadas generales de la historia del espíritu y las consideraciones generales referentes a las ciencias del espíritu y a las ciencias normativas, sin por eso caer en el peligro de perderse en la interpretación de los detalles. Sólo de un modo muy general será necesario esbozar la zona espiritual, poner al descubierto los fondos profundos, descubrir los criterios y las valoraciones que el poeta, como hijo de su tiempo, desliza en su obra como otros tantos datos "obvios" o que contribuye a crear como partes inalienables de su nuevo mundo.

Por lo demás, solemos inclinarnos con harta frecuencia (y a ello nos lleva, sobre todo, la multivocidad de todas las expresiones referentes a las cosas del espíritu) a colocar nuestros propios pensamientos o los de nuestra época, los de una determinada escuela, etc., en lugar de los del poeta. Así, no cabe hacer un análisis profundo del *Fausto* como obra de arte sin entrar a examinar la demonología de Goethe y cualquier estudio un poco a fondo de un drama musical de Ricardo Wagner tiene que preocuparse necesariamente de su teoría de la redención, aunque sólo sea para poder comprobar la metamorfosis específica de sus concepciones generales en cada caso concreto. Suele pensarse que la cosa es más fácil cuando se trata de obras del presente, creyendo que éstas pueden ser interpretadas y analizadas sin ninguna clase de preparación. Pero, es precisamente el presente, con su caótico embrollo y entrecruzamiento de corrientes espirituales (basta recordar la multiplicidad de sentidos que tienen palabras como "estructura", "persona", "valor", etc.) el que nos demuestra con cuánta cautela debemos proceder también cuando se trata de los productos espirituales del pasado, sobre todo los que surgieron en las épocas combativas de transición y de rápida evolución. Obras como las poesías de Stefan George o como las *Elegías de Duino* de R. M. Rilke sólo hablan directamente a un círculo restringido de gentes, en las cuales hay que cultivar, en cambio, el corazón y aguzar el oído para hacerlas asequibles a otras clases de poesía.

Para el hombre que vive en una época tan enormemente agitada y atormentada políticamente como la nuestra, sobre todo si milita por convicción en un partido o también si se halla asqueado de todas las querellas políticas, se hace extraordinariamente difícil arrancar a las poesías que se abren paso hacia él procedentes de otro mundo la resonancia poética profunda que encierran tal vez, pese a todo su matiz de parcialidad política. Admiradores y adversarios sólo ven aquí lo que pueda haber de "intención", aunque ésta se haya, tal vez, esfumado ya para convertirse en motivo puramente poético. Y así, nos encontramos con que mientras que, por lo que a la materia se refiere, la poesía se halla amenazada siempre, como veíamos, por el peligro de una curiosidad por las cosas, su contenido ideal la lleva fácilmente a rozarse con el campo de la literatura *tendenciosa,* con miras más o menos altas. No siempre es el poeta culpable de que su obra produzca el efecto de tendenciosa; puede incluso ocurrir que el temor a este falso efecto secundario le lleve a desdibujar los nítidos contornos y los claros acentos de su obra, haciendo así que su poesía produzca la impresión de falta de vigor. Todavía hoy se sigue discutiendo aca-

loradamente en torno a una obra como el *Natán* de Lessing, simple·
mente porque se cree ver detrás de ella una "tendencia" y no se escuchan los dulces y, sin embargo, fuertes y auténticos tonos que transforman todo lo que hay de dogmático, de racional, en una profesión
de fe poéticamente pura, por una humanidad superior, que sólo se
puede concebir poéticamente. Es misión de la interpretación en cuanto al detalle y del análisis en cuanto al conjunto descubrir esta "actitud espiritual" del poeta como tal en su obra y crear una plataforma
desde la que sea posible avanzar en todas las direcciones por las que
penetra el contenido ideal de la obra.

Pero el análisis no tiene por misión, simplemente, aquilatar la
existencia y la utilización poética del contenido ideal (en este aspecto,
incluso se verá forzado a apoyarse muchas veces en la crítica o a trabajar con los recursos propios de ésta), sino que, además, deberá investigar, en relación con el organismo artístico total, el *tipo* y la significación de este estrato espiritual básico. Habrá que investigar ante
todo, en términos generales, si se trata de un verdadero contenido espiritual que tenga cierto peso específico o si la poesía trabaja más
bien a base de las concepciones tradicionales, a las que arranca tal
vez valores sentimentales propios, sin ahondar en ellas de un modo
especial. Lo cual no quiere decir que deba ser considerada como inferior desde el punto de vista poético: el pequeño poema de Heine
"Me conmueve dulcemente" actúa casi exclusivamente por la intuición y la forma y produce en nosotros un efecto profundamente poético, mientras que la vivencia interior de la nostalgia amorosa aparece
captada de un modo muy tradicional y sólo le da al poeta el "motivo".
Dos problemas hay que plantear a fondo y resolver aquí: uno el de la
profundidad hasta la que cala la poesía, para saber, por ejemplo, dónde
tiene las raíces su motivo constructivo fundamental. Desde las más
simples manifestaciones de vida, con los sentimientos que las acompañan y las valoraciones a ellas inherentes hasta las mayores alturas
a que puede remontarse poéticamente el espíritu humano, hay una ri-
quísima zona de posibilidades en que al poeta le es dado descubrir
nuevos y nuevos puntos de apoyo, nuevas y nuevas situaciones intermedias. Con lo cual rozamos la otra cuestión: la de saber si el autor
de una obra poética llena de pretensiones espirituales eche mano tal
vez de valores procedentes del pasado, sostenidos por la generalidad,
pero ya desvaídos y que llevan una existencia mortecina hasta que el
poeta los hace "resplandecer" de nuevo (como con tanta frecuencia
acontece en la lírica religiosa y en la patriótica) ; o bien el de saber

si el poeta colabora crítica, escéptica, constructivamente por levantar una nueva visión del mundo, siempre, claro está, simplemente en el sentido del "como si" poético, cuando se trate de verdadera poesía y no de filosofía rimada. Pero el poeta, precisamente por serlo, sabe poner en movimiento, como jugando, las más altas capacidades espirituales del hombre, conmovernos mediante su arte hasta en las fibras más profundas de nuestro ser humano o infundirnos la conciencia de la grandeza augusta de la vida espiritual del hombre.

Sea "convencional" u "original", el contenido ideal encierra siempre la mayor significación para la obra poética misma. Cierto es que también la materia tiene necesariamente que existir bajo una forma cualquiera, pero no es ella la que da al conjunto su verdadero valor, del mismo modo que el cuerpo, a pesar de que sin él no son concebibles las funciones del espíritu, no es por sí sólo el que convierte en ser humano, en hombre, al individuo. En cambio, la *significación* del contenido ideal para la obra poética esencial e incalculable; es él el que le infunde vida perenne y le arranca constantemente nuevos y nuevos efectos. El contenido ideal de la obra poética es el que sirve de armazón al mundo nuevo creado por el poeta, el que nos suministra a nosotros los puntos de vista oportunos y el punto de apoyo firme para recrear el estado de ánimo que el poeta se propone despertar en nosotros. El contenido ideal se distingue de la concepción filosófica o incluso subcientífica del mundo y de la vida, sobre todo, por la carencia de una sistemática sólida y de una claridad conceptual; sin embargo, también en él se advierten una ordenación claramente perceptible, aunque no rígida, y una transparente claridad, si bien de otra clase. La poesía hace que se destaquen con una fuerza y una pureza arrolladoras los *valores* espirituales que son patrimonio del hombre como ser personal, al mismo tiempo que social y cósmicamente vinculado: las "ideas" que hacen vibrar el alma del poeta y provocan en ella las plasmaciones simbólicas. De un modo asistemático pero muy claro, el poeta nos hace sentir en cada instante cuál es el valor o la capa de valores a que otorga su preferencia; tal vez también el orden jerárquico que establece entre los valores. Hay no pocas obras poéticas que, como los dramas de Wedekind, pugnan por una transformación y reordenación sentimental de los valores, que tal vez aspiran a invertir totalmente la estratificación tradicional, sin por ello buscar ni producir un efecto tendencioso. Nunca como a través de estas valoraciones nos habla el poeta en cuanto ser humano: no como una individualidad rígida encuadrable dentro de una fórmula, sino como una personalidad viva,

sujeta a constante movimiento y a continua transformación y henchi-
da de grandes tensiones.

Un hermoso ejemplo de esto que decimos lo tenemos en el *Egmont*. Para
la captación total de este drama, y por tanto para su análisis, es de una importancia extraordinaria el hecho de que Goethe, como hombre ético, coloque
en un plano de legitimidad igual, dentro de la esfera enjuiciadora de su ser,
los principios de la autoridad y la libertad, representados respectivamente
por Alba y por Egmont: de la pugna constante entre estos dos principios brota
el gran proceso de la vida política, surgen posibilidades continuamente nuevas
y cada vez más altas de vida de los pueblos y de la sociedad humana. En el
gran diálogo del acto IV, el poeta no toma, intrínsecamente, partido por ninguna de ambas partes, sino que se sitúa por encima de ellas.[8] Y, sin embargo,
es perfectamente claro de qué lado están sus simpatías humanas. No son
simplemente razones de "simpatía" personal las que le empujan junto a Egmont, sino que el poeta aparece constantemente dispuesto a hacer suya la
causa de su héroe y esto le lleva a afirmar y sostener la escabrosa consigna
de la "libertad" e incluso a sostener con la mayor energía la autoafirmación
verdaderamente trágica del neerlandés. Aparecen unidas aquí como en fecunda polaridad dos capas dentro de la personalidad valoradora del poeta. Desde
un punto de vista racional esto sería imposible, pero en el terreno poético
crea un mundo de una plenitud y una movilidad extraordinarias. La relación
de interdependencia entre el impulso de autoafirmación de Egmont y su acción
en favor de la libertad de los neerlandeses determina en una gran medida la
estructura interna de la verdadera tragedia, en la que el análisis debe entrar
a fondo. Es ella la que da una gran amplitud y una profundidad diversa a
escenas como las que se desarrollan entre Egmont y su escribano, entre Margarita y Maquiavelo, entre Egmont y Orange y también entre Alba y Egmont.
Por otra parte, e incluso en una obra del rango del *Werther,* puede muy bien
ocurrir, por el contrario, que lo espiritual pase a segundo o último plano al
lado de los elementos reales y directos. El poeta no necesita gastar demasiado
esfuerzo en su plasmación; se limita tal vez a aludir levemente a lo espiritual
con recursos paisajísticos, literarios o recursos simbólicos de otra clase o
resuelve este problema como jugando, a través del diálogo, como con tanta
frecuencia sucede en algunas de las novelas de Fontane.

El análisis es el llamado a determinar de una vez por todas el
lugar, la significación y la utilización del contenido ideal en el cuerpo total de la obra poética, su estratificación propia ocupa también, si

---

8 Y algo muy parecido a esto ocurre con las pretensiones de la época de la caballería
decadente y las de la nueva paz territorial en el *Götz de Berlichingen.*

viene al caso, el intercambio en cuanto al predominio de una u otra capa y del elemento espiritual en general. Y el análisis debe tener en cuenta, asimismo, el modo como se trata de acercar el contenido ideal al espíritu del lector o del espectador. Hay una manera directa, cuyos medios de expresión oscilan entre las más sublimes estrofas de los coros griegos y las bonachonas palabras de un razonador del tipo del conde de Trast. Hay que tener en cuenta en este punto todas las posibilidades lingüísticas y rítmico-métricas de que más adelante hablaremos. Pero incluso allí donde predomine el aspecto directo del adoctrinamiento, éste, cuando se trate de una auténtica obra poética, aparecerá siempre, como "esfumado" y diluído, de tal modo que el sentido último habrá que captarlo por una especie de adivinación; y, por otra parte, ello no excluye el que para determinadas capas, no pocas veces decisivas, del mundo interior (de un drama, por ejemplo), se dé preferencia a otro modo de expresión más indirecto. Lo que contribuye a crear la verdadera atmósfera de una poesía, por ejemplo, no son tanto, ni mucho menos, aquellas partes adoctrinadoras, reflexivas y puramente líricas como la multitud de pequeños rasgos simbólicos y reacciones sentimentales momentáneas de los personajes con que se iluminan como con el fulgor del rayo las oscuras conexiones. Sueños, vislumbres, nostalgias, angustias, súbitas manifestaciones de terror, cambios súbitos de esperanza en temor: todo ello contribuye a provocar la tónica sentimental de un drama o, por lo menos, de un acto de él, de una escena decisiva. En efecto, la tónica sentimental puede cambiar y cambia no pocas veces a lo largo de la obra, y puede incluso aparecer dividida en una parte reducida de ella, provocando con ello efectos muy intensos. Claro está que, en rasgos muy generales, prevalecerá casi siempre, sin duda, la actitud más bien pesimista u optimista del poeta y el fondo último del que brotan todos los efectos decisivos, aparecerá pintado, según el caso, con tintas sombrías o luminosas, haciendo con ello que la tónica fundamental de toda la obra sea claramente trágica o humorística, sublime, despreocupada, idílica, etc. Pues del mismo modo que el órgano reduce el mundo todo de los sonidos y de las formas tónicas a un número limitado de registros y por medio de sus acordes produce, sin embargo, la impresión de un cosmos musical ricamente articulado y dinámico, la poesía maneja siempre, en lo esencial, una serie relativamente corta de *formas de temples de ánimo*, tradicionales, susceptibles a su vez de sufrir abundantes transformaciones. En detalle, estas transformaciones son, en gran parte, objeto de interpretación. Y es el análisis el encargado de estudiar atentamente la sucesión y la gradación interna de las diversas tónicas en la obra literaria y su peculiar relación con el desarrollo de la visión poética del mundo.

8
ANALISIS DE LA FORMA. GENERALIDADES

"El contenido lleva consigo la forma, la cual no existe nunca sin el contenido." Estas palabras de Goethe[9] recalcan una vez más la estrecha conexión existente entre los dos "aspectos" que el análisis tiene que empezar examinando por separado para luego volver a examinarlos conjuntamente. La forma no es, en efecto, un factor independiente, con existencia propia, que se incorpore al contenido ideal o pueda enlazarse arbitrariamente con él, sino una irradiación de ese contenido mismo, sólo que parece llevar una vida propia e independiente, aunque en realidad se halla puesta constantemente y de un modo cada vez más perfecto al servicio de la voluntad de expresión de la vida interior del hombre. Todos los empeños formales, hasta llegar a las peculiaridades de la prosa rítmica, del verso y de la rima, del empleo de clases de palabras, etc., se supeditan en la auténtica poesía al propósito último de reestructuración de un mundo poético, es decir, a la "composición". La composición poética o la "articulación" de la obra poética significa, vista la cosa en un plano muy general, la reestructuración del mundo en un sentido poético, redondeada, coherente de por sí, abarcable con la mirada y unitaria, y ya por estas cualidades significativas surge así un mundo que parece llevar en su seno todas sus premisas y sus consecuencias, aunque no podamos medir sus conexiones y ordenaciones con medidas empírico-terrenales ni con arreglo a una lógica estricta. Este mundo nuevo no hace más que recordarnos las medidas, leyes y ordenaciones de la realidad, y basta con que nuestra intuición, preñada de sentimiento (nuestra "contemplación"),[10] asienta a las formaciones poéticas, cosa que en otras circunstancias tendría que hacer, evidentemente, el intelecto crítico o la razón moral. Lo que, en otros terrenos rige como ley inviolable, no es aquí, en cierto modo, más que una construcción auxiliar para el trabajo de la fantasía: ésta crea un mundo nuevo en el que los valores que más interesan al hombre como ser que habla a los que pueden extraer por medio del lenguaje un sentido especial, son captados en existencia o inexisten-

---

[9] *Fausto, Paralipómeno,* 1.

[10] Sobre el sello contemplativo de la poesía, cfr. K. Schultze-Jahde, *Zur Gegenstandsbestimmung von Philologie und Literaturwissenschaft,* Berlín, 1928.

cia, en su "ser así", en sus relaciones mutuas, en su viva peculiaridad, y en plenitud de sus manifestaciones, y plasmados "en palabras". El círculo especial o también la manera especial de la vivencia, se hallan, pues, estrechísimamente enlazados de antemano con la forma de expresión a que se aspira. Trátase de la construcción de una obra de arte verbal, de una formación artística que puede desplegarse con la mayor belleza en el lenguaje y a través de él y que, con ello, ayuda al hombre, como ser de lenguaje, a lograr una cierta perfección en el aspecto más esencial de su naturaleza. Los valores vitales con su plenitud, gradación y entrelazamiento, en la medida en que el hombre poético los afirma y se los representa, no pueden nunca "realizarse" más que por medio de la poesía. Ninguna realidad efectiva puede alcanzarlos, ninguna transcripción racional puede captarlos por entero. Esto sólo puede lograrse por medio de la poesía misma, y la única misión que, en última instancia, queda reservada a la interpretación científica es la de concentrar nuestra mirada en lo esencial, quitando de en medio lo inadecuado y situándose a una distancia apropiada del objeto que se trata de analizar. Y como el contenido ideal peculiar de la poesía tiene como vehículo, desde el primer momento y hasta el instante final, el lenguaje y toda poesía tiende en último resultado a un mundo de valores "expresables en palabras",[11] llegamos a la lógica conclusión de que, en su aspecto formal, representa una potenciación y una interiorización últimas de las fuerzas expresivas directas de la palabra. Ahora bien, éstas fuerzas son, fundamentalmente, de dos clases. Trátase, por una parte, de las formas de la intuición poética; de otra parte, de las formas de la expresión poética.

De un lado, el lenguaje evoca constantemente en nuestra alma "imágenes" que, en realidad, sólo merecen este nombre gracias a que presentan cierta semejanza con las imágenes ópticas del recuerdo y con las imágenes de la pintura. El constante examen de las cuestiones planteadas por Lessing en el *Laocoonte* y puestas así al alcance de amplios círculos, ha demostrado desde hace ya mucho tiempo que apenas es posible sostener, y nunca más que de un modo circunstancial y fragmentario, que estas imágenes sean completas, perfiladas, que tengan una exactitud objetiva, que aparezcan saturadas de color,

---

[11] O a la presentación de un mundo en que "se representa" la nulidad de estos valores. También en estos casos quedan recatados al fondo del cuadro como objeto de la nostalgia humana, pues la literatura pesimista vive igualmente de la concepción optimista que pretende destruir.

etc. Pero, cuando se trata de "formaciones" poéticas tenemos fácil conciencia, mejor diríamos vislumbre, de esas valiosas cualidades de las imágenes reales —ópticas— como puras posibilidades, sólo que estas cualidades vuelven a perder su valor propio y aparecen ante nosotros en el mundo poético, en calidad de símbolos junto con los otros "objetos", hechos, relaciones y circunstancias valiosas, que pugnan por plasmarse en palabra. No cabe duda de que un acaecimiento dramático o épico puede (lo cual no quiere decir que deba) producir en nosotros la impresión de la más intensa concatenación y despertar con ello, por ejemplo, la sensación de la necesidad ineluctable de un desarrollo trágico y en ciertos casos, también, indudablemente, la sensación optimista de una ordenación y conexión benéficas en la marcha del mundo, siempre y cuando que el poeta sepa emplear y manejar los recursos verbales en el sentido más amplio. Pero quien se empeñe en examinar en detalle la sucesión o quien trate de comprobar si existe la "unidad de tiempo" (extraordinariamente expresiva de por sí) con el reloj en la mano, pronto sorprenderá toda una serie de "descuidos" del poeta y llegará tal vez al juicio erróneo de que "no ha sido capaz de alcanzar lo que se proponía".[12] Para los fines perseguidos por el poeta, basta con que haga vibrar la "idea" de la concatenación de la necesidad, etc., dentro de nosotros mismos. Surge así el efecto apetecido, en combinación con todos los demás recursos de que la poesía dispone para entonar nuestra alma y encauzar nuestras espectativas en una determinada dirección. Lo mismo, o una cosa muy semejante, acontece con el colorido, la articulación interna y las demás cualidades sensoriales de las "imágenes". No sería fácil formarse a base de las alusiones de Margarita (en el *Fausto*) una imagen de su madre, ni por lo que se refiere a la figura de su carácter ni a la de su presencia externa. Y, sin embargo, esta figura de la madre aparece ante nosotros con una "claridad perfecta", a saber, como resorte dramático al fondo de la acción, acción que sólo puede captarse por intuición poética. Cuanto para el drama es necesario se da en él con unos pocos trazos, ásperos o tenues, de un modo muy claro y efectivo, de suerte que tales rasgos ejercen ya en sí mismos un fuerte encanto poético (y hasta, lo

---

12 Desde este punto de vista, son especialmente peligrosas las comparaciones entre la obra poética y las manifestaciones teóricas de los poetas, que tanto han dañado, por ejemplo, al enjuiciamiento de un Hebbel. La crítica de los dramas de Lessing desde el punto de vista de la verosimilitud externa resulta casi divertida en la obra, por lo demás muy meritoria, de G. Kettner, *Lessings Dramen*, Berlín, 1904. (Cfr. mi nota bibliográfica de esta obra en *Ilbergs neue Jahrbücher*, secc. I [1906], t. 17, pp. 206 *ss.*).

que parece, ético o sensorial), pero que está al servicio de la finalidad poética fatal.

Pues bien, una de las tareas más tentadoras y al mismo tiempo más difíciles del análisis consiste en fijar las "imágenes" determinantes de la poesía en sus relaciones mutuas, en su articulación en un todo; tratándose de obras de gran envergadura, surgirán capas enteras de imágenes, que acaso están tratadas de modo diverso y que, sobre todo, pretenden influir sobre el lector o sobre su fantasía recreadora con recursos diferentes, por ejemplo, éticos o sensoriales, ópticos, acústicos o motores. Y así, el análisis tendrá que poner de relieve, por ejemplo, al examinar la estructura de la *Canción nocturna del Caminante*, cómo el poeta, al plasmar literariamente la naturaleza exterior, va armonizando diversas impresiones ópticas y acústicas y produce mediante la generalización de estas impresiones ("todas", "ningún") la impresión total de un aquietamiento ilimitado (hablando en términos sensoriales, de la noche que se echa encima), a pesar de que el poema no menciona ni siquiera una vez la palabra "noche": a la noche sólo se le arranca, para plasmarlo poéticamente del modo más puro, este aspecto de su naturaleza, sin aludir para nada, por ejemplo, a lo que la noche tiene de pavoroso, de desasosegante, sin que se mencione ni en lo más mínimo la vida característica del bosque nocturno, el despertar de las partidas de bandoleros, el vuelo del buho, etc. No se trata, por tanto, de un "cuadro de la noche" que pueda competir con cualquier representación pictórica o con un relato descriptivo por medio de palabras (por ejemplo, con el de la noche en el desierto, de M. Eyth). Y el análisis de nuestro poema debería señalar, además, cómo el fondo profundo, la vivencia humana de quietud, a la que simbólicamente apunta la representación poética de la naturaleza, es no más que delicadamente aludida. Estamos también ante un cuadro con amplios fondos: la quietud exterior del anochecer apunta ya de por sí, su plasmación poética y humana, a aquel aquietamiento interior al que se dirige, en otro tono, la nostálgica lamentación que surge apoyada en elementos imaginativos de tinte religioso: "¡Ay, cuán cansado estoy de todo tráfago!" Se pasa rápida y al parecer (exteriormente) sin transición de unas imágenes a otras, a pesar de tratarse de imágenes íntimamente enlazadas en sentido poético, entonadas las unas con las otras y redondeadas para formar un todo; un todo, claro está, que ni puede ser captado por medio de los sentidos ni agotado de un modo racional. Pero hasta cierto punto, esta unidad se hace captable con la ayuda de recursos racionales, de tal modo que por medio del rodeo de esta "reflexión" se puede preparar a un alma dormida su goce poético completo. Tal es, en efecto, la misión del análisis de la composición, en la medida en que se trata de la peculiar "encarnadura verbal" de la formación poética.

Pero la forma verbal de la poesía ofrece, además, otro aspecto. El carácter puramente evocativo de las distintas imágenes, la rapidez con que fluyen y se evaporan y la necesidad de construir una impresión entera sobre una sucesión de impresiones parciales recuerdan, entre otras cosas, ese carácter fugaz de las resonancias preñadas de significación que se deslizan raudas por nuestros oídos y hacen mella en nuestra alma. Claro está que actúan siempre hacia atrás (iluminando y completando lo ya "dicho") y hacia adelante (haciendo vislumbrar lo que ha de producirse y sirviéndole de base, con lo que pierden constantemente su naturaleza "puntual"; pero, paralelamente, va imponiéndose constantemente a nuestro espíritu, con una necesidad que no puede ser de tipo sensorial simplemente, la línea continua como tal, tal y como se va engendrando, a base de los sucesivos puntos. La forma del habla (y del pensamiento como habla interior) obliga a cuanto "es" y a cuanto "deviene", a todo lo fijo y a todo lo cambiante, a revestir de algún modo la forma permanente del devenir, del acaecer en el tiempo y va borrando todas las aristas, todas las elevaciones, depresiones, dilataciones, etc., haciendo que sólo se vea constantemente la línea continua que discurre ante los ojos de nuestro espíritu, pero no en el sentido de una línea matemática de una forma determinada cualquiera, ni tampoco al modo de la línea, perceptible por los sentidos, de una parte del edificio, sino más bien en un sentido *fundamentalmente* lineal, que nos recuerda constantemente la "forma de existencia" de los acontecimientos que se desarrollan en el tiempo. Y así, el mundo aparece bajo una forma "semejante" a como discurre el lenguaje. Por eso podemos hablar fundadamente de un "proceso interior"[13] que se halla al fondo de toda obra poética, incluso toda poesía lírica, y que el análisis está obligado a captar.

La *Canción de Mayo* de Goethe, por ejemplo, despliega ante nosotros en tres etapas muy claras la eclosión de la primavera, como si el poeta (y el lector con él) recorriese todo el reino, y sin embargo, no puede decirse que este poema sea algo "exhaustivo" ni tampoco una sucesión embrollada de

---

[13] Cfr. el estudio de G. Mayer, en *Neue Jahrbücher für Wissenschaft und Jugendbildung*, t. IV (1928), pp. 721 *ss.* Prescott *(Poetry and Myth*, 1927) habla de "Story".

girones fortuitos de vivencia. El orden en que aparecen agrupadas las impresiones, de suerte que cada pequeño grupo se encamina hacia una unidad mayor, y la sucesión entre unos y otros grupos, son extraordinariamente "libres" y, sin embargo, aparecen llenos de sentido poético. Para dar expresión a las vivencias poéticas que alientan en el fondo de su obra, el poeta se cierne sobre la realidad y pasa inmediatamente de lo externo a lo interno: la profunda vinculación entre lo de fuera y lo de dentro, que no tenemos más remedio que afirmar en un sentido poético, aparece como algo evidente por sí mismo, sin que el poeta pronuncie una sola palabra para "explicarla". Y este "progreso" consciente, la "legalidad" interna del proceso externo, es precisamente lo que hace que el profundo conocimiento poético del autor, acerca de la vinculación universal de su corazón amoroso, que no está dicho en forma "narrativa", penetre en nuestra alma de un modo tanto más irresistible. Vive en nosotros algo que afirma, todo lo que marcha en sucesión y que ve en la inabarcable sucesión, en su de algún modo comprensible articulación de miembro a miembro, una "legalidad" peculiar que permite entresacar, por el sentimiento, nuevas conexiones profundas cada vez. Por lo menos, el hombre de temple poético se siente llevado a "pensar" así. No hay ningún arte que ponga tan de manifiesto esta forzosidad interior como la poesía. Y de lo dicho se desprende, además, cuán íntimamente se halla el arte narrativo, siempre y cuando que tenga clara conciencia de su carácter y misión *poéticos,* unido a lo que constituye el núcleo más íntimo de la poesía, ventaja ésta que hoy sólo se quiere reconocer a la lírica.

Si comparamos la *Canción de Mayo* con la oda de Klopstock *En el lago de Zurich,* resalta, dejando a un lado todas las demás diferencias, la diversidad de concepción, plasmación y utilización poéticas del "proceso". Klopstock se atiene a un proceso real, aunque no lo describa con la fruición que pone el realista en pintar los detalles o el colorido de los hechos y de las cosas. También vemos aquí que la "vivencia" aparece quintaesenciada en sentido poético y que la "representación" se limita a unos cuantos puntos fundamentales, que conjuran el estado de ánimo poético. Pero las conexiones y la sucesión entre estos puntos están tomadas de la realidad y simulan el proceso real de ésta, por más que procedan con una gran libertad en cuanto a ciertos detalles. De donde se sigue una cierta delimitación del proceso mismo y una firme cohesión entre los distintos eslabones. Se desarrolla dentro de un campo de acción estrecho un acontecimiento de elevación espiritual que (a modo, por ejemplo, de la poesía idílica), precisamente por esta misma delimitación y por la saturación visible del campo en que se desarrolla, produce un encanto poético muy especial. Lo que Klopstock quiere "decir" y plasmar no habría podido decirlo ni plasmarlo con las formas empleadas por la *Canción de Mayo.* No es nada extraño que su actitud valorativa radique en la sociedad humana, mejor aún, en la conciencia de los lazos de amistad que unen a un círculo de personas entre las que existe una afinidad espiritual. El campo visual de Goethe (en la *Canción de Mayo)* es mucho más vasto. Aquí, lo "divino" no irradia en primer lugar de los rostros alegres de los hombres, sino de todo el marco de la naturaleza primaveral, incluyendo lo humano, pero sin que esto sea captado por el lado puramente espiritual. A la amplitud del punto de vista, al libre divagar de la mirada por las cumbres y las simas corresponde el carácter más suelto del proceso interior y de la ordenación exterior de las estrofas. El análisis deberá poner de manifiesto desde el primer momento si en la forma interior del "proceso" prevalece más bien aquel carácter "cerrado" o este carácter "abierto", modalidades antagónicas entre las cuales hay, naturalmente, toda una serie de transiciones, y más allá de las cuales se abre todavía la posibilidad de que las cosas se acentúen en un sentido o en otro.[14]

Tales son, a grandes rasgos, los blancos muy generales en cuya dirección se mueve la fantasía poética. Para terminar, observaremos brevemente que, si se trata de auténtica poesía, habrá de existir una profunda conexión entre las direcciones que la fantasía pueda sugerir en cada parte regional de la obra. Estas conexiones no son nunca las mismas, pues existen numerosas posibilidades de articulación. La forma abierta puede emparejarse perfectamente tanto con una representación de tipo más bien ideal como con otra de carácter fundamentalmente natural, produciendo en cada caso efectos completamente distintos. La armonía resonante de los diversos modos de dar forma, una armonía fina, clara y convincente, pero que no puede ser reducida a un cálculo, es lo que se llama *el estilo;*[15] armonía que, *a su vez,* tiene valor de expresión y un valor de expresión, además, individualizable de un modo muy variado, según que la armonía se perciba de un modo perfectamente claro o solamente como una posibilidad. También aquí caben innumerables posibilidades intermedias, pero lo decisivo será, en la mayor parte de los casos, el mayor o menor *acercamiento a la vida* de la "representación". Según que veamos los verdaderos valores de la vida, que pugnan por cobrar un representativo verbal, en su manifestación directa, todo lo más elegida y exaltada, o los veamos en su iluminadora "legalidad" o en sus razones profundas, que apenas

---

14 Cfr. las manifestaciones de O. Walzel sobre las formas intermedias —"apagadas"— especialmente adecuadas a la poesía alemana, en *Gehalt und Gestalt,* preferentemente, pp. 227 *ss.*

15 Cfr. Fr. Kainz, "Vorarbeiten zu einer Philosophie des Stils", en *Zeitschrift für Aesthetik,* t. 20, pp. 21 *ss.* (p. 49: "El estilo es, en todos los casos, una determinabilidad de forma unitaria y absoluta").

si se traslucen o son puestas tras lo que es por la especulación, nos
alejaremos más o menos, con las imágenes poéticas y con todo el atuen-
do literario, de la "realidad cotidiana", al modo como en el trato, en el
sencillo relato, en el informe (hasta, en la murmuración) se "representan" las cosas, los hombres y los sucesos por medio de la palabra, y se
"estiliza" el lenguaje mismo para conseguir de este modo algún efecto
(como ocurre con toda comunicación viva y animada de hechos o encaminada a un fin). La representación poética se eleva, por una parte, a
una esfera del lenguaje que se revela inmediatamente como extraordinaria y como campo de efectos superiores, mientras que, por otra, procura
captar y plasmar en su significación humana, en su esencia, más que tradicional, poética, todos aquellos valores concretos que ya el lenguaje
"corriente" trata de destacar. Esto puede hacerse de muy diversos modos y, desde el punto de vista puramente teórico, cabe incluso la posibilidad de que la "representación", siguiendo las más finas vibraciones
del alma, cambie también constantemente de "estilo". En realidad,
estos cambios de expresión, al modo como los que persigue la música
moderna, en la poesía, con sus resonancias conceptuales y objetivas
mucho "más claras" y "más eficaces", nos arrastrarían a una completa
confusión, pues no nos permitirían mantenernos nunca en la pura
línea sentimental. Sin embargo, pese a toda su complicación y matización (acerca de las cuales debería pronunciarse también la interpretación), la obra poética aspira siempre, en su conjunto, a grandes líneas unitarias, que suministrarán un fondo tanto más eficaz para
desviaciones mayores o menores. El *Götz de Berlichingen* mantiene
desde el primer momento, en cuanto al contenido ideal y a la forma,
a la imagen y a la palabra, ese "leal tono caballeresco" que el poeta
(según el testimonio de la historia literaria y del lenguaje) ha ido
formando en detalle a base de muy diversos elementos, una vez que
su alma se "entona" en ese sentido. Con ese tono contrastan de un
modo tanto más eficaz los demás tonos de las bufonadas y de la boda
campesina y, sobre todo, los de la corte de Bamberg y la revolución
(todos ellos articulados a su vez, ricamente). El análisis es el encargado de determinar los registros fundamentales de la pieza de órgano
y de caracterizarlos en breves palabras. Para ello, difícilmente podremos ni queremos prescindir de metáforas recogidas "de la vida"
(hemos hablado del "alemán de las crónicas"), tanto más cuanto que el
propio poeta se atiene a todas luces, a una serie de capas lingüísticas
vividas por él y que exalta a las esferas de lo poético. El reconocimiento de lo que la vida o el saber ofrecen nos permite, si tenemos
temple poético, orientarnos en el mundo de la poesía.

La manifestación de las figuras y los procesos poéticos a través de imágenes y su plasmación por medio de las palabras se distinguirá siempre, preferentemente, con arreglo a los estamentos profesionales, a las capas sociales y a otras comunidades de vida de los hombres. Decimos que *Los guardabosques hereditarios* de Otto Ludwig huelen a bosque alemán. Y, en efecto, la vida de los hombres en el bosque constituye, en este poema, el fondo evidente de todos los acontecimientos (únicamente la soledad de la casa forestal "explica", en efecto, la obstinación del héroe), pero el bosque suministra multitud de situaciones, alusiones y símiles poéticos, e incluso la selección directa de las palabras, el ritmo y la sucesión de las oraciones en el tiempo recuerdan fuertemente, en los momentos decisivos, el carácter primigenio del ambiente. En estos casos, suele hablarse de la "atmósfera" que llena la obra y que suple, tácitamente, una larga serie de razonamientos y explicaciones, los cuales no harían más que entorpecer o enfriar, si el poeta los formulase racionalmente. También estos valores de carácter atmosférico deben ser cuidadosamente apreciados por el análisis. Y no necesitan formar, ni mucho menos, una unidad: en la *Doncella de Orleáns* impera una atmósfera completamente distinta en cada uno de los medios en que el drama se desarrolla: en la campiña, en el campamento de Carlos VII y en el de los ingleses, en el momento de la coronación y en la cárcel en que se recluye a la heroína. Trátase también de matices de estilo, que si bien entran todos ellos en el estilo de conjunto de la obra, afirma cada cual su propia peculiaridad a lo largo de grandes trechos de ella. Aquí se entrecruzan diferencias nacionales y estamentales, mientras que en otras obras, en *Los Tejedores* por ejemplo, imperan las diferencias puramente sociales, a las que se subordinan las diferencias estamentales. También deben ser tenidas en cuenta estas combinaciones de las distintas situaciones que aparecen en la exposición.

El hombre de manos encallecidas habla, en las obras políticas o de ambiente de los tiempos modernos, un *lenguaje* más rudo que los representantes de la cultura y sobre todo los de la vida cortesana, cuyo modo de expresarse y cuyo modo de comportarse y de vivir en general presentan siempre perfiles más finos, más pulidos y más matizados. Pero estas diferencias entre lo "tosco" y lo "fino" o lo "pulido" [16] (con numerosos grados intermedios), que van desde la estructura interior de la obra en su conjunto hasta las últimas características de su len-

---

[16] Cfr. F. Dornseiff, *Pindars Stil*, Berlín 1921.

guaje, no por fuerza han de estar condicionadas por el objeto representado: pueden hallarse determinadas también por la situación de ánimo del propio poeta, en cuyo caso guardarán una relación más estrecha con el contenido ideal de la obra que con su "materia": basta fijarse en la diferencia de tono que media entre el *Cuñado Cronos* de Goethe y su *Canción de Luna*, compuesta en Weimar. También aquí es necesario que el análisis realice su labor, antes de que la interpretación del detalle pueda pronunciar su última palabra.

Los términos "tosco", "fino" y otros semejantes pertenecen a determinados campos de la percepción sensible y entrañan, por de pronto, juicios valorativos que se pueden referir a la reacción sensible de nuestros nervios pero que, en este campo, pueden ser empleados con un carácter simbólico. Hay, en efecto, matices de lo estético y de la impresión poética muy claros y a veces muy acusados, para los cuales no disponemos de un nombre específico y unívoco, que no cabe tampoco circunscribir ni, mucho menos, derivar racionalmente y cuya consciente expresión figurada presenta incluso la gran ventaja de una cierta interpretabilidad infinita. La teoría de estas que podemos llamar "formas sensorialmente simbólicas" no se halla todavía muy desarrollada, y el análisis, en lo que a esto se refiere, puede aprender todavía mucho de una interpretación inteligente sobre la base de la propia y cuidadosa observación. No nos limitamos a decir que un poema es "frío" o "caliente" refiriéndonos a su música exterior, sino que hablamos de la "temperatura" de la poesía en un sentido mucho más íntimo; y asimismo, el "ritmo" de una obra literaria no se refiere solamente a la sucesión más rápida o más lenta de la exposición, a que el contenido obliga al autor; la sucesión de las escenas en el drama o en la novela, la condensación de poderosas decisiones en poco espacio: todo forma parte de lo que llamamos el "ritmo". Lo sonoro, lo amortiguado y lo callado, lo luminoso, lo sombreado y lo oscuro, lo tosco y lo delicado, lo nítido y lo difuso, y muchas otras categorías de esta misma especie deben ser aplicadas por el análisis a todo el poema o a algunas de sus partes.

Todas estas apreciaciones, todos estos matices se han creado en el lenguaje sus especiales acuñaciones, inequívocas la mayoría de ellas, y se hacen valer, en parte al menos, en la plasmación verbal de la obra. Pero ninguna de ellas pertenece exclusivamente al campo de la poesía; todas interesan al mundo del arte en general y han sido transferidas, además, del terreno estético a la vida real. También en ésta hablamos del tono áspero de una conversación, de un lenguaje acalorado, etc. No pocas veces, el arte devuelve aquí a la vida lo que ha tomado de ella. En efecto, no sabríamos nada acerca de los sucesos trágicos provocados en la vida de las familias y de los pueblos si la tragedia no despertase y aguzase en nosotros el sentido para captar estos valores vivenciales. Dentro de lo poético, los valores de esta clase determinan también con el mayor vigor "la forma interior del lenguaje"; pero sólo actúan con ayuda de ciertas formas representativas externas, que son exclusivas de lo poético como arte verbal, y que, a su vez, poseen sus propios valores expresivos.

9

LAS FORMAS EXTERNAS DE LA POESIA

A. *Los géneros poéticos.* Es sabido que los efectos trágicos, aunque conseguidos con los más diversos tipos poéticos de representación, logran su mayor pureza y su fuerza máxima en el drama, mientras que lo idílico se impone siempre en el teatro a través de la imagen y la escena. Con aquella combinación peculiar de vinculación y libertad que vale para toda obra de plasmación poética, las formas externas de la poesía se adaptan a las formas del estado de ánimo y a los modos de vivencia en general y gustan también de acoplarse (aunque no exclusivamente, claro está) a ciertas zonas de materia y a determinados círculos de problemas. No es un hecho puramente casual o condicionado exclusivamente por la historia literaria el que a la tragedia se le asignasen durante tanto tiempo las acciones y los sufrimientos de los reyes y a la comedia las necedades de la burguesía. En todo caso, ambos géneros literarios han desarrollado dentro de este estrecho círculo de funciones una buena parte de su fuerza, preparándose así para más amplias y profundas tareas. La ciencia literaria procura captar la esencia interior de las distintas formas a base del material más amplio y más diverso que sea posible y la historia de la literatura expone cómo aquellas formas han ido destacándose poco a poco y sobreponiéndose a su supeditación inicial, a efectos ajenos a su género o al arte. El análisis tiene necesariamente que dar por supuestas, hasta cierto punto, estas conquistas, al paso que contribuye a enriquecerlas y ahondarlas. En cambio, en lo que a la obra concreta se refiere, es misión suya comprobar si el poeta ha puesto su mirada desde el primer momento en un género literario existente y ha dejado a la fuerza de expresión de éste una parte de la plasmación; cabe también, naturalmente, que adopte una actitud más libre y que arranque a la forma artística efectos nuevos y más profundos, esforzándose en saltar por encima de los límites en que se halla encerrada. El drama de nuestro tiempo arranca inconscientemente del punto hasta el que había llegado la segunda parte del *Fausto*. Asimismo debe tenerse en cuenta el completo descoyuntamiento de los géneros y su mescolanza (entre los románticos, por ejemplo) y, de otra parte, aparece por ejemplo la tendencia de ciertos dramaturgos a dotar de vida dramática las partes líricas y épicas de un poema. Los distintos géneros corresponden a determinadas actitudes del poeta, por ejemplo, la épica, a la pura contemplación de las cosas que se suceden veloces a una distancia moderada, mientras que el dramaturgo se lanza al torbellino de las fuerzas en acción. Pero, como todas estas actitudes son "humanas", sus modalidades de expresión pueden también, hasta cierto punto, hallarse relacionadas entre sí, si bien la experiencia enseña que el ejercicio de todo arte tiende, en bien del arte mismo, hacia una cierta simplificación y a fecunda tendencia unilateral, lo que hace que sus efectos *específicos* se manifiesten con mayor pureza.

Y, a la inversa, puede ocurrir que el género literario como tal, en su manifestación ya cristalizada, por decirlo así, que la forma dramática cuajada en "técnica", quiera imponer sus pretensiones señoriales; cabe que fecunde la fantasía del poeta o le descargue de la mitad del trabajo, permitiéndole cubrir la armazón, por ejemplo, con los arabescos de una poesía lírica o de espectáculo, los cuales pueden tener un gran valor. El análisis de los dramas de Corneille, supongamos, deberá (manteniéndose aquí en la más íntima relación con la crítica) contestar a la pregunta de hasta qué punto puede decirse que la forma dramática se halle aquí, todavía, viva y conserve su fuerza creadora vital.

El análisis deberá informarse por la ciencia literaria general, de cuáles son las cualidades que interesan para el enriquecimiento y la animación de la forma del género, por ejemplo, en lo tocante a la.sucesión rítmica de los actos de un drama, en cuanto al empleo del diálogo, del cuadro de género o de la descripción dentro de un relato. Pero no se perderá en detalles, dejando éstos a cargo de la interpretación, sino que tratará más bien de poner en relación la ejecución de detalle con las formas generales (por ejemplo, las de la estructura abierta o cerrada), de que hemos hablado en el apartado anterior. En todo caso, el análisis deberá preocuparse del desnivel que en principio existe entre la vitalidad interior de la obra poética y las formas de los géneros, que en parte animan y en parte enfrían, y otros esquemas y conceptos de la "poética".

B. *Verso y prosa.* Lo que la "poética" significa para los géneros
poéticos y para la acuñación poética de las "formas generales" es lo
que la "gramática" y la "estilística" en sentido más amplio, representan para lo que al lenguaje se refiere, la "métrica" y la "prosodia"
para el estudio del verso, de la prosa poética, etc. También en este
punto se han desarrollado formas fijas de las que la experiencia demuestra que son especialmente fecundas para determinados valores
expresivos, pero que no deben convertirse en etiquetas y a las que, en
realidad, cada poeta arranca nuevos matices. Por grande que un poeta
sea, tendrá que contar siempre en amplia medida con los valores "usuales" de los tiempos del verbo, por ejemplo (así, con la del pretérito
épico y la del "presente histórico"), o atenerse a los efectos de la
rima y también a los de determinadas ordenaciones de ésta. Más aún,
la importancia de estos "valores" tradicionales, incluso en poetas que
se distinguen por una extraordinaria fuerza propia en cuanto a la
plasmación verbal, como Hölderlin y Stefan George, es mucho mayor
de lo que generalmente se cree. Sin embargo, la fuerza de expresión de
las distintas formas verbales, rítmicas y versificadas es ya de suyo
suficientemente variada, como lo vemos por ejemplo en el hecho de
que el presente "vienes" pueda emplearse también con un sentido futuro e imperativo o en tono irónico-dubitativo,* y sobre todo en el hecho
de que la rima sirva tanto para unir como para separar (y para acentuar lo distinto dentro de lo unido). Además, dentro del estrecho margen en el que puede imponerse la originalidad del poeta en cuanto al
empleo de las formas en prosa y verso tradicionales cabe que se dé,
sin embargo, una variedad bastante grande entre los valores transmitidos y la expresión propia, a veces incluso en el propio poeta. Basta
comparar, por ejemplo, el lenguaje del *Heideröslein* con el de la *Canción turbulenta del caminante* o incluso con la *Esfera del lenguaje* y
con el tratamiento extraordinariamente variado del verso en la *Pandora,* en que el poeta llega hasta a emplear sistemas griegos adaptados
al alemán, unas veces simplemente para acentuar los efectos, otras veces para regular y siempre con una fuerza muy especial de expresión.[11]
Esta variedad que se da dentro de una obra al cambio consciente en
sus distintas partes debe, a menos que se trate de simples detalles, ser
puesta de relieve por el análisis. De este modo se traslucirán en todos

---

* En alemán *du Kamnst* tiene, efectivamente, el valor simple de presente —vienes—
pero también el de impositivo —¡tú vienes!, es decir, ¡vendrás!— o el sustantivo ¿vienes?
¿es verdad que vienes? o ¿vendrás? [E.]

[17] Cfr. R. Petsch, "Kunstform der Pandora", en *Antike,* año 1930, cuad. 1.

sus aspectos las relaciones con el contenido ideal del poema y también con el tratamiento de su materia.

Un análisis poético del *Fausto* tendría que poner de manifiesto la estrecha relación existente entre el verso burlesco (cualquiera que fuese el carácter de la actitud mantenida ante él por el joven Goethe en el terreno de la historia literaria y de la biografía), y la concepción poética de la tragedia del héroe en el "Fausto primitivo", y cómo la retención y también los cambios característicos de este tipo de verso, como forma fundamental, en pasajes posteriores de la primera parte del *Fausto,* y sobre todo en la segunda, guardan siempre una relación clara con las transformaciones calladas y la ostensible profundización de toda esta figura, a medida que Goethe sigue trabajando en la obra. En este tratamiento del verso se refleja todo el proceso interior de gestación del poema, del mismo o parecido modo que en el empleo y en las múltiples mutaciones de la "forma abierta" de la estructura y en el tratamiento peculiar del cuadro escénico, que admite toda una serie de fases intermedias entre la tosquedad del grabado en madera y la simple alusión esfumada o envuelta en sombras, pero sin cobrar nunca relieves dramáticos al modo cómo en el *Egmont* o en el *Tasso,* por ejemplo. Esto se halla relacionado con el hecho de que el protagonista, el héroe de sangre y hueso, no tiene frente a él un antagonista de igual valor y de que su "drama" se desarrolla, en rigor, sobre una tribuna más alta, fuera de la escena visible. Partiendo de las mismas premisas, el análisis tendría que ocuparse con el empleo de la prosa, muy variable también de suyo, en varias escenas del "Fausto primitivo" y con el tratamiento muy peculiar y unificador de las imágenes y de las formas en prosa y verso en el acto de Elena y en la acción posterior del emperador (versos alejandrinos). Todas estas formas aparentemente discrepantes entre sí deben ser concebidas como una "unidad múltiple" antes de que pueda entrar en juego la interpretación de los detalles.

Precisamente este ejemplo tomado de Goethe produce (y un vistazo a la *Pandora* confirma) la impresión de que también el gran poeta se deja llevar de vez en cuando por el goce puro de la forma elegida y se entrega con cierta fruición al "otro" elemento, que podría ser considerado como ajeno a la cosa. No en vano las obras de Goethe y de Schiller, las de la llamada época "clásica", llegaron incluso a ser interpretadas como ejercicios escolares de pie forzado, etc. En este punto, la crítica tiene que empezar consultando al análisis, el cual a su vez deberá tener en cuenta la gran amplitud de toda auténtica poesía y la polaridad que vibra en los distintos campos. Y así se pondrá de relieve, no pocas veces, que el "dejar hacer" del poeta bajo una forma específica, en forma de rimas que se deslizan, de trimetros, de versos corales, etc., sirve en última instancia para iluminar un aspecto especial del todo. El auténtico poeta lanza la pelota, por decirlo así, para volver a cogerla. Dando un rodeo por el "autodespliegue" de un motivo formal o material, retorna siempre, una y otra vez, a la obra que hay que plasmar. Las oscilaciones del poeta entre las intenciones de la obra y las de la forma, pueden imprimir a la obra en su conjunto un sello propio, que el análisis tiene que preocuparse de hacer resaltar. Pero éste pondrá también de manifiesto casos en que el poeta se deja arrastrar fácilmente a simples juegos o en que los valores rítmicos y musicales se hallan tan próximos a la vivencia fundamental rigurosamente poética, que, al lado de ellos, todos los demás valores expresivos quedan relegados al fondo[18] o desempeñan simplemente aquel papel secundario que, fuera de estos casos, corresponde con tanta frecuencia (principalmente en lo que a la prosa poética se refiere) a los valores del lenguaje directamente transmitidos por la tradición.

10

EL FIN DEL ANALISIS: NUEVA SINTESIS

Se ha dicho, y no sin cierta razón, que el análisis es la descomposición de la obra literaria analizada, pero no hay que perder de vista que, aunque ello sea así, el análisis tiende en último resultado a una nueva composición; a una visión de conjunto de la poesía que sea, en sus partes, mucho más diáfana y en su conjunto mucho más clara y unitaria que la impresión directa de que hemos partido. No se trata simplemente de resumir lo que ha sido descubierto, sino que se trata en realidad de una aportación nueva y peculiar, que, por lo demás, no tiene su lugar *simplemente* al final del trabajo y como remate de él, sino que como un algo que va formándose, acompaña con mayor o menor claridad, con mayor o menor fuerza penetrante, toda nuestra investigación, asignándole constantemente nuevas metas o determinando sus límites. Sin embargo, el análisis es, en fin de cuentas, el llamado a pronunciar la última palabra, a captar los resultados obtenidos como procesos artísticos vivos y a establecer entre ellos una relación arquitectónica y dinámica que refleje en una amplia medida la estructura interna de toda la obra.

18 Pensamos, al decir esto, en poesías como la de Hofmannsthal, "El heredero puede derrochar" o en la de Bürger, "Sopla la beatitud de valles y colinas".

Claro que no es posible resolver la criatura poética, irracional, en un diáfano ejemplo matemático ni en un complicado proceso lógico. Lo único que la actividad racional del investigador puede hacer es elevar a conciencia, para decirlo con Herder, los verdaderos "pasos" del "espíritu" poético, y con ello encarrilar por los cauces acertados nuestra propia fantasía recreadora. Para ello, enfocamos nuestra mirada, esencialmente, sobre dos metas, cuyo examen alternativo nos ayuda a remontarnos a una unidad y totalidad de visión. De una parte, volvemos la vista hacia atrás para descubrir la unidad originaria de la "concepción" del poeta, que en cierto sentido encuentra su adecuada realización cuando se cumple su "intención representativa"; pero sólo "en cierto sentido", pues es precisamente ahora cuando nos damos cuenta de que "el hombre no realiza nada perfecto" y de que una buena parte del contenido espiritual de lo que el escritor "contempla al principio no puede cristalizar de un modo puro en la plasmación poética. Y, sin embargo, ahora, al final de la actividad analítica, comprendemos cómo es precisamente este tanto primigenio espiritual y creador el que fecunda de un modo duradero la obra de arte y provoca nuevos y nuevos giros y ahondamientos, que jamás pueden llegar a ser comprendidos íntegramente a base de las meras leyes que rigen la constitución de la obra. Ahora nos damos clara cuenta de por qué Goethe[19] renunció al juego de preguntas más realista, pero también espiritualmente insignificante, del proyectado acto de la disputa en el *Fausto*, sustituyéndolo por el profundo coloquio que, como jugando, sostiene el héroe con Mefistófeles sobre "la luz y la noche". De este modo, la primera aparición del espíritu malo, concebida en sí como simple escena de juego, se ve abrumada de una pesada carga, y más si pensamos que este motivo trajo consigo, probablemente, el de la traducción de la Biblia. El poeta se sintió acuciado, en efecto, por la necesidad de situar el tratamiento más bien pragmático del problema bajo una luz espiritual que no era posible conseguir por ningún camino más cómodo sin atentar contra la unidad dramática.

De otra parte, tendemos nuestra mirada constantemente sobre la obra poética terminada como tal, que se manifiesta como una magnitud redondeada y rematada de por sí, que se propone hablar por sí misma y "convencer" por medio de su vida propia e inmediata, insinuándose continuamente ante los ojos del poeta como tal unidad. No siempre logrará, y no pocas veces rehuirá, el producir esta impre-

---

[19] Cfr. R. Petsch, "Die Disputationszene im Faust", en *Euphorion*, t. 22, pp. 307 *ss.* y en la colección de ensayos *Gehalt und Form*, pp. 353 *ss.* (Dortmund, 1925).

sión de totalidad recurriendo a los medios tradicionales, por ejemplo al rígido esquema estructural y al modo tradicional de expresarse propio del "drama corriente". Pero, directa o indirectamente, echará siempre mano de pequeños recursos, por ejemplo de interpretaciones *a priori* o *a posteriori* de las distintas partes de su obra, de consideraciones corales o "razonadoras", formuladas desde puntos de vista superiores, de explicaciones "de doble fondo" o, simplemente, de prólogos y epílogos para facilitar al lector el juicio ante realizaciones poéticas de cierta dificultad. En este aspecto, son de la mayor importancia las partes del *Fausto* que sirven de marco a la obra. Así como el "Prólogo en el Cielo" subraya significativamente el fondo espiritual ("la idea", si se quiere) de la acción dramática y saca de ello, a su vez, una escena dramática o, por lo menos, mímica, sobre un plano superior, el "Preludio en el Teatro" se torna en un mimo del más alto carácter y henchido de ironía, cuyo propósito es preparar al espectador para la forma "abierta" de la obra poética y hacer que adopte una actitud espiritual ante ella. El poeta habla en ambos casos, como siempre que se expresa poéticamente, a través de un velo. El análisis es el llamado a dar un amplio sentido nacional a sus alusiones.

Pero, todo estudio realizado honradamente en el sentido que inspira nuestras páginas, sirve solamente para hacer resaltar con mayor claridad el residuo eternamente irracional (es decir, lo que es, en el fondo, lo fundamental) de la obra poética; y así, también la *exposición* del análisis deberá hacer justicia a esto y guardarse muy mucho de que nuestro espíritu se vea empujado a adoptar una actitud de lógica forzada, ante la que lo irracionalizable aparezca, sobre poco más o menos, como una *quantité négligeable*. El ideal del análisis sería una exposición que, sobre una base racional y con una argumentación predominantemente racional, trascendiese continuamente de sí misma y ya en su propia plasmación de lenguaje hiciese intuir conexiones y objetivos superiores. Esta forma de presentación del análisis que "trasluce" y "apunta más alto" es, tal vez, lo mismo que podemos pedir al investigador literario y es aquí sobre todo donde tiene que revelarse si destella realmente en él aquella chispita de arte sin la que nadie puede ocuparse para nada de cosas relacionadas con la poesía.

VII

WALTER MUSCHG

EL PERFIL DEL POETA EN LA HISTORIA LITERARIA

1

DENTRO DEL campo de las ciencias historiográficas, la historia literaria se debate con un problema existencial peculiarísimo. Las obras y
las creaciones sobre que versa representan, a su vez, el empleo poten-
ciado e incluso genial del mismo medio de expresión de que esta ciencia se sirve: del lenguaje, como plasmación de entidades vivas. A la
función suprema del lenguaje, que es su empleo simbólico en la poesía,
opone la historia de la literatura su empleo simplemente racional. Y esto
la hace caer en un antagonismo interno que no conoce ni siquiera la
ciencia del arte, mucho más discutida que aquélla en cuanto a su antigüedad y a sus fundamentos de principio. Por eso el fenómeno creador
que debe constituir su objeto de investigación, el poeta, encuentra libre
acceso al centro mismo de nuestra ciencia en la medida en que se interesa realmente por la historia y el conocimiento de su propia profesión.

Y no cabe duda de que las figuras más representativas de la literatura han mostrado siempre vivo interés por estos problemas. El pintor, el músico, el hombre entregado a la acción política sólo en casos
excepcionales o después de terminada su carrera se detienen a analizar en un plano abstracto sus métodos de trabajo y los resultados de
sus actividades; en cambio, tratándose del poeta, esto no tiene nada
de excepcional, sino que es, por el contrario, muy normal, pues para
hacerlo no necesita trocar su acostumbrados medios de expresión por
otros extraños. Sus relaciones con los problemas y métodos de la disciplina que tan de cerca le toca son vitalmente profundas y, por tanto,
indestructibles, e incluso allí donde esas relaciones pudieran parecerle
más alejadas, sigue las polémicas con el más profundo interés y con
íntima comprensión, pues mide en su interior, con poderoso instinto,
lo mismo las energías vitales que las conceptuales. Invoca en apoyo
de ello, y con razón, el hecho de ser él quien imprime un impulso deci-

sivo a la trayectoria de aquella disciplina, pues no en vano es él el poeta, el prototipo del hombre capaz de sentir las conexiones de las cosas, y el mismo aparece de vez en cuando en el centro del campo científico como investigador, con una consecuencia que delata una imperecedera necesidad. Y señala, sobre todo, la grandiosa tradición de una unión personal que patentiza la perfecta unidad de ambas funciones y que además, puesto que aquellos poetas investigadores no eran solamente hombres de investigación, pone de manifiesto la definitiva supremacía del poeta dentro de este campo científico al parecer puro. Y, por si todo esto fuese poco, pasa inmediatamente a la burla o a la hostilidad abierta, con la conciencia de que el único camino para escapar al dilema que preocupa a los demás pasa a través de sus dominios, es decir, de que sólo el hombre dotado como artista es capaz de llegar a comprender los problemas del arte. No cabe duda de que la historiografía y la exégesis de la literatura coincide en innumerables puntos y, no pocas veces, en largos trechos de su pasado con los esfuerzos de los poetas encaminados al mismo fin, e incluso podemos afirmar que fueron éstos precisamente los que le sirvieron, según está históricamente comprobado, de punto de partida, y hoy mismo se cruzan, coinciden o se desplazan estos dos caminos con tanta frecuencia como en épocas anteriores. Este conflicto de pretensiones lleva su tensión a muchos problemas decisivos de la ciencia literaria. En el que aquí vamos a examinar, la descubriremos a cada paso.

El problema del perfil del poeta es, podríamos decir, el ejemplo típico de todo lo que hay de fatal en estas relaciones. En su empeño de encuadrar los fenómenos poéticos dentro de conexiones históricas, la historia literaria tropieza con el gran foco de la existencia creadora. La creación es, a los ojos del propio poeta, algo esencialmente incomparable, inescrutable, una excepción y una maravilla situadas más allá de toda conexión causal. Este acto es enemigo inexorable de todo punto de vista racional, de todo acercamiento de su fuerza insustituíble a poderes generales no vinculados a la figura singular del creador. Por eso los poetas, cuando caracterizan críticamente a sus contemporáneos o predecesores, no proceden jamás en el sentido de una objetividad científica. Es algo que contradice a la ley de su propia naturaleza el establecer racionalmente las cosas, el sumar hechos, el seguir imparcialmente las huellas a la trayectoria de la vida ajena. El poeta sólo conoce la transformación creadora, sólo conoce los acaecimientos del mundo como mito de su propia existencia. Cuando se dedica a modelar la materia —por ejemplo, la materia histórica— en gracia a la materia misma, renuncia a su suprema capacidad, más aún, a su capacidad única, la de estar insertado en un orden de valores, para no crear, en cambio, nada duradero. El poeta se halla unido a toda realidad como receptor y donante, como rechazado o consumidor, y sus juicios obedecerán siempre a esa sublime parcialidad sobre cuya base ha creado el espíritu humano las formaciones más atrevidas —facetas de la individualidad humana—. La ciencia, que aborda el análisis de este fenómeno, tiene que lanzarse al tumulto de la existencia creadora del más alto rango, para poder conocer sus acaecimientos, tan difíciles de descubrir, y retornar a su propio terreno tan pronto como lo haya conseguido. De vuelta en su campo, formula sus observaciones y sus resultados... pero sin entregarse al descanso, obligada a moverse incesantemente entre la torrentera de la actitud vital libremente creadora y el concepto. De aquí fluye su problemática, que ha sido no pocas veces considerada como perplejidad, su "cuestionabilidad". Es su propia misión la que lleva implicado este cambio del viejo movimiento espiritual que convierte la historia de sus métodos en algo dramático. A diferencia de las puras "ciencias reales" sólo por breves períodos ha podido conservar la seguridad en sí misma. Con cada uno de sus exponentes, con cada una de sus aportaciones que hacen época, se ha puesto en peligro ella misma antes de poder descubrir la seguridad de la marcha. Se halla subterráneamente vinculada, por fuerza, a la anarquía de los sentimientos creadores. Por eso, el problema del método no es para ella un problema periférico, no es una búsqueda de procedimientos mejores que pueda discurrir separada y cuidadosamente fomentada al lado de la labor que se desarrolla; el problema mismo contiene ya la atribución o la pérdida de sentido. Y en ninguna parte se dibuja de un modo tan claro y tan amplio la base sobre que descansa esta ciencia como en los perfiles de la imagen del poeta que traza en la monografía o en la trabazón de una exposición histórica de conjunto. El modo como, en este caso, deslinda la individualidad creadora, el grado en que registra y da cabida al "medio" a las "influencias", en una palabra a las irradiaciones suprapersonales; si, y en qué medida absolutiza la figura del creador o trasciende de ella en cualesquiera categorías: todo esto contribuirá a caracterizarla, a determinar el carácter y el grado de su objetividad y representará un triunfo o una sentencia condenatoria para su competencia científica. Y así como el poeta nos da en su obra el símbolo de su posición vital ante el mundo, el investigador literario nos da en la suya el fruto de su conocimiento de la relación entre su individualidad y las potencias históricas del espíritu.

Esta disolución de los principios de la ciencia literaria y de su historia en un movimiento fundamental del espíritu en el que toda la problemática y la metódica surgen de modo secundario, es una consecuencia a la que no puede sustraerse la conciencia psicológicamente agudizada del moderno historiador de la literatura. Pues a la mirada acostumbrada a sintetizar grandes rasgos, la historia de la historia literaria se le aparece con extremada claridad como un proceso cerrado, grávido de sentido, cuyas fuerzas motrices y cuyas diferentes etapas aparecen bien manifiestas. La historia del retrato científico del poeta atraviesa el organismo de esta historia como una senda central que condensa y expande vida.

Los orígenes hay que buscarlos en el Humanismo y en el Renacimiento, épocas que documentan su culto a la personalidad en una primera floración de la biografía: Boccaccio, Villani, Enea Silvio. La ingenua complacencia por lo individual, colecciones de anécdotas que denotan la satisfacción de aquellos hombres consigo mismos, una retórica que desborda por todas partes el tema, un amor provinciano por la gloria y una intensa necesidad de apoyarse en modelos antiguos, son los rasgos característicos de esta primera fase, que en Alemania no llega, ciertamente, a desarrollarse tan esplendorosamente, pues en ella prospera mejor la autobiografía fuertemente anclada en lo reflexivo: Götz von Berlichingen, Thomas Platter. El yo cobra por primera vez conciencia de sí mismo, se descubre el carácter como destino. Se encarga con esto la *Historia literaria,* sobre todo la del siglo XVII, nacida de una situación análoga de espíritu y cuya erudición polihistórico-arqueológica, jamás superada, culmina en la expansión sin escrúpulos de sus territorios, característica de tales épocas tempranas. Secas enumeraciones de libros y autores (en las que los poetas figuran siempre en segundo lugar después de los científicos), enriquecidos de vez en cuando por observaciones de contenido biográfico, los conatos de una crítica que tiene por punto de partida la Antigüedad y el Renacimiento: Neumark, Wagenseil, Morhof, Neumeister. Todavía Lessing representa, en una parte de su personalidad, esta tradición, pero, a su influencia excelsa se debe que irrumpa en los estudios literarios la estética inductiva, que se quebrante el punto de vista normativo, y que el relativismo histórico desplace al culto fetichista de los nombres y los títulos. Leibniz llena el siglo con la idea revolucionadora de la mónada, en la que se refleja el universo como en una célula incanjeable, con la idea del desarrollo. Voltaire, Montesquieu, Vico, el sensualismo inglés, impulsan paso a paso la naturalización del nuevo pensamiento, hacen que las ideas se acerquen cada vez más al campo de la experiencia histórica. Winckelmann agrupa el arte griego en cuatro

períodos estilísticos, lo que le vale de Goethe el elogio de haber sido
el primero que supo avanzar desde lo individual hasta la idea de una
historia general del arte. La literatura tiene la suerte de encontrar en
Herder la unión espiritual perfecta de la sensibilidad estética y la histórica: el poeta vestido con las ropas talares del teólogo que sabe poner el dinamismo de los sentimientos cada vez más desarrollado desde
Leibniz al servicio de una comprensión anímica genial de pueblos enteros. Descubre épocas culturales, y en los testimonios de la lengua,
la religión y las costumbres, la emanación de entidades colectivas. Está
especialmente dotado para captar lo elemental, lo misterioso, lo má-
gicamente augusto, lo lírico. Su espíritu poético se desborda en la
genialidad de esta adivinación interpretativa, con la que sienta las
bases para una historia comparada de la literatura universal y de la
estética. Con él, el espíritu poético empuña la dirección en el campo
del conocimiento de la poesía. Goethe y Schiller se encargan luego
de consolidar el régimen instaurado por Herder y los románticos reco-
gen su herencia, con plena conciencia de lo que hacen. Federico Schlegel proponíase llegar a ser "el Winckelmann de la literatura griega"
postulada por Herder.

Quedaba cerrado así el primer ciclo. La posición investigadora
ante la poesía había vuelto a depositarse en manos del mismo genio
creador. La historiografía, que contempla el pasado objetivándolo, en-
mudeció ante una alta tensión de creación poética, jamás conocida en
la historia, que descansaba por entero en la conciencia propia y mag-
nífica de la gran individualidad. La obra en gestación ocupaba el
centro del interés, aun allí donde los clásicos y los románticos labora-
ban como historiadores. Ninguno de ellos renegaba ni por un momento, ni aun en esta actitud, la situación, programáticamente agudizada,
de su existencia creadora. Procedieron a dividir en períodos la
historia del espíritu, de la poesía, con ayuda de parejas de conceptos
dialécticamente entrelazados (ingenuo-sentimental, idealista-realista,
antiguo-moderno), derivados de las vivencias fundamentales de su
propia existencia y de la determinación complementaria del mundo
que se les enfrentaba. Sólo cuando se fué apagando el fragor de
aquella torrentera maravillosa apuntó, como ocurre siempre y en todos
los campos de la historia, la necesidad de una exposición histórica
de los fenómenos. Pero las premisas habían cambiado inmensamente.
En todas partes, aun allí donde no se tenía conciencia de ello o donde
no se confesaba, la descripción era sugerida y arrancada del espectáculo maravilloso de la época recién transcurrida. En estos epílogos
seguían viviendo y dando la pauta, la masa inmensa de material nuevo

suministrado por esa época y también el *ethos* que en ella palpitara. Se elevó sobre un nuevo nivel, surgió un nuevo período secular de la historia literaria, por lo mismo que la poesía había consumado otro igual. Comenzó, a través de nuevas aportaciones y de nuevos temas, una nueva fase en el enfrentamiento del espíritu científico y el espíritu poético.

Esta nueva fase no fué provocada por cualesquiera normas mecánicas de desarrollo de la historia universal, sino por las leyes anímicas fundamentales con arreglo a las cuales el espíritu humano aborda las masas de material que el destino le ofrece. El individualismo consecuente, animando en una forma específica al propio creador, vuelve a revelarse eficaz en una etapa trascendental de los estudios literarios. Vuelve a superarse por sí mismo y hace surgir de su seno el impulso de síntesis, de relativización histórica, psicológica, sociológica. El tratamiento poético genuino de los problemas, sin llegar a extinguirse del todo, aparece de nuevo al fondo del desarrollo para restaurar su antigua influencia de un modo cada vez más visible, con un refinamiento metodológico cada vez mayor. Y cada una de estas nuevas actitudes se impone sobre las anteriores con un entusiasmo muy característico de la manera de marchar de la historia literaria. Todas ellas aportan nuevos puntos de vista, nuevos planteamientos de problemas, nuevas hipótesis de trabajo, que necesitan ser examinadas, a su vez, en un plano de historia comparada. Sólo prosperan a base de la correspondiente actitud del espíritu, pues son, psicológicamente hablando, ficciones inolvidables. También para ellas el problema del perfil del poeta, en cuanto al modo de concebirlo y a su posibilidad de principio, constituye el problema central que sirve, con una conciencia cada vez más clara, de piedra de toque para contrastar, mediante la aplicación más precisa, los conceptos fundamentales que en cada caso entraña la consideración científica. El predominio del retrato individual y su estructura, o el del grupo de poetas o el de la historia general de la literatura, con su trabazón flúida o abrupta de los individuos creadores, son, ya exteriormente, signos bien elocuentes de este estado interior de la ciencia. En la acogida y explicación del tipo de poeta por ella preferido se refleja necesariamente su propia experiencia del mundo.

2

Llamamos aquí *individualismo* a toda consideración literaria en que prevalezca el individuo creador como última instancia de la historiografía. Claro está que las razones de semejante actitud difieren mucho y su enumeración y análisis, así como la oposición que una agrupación de este tipo puede encontrar, señalan con gran claridad el movimiento vital congénito a nuestra ciencia. No casual, sino de una profunda necesidad, es el hecho de que los orígenes de la historia literaria alemana hayan de buscarse precisamente en la descripción individual del poeta. En retratos de poetas salidos de la pluma de poetas. El carácter anónimo del arte de la alta Edad Media, determinado por motivos religiosos, no se ve nunca interrumpido de un modo tan impresionante como, acaso, en aquellos pasajes en que el poeta, que crea a base de amplias conexiones universales, se siente movido a hacer confesiones incidentales sobre las figuras de sus modelos o de sus compañeros, a escribir elogiosas necrologías o (como los últimos *minnesänger*) a trazar listas de nombres inspiradas en una veneración llena de gratitud. El testimonio más famoso de todos es la polémica del octavo canto de *Tristán e Iseo* en la que Godofredo de Estrasburgo se dirige contra Wolfram sin mentarlo y que ocupa una extensión de veinticinco versos. En medio de la labor, por una necesidad defensiva de su estro creador, un esbozo agresivo del antípoda, inspirado en un juicio totalmente subjetivo y preñado de yo: el sentido de este hecho es bien claro. Alienta también en las burlas de Walther contra Reinmar de Hagenau, por quien aquel se sabe observado críticamente y en cuyo honor entona, sin embargo, dos canciones funerarias: "Dêswâr, Reinmâr, dû riuwes mich . . ."

En el libro séptimo de *Poesía y Verdad,* en el que Goethe expone la situación de la literatura alemana tal como se la encontró —"no tanto desde el punto de vista de lo que pudiera ser como en cuanto a la actitud que adoptaba con respecto a mí"—, nos encontramos, ya en las primeras páginas, con esta confesión que el poeta se hace a sí mismo: "Rabener merece ser adorado como santo por todos los hombres alegres, sensatos, que se acomodan de buen grado a las cosas terrenales. De mala gana me desentiendo yo de él . . ." Y por inmensa que sea la distancia que separa a estos dos testimonios, no cabe duda de que tampoco el cuadro, tan bien trazado por Goethe de un estado de la literatura, la filosofía y la teología, empapado, además, de un relato que versa sobre vicisitudes extraordinariamente personales, podría ser considerado, sin incurrir en error, como una exposición objetiva. Todo es llevado por la poderosa corriente del despliegue del genio, y colocado así en su lugar. Por todas partes se deslizan palabras de gratitud y de total repulsa y la única valoración con que nos encontramos es la que se vierte sobre los fenómenos desde el sentimiento vital de un ar-

tista, quien, además, en el momento de hacer esta inspección, no era
ya un participante más, razón por la cual estilizaba en doble medida.
La vida descrita aquí habíase convertido ya en leyenda de sí misma y
sus personas y sus hechos sólo de modo insatisfactorio podían transcribirse con duplicidad en las palabras, a no ser que se escogiesen como
lema: poesía y verdad. "La importancia del hombre no estriba en que
deje algo al morir, sino en que mientras viva influya y disfrute y esti-
mule a otros a influir y disfrutar": esta tesis constituye la clave in-
equívoca de este capítulo trascendental. Define este capítulo el concepto de una constancia viva como un movimiento vital y espiritual en
el que cala Goethe como nadie antes que él. La simple descripción
queda, pese a su maravillosa presentación de la época, fuera del propósito que informa a la obra: la vida total desplegada, con su regalo
y su consumo de fuerzas, con su imbricación de vivencias y de obras,
se basta a sí misma y representa un equilibrio jamás conseguido hasta
entonces entre el individuo y la época. No es la voluntad externa y
racional de crear algo completo, sino el consentimiento irracional del
genio lo que infunde su riqueza a aquella autobiografía.

Este individualismo *creador*, que en sus últimas consecuencias
necesariamente tiene que ser tildado por la ciencia de diletantismo,
viene afirmándose desde la obra de Goethe sobre la ciencia literaria
alemana como una perenne tentación. El propio Goethe había de convertirse, todavía en vida, en el más grande tema, redescubierto una
y otra vez, de esta actividad mitificadora, que tuvo en el romanticismo
su heraldo convencido. La recensión del "maestro" por Federico Schlegel se halla llena de la misma alegre exageración que el busto monumental de Bettina, y la teoría del arte que Guillermo Schlegel ofrece
en sus conferencias berlinesas de 1801-1804, en las que se presenta a
Shakespeare y Cervantes como héroes de la literatura romántica, respira en el *Wunderhorn*[1] que se atreve a ofrecer modernizadas las canciones populares recogidas y seleccionadas por manos de aficionado.
Pero el punto culminante de esta actitud romántica con respecto a
Goethe la constituye, sin duda, la introducción de Tieck a su edición
de las obras completas de Lenzen, publicada en 1828. Es la respuesta
al ensayo titulado "Shakespeare y más Shakespeare", con el que Goethe, con un fuego de paradoja, se manifestó en contra de la labor sha-
kespeariana de aficionado que Tieck venía realizando desde hacía
largos años. En el eco que recibe, su espíritu creador de mitos se
vuelve con frecuencia, después de haber atravesado el medio humano,

[1] *Das Kuaben Wunderhorn*, de Arnim y Brentano, colección romántica de antiguas
baladas y canciones.

contra sí mismo. La nueva reacción de Goethe contra el poeta inglés, tan ensalzado por él en su juventud, dice ahora Tieck, era tan violenta porque le molestaba "que Shakespeare no fuese nunca, en modo alguno, Goethe". Tieck defiende al poeta del *Sturm und Drang* que hay en Goethe contra el héroe de la medida clásica. La división en períodos de su obra creadora, ya intentada por Federico Schlegel, conduce aquí, treinta años más tarde, al desdoblamiento de una figura "clasicista" (en la que "el hombre gana lo que el poeta pierde") y una figura, anterior, de genio de la naturaleza, que no era más que poeta. La una se enfrenta hostilmente con la otra.

Detengámonos un momento en este instante memorable. La tesis de Tieck está impregnada de espíritu poético; no aparece expuesta en un estudio doctrinal, sino en una obra de arte del más alto temple romántico. Un club de amigos (entre ellos el hombre paradójico, el hereje, el devoto, el ortodoxo) se reúne ciertas noches para sostener coloquios que en este momento giran en torno al poeta del *Werther*. Por dos veces se leen las opiniones de miembros ausentes expuestas por carta, alguien pronuncia una alocución y por último pone fin al tumulto de las opiniones el mensaje de un desconocido llevado a la reunión por una persona enmascarada. Esta carta es obra de un espíritu que vive en las nubes, de un hombre que quiere que el pleito se dirima *sub specie aeterni* y que, además, añade a su mensaje una leyenda greco-mitologizante "sobre el joven Wolfgang y los viejos filisteos", que el lector da también a conocer a los reunidos. Nos hallamos ante una de las primeras visiones y, en su parte crítica, indudablemente, ante una de las visiones más importantes del fenómeno total Goethe. Un documento absolutamente personal, gobernado por una tendencia, que ilumina de un modo tan profundo la existencia espiritual de Tieck como la de Goethe. Y si ya la edición de las obras completas de Lenzen y la semblanza que Tieck trazaba del autor en su prólogo iban dirigidas contra Goethe, quien en su *Poesía y Verdad* se había apartado ya de los viejos compañeros, su elogio del *Götz de Berlichingen*, por ejemplo, trasplantaba el gran conflicto que Tieck advertía en el guía, al centro mismo del alma de éste: el poeta del *Tasso* no quería ya prohijar su más bella realización ni los fines de ésta. Pero Tieck, que tenía la conciencia de haber despertado poéticamente gracias a aquellas obras primerizas nutridas por el espíritu de Shakespeare, se remontó de este modo (impulsado por la voluntad de su propia conservación), por sobre el pasado escepticismo, hasta la apoteosis. El tono de un hombre pasionalmente conmovido, que se sentía llamado a hacer una confesión por su participación creadora, vibra a través de toda está estampa extraordinaria del joven Goethe, en la que hasta la forma del lenguaje delata que es el fruto de una emoción poética: "Y así fué cómo el espíritu primaveral de Goethe se abrió paso en el mundo como una fuerza liberadora y renovadora, tan poderosa a fuerza de ternura, que a muchos les pareció una tormenta. Los ríos se desmandaron, mientras los árboles floridos se agitaban bajo el viento, con rapidez tal que arrastraron con ellos terrones y pedazos de tierra, pequeños huertos llenos de hierbajos y hasta algunas casitas de observaciones morales... ¿Dónde tienen Francia, Inglaterra, Italia o España una época que pueda compararse a la maravillosa aparición de un Goethe? ¿Qué nación ha sabido cantar canciones como aquellos maravillosos cantos de nostalgia? ¿Dónde como aquí ha sido liberada la belleza desnuda, como Andrómeda de las cadenas que la ataban a la roca, esperando a que la raptase el monstruo del mar?"

Brota aquí, incontenible, el manantial de la mitología goethiana, que había de grabar en la conciencia de los alemanes, más de una figura de Goethe. De distinto modo que la exégesis científica que hace remontarse al individuo a familias de figuras y a procesos históricos, la plenitud arrolladora del fenómeno único se desdobla al individuo en una pluralidad de exponentes humanos de las fuerzas sobrehumanas, que les envía a la posteridad por separado y hasta enfrentados los unos con los otros. Como obra poética que es, esta confesión revela también necesariamente su rasgo fundamental, creador de imágenes, en su lenguaje, sembrado de metáforas. Y este modo de expresión reaparece en la *Escuela romántica* de Heine, en que el punto de vista poético degenera en el afán de acuñar chistes y frases ingeniosas, en la invectiva personal, pero que, como ejemplo, es, a pesar de todo, bastante elocuente. Heine ensalza a Lessing como el San Juan de la religión racional, cuyo Mesías aguarda todavía el poeta: "Predicó siempre esta religión, aunque por desgracia la predicó no pocas veces completamente solo y en el desierto. Además, no le había sido dado el arte de convertir la piedra en pan..." La historia literaria es "la gran Morgue donde cada cual acude a buscar sus muertos, aquellos a quienes ama o de quienes se siente más afín". Y, al llegar a Voss, esta fabulación de la historia literaria se traduce en el siguiente símil: "Más aún, cuando paro mientes en un Johann Heinrich Voss, con su espíritu polémico y con todo lo que es propio de su carácter, me parece estar viendo al viejo y tuerto Odín en persona, cuando abandona su Asenburg para hacerse maestro de escuela de Ottendorf y enseñar a los blondos muchachos del Holstein las declinaciones latinas y el catecismo de la doctrina cristiana, aprovechando los ratos perdidos en traducir al alemán los poetas griegos y tomando prestado del dios Thor el martillo con qué forjar sus versos, hasta que un buen día, cansado de la fatigosa tarea, le da con el martillo en la cabeza al pobre Fritz Stolberg."

El espíritu poético ha ejercido en todos los tiempos, como una necesidad obvia, el derecho de trazar estos esbozos, unas veces polémicos y otras veces panegíricos. Así, por ejemplo, en aquel pasaje del *Quijote* en que Cervantes pone en boca del cura una crítica de Lope de Vega y de otros escritores contemporáneos suyos; y así también en la primera versión de *Enrique el Verde*, en que el joven Gottfried Keller levanta un monumento vivo a su querido Jean Paul. Entre los autores alemanes contemporáneos, es un hombre enlazado a las viejas tradiciones de la poesía quien ha consagrado toda una obra titulada *Dichter und Dichtung* a hacer una semblanza apasionada de sus modelos y de sus poetas afines, y hasta un genio como el de Knut Hamsun, que guarda un silencio tan inexorable acerca de sí mismo y a quien Strindberg ha ensalzado con la frase de "un cerebro a caballo", el mismo que a la pregunta que algunos grandes periódicos le formularon por telégrafo para saber si tenía en realidad 60 años o 59 telegrafió en respuesta la palabra "Exacto", delata una vez, en tono de paradoja, el imperativo interno a que estos retratos poéticos responden: los relatos caucásicos de viaje titulados *En el país de los cuentos* ofrecen en uno de sus pasajes grandiosas semblanzas de Dostoyevski y Tolstoi, tan elocuentes con respecto al personaje que los retrata como a los personajes retratados y que, según refiere Hamsun, se le revelaron en la sala de lectura de un hotel de Tiflis donde hubo de estarse esperando una hora; estas semblanzas comienzan con las palabras siguientes: "Es tan temprano, me encuentro tan solo y tan dueño de mí en esta pequeña sala y se presta tan bien ésta para una pequeña lucubración, pues es tan grata y tan densa y no tiene siquiera una ventana a la calle que pueda abrirse . . ."

Pero ni el punto de vista folletonista de Heine ni la actitud artística de Tieck fueron tan decisivas para el desarrollo de la ciencia literaria alemana como el deseo de crear una historiografía amplia en cuando a la materia, que se abrió paso poco después de la muerte de Goethe, en relación con las tendencias, tan llenas de destino, del siglo. Los grandes estudios de conjunto de un Koberstein y de un Gervinus constituyen el preludio para un despliegue del empirismo histórico que había de culminar, temáticamente, en el hambre infinita de material de la filología clásica y, teóricamente, en el consecuente positivismo de un Wilhelm Scherer y de su escuela. Para el juicio orientado

en el sentido de la historia del espíritu, la plenitud de estas aspiraciones se funde, como en seguida hemos de razonar, con la actitud fundamental de un realismo exento de crítica, que claro está reviste muchas variantes y al que daremos el nombre de individualismo *simplista.*

3

La obra de Gervinus nació directamente del entusiasmo por la
literatura clásica y de la tendencia político-cultural a convertir ese
entusiasmo en una religión intelectual del pueblo alemán, hundido en
la servidumbre. "Entre nosotros sobre todo —se dice en el prólogo—,
parece haber llegado por fin la hora de hacer comprender a la nación
su valor *presente,* de fortalecer en ella la confianza en sí misma, tan
empequeñecida, de inculcarle al lado del orgullo por sus antiguos
tiempos la alegría del momento presente y la más firme y animosa fe
en el porvenir." La desesperada situación política de nuestro presente
es la culpable de que Gervinus se decida precisamente por la historia
de la poesía. Esta ha llegado con Goethe a una meta capaz de infundir
entusiasmo a cualquiera y que nos deja, por tanto, un legado de exaltación y de enseñanza. Si las cosas estuviesen de otro modo, habría
"considerado más indicado y apremiante el aspecto político, el religioso, el literario general o cualquier otro aspecto de la historia de
nuestro pueblo" y se habría dedicado a estudiarlo. Pero, en la situación que tiene delante, son precisamente Goethe y Schiller los que le
llevan al convencimiento de que el espíritu alemán está llamado a
reinar sobre el mundo. De todos los pueblos, los alemanes han sido
los únicos que han sabido seguir marchando por el empinado camino
hacia la verdadera poesía y que han vivido la más hermosa floración
de la sabiduría y el arte griegos. Después de la Reforma, no cumplieron, sin embargo, con la obligada tarea de relatar de un modo un poco
digno ante la posteridad aquella época eternamente memorable; este
descuido no deberá repetirse.

El *ethos* de estas líneas, cristalinamente claro en cuanto a su origen y a su meta, se revela totalmente como una fe de rango y dignidad
históricos, en la que Gervinus fundamenta su método. Este autor se
manifiesta contrario a esa "forma compendiada tradicional de nuestras historias literarias", en la que ve "un resto de la antigua pedantería, completamente indigno de nuestra cultura". Su obra "no es más
que historia". "Nada tenemos que ver aquí con el enjuiciamiento estético de las cosas", escribe la misma pluma que, llevada de una ilusión

inconmovible, da por terminada la poesía misma con la muerte de Goethe. Es cierto que también en el historiador de las bellas letras hay que dar por supuesto un mínimo de gusto estético ... Más aún: este mismo libro se propone ser "una obra de arte representativo". Como tal, renuncia al propósito de ser completa y su investigación persigue una meta precisa, en vez de 'someter a su examen por igual lo bueno y lo malo", como quiere Grimm. Quien se proponga descubrir y al mismo tiempo proceder de un modo artístico como historiador "deberá plasmar su pequeña creación con arreglo a ciertas leyes interiores". Aquí, vemos que aquel movimiento de retroceso de la ciencia literaria, de que hablábamos, ha llegado al centro de su recorrido pendular: el espíritu creador de una época genial se reparte la tarea para el impulso racional de conocimiento para servir de base a una historia literaria que, por lo demás, profesa abiertamente su designio específico. Y de ello resulta una obra temperamental imperecedera, fruto de una valiente convicción. Este libro se orienta por entero hacia las figuras y las obras singulares, que idealiza y, dentro de los vastos períodos históricos, a destacar las "épocas de florecimiento". La utilización y fundamentación estéticas, mitológicas, lingüísticas, morales y etnológicas de las figuras y los documentos quedan desechadas expresamente. Las figuras y épocas secundarias quedan envueltas en la penumbra. Pero las grandes obras son acontecimientos históricos, los poetas, genios de la actividad y los juicios acerca de ellos repercusiones públicas de vasto alcance. Esta analogía con la historia universal se halla tan íntimamente entrelazada con la actitud individual de Gervinus como su método de sustituir los puntos de vista de filosofía del arte, que le faltan,-por la "comparación" de las grandes obras con otras "afines" a ellas. En esta manera de proceder no se refleja ya el verdadero interés de este hombre, cuya suprema aspiración consistía en dar a los alemanes un nuevo horizonte espiritual. Esta consigna de tipo pedagógico y burgués resuena algo extrañamente como un suave eco del poder mitologizante. Y no tiene nada de extraño que uno de los hombres más descollantes en la poesía de su tiempo, Grillparzer, se manifestase con espontánea reacción y profundo sentido en contra de Gervinus (Escritos póstumos, 1842).

La escuela de Scherer condensa estos supuestos internos de una brillante personalidad, que representa para nosotros toda una época, hasta convertirlos en un método consecuente. Es imposible trazar aquí en detalle la génesis de esta escuela. La entusiasta y voluntaria sumisión de la ciencia literaria a los principios del positivismo, el método y la ideología materialistas de este período incomparablemente activo,

se revela para nosotros en los resultados. Estos vuelven a mostrar el
mayor alejamiento posible del centro de la actitud poética. Los puntos
de vista generales, en la medida en que se los considera, en general,
como necesarios o posibles, se toman de la atmósfera de Gervinus, in-
troduciendo en ellos, a lo sumo, un cambio puramente superficial. El
campo fundamental de investigación es, por tanto, la literatura clásica
con historia previa y posterior. La interminable acumulación de trabajos filológicos sobre temas especiales, dentro de este campo, conduce
a una exaltación tan mecánica como consciente, sobre todo, de la figura goethiana del héroe, hasta culminar en ese fantasma rígido de yeso
de las empresas de la cultura nacional. La ausencia de toda disquisición creadora permite la aplicación de marcos ensanchables a voluntad para la agrupación de las nuevas materias, descubiertas en número
infinito: la monografía, el estudio sobre una época, la historia de conjunto, sólo se distinguen entre sí por notas cuantitativas. Característica
de esta fase es la transformación de la vivencia del tiempo en una sensación de espacio: los fenómenos-guías Goethe, Schiller, Herder, en
unión de todo lo que materialmente los rodea, se cuajan para convertirse en recipientes de material, en sistemas de especialidades cada vez
más detallados y divididos, cuyo armazón lo constituyen los capítulos
principales de la biografía, esquemáticamente articulados (juventud,
madurez, vejez) o simplemente las localidades en que se desarrollan
(Goethe en Wetzlar, Herder en Bückeburg), y además las células, cronológicamente agrupadas, de las distintas obras. El problema de la
existencia entraempírica, del origen metafísico del genio, desaparece
por completo y sólo lleva, en la tácitamente presupuesta sublimidad
de "nuestros héroes-poetas", una pálida existencia sustraída a toda
crítica. Su genial existencia humana se ve desplazada por una trama
complicada y muerta de "influencias" (todo valor espiritual anterior
se muestra tan infalible e irremediablemente eficaz como una droga
guardada en su pomo). El desarrollo orgánico de la figura creadora
se achata para convertirse en una sucesión de libros, su gran forma de
existencia, conllevada en su día por el impulso del hombre demoníaco, se trueca en objeto de un afán de coleccionista alejandrino, incapaz
de advertir que hace ya mucho tiempo que la vida ha huído de esta
cáscara fosilizada.

Sobre esta base surge ese tratamiento "definitivo" y organizado en
gran escala de los materiales de la historia literaria, multiplicados
en proporciones gigantescas, que se ha hecho tristemente célebre bajo
el nombre de biografismo. Las exposiciones de las figuras singulares
truecan las realidades vivas de la plasmación en un evolucionismo

basado, en realidad, en una crasa teleología: por los caminos de una acribia cada vez más sutil, vemos cómo el héroe va convirtiéndose, por cualquier lado que se le mire, en lo que ya de antemano sabemos que es. La búsqueda del detalle biográfico absorbe toda la inteligencia del investigador, y esto hace que no se pare para nada la atención incluso en vivencias mucho más claras, como, por ejemplo, el sublime derrumbamiento del viejo Goethe en la *Elegía de Marienbad*. Se forma todo un sistema de estos planteamientos de problemas hechos de un fetichismo y progresiones simplistas, como, para citar un ejemplo, aquella teoría de la "materia", según la cual el poeta se enfrenta con un número limitado de temas o "motivos" líricos, épicos o dramáticos, entre los que puede escoger con arreglo a su temperamento, a sus dotes, a su cultura, o simplemente al azar; y así, dentro del marco de toda la evolución histórico-literaria, se repite, agrandado como en Gervinus, este aspecto. El propio Scherer desliza como base de ella, en su *Geschichte der deutschen Literatur* ["Historia de la Literatura alemana"], el esquema allí preformado de los períodos de 600 años entre una y otra "época de florecimiento" y pone como supuesto para esta espacialización del caos, cual vago y penoso *leit motiv*, el desarrollo consecuente de un ideal de vida innato al pueblo alemán. La inseguridad interna de su posición intermedia entre idealismo liberal y sociología moderna, resalta una vez más, claramente, en esta actitud adoptada por él ante la individualidad del poeta y de la época. Scherer las acepta sencillamente como formaciones considerablemente robustas, no conoce el escepticismo, fecundo abismo que dificulta y hace parsimoniosos los juicios del espíritu crítico, del psicológico de profundidad. Oscila, más bien, de un modo extraordinariamente notable y despreocupado, entre el principio del aislamiento admirativo y el del cuadro de época nivelador y aborda las figuras en que se apoya el audaz edificio construído por él con ideas que sirven también para otras. Las hace brotar unas veces de la atmósfera literaria y otras del ambiente religioso o filosófico, sin producir jamás la sensación de una alta necesidad ni siquiera la de una consecuencia puramente externa, y entrecruza la acción de esas figuras con las de cada obra, con las de las ideas o figuras poéticas absolutizadas, todo lo cual se traduce en una abigarrada confusión y no, ni mucho menos, en una ordenación histórica. Su actitud vacilante ante el genio creador, o ante la época movida por el destino, son fruto, es cierto, de una viva sensibilidad que ha plasmado los más valiosos capítulos de su rica obra, pero esta cualidad se pierde de un modo funesto en la masa de la producción de la escuela de Scherer.

En ese antagonismo entre la inmensa plétora de materiales y la palidez apenas discutible de las ideas directrices, la ficción se exalta, para nuestra sensibilidad, hasta lo gigantesco. Se refleja en ella la tragedia de una época que se ve colocada en todos los campos de temas de trabajo ante un cúmulo inmenso de material y de nuevos métodos para dominarlo. Desde el punto de vista de otra generación, podemos precisamente adivinar la emoción mañanera que se apoderó de ella, pues nos cuesta comprender cuáles fueron las razones que movieron a aquellos hombres a ocuparse de cosas de poesía, ya que de un modo tan consecuente dejan sin tocar todos los problemas que se nos antojan candentes. También esta constelación era, en realidad, un destino históricamente inmutable, destino que se ha mostrado eficaz en el sentido de que sus más importantes exponentes y sus aportaciones más destacadas se elevan con frecuencia por encima del punto de vista que formularon teóricamente. En lo que se refiere sobre todo al modo de tratar el material, esta época burguesamente clasicista, por muy deficientes que nos parezcan los puntos de vista aplicados, se reviste de la dignidad de una etapa que es inevitable recorrer. La biografía más representativa de la escuela de Scherer es (además de la biografía popular de Goethe por Bielschoksky), la de Lessing, escrita por Erich Schmidt. El saber verdaderamente literario (que sólo posee órganos de una gran pobreza para captar la vida, la "caracterdemonía", los elementos sensoriales) y también la consagración íntegra del autor a la investigación de los hechos y concienzudo esclarecimiento externo de todas las figuras secundarias y antagónicas que entran en juego, por insignificantes que sean, atestiguan de un modo bien elocuente la envergadura de este estudio. Pero, si nos acercamos a la edición crítica de las obras de Kleist, hecha por el mismo autor y leemos los prólogos y las notas biográficas y exegéticas que la acompañan, con la mejor disposición de ánimo por la incalculable labor de haber coleccionado y elaborado críticamente estos "materiales", apenas cabe otra cosa que asombrarse de la distinguida frialdad con que un prestigioso erudito deja escapar la verdad grandiosa de un genio. Este es el lado oscuro del empirismo virtuoso. El mismo que se revela en Richard Maria Werner cuando pone al pie de la famosa primera frase del *Diario* de Hebbel: "Doy comienzo a este cuaderno, no para que me lo agradezca mi futuro biógrafo, a pesar de que mi perspectiva de inmortalidad me asegura que habré de tenerlo", la siguiente nota: "Trátase, manifiestamente, de una ironía y no de la orgullosa certeza de la inmortalidad, como generalmente se piensa." En esta impertinente incomprensión de la personalidad que pugna por realizarse a sí misma viene a desembocar, en la historia literaria, el divorcio llevado a cabo de un modo consecuente entre el principio racional y el principio que trata de captar las formas; ahí es donde se estrella la ficción más funesta de todas: la de no querer someterse a ninguna ficción.

4

El tercer tipo de individualista, entre los que tenemos que catalogar aquí, podríamos definirlo mejor que nada con el nombre de *oposicionista*. Este tipo pertenece predominantemente a los períodos tardíos y marca la eclosión de las fuerzas creadoras de imágenes en reacción contra el simple virtuosismo empirista, que acaba por girar en el vacío, y significa un renovado acercamiento a la actitud artística en sí misma. Este individualista de la oposición, que guarda aristocráticamente las distancias y adopta una actitud autocráticamente negativa, se enfrenta al achatado biografismo popular, y lo mismo que éste aislaba la figura creadora por impotencia o enajenamiento espiritual, él la aísla por un saber pasionalmente acentuado en torno a su carácter único e inderivable. También sucumbe a la ley de la leyenda, pero no brota ésta de la fantasía inevitable de los poetas coetáneos, sino de la mirada retrospectiva del epígono, desintegrado de la "masa" (incluso la de los investigadores).

Las lecciones de Hermann Grimm sobre Goethe marcan el punto culminante de esta monográfica que adopta no pocas veces una actitud conscientemente diletante y de hostilidad contra el gremio de los investigadores. Su tendencia a lo heroico hace que produzca casi exclusivamente el retrato individual, llamado en todo caso a producir sensación, sobre todo, fuera del campo de la ciencia oficial. El yerno de Bettina y de Achim von Arnim nutrió su conciencia de sí mismo de esta actitud de hombre al margen y de esta rivalidad con el especialista del tipo de Düntzer y, por otra parte, del hecho de proceder directamente de la atmósfera vital de Goethe y del romanticismo. Cuando los tiempos buscan lo filológico y lo histórico, este hombre se hace fuerte en la visión. Como Schopenhauer y Nietzsche, desprecia el pragmatismo de la historia y sustituye su quimera de una sucesión obbligada por una categoría transversal, en la que se ha suprimido el tiempo empírico: la coexistencia de los héroes de la humanidad existentes fuera del tiempo. Si Nietzsche confesaba "que los grandes momentos en la lucha de los individuos forman una cadena, que en ellos se une a través de los siglos la cordillera de la humanidad; que para mí lo más grande de cada uno de estos momentos incorporados al remoto pasado sigue viviendo, luminoso y grande", Grimm coloca a Goethe entre los Dante, Miguel Angel y Rafael y ensalza su obra creadora como un milagro de suyo inmutable. No son ya los rasgos biográficos de su figura, sino las creaciones de su fantasía las que aparecen con vida propia bajo la luz de las candilejas. Su hijo primogénito es Fausto, que al nacer ha robado a los hermanos que vendrían después la suprema energía vital, razón por la cual éstos revelan todos una serie de defectos y debilidades, al contrario que sus hermanas, las creaciones femeninas. El mundo vecino de las artes plásticas absorbe mucho antes de los *Conceptos fundamentales* de Wölfflin la terminología y el método de este retrato entregado a la visión, para el que dan la pauta el Renacimiento y un helenismo visto con criterio clasicista. El propio Goethe creador entra ya en vida, gracias a Italia, en los dominios del mito gigantesco, para equilibrar de esta manera el peso de sus creaciones.

El rasgo no gremial del libro de Grimm anticipa a un Chamberlain, su tendencia a convertir el genio en mito apunta ya a la obra de un Friedrich Gundolf, que en los últimos tiempos de la ciencia literaria reasume bajo una figuración nueva esta tradición. De nuevo encontramos en él la proximidad viva de un maestro amado tras la aventura osada y herética: la figura de Stefan George. Como en Grimm, es la diáfana voluntad de sustraer el genio al tiempo y de consagrarlo solemnemente, voluntad ostensible entre otras cosas, por ejemplo, en las poesías votivas del *Séptimo Anillo,* lo que crea aquí el retrato. La diferencia entre las "vivencias culturales" del héroe y sus "vivencias primigenias", impugnable de suyo, acentúa de un modo vigoroso el abismo que separa este método de la manera biográfica de la honrada nivelación y esfumación, que tampoco en la fórmula schereriana de lo vivido, lo aprendido y lo heredado utilizaba una medida de profundidades, sino simplemente un sistema de coordenadas superficiales. "Con el despertar de la ciencia histórica, propiamente dicha, del 'sentido histórico' del especialista, disciplinado por el siglo XIX, queda depreciada la historia como poético mundo de símbolos. Al lado de un Mommsen y de un Ranke, no hay cabida para un Schiller", proclama programáticamente en el capítulo de la *Ifigenia.*

Pero en este caso, la visión creadora de mitos no recae primordialmente, como en Grimm, en la pléyade de figuras de la poesía goethiana, sino, de modo semejante a lo que ocurre con Tieck, sobre el poeta mismo, pero sin que éste se descomponga en una pluralidad de fenómenos independientes. Cierto que también en Gundolf es el poeta algo complejo e integrado, pero sólo para el tercero y penúltimo conocimiento. En "verdad", el poeta representa, con la plétora de sus obras, testimonios y hechos, un cosmos que descansa en sí mismo y cuyos múltiples órganos se hallan al servicio del más íntimo centro de vida y se hallan formados por él, de tal modo que su imagen acabada es la de una esfera hecha de muchas capas. Esta simbólica de la esfera es la herencia antiquísima del pensar esotérico. Aparece en el campo del romanticismo, guardián de las tradiciones místico-ocultistas, en Adam Müller, quien especuló sobre la "forma esférica de la ciencia", en la escolástica medieval, en la visión del mundo profesada por Dante, en Platón y en los presocráticos. El hecho de que Gundolf recurra a ella es ya muy significativo en cuanto al punto de vista en que su obra se coloca. Por lo demás, la estructura externa de su libro no se diferencia fundamentalmente de la forma que Goethe reivindica para su propia existencia en *Poesía y Verdad:* el entrelazamiento cronológicamente ordenado de la vida y las obras, al que es inherente el principio orgánico de la génesis, de la formación y el perfeccionamiento. El "ser" que Gundolf simboliza en la forma esférica no fué caracterizado expresamente por Goethe: este escribía en primera persona y para la necesaria genialidad de ésta el símbolo central del historiador nacido *después* no es más que un sustitutivo o equivalente ... Y también en Gundolf nos encontramos con la significativa actitud artística del lenguaje: una abstracción rica en metáforas que ocupa una posición híbrida entre la intuición y la conceptualidad, y además una solemnidad sacerdotal en la dicción que elimina la terminología de la ciencia profana del culto celebrado con gran unción. Y si a la tendencia miscelánea de la escuela histórica, que pesa en forma considerable, se le hace el duro reproche de que su "abnegada" preparación del material, su renuncia a la exégesis histórico-espiritual equivalen a una tergiversación por medio del silencio, no faltan a la verdad quienes hacen valer frente a Gundolf la reflexión de que sus gestos heroicos viven, en parte, a costa precisamente de aquellos esclavos filológicos que han trabajado para él en la sombra. Esta actitud flota entre dos épocas y oscila, también ella, entre los dos extremos del retrato: la escueta fotografía de los hechos materiales, tal como nos la ofrece, por ejemplo, el *Compendio* de Goedecke, y el autorretrato del genio libremente creador que abarca e interpreta el mundo, que sabe que se encarna en él un fragmento de la historia universal y que, por tanto, lo reproduce allí donde habla de sí mismo.

La deificación de la figura, practicada por Gundolf, ha sido aplicada en estos últimos tiempos, sobre todo, a Hölderlin. El malogrado Norbert v. Hellingrath ha actuado aquí como hieródulo, y lo que sirve de plataforma a la proclamación del nuevo dios no es una monografía, sino la edición de las obras completas del autor, apoyada en textos recientemente descubiertos. En estos volúmenes despierta, ante la solemnidad esotéricamente entonada y la abnegación con que se presentan, el recuerdo de un antiguo servidor del templo de la literatura alemana: Johann Peter Eckermann, de quien habla también Gundolf como conservador de una de las más hermosas estatuas y cuya suerte en la historia de la literatura acierta uno a medir en todo su alcance al advertir en sus conversaciones y en sus diarios de qué modo tan inmenso le persiguió la cabeza de Goethe hasta en los sueños de la última y solitaria época de su vida.

La tradición de estos mitos de poetas —que en Herman Grimm todavía se roza a veces con lo paradógico y que en Gundolf aparece sostenida por la conciencia de sí mismo, mantenida en un aislamiento señorial— produjo su manifiesto teórico en la discutidísima introducción al *Nietzsche* de Ernst Bertram. Esta tradición niega sencillamente —claro está que no es la primera en hacerlo— la posibilidad de un conocimiento objetivo de la historia y disuelve la conexión puramente aparente que presenta la persistencia del pasado en la conciencia de la posteridad en una metamorfosis de dioses, en la que toma parte cada época con su imagen propia de los héroes. La infinitud de la vida que fué sólo puede captarse en la leyenda, nunca en la investigación descriptiva. Sin embargo, cuando Bertram define con el subtítulo de "Ensayo de una mitología" su empresa de continuar conscientemente en la figura de Nietzsche esta tradición creadora de mitos, no cabe duda de que la primera de esas cuatro palabras, "ensayo", trasluce un punto de vista intelectual que permite reconocer claramente los límites en que su libro se encierra. ¡Como si nadie pudiese "ensayar una mitología"! Pero la contradicción interna que aquí se revela tiene un fundamento todavía más profundo en la estructura del espíritu moderno que en las tesis de la teoría del conocimiento que sin vacilar han sido lanzadas contra Bertram. Ningún historiador objetivo podrá negar la existencia ni la eficacia real de estas metamorfosis, y donde menos razón hay para no hacer caso de ellas es en la ciencia literaria, tan directamente relacionada con el conocimiento de las potencias creadoras. Lo que ante todo resulta equívoco y sospechoso es, simplemente, la combinación del comportamiento intelectual con el poético. Tras ella se oculta una ruptura interior, y no cabe duda de que el libro de Bertram tiene una importancia considerable como síntoma de una crisis.

Constituye uno de los méritos decisivos de esta nueva corriente iniciada por Stefan George y Gundolf el haber sabido colocar en el centro de la moderna ciencia literaria el problema del secreto de la individualidad. El esquema muerto de la agrupación del material, tal como era manejado por la escuela positivista, figura desde entonces entre los espectros licenciados de nuestra disciplina. Basábase pura y simplemente en la ausencia de toda especulación en torno a las cosas vivas, explicable y perdonable para otra generación sólo por el vértigo de material en que aquélla se debatió. Y si aquellos períodos trazados en el campo de la biografía y de la historia general no han resultado ser más que construcciones nacidas del desamparo, si incluso el edificio montado por un Gervinus es mantenido en cohesión según se ha reconocido, por el *ethos* de la personalidad que impulsivamente lo creó, en Gundolf y en Bertram nos encontramos con la renuncia consciente a escribir la historia general de la literatura. Lo único posible y lo que estos autores y los que les siguen quieren, es trazar monografías que aparezcan estatuariamente unas junto a otras o, como en la obra primeriza de Gundolf, *Shakespeare und der deutsche Geist* ["Shakespeare y el espíritu alemán"], someter la imagen histórica a la acción de un solo genio, con lo cual las épocas aparecen estilizadas como unidades individuales y los personajes que actúan enfrente, quedan simplificados en una serie de gestos demasiado teatrales y unívocos. No cabe duda de que la fuerza interior y exterior de estas escenas y metamorfosis permanentes resulta extraordinariamente impresionante, y el brillo artístico del tratamiento resulta, a veces, verdaderamente arrebatador. Pero este punto de vista de la valoración aristocrática, que ni siquiera pretende ya captar por igual todos los datos histórico-literarios o biográficos, es incompatible por principio con la posibilidad de una exposición históricamente desarrollada. La nulidad de las bases especulativas, propia de la tendencia histórica, aparece sustituída aquí por una metafísica de las figuras que excluye el autoanálisis, precisamente por ser fruto de una orgullosa reacción. Esta tendencia no admite derivación alguna de métodos de validez universal, ningún juicio de orden psicológico sobre su origen. Se hace pasar por una síntesis inabordable. Sustituye la técnica y la rutina filológicas por el culto del símbolo. Ocupando el lugar central entre estos dos extremos aparece la especulación estético-filosófica.

5

No queremos formular aquí —no es esa nuestra misión— juicios de valor. Cuando decimos que entendemos por ciencia literaria *filosófica*, por oposición a la individualista, aquella tendencia metodológica fundamental que desemboca en la teoría de un intercambio polar entre el individuo y la historia, no queremos decir que eso sea algo mejor o peor, sino qne es, de momento al menos, una etapa históricamente necesaria y, por tanto, al igual que las demás, una fase imperecedera en el proceso de desarrollo del espíritu científico. También ella se ha presentado en todos los tiempos bajo las más diversas modalidades, pues ni en uno ni en otro caso estamos ante un esquema conceptual, sino ante una actitud viva. Su característica más esencial es la pura contemplación. Nada perturba la serenidad de su inmersión investigadora, ni un elemento heroico-personal, ni un elemento político-organizativo, ni un elemento recreador.

Cabe concebir la serie de las imágenes, tan distintas, que la existencia del poeta evoca en la literatura del mundo en que vive y de la posteridad, como repercusiones directas de su personalidad plasmadora. En este caso, el que se dedica a coleccionar y elaborar filológicamente los materiales, se halla, consciente o inconscientemente, con la selección de sus objetos, al servicio de la corriente anónima de la época e incluso al servicio de la moda; el poeta padece influencias o constreñimientos con una alta conciencia (pues también este punto de vista polémico es importante y frecuente); el imitador solemne es un conato de reencarnación, dominado por la voluntad sentimental o heroica de la identificación viva en medio de una época, que nos hace echar de menos la grandeza buscada. Entre todos estos se mueve el tipo con un carácter histórico puramente desarrollado: hace pensar en él el "espíritu" de los fenómenos que estudia. No reasume de un modo humano sus gestos de existencia, pero tampoco puede bastarle el simple tanteo de la materia ya tocada una vez por el genio. Quiere "comprender" lo aparentemente singular, como con sencilla palabra lo llama Dilthey, y ver el curso extraordinario de las cosas a la luz de aquel orden cuya descripción le parece tan vital al hombre que, en verdad, piensa históricamente. Los hechos subordinados y secundarios adquieren aquí una gran significación y no pocas veces rango de cosas verdaderamente valiosas. Pues estos hechos muestran del modo más palpable las características de la condicionalidad temporal y facilitan la reconstrucción de una tradición cuya perfección o superación fué el destino del creador. El alfa y omega de la existencia humana, y mucho más, naturalmente, el de la existencia humana poéticamente exaltada, es, para quienes así piensan, el ser histórico y el hacer historia y sólo se plantea el problema de saber en qué plano han de buscarse las relaciones vitales decisivas: si en el plano de las ideas, en el de las maneras de expresarse, en el de los géneros o en el de la constitución psíquica, social o fisiológica.

De hecho, también aquí alcanzan un desarrollo consecuente todos los puntos de vista posibles, más aún: la comparación, aplicada consecuentemente, conduce a la elaboración de amplios sistemas paralelos, a la tipología. En la sucesión en el tiempo de los planteamientos de problemas, de su enlace progresivo y cambiante y, finalmente, en la exigencia de una vasta síntesis, se refleja, de otra parte, un proceso de madurez de los métodos de investigación. También la monografía posee aquí una tradición importante. Es, no pocas veces, la piedra de toque y la obra maestra de este tipo de consideración, si bien aquí no aparece en quietud estática, sino en forma de flujo y movimiento: su objeto es un punto nodal del devenir y de la acción históricos y se destaca como tal. Pero su verdadero campo es la exposición de evoluciones supraindividuales, y una idea, posible solamente en este terreno, la meta, discutida de vez en cuando y que por ahora no es más que una idea, de una historia literaria sin nombres.

El desarrollo de este método histórico-espiritual se debe, en lo que a la época moderna se refiere, a las especulaciones metafísicas de Hegel, aunque éste sólo en raros casos excepcionales se concentra en temas y problemas de la historia literaria. Partiendo de su sistema abordan los problemas de la ciencia de la poesía, entre otros, D. F. Strauss, Vischer, Rosenkranz, Berger, Kuno Fischer, Danzel, Haym, Hettner y Hehn. El *Herder* y la *Romantische Schule* ["La Escuela romántica"] de Haym, la Historia literaria del siglo XVIII de Hettner, el *Lessing* de Danzel, figuran entre las obras decisivas de este círculo de investigadores, a las que las siguientes generaciones de hegelianos añaden nuevas obras, matizadas sobre todo por la especialización historiográfica. Aquí, el poeta aparece siempre dentro del entronque de una evolución ideal, dialécticamente concebida. La vivencia espiritual es sustantivada y se convierte en el puente que enlaza unas con otras las figuras creadoras. La pugna en torno a la expresión y a la forma queda en los dominios de lo invisible o de lo incierto. Obras y personalidades son exponentes simbólicos de la idea, el juego titánico de curvas de la sistemática hegeliana las recoge en sus zigzagueos como puntos luminosos, como gratas ilustraciones, pero sin que sean capaces de reforzar ni de conmover la validez autónoma de la construcción histórica. La frase que Hegel formula con vistas a la historia general es aplicable también a la literatura, a saber, que "la sucesión de los sistemas de la filosofía en la literatura[1] es la misma que la sucesión que se observa en la derivación lógica de las determinaciones conceptuales de la idea". Por eso las lecciones sobre *Goethe und seine Werke* ["Goethe y sus obras"] publicadas en 1847 por Karl Rosenkranz se dirigían expresamente contra Gervinus, quien no había sabido tratar al poeta "bastante históricamente". Lo que hizo fué enjuiciarlo con arreglo a postulados prácticos, que honraban mucho al entusiasmo patriótico del crítico, pero que le llenaban de prejuicios frente al poeta. Había pasado ya la época de una "valoración estética exotérica" y había llegado, después de tantos y tantos trabajos de índole monográfica, el momento de "conocer a Goethe como un todo y sus diversas obras como las fases sucesivas de su desarrollo". Pero, "hay que decidirse valientemente a ver esta infinita riqueza como una unidad". Para ello es necesario penetrar en la marcha de la historia, en el modo cómo el individuo entra en intercambio con ella y, finalmente, en el "concepto de cada una de las obras", como aquello en que el individuo enajena, exterioriza su individualidad. El "omnipoderoso encanto" de la unidad goethiana residía, según esto, en la síntesis viva de las tres fases históricas (de la historia del espíritu) que el carácter alemán había tenido que recorrer para formarse: en la armonía del paganismo germánico, la cristianización y la cultura helénica.

De esta esfera de acción del espíritu del mundo que despierta al "genio dado por Dios", y no del temperamento políticamente determinado, como en Gervinus, brota el supremo sentido de la empresa histórico-literaria: "No tenemos dinastías reales en que se refleje de un modo general la historia de la nación alemana. En nuestra historia ocupan su lugar los héroes de la inteligencia. Nosotros nos orientamos por un Lutero, un Hutten, un Kepler, un Herder, un Schiller, un Pestalozzi, un Fichte, etc." El discípulo de Hegel se siente llamado, después de exponer la filosofía kantiana y schellingiana, después de un estudio sobre la romántica "poesía híbrida de la filosofía de Schelling" y de una biografía de su maestro, a escribir una monografía histórico-literaria así entendida. El prólogo puesto por él a esta obra desemboca en una profesión de fe político-espiritual en el presente y el porvenir de su nación. El lenguaje empleado por él es realmente

---

[1] *Literatur*, en el sentido bibliográfico. [E.]

abstracto, impulsado a veces por un entusiasmo contagioso. Y estos mismos rasgos reaparecen en la *Geschichte der deutschen Dichtung im Mittelalter* ["Historia de la Poesía alemana en la Edad Media"], del mismo autor. Ya la introducción anuncia al lector, no erudición, sino filosofía. El aspecto exterior del tema, el referente a la materia, queda completamente relegado a segundo plano. Lo que se busca en los distintos poetas y en las distintas obras poéticas es lo "esencial" (desde el punto de vista de la historia de las ideas) y el proceso en conjunto se concibe como un proceso "simbólico". La instancia suprema, aquí, es siempre la idea. Se comprende perfectamente que en una obra como ésta, concebida así, aparezca empequeñecido un fenómeno poético tan inmenso como el que, por ejemplo, representa Shakespeare. Pues su reverso era una "estética de contenido" filistea, un "realismo ideal" que, por captar lo ideal, corría siempre el riesgo de perder de vista la plasmación de la forma y desde cuyo punto de vista un Vischer, procediendo de un modo tan vacuo como atolondrado, sólo buscaba en el artista lo referente al "calibre".

Un ejemplo de este punto de vista filosófico abstracto es, en los tiempos modernos, la obra *Freiheit und Form* "[Libertad y Forma"] de uno de los filósofos salidos de la escuela de Marburgo, Ernst Cassirer. La tensión polar formulada en el título de la obra trata de expresar las dos tendencias elementales de la moderna vida del espíritu alemán, y los poetas figuran entre sus más destacados exponentes. Con un lenguaje estrictamente conceptual —entronque que es necesario subrayar una y otra vez—, el autor va reduciendo su actuación, por orden sucesivo, a cada una de aquellas dos líneas fundamentales. Los poetas son, para él, pensadores y, a continuación del capítulo en que trata de Goethe, inicia, por ejemplo, el estudio de la figura de Schiller con estas palabras: "Una fundamental vivencia teórico-moral y un postulado teórico-moral presiden desde el principio al fin la obra creadora de Schiller. Su misma poesía representa para él solamente una condición y un punto de transición necesario para el cumplimiento de este postulado." Y asimismo construye filosóficamente la transición a Goethe, reduciendo a una antítesis conceptual la coexistencia de estas dos figuras vivas. Así traza sus semblanzas un investigador que no se preocupa para nada de reunir ni de estudiar materiales filológicos y que probablemente jamás se detuvo a examinar de cerca un manuscrito de Schiller. Pues la lucha en torno a la plasmación librada sobre una hoja original de papel, la alegría creadora que vibra entre sus líneas y sus correciones, entre esta trama de letras y de líneas, apenas guarda la menor relación con la idea general, sino que gira siempre en torno a su expresión en el terreno de la forma, y sólo es la clara espiritualización de la totalidad creadora la que preocupa a estas generaciones posteriores.

Pero la gran tradición de la consideración histórico-espiritual no descansa sobre la rama de los hegelianos, que compartieron también en su día el empobrecimiento interior de su época, sino sobre la figura precursora de Wilhelm Dilthey y de sus seguidores. Dilthey, que encarna la unión personal de filosofía y ciencia literaria, que Hegel representó de un modo más bien teórico, y que ha sido, por lo demás, uno de los más grandes prosistas de la literatura científica alemana (lo que explica ya de por sí su íntimo interés por la esencia del hombre poético), se sintió solo en su tiempo, no solamente frente a los manejos editoriales, tan rígidos y pedantescamente bien organizados de la escuela schereriana, sino también frente a los esfuerzos filosóficos, confinados en los eternos planteamientos de problemas, no pocas veces secundarios. Sus obras sólo llegaron a ejercer una influencia profunda y consecuente, como es sabido, en el transcurso de la siguiente generación. Uno de los que por aquel entonces experimentaron esta influencia, Emil Ermatinger, dice acerca de ello (en sus *Krisen und Problemen der neueren deutschen Dichtung* ["Crisis y problemas de la moderna poesía alemana"]: "Cuando hace unos veinte años sobre poco más o menos apareció el libro de Dilthey *Das Erlebnis und die Dichtung* [ed. esp. 'Vida y Poesía'],[1] parecieron respirar todos aquellos que jamás se habían decidido a acuñar su amor por la poesía en forma de hechos sueltos de crítica filológica ni en la investigación de una serie de detalles históricos de carácter externo. Este libro, en sus estudios sobre Lessing, Goethe, Hölderlin y Novalis, nos daba una interpretación espiritual de formaciones espirituales y se concebía el valor artístico como la expresión orgánica de una realidad interiormente vivida y plasmada, no como el reflejo mecánico de una 'realidad' puramente externa. Lo que aquí ocupaba el lugar central de la investigación era el problema de la formación interior del mundo por la personalidad poética y no el estudio de la 'técnica' de la obra creada ni, mucho menos, la fijación de los datos de hecho referentes a la historia externa."

La "Vida de Schleiermacher" [*Leben Schleiermachers*] por Dilthey ostenta como lema las palabras de Goethe a Lavater, tomadas de Spinoza: *Individuum est ineffabile* ["el individuo es inefable"]. Y

---

[1] Estudios sobre Lessing, Goethe, Novalis y Hölderlin. La edición española lleva, además, dos estudios sobre Juan Pablo y Schiller, tomados del libro *Von deutscher Dichtung und musik*. [E.]

en el prólogo a la obra nos encontramos con la siguiente declaración: "La historia de los movimientos espirituales tiene la ventaja de los monumentos, que son veraces. Puede uno equivocarse en lo tocante a sus designios, pero nunca en cuanto al contenido del propio interior, expresado en obras." La verdad de la individualidad, buscada con gravedad tan grande, es de un carácter puramente espiritual. No obstante o precisamente por ello mismo, Dilthey confía en que esa verdad repercuta no sólo sobre el trabajo científico, sino también sobre la vida activa del presente. Para él, la individualidad es asequible en sus obras (y es por esto por lo que los cuatro famosos ensayos de su libro analizan minuciosamente las distintas obras de los autores estudiados) y en el intercambio de su espíritu con las ideas del espacio vital con que se encuentran y en que se desenvuelven. El concepto de la generación, tomado de Ranke, y concebido como un concepto trifásico, le sirve en el *Schleiermacher* y en el *Novalis* para articular de un modo más vivo la trama de las ideas. Un sistema de conexiones de vivencias entrelazadas con la mayor finura asegura el proceso ininterrumpido del espíritu en la historia poética. Los datos decisivos de la biografía externa, las vivencias fundamentales y las formas características del comportamiento espiritual —esta selección se halla presidida por el principio de estructuración de Dilthey y representa una renuncia a la pretensión de ser materialmente completo, aunque comparada su obra con la de Gundolf, contiene, a pesar de todo, una abigarrada plétora de material— se distribuyen artísticamente a lo largo de estos ensayos; unas veces en medio de las partes interpretadoras, otras veces en espontánea sucesión, casi siempre apretadas al principio y al final de los estudios, lo que hace que en las partes intermedias predomine la exposición de los valores puramente espirituales. Reina entre estas partes una armonía completa, pues la poesía misma no es otra cosa que una interpretación de la vida, un órgano para llegar y comprenderla, y la psicología, el medio para derivar su nacimiento de los materiales empíricos del hombre. El método consiste en una descripción magistralmente cuidadosa de las transiciones de los materiales biográficos al contenido de ideas de las obras. Y el *ethos* que guía al investigador, la convicción de una continuidad indestructible y de suyo creadora en la marcha espiritual de la literatura alemana desde el nacimiento de Lessing hasta la muerte de Hegel y Schleiermacher. El ideal evolutivo de la historiografía positivista, ideal concebido de un modo demasiado alegre, gira en redondo hacia lo espiritual y queda demostrado como una realidad interior, por lo menos para el período de un siglo.

Pero el verdadero secreto de Dilthey como expositor es el modo maravilloso y extraordinariamente personal con que conoce los conflictos vitales de los poetas y sus equivalencias en la obra por ellos creada. Dilthey supo mostrar como nadie antes de él en el terreno de la historia del espíritu, que no hace falta, tan sólo, la gran personalidad poética, sino también la gran personalidad receptiva para que puedan darse las premisas de una descripción viva y refulgente. En estos estudios sentó época no sólo la plétora de relaciones de la historia de las ideas psicológicas, sino también la profundidad en que estas relaciones fueron humanamente captadas. Sobre el terreno conquistado así por Dilthey surgieron más tarde obras como la de Rudolf Unger, *Hamann und die Aufklärung* [Hamann y la Ilustración"]. Ya el título indica el entrelazamiento contrapuntístico del individuo con el el medio ambiente espiritual, que también aquí arranca resultados extraordinariamente fecundos a un gigantesco complejo de materiales. Y se comprende, por obra de una consecuencia lógica, que haya sido precisamente este investigador el que últimamente haya establecido el postulado del desarrollo de la historia literaria hasta convertirla en una historia de problemas, después que ya Dilthey había apuntado incidentalmente la posibilidad de una teoría de los motivos. Unger propone tomar como punto de partida de la historiografía primero los problemas elementales de vida (destino, religión, naturaleza, amor, muerte) y los tipos de la actitud poética, es decir, de su plasmación artística, que es posible adoptar frente a ellos. Pero, al llegar aquí se dividen los caminos.

En realidad, este postulado viene a destruir la unidad interna del método diltheyano a favor de su componente filosófico, que como hemos visto, no es el único que la integra y, al mismo tiempo prolonga su posición más débil: el concepto de espíritu manejado por Dilthey. Para nuestra sensibilidad actual, este concepto tiene todavía raíces psicológicas demasiado profundas. Por muy profunda que fuese la vivencia de la individualidad que logró explayar, no entrañaba en último término el significado de una ruptura de princio. Y su ulterior enriquecimiento no nos lleva, indudablemente, a través del nuevo planteamiento del problema por Unger, que por fuerza nos conduciría muy pronto a un vacuo sentimentalismo, sino por otro camino: el del alumbramiento de nuevas y nuevas fuentes vitales de energía de las que la individualidad se nutre en la realidad. Unger fundamenta su postulado con el argumento de que los citados problemas "metafísicos" vivían, por decirlo así, su propia vida en el desarrollo histórico de la poesía "con arreglo a una ley especial y con una consecuencia inmanente de desarrollo tan superior a la consecuencia en el desarrollo de los correspondientes problemas en la vida real como es superior el mundo simbólico del arte con respecto al mundo real en cuanto a concentración, claridad y densidad de sentido. En este hecho reside el fundamento profundo de una historia literaria concebida como historia de los problemas".

El arte es superior a la vida real en cuanto a concentración, claridad y densidad de sentido: la generación más joven acoge en parte con una resuelta negativa y en parte con unas dudas muy serias esta ideología, nuevamente formulada, de la época de la literatura clasicista. Para ella, la salvación parece estar única y exclusivamente en un doble ensanchamiento del plano de salida: de una parte, en la elevación de la psicología diltheyana al plano de una clara metafísica y, de otra parte, en el ensanchamiento progresivo de la base material, tal como hoy se halla en marcha —dicho sea a título de ejemplo— en la teoría de la estirpe o raza de Josef Nadler, aplicada zona por zona, en la aplicación de puntos de vista sociológicos y de historia del estilo y en el esclarecimiento espiritual de unidades culturales remotas (gótico, barroco). Pero como las presentes páginas no se proponen ofrecer un panorama completo de las tendencias hoy existentes, creemos que bastarán las anteriores sugestiones, mantenidas en el terreno de los principios. Unicamente queremos señalar aquí que también estos principios modernos se hallan, naturalmente, expuestos al peligro de la idolatría, del dogmatismo tiránico. Este peligro ha llegado incluso a agudizarse en ciertos aspectos, con lo que viene a demostrarse una vez más, a nuestro modo de ver, que también la historia de la ciencia literaria avanza a través de extremos provocados por una ineluctable necesidad. Y por muy seguros que nosotros estemos de que sólo la síntesis de todos los puntos de vista imaginables puede conducirnos a un procedimiento capaz de justificar un optimismo verdadero, es lo cierto que sólo nos encontramos con muy pocos conatos en que esta unificación viva cobre perfiles de realidad y que, en rigor, la tal síntesis sigue viviendo como postulado en la existencia separada de los problemas que tienen que empezar por desarrollarse antes de estar dispuestos a un enlace conyugal. Pues en última instancia, el cuadro de la investigación contemporánea no sólo abarca, como problemas actuales, estos nuevos teoremas híbridos, sino también los de las generaciones anteriores, que tan alegremente se habían dado ya por descartados.

6

Resumamos y concretemos, a la vista de todo lo que dejamos expuesto, la situación en que hoy se encuentra el historiador literario que trata de trazar el perfil del poeta desde el punto de vista histórico-espiritual. Dos posibilidades se le ofrecen desde el primer momento de su empresa para que escoja entre ellas, posibilidades ambas que le revelan como fecundas una plétora de precedentes de la historia de su disciplina: "puede" intentar cumplir su cometido tomando como punto de partida las obras o el poeta mismo. Si hace lo primero se hundirá ya desde sus primeros pasos en el laberinto de las conexiones de desarrollo de la historia del espíritu y de las formas; en el segundo caso, se enredará entre los conceptos de individualidad, creación, desarrollo, yo trascendental. Allí le amenazará con arrastrarle a lo inaprehensible la unidad de la figura genial, aquí el misterio de las creaciones plasmadas. Es evidente que el punto de vista que va imponiéndose de un caso en otro (y que, en realidad, jamás se obtiene por la libre opción) se halla condicionado también por el tema mismo. La selección del tema es al mismo tiempo, por lo menos en las obras de cierto rango, la selección del método. Una monografía sobre Grimmelshausen no tendrá más remedio que orientarse hacia la interpretación de la obra, por la escasez de detalles biográficos. Emil Ermatinger ha seguido este camino en el *Simplizissimus,* después que en su elaboración del *Gottfried Keller* de Baechtold nos había ofrecido una combinación de biografía externa e interpretación basada en la historia del espíritu y en la estética, preparada por los trabajos preliminares de varias generaciones, y en su obra *Deutsche Lyrik seit Herder* ["La Lírica alemana desde Herder"] la ruta de un género a través de la historia de las ideas. Y la obra *Barock und Rokoko in der deutschen Dichtung* ["El barroco y el rococó en la poesía alemana"], del mismo autor, es la monografía de una época de la historia del espíritu en la que las individualidades poéticas aparecen solamente como exponentes de una evolución espiritual.

El *Balzac* de E. R. Curtius es, asimismo, una monografía sistemáticamente orientada, cuyos distintos capítulos ("Magia", "Sociedad", "Religión", etc.) conducen por caminos histórico-espirituales cada vez nuevos a la problemática del poeta, versando al mismo tiempo, cada vez, sobre sus obras representativas. No cabe duda de que también este método se ofrecerá más bien al final que al comienzo de los esfuerzos científicos en torno a un poeta, de que presupone, por lo menos, un trabajo filológico intensivo con respecto a él, trabajo que el verdadero historiador del espíritu deberá superar, pero nunca soslayar. El hecho de que este método, con todo su alcance y su fecundidad, ocupe el punto central del interés habla mucho en favor de la solidez de las bases de "material" que han sido legadas a la actual generación de investigadores por la generación anterior, que abordaba el problema en el terreno filológico. Los casos en que aquella generación anterior no se ha ocupado ya de esclarecer las premisas de un legado poético importante en lo referente a la crítica de textos y a la biografía, son hoy una excepción. Y cuando se dan estos casos, se reconoce en seguida la condicionalidad metodológica de las obras de ciencia literaria, que siguen siempre, respondiendo a leyes internas, a la poesía absoluta. En la ciencia, son necesarias ante todo las biografías históricamente orientadas, como receptáculo para los documentos referentes a cada poeta. Pero, aun sin éstos, es la biografía lo primero que se escribe, sin perder nunca el carácter de un preludio en que no se hace otra cosa que esbozar las ideas.

El estado actual de las investigaciones en torno a la figura y la obra de Gotthelf se presta bastante bien para ilustrar estos hechos. Ciertas circunstancias especiales —su íntimo apego a un dialecto y a un círculo de cultura difícilmente asequibles y además la concepción tan desamparada como engañosa del "escritor popular"— han hecho que uno de los mayores genios de la poesía alemana quedase casi escondido entre las sombras del desconocimiento de lo que realmente fué. La obra que nuestra época tiene que realizar en cuanto a este poeta consiste, ante todo, en la pura elaboración de los materiales existentes, tarea cuyas dificultades rayan en lo inmenso y que requiere solamente para sí una voluntad infatigable de investigación —la de Rudolf Hunziker—. Los materiales biográficos se hallan expuestos en los estudios de Manuel, Muret y Hunziker, estudios que denotan un gran celo coleccionista y una dosis grande de cariño y buena voluntad, pero que sólo muy lentamente van acercándose a la fase del conocimiento profundo, y en el aparato de la edición crítica de las obras completas, tardíamente organizado. Las cartas y los diarios aún no han sido editados definitivamente y una parte de ellos sólo pueden consultarse todavía en sus manuscritos. El juicio estético, aun el de los biógrafos mencionados, se halla dominado todavía por las famosas notas críticas con las que, va ya para cien años, el joven Gottfried Keller se resistía a una impresión artística arrolladora y a su enemigo político jurado...; en una palabra: un Adolf Bartel, que hace varias décadas, en un libro político tendencioso colocaba a Gotthelf dentro de la poesía, sigue siendo todavía hoy un nombre estimable en esta bibliografía. No faltan tampoco artículos y alusiones dispersos que en su lugar esbozan una silueta bastante respetable de Gotthelf. Pero para que el juicio general en torno a este poeta cambie será necesario que se escriba una amplia monografía sobre él.

Ahora bien, ¿servirá de base a esta necesaria monografía la cronología biográfica? Esto impediría el esclarecimiento histórico-espiritual a que ante todo se aspira. ¿O será solamente una interpretación de las obras? También aquí se halla la materia biográfica, contra lo que la gente suele creer, cargada de energías de origen metafísico. ¿Acaso el carácter de estas obras poéticas deberá derivarse por medio de una historia evolutiva o por una historia racial? [1] Esto será, ciertamente, necesario, pero no el único método eficaz para hacer resaltar dignamente el único poder de la personalidad que se manifiesta precisamente aquí de un modo decisivo. No en vano se trata, en realidad, de liberar al poeta y su obra de ese fardo de mezquina probidad que sobre ellos pesa. Sólo la combinación de todos estos puntos de vista y la aplicación de otros que se derivan directamente del contacto con Gotthelf y de la posición que este poeta ocupa en la conciencia de la posteridad puede conducirnos a la meta. En realidad, toda potencia creadora impone una nueva modificación y fusión de los métodos y dependerá siempre del carácter, la duración y la intensidad de los efectos de ello derivados el tipo de combinación que deba considerarse inevitable. Por lo demás, parece que, dada la popularidad de que este poeta llegó a gozar todavía en vida, debiera ser muy fácil seguir aquella serie de imágenes que de él quedaron en el espíritu de sus contemporáneos. El rebelde social, el hombre que se dedicaba a coleccionar y valorar curiosos datos de folklore, el agrio conversador, el agitador político, el hereje teológico, el cantor de la patria, el diletante literario, el genio de pocos conocido y ensalzado luego preferentemente como el Shakespeare o el Homero de la aldea, son las siluetas que figuran preferentemente en esta galería, trazadas por los que tuvieron todavía ocasión de ver al poeta cara a cara. Pero su verdadera faz queda muy oculta debajo de estas proyecciones sueltas, casi innumerables, que el propio Gotthelf, cuando le salían al paso, acogía en silencio o con contestaciones que necesitaban, a su vez, una explicación de los iniciados. No es este el sitio adecuado para enumerar las complicaciones que entorpecen

---

[1] *Stammergeschichte Staum*, quiere decir linaje, estirpe, tribu. En este caso se refiere a un grupo "popular" dentro de la nación alemana, por ejemplo, los sajones, los prusianos. [E.]

además esta tarea. Baste saber que el tema Gotthelf reserva a los investigadores uno de los más grandes y difíciles problemas, un caos de obras y repercusiones, de tergiversaciones de los textos y de falsos juicios de sus lectores, todo lo cual representa un verdadero punto focal para la aplicación de los métodos modernos. Para llegar a resolver este difícil problema será necesario proceder a una amplia investigación de las conexiones políticas, etnológicas, literarias e histórico-espirituales —que afectan a la historia del espíritu, pero no menos importante el llegar a conocer todo lo referente a la grandeza elemental de la capacidad de expresión artística y la fuerza demoníaca del carácter que se revelan en Bitzius.

El camino para llegar a la profunda comprensión de un legado literario tan completo como éste pasa, indudablemente, a través del símbolo. En un caso como éste, la más profunda preocupación del que trata de captar el perfil del poeta tiene que ser, necesariamente, buscar en las obras y en los documentos biográficos aquellos valores que no sólo satisfagan las necesidades específicas del lector más arriba enumeradas, sino que tengan además una validez general innegable por lo que se refiere al carácter del hombre y al procedimiento del artista. Esta obra de síntesis de los materiales biográficos para deducir de ellos esenciales contenidos espirituales y humanos era lo que se proponía ya Dilthey. Pero su actitud "psicológico-real" [1] sólo coincide en parte con la nuestra, que, saltando por encima de lo psicológico, mira filosóficamente a las conexiones metafísicas, que en la personalidad poética se imponen a la discusión más que en ningún otro caso. En lo que se refiere, por ejemplo, a Gotthelf, estas conexiones se hallan ya insoslayablemente implícitas en su condición de sacerdote. Más aún, el concepto mismo de poesía se convierte para nosotros, a la vista de todo talento verdaderamente genial y de los "defectos" que jamás faltan en él, en un problema envuelto bajo un ropaje tan nuevo, que ni siquiera la estética clasicista del siglo transcurrido nos permite esperar un esclarecimiento completo. De entonces acá, el horizonte empírico se ha ensanchado hasta adquirir proporciones casi inmensas.

La anécdota (ta anékdota: originariamente los escritos de un autor deliberadamente inéditos, recatados; más tarde, las frases o los casos vividos transmitidos por tradición puramente oral, pasados por alto por los historiadores o no considerados dignos de ser tenidos en cuenta) es, en el campo biográfico, el verdadero exponente de lo sim-

---

[1] Se refiere a la "psicología real" concreta propugnada por Dilthey frente a la "psicología formal" corriente. Porque la psicología pretende ser "comprensiva" por el método y "real", concreta por el contenido. *Vid.* El ensayo sobre Novalis. [E.]

bólico. Atestigua, aunque de un modo débil y generalmente visto por los ojos de terceras personas, la fuerza legendaria o mítica de la personalidad. Reproduce simplemente el carácter, no la acción histórica del héroe. Pero se halla empapada de esa elevada necesidad que enlaza la obra con la individualidad y tiende el puente entre ésta y aquélla. Dentro de las obras, deberá destacarse el grupo de los símbolos fundamentales formados por la suprema energía del poeta mismo y que se repiten una y otra vez, a través de diversos cambios, como expresión permanente de su manera de sentir el mundo. Se sienta así las bases para una biografía simbólica a la que es inherente un interés igualmente candente por los materiales que por las ideas y que se halla a salvo del peligro de degenerar en una mera compilación, o, a la inversa, de mistificar su tema. Ni se verá tampoco obligada a añadir a sus capítulos uno dedicado a estudiar "El poeta en su vida privada" o "La concepción del mundo del poeta", como suelen hacerlo las obras de la escuela histórica, pues se las arreglará sin necesidad de ello para descubrir, en todo, el simbolismo implícito en el material ofrecido por la tradición. Tendrá —caso rarísimo— el sentimiento de la dignidad, el sentido de las contradicciones que anidan en todo hombre vivo, que no es nunca una unidad rígida, sino una mezcla de luces y sombras, de vigor y debilidad. Considerará la idealización como un gran mal, como el verdadero peligro mortal para su retrato del poeta. Aspirará a trazar por medio de un realismo simbólico la "historia de un alma", como la que un Kleist escribió de sí mismo, considerándola como indispensable para la compresión de sus obras, mientras que Dilthey, por su parte, la concebía más bien como la historia de un espíritu.

Querer entenderlo todo es, en la ciencia, el criterio del diletantismo. La historia de la biografía está más que llena de ejemplos de los funestos resultados a que conduce este falso principio. En todas las épocas ha conducido a empresas en las que principios metódicos de relativa validez son llevados al absurdo o, por lo menos, violentados. La poesía y el arte en general no son un campo de materiales, un sector de las actividades científicas como otro cualquiera, sino una complexión espiritual, una de aquellas actitudes fundamentales con que el hombre se enfrenta a su existencia y entre las que encontramos, por ejemplo, la actitud del amante, del hombre activo, del hombre pensante, etc. Su conocimiento no es materia de psicología, pues en su mundo no hay dentro ni fuera, antes ni después, no existe ninguna clase de causalidad. Con la personalidad del poeta no se nos ofrece ningún caso particular de lo humano, sino la existencia misma en una de sus formas de manifestación eternas. De aquí que todo intento de reducirla a una fórmula psicológica, sociológica o filosófica no dé nunca en el blanco del más íntimo secreto, de la verdadera preocupación existencial del hombre-poeta. Tiene un valor incalculable saber, con Josef Nadler, de qué reino de la tierra y de la sangre surgieron un Schiller, un Brentano, pero esta sorprendente y a veces maravillosa diferenciación del viejo determinismo se detiene siempre un poco más acá del lugar de nacimiento de la labor creadora. Y a pesar de las sutiles distinciones a que lleva la tipificación aplicada por Fritz Strich al contenido estilístico de los clásicos y los románticos alemanes, esta operación se deriva *a posteriori* de la literatura. En todo esto andan siempre, bajo capa, la arrogancia de la escuela de Comte y de su "savoir pour prévoir" y la Hybris de Hegel, empeñadas en trasplantar al terreno del alma todas las leyes de la lógica. Jamás conducirán a una comprensión profunda ninguno de los esfuerzos que se hagan en torno a la esencia del poeta y que pugnen por encajar a la fuerza sus manifestaciones en reglas de carácter lógico o empírico, en vez de comprenderlo de por sí como algo incalculable. Esa esencia puede hallarse y necesariamente tiene que hallarse adherida de un modo profundo a las condicionalidades de raza, de estilo, de lengua, de nación y de otras potencias colectivas, pero estas adherencias sólo adquieren su significación plena cuando se trata de fenómenos secundarios. Cuando estos puntos de vista predominen en la exposición estamos ante una funesta idolatría de conceptos que espantará a la sombra difícilmente captable del alma genial en el momento mismo de conjurarla.

Tenemos, pues, que el problema de la historia y de la posibilidad fundamental de una caracterización científico-literario del poeta acaba ofreciendo el espectáculo de un irreductible antagonismo. La tarea misma implica que no se pueda eliminar, en última instancia, todo factor subjetivo pues que se trata de lograr una intensidad viva en la caracterización. Estos retratos son, a su vez, desde el punto de vista de la historia del espíritu, los puntos culminantes de los efectos alcanzados por el poeta entre sus contemporáneos y ante la posteridad. Podrá discutirse si esto es mucho o es poco, pero no cabe duda de que se discute, en este terreno, acerca del sentido de la ciencia literaria como tal. Y del mismo modo que no nos es posible aislar la actividad creadora de la comunidad de vida dentro de la cual ha nacido ni atribuirle una existencia independiente de la trayectoria histórica general, no estamos tampoco en condiciones de considerar como un ente puramente individual, desligado del entronque vital que domina centralmente a todo creador, a quien la investiga científicamente. La visión de la gran personalidad (incluyendo la gran personalidad investigadora) y el problema de su representación (y del modo de representarla) se disuelve íntegramente, para nosotros, en ese exaltado movimiento primario de todo lo vivo, en un torbellino de fuerzas absorbentes y al propio tiempo repelentes.

Ahora bien, el movimiento sólo puede trasladarse al plano de la imagen estable recurriendo al símbolo. Dicho en otros términos, el individuo es infinito en cuanto a sus dotes y a sus manifestaciones, razón por la cual no puede ser captado por medio de conceptos. Su tangible existencia particular no es más que una ilusión, ilusión que precisamente no comparte la personalidad adornada de dotes creadoras. Lo que hay en ella de duradero y de vinculatorio es, por el contrario, la unidad de la plasmación formal. Es ella la que hace que el genio descuelle sobre la muchedumbre de las gentes oscuras, la conexión supraconceptual gracias a la cual la figura de un Goethe, por ejemplo, se mueve como un sol a través de las mudanzas de épocas de la cultura, de tal modo que llegamos a ver en éstas, épocas de su propia existencia en el tiempo. Jamás podrá razonarse por la vía de la causación cómo el poeta anacreóntico de Leipzig llegó a escribir el *Götz de Berlichingen* y cómo el autor de esta obra pudo crear más tarde la *Ifigenia*. El aislamiento del héroe equivale aquí a la negación del inmenso aflujo de sustancia y fuerza que recibe "desde fuera", y el pragmatismo al desconocimiento de la energía individual también inmensa que ha sabido asimilarse y transformar este alimento. Pero el proceso vital que aquí se desarrolla no es simplemente este proceso doble que señalamos, sino un proceso infinitamente más variado y complejo. Y este proceso se transforma, además, en una potencia superior, en la impenetrable irracionalidad, a través de la continua metamorfosis que sufren todas las fuerzas en él interesadas. De este modo, el creador es como una hoguera que flota ardiendo en un océano agitado. Su rumbo humano e ideal apenas si puede determinarse unívocamente para algunos momentos, que no son, por lo demás, los decisivos, sino que es la resultante de un juego de fuerzas que es imposible calcular de modo racional. En este punto, la simple suma de movimientos sustancialmente distintos entre sí sirve de tan poco como el concentrar la atención en una sola de las miles y miles de vibraciones que crean esa vida.

Es el destino de la ciencia literaria, digámoslo una vez más, el verse arrastrada por la tormenta de todas estas corrientes, cuando se abandona, sin punto de apoyo alguno, al objeto de su conocimiento.

Cuanto más finos sean sus órganos para captar lo que hay de irracional en el hombre creador, con mayor rapidez se verá apartada, por el momento, de la segura orilla de los conceptos, de la que originariamente partió. Cuanto mayor sea la profundidad con que investigue las relaciones de vida de una gran figura, más se entregará, al mismo tiempo, al tumulto de los talentos menores, a la luz de los cuales es más fácil reconocer los fines y los límites de la época. Por este camino, la *Literaturgeschichte der deutschen Stämme und Landschften* ["Historia literaria de los pueblos y regiones alemanes"] de Josef Nadler se aparta irrevocablemente de la oligarquía de las deidades-poetas, tal como la defiende Gundolf, para perderse entre la algarabía de los escribientes y acercar el oído al estrépito de la literatura general y descubrir a través de ella la tónica fundamental, innata e imperativa, de cada época. Esta tendencia a alejarse del terreno de la historia de las ideas para caer en la concepción "geopolítica" constituye también una reacción, llamada por lo demás, por su unilateralidad misma, a realizar descubrimientos de un tipo especial y vinculada indiscutiblemente a un temperamento individual, como sin duda percibe todo lector de la citada obra. La articulación poco firme y puramente externa entre las personalidades, característica de las historias literarias del siglo XIX es sustituída aquí, sin duda, por una conexión inmanente. Las distintas figuras de poetas (que, a largos trechos, aparecen, cierto es, como una simple acumulación de títulos y nombres) aparecen coordinadas sobre un plano de examen, pero este plano no es ya, si bien se mira, el plano de la poesía. La pugna artística queda al margen de los virtuosos cortes transversales y longitudinales que el autor practica a través de la historia de la cultura y sólo suministra, en sus resultados, la materia prima para una investigación psicológico-cultural que se desarrolla del lado de acá de la poesía. El entusiasmo, aquí, no se vierte sobre el poeta individual ni sobre la obra individual de por sí, sino sobre la tesis histórico-constructiva como tal. Las realizaciones o las figuras sólo aparecen iluminadas por mitades o en parte, a veces puramente pespunteadas, por la luz del conocimiento, que emana en este caso de las perspectivas históricas. La individualidad se hunde hasta casi desaparecer en una procesión de paisajes y de siglos contemplada a vista de pájaro. Pero lo que hay de notable en esto es el hecho de que el autor no muestra a la poesía y a los poetas relativizados a través de una dialéctica conceptualmente asimilada, sino por medio de una inmensa acumulación de materiales histórico-literarios y de referencias de carácter material. Y en ello, sin embargo, reside probablemente la garantía de que el principio en que se basan las investigaciones de Sauer y Nadler no se halla adherido como, un vampiro medroso de la luz a las obras eminentemente personales de sus creadores, sino que es perfectamente susceptible de desarrollarse y ser puesto a contribución para llegar a la síntesis de los puntos de partida.

La obra de Nadler representa un producto extraño en medio del panorama general de la moderna ciencia literaria, y no solamente por lo que a su método se refiere. Casi tan asombrosa como eso es la impresión que produce en nosotros su decisión de exponer la historia literaria en su conjunto, decisión que nos parece, en nuestra época, una herencia de los tiempos pasados. Con ello queda dicho que lo que hoy ocupa el centro del interés de los investigadores no es esta misión de carácter extensivo-monumental. La monografía, la exposición de determinadas épocas del estilo, la historia y la sistemática de los diversos géneros fueron, en realidad, los temas preferentes de las décadas anteriores, en marcada oposición a la época de la doctrina positivista, que aparte de las grandes obras de los jefes, produjo multitud de historias literarias para uso de los hogares burgueses. Las valoraciones de aquellos manuales de popularización, rápidamente desenmascaradas como nulas, se alzan todavía hoy con su triste y pobre melancolía en el horizonte del pasado. Desde entonces, las sugestiones decisivas han partido casi sin excepción de las obras encuadradas dentro de marcos especiales. Pero en cuanto al presente, puede afirmarse que, en sus trabajos esenciales, la historia literaria se orienta casi exclusivamente hacia la monografía. La actual generación ha perdido, en una medida considerable, la fe en el sentido de una exposición de conjunto. En vez de eso, lucha con figuras y con problemas que en aquella época de las historias universales aparecen señalados casi siempre como lagunas. Desde el final de la primera guerra, esa evolución ha cristalizado en un estado de cosas innegable. Esto no quiere decir, otra cosa sino que la discusión de los conceptos fundamentales de la ciencia literaria, desarrollada también a lo largo de una densa serie de investigaciones sistemáticas, está reclamando la mayor atención. Pues en estos últimos tiempos se han sentado las bases metódicas principalmente en el campo de la descripción singular (tanto de individuos como de la época), de tal modo que la coincidencia de monografías y de estudios fundamentales acerca de los fines y los métodos de la ciencia literaria no se debe, como antes, al puro azar.

El predominio de la caracterización individual se halla más bien bajo la dependencia directa de aquella introspección metódica. En un intercambio fecundo, los "retratistas" unas veces y otras los "teóricos", han enriquecido durante los últimos decenios los conceptos fundamentales de la biografía en una medida que no ha sido alcanzada ni de lejos en el terreno de la historiografía macroscópica. La moderna evolución de la filosofía hacia la psicología, hacia el psicoanálisis y hacia el renacimiento de la metafísica es, sin ningún género de duda, lo que sirve de base a este estado de cosas. La concepción de la individualidad creadora se ha convertido así en el eje de la especulación y ha experimentado un ahondamiento preñado de consecuencias, con lo que no hace más que aumentar de un modo constante las resistencias interiores contra quienes piden que vuelva a escribirse la historia general de la literatura alemana. Para nosotros, está demostrado que las grandes concepciones de esta clase, sobre todo las obras de Scherer y Gervinus, surgieron de un propósito político-cultural e institucional fuertemente acusado. A tono con la tendencia espiritual de sus autores, éstos procuraban poner de manifiesto la grandeza de la tradición poetica por medio de un gigantesco desfile triunfal de figuras ideales de la literatura alemana. En nuestra época, esta tendencia no prevalece ya. Hoy, la ciencia literaria no tiende ya a expanderse a lo ancho, sino que pugna con todas sus fuerzas y con una gran pasión por calar a lo hondo y se halla en condiciones de sumirse en las figuras geniales sin reservas y sin miradas laterales a los fenómenos estilísticos sueltos, ya que cree poder descubrir y penetrar en ellas los secretos de la forma literaria.

La riqueza histórico-espiritual que sabe alumbrar por este camino nos hace olvidar casi la idea de una exposición de tipo general. Tal vez haya perdido, con el interés por ello, la capacidad para la solución de este problema, lleno de exigencias en lo que a la materia se refiere. Por ejemplo, ve las figuras de un Goethe, de un Hölderlin, de un Kleist o de un Jean Paul, para no citar otras, sujetas a un cambio tan importante, que apenas siente la necesidad de articularlas ya hoy dentro del panorama de conjunto de una historia literaria. Por el contrario, el estudio de sus cambios seculares viene a sustituir al examen del desarrollo histórico general con la muchedumbre de sus figuras secundarias, e infunde a la investigación el *ethos* de su actividad plena de sentido, que los autores anteriores sacaban de su resolución de trazar cuadros panorámicos representativos. Se manifiesta aquí una nueva pasión de estudio de los grandes valores individuales de la tradición, que deriva su fuerza precisamente de la conciencia de la relatividad del individuo. Las tesis de la *Teoría de los colores:* "En nuestros días apenas si ofrece ya duda el que la historia universal necesita volver a escribirse de tiempo en tiempo. Pero esta necesidad no nace del hecho de haberse redescubierto muchas cosas ya escritas, sino de la aparición de nuevos criterios, pues el hombre que vive en una época progresiva se ve llevado a puntos de vista desde los cuales cabe contemplar y enjuiciar de un modo nuevo el pasado"; estas tesis describen muy bien el sentido profundo de la situación actual. Podría muy bien ocurrir que el viraje hacia la monografía fuese el preludio más o menos próximo de un nuevo movimiento de preferencia por la historia general de la literatura. Pero, si así fuere, podemos estar seguros ya hoy de que ese movimiento partiría de premisas incalculablemente distintas de las que lo impulsaron en el siglo xix. Sin embargo, todavía la monografía dista mucho de haber suministrado ya todos los bloques sillares para la construcción de semejante gigantesco edificio.

Estas afirmaciones requieren, no obstante, otra interpretación más. Apuntan hacia una coordinación interior de los esfuerzos científicos con la vida de nuestra época, que la actual investigación tiene como una de sus misiones esenciales conocer y plasmar de un modo fructífero. La literatura y con ella la ciencia literaria, poseen en esta coordinación con la vida histórica de la propia época su más noble tradición, olvidada solamente en períodos de degeneración o de ausencia de destino. Por donde la pugna de la moderna ciencia literaria en torno a los problemas de plasmación de la biografía es también un exponente de la lucha que gira alrededor del nuevo sentido que debe darse a la existencia humana, lucha que hoy sacude a la humanidad europea tras catástrofes políticas y económicas casi indescriptibles. La fe en la dignidad del individuo, el problema del carácter de los vínculos que le unen a la imagen suprapersonal de la sociedad, la duda en cuanto al sentido de una actuación idealmente determinada y en cuanto a la posibilidad de una existencia creadora: en estas fórmulas y otras parecidas se encierra la problemática del hombre contemporáneo, ante cuyos ojos se han derrumbado o se ven diariamente amenazadas de ruina las normas decisivas de la vida pública y privada que guiaron al pasado siglo.

Para una generación como la nuestra, la gran aspiración no está en el despliegue de una ostentosa tradición encaminada a mostrar una grandeza interior y exterior, sino en el contacto solitario y callado con las grandes personalidades, alentado por un ansia devota de conocimiento y de estímulos espirituales. Aquí y no en el ruidoso y embrollado tumulto de la historia general, donde no es posible sumirse sin reservas en la individualidad, es donde cabe alcanzar la reflexión y el adoctrinamiento de que tanto necesita el agotado ser humano, y además el progreso interiormente fecundo de la ciencia. Y en el cambio de métodos que es también característico de esta situación se repite un fenómeno de la moderna historia del espíritu, fenómeno que no agita solamente a extensos territorios vecinos de la ciencia, sino también al arte de nuestro tiempo. El fenómeno a que nos referimos nace del profundo cambio operado en el sentimiento universal, que se halla todavía en marcha y que, por tanto, no puede ser encerrado aún en una fórmula definitiva. Sin embargo, puede asegurarse que la reacción contra el realismo no crítico de la historiografía, la decadencia de las construcciones macroscópicas, la pugna por encontrar nuevas categorías encaminadas a la captación de la personalidad son cosas entrelazadas del modo más íntimo con la transformación de la manera de ver y de crear que han llevado también a las artes de nuestro tiempo a romper con la tradición. Los orígenes de esta tradición se remontan al Renacimiento y al humanismo. El mundo concebido como un laberinto de perspectivas, como un campo de batalla en que se debaten los demonios tiempo y espacio, devorándolo todo, parece hundirse en el abismo de lo que fué. Aquí y allá, surge de este tumulto de formaciones que caducan y que nacen, bajo una nueva forma, el antiguo e inescrutable enigma de siempre: el hombre dotado de alma y revestido también, como todo lo demás, de una faz cambiante, la cual, por el momento, sólo figura todavía entre los vislumbres de la esperanza, sin formar parte aún del patrimonio inalienable de un mundo profundamente conmovido.

VIII

C. G. JUNG

PSICOLOGIA Y POESIA

No CABE la menor duda de que la psicología —como ciencia que es de los fenómenos del alma— puede ser puesta en relación con la ciencia literaria. El alma es la madre y el recipiente de todas las ciencias al igual que de todas las obras de arte. Por eso la ciencia del alma tiene que hallarse en condiciones de poner de manifiesto y explicar, de una parte, la estructura psicológica de la obra de arte y, de otra parte, las condiciones psicológicas del hombre artísticamente creador. Son dos problemas de naturaleza fundamentalmente distinta: en el primer caso, se trata de un producto "intencionalmente" creado de actividades anímicas complicadas; en el segundo, de algo que afecta al mismo aparato anímico. En el primer caso, el objeto del análisis y de la interpretación psicológicos es la obra de arte definida y concreta; en el segundo, el hombre vivo y creador en su forma individualísima de una personalidad determinada. Y, a pesar de que entre estos dos objetos de investigación existe la relación más íntima y una interdependencia indisoluble, no es posible explicar el uno por el otro. Cabe, indudablemente, sacar conclusiones de uno de estos dos problemas para el otro, pero estas conclusiones no son nunca definitivas. Son simplemente, en el mejor de los casos, probabilidades u ojeadas más o menos felices. La relación especial en que Goethe se hallaba con respecto a su madre nos permite, evidentemente, encontrar un sentido especial a las palabras de Fausto, cuando dice: "Madre . . . madre, ¡qué maravillosamente suena esto!" Pero, por mucho que nos esforcemos, no conseguiremos jamás llegar a comprender cómo la vinculación de Goethe a su madre pudiera llegar a engendrar precisamente el *Fausto*, a pesar de que un vislumbre profundo nos dice que en el hombre Goethe se dió de algún modo esta relación. Y, a la inversa, partiendo del *Anillo de los Nibelungos* jamás podremos llegar a conocer ni a derivar indefectiblemente el hecho de que Wagner pudo tener aficiones al disfraz femenino, aunque hay, indudablemente, ciertos caminos secretos que conducen de lo heroico de los nibelungos a lo que había de enfermizamente femenino en el hombre Wagner.

El estado actual de la ciencia psicológica —que es, dicho sea incidentalmente, la más joven de todas las ciencias— no nos permite, en modo alguno, establecer en este campo ninguna clase de conexiones causales estrictas, cosa que en rigor debiera poder hacer la psicología, como tal ciencia. La psicología sólo puede poner de manifiesto causalidades seguras en el campo de los semipsicológicos instintos y reflejos. Pero, allí donde comienza la verdadera vida del alma, es decir, en el campo de los complejos, tiene que contentarse con trazar prolijas pinturas de los acaecimientos e imágenes coloreadas de las maravillosas y sobrehumanas tramas artísticas, renunciando a presentar como "necesario" ni un solo proceso. Si no fuese así, si la psicología pudiera poner de manifiesto en la obra de arte y en la creación artística causalidades seguras, se caería por tierra, carente de base, toda la ciencia del arte, para convertirse en uno de los campos especiales de la psicología. Y, a pesar de que ésta no ha renunciado nunca del todo a su pretensión de investigar y descubrir la causalidad de los fenómenos complejos, pues ello equivaldría a renunciar a su propia existencia, jamás conseguirá cumplir esta misión, pues el factor creador irracional, que es precisamente en el campo del arte donde se manifiesta con mayor claridad, se burla y se burlará siempre, en último resultado, de todos los esfuerzos del raciocinio. Las simples derivaciones podrán ser explicadas causalmente, pero lo creador, es decir, la antinomia absoluta de lo derivado, jamás llegará a revelarse al conocimiento del hombre. Sólo podremos describirlo en sus manifestaciones externas; podremos presumirlo, vislumbrarlo pero nunca captarlo. Esto hace que la ciencia del arte y la psicología tengan que atenerse la una a la otra, sin que el principio de la una pueda llegar a anular el de la otra. El principio de la psicología consiste en presentar los fenómenos psíquicos dados como algo derivable; el principio de la ciencia del arte, en considerar lo psíquico como algo que, sencillamente, es, ya se trate de la obra de arte o del mismo artista. Y ambos principios son valederos, a pesar de su relatividad.

PARTE I

LA OBRA DE ARTE

El punto de vista psicológico frente a la obra de arte literario es, en el plano de los principios, distinto del punto de vista de la ciencia literaria. Los valores y las significaciones decisivos para ésta pueden ser, por decirlo así, indiferentes para aquélla; más aún, obras literarias de valor altamente dudoso pueden ser y son no pocas veces extraordinariamente interesantes para el psicólogo. La llamada novela psicológica, por ejemplo, no ofrece para el psicólogo, ni con mucho, el interés que el punto de vista literario espera de ella. La novela psicológica, considerada como un todo sustantivo e independientemente, se explica a sí misma, es, por decirlo así, su propia psicología, que el psicólogo, a lo sumo, no tiene más que completar o criticar, sin que con ello se conteste, evidentemente, al problema más importante de todos, a saber: por qué este autor ha escrito precisamente esta novela. Pero de este problema sólo nos ocuparemos en la segunda parte de este ensayo.

A la inversa, la novela no psicológica brinda, en general, mejores posibilidades psicológicas, puesto que en ella la intención no psicológica del autor no se adelanta a trazar una psicología determinada de sus personajes, con lo cual no sólo deja margen al análisis y a la interpretación, sino que los ayuda ya por medio de la descripción. Buenos ejemplos de esto los tenemos en las novelas de Benoît y en las *fiction stories* de los ingleses por el estilo de las de Rider Haggard, que a través de Conan Doyle han conducido a ese producto literario de masas tan gustado que son las novelas policíacas. Podríamos citar también aquí la más grande de las novelas norteamericanas, el *Moby Dick,* de Melville.

La descripción tensa de los hechos en que aparentemente se renuncia en absoluto a las explicaciones psicológicas es precisamente la que mayor interés ofrece para el psicólogo, pues aquí todo el relato se desarrolla ante un fondo psicológico indefinido, el cual se destaca ante la mirada crítica con tanta mayor pureza cuanta menos conciencia tenga el autor de que está allí. Por el contrario, en la novela psicológica el propio autor se esfuerza en elevar la materia prima anímica de su obra de arte del campo del mero acaecer al plano de las disquisiciones y las explicaciones psicológicas, con lo que no pocas veces oscurece hasta lo invisible el fondo anímico sobre el cual se desarrolla su obra. Es precisamente a las novelas de este tipo a las que el profano acude a buscar "psicología", cuando son en realidad las novelas del primer tipo las únicas que pueden brindarnos una psicología, en el sentido profundo de la palabra.

Y lo que aquí digo de la novela es un principio psicológico que rebasa considerablemente los linderos de esta forma específica de la obra de arte literaria. Este principio se hace valer también en la poesía y en *Fausto* establece una línea divisoria entre la primera parte y la segunda. La tragedia de amor se explica por sí misma; en cambio, la segunda parte exige un trabajo de interpretación. A la primera parte no podría el psicólogo añadir nada que no hubiese dicho ya el poeta mejor que pudiera hacerlo él; por el contrario, la segunda parte del *Fausto*, con su enorme fenomenología, ha devorado hasta tal punto la fuerza plasmadora del poeta, que no hay en ella nada que se explique por sí mismo, sino que cada verso apela a la capacidad de interpretación del lector. El *Fausto* es, indudablemente, la obra que mejor ilustra los dos extremos de la obra de arte literario desde el punto de vista psicológico.

Para mayor claridad, llamaré a uno el tipo *psicológico* y a otro el tipo *visionario* de creación. El tipo psicológico tiene como materia un contenido que se mueve dentro de la riqueza de la conciencia humana, es decir, una experiencia de la vida, una emoción fuerte, una vida pasional, el destino del hombre en general, algo conocido de la conciencia humana o que, por lo menos, pueda llegar a sentir ésta. Esta materia ha sido asimilada por el alma del poeta, se ha remontado de la vida cotidiana a las alturas de su vivencia y aparece plasmada de modo que su expresión lleve claramente a la conciencia del lector o del auditorio, con gran fuerza de convicción, algo que es de por sí corriente, sentido de modo confuso o penoso, y que, por lo mismo, es esquivado o pasa inadvertido. La materia prima de estas obras de creación procede de la esfera del hombre, de la cadena eterna de sus dolores y alegrías, es un contenido de la conciencia humana, que la creación poética se encarga de aclarar y transfigurar. ¿O acaso tiene el psicólogo que detenerse a explicar por qué Fausto se enamora de Margarita o por qué Margarita comete un infanticidio? No, pues esto es un destino humano, repetido millones de veces hasta la espantosa monotonía de los estrados judiciales y del articulado del código penal; no hay en ello nada oscuro, todo se explica por sí mismo.

Es esta la línea en que se mueven innumerables productos literarios, la novela de amor, de ambiente, de familia, la novela policíaca y la novela social, la poesía didáctica, la mayoría de los poemas líricos, la tragedia y la comedia. Cualquiera que su forma artística sea, los contenidos de la creación artística proceden siempre del vasto campo de la experiencia humana consciente, del primer plano de las más fuertes vivencias. Por eso precisamente llamo a este modo de creación artística modo "psicológico", porque se mueve siempre dentro de los linderos de lo psicológicamente captable y comprensible. Desde la vivencia hasta la plasmación todo lo esencial transcurre en el campo de una psicología patentizable. Ni siquiera la materia prima irracional de la vivencia encierra nada de extraño: por el contrario, es lo primariamente conocido: la pasión y su suerte, el destino y los sufrimientos que acarrea, la naturaleza eterna, sus bellezas y sus horrores.

El abismo que se abre entre la primera y la segunda parte del *Fausto* separa también el modo *psicológico* de creación artística del modo *visionario*. Al llegar a este género de creación, todo se invierte: la materia o la vivencia que sirve de contenido a la plasmación no es nada conocido, es una entidad extraña, de naturaleza recóndita, como surgida de los abismos de tiempos prehumanos, o de mundos sobrehumanos de luz o de sombra, una protovivencia ante la que la naturaleza humana casi sucumbe por debilidad y perplejidad. El valor y la pujanza residen, aquí, en el carácter monstruoso de la vivencia, que brota como algo extraño y frío de simas situadas fuera del tiempo; una vivencia que cabrillea, de tipo demoníaco-grotesco, que rompe los moldes de los valores humanos y de las formas bellas, el ovillo espantosamente risible del eterno caos, un *crimen lesae majestatis humanae*, para decirlo con las palabras de Nietzsche. El aspecto desconcertante de estos sucesos poderosos y absurdos, que rebasa por todas partes las posibilidades del sentimiento y la inteligencia del hombre, plantea a la creación artística exigencias bien distintas que aquellas otras vivencias de primer plano. Estas no desgarran nunca el telón cósmico, no hacen saltar nunca los límites de lo humanamente posible, razón por la cual, por mucho que conmuevan al individuo, encajan sumisamente dentro de las formas de plasmación artística del hombre. En cambio, aquellas otras no desgarran de arriba abajo el telón en que aparecen pintadas las imágenes del cosmos y permiten mirar a través hacia las profundidades insondables de lo que no ha cuajado, hacia otro mundo? ¿O nos permiten asomarnos a las tenebrosidades del espíritu? ¿Acaso, a los orígenes de épocas prehumanas? ¿O al futuro de estirpes no nacidas? Son éstas preguntas a las que no es posible contestar en sentido afirmativo ni en sentido negativo.

> Formación, transformación.
> Eterno entretenimiento del sentido eterno.

Esta visión primaria es la que nos transmiten el pastor de Hermas, el Dante, la segunda parte del *Fausto*, la vivencia dionisíaca de Nietzsche, el *Anillo de los Nibelungos* de Wagner, la *Primavera olímpica* de Spitteler, los poemas de William Blake, la *Ipnerotomachia* del fraile Francesco Colonna, los balbuceos filosófico-poéticos de Jakob Boehme. Aunque en forma más limitada y más concisa, esta vivencia forma el contenido esencial de las creaciones de Rider Haggard, en la medida en que sus obras se agrupan en torno a "She" y de las de Benoît (principalmente *La Atlántida*), Kubin *(El otro lado)*, Meyrinck (principalmente el *Rostro verde*, obra que no debe ser desdeñada), Goetz *(El reino sin espacio)*, Barlach *(El día muerto)*, etc.

Cuando estamos ante la materia del modo psicológico de creación artística, no necesitamos preguntarnos nunca en qué consiste o qué es lo que significa. Pero aquí, ante la vivencia visionaria, surge inmediatamente esta pregunta. Hacen falta comentarios y explicaciones, siente uno asombro, admiración, desconcierto, desconfianza o, algo peor aún, asco. No se oye aquí resonar nada que le recuerde a uno la vida cotidiana del hombre, todo es sueños, pesadillas nocturnas y vislumbres angustiosos de tinieblas anímicas. La gran mayoría del público rechaza estas materias, a menos que no provoquen groseras sensaciones, y hasta el especialista literario se siente no pocas veces visiblemente perplejo ante ellas. Es cierto que el Dante y Wagner le facilitan algo la tarea, puesto que en el primero la visión primigenia, la protovisión aparece vestida con el ropaje de los sucesos históricos y en el segundo con el de los acaecimientos míticos, razón por la cual puede fácilmente confundirse con una "materia". Pero la dinámica y el sentido profundo no residen, tanto en uno como en otro caso, ni en el material histórico ni en el material mítico, sino en la visión germinal trasmitida a través de ellos. Incluso en Rider Haggard, a quien se le considera en general y de un modo disculpable como autor de *fiction stories*, el *yarn* no pasa de ser un medio, empleado con exceso, indudablemente, para captar un contenido significante, que es el que importa por encima de todo.

En riguroso contraste con lo que ocurre cuando se trata de la materia de la creación psicológica, los orígenes de la materia visionaria aparecen envueltos en el más profundo misterio, misterio del que a menudo nos inclinaríamos a pensar que no ha sido indeliberado. En efecto, se siente uno naturalmente propenso —sobre todo hoy, bajo la influencia de la psicología freudiana— a suponer que detrás de toda esta oscuridad espectral tiene que haber necesariamente vivencias personales a base de las cuales sería posible tal vez explicar la extraña visión del caos y con ayuda de las cuales podría tal vez comprenderse por qué a veces parece como si el poeta se empeñase en envolver los orígenes de sus vivencias en un manto todavía más misterioso. No hay más que un paso de esta tendencia explicativa a la sospecha de que se trata de productos enfermizos, neuróticos, paso que no aparece del todo injustificado en cuanto que la materia visionaria presenta siempre elementos peculiares que se observan también en las fantasías de los enfermos mentales. Y, a la inversa, los productos psicopáticos revelan con frecuencia una gravidez de significado que, fuera de estos casos, sólo se encuentra en el genio. Poro eso, el psicólogo que se oriente hacia Freud se sentirá, naturalmente, inclinado a enfocar todo el fenómeno desde el punto de vista de la patología y a considerar las extrañas figuras de estas vivencias primarias como figuras sustitutivas e intentos de ocultación, partiendo del supuesto de que a lo que yo llamo "visión primaria" *(Urvisión)*, le ha precedido una caracterizada por la nota de la "incompatibilidad"; es decir, podríamos conjeturar que el acontecimiento en cuestión fué, por ejemplo, una experiencia amorosa de un carácter moral o estético incompatible con la personalidad en su conjunto o, por lo menos, con la ficción de la conciencia, razón por la cual el yo del poeta se esfuerza en reprimir y hacer invisible ("inconsciente") la vivencia como un todo o, cuando menos, sus partes esenciales. Para ello, moviliza todo el arsenal de una fantasía patológica, y como este empeño representa una empresa supletoria poco satisfactoria, se ve obligado a repetirlo en series de figuraciones casi interminables. De este modo podríamos explicarnos la multitud abigarrada y frondosa de figuras monstruosas, demoníacas, grotescas y perversas: de una parte, como sustitutivo de la vivencia "no aceptada"; de otra, encaminada a encubrirla.

Y aunque, en rigor, este fragmento de psicología forma ya parte de la psicología personal del poeta, razón por la cual debiera tratarse en la segunda parte de este ensayo, no había más remedio que hacer mención de este problema aquí, puesto que esta concepción ha impresionado bastante y representa, además, el único intento teórico que se ha hecho para explicar "científicamente" la génesis del material visionario y, con él, la psicología de esta clase peculiar de obras de arte.

Partiendo de aquí, definiré mi propio punto de vista, advirtiendo que éste se halla mucho menos difundido y es mucho menos comprendido que esta concepción que acabo de esbozar.

La reducción de la vivencia visionaria a una experiencia personal convierte esta vivencia en algo poco genuino, en un simple "sustitutivo". Con ello, el contenido visionario pierde su carácter radical, primigenio, la "visión primaria" se convierte en un *síntoma* y el caos degenera en una simple perturbación anímica. La explicación retorna, tranquilizada, dentro de los linderos del cosmos bien ordenado, del que la razón práctica jamás ha esperado la perfección. Sus inevitables imperfecciones son otras tantas anomalías y enfermedades, que se dan siempre por supuestas también como partes de la naturaleza humana. La visión desconcertante de simas situadas más allá de lo humano se revela como una simple ilusión y el poeta como un engañador engañado. Su protovivencia era algo "humano, demasiado humano", hasta tal punto, que él mismo no podía encararse con ella y tenía que ocultárselo a sí mismo.

Es conveniente ver claramente estas consecuencias indeclinables de la *reducción a lo personal*, pues de otro modo no nos daremos cuenta hacia dónde tiende este tipo de explicación: tiende, en efecto, a desviar el problema de la psicología de la obra de arte para llevarlo al campo de la psicología personal del poeta. Y no puede negarse la existencia de esta psicología personal. Pero también existe aquélla y no se la puede dar de lado pura y simplemente con un *tour de passe-passe*. Aquí, no nos interesa saber para qué le sirve al poeta la obra de arte, si es para él una acrobacia, un encubrimiento, un padecer o un hacer. Nuestra misión, aquí, es analizar psicológicamente la obra de arte, y para ello es necesario que tomemos su materia, su vivencia primaria tan en serio como en el caso de la creación psicológica de arte, en que a nadie se le ocurre dudar de la realidad y seriedad de la vivencia primaria. Claro está que en este caso resulta mucho más difícil aclimatar la fe necesaria para ello, pues todo parece hacer creer que la vivencia primaria del visionario es algo que no puede llegar a darse en modo alguno dentro de la experiencia general. Es algo que recuerda tan fatalmente la metafísica oscura, que la razón sensata cree inútil ir por ese camino. Y llega, inevitablemente, a la conclusión de que esta clase de cosas no pueden ser tomadas en serio, pues de otro modo el mundo volvería a verse sumido en las sombras de la superstición. Quien no tenga una disposición "ocultista", interpretará necesariamente la vivencia visionaria como una "rica fantasía", un "capricho poético", en una palabra, como una "licencia poética" psicológica. Y ciertos poetas dan, por su parte, alas a esta interpretación, al guardar una prudencial distancia entre ellos y su obra, como Spitteler, por ejemplo, cuando dice que en vez de llamar a su obra *Primavera olímpica*, habría podido escribir también: "Ha llegado el mes de mayo". Lo que ocurre es que también los poetas son hombres, y lo que un poeta dice acerca de su obra no siempre es, ni mucho menos, lo mejor que puede decirse acerca de ella. Se trata ni más ni menos que de nuestra obligación de defender la seriedad de una vivencia primaria aun contra la resistencia personal de su propio autor.

El pastor de Hermas, como la *Divina Comedia* o como el *Fausto*, se halla empapado de los acordes que siguen o acompañan a una primera experiencia amorosa; más aún, ésta aparece coronada y consu-

mada por medio de la vivencia visionaria. Y no tenemos ninguna razón
para pensar que la vivencia normal de la primera parte del *Fausto* se
halle negada o encubierta en la segunda, mucho menos para creer que
Goethe, cuando escribió la primera parte de esta obra, se hallaba en
estado normal y cuando redactó la segunda en estado neurótico. En
la gran cadena de nombres Hermas —Dante— Goethe, cadena que
abarca casi dos milenios, nos encontramos con la gran coincidencia de
que la experiencia amorosa personal aparece abiertamente situada, no
ya en el mismo plano que la gran vivencia de la visión, sino incluso
supeditada a ella. Es un testimonio extraordinariamente significativo,
pues demuestra que (prescindiendo de la psicología personal del poeta), dentro de la obra de arte la visión representa una vivencia más
profunda y más fuerte que la pasión humana. Por lo que se refiere
a la obra de arte (la cual no debe confundirse nunca con la persona
del poeta), es indudable que la visión es una auténtica vivencia primaria, digan lo que quieran acerca de ello los razonadores. No es nada
derivado, secundario o sintomático, sino *un símbolo real, a saber: la*
expresión de una entidad desconocida. La visión es, al igual que la
experiencia amorosa, una vivencia real de un hecho real. No nos com-
pete averiguar que si su objeto es de carácter físico, anímico o metafísico. Lo que nos interesa saber es que se trata de una *realidad psí-*
quica, realidad que tiene el mismo rango que la física. La vivencia
de una pasión humana se halla dentro de los linderos de la conciencia,
el objeto de la visión, en cambio, cae fuera de ellos. El sentimiento nos hace vivir cosas conocidas; el vislumbre *(Ahnung),* en cambio,
nos revela cosas desconocidas y ocultas, cosas que por naturaleza son
recónditas, y si alguna vez se tiene conciencia de ellas se ocultan y dis-
frazan intencionadamente; por eso aparecen envueltas desde tiempos
inmemoriales en un velo de misterio, zozobra y engaño. Estas cosas
se ocultan al hombre y éste se esconde con deisidemonia ante ellas,
cubriéndose con el escudo de la ciencia y con la armadura de la razón.
El cosmos es su fe cotidiana, llamada a protegerle de las pesadillas
angustiosas del caos: "ilustración" por miedo a la fe de la noche. ¿Habría que reconocer acaso la existencia de fuerzas vivas y activas más
allá del mundo cotidiano del hombre? ¿Necesidades y peligrosas in-
evitabilidades? ¿Cosas más intencionadas que los electrones? ¿Nos
haremos la ilusión de poseer y dominar nuestra alma, mientras que lo
que la ciencia llama "psique" y concibe como un signo de interrogación arbitrariamente encerrado bajo la bóveda craneana es, en realidad, una puerta abierta por la que a veces entran a nuestros dominios
cosas misteriosas y desazonadoras procedentes de otro mundo que no

es el de los hombres y, entre las sombras de la noche, arrancan a los hombres de su mundo humano para llevarlos a los dominios de lo suprapersonal? Incluso parece como si la experiencia amorosa no sirviese, a veces, más que para desencadenar la visión y como si lo humano-personal fuese, simplemente, el preludio de la verdadera y esencial, "divina comedia".

No son las obras de arte de este tipo las únicas que nacen del reino de la noche; de él proceden también las palabras de los videntes y los profetas, de los caudillos y de los iluminados. Además, esta esfera de las sombras, por misteriosa que nos parezca, no es nada ignorado, sino algo que se conoce desde tiempo inmemorial y a lo largo del mundo. Para el hombre primitivo, esta esfera es parte integrante y evidente de su imagen del universo; lo que ocurre es que nosotros la hemos eliminado por miedo a la superstición y a lo metafísico, para construir un mundo consciente seguro y fácilmente manejable, en el que las leyes naturales rigen como en un estado organizado por el hombre. Pero el poeta ve a veces las figuras que viven en este mundo tenebroso, los espíritus, los demonios y los dioses, el misterioso entrelazamiento del destino humano con los designios sobrehumanos y esas cosas no comprensibles que ocurren en el pleroma, atisba a veces algo de aquel mundo psíquico que es el terror del hombre primitivo y del bárbaro.

Ya en los primerísimos comienzos de la sociedad humana descubrimos las huellas de los esfuerzos anímicos hechos por el hombre para encontrar las formas que sirvan de carril a lo oscuramente vislumbrado. Hasta en aquellos antiquísimos dibujos prehistóricos del paleolítico rodesio, al lado de reproducciones de animales apegadas a la naturaleza, encontramos un signo abstracto, una cruz de ocho aspas inscrita en un círculo que ha emigrado, por decirlo así, a través de todas las culturas y que todavía hoy descubrimos, no sólo en las iglesias cristianas, sino también en los claustros tibetanos. Esta llamada rueda solar, que data de una época en que aún no se conocía la rueda, ni mucho menos, no tiene su origen en ninguna experiencia exterior, sino que es un símbolo de algo psíquico, de una experiencia interior, reproducido tal vez con la misma fidelidad natural que el famoso rinoceronte con sus pájaros-garrapatas. No existe ninguna cultura primitiva que no posea un sistema, a veces desarrolladísimo, de ciencia oculta, una doctrina de las cosas misteriosas que quedan más allá del día humano y que vienen siendo objeto de incansables investigaciones desde tiempo inmemorial. Las ligas de varones, los clanes totémicos, custodian esta ciencia, que se transmite solamente a los iniciados. La Antigüedad hacía lo mismo en sus misterios, y su rica mitología no es más que una reliquia de las primitivas fases de esta experiencia.

Es absolutamente lógico que el poeta recurra de nuevo a las figuras mitológicas (o, por lo menos, a la pseudohistoria) para encontrar la expresión adecuada a su vivencia. Nada sería más falso que el afirmar que el poeta crea utilizando una materia ya muerta; lo que hace, por el contrario, es crear a base de una vivencia primaria cuyo carácter oscuro requiere la figura mitológica y que, por tanto, busca afanosamente lo afín a ella para poder expresarse. La vivencia primaria es algo que carece de palabra y de imagen, pues es una visión "en el espejo oscuro". Lo único que puede expresarse es el poderoso vislumbre. Es como un remolino de viento que se apodera de cuanto encuentra a su paso, lo levanta y cobra así forma visible. Y como la expresión no logra nunca la plenitud de lo visto ni agota jamás su infinitud, el poeta necesita de un material casi inmenso para poder expresar nada más que aproximadamente lo atisbado por él. Y necesita servirse, además, de una expresión reacia y contradictoria para poder abrir paso, aproximadamente también, a la paradoja inquietante de su visión. El Dante extiende su vivencia entre todas las imágenes del infierno, del purgatorio y del cielo, Goethe tiene que recurrir a las rocas del Harz y al averno de Grecia, Wagner echa mano de toda la mitología nórdica, Nietzsche apela al estilo sacral y al legendario vidente de los tiempos prehistóricos, Blake inventa figuras indescriptibles y Spitteler utiliza nombres antiguos para designar formas nuevas. Sin que se eche de menos aquí ninguno de los grados de la escala, desde lo inconcebiblemente sublime hasta lo perversamente grotesco.

Para entender la índole de este fenómeno abigarrado, la psicología apenas si puede aportar más que terminología y material comparativo. Lo que aparece en la visión es lo *inconsciente colectivo*, o sea la estructura peculiar de las condiciones psíquicas previas de la conciencia, transmitidas por herencia a través de las generaciones. Según la ley fundamental filogenética, la estructura psíquica tiene necesariamente que ostentar los rasgos característicos de las series de antepasados, ni más ni menos que la estructura física. Así ocurre también, en efecto, con lo inconsciente: en los eclipses de la conciencia, por ejemplo en el sueño. en el estado de anestesia o de embriaguez, en el estado de perturbación de las facultades mentales, etc., salen a la superficie productos o contenidos psíquicos que presentan todas las características de los estados de ánimo del hombre primitivo y hasta los contenidos representativos son de tipo primitivo, como si se tratase de fragmentos de viejas ciencias ocultas. Se presentan también, en estos estados, numerosos motivos mitológicos, aunque expresados en lenguaje moderno. Pero lo importante y lo verdaderamente significativo para la ciencia literaria consiste en que estas manifestaciones de lo inconsciente colectivo tienen, con relación a los contenidos de la conciencia, un carácter compensatorio, es decir, tienden a equilibrar teleológicamente, situaciones de conciencia unilaterales, anormales o incluso peligrosas. Esta función resalta de un modo especialmente claro y como función positiva en los sueños y en una forma negativa en los enfermos mentales, donde los fenómenos compensatorios se presentan de un modo directamente tangible, como cuando se trata, por ejemplo, de gentes que se ocultan angustiosamente de todo el mundo y de pronto descubren que todo el mundo conoce sus secretos más íntimos y habla de ellos. (Sobre el particular, cfr, mi ensayo *Die Erdbedingtheit der Seele*. (Condicionamiento terrestre del alma en *Mensch und Erde*. Reichl. Darmstadt.)

Si prescindimos aquí, por el momento, de la posibilidad de que el *Fausto*, por ejemplo, pudiese representar una compensación personal con respecto a la difusión de conciencia de Goethe, se plantearía el problema de saber qué relación guarda una obra de este tipo con la *conciencia de la época*. La gran poesía, la que mana del alma de la humanidad, no puede explicarse verdaderamente intentando reducirla a factores personales. En efecto, siempre que lo inconsciente colectivo pugna por traducirse en vivencia y se asocia a la conciencia de la época se produce un acto creador que afecta a toda la época en que esto ocurre. La obra que así nace es un mensaje a sus contemporáneos en el más profundo sentido de la palabra. Por eso el *Fausto* toca a la fibra más profunda de cualquier alemán, por eso la fama del Dante es inmortal y el Pastor de Hermas estuvo a punto de llegar a convertirse en un libro canónico. Cada época tiene sus unilateralidades, sus prejuicios y sus sufrimientos psíquicos. Una época es como el alma de un individuo, tiene sus situaciones de conciencia especiales y específicamente limitadas y necesita, por tanto, de una compensación, que se procura por medio de lo inconsciente colectivo, en la medida en que un poeta, un vidente o un caudillo sepan asimilar lo tácito que flota en su época y haga surgir en la imagen o en la acción lo que la necesidad incomprendida de todos esperaba, sea para bien o para mal, para la salvación de una época o para su perdición.

Es peligroso hablar de la propia época, pues lo que hoy se halla en juego es algo verdaderamente gigantesco. Por eso nos limitaremos a hacer unas cuantas sugestiones. La obra de Francesco Colonna es la apoteosis del amor natural en forma de sueño, no precisamente del desenfreno de los sentidos, sino de las relaciones psíquicas, eludiendo del modo más completo el sacramento cristiano. Este libro fué escrito hacia 1543. Rider Haggard, que vivió coincidiendo con el momento de máximo esplendor de la era victoriana, vuelve a tratar este tema a su modo, pero ya no bajo la forma de sueño, sino dándole, fundamentalmente, la tónica de un conflicto moral. Goethe entreteje el motivo Margarita-Elena-Mater gloriosa como rojo hilo de engarce a través de toda la trama abigarrada del *Fausto.* Nietzsche anuncia la muerte de Dios y en Spitteler el florecimiento y el ocaso de los dioses se convierte en el mito de las estaciones del año. Cada uno de estos poetas, grande o pequeño, habla con la voz de miles y decenas de millares de hombres, adelantándose a anunciar los cambios que sobre-vendrán en la conciencia de la época.

PARTE II

EL POETA

El misterio de lo creador es, como el de la libertad de la voluntad, un problema trascendental que la psicología no puede explicar, sino simplemente describir. Lo mismo ocurre con el hombre creador: es un enigma cuya solución puede intentarse por muchos caminos, pero que siempre se intentará en vano. No obstante, la moderna psicología se ha ocupado de vez en cuando del problema del artista y de su arte. Freud cree haber descubierto la clave para explicar la obra de arte partiendo de la esfera de vivencia personal del artista. (Cfr. sobre todo los estudios sobre la *Gradiva* de Wilhelm Jensen y sobre Leonardo de Vinci.) En este terreno se abrían, en efecto, ante el psicólogo una serie de posibilidades existentes, pues ¿por qué no ha de poder explicarse una obra de arte a base de los "nódulos" anímicos (los llamados "complejos"), como se explica, por ejemplo, una neurosis? No en vano fué uno de los grandes descubrimientos de Freud el haber demostrado que las neurosis tienen una etiología psíquica muy concreta, es decir, que provienen de causas emotivas y de tempranas vivencias infantiles de carácter real o imaginario. Algunos de sus discípulos, principalmente Rank y Stekel, han trabajado partiendo de un planteamiento del problema parecido y llegando a resultados semejantes. Y no puede negarse que la psicología personal del poeta puede ser investigada hasta sus raíces y hasta las ramificaciones más extremas de su obra. Este hecho no constituye de por sí nada nuevo, pues es bien sabido que la personalidad del poeta influye considerablemente en la elección y en la plasmación del material. El mérito que hay que reconocer, indudablemente, a la escuela freudiana es el haber puesto de manifiesto hasta dónde llega esta influencia y a través de qué relaciones peculiarmente *analógicas* se manifiesta.

Neurosis es, para Freud, una satisfacción supletoria. Es decir, algo no genuino, un error, un pretexto, una excusa, un no querer ver, en una palabra, algo esencialmente negativo que sería mejor que no existiese. Indudablemente, a nadie se le ocurrirá abogar en favor de la neurosis, que no es, a lo que parece, más que una perturbación carente de sentido y, por tanto, lamentable. La obra de arte, que por lo visto puede ser analizada como si se tratase de una neurosis y explicada por las inhibiciones personales del poeta, viene a encontrarse así en la poco envidiable vecindad de la neurosis, si bien se encuentra, a pesar de todo, en buena compañía, ya que el método freudiano analiza por el mismo método fenómenos como los de la religión, la filosofía, etc. Sin embargo, si nos limitamos a examinar simplemente el punto de vista y reconocemos abiertamente que no se trata aquí más que de poner al desnudo las condicionalidades personales, las cuales, naturalmente, no faltan nunca, fuerza es reconocer que no es posible objetar nada en contra de ese método. Ahora bien, si se tiene la pretensión de llegar a explicar por este camino la esencia misma de la obra de arte, entonces sí debemos oponernos categóricamente a lo que se pretende. En efecto, la esencia de la obra de arte no consiste en hallarse preñada de particularidades personales —cuanto más lo esté menos obra de arte será—, sino en elevarse muy por encima de lo personal y en hablar por y para el espíritu y el corazón de la humanidad. Lo personal es siempre una limitación y hasta podríamos decir que una tara del arte. El "arte" que es sólo o predominantemente personal sí merece ser tratado como una neurosis. Cuando la escuela de Freud mantiene la tesis de que todo artista es un narciso, es decir, una personalidad limitada autoerótico-infantilmente, es posible que formule un juicio valedero para el artista como persona, pero es absolutamente recusable en lo que se refiere al artista como tal artista. Pues el artista como tal no es ni autoerótico ni heteroerótico, ni erótico en ningún sentido, sino *objetivo, impersonal* en el más alto grado, incluso inhumano, pues como tal artista es, sencillamente, su obra y no un hombre. Todo hombre creador es una dualidad o una síntesis de cualidades paradógicas. De una parte, es un proceso humano-personal; de otra, un proceso impersonal, creador. Como hombre, puede ser sano o enfermo, y su psicología personal puede y debe ser explicada a base de cualidades personales. En cambio, como artista sólo se le puede concebir partiendo de su hecho creador. Sería, por ejemplo, un grave error querer reducir a una etiología personal las maneras de un *gentleman* inglés, de un oficial prusiano o de un cardenal. El *gentleman,* el oficial, el príncipe de la iglesia son *officia* objetivas, impersonales, con una psicología objetiva propia e inherente. Y aunque el artista es, en rigor, todo lo contrario de un personaje oficial, existe entre ellos, sin embargo, una analogía secreta, en cuanto que la psicología específicamente artística es una cuestión colectiva y no personal. Pues el arte es algo congénito en el artista, como un impulso que se apodera de él y convierte al hombre en instrumento suyo. Lo que en último resultado le mueve como voluntad, en función de artista, no es él mismo, el hombre personal, sino el fin del arte. Como persona, podrá tener caprichos y voluntad y fines propios, pero como artista es "hombre" en el alto sentido de la palabra, *hombre colectivo,* el exponente y plasmador del alma inconscientemente activa de la humanidad. Ese es su oficio, cuya responsabilidad echa a veces una carga tan pesada sobre sus hombros, que se ve obligado a sacrificar a él la dicha humana y todo lo que da sentido y razón de ser a la vida desde el punto de vista del hombre común y corriente.

En estas circunstancias, nada tiene de extraño, ni mucho menos, que sea precisamente el artista el que suministre más abundante material al análisis crítico de la psicología. La razón de ello está en que su vida está necesariamente llena de conflictos, ya que dentro de él luchan dos potencias: el hombre común y corriente, con su derecho a la dicha, a la satisfacción y a la seguridad de la vida, de una parte, y de otra la implacable pasión creadora, que en ciertos casos le obliga a pisotear todos sus deseos personales. Esto es lo que explica por qué la vida personal de tantos y tantos artistas es tan poco satisfactoria e incluso trágica, no precisamente por imperio de un destino sombrío, sino por la subestimación en que estos hombres tienen su personalidad humana. Rara vez nos encontramos con un hombre creador que no pague cara la centella divina de su gran inspiración. Tal parece como si cada uno de nosotros viniese al mundo con un determinado capital de energía vital. Lo que hay de más fuerte devora la mayor parte de las energías y deja libre una parte demasiado pequeña para poder alimentar a base de ella cualesquiera valores. Por el contrario, lo humano se sacrifica y desangra en el artista, no pocas veces, para alimentar la parte creadora, hasta el punto de que le obliga incluso a desarrollar malas cualidades, por ejemplo un egoísmo simplista y despiadado (el llamado "autoerotismo"), la vanidad y todos los vicios imaginables, y todo ello para infundir al yo humano, por lo menos, un poco de energía vital y evitar que perezca, completamente exhausto. El autoerotismo personal del artista es parecido al de aquellos hijos ilegítimos o abandonados que ya desde muy temprana edad se ven obligados a defenderse mediante sus malas cualidades de los efectos aniquiladores de un medio vacío de amor para ellos, convirtiéndose así en criaturas implacablemente egoístas, bien de un modo pasivo, permaneciendo durante toda su vida como seres infantiles y desamparados, o de un modo activo, delinquiendo contra la moral y la ley.

Parece evidente que el artista debe ser explicado por su obra y no por las insuficiencias y los conflictos personales de su naturaleza, las cuales no son más que otros tantos corolarios lamentables del hecho de que se trata de un artista, es decir, de un hombre que lleva sobre sus hombros desde el momento mismo en que nació una carga más pesada que el resto de los mortales. Para poder más hay que realizar también un despliegue mayor de energías, razón por la cual lo que en un lado es más, va acompañado necesariamente, en el otro lado, por un menos.

El hecho de que el poeta sepa que su obra se engendra, se desarrolla y madura en él o se imagine que la crea por obra de su propia voluntad y de la nada, no hace cambiar en lo más mínimo el hecho de que su obra lo rebasa. La obra es con respecto al artista lo que el niño con respecto a la madre. La psicología del sujeto creador es, rigor, una psicología femenina, lo que demuestra que la obra creadora brota de profundidades inconscientes, de algo que podemos llamar en rigor el reino de lo maternal. Donde predomina lo creador, predomina también lo inconsciente como fuerza plasmadora de la vida y la conciencia frente a la voluntad consciente, y la conciencia se ve arrastrada por la violencia de una corriente subterránea, como simple espectador impotente de los acontecimientos. La obra en gestación es el destino del poeta y determina su psicología. No es Goethe quien hace al *Fausto*, sino el *Fausto* el que hace a Goethe. ¿Y qué es Fausto? Fausto es un símbolo, no una simple referencia semiótica a cosas conocidas desde hace mucho tiempo, sino la expresión de algo primariamente vivo que vibra y actúa en el alma del alemán, a lo que Goethe ha servido de matriz y de partero. ¿Acaso sería concebible que un no alemán hubiese escrito el *Fausto* o el *Así hablaba Zaratustra?* Las dos obras giran, sobre poco más o menos, en torno a lo mismo, a algo que vibra en el alma alemana, a lo que Jacobo Burckhardt llamó una vez una "imagen primigenia" *(urtümliches Bild)*, la figura de un médico y de un maestro de la humanidad, el arquetipo del sabio, del hombre que socorre y redime. Esta imagen se halla grabada en lo inconsciente desde tiempo inmemorial, dormita en su seno hasta que se encarga de despertarla la desventura de una época, es decir, un gran error que hace que el pueblo se desvíe de su camino certero. Pues donde se pierden los caminos es donde hace falta el guía, el maestro e incluso el médico. Hay muchas imágenes primigenias de éstas, que no se presentan en los sueños del individuo ni en las obras del arte hasta que no se encarga de evocarlas algún extravío de la conciencia. Pero cuando la conciencia se descarría por caminos unilaterales y, por tanto, falsos, estos "instintos" cobran vida y envían sus mensajes a los sueños del individuo y a los ojos del artista y del visionario, para restablecer de este modo el equilibrio del alma. Es así como las necesidades espirituales del pueblo se realizan en la obra del poeta y por eso la obra representa para el poeta, en el hecho y en la verdad, más que su su destino personal, tenga o no conciencia de ello. El poeta es, esencialmente, un instrumento y se halla, por tanto, por debajo de su obra, razón por la cual no podemos esperar de él nunca una interpretación de su propia obra. El poeta, con su creación, ha realizado lo más que podía esperarse de él. La interpretación de su obra debe correr a cargo de los demás y del porvenir. La gran obra es como un sueño, que por claro que sea no se explica jamás a sí mismo y permanece siempre, por tanto, como algo inexplicable. Ningún sueño dice: "Debes hacer esto" o "Tal cosa es la verdad"; presenta ante nosotros una imagen como la naturaleza hace brotar una planta, y somos nosotros quienes tenemos que sacar conclusiones de ella. Cuando alguien tiene una pesadilla es que tiene demasiado miedo o demasiado poco, y cuando alguien sueña con un sabio antiguo es que está demasiado amaestrado o que necesita maestro. Y ambas cosas son, sutilmente, lo mismo, de lo cual sólo se percata uno cuando hace que la obra de arte actúe sobre él, sobre poco más o menos, tal y como ha actuado sobre el mismo poeta. Para poder comprender su sentido, es necesario dejarse influir por ella como se ha dejado influir su creador. Y es entonces cuando comprendemos cuál ha sido su vivencia primaria: quien proceda así, tocará aquella profundidad psíquica salvadora y redentora en la que aún no se ha particularizado ningún individuo para encerrarse en la soledad de la conciencia y abrazar un camino falso lleno de dolor, y donde todos se hallan sacudidos todavía por la misma agitación y, por lo mismo, los sentimientos y los actos del individuo arraigan en la humanidad entera.

El volver a sumergirse en el estado primigenio de la *participation mystique* es el secreto de la creación artística y del efecto profundo de la obra de arte, pues al llegar a esta etapa de la vivencia ya no es solamente el individuo el que la vive, sino el pueblo, ya no se trata del bien o del mal del individuo exclusivamente, sino de la vida del pueblo en su conjunto. Por eso la gran obra de arte es siempre objetiva e impersonal, a pesar de lo cual nos conmueve hasta en lo más profundo de nuestro ser. He aquí por qué lo personal del poeta es simplemente una ventaja o un obstáculo, pero nunca algo esencial para su arte. Su biografía personal puede ser la de un filisteo, la de un hombre valiente, la de un neurótico, la de un necio o la de un criminal, interesante y hasta necesaria, pero nunca esencial desde el punto de vista del poeta.

IX

EMIL ERMATINGER

LA LEY EN LA CIENCIA LITERARIA

"Estamos hartos, por fin, de considerar como el
triunfo supremo de la investigación la simple acumulación de materiales muy bien ordenados, pero
sin que los presida ninguna idea."

WILHELM SCHERER. 1868

1

CABE OBSERVAR, así en la vida de los individuos como en la de los pueblos, que épocas de violenta exaltación de las energías vitales, espolea-
das desde dentro o desde fuera, van seguidas en ocasiones por períodos en que se impone con no menos fuerza una necesidad de quietud
rayana a veces en un estado de pasiva indiferencia ante los valores que
en la fase anterior se consideraban como supremos objetivos de creación y de vida. Y vemos, en tales casos, cómo, en una especie de re-
agrupación, el trabajo artesanal relega de nuevo a segundo plano la
obra genuinamente creadora del espíritu.

Todo parece indicar que la ciencia literaria alemana está atra-
vesando en la actualidad por uno de estos momentos de subversión de
los valores. La época de la primera guerra mundial o, más exactamente, el período de 1905 a 1925 —pues, en realidad, el proceso
comenzó antes de la guerra y sobrevivió a ésta— vino a sacudir vigo-
rosamente esta ciencia. Tras varias décadas de vasta o intensa labor,
al comenzar el nuevo siglo surgieron dudas acerca de la razón interior
de ser de estos trabajos como investigaciones científicas en el sentido
profundo de la palabra. Hacia fines del siglo XIX, la ciencia literaria
se dejó arrastrar también cada vez más por la corriente general de
renuncia al propio yo del espíritu y fué sintiéndose atraída hacia la
órbita de las ciencias naturales; volviéndose de espaldas a la naturaleza lógica de su tema de investigación, renegó de su propia alma, hasta
que de pronto se dió cuenta de todo lo que había de falso y de vacuo

353

en su modo de proceder. Las obras que mejor caracterizan este momento de crisis son, tal vez, el *Discurso sobre la Historia y las Ciencias
naturales* de Wilhelm Windelband (1894) y los *Límites de la formación conceptual científico-natural* de Heinrich Rickert (1896), obras
ambas que no se referían exclusivamente a la ciencia literaria, sino
a la ciencia histórica en un sentido amplio. Poco después, empezó a
ejercer también fuerte influencia el pensamiento de Dilthey, sobre
todo a partir del momento en que los trabajos reunidos en su obra más
asequible al gran público, *Vida y Poesía*, permitiera a grandes círculos de lectores penetrar en los problemas de su investigación. No es
una mera coincidencia que todas estas personalidades fuesen filósofos
y que entre ellas no figurase un solo historiador de la literatura: en
realidad, la ciencia literaria hallábase incapacitada para llevar a cabo
por sus propias fuerzas este nuevo viraje. Pero este hecho revela,
al mismo tiempo, el campo de que necesariamente tenía que partir el
impulso decisivo: este campo era el de la filosofía, es decir, el de la
ciencia del esclarecimiento metodológico por excelencia.

No cabe duda de que este relajamiento de la forma metodológica
de la ciencia literaria, considerada hasta entonces como inconmovible,
fué extraordinariamente fecundo en sugestiones, en el sentido de que
la obligó a tomar otra vez conciencia de la naturaleza de la ciencia, lo
que, a su vez, la ponía en trance insoslayable de pararse a meditar sobre los aspectos gnoseológicos y estéticos. Esto hizo que la ciencia
literaria se viese agitada, en aquellos años, por una nueva y profunda
corriente y que brotasen de este movimiento obras verdaderamente
valiosas. Pero ello trajo también como resultado, en medio de la agitación provocada por el período de la guerra, un peligroso estado de
confusión. En la seriedad lógica, objetiva y crítica de la investigación
científica venían a interferirse rasgos poéticos superficiales; el pensamiento ayuno de toda disciplina metodológica pretendía hacerse
pasar frecuentemente por obra de la profundidad filosófica y trabajaba
para ello con embrolladas generalizaciones; consecuencia de todo ello
era que en vez de una comprensión verdaderamente científica de las
cosas, se produjese muchas veces una sarta de palabras ingeniosas
sobre las cosas no comprendidas. Y así, hemos venido a parar a una
situación en que, desde hace algunos años, reaccionando contra esta
ciencia filosófico-artística del espíritu, los representantes de la antigua
tendencia positivista, con su actitud condenatoria de toda ciencia que
tiende a explicar espiritualmente las cosas, hacen nuevamente de la
necesidad una virtud y declaran hoy que es necesario cerrar el episo-
dio de la inseguridad y la psicosis de guerra en el campo de la ciencia

para volver a los viejos tiempos en que el científico se limitaba a las sobrias y seguras investigaciones de detalle, y relegan la filosofía al terreno estrictamente filosófico.

Sin embargo, no es posible que interpreten fielmente el espíritu de la historia quienes pretenden que nos comportemos como si la guerra no hubiese existido. No hay ningún campo más o menos directamente relacionado con la vida activa en que no se perciba claramente la existencia de una línea divisoria entre el hoy y el ayer, hasta el punto de que, muchas veces, el ayer apenas es comprendido ya por el hoy: en estas condiciones también, la ciencia tendrá que pensar muy seriamente si le es lícito colocarse realmente al margen de la vida que actúa y avanza o si no deberá más bien sumarse con las demás actividades a las fuerzas que marchan hacia el porvenir.

Mas, para ello, no basta con ocuparse de las conquistas novísimas de nuestra época, del cine, de la radio, etc., y con incorporar a la órbita de nuestro trabajo los más recientes descubrimientos, teorías y ensayos psicológicos. Ello equivaldría a buscar lo vivo y lo interesante puramente en lo material y a echarse a la caza de sensaciones. Esto no tiene absolutamente nada que ver con la esencia de la ciencia literaria, como ciencia del espíritu. La significación específica del espíritu no se halla adherida a la materia: puede describirse el experimento más reciente sin espíritu alguno y, en cambio, se puede escribir con espíritu rebosante sobre la más antigua poesía. El problema que aquí se debate es más bien un problema de método, el problema de la forma interior y, por tanto, de la razón de ser de la ciencia literaria como tal ciencia. Los representantes de la concepción de anteguerra vuelven a hablar hoy de "la asimilación inductiva de los hechos": ello nos coloca ante la opción de ver en la ciencia literaria una simple compilación o de concebirla como una obra de historia interiormente científica y espiritualmente viva.

Karl Viëtor comienza su *Historia de la Oda alemana* (1923) —y elijo este ejemplo porque lo considero muy característico del llamado método inductivo en el modo de tratar el problema— con la afirmación de que los géneros poéticos se hallan sujetos a leyes "establecidas *a priori* en su esencia misma", pero la inseguridad, añade, comienza cuando se quiere pasar de las determinaciones más amplias de los géneros "a la fijación de los rasgos típicos concretos que caracterizan a un género y, de las leyes a que se ajustan las distintas formas artísticas al interior de estas protoformas de la poesía diferenciadas a grandes rasgos". "El camino de la inducción es el único que promete éxito", concluye nuestro autor. Ahora bien, inducción quiere decir remontarse a lo general partiendo de la investigación de lo concreto. Y, para poder investigar lo concreto, lo primero que hay que hacer es buscarlo y reunirlo. ¿Y cómo sacar del acervo general de los materiales aquellos que necesitamos para nuestra investigación, si no conocemos previamente cuáles son sus características? ¿Cómo escoger, por ejemplo, entre un montón de judías, lentejas y guisantes, solamente las lentejas, si no empezamos por saber lo que es una lenteja? La determinación del género, que es necesario conocer previamente de algún modo, constituye, pues, el punto de vista en que de antemano tenemos que situarnos para seleccionar los materiales que se trata de investigar, lo que vale tanto como decir que en toda inducción nos dejamos guiar desde el primer momento por un elemento deductivo.[1] Por consiguiente, quien comprenda esto comprenderá también la necesidad de darse cuenta, desde el punto de vista gnoseológico y lógico, antes de seguir el camino de la inducción, del concepto que habría de precisar, para esclarecerlo luego inductivamente, lo que equivale a combinar la inducción y la deducción. Pero si, llevados de la confusión del positivismo, nos negamos a realizar esta labor previa y fundamental de esclarecimiento, nos veremos obligados a partir, no de la naturaleza lógicamente determinada del objeto, sino del mero significado de las palabras, es decir, de las contingencias puramente fortuitas del lenguaje usual, tal como se ha ido desarrollando a través de todas las arbitrariedades de la terminología personal. Así es, en efecto, cómo Viëtor aborda su método inductivo. Agrupa, a base de la historia de la literatura alemana, todos aquellos casos en que un poeta bautiza sus creaciones con el nombre de "odas" y, una vez reunidos, procede a tratarlos. Pero como en un principio la palabra oda significó canto, canción, resulta que este género poético, así definido, puede abarcar todas las formas posibles de la poesía lírica, bastando para ello con que el poeta, llevado por las nociones de su cultura histórica y por los designios especiales de su obra de creación literaria, haya creído oportuno dar el nombre de odas a sus poesías. Y así, nos encontramos con que en esta obra a que nos estamos refiriendo se describen como "odas" las composiciones poéticas más heterogéneas en cuanto a contenido ideal, materia y forma, desde las ligeras canciones mundanas del barroco y el rococó hasta las sublimes meditaciones poéticas de un Klopstock. En cambio, se advierte la ausencia de todas aquellas poesías de gran aliento de la lírica especulativa que sus autores tuvieron

---

1 Rickert subraya también este hecho en cuanto al descubrimiento de leyes naturales, en su obra *Grenzen der naturwissenschaftlichen Begriffsbildung*, 4ª ed. 1921, pp. 197 s.

a bien, por las razones que fuera —razones que casi siempre pueden documentarse desde un punto de vista histórico—, no llamar odas, sino por ejemplo, himnos, como ocurre con las poesías juveniles de Goethe así tituladas, a pesar de que, tanto por su aspecto material como formal, se trata de obras en que se advierte claramente la pauta de las odas pindáricas. Y todo ello para llegar al final del libro a una conclusión que podíamos dar por descontada de antemano, a saber: que el concepto de oda es, por su contenido, un concepto extraordinariamente variado y cambiante, por lo cual, si nos atenemos exclusivamente a la palabra, no existe, lógicamente, razón alguna para considerar la oda como un *género* poético en sentido estricto, es decir, como un género regido por leyes propias, como no hablaríamos de *una* especie forestal para designar un bosque en que creciesen, mezclados, robles y hayas. Por consiguiente, en vez de una descripción histórica de un género lógicamente claro, Viëtor nos ofrece una simple recopilación de materiales, una compilación sin otro mérito que el de agrupar en *un* volumen hilvanado por el hilo de la materia, cosas que generalmente andan dispersas por los dominios de la literatura.

Por donde llegamos a esta conclusión: si la historiografía, en el campo de la ciencia literaria como en cualquier otro, ha de ser algo más que una simple colección de materiales, ordenada con la mayor precisión y la mayor habilidad posibles, si ha de ser realmente una ciencia, lo primero que tiene que hacer es esclarecer con un criterio lógico y gnoseológico el concepto de la ciencia misma, para luego derivar de la claridad así obtenida un método filosófico. El simple concepto de la inducción del positivismo no es tal método, sino una manera de engañarse a sí mismo. Para reunir y analizar los materiales, cualesquiera que ellos sean, hace falta, ante todo, saber con claridad con arreglo a qué puntos de vista formales se quiere ordenar la colección; y estos puntos de vista no residen en la naturaleza táctica de las cosas que se trata de agrupar, sino en la complexión psíquico-espiritual de quien las agrupa.[2] Kant llama al intelecto humano el legislador

---

[2] No creemos menoscabar la seriedad de la ciencia haciendo referencia aquí al poema de ahorcado de Christian Morgenstern, *Las costas occidentales*, donde la ballena, a la pregunta de la costa occidental del Ecuador:

¿Y si no fueses tal ballena, pobre idiota?

contesta:

Tu pensamiento, querida costa, tu pensamiento me convierte en eso.
Exacto ....

Cfr. también las manifestaciones que figuran en otra obra de Morgenstern, *Peldaños*, 1918, pp. 196 s.

de la naturaleza, frase que no es aplicable solamente a las ciencias naturales, sino a toda la investigación humana en general. Toda ciencia que se considere con derecho a ostentar este nombre en un sentido puro y profundo debe elevarse por encima de una simple recopilación crítica de datos y materiales hasta lograr una exposición de su tema condicionada interiormente y claramente ordenada por la relación constante con un sistema fijo de conceptos lógicos fundamentales, que tenga sus premisas y sus raíces en la vida espiritual humana.[3] Esta ordenación de conceptos fundamentales no es otra cosa que la "legalidad" propia de la ciencia de que se trate, que determina su vida y traza su orientación con la misma fuerza que la del mundo físico en lo que se refiere al ser y devenir de éste. Sólo la exposición científica basada en esta ordenación conceptual puede reivindicar para sí, en justicia, el título de *verdad*, la cual es algo más que la exactitud puramente externa de los hechos históricos. El concepto de verdad, meta suprema de toda ciencia, se halla indisolublemente unido a la existencia de un mundo de conceptos bien esclarecido y ordenado en la mente del investigador. Quien investigue problemas históricos, al igual que cualquier otro, tiene que reconocer necesariamente la existencia de leyes dentro del campo de su ciencia.

Con esto, hemos llegado, ciertamente, a un concepto cuya razón de ser suscita precisamente hoy graves reparos en los dominios de las ciencias del espíritu.

2

No creemos que en la actualidad pueda nadie discutir ya seriamente la diferencia de principio existente entre las ciencias de la naturaleza y las ciencias del espíritu (ciencias culturales).[4] Las ciencias naturales propónense descubrir conceptos de validez universal y absoluta; por su parte, las ciencias del espíritu, particularmente la historia, se esfuerzan en captar por medio de conceptos lo de una vez e individual. Las ciencias naturales procuran trasponer mentalmente a

---

[3] Este pensamiento aparece insistentemente desarrollado por Rickert, 1. c., p. 210.

[4] Sobre este problema: W. Dilthey, *Einleitung in die Geistes wissenschaftens*, en *Ges. Schriften*, t. I, 1922 [Edición española: *Introducción a las ciencias del espíritu*, trad. E. Imaz, ed. Fondo de Cultura Económica, México, 1943]. W. Windelband, *Präludien*, 9ª ed. 1924. H. Rickert, *Grenzen der naturwissenschaftlichen Begriffsbildung*, 4ª ed., 1921. E. Troeltsch, *Des Historismus und seine Probleme*, en *Ges. Schriften*, t. III, 1922 (véase la polémica con otras teorías anteriores de filosofía de la historia, en pp. 111 ss.). E. Spranger, *Lebensformen*, 3ª ed., principalmente pp. 66 ss. H. Cysarz, *Literaturgeschichte als Geisteswissenschaft*, 1926. E. Meister, *Ueber die Möglichkeit historischer Gesetze*, 1928.

magnitudes matemático-cuantitativas cuanto acaece, para captarlo en su significación general, y ello las obliga a prescindir de las diferencias cualitativas existentes entre los objetos estudiados: la ley de la gravedad, por ejemplo, no hace más que reducir a una fórmula matemática el fenómeno general de la caída de los objetos físicos, sin preocuparse para nada de las características especiales de cada grave (en la realidad, la condición de que el objeto caiga en el vacío es, en rigor, irrealizable). La historia, por el contrario, tiene como misión descubrir las diferencias cualitativas esenciales de los distintos objetos tal como se presentan "una vez" en el tiempo. Para ella, carecería de todo sentido pretender expresar en magnitudes matemático-cuantitativas, personalidades históricas como Lessing o Lutero y desentrañar lo que haya en ellas de común con referencia a un valor matemático fundamental, pues con ello sólo conseguiría, precisamente, eliminar lo que hay de característico y valioso en su existencia histórica: Lutero dejaría de ser Lutero y Lessing perdería su propia personalidad lessinguiana, si estos dos personajes históricos, tal como aparecieron una vez, se redujesen a conceptos generales mediante un análisis cuantitativo.

Pero de esta diferencia fundamental y metodológica que se acusa entre las ciencias naturales y las del espíritu se ha llegado también a la conclusión de que el concepto de ley es propio y exclusivo de las primeras y de que las ciencias del espíritu debieran contentarse con un concepto menos pretencioso, tal como el de norma, tipo o regla.[5] En efecto, razonan quienes tal piensan, los conceptos de ley y de sujeción a leyes, que etrañan una validez universal e incondicionada, son de suyo inaplicables a campos como el de las ciencias del espíritu en que, por razón de principio, se deben buscar conceptos de validez incondicionada y universal, sino que hay que destacar lo singular e individual. Cuando un biógrafo caracteriza a un personaje como Lessing, con toda la singularidad de su vida histórica, ni la totalidad de conceptos que por este camino se pone en claro ni los conceptos sueltos que concitan esa totalidad entrañan una "ley" que nos permita captar y expresar científicamente por medio de esta totalidad conceptual a la que llamanos "Lessing" otros fenómenos de carácter histórico, a la manera como la ley de la gravedad, una vez determinada conceptualmente, expresa de un modo científico el movimiento de gravitación de todos los objetos posibles.

Es posible que, en gracia a la mayor claridad y pureza de la dis-

---

5 Rickert, 1. c., p. 278, habla de *valores*, Meister, *l. c.*, pp. 73 *s.*, de *norma*, Spranger, 1. c., p. 66, de *leyes normativas, etc.*

tinción entre los conceptos, pudiéramos dar por buena esta conclusión
y aplaudir el intento de emplear nombres distintos para designar los
conceptos metodológicos fundamentales de ciencias que, como las de
la naturaleza y las del espíritu, difieren en lo más íntimo de su ser,
según se ha puesto de relieve. Sin embargo, las ciencias del espíritu
no pueden renunciar al concepto de "ley", pues a ello se opone, en
primer lugar, el uso histórico de esta palabra.[6] El concepto de ley
(nomos, lex) empezó a emplearse en el campo de la vida teológico-
político-moral del hombre, y fué la concepción religiosa que los estoi-
cos tenían de la sujeción del mundo a las leyes divinas la que hizo surgir la idea de un orden natural sujeto a leyes como la inmanencia
misma de la razón divina. Pero la analogía entre la voluntad divina
y el orden natural excluía todavía a la ley natural de las características de su vigencia universal y absoluta, y esto permitió que la iglesia
cristiana, con el fortalecimiento de la idea teocrática y la debilitación
de la vigencia natural, sólo viese ya en las leyes de la naturaleza costumbres de la acción de la divinidad, las cuales no excluían el libre
arbitrio de ésta ni, por tanto, la posibilidad de milagros. Fué la Ilustración la que, al levantar la sentencia condenatoria que la iglesia había fulminado contra la naturaleza, creando una "ciencia natural" sobre bases matemáticas, introdujo el concepto de la ley natural en el
sentido matemático que hoy suele dársele. Newton, por ejemplo, hace
mucho hincapié en la característica exclusivamente cuantitativa del
método de las ciencias naturales, considerando como misión del auténtico investigador naturalista el reducir los fenómenos de la naturaleza
a leyes matemáticas *(ad leges mathematicas revocare)* sin preocuparse en lo más mínimo de sus peculiaridades esenciales ni de sus cualidades ocultas. Y Kant declara, coincidiendo con esto, "que en cada
teoría específica de la naturaleza existe de verdadera ciencia lo que
encierre de matemática".

El florecimiento de las leyes naturales en el siglo XIX vino a plasmar y confirmar de un modo brillante esta concepción; más aún, a
medida que sus éxitos iban siendo mayores, parecía asistirlas el derecho a reivindicar para sí con carácter exclusivo el título de ciencia, y
gracias a ello tomó cuerpo y se extendió la opinión de que, a tono con
las palabras de Kant, toda ciencia que quisiera ser digna de este nombre debía introducir en su lenguaje conceptual la mayor cantidad posible de método matemático. Este criterio se aplicaba principalmente
a la historia. Comte, el fundador del método "positivista", que, renun-

---

[6] R. Eucken, *Geistige Strömungen*, 4ª ed., 1913, pp. 154 *ss.*

ciando a toda especulación, se limitaba a interpretar, libre de prejuicios, el material de observación que le brindaban los hechos, define como la misión de la ciencia en general *de regarder tous les phénomènes comme assujetis à des lois naturelles invariables, dont la découverte précise et la réduction au moindre nombre possible sont but de tous nos efforts.*[7] Este método introduce también en la historia, bajo la forma de material probatorio estadístico, la característica cuantitativa propia del concepto de ley tomado de las ciencias naturales. Así fué como Buckle, en su *Historia de la Civilización en Inglaterra* (1857), intenta demostrar, por ejemplo, a base de datos estadísticos, la constante regularidad en los suicidios como una "ley histórica" análoga, sobre poco más o menos, a la ley natural del flujo y el reflujo: de la constancia de los suicidios, dice, se infiere que este fenómeno es simplemente una resultante del estado general de la sociedad y que cada suicida no hace otra cosa que realizar una consecuencia necesariamente derivada de circunstancias anteriores. En un determinado estado de la sociedad, concluye, hay siempre, necesariamente, un cierto número de personas que ponen fin a su vida por su propia mano: "tal es la ley general". Es el mismo método estadístico-cuantitativo que aplica Wilhelm Scherer cuando, en su *Historia de la Literatura alemana* admite como "esquema" (palabra que emplea cautelosamente, en vez de la de ley) de la evolución de nuestra literatura, ciclos regulares, cada uno de los cuales dura, según él, unos 600 años: partiendo de la observación del florecimiento que hacia 1800 experimentó la literatura de la alta Alemania, del de la Alemania central hacia 1200 y de los escasos restos de la antigua poesía alemana, llega a la conclusión de que el primer período de florecimiento coincide aproximadamente con el año 600.[8]

Es indudable que en ninguno de estos intentos puede hablarse de sujeción a leyes en el sentido de la causalidad lógico-matemática de las ciencias naturales y que no entrañan tampoco un valor de conocimiento en el sentido de un esclarecimiento verdaderamente científico de los fenómenos históricos. Trátase de tentativas explicables encaminadas a salvar la historia como ciencia para la mentalidad de una época orientada exclusivamente hacia lo científico-natural; pero, como intentos fundamentalmente errados de adaptación del método de una ciencia al de otra esencialmente contrapuesta a ella, se hallaban condenadas de antemano al fracaso.

[7] Comte, *Cours de philosophie positive*, t. I, lec. I, p. 11; Eisler, *Wörterbuch*, 4ª ed. t. II, p. 475.

[8] Scherer, *Geschichte der deutschen Literatur*, 8ª ed. pp. 18 ss.

Ahora bien, el hecho de que la historia no admite, como demuestran precisamente las tentativas a que acabamos de referirnos, el concepto de ley en su forma matemática, propia de las ciencias naturales,
¿quiere decir que debamos abandonar este concepto y la palabra que
lo expresa para cuanto se refiere a las ciencias del espíritu y sustituirlo
por conceptos más simples, es decir, menos vinculatorios y absolutos lógicamente, como los de norma, valor o tipo? A mí me parece que
esto sería la continuación en línea recta de la política de las ciencias
seguida en el siglo XIX y significaría en realidad, aunque bajo una forma embozada, la definitiva capitulación ante las ciencias naturales de
las ciencias espíritu, como ciencias con un método basado en la lógica,
pues, desde un punto de vista puramente formal y de principio, las
palabras de Newton siguen en pie: el sentido de toda ciencia estriba
en "reducir a leyes" la materia investigada; sin embargo —reserva
obligada con respecto al matemático que enjuicia el problema a través
de su método de trabajo y de la experiencia científica de su campo
especial de investigación—, estas leyes, cuando se trata de ciencias
de otra clase, no necesitan ser leyes matemáticas precisamente, sino
concretamente aquellas que se derivan por modo lógico y necesario de
la actitud fundamental específica y peculiar propia de las ciencias
del espíritu.

En realidad, es evidente que, partiendo del desplazamiento de
las ciencias del espíritu por las ciencias naturales en la dialéctica cultural del siglo XIX, podemos llegar a otra conclusión que no sea la de
renunciar en nombre de las primeras al concepto de ley, lo que valdría
tanto como rendir definitivamente las armas ante las ciencias vencedoras, es decir, ante las de la naturaleza. Vicisitudes históricas como
las vividas por las ciencias del espíritu en el siglo pasado no responden solamente a la superioridad de una de las partes, sino también a
la debilidad de la otra, no a la debilidad de las potencias espirituales
de por sí, sino a la de los hombres que temporalmente las representan.
No cabe duda de que el apogeo de las ciencias del espíritu en su sentido más profundo y más amplio no debe buscarse a fines del siglo XIX,
sino en sus comienzos, hasta llegar sobre poco más o menos al año
1870, y asimismo es indudable que toda la historia de estas ciencias
a lo largo del siglo XIX es una curva de decadencia desde aquel punto
culminante. Y quien desee orientarse acerca del lugar en que se encuentra, lo hará más certeramente subiendo a una alta cumbre que colocándose en el llano.

El problema está en saber si nuestro pensamiento actual se halla
invadido hasta tal punto por las ciencias naturales, que sólo podamos

concebir por medio de la terminología conceptual de éstas todas aquellas cosas que nos preocupan científicamente. Y, por muy asombroso y agudo que sea el método desarrollado hoy por las ciencias naturales, no deja de dar que pensar el hecho de que haya habido en la historia de la cultura humana grandiosos períodos y descollantes personalidades como Platón,[9] San Agustín, la Edad Media que, por orientarse hacia una política del espíritu y no hacia una política de la naturaleza, empleaban el concepto de ley en un sentido completamente distinto del de las ciencias naturales de nuestros días, lo que no impedía, evidentemente, que llegasen por otros caminos a un concepto valioso para su pensamiento. Todavía Ranke[10] está persuadido de que la vida histórica se desarrollaba, con arreglo a "leyes intrínsecas sobre un vuelo espiritual característico", y antes de él vemos cómo Goethe empleaba el concepto de ley en el sentido de una "prescripción de la naturaleza" inmutable y que obra en necesidad (*Metamorfosis de las Plantas*. § 115). Sabido es el papel que este concepto, así interpretado, representa en su morfología. Basta señalar aquella revelación solemnemente oracular de la ley que preside la formación del individuo viviente, que figura en su poesía "Palabras primigenias. Orfico":

> *Así como en el día que te trajo al mundo*
> *Salió el sol a saludar a los planetas,*
> *Te pusiste a crecer sin pausa*
> Con arreglo a la ley *que te produjo.*
> Así tienes que ser, *sin poder huir de tí,*
> *Ya lo dijeron sibilas y profetas,*
> *Pues no hay tiempo ni hay poder que rompan*
> *La forma acuñada que se desarrolla viviendo*"

Esta estrofa, que enlaza la individualidad singular, de una sola vez (el *daimon*) del hombre a las leyes matemáticas de la naturaleza (al movimiento de los astros), sin distinguir, por tanto, fundamentalmente entre los dos reinos, señala precisamente el camino por el que puede encontrarse una fundamentación sustantiva del concepto de ley para el pensamiento de las ciencias del espíritu.

Lo primero es, a nuestro juicio, pararse a pensar sobre la verdadera significación de los conceptos naturaleza y espíritu.

Si nos los representamos como dos reinos distintos de la realidad

---

9 K. Faigl, "Idee und Gesetz, en *Blätter für deutsche Philosophie*, t. II, 1928, pp. 167 ss.

10 Meister, *l. c.*, p. 75.

"objetiva" —*ob-jectum*— existentes fuera de nosotros, se comprende, inmediatamente que en rigor, no se pueden separar sin caer en una maraña de ideas que se entrecruzan y hasta se contradicen. ¿En cuál de los dos reinos incluir, por ejemplo, la obra poética de Hölderlin, después de iniciarse el proceso de su enfermedad? El psiquiatra concibe el proceso patológico como un proceso físico, perteneciente por tanto al mundo de la naturaleza y descubre en las poesías compuestas durante estos años, como en toda la conducta del poeta, signos del estado físico en que se encontraba. Pero, por otra parte, el historiador de la literatura cuenta, como es sabido, una parte considerable de estas poesías entre las obras más maduras del espíritu de Hölderlin. O tomemos el relato de Wilhelm Raabe titulado *Después de la gran guerra*, en que dos hermanos, riñendo por celos, caen rodando por un abismo: este hecho, si lo enjuiciamos como una resultante de la ley de la gravedad, corresponderá, indudablemente, al mundo de la física, pero si lo consideramos como parte de un acaecer humano caerá dentro de la historia del espíritu.

Estos ejemplos demuestran que la diferencia entre estos conceptos, la naturaleza y el espíritu, no gira en torno a dos valores reales y objetivos, sino en torno a dos maneras humanas de captar, de cuyos orígenes y diferencias no podemos hacer responsables, dentro del campo que abarcan nuestros juicios, al mundo objetivo situado fuera de nosotros (a las cosas en sí), sino a la organización de nuestro ser y de nuestra actitud anímico-espirituales.

La raíz del desdoblamiento del mundo en naturaleza y espíritu parece, por tanto, residir en la dualidad de nuestro comportamiento funcional frente a los objetos que tenemos que incorporar a nuestro tesoro de representaciones: de una parte, nos esforzamos en adquirir por medio de las funciones de nuestros sentidos una imagen de las formas y los efectos externos de los objetos en la dirección de lo visible, lo audible, etc.; de otra parte, elaboramos estas impresiones de nuestros sentidos para convertirlas en representaciones generales y en conceptos, entre los que, como si fueran valores independientes, espontáneos, establecemos relaciones lógicas en nuestras operaciones mentales, sin tener ya conciencia de su conexión con el mundo de la intuición sensible o sin preocuparnos de ella. La función perceptiva sensible de nuestra vida anímica, obra en un sentido de concreción, colocando ante nosotros un mundo de objetos corporales; la función lógico-pensante obra en un sentido de abstracción, creando un reino de conceptos espirituales. Las figuras del mundo físico existen en el espacio y en el tiempo y hállanse sujetas a las condiciones de la extensión, de la gravedad, de la duración, etc.: cuando las vemos moverse, relacionamos con este movimiento la idea de lo mecánico. Los conceptos del espíritu flotan, más allá de todos los límites del espacio y del tiempo, en el reino de lo absolutamente libre, y sus movimientos no presentan la característica de lo mecánico.

Al primero de estos dos reinos lo llamamos naturaleza, al segundo espíritu. Por tanto, puede ocurrir que el mismo objeto aparezca considerado como parte del mundo físico, es decir, de la naturaleza, o como elemento del mundo pensante y pensado, es decir, del espíritu, según que lo considere como sujeto de percepciones sensibles o me ocupe de él como sujeto pensante. Cuando Goethe observaba las plantas de los parques públicos de Palermo, estas plantas eran para él objetos de la naturaleza; pero cuando, mediante una operación del pensamiento, abstraía la múltiple pluralidad de las plantas existentes para formar el concepto de la protoplanta, este concepto constituye un miembro en el sistema de pensamientos de su concepción del mundo y pertenece al reino de lo espiritual. La naturaleza y el espíritu no son, por tanto, en realidad, reinos objetivos que existen fuera de nosotros, sino hipóstasis de ideas humanas, sustantivaciones de resultados de nuestra actividad intuitiva-sensorial y lógico-pensante para convertirlos en valores "reales", "cosísticos".

De lo expuesto se desprenden, por consiguiente, dos fases en la actividad de la vida anímica del hombre: la primera es la captación del mundo exterior como

a) mundo físico de las formas,

b) mundo lógico de los conceptos.

En este nivel, ambos reinos se sienten todavía, desde un punto de vista puramente metódico, como mundos total y exclusivamente encerrados en la esfera anímica del sujeto, que sólo existen dentro de él y significan valores representativos por él creados.

La segunda fase la forma el traslado de estos valores representativos del campo de la conciencia a un (supuesto) mundo extrasubjetivo, es decir, su hipóstasis o transformación en valores "reales", en cosas.

Ahora bien, la conciencia humana no se detiene aquí, sino que, después de haber sustantivado y haber enfrentado consigo misma, en forma de mundos reales-objetivados, los resultados de sus propias funciones anímicas, procede en tercer lugar a trasponer estos mundos reales a una ordenación conceptual, es decir, a convertirlos en un sistema de valores científicos, a *informar* conceptualmente lo que hasta ahora sólo existía para la conciencia como una pluralidad confusa de *materia*, apropiándosela así, en realidad. El sentido de esta "información" conceptual, como verdadera incorporación del (doble) mundo a la actividad de las ideas y del pensamiento de la conciencia humana consiste en descubrir y destacar en la materia percibida y pensada del mundo, es decir, en la vida de la naturaleza y del espíritu, ciertas características capaces de desmaterializar la materia de nuestras percepciones y nuestros pensamientos, es decir, de arrebatarle el carácter de lo fortuito, de lo exteriormente acumulado; pues la necesidad de orden, de sentido, de finalidad y de necesidad es lago profundísimamente innato al alma humana y todo acaecer que a ella le parezca dominado por el azar se le antoja cabalmente carente de finalidad y de sentido, y no descansa hasta que descubre en él un sentido y lo pone en relación con un fin. La diferencia entre materia y forma consiste para ella, precisamente, en que la forma enlaza en una ordenación una serie de elementos por medio de un sentido y un fin, mientras que la materia es un simple conglomerado de elementos sin sentido, es decir, sin ninguna relación de fin de los distintos elementos entre sí ni con el todo. La explicación del sentido que la simple materia recibe por medio de la relación de fin consiste en que lo que hasta ahora sólo era algo fortuito y, por tanto, un caso aislado del acaecer incomprendido e incomprensible, se eleva de pronto al plano de las cosas que tienen una significación inteligible y universal y que, por tanto, pueden incorporarse a la conciencia como órgano inteligente del hombre. Aquellas características que la conciencia busca en las representaciones del mundo de la naturaleza y del espíritu para despojarlas de su carácter toscamente material, fortuito e ininteligible, y poder entenderlas mediante el engarce dentro de su propio orden interior, determinado por fines, deben ser, por tanto, características que sirvan precisamente, por su misma esencia, para remontarse sobre lo fortuito y singular de tales representaciones y elevarse a una conexión universal y necesaria; características comunes a nuevas representaciones y a otras incorporadas ya de antes a la conciencia, es decir, que ésta haya comprobado ya en otros objetos y que, al reconocerlas significativas para el contenido de las nociones que de esos objetos se forma, las conciba como parte esencial y necesaria de ellas. Siempre que podemos apreciar esta incorporación de nueva materia de conocimiento a un orden conceptual y representativo establecido previamente por nosotros, decimos que *entendemos*, que *comprendemos*,* algo nuevo con que nos encontramos. Cuando no acertamos a incorporar una nueva materia a nuestro orden conceptual y representativo, nos enfrentamos a ella

---

* Ermatinger emplea el término *verestehen*, que no tiene el sentido restrictivo que en Dilthey, como es natural, dada su posición. [E.]

sin entenderla y sigue siendo, para nosotros, materia y nada más. El entender es, por tanto, el imprimir forma a una materia en sentido lógico, y aquellas características que el pensamiento descubre en las representaciones de las cosas para elevarlas de lo fortuito y lo singular al plano de una conexión necesaria y universal constituyen los *conceptos leyes*. Ley, legalidad, no son, por consiguiente, como tampoco lo son la naturaleza y el espíritu, valores objetivos de una realidad en sí, sino que son también, al igual que aquéllos, creaciones de la vida humana del alma y del espíritu, expresión hipostática del orden, de la referencia afín y de la legalidad propios de la conciencia humana. No quiere esto decir que no existan también leyes en el mundo objetivo de las cosas en sí, las cuales pueden incluso coincidir con las leyes de nuestra conciencia; lo que ocurre es que no podemos saberlo, por la sencilla razón de que no conocemos las cosas en sí, ni necesitamos tampoco saberlo, para edificar nuestra ciencia humana.

El espíritu humano, al crear a base de las dos funciones en que actúa cognoscitivamente, la intuitivo-sensible y la lógico-pensante, dos reinos con existencia real, el reino de la naturaleza y el del espíritu, uno mirando hacia fuera de sí y el otro proyectando la mirada hacia sus adentros, establece también, necesariamente, dos clases de leyes. La estructura formal de estas dos clases de leyes se halla condicionada por la esencia de los dichos dos mundos, la que, a su vez, está determinada por la naturaleza de las funciones de la conciencia que los crean.

La actividad "legisladora" de la conciencia, cuando trata de ordenar, es decir, de entender, dándoles forma, los fenómenos pertenecientes al reino de la naturaleza, se enfrenta con una variedad de objetos físicos concretos transmitidos por los sentidos, individualmente diferenciados por el olor, el sabor, el color, la superficie, la gravedad, la extensión, etc. El mundo de la naturaleza aparece, pues, ante él dividido en una serie interminable de individualidades que parecen existir sin relación ni conexión alguna entre sí, separadas unas de otras por una forma fija, como si cada una de ellas formase un mundo de por sí. Para poder ordenar conceptualmente y enlazar en unidad esta pluralidad desconcertante de cosas que se presenta ante nosotros como una desintegración, y que parece oponer una dificultad insuperable a la "comprensión", concebida como un ordenar en una conexión de fin y de sentido, la conciencia no puede proceder más que de un modo: suprimiendo la característica de la individualidad, como ese algo singular y particular inherente al concepto de lo real vivo, en lo que respecta al pensamiento legislador en el campo de la "naturaleza". Tiene *que* hacerlo así, pues de otro modo, si dejase en pie su solo residuo de individualidad, éste serviría de punto de partida para destruir el concepto de ley dentro de su campo especial de trabajo. Y *puede*, además, hacerlo, ya que sus objetos, psicológicamente considerados, no guardan la menor relación con la personalidad humana ni con el mundo de vivencias del investigador que se mueve en el campo de las ciencias naturales.

De donde se deduce que el pensamiento de las ciencias naturales enfoca el concepto de ley en su validez absoluta y universal como la forma pura del pensar lógico en su antítesis contradictoria con las estructuras individuales que se dan dentro de la realidad de la vida, es decir, en el mundo de los objetos físicamente perceptibles. Para llegar a comprender con toda precisión la índole de la ley natural, importa cobrar una conciencia clara de esta antítesis. Cuando las ciencias naturales matemáticas establecen una ley, no pueden preocuparse de saber si la relación lógica proclamada por la ley cuadra, y cómo, con los acaecimientos reales. Cuando la astronomía fija el comienzo de la primavera dentro del ciclo anual en el 21 de marzo, estableciendo con ello una ley, le tiene sin cuidado y no echa por tierra, ni mucho menos, esta ley, el hecho de que un año el invierno dure en realidad hasta el 21 de abril y de que, por tanto, la realidad se aparte en un mes entero del contenido de la ley. La ley matemáticamente calculada seguirá siendo exacta aun cuando aquella divergencia haya hecho cambiar extraordinariamente el cuadro de toda la naturaleza real y el desarrollo de las plantas con respecto a lo "normal". De esta discrepancia se deduce que el concepto de la legalidad, en las ciencias naturales, al no expresar la marcha real de las cosas de por sí, no entraña *la* legalidad de la "realidad", sino solamente un modo de someter el X de la realidad a un orden conceptual lógico y humano para poder entenderla científicamente.

Bajo el supuesto primario de la forma lógica universal e incondicionada de esta actividad legisladora del pensamiento de las ciencias naturales, que disuelve esta pluralidad individual del mundo de las percepciones en una pura abstracción, este pensamiento deriva secundariamente el *contenido* de sus leyes, del ser coincidente de los objetos perceptibles de la naturaleza, es decir, de su carácter físico, que lleva consigo su extensión, gravedad, duración en el tiempo, densidad, temperatura, energía, movimiento mecánico, etc., cualidades todas que implican, como se ve, otras tantas modificaciones del concepto de la cantidad: la extensión en el espacio y en el tiempo pueden medirse, la gravedad puede pesarse, la densidad y la temperatura pueden calcularse, la energía y el rendimiento de trabajo son susceptibles de ser determinados numéricamente, etc. El principio matemático de la cantidad es, por tanto, el que sirve de base a todas las leyes de las ciencias naturales en su fase actual y el que determina su contenido. Desde este punto de vista es como cabe comprender la validez universal y necesaria de la ley en las ciencias de la naturaleza. Pero esta clase de ley no puede ser la única: esta conclusión se deriva ya del hecho de que las dos magnitudes LN (ley natural) y R (realidad) no pueden hacerse coincidir jamás, de que, si bien es cierto que LN parece ir implícita en R y determinar el movimiento de R en general, R trasciende con sus contenidos singulares, concretos, del radio de vigencia de LN.

Esta discrepancia entre LN y R se explica por el hecho de que, al crearse la LN, la actividad legisladora de la conciencia humana se atiene unilateralmente a la estofa de uno de los dos reinos, el mundo de las cosas físicas o de la naturaleza, sin preocuparse para nada del reino de los contenidos espirituales; o, para decirlo más exactamente, se explica por el hecho de que el pensamiento sólo se ha preocupado, en esta operación, del mundo intuitivo creado por los sentidos y no de sí mismo; no se ha convertido todavía en reflexión.

Y, al realizar esta segunda función, se comporta del mismo modo —conclusión a que puede llegarse ya por razones puramente formales— en el terreno legislativo; es esto algo que va implícito en su esencia misma de pensamiento, pues la meta que persigue también en esta actividad es la ordenación conceptual de la estofa, es decir, su "comprensión" o intelección. Los conceptos de ordenación que el pensamiento crea cuando investiga el mundo espiritual son absolutamente análogos a los conceptos de ordenación de que se vale para entender la naturaleza. No tenemos, pues, aunque sólo sea por esta razón lógico-formal, ningún motivo para no darles también el nombre de leyes. Pero, como corresponde a la actitud completamente distinta de la conciencia en la creación del mundo espiritual de las ideas y también a la diferencia total de este mundo de ideas con respecto al mundo físico de la naturaleza, el carácter de estas leyes tiene que ser, en cuanto a la forma y al contenido, completamente distinto de la esencia de las leyes naturales, más aún, perfectamente antagónico. El carácter fundamental de la actividad intelectual consiste en la disolución de los objetos "individuales-reales" del mundo de la intuición sensible para colocar en su lugar formaciones lógico-conceptuales, consiste, por tanto, en la abstracción de lo concreto. Pero, no pierde nunca la conciencia de que las formas reales que tiene que asimilarse científicamente tienen, en cuanto partes de la vida histórica, un carácter con-

creto e individual. Y así como la ciencia de la naturaleza, en virtud
del carácter de su trabajo (puesto que el simple hecho de registrar
individualidades nunca sería una ciencia), deriva de la índole con-
creto-individual del material de observación, la obligación de reducir
estas individualidades a conceptos lógicos universales, por lo cual el
método de ese trabajo resulta ser el matemático; a la ciencia del espíritu se le impone, análogamente, el deber de contrarrestar la tendencia
a la abstracción de la actitud fundamental del espíritu, haciendo que
capte del modo más intuitivo posible las formaciones conceptuales en
que convierte las cosas de la realidad y volviendo a "concretarlas" así
dentro del marco del mundo espiritual a que las incorpora. Su método
de trabajo es, por tanto, un método individualizador. Las dos ciencias
coinciden, pues, formalmente, en la tendencia polar de la relación
entre el objeto de trabajo, tal como lo determina el modo fundamental
de considerarlo de cada una de ellas, no tal como existe en cuanto
"realidad" objetiva, y el método de trabajo empleado: en las ciencias
naturales el objeto es físico-individual y el método, en cambio, abs-
tracto-matemático; en las ciencias del espíritu el objeto es abstracto-
lógico y el método trata de concretar e individualizar.

Es evidente que este método de la individualización deja margen
a toda una serie de grados, según que el contenido conceptual de "individuo" se conciba de un modo amplio y genérico o de un modo
angosto y singular. Así como un individuo humano puede concebirse
como una sociedad de células, también un pueblo, una época, una clase
social, una escuela de arte representan formaciones individuales por
oposición a las magnitudes generales y matemáticas sobre que versan
las leyes naturales. Lo que ocurre es que en ellas se lleva mucho más
allá la abstracción con respecto a figuras humanas concretas como
Goethe, Schiller, Lessing o incluso con respecto a determinadas obras
como el *Fausto,* o el *Nathán* y, más aún, con respecto a ciertos versos
contenidos en estas obras. Así, las distintas ciencias del espíritu —dentro de la comunidad que supone el principio individualizador del pensamiento— se diferencian en cuanto al más o al menos de la abstracción y la concreción, del mismo modo que en el campo de las ciencias
naturales el método matemático sólo puede aplicarse mediante gradaciones (basta pensar en la antítesis entre la física y la biología); a la
metafísica, que en la elaboración científica de las formas de las ciencias del espíritu se parece o intenta parecerse a la conceptualidad.abs-
tracta de las ciencias naturales,[11] se enfrenta la ciencia histórica, que

---

11 Basta pensar, por ejemplo, en cómo Richard Avenarius ha creado un lenguaje de
fórmulas que recuerda el lenguaje de los matemáticos.

se propone por misión determinar, en la medida de lo posible, las formas de la vida histórica como seres individuales y que, con este fin, nunca se cansa de acumular características individuales de cada objeto, así, tratándose, por ejemplo, de una personalidad, acumula las características de país, pueblo, época, descendencia, sociedad, familia, educación, amigos, maestros, la amada, etc.

Excedería con mucho de los propósitos de este estudio el establecer aquí semejante gradación de las ciencias del espíritu. En las páginas siguientes nos limitaremos a exponer las consecuencias que se derivan para la ciencia literaria de estas reflexiones de principio que nos venimos haciendo e intentaremos poner de relieve cuáles son las leyes especiales que se desprenden del carácter general y la actitud metodológica fundamental de las ciencias del espíritu en cuanto a la ciencia particular que se propone como fin investigar históricamente la vida literaria. Hasta qué punto estas leyes puedan tener también vigencia para otras formas particulares de la ciencia general del espíritu, es cosa que no hemos de entrar a estudiar aquí.

3

Lo mejor para determinar metodológicamente las leyes de la ciencia literaria es desdoblar el problema en dos etapas. Lo primero es averiguar qué leyes pueden deducirse de un modo general y en el terreno de los principios de la esencia del objeto de la ciencia literaria, una vez lógicamente esclarecida; en seguida, estas leyes generales habrán de ponerse de relieve en su aplicación a los tres problemas fundamentales de la ciencia literaria: el problema de la historia social (pueblo, época, sociedad, generación, desarrollo, etc.); el problema de la personalidad poética en el aspecto psíquico de la concepción del mundo y en su desarrollo; por último, el problema del análisis de la obra de arte poética.

El problema de la ciencia literaria, como el de todas las ciencias del espíritu es, según se ha puesto de manifiesto más arriba, determinar un objeto en una condición de singularidad individual dentro de la vida histórica. La individualidad es, en el caso que a nosotros nos ocupa, una individualidad literaria. Habrá que mostrar, por tanto, cuáles son las leyes que determinan, como forma de pensamiento de validez universal y necesaria, la individualidad literaria, entendida en el sentido más amplio de la palabra, es decir, no sólo la del poeta como hombre, sino también la del pueblo, la época, la obra, etc., y que, por consiguiente, ayudan a comprender científicamente al "individuo" literario.

1) Lo primero que tenemos que hacer, antes de seguir adelante, es definir lo que es la individualidad misma, determinar su esencia. La palabra individual significa indivisibilidad; significa, por tanto, que este concepto se halla metodológicamente más allá del mundo representativo cuantitativo-material, en el que la operación de dividir puede siempre llevarse a cabo en principio y de un modo interminable. Individualidad, por consiguiente, no quiere decir algo cerrado y unitario en sentido cuantitativo-material, sino unidad de un nexo de relaciones espirituales. Una planta, un animal no son in-dividuales porque sus partes se hallan en interdependencia física, pues en realidad son susceptibles de división material sin que por ello se cambie nada en el significado del concepto de animal o de planta en cuanto individualidad; a lo sumo, quedará reducido en un sentido cuantitativo-material. Representan individualidades simplemente en cuanto expresión visible de una unidad *espiritual* de lo heterogéneo. Ahora bien, el sentido del pensamiento como actividad espontánea del espíritu es que se traza un fin *(telos)*; pensamiento sin fin es ausencia de pensamiento. De donde se deduce el carácter teleológico de todo pensamiento o la referencia de todo pensamiento acerca de lo general y lo particular al centro que constituye su unidad de fin. Nadie ha expresado esto con más fuerza que Goethe en los *Años de peregrinación de Wilhelm Meister* (1, 10), donde presenta a Macaria como el centro (espiritual) de la "legalidad" del mundo físico y moral: "¿Cómo puede el hombre —se pregunta Wilhelm— enfrentarse al infinito como si todas las fuerzas espirituales, atraídas en distintas direcciones, se concentrasen en lo más íntimo, en lo más profundo de él, y cuando se pregunta: acaso puedes tan siquiera imaginarte en el centro de este orden eternamente vivo si no se manifiesta en cierto modo dentro de ti un algo que se mueve y gira maravillosamente en torno a un punto central?" Por consiguiente, también la individualidad, considerada como unidad de vida determinada por el pensamiento, se caracteriza por una referencia al fin; se forma de un modo teleológico, no en el sentido de que venga a cumplir un fin situado en el exterior, sino como realización de un fin interior que expresa su ser peculiar o, en otras palabras, de un sentido, ya que este fin no es, en rigor, más que una creación del pensamiento. Individualidad es, por tanto, *unidad de sentido*, y referida a la ciencia de la literatura, unidad de sentido de un acaecer literario o de una obra literaria. Ya Schelling, en el libro sobre el alma del universo,[12] ponía de manifiesto, refiriéndose a la individualidad orgánico-natural, cómo en el ser individual la unidad de sentido se acusa en el hecho de que en él se "individualiza" hasta el infinito uno y el mismo proceso vital, y los recientes resultados de la fisiología, al demostrar, por ejemplo, en la estructura de los corpúsculos de la sangre la in-dividualidad o unidad biológico-morfológica, han venido a confirmar su visión.

Goethe (en sus lecciones sobre la anatomía comparada) y Schelling han puesto en relación esta unidad de sentido y de fin de lo individual con la índole de lo orgánico. Goethe (Sobre las leyes de la organización) pone de manifiesto cómo la característica fundamental de los cuerpos minerales es la indiferencia de sus partes con respecto a su composición, a su coordinación o subordinación, es decir, la ausencia de una finalidad individual que les imprima forma, mientras que en el insecto, por ejemplo, ya el huevo se revela como una individualidad dotada de una unidad de fin: "El gusano que se arrastra por la tierra constituye asimismo una unidad aislada; sus partes no sólo se hallan enlazadas, determinadas y ordenadas con arreglo a una cierta serie, sino que están además subordinadas entre sí; si no se hallan dirigidas por una voluntad, sí están incitadas por un apetito." Como es sabido, la concepción literaria clásico-romántica aplicó también al análisis y a la interpretación de las creaciones del mundo espiritual el concepto de organismo, y con razón, pues como más arriba hubimos de poner de relieve, el mundo de la naturaleza y el del espíritu no son precisamente dos reinos "objetivos",* sino dos distintas maneras de conocer de una sola conciencia.[13]

Pero, en estos últimos tiempos, algunos, sobre todo Dilthey y sus discípulos, han sustituído el concepto de organismo, en la consideración científica de la vida histórico-espiritual, por el concepto de estructura. En sus estudios sobre la fundación de las ciencias del espíritu,[14] iniciados a comienzos de este siglo e inacabados, Dilthey distingue la "conexión estructural psíquica" de la "conexión estructural del saber". También para él es la conexión estructural una conexión de fin

---

[12] Schelling, *Werke, Jubiläumsausgabe*, 1927, t. I, p. 588. Cfr. sobre estos problemas, Rickert, *l. c.*, pp. 231 *ss.*; Troeltsch, *Historismus*, p. 85; Spranger, *Lebensformen*, 3ª ed., 1922, pp. 12 *ss.*; Meister, *l. c.*, pp. 56 *s.*, 69 *s.*

* *Gegenständliche*, en el sentido de *obyectum*, no en el de *objetivität*. Esto ocurre muchas veces pero se salva por el contexto. [E.]

[13] Sobre la concepción organológica de la escuela histórica alemana, cfr. Troeltsch, *l. c.*, pp. 277 *ss.*; E. Rothacker, *Einleitung in die Geisteswissenschaften*, 1920, pp. 37 *ss.*

[14] Dilthey, *Studien zur Grundlegung der Geisteswissenschaften*, en *Schriften*, t. VII, pp. 3 *ss.*, 15 *ss.*, 37.

o nexo final. Por conexión psíquica entiende Dilthey "el orden según el cual, en la vida anímica desarrollada, aparecen combinados regularmente entre sí hechos psíquicos de diversa índole mediante una *relación interna visible*. En cambio, la estructura del saber constituye el nexo de relaciones de los contenidos de saber que aparecen en las vivencias. Es así como, en sus estudios sobre el concepto y análisis del hombre en los siglos XVI y XVII, se ha esforzado por esclarecer la estructura de la cultura del Renacimiento y de la Reforma y la del incipiente racionalismo.

Sin embargo, el mismo carácter inacabado de estos trabajos psicológico-estructurales de Dilthey, los nuevos ensayos que continuamente vuelven a acometerse y los resultados negativos a que constantemente se llega, hacen sospechar que en este proceso mental, que pone una nota cabalmente trágica en el fenómeno histórico Dilthey, va implícita en realidad una causa más profunda, de tipo metafísico-espiritual, y no cabe duda de que su método entraña una contradicción inmanente, contradicción que se manifiesta de un modo cada vez más fatal a medida que Dilthey se esfuerza en desarrollar más a fondo y más consecuentemente aquel método. Todavía en su *Introducción a las ciencias del espíritu*, publicada en 1883, hablaba Dilthey de la "organización de la sociedad", ateniéndose al punto de vista organológico del pensamiento clásico-romántico. Esta expresión caracteriza la íntima conexión que en un principio mantenía la filosofía diltheyana con el idealismo alemán. A este período pertenecen también sus estudios fundamentales sobre Goethe, Lessing y Novalis. Y la tragedia de su personalidad consiste precisamente en no haber sabido mantenerse fiel a este punto de vista primitivo, en haberse dejado arrastrar a la búsqueda de una psicología exacta, lo que fué colocándole cada vez más bajo la influencia del método positivista del materialismo científico del siglo XIX. Su meta era, ahora, dar una fundamentación positiva de las ciencias del espíritu, es decir, una fundamentación libre de toda metafísica. Sólo podía lograr esto por un camino: el de la pura descripción de los fenómenos: por eso, en sus últimos trabajos, vemos cómo habla continuamente de "descripción del proceso", "descripción de los límites", etc. Pero con esto se ve metido en un callejón sin salida, pues "descripción" de la vida espiritual es una *contradictio in adiecto*, algo así como un círculo cuadrado. La *vida* espiritual, que es, como toda vida, dinámica, gestación, desarrollo, enfrentamiento, difícilmente puede captarse de un modo científico mediante la descripción, que representa una actitud estática, estadística, adecuada por tanto a los objetos puramente estáticos, pues exige que se la exponga en su desarrollo, de un modo dialéctico, es decir, en una continua relación y enfrentamiento del contenido del propio pensamiento con el del objeto que se estudia. Si nos fijamos en los análisis que Dilthey hace del hombre de los siglos XVI y XVII, veremos que rehuye en realidad el enfrentarse con las ideas para limitarse a "describir" lo más objetivamente posible, a base de las fuentes. Lo cual hace que estos estudios sean muy valiosos desde el punto de vista material para el investigador que acude a ellos a buscar enseñanza, pero también que pierdan en tensión dialéctica (tensión que encontramos, por ejemplo, en tan alto grado, en la exposición de los temas correspondientes de la *Historia de la filosofía moderna* de Windelband); vemos cómo se limita, procediendo por capas, a exponer siempre un pensador tras otro. Esta estratificación puramente descriptiva de masas de material vendrá a representar cada vez más el verdadero sentido de su concepto de la estructura; la unidad viva de sentido, como unidad de idea, se sacrifica a la copertenencia temporal y espacial del objeto. Y para poder acentuar este aspecto "real" de la materia, es decir, el carácter positivo de su historiografía, renunció al concepto de lo orgánico, empleado antes por él, pues podía recordarle demasiado las construcciones metafísicas del idealismo, sustituyéndolo por las palabras más inocuas de estructura o tejido. Sin que se llegue a ver claro, ciertamente, si se refiere al tejido en un sentido biológico-fisiológico, lo que equivaldría a emplear pura y simplemente una expresión velada para designar lo orgánico, o en el sentido mecánico-material de la industria textil, en el que se eliminaría, naturalmente, el concepto de la unidad interior de fin y de sentido.*

Así, pues, si la ciencia literaria no quiere entregarse del mismo modo que en Dilthey a un positivismo solapado, hará bien en percatarse de la esencia misma del espíritu, como investigación y exposición científica que es del espíritu acuñado en la palabra artística. Lo cual exige, a su vez, que abandone también todo ese concepto tornasolado de estructura y retorne al concepto de lo orgánico, concepto que caracteriza lo espiritual, de un modo claro, inequívoco y preciso, como la individualidad de la vida histórica condicionada por la unidad de sentido.

No es nada casual que los pensadores del idealismo alemán desde Leibniz, a lo largo de todo el siglo XIX, se hayan esforzado constante-

---

* Parece que en este punto Ermatinger se deja llevar por la polémica, pues en ningún caso deja entrever Dilthey que emplea el término "tejido" en un sentido material, como puede verse en sus ensayos de fundación, precisamente *(Mundo histórico,* ed. Fondo de Cultura Económica) [E.]

mente y con tanto ahinco en determinar el concepto de organismo, hasta el punto de que éste llegó a convertirse ni más ni menos que en el concepto central de su pensamiento en torno a la vida en la naturaleza y en la historia. Pues, en realidad, este concepto es inseparable de toda la concepción metafísica del mundo del idealismo. No es otra la razón histórica profunda de que el positivismo y, por tanto, también Dilthey, hayan prescindido de este concepto: su relación con el sistema metafísico de valores del idealismo. La idea de organismo en la vida histórico-espiritual del hombre es, para aquél, una idea análoga a la idea cósmica del universo: el propio Kant, en su *Crítica del juicio*, investiga el juicio estético al lado del teleológico.

Por donde la restauración del concepto de organismo nos impone, evidentemente, un corolario de gran alcance: *la renuncia al punto de vista descriptivo del método positivista y la necesidad de atenernos al carácter metafísico fundamental de las ciencias del espíritu.*[15]

En este respecto, la situación de las ciencias naturales no es tan complicada como la de la ciencia literaria. Desde el momento en que enfocan, se enfrentan como objeto de su investigación con un mundo sin espíritu, y es evidente que el lenguaje conceptual que han de procurar formar tiene que basarse en su propio espíritu; se encuentran en una situación de mayor independencia ante su objeto y así ocurre, que pueden contraponer a la "realidad" un sistema de conceptos propios. En cambio, la ciencia literaria, como ciencia del espíritu que es, tiene por objeto al espíritu mismo; ello la induce más fácilmente al error de pensar que este objeto espiritual pertenece a la realidad objetiva y que basta con reproducirlo descriptivamente —casi se siente uno tentado a decir: renunciando, para describirlo, al propio espíritu—, es decir, con limitarse a una mera compilación, ya que considera ésta como algo "positivo".[16]

Frente a este modo de pensar, hay que dejar sentado lo siguiente:

Si queremos sobreponernos a la mera compilación, que no posee más valor que el de una colección provisional orientadora de hechos externos y no encierra conocimiento ni verdad de ninguna clase en sen-

---

[15] Es este el punto en que mi concepción del método en la ciencia literaria se distingue fundamentalmente del de Walzel, quien en su libro, rico en materiales, titulado *Gehalt und Gestalt im Kuntswerk des Dichters*, trata el tema desde un punto de vista absolutamente positivista-psicológico, al modo de la antigua ciencia de la segunda mitad del siglo XIX, creyendo aportar con ello algo al campo de las ciencias del espíritu.

[16] El caso más burdo, no extinguido aún del todo, de esta manera de trabajar que renuncia al propio espíritu metodológico para contentarse con reproducir el espíritu del poeta es el de la paráfrasis descriptiva puramente estética, con citas de "pasajes bellos" tomados de la obra de que se trata.

tido científico, para avanzar hasta un terreno que sea verdaderamente de ciencia del espíritu, es necesario establecer la "unidad de sentido" del objeto y descubrir en las diversas partes de la materia su acción plasmadora. Ahora bien, el "sentido", como entidad espiritual, no es precisamente la suma aritmética de diversos hechos parciales, pues el factor cuantitativo no tiene cabida en las ciencias del espíritu, sino el resultado de una elaboración cualitativa de esos hechos a través de la propia espiritualidad del yo investigador, elaboración cualitativa que lleva también implícita la característica de todos los procesos espirituales genuinos: la dialéctica o enfrentamiento de dos potencias contrapuestas (algunos teólogos protestantes de nuestro tiempo han vuelto a comprender, de un modo muy señalado, este carácter dialéctico del espíritu). De donde se sigue que, para que esta dialéctica se produzca, el yo investigador no puede enfrentarse con el objeto como un aparato receptivo, por muy preciso que sea en su construcción, sino que deberá oponerle, como hombre vivo que es, su punto de vista propio; pues sólo de este modo cabe la posibilidad de que llegue a revelarse la unidad de sentido o —¿por qué no pronunciar también la palabra que la actual literatura de la filosofía del espíritu sigue rehuyendo con harta frecuencia, simplemente por razones de orden histórico?— la *idea* del objeto (gnoseológico); un aparato receptivo, por ejemplo una caja registradora, limítase a comprobar la *suma* de las cantidades ingresadas y jamás señala el *sentido* del dinero que entra en caja. No estará de más traer a colación, en relación con esto, dos máximas de Goethe: "Concepto es suma, idea, resultado de la experiencia"; "Quien se asuste ante la idea, acabará perdiendo también el concepto."

Pues bien, si nos detenemos a examinar cómo surge la "idea", veremos que nace siempre de la concepción del mundo del yo que "forma" al comprender, quien, arrancando de la profundidad de su ánimo, encuentra el punto espiritual de referencia para ordenar la pluralidad de las magnitudes observadas en el material de los hechos. Por eso toda historia literaria grande, hasta llegar al positivismo, se halla, en realidad, informada por concepciones del mundo e ideales, incluso la de Scherer,[17] pues aunque este autor se hallaba impulsado ya por la voluntad de manejar un método positivista, seguía aún, en realidad, influído en una medida muy considerable por la gran tradición de la crítica y la historia literarias alemanas desde la época clásico-romántica; pues el positivismo, en su forma pura, ha dejado de ser ya una concepción del mundo en el sentido de una actitud espiritual per-

---

[17] Acerca de la posición de Scherer en la investigación histórico-espiritual del siglo XIX, cfr. E. Rothacker, *Einleitung in die Geistesgeschichte*, pp. 207 ss.

sonalmente acuñada, para convertirse pura y simplemente en una desintegración del propio yo, que se dispersa en la multiplicidad de
objetos.

Si el concepto de organismo nos obliga por modo tan necesario a
derivar los conceptos de "idea" y de concepción del mundo del carácter teleológico del mundo del espíritu, que es el objeto de la ciencia
literaria, y a enfrentarlos, como elemento formativo, a lo que materialmente se nos ofrece, ello vale tanto como decir que la ciencia literaria no puede existir sin juicios de valor. En realidad, cuando examinamos histórico-filosóficamente los conceptos de unidad de sentido
y de referencia o fin, vemos que surge siempre, al mismo tiempo, el
concepto de valor. Pues bien, ¿qué es valor?

Las ciencias naturales no valoran. Para ellas, una lombriz es tan
importante como una vaca de leche. Sólo comienzan a valorar cuando
se convierten en ciencias naturales prácticas, cuando aspiran, por
ejemplo, a combatir los parásitos o a aumentar el rendimiento de la
vaca lechera; pero, al llegar aquí, dejan de ser ya, en rigor, ciencias
puras para entrar, como la economía política, en la trabazón de fines
de la vida humana, con la que las ciencias puras no tienen, en principio, nada que ver. En cambio, las ciencias del espíritu se hallan implicadas siempre en esta trabazón de fines, aunque sea en un sentido
más elevado que lo práctico-económico. La vida del espíritu, que aquellas ciencias investigan y exponen, no es, en realidad, otra cosa que
el autodesenvolvimiento o despliegue de uno de estos nexos finales, el
desenvolvimiento que cobra vida en la obra de las tales ciencias
cuando este nexo final es trasplantado a ellas como forma interior de
la dialéctica. Para el naturalista es fácil comportarse "objetivamente" frente a la vida anímica de las amebas. El historiador, en cambio,
si no quiere limitarse a copiar documentos y coleccionar piedras, si
quiere ser realmente un investigador de almas, no podrá sondear la
vida anímica de los hombres más que tomando partido e interpretándo-
la a base de la propia espiritualidad, también el método psicológico es
expresión de esta espiritualidad propia; pues tiene que saber que la
vida anímica y espiritual de las épocas pasadas sigue entrelazada por
los últimos hilos con su propio tiempo y su propia existencia y que,
aunque sólo sea en cuanto a la forma, tanto en un caso como en otro,
es el espíritu humano el que se despliega combatiendo.

Podrá objetarse, tal vez, contra esta concepción, que sale lesionada
mediante ella la "verdad científica", concebida como una comprobación imparcial de "lo que realmente ha sucedido". También aquí debe
salirse al paso de esta objeción diciendo que la verdad no es precisa-

mente la suma de hechos "exactos" tomados de la realidad, sino la recreación de hechos comprobados como exactos para convertirlos en el edificio idealmente levantado de una imagen del mundo. Si la ciencia literaria sigue arrastrando un concepto torcido de la verdad procedente de la época positivista, ello quiere decir que se mueve aún en el terreno en que se hallaba la poesía en la época del naturalismo. Pero ya un Lessing, por ejemplo, a quien nadie puede negar, evidentemente, la clara conciencia de lo que era la ciencia histórica, sabía, sin ningún género de duda, que la verdad no es precisamente estática, ni estadística, sino dialéctica. No es otro el sentido profundo de su combate ardoroso por la verdad como un girar incansable y cada vez más alto en torno a la verdad pura, la cual, como él mismo dice con expresión leibniziana, "sólo existe para Dios"; y cuando Lessing insiste constantemente en que "las verdades históricas fortuitas jamás pueden servir de prueba de las verdades necesarias de la razón",[18] quiere decir con ello que la característica de verdad, en las ciencias del espíritu, no se revela precisamente en lo externo del material histórico, en la "exactitud", sino en la lógica referencia a fin que en ella descubre el espíritu. Es evidente y natural que para ello ha de investigarse con toda precisión el material y comprobarse su exactitud, pero ello es simplemente un trabajo previo necesario.

Claro está que al incorporar así el concepto de la verdad al proceso dialéctico del espíritu para convertirlo en un valor de concepción del mundo, se destruye la quimera de la posesión firme, permanente y absoluta de la verdad (no la posibilidad de comprobar hechos históricos exactos) y se proclama con ello el postulado de que cada cual debe luchar por su propia cuenta para apropiársela. Quien se empeñe en ver en esto algo puramente relativo, puede consolarse pensando que tampoco las ciencias naturales conocen la verdad absoluta y permanente: de otro modo, la imagen del mundo de Tolomeo no habría podido ser desplazada por la de Copérnico. A ambas clases de ciencias es aplicable por igual la siguiente reflexión: quien crea que sólo puede darse por satisfecho almacenando dentro de sí una ciencia concebida como *ktema eis aei*, no tiene más que echar un vistazo a los prolijos compendios de la ciencia del barroco alemán anterior a la Ilustración y se encontrará en ellos con grandes escombreras y bancos de arena de "verdades", con interminables estratificaciones de saber acumulado por las ciencias históricas y naturales, con aburridas compilaciones de materia memorística despojada de toda problemática y de toda tensión interio-

---

18 Muncker, pp. 13, 5; cfr. la carta al padre, de 30 mayo, 1749, Muncker, t. XVII, p. 18.

res. Siguen en pie, aquí, las palabras de Lessing: "Lo que da valor al hombre no es la verdad en cuya posesión se halla o cree hallarse, sino el esfuerzo sincero desplegado por él para descubrir la verdad. Pues lo que acrecienta sus fuerzas y lo único que alienta y hace progresar incesantemente su perfección es la investigación de la verdad y no la posesión de ella. La posesión hace al hombre tranquilo, inerte, orgulloso."[19] Si los hombres de la Ilustración, animados por su robusto interés filosófico, pudieron convertirse en los creadores de la moderna historiografía, fué simplemente porque supieron infundir al proceso histórico el principio de la teleología, gracias a lo cual sustituyeron la mera *compilación* del barroco por un verdadero *método* científico. Y, al mismo tiempo, sintieron el deber de valorar el pasado, es decir, de medirlo por los valores considerados en el presente como necesarios para impulsar el proceso de la vida. El criterio positivista reprocha a la historiografía de la Ilustración su carácter teleológico; pero este reproche sólo es valedero en la medida en que, acentuando exageradamente la conciencia del hoy, pretende buscarse en el presente la meta y el fin de toda la vida del pasado. ("¡Y en qué forma tan grandiosa hemos prosperado nosotros!") Los estudios de historia del espíritu no pueden prescindir, como ya se ha puesto de relieve, del factor teleológico.[20]

2) Otra ley que se desprende para la ciencia literaria de la naturaleza del espíritu humano como actitud lógico-pensante frente al mundo de la intuición sensible, es la siguiente. Quien haya intentado captar, ya lógicamente, con arreglo a sus contenidos, los conceptos de intuición sensible, imagen sensible y representación mental, sabe que no se trata de magnitudes absolutas y determinables de un modo lógicamente inequívoco, sino de valores graduales y de que existe una larga escala entre los valores extremos que son la imagen perceptiva (concebida como la reproducción más exacta posible del objeto concreto de la realidad exterior, con toda una serie de características de contenido) y el concepto (último grado de espiritualización de la imagen sensible con características muy escasas). Tampoco la actividad de abstracción del pensamiento constituye una actitud mecánico-cuantita-

---

19 Muncker, t. XIII, pp. 23 s.

20 Naturalmente, el "valorar", en un sentido ideológicamente condicionado, significa el no poder hacer otra cosa, y no por ejemplo el que, llevados de nuestro estado de ánimo en cada momento, valoremos hoy las cosas de un modo y mañana de otro, que es como, ateniéndose a su positivismo relativista, entiende Walzel este concepto, en *Gehalt und Gestalt*, p. 141.

tiva creadora de magnitudes fijas y unívocas, sino una actitud dinámico-móvil, cuyas creaciones presentan el carácter de lo flúido y lo elástico. Quien diga, por ejemplo, "casa" no expresará por ese solo hecho si se refiere a una casa construída en el estilo del renacimiento italiano o a una construcción del barroco alemán. El lenguaje como exteriorización directa del pensamiento se caracteriza por el hecho de que sus elementos, las palabras, tienen tanto un significado intuitivo-sensible como lógico-conceptual, sin que pueda determinarse nunca de un modo claro e inequívoco la relación entre ambos grupos de valores. Dicho en otros términos: el lenguaje (el pensamiento) designa siempre un objeto como un algo singular y un algo genérico al mismo tiempo, y a los dos se les puede asignar el carácter de lo individual, sólo que en un sentido más o menos amplio. Las ciencias naturales no se preocupan para nada de este hecho; pasan por encima del arte singular individual para formar, en una abstracción absoluta, leyes que son expresión de lo universal. En cambio, las ciencias del espíritu, como investigación que son de lo individual, tienen que tener en cuenta esta peculiaridad del pensamiento, por donde se deriva para la. ciencia literaria en particular, como segunda ley, la necesidad de determinar la relación entre *el tipo y lo singular,* como amplitud abstracta y estrechez concreta del concepto de individualidad.

En su contemplación panteísta, es decir, científico-espiritual, del acaecer en la naturaleza, Goethe se esfuerza especialmente en desentrañar el concepto del tipo como elemento fundamental de su morfología. El resultado a que llega es una metafisiación de la actitud lógica del hombre: se generaliza la capacidad conceptual del pensamiento para convertirse en el comportamiento del espíritu formador del universo. Por tanto, para Goethe, el tipo es, en cuanto concepto metafísico, la fuerza de plasmación de la naturaleza que actúa tanto en lo físico-real como en lo espiritual y cuya dirección es teleológicamente determinada por una meta genérica o específica individual. La oscilación entre lo general-abstracto y lo singular-concreto en la formación conceptual del pensamiento se expresa en la determinación del tipo, como un valor metafísico, en la polaridad entre la unidad y la generalidad, por un lado, y la diversidad y mutabilidad (versatilidad), por otro, del tipo: éste es unitario, general, permanece siempre igual a sí mismo en la tendencia a producir criaturas de su misma especie; pero es, al mismo tiempo, versátil, en el sentido de que crea siempre y en cada caso seres distintos. Es individual en ambos comportamientos, lo que ocurre es que en un caso el concepto es absolutamente amplio, genérico en el estricto sentido de la palabra, y en el otro caso totalmente estrecho, expresión del objeto singular en su forma sensible.[21]

Siempre y cuando que capte claramente el sentido de este concepto goethiano, la ciencia literaria puede encontrar en él una fecunda sugestión para la elaboración metodológica de la relación entre el tipo y lo singular. Así planteado el problema, tenderá, siempre en el sentido de la creación de una verdad científica, a dar a lo que dice una forma tal que lo particular y lo singular —siempre dentro del marco y con la característica de lo individual— expresen al mismo tiempo lo genérico. En otras palabras: su lenguaje se convertirá en un lenguaje *simbólico*. Cuando, por ejemplo, pinte a una personalidad concreta, se cuidará de destacarla al mismo tiempo como expresión particular de un género histórico temporal; al describir a Lessing, v. gr., subrayará hasta qué punto cobra figura particular en él el tipo general de racionalista de la época, o en el análisis de una obra de Schiller pondrá de manifiesto de qué modo encuentra forma y expresión singular en ella el modo de ser, de pensar y de plasmar de aquel autor.

3) Intimamente relacionada con la ley de interdependencia entre lo genérico y lo singular se halla la ley de la *polaridad,* elaborada también del modo más fecundo por la concepción del mundo de Goethe. Esta ley se deriva del carácter de la vida como enfrentamiento de potencias antagónicas, como de una "lucha", para emplear la palabra, harto dura y unilateral, con que se ha expresado esta idea. Donde quiera que existe vida, el equilibrio de las fuerzas aparece constantemente alterado tanto por un lado como por otro y aún allí donde se presenta es siempre un equilibrio precario, destruído a cada paso por el más leve soplo de viento. Vida es, pues —podríamos decir—, la tendencia constante a mantener el equilibrio, pero al mismo tiempo la impotencia de asegurarlo por mucho tiempo. Sólo la muerte representa la estabilidad del equilibrio y, por tanto, la paz completa.

La ley de la polaridad encierra también su importancia para el pensamiento de las ciencias del espíritu, que aspira a elevar la vida al plano de los conceptos, y ya desde el punto de vista heurístico es fecundo para ella el dejarse determinar por esta ley en la investigación de la vida histórica. Pero, al hacerlo, debe tener siempre presente, como corresponde a la actitud fundamental de su espíritu, que el concepto de polaridad es para ella un valor dinámico-cualitativo y no un valor matemático-cuantitativo. La polaridad tiene como base la unidad de un impulso (metafísico) de creación. Pero este impulso,

---

[21] Goethe, *Ensayo de una teoría general de la comparación; Metamorfosis de los animales; Metamorfosis de las plantas, etc.*

al aparecer en la escena de la realidad, se desdobla en dos fuerzas que luchan entre sí como dos modos contrapuestos de acción, pero que, al mismo tiempo, tienden a recobrar a la unión, puesto que se mantiene siempre vivo en ellos aquel impulso creador en su unidad. Así, por ejemplo, cabe concebir la Reforma como un movimiento nacido originariamente de un impulso ético-religioso que impelía al hombre a buscar lo íntimo y lo esencial y que, hacia el año 1500, se impuso contra la figura enajenada de la iglesia de aquel entonces. Pero en este impulso actúan inmediatamente dos fuerzas antagónicas: un afán de libertad, que, frente al rígido ascetismo de la iglesia, hace también hincapié en el derecho del hombre natural (tendencia que se manifiesta, por ejemplo, en el postulado de la abolición del celibato eclesiástico), por otro lado, la fuerza que empujaba a la espiritualización del orden externo de salvación divina (la justificación por la fe y no por las obras). Estas dos fuerzas, fecundándose mutuamente a través de la contraposición, discurren paralelamente en una figura como Lutero, que mientras por una parte ensalza las alegrías de la vida, por otra parte ahonda espiritualmente la vida de la fe. Pero las mismas dos fuerzas se polarizan y revisten una hostilidad irreconciliable en el antagonismo entre Lutero y los campesinos sublevados: éstos, al aplicar el concepto de libertad única y exclusivamente a su situación económico-social, obligan a Lutero a acentuar con toda fuerza el lado espiritual de la idea de la Reforma.

Hegel, que con sus alternativas de tesis, antítesis y síntesis, acentúa con más fuerza que nadie esta polaridad en el movimiento de la vida histórica, desarrollándola con la máxima consecuencia, cae, sin embargo, en apariencia al menos, en el error de que, acuciado por el deseo de dar a esta ley una forma conceptual de la mayor precisión posible, la convierte, de un método conceptual dinámico de las ciencias del espíritu, en un método matemático. Y así se explica que sus seguidores Feuerbach, Marx y otros se convirtieran más tarde en los fundadores de la concepción materialista-cuantitativa de la historia. Es indudable que ya en el sistema de Hegel se contiene, aunque escondido, el germen de esta interpretación materialista de la idea de la polaridad; ya aparece larvado en él, evidentemente, el pensamiento metodológico fundamental de las ciencias naturales mecanicistamente materialistas que traspone la dinámica cualitativa de la vida de la naturaleza a relaciones cuantitativas, sustituyendo la fuerza por el número, y casi podríamos incluso afirmar que es aquí donde hay que buscar la raíz de todos aquellos intentos del siglo XIX encaminados a reducir las ciencias históricas y las ciencias naturales a un esquema metodológico común.

Frente a estas desviaciones del verdadero principio hay que insistir constantemente en que la idea de la polaridad en las ciencias del espíritu no significa, precisamente, en cuanto a su esencia, un antagonismo contradictorio entre dos fuerzas que puedan ser determinadas en la plenitud de su contenido por los signos + y — del lenguaje conceptual de las matemáticas, pues esto equivaldría a decir, en realidad, que ambas fuerzas se destruían mutuamente y que el resultado era, por tanto, igual a 0. No debe discutirse que esta fórmula + 1 y — 1 = 0 puede darse también, a veces, en la vida histórica de un modo duradero o transitorio, por ejemplo en personalidades de gran talento intelectual; pero, en estos casos, el resultado efectivo de las fuerzas polarizadas no es otro que el completo estancamiento o la frustración temporal del proceso de creación. Estos casos concretos de la vida individual, que no son sino fenómenos extremos, no alteran en lo más mínimo la ley misma. Y ya el mismo punto de vista cualitativo-individualista de las ciencias del espíritu por oposición al criterio cuantitativo y general de las ciencias naturales explica por qué la ley como tal excluye en la vida histórica el estancamiento y por qué, consiguientemente, la dinámica no cobra aquí, por principio, los contornos lógicos de la antítesis matemática. En la vida histórica, fuerza no significa una magnitud fija, rígida y unívoca, susceptible de ser expresada numéricamente: no cabe duda de que podemos caracterizar como una fuerza la pasión que vibra en el lenguaje de Goethe, pero ni al historiador literario más positivista y materialista se le ha pasado todavía por las mientes intentar medir la pasión goethiana del *Lotte Buff* por unidades de energía al modo como se mide la corriente eléctrica, ni expresar su ardor por calorías; la fuerza, concebida en un sentido histórico, constituye más bien un juego libre, un flujo y reflujo elástico, y como esta libertad elástica actúa en ambos sentidos, es evidente que la relación mutua de las dos fuerzas que se contrarrestan no puede ser tampoco una acción rígida y cuantitativamente unívoca, sino una sucesión variable de embates, retiradas y nuevas descargas. La diferencia existente entre la antítesis matemática y la polaridad dinámica podría tal vez expresarse gráficamente del siguiente modo:

Gráfico matemático-cuantitativo:

Gráfico dinámico-cualitativo:

4) La cuarta ley se deriva de la tercera con la misma fuerza de necesidad que la segunda de la primera. Así como la ley de la unidad de sentido o de la referencia a un fin como carácter de la vida individual determina la relación entre la especie (genérica) y el individuo (singular) como formas de manifestarse la individualidad, la ley de la polaridad lleva consigo como cuarta ley la de la *continuidad*.

Si la dinámica de la vida es un juego cambiante de presiones y depresiones, es indudable que este concepto lleva implícito el entrelazamiento continuo de las fuerzas entre sí sin solución de continuidad, es decir, el hecho de que no existe sitio alguno que no se halle empapado por la corriente de energía de la vida; aun allí donde parece producirse un estancamiento, éste es siempre transitorio y precario.

Es misión del pensamiento, de la historia de la literatura, representarse espiritualmente el entrelazamiento en el tiempo de las potencias determinantes de vida como un proceso conceptual, para lo que tenemos que este entrelazamiento cerrado y sin solución de continuidad de los distintos eslabones es lo que constituye la esencia del pensamiento. Ese pensamiento de índole impresionista, que salta de una ojeada a otra, es siempre, científicamente considerado, un pensamiento estéril, puesto que carece precisamente de lo que constituye la esencia y, desde un punto de vista heurístico, el valor del pensamiento científico, a saber: lo que intrínsecamente nos obliga a avanzar de un concepto a otro, de un pensamiento a otro, de una visión a otra. La continuidad es algo íntimamente relacionado con la ley de la conexión de sentido de lo orgánico: si el organismo significa el rico entrelazamiento de las partes en el nexo final, en la dirección de la coexistencia, la continuidad no quiere decir sino la acción de la conexión de de sentido, en la sucesión temporal de una cadena lógica.

Esta continuidad, sin solución, es algo tan inherente al proceso de vida, como a las ondas del río que fluyen una tras otra, impulsada siempre la anterior por la posterior, y el carácter defectuoso de nuestra visión, debido sobre todo a las lagunas que existen en nuestro conocimiento acerca de las fuentes de las materias estudiadas y que parece excluir la posibilidad de una continuidad completa dentro del trabajo científico, no debe movernos en modo alguno a discutirla en general como ley del método científico. Puede ocurrir que nuestra ignorancia de los medios más profundos y más finos de la vida sea tan grande, que la ley de continuidad quede completamente anulada en el caso concreto y que la forma de vida aparezca como algo aislado. Pero tampoco este fenómeno que ocurre una vez destruirá la ley como tal, cuya determinación de contenido no coincide jamás con la particular singularidad del caso en cuestión. La esencia de la ley de por sí consiste, como se revela también en las leyes de las ciencias naturales, en tener un significado puramente lógico-formal, abandonando, a cada caso concreto, la relación con lo que se da singularmente, es decir, el alcance de contenido en cada caso. Por eso no debe interpretarse el concepto de la continuidad en el sentido de que el científico pueda profetizar los resultados a que se llegará en un caso concreto partiendo de determinadas premisas y de que esta conclusión haya de producirse necesariamente en la realidad. Lo que sí cabe determinar necesariamente como continuidad es la *orientación* del acaecer que se nos da en la individualidad. Por ejemplo, quien conozca bien a Goethe y Schiller podrá afirmar con una fuerza de necesidad científica que un viaje a Italia no habría impulsado la formación de Schiller como de hecho impulsó la de Goethe, aun cuando sus recursos le hubiesen permitido emprenderlo (pues de otro modo; habría encontrado los medios para ello); podemos, pues, considerar como parte de la ley de continuidad de su vida el hecho de que Schiller no llegase a visitar Italia, del mismo modo que la ley de continuidad que informaba la vida de Goethe trajo consigo el que hiciese un viaje a aquel país. Lo que no se deriva necesariamente de esta ley son las circunstancias particulares que llevaron a Goethe a Italia. O bien, para poner otro ejemplo: partiendo de la unidad de sentido (idea) de la personalidad anímica e ideológica (concepción del mundo) de Goethe puede llegar a demostrarse científicamente, con fuerza de necesidad, que este autor, después de sus obras del período del *Sturm und Drang,* tendría que llegar a exponer en un poema su reconciliación con el mundo como un proceso de purificación; lo que ya no se puede probar de un modo científicamente necesario es que este poema había de llamarse precisamente *Ifigenia.* Expresado esto en el lenguaje de los principios, quiere decir: continuidad como concepto metodológico significa el concebir la "legalidad" de la individualidad como lo que hay de unitario en todas sus manifestaciones, tal como se suceden unas a otras en el tiempo. Pero, como individualidad significa, al mismo tiempo, un eterno cambio y en la historia no se da jamás un "retorno de lo igual", al modo como no son iguales las diversas hojas de un árbol, la continuidad lleva también implícita la necesidad de concebir toda manifestación como un acto individual y especial. Sería fácil demostrar que las poesías que figuran en el *Diván occidental-oriental* y los himnos juveniles de Goethe son creaciones nacidas de la misma personalidad, pero no menos fácil sería llegar a la conclusión de que son creaciones poéticas distintas.

Sólo en este sentido cauteloso y restrictivo podemos concebir desde el punto de vista de las ciencias del espíritu ese concepto del desarrollo, tan al alcance de la mano también aquí y que, procedente de las ciencias naturales, ha cobrado una importancia extraordinaria en la historia literaria.[22] Este concepto no puede significar jamás cambio de sustancia ni siquiera progreso en el sentido de un mejoramiento, sino sencillamente mutación de una sustancia que permanece siempre idéntica a sí misma a través de una serie de formas que son otras tantas modalidades o manifestaciones suyas, desde el punto de vista del telos o fin de vida que va implícito en la idea de la sustancia como unidad de vida o mónada. Con respecto a la mónada Schiller, por ejemplo, el desarrollo como continuidad sólo puede significar la necesidad de llenar el telos Schiller hasta su último punto; no puede significar el que esta mónada pudiera haber llegado a convertirse en la mónada Goethe, aunque tal vez Schiller se propusiera en una determinada época de su vida, como meta de su deseo, el llegar a parecerse a Goethe lo más posible. Por consiguiente, desarrollo quiere decir, pura y simplemente, despliegue de una unidad de vida dentro de la trayectoria trazada de antemano por su individualidad y en el sentido de un entrelazamiento y un cambio constantes de eslabón a eslabón o de miembro a miembro.[23]

---

22 Cfr. H. Cysarz, *Literaturwissenschaft als Geistesgechichte*, pp. 190 ss.

23 El carácter puramente lógico-formal de la ley de la continuidad excluye también la concepción del concepto de la evolución tal como se contiene en la teoría filosófico-histórica de Lamprecht, pues su serie de animismo, convencionalismo, tipicismo, simbolismo, individualismo, subjetivismo, no sólo se aplica al *cómo* de la evolución general, sino también al necesario *qué de cada una de sus fases*. Y el contenido de este *qué* es tan impugnable como todo su principio metodológico. Pues, aun prescindiendo de que el método de Lamprecht, orientado en el sentido de una historiografía positivista, se limita a darnos una descripción psicológica en vez de descubrir las fuerzas que actúan en la historia, su principio metodológico adolece de una ilusión óptica en lo tocante a la visión histórica. A Lamprecht le sucede lo que al caminante que contempla el paisaje de pie desde una colina. En la zona que cae más cerca de él puede percibir a las gentes conocidas, los animales, las plantas, en una palabra, las cosas individuales y concretas, es decir, diferenciar las cosas del modo más preciso, gracias a su cercanía geográfica. La segunda serie de objetos, más alejados de él, sólo los distingue en cuanto a sus elementos típicos: ve gentes,

4

Se han destacado en las páginas anteriores cuatro leyes generales como determinantes metodológicas fundamentales del juicio en la ciencia literaria: *1)* la ley de la unidad de sentido como conexión teleológica implícita en el concepto de la individualidad histórica. *2)* La ley de la relación entre lo típico y lo singular como acuñación precaria, lábil, de lo individual. En cuanto que lo singular se presenta como expresión de lo típico-general, esta ley entraña el carácter simbólico que deben tener de por sí las exposiciones de la ciencia literaria. *3)* La ley de la polaridad, como el despliegue de una unidad de vida en la dualidad antagónica de las fuerzas en acción, distinta de la antítesis cuantitativa en sentido matemático. *4)* La ley de la continuidad, como cambio sin solución de continuidad de una unidad de vida de una forma a otra.

Veamos ahora cómo reciben estas leyes aplicación especial a los grandes problemas de la ciencia literaria, poniendo de relieve con ello su fecundidad heurística, metodológica y enjuiciadora. Los grandes problemas a que nos referimos son los siguientes: *1)* La comunidad que estudia la ciencia literaria, como concreción de pueblo y época. *2)* La personalidad poética. *3)* La obra poética. Aquí no podremos

bosques, praderas, etc. En otro círculo más alejado todavía desaparecen incluso estas individualidades, hasta que por último el horizonte hace que la mescolanza de individualidades de vida que realmente existen allí se le aparezca al observador simplemente como una serie de líneas sencillas que se confunden las unas con las otras, llegando a pensar que la lejanía está formada realmente por estas sencillas líneas en que se acusan las montañas, etc. En realidad, no cabe duda de que el contenido de los más lejanos espacios de vida se halla tan diferenciado como el de los más cercanos. Lo que hace que aquéllos aparezcan simplificados y reducidos a contornos típicos es, sobre todo, la ley del comportamiento óptico del ojo humano, cuya agudeza de visión va disminuyendo conforme aumenta la distancia. Lo único que se le puede conceder a Lamprecht es que el número de fuentes de que disponemos disminuye a medida que vamos remontándonos en la historia (aunque no en progresión constante). Pero cuando deduce de este hecho que los hombres, cuanto antes vivieron, fueron también más simples, más típicos, más convencionales en su estructura espiritual, su juicio aparece gobernado, como el del contemplador del paisaje, por la ley óptica de la disminución de la claridad visual en razón directa del aumento de la distancia: no es que las individualidades de vida vayan perdiendo en fuerza y capacidad de diferenciación a medida que retrocedemos en la historia; es, sencillamente, que al observador del siglo xix le parece como si así fuera. Se nos hace difícil pensar que una personalidad como Alcibíades, por ejemplo, fuese menos diferenciada que un Lassalle, o, para poner un ejemplo tomado de la historia literaria, un Grimmelshausen menos que un Gellert.

hacer otra cosa que apuntar los problemas; el desarrollar la proyección de estas leyes por extenso y en todos sus detalles equivaldría a escribir toda una filosofía de la ciencia literaria.

1) La Comunidad como Condición de Pueblo y Época

a) La ley de la individualidad como unidad teleológica de sentido. La conciencia de la condicionalidad nacional y cronológica de las figuras literarias, sobre todo después que Herder la razonó frente al ideal unilateralmente clásico, constituye un antiguo punto de vista de la ciencia literaria. Lo que, a partir de entonces, y bajo la influencia de la rica investigación histórica del siglo XIX, se ha elaborado, en lo tocante a algunos conceptos metodológicos, desde el punto de vista de la ciencia literaria, la "legalidad" de la vida colectiva no es, en sustancia, más que la diferenciación y la modernización de los pensamientos expuestos ya por Herder.[24] Desde el punto de vista de una metodología basada sobre fundamentos lógicos, debe observarse a este propósito que los distintos métodos, si están desarrollados en términos verdaderamente filosóficos, tienen que aparecer fundamentados necesariamente en una determinada concepción del mundo de quien los crea o los aplica, razón por la cual no pueden involucrarse unos con otros sin que se produzca un sincretismo de tipo compilatorio que no tendrá carácter de ciencia. No vale, por consiguiente, para poner un ejemplo, querer combinar el método del materialismo histórico de origen marxista con el método panteístico del romanticismo. Cierto que, considerando las cosas desde un punto de vista material y de contenido, también las ideas que se manifiestan en la historia se versaban como formadoras en el terreno económico-material. Pero, cuando se plantea el problema metodológico-formal de la acción y el carácter de las leyes históricas, hay que optar entre considerar como determinantes y decisivos los criterios espirituales-cualitativos o los materiales-cuantitativos. Tampoco sería posible, por la misma razón, querer mezclar el concepto del medio, según Taine, que obedece a una concepción del mundo marcadamente positivista, con la concepción que Hamann y Herder tienen del pueblo y del tiempo como cuño "jeroglífico" del divino espíritu plasmador.

b) La relación entre lo típico y lo singular como expresión de lo individual histórico se manifiesta en el problema de la comunidad

---

24 Resúmenes tipológicos se contienen, entre otras obras, en las de J. Petersen, *Literaturgeschichte als Wissenschaft*, 1914; El mismo, *Die Wesensbestimmung der deutschen Romantik*, 1926; P. Merker, *Neue Aufgaben der deutschen Literaturgeschichte*, 1921; O. Benda, *Der gegenwärtige Stand der deutschen Literaturwissenschaft*, 1928; S. Lempicki, en Merker-Stammler, *Reallexikon*, t. II, pp. 280 ss.

como cuestión de la personalidad a través de su relación morfológica
con la época y el pueblo. Surge aquí el problema de si es la personalidad o la masa (el "espíritu de la época" o el "alma de la época"), es
decir, el factor individual humano o el factor colectivo, lo que da la
pauta en la formación de la vida histórica. El punto de vista simbólico, tal como lo expusimos más arriba, llegará a la conclusión de que
este problema no debe resolverse en un sentido de dilema, sino com-
binando ambos factores y, concretamente, concibiendo la personalidad
como símbolo de la comunidad. Cuando la vida espiritual colectiva,
en el vaivén de las fuerzas plasmadoras que en ella actúan, llega a
un punto en que se revela dentro de ella un tipo individual a la luz
de la conciencia histórica, este tipo se singulariza y se consolida en
la personalidad o en las personalidades históricas concretas que, a su
vez, mediante su capacidad para exaltar el tipo a una pureza y una
fuerza peculiarísimas por medio de su talento genial, descollante por
sobre la masa, imprimen a ésta la significación del tipo, le hacen comprender el sentido de la voluntad de vida que vibra en su interior e
impulsan y hacen avanzar así toda la época en su conjunto. En este
sentido, podemos decir que Lessing, Goethe, Schiller, Kleist, etc., representan figuras simbólicas de un tipo, empujadas por el movimiento
general de su época, a la par que impulsan la época en que viven. Así
se comprende la falta de sentido lógico que envuelve esta pregunta:
¿qué habría llegado a ser Lessing, de haber vivido en la época del
romanticismo? En efecto, el fenómeno histórico determinado y concreto que es Lessing sólo llegó a ser lo que su nombre significa por
obra de la interdependencia de su yo individual con la individualidad
de la vida de la nación a que pertenecía y en una época determinada,
y tan pronto como se abandona o modifica una de las magnitudes de
esta relación, la de la vida de la comunidad, se viene a tierra la figura
histórica en su conjunto.

Pero los efectos de la relación entre lo genérico y lo singular no
se reducen a este simbolismo del poeta y la nación o la época, sino
que también la nación o la capa social de que se parte, deben concebirse como singularización simbólica de la vida colectiva de toda la
época. Si, por ejemplo, tomamos el concepto de Ilustración como característica cronológica del período que va de 1700 a 1770, supongamos, podemos poner de manifiesto cómo este concepto se singulariza
y cambia con arreglo a las fuerzas culturales de cada país o de cada
nación en la Ilustración inglesa, en la francesa, en la alemana, etc.

c) La unidad de sentido o la idea de una época literaria se acusa
en la *polaridad* de dos tendencias fundamentales del espíritu. Así, la

época del barroco se halla informada por la pugna entre el pensamiento marcadamente ascético y hostil al mundo que impera con rigidez conceptual en la ortodoxia de la iglesia católica y de la protestante, de una parte, y de otra la concepción de vida optimista y natural que propende hacia la Ilustración.[25] El realismo del siglo XIX (Gotthelf, Hebbel, Keller, etc.) surge de la pugna entre dos concepciones del mundo: la romántico-idealista y la económico-materialista. La historia del realismo, tan transparente a través de su riqueza de testimonios, es precisamente una de las más elocuentes en cuanto a la realización de la ley de la polaridad.[26] Las obras más importantes de esta tendencia surgen, entre 1840 y 1880, es decir, en la época en que, como lo revelan, por ejemplo, los debates mantenidos en las obras de los naturalistas (Feuerbach, Karl Vogt, Ludwig Büchner), más fuerte era la tensión entre las dos concepciones: la idealista-cualitativa y la materialista-cuantitativa. Fué por entonces, entre los años 1850 y 1860, cuando Gottfried Keller se reveló con su *Enrique el Verde* y sus *Gentes de Seldwyla;* pero también proceden de aquellos años las primeras versiones, los proyectos o los planes para las *Siete Leyendas,* las *Novelas de Zurich* y el *Epigrama,* obras todas que no pueden reducirse a la fórmula unívoca del materialismo. Surgen también hacia estos años, las grandes tragedias de Hebbel, en las que se ventila la crisis de la época. Y, a la inversa, el predominio exclusivo de una tendencia única del pensamiento se revela poco fecundo para la creación poética; esto explica la esterilidad de los años 1815 y 1835 (hegemonía del idealismo consecuente bajo la forma del logismo hegeliano) y la del período de 1880-1900 (hegemonía del materialismo positivista consecuente): ni siquiera el *Martin Salander* de Keller, pese a todo su dominio "técnico", puede compararse con las obras anteriores del mismo autor, desde un punto de vista artístico-espiritual. Tampoco la cultura del rococó, con su acentuación de la nota racionalista, produjo obras poéticas de un valor tan permanente como la época posterior de 1770-1815, en que se había levantado ya como contrapeso a la idea racional el irracionalismo de Rousseau-Hamann.

d) La ley de la *continuidad* representa en la vida de la comunidad histórico-literaria aquella línea de desarrollo que surge a través del juego inestable de la polaridad. No es otra cosa que la conexión en el campo. Pero debemos manejar con la mayor cautela la imagen, que parece tan obvia, del auge, el apogeo y la decadencia de las épo-

---

25 Cfr. mi libro *Barock und Rokoko in der deutschen Dichtung,* 2ª edición, 1928.

26 Cfr. mi ensayo "Hebbel, Gotthelf, Keller und die Krise des deutschen Geisteslebens in der Mitte des 19. Jahrhunderts", en *Blätter für Philosophie,* t. I, 1927, pp. 166 ss.

cas. Ya se ha comprobado más de una vez, como, por ejemplo, en el juicio actual acerca de la literatura barroca o del realismo del siglo xix, cómo una época considerada como decadente por una generación anterior es juzgada en sentido contrario al venir la generación siguiente, o viceversa. Será, pues, más acertado concebir una época, tal como aparece determinada idealmente, como una unidad biológica y hablar dentro de ella de germinación, florecimiento y agostamiento. Y así, vemos, por ejemplo, cómo el barroco alemán brota del Renacimiento, se desarrolla hasta depurarse —en Fleming, Gryphius, Grimmelshausen, etc.,— y luego se anquilosa a fuerza de unilateralidad y exageración— en la llamada segunda escuela silesiana—. Desde este punto de vista, puede esclarecerse el problema de la división en períodos, en el cual no hemos de entrar aquí.

2) La Personalidad del Poeta

a) La *unidad de sentido* de la personalidad poética debe captarse en primer lugar, como han puesto de relieve, por ejemplo, las investigaciones de E. Sievers,[27] al modo de una unidad fisiológica. De este punto de vista se desprende asimismo una unidad de la actitud psicológica: basta con echar un vistazo al estilo de uno y otro autor para convencerse, por ejemplo, de que Kleist revela una individualidad muy distinta de la de Goethe. También en cuanto a la forma de su vivencia se mantiene siempre Goethe igual a sí mismo. O bien, podemos convencernos fácilmente de cómo en Lessing existe siempre la misma relación entre la teoría y la práctica de la creación poética: la investigación teórica va siempre por delante y hasta que el autor no ve claro acerca de la "regla" no sigue el trabajo poético. Así es cómo crea Lessing sus fábulas, lo mismo la *Miss Sara Sampson* que la *Minna von Banrnhelm* o la *Emilia Galotti*. Y en cada caso van poniéndose de manifiesto por igual la fuerza de su interés teórico y el ahinco incansable de su espíritu investigador. Hasta qué punto constituye la personalidad poética una unidad concreta de vida lo demuestran tal vez mejor que nada los intentos de imitarla: desde este punto de vista es muy instructiva la relación que existe entre el estilo de Varnhagen von Enses y el de Goethe. Finalmente, el concepto de unidad de sentido significa también, en el terreno metodológico, la unidad metafísico-ideal de la personalidad. Poetas como Goethe, Schiller, Kleist, Grillparzer, Hebbel y otros se hallan espiritualmente informados por una sola "idea", la cual se proyecta sobre toda la obra de su creación. Si estudiamos desde este punto de vista a un C. F. Meyer, por ejemplo,

---

[27] E. Sievers, *Ziele und Wege der Schallanalyse*, 1924.

vemos cómo todo su pensamiento gira en torno al problema de la justicia del destino. El oscurecimiento de espíritu que observamos en la juventud de este escritor tiene su raíz en su incapacidad para encontrar todavía, en aquel entonces, la respuesta satisfactoria a este problema. Toda la serie de sus novelas es, desde el principio al fin, una cadena en que vemos cómo va desarrollándose y ahondando su solución al problema fundamental con que se debate.[28]

b) Veíamos cómo la personalidad no era sino una manifestación singular del tipo de la época y la nación; pues bien, la relación lógica entre *lo genérico* y *lo singular* se repite en la vida de la personalidad poética. Si percibimos a Goethe, por ejemplo, como unidad genérica individual, veremos en cada una de sus obras un caso singular de ese género. También en este punto, al dibujar científicamente la personalidad como tipo individual, debemos subrayar que jamás podremos obtener una imagen viva mediante la suma cuantitativo-positivista del mayor número posible de datos aislados, sino sólo por el camino dinámico-cualitativo: descubriendo el tipo ideal —la idea tipo— que vive y actúa en la personalidad como una unidad de sentido y el modo cómo esta idea se acusa simbólicamente en las distintas manifestaciones de su vida. Y no cabe duda de que hasta el más acérrimo y más positivista de los coleccionistas se somete, aunque no lo confiese o no se dé cuenta de ello, a esta ley lógica: no se le ocurrirá, por ejemplo, ponerse a indagar lo que comía Goethe o el número de horas que solía dormir cuando compuso su *Hermann y Dorotea*. En cambio, es aquí donde reside el valor de conocimiento de la buena anécdota. Quien se haya acostumbrado a ver las cosas simbólicamente, observa cómo en la vida de una personalidad apegada a la naturaleza se condensa a veces, por decirlo así, en un solo rasgo, en un determinado gesto o en un encuentro toda la esencia de su ser y cómo se revelan con frecuencia, simbólicamente, en una imagen cosas que es imposible expresar por medio de conceptos. Así, por ejemplo, los amores de Goethe por Federica condensan, tomando como símbolo la figura de su amada rústica, todo lo que hay de genérico en su sentimiento panteísta de la naturaleza; el propio Goethe subraya en *Poesía y Verdad* que vivió aquellos amores sobre el fondo de la *naturaleza conmovida*, sobre un fondo de "temblorosas ramas de árboles, ágiles arroyos y mecidas praderas de flores": en los adjetivos se percibe ya lo que hay de dinámico en su captación de la naturaleza.

[28] Sobre el concepto de la idea en la personalidad poética, cfr. mi obra *Dichterisches Kunstwerk*, pp. 65 ss. Sobre Meyer: *Krisen und Probleme*, 1928, pp. 290 ss.

c) La *polaridad* como ley anímica-espiritual de la personalidad se revela, en G. Keller por ejemplo, como un contrajuego, que radica en su disposición congénita, entre valores metafísicos, psicológicos y morales: la naturaleza como plenitud y orden; los sentidos y el entendimiento; mentira y verdad. De la pugna entre las dos fuerzas surge la imagen de una personalidad humana y de una vida humana de tal modo, que bajo el predominio del primer grupo (plenitud, sensualidad, mentira) el hombre, o se arruina físicamente de un modo prematuro o ve cómo su vida se va empequeñeciendo hasta tomar proporciones raquíticas, mientras que el segundo grupo (orden, inteligencia, verdad) tiene que triunfar necesariamente para que el hombre sea exteriormente feliz. En la personalidad poética de Grillparzer aparece muy acusada la polaridad. Esta polaridad puede expresarse como concentración y dispersión, mantenimiento y enajenación del propio yo, idea y realidad. A veces, la pugna es tan fuerte y las dos potencias contrapuestas aparecen tan equilibradas en cuanto a su intensidad, que ello se traduce cabalmente en un estancamiento periódico espiritual del hombre y en la esterilidad del poeta.[29]

d) La *continuidad* en el desarrollo de la personalidad poética se halla condicionada por el tipo de contrajuego de la polaridad. El propio Goethe habla de diástole y sístole, del inspirar y expirar en el proceso de vida y en sus *Palabras primigenias: Lo órfico,* encuentra la ley del desarrollo de la personalidad en el cambio polar entre la fuerza propulsora vertical del yo —primeramente como *daimon,* luego como *eros,* y por último como *elpis*— y las fuerzas formativas horizontales del hombre: *tyche* y *ananké.* La obra grillparziana aparece dividida, a través de la fuerte polaridad característica de él, en períodos claramente deslindados de fecundidad y esterilidad, que podríamos ir señalando en cada caso con los signos + y −. Por ejemplo:

+ 1) hasta 1810: gradual despertar de la fuerza poética creadora hasta llegar a *Blanca de Castilla;*

− 2) Paralización por las condiciones políticas y domésticas de la vida del poeta, hasta 1816;

+ 3) 1816 a 1826: el período más fecundo de creación *(La Antepasada, Safo, El Toisón de Oro, Ottokar, El Servidor fiel);*

− 4) 1826 a 1836: el período de más fuerte depresión y reproches contra sí mismo, con pensamientos de suicidio, laborioso trabajo en las obras *Olas del mar y del amor* y *Sueño de una vida;*

---

[29] L. Beriger, Grillparzers Persönlichkeit in seinem Werk, en *Wege zur Dichtung,* t. III, 1928.

+ 5) breve paréntesis luminoso, de 1836 a 1838, con la comedia *¡Ay de aquel que mienta!* y el fragmento de *Esther*. La negativa del teatro a aceptar la comedia determina el oscuro período final.

− 6) 1838 a 1872, en el que produce todavía, muy lentamente, la *Judía de Toledo*, la *Discordia entre hermanos* y *Libussa*.

La trayectoria del racionalista Lessing marcha mucho más claramente hacia la meta y es, por tanto, más rectilínea. Y también aquí debemos hacer la siguiente salvedad: no es posible que conozcamos en cada caso todos los factores determinantes que condicionan la continuidad efectiva del desarrollo de un poeta; pero ello no quiere decir que la continuidad no rija como ley.

3) La obra poética. Es aquí probablemente, donde con menos objeciones tropieza la concepción orgánica;[30] no en vano se ha establecido, por lo menos desde el siglo XVIII, la tendencia habitual a considerar la obra de arte como un microcosmos. Lo cual implica, a su vez:

a) La *unidad de sentido*. Esta reside en la manera de entender el mando por parte de la personalidad y se acusa en el caso singular del problema particular. Como centro espiritual, determina en la obra la motivación interior de la materia, del mismo modo que el punto de vista condiciona en la obra plástica de arte el sistema estructural de las líneas y las superficies. De ese centro y de su acción sobre la motivación depende, a su vez, la verdad poética, que es también en poesía (como lo es en la obra de ciencia histórica) algo distinto de la simple exactitud en la reproducción de la realidad. Pero el hecho de que la idea determine de este modo el tejido orgánico de las venas y arterias en su estructura y el torrente circulatorio, no quiere decir que artísticamente tenga que aparecer como tal idea, es decir, de un modo metafísico-intelectual; en este terreno, se presenta de un modo individualizado, en la vida anímica de los personajes que intervienen en la acción; es decir, se presenta de un modo psicológico. En la obra poética, la relación entre psicología y metafísica (concepción del mundo) reviste, por tanto, metodológicamente, la siguiente forma:[31] la idea es, en cuanto a su esencia, metafísica; allí donde es puramente psicológica, es decir, donde no es más que una opinión del autor entre una serie de criterios variables del mismo, su fuerza

---

[30] Criterio que he pretendido aplicar en mi obra *Dichterisches Kunstwerk*, cuyas determinaciones no deben concebirse en el sentido de descripciones de carácter psicológico, sino como sugestiones tipológicas para el propio pensamiento.

[31] Cfr. mi obra *Krisen und Probleme*, pp. 31 ss., y el ensayo "Die Idee im Dichtwerk, en *Blätter für deutsche Philosophie*, t. II, 1928, pp. 117 ss.

plasmadora no es nunca capaz de crear una obra poética de valor permanente. (Ejemplo: Otto Ludwig, quien entiende que la idea va implícita en la materia: su *Heiteretei* y sus *Macabeos* revelan, por tanto, "ideas" completamente distintas, que son en realidad, simplemente, distintos modos intelectuales de captar la materia y no reflejos de una concepción del mundo unitaria e individual, a la cual renuncia siempre el realista consecuente). En cambio, la representación artística de la idea es siempre psicológica, aparece plasmada en la individualidad de los personajes que actúan en la obra. Allí donde aparece como algo puramente metafísico, produce la sensación de algo intelectual y construído, como suele ocurrir, por ejemplo, en Hebbel, v. vg. al final de su *Judith*. No es necesario insistir aquí en que la unidad de sentido de la personalidad se manifiesta también en el estilo del lenguaje de la obra; basta con que lo apuntemos.

b) El concepto de tipo de Goethe nos da la clave para comprender las relaciones entre *el género y la obra singular*. El género es lo universal e inmutable, es decir, fuerza individual de plasmación que crea una forma singular al abordar la tarea de una obra determinada. Si se alega en contra del concepto del género poético (epopeya, drama, lírica, con sus formas secundarias), considerado como fuerza de plasmación con una dirección unívoca, que no existe ninguna obra que realice el tipo en toda su pureza, pues la obra épica y dramática encierra siempre elementos líricos, y viceversa, diremos que esto sólo demuestra una cosa: que no se tiene una concepción lógica clara de lo que es el concepto de ley; tampoco en las ciencias naturales coincide nunca el caso concreto con los postulados de la ley, la cual jamás logra un cumplimiento puro y absoluto en la realidad.

Esto nos ayuda a esclarecer las relaciones entre las formas generales y fijas de la métrica (formas estróficas como el soneto, el dístico, la estancia, etc.) y cada uno de los poemas compuestos bajo esta forma. Cuando Goethe, en su período antiquizante, recurre al hexámetro y al dístico, respeta la ley del género, pero sin dejar por ello, en la fuerza de su personalidad, de acuñar formas individuales, especiales. El verso suelto es también algo perfectamente distinto en Lessing, Goethe y Schiller, desde el punto de vista de la melodía y del ritmo. El simple esquema o el género puro en su forma abstracta sólo los encontraremos en quienes no son poetas; por eso sus versos dejan en nosotros la impresión de lo seco y vacío.

Esto hállase relacionado con otra observación, a saber: que no todo poeta es capaz de llenar de vida todos los géneros o, lo que es lo mismo, que no todo género puede llegar a cobrar vida en toda personalidad. Hay poetas que son, por su condición psíquica, épicos, dramáticos o líricos innatos. Aun tratándose de Goethe, poeta al que su personalidad permitió crear grandes obras en los tres géneros, observamos una distinta relación con la pureza del tipo. Desde este punto de vista, nos parece que las más claramente acuñadas son sus poesías líricas. En sus obras épicas, si las comparamos, por ejemplo, con las de Gotthelf, se echa de menos muchas veces la plenitud y densidad del estilo épico; y sus dramas carecen de aquella tensión interior de los de Kleist. La unilateralidad en la obra artística es el sello del genio, la multiformidad la característica del talento. Nada más elocuente, en este sentido, que las palabras de Lessing: "El genio puede ignorar mil cosas que sabe cualquier muchacho de la escuela; lo que constituye su riqueza no es el granero alimentado por su memoria, sino lo que es capaz de producir por sí mismo, como fruto de su propio sentimiento." [32]

También la relación entre la época (y la nación) y el género es una relación interiormente orgánica y sujeta a leyes. No toda época (todo pueblo) es capaz de producir cualquier género. Lo genérico, en el sentido de los géneros literarios, nace de la complexión psíquica espiritual de una época y muere con ella. Así se explica que en la época racionalista de la Ilustración sólo llegasen a desarrollarse pobremente la lírica y la tragedia, y que en el período del materialismo fuesen agonizando poco a poco la lírica y el drama, hasta el punto de que alrededor del 1900 sólo se conservaba vivo, en rigor, el relato en prosa. Hoy, la epopeya está completamente muerta y vemos cómo se transforman también, bajo la influencia del cine principalmente, las antiguas formas clásicas de la narración; el cuento se convierte en una historia breve y la novela orgánica en la descripción de una serie de estampas. El hecho de que sigan produciéndose poesías y narraciones al modo antiguo no altera en lo más mínimo la eficacia de esta ley a que nos estamos refiriendo para quien no conciba la ciencia histórica como una simple compilación de los materiales existentes, sino como el descubrimiento de las fuerzas naturales que actúan en la vida histórica. Donde estas fuerzas no actúan es en el arte *artesanal*.

c) La polaridad de la personalidad artística tiene su continuación en la *polaridad de la obra de arte*, aunque con distinto grado de tensión según los diversos géneros. Vive como tensión ideológica a través de la antítesis de idealismo y realismo en el *Wallenstein* de Schiller, como convención y postulado sentimental en el *Werther*

---

[32] *Hamburgische Dramaturgie*, núm. 34, ed Muncker, t. ix, p. 324.

de Goethe, como dolor y redención en el poema de la primavera de Uhland: *Han despertado los dulces vientos*. La *María Magdalena* de
Hebbel, obra de una construcción casi transparente, revela cómo la
idea (convencionalismo burgués y libertad cristiana) se manifiesta
de un modo polar, a través de los motivos, en el carácter de los diversos personajes, algunos de los cuales —el maestro Antón, su mujer,
Leonhard— encarnan el mundo de la convención, mientras que otros
—Carlos, Clara, el secretario— simbolizan el mundo de la libertad.
Pero la polaridad sigue manifestándose en la antítesis entre lo genérico de la idea general y su animación especial en las diferentes personalidades y situaciones concretas: el maestro Antón actúa por la
afirmación rígida de uno de los aspectos de la idea, el del rigor moral,
su mujer padece bajo él, el escribano Leonhard se vale de ese aspecto
como de una escalera para medrar en la sociedad, etc. La ley de la
polaridad se manifiesta en la forma verbal y métrica como una tensión entre la orientación general del lenguaje de la individualidad y
la expresión particular de una determinada situación o de un grado
concreto de madurez, entre el carácter general de un tipo de verso y su
animación especial bajo la influencia de un determinado estado de
ánimo o idea, como puede observarse, por ejemplo, en los himnos
de Goethe o en los ovillejos del *Fausto*.

   d) Finalmente, la *continuidad* aparece en la obra de arte como
un fluir sin solución de continuidad en la trayectoria de los personajes y los acaecimientos. Aquí, el espacio y el tiempo en su significación externa (en un sentido geográfico y civil) no son, traducidos a
lo espiritual, más que nociones auxiliares para la representación del
curso interior continuo. También las unidades de lugar y tiempo
del drama deben interpretarse por el sentido ya que en sus relatos el
poeta es absolutamente soberano para manejar el lugar y el tiempo:
puede hacer que sus personajes y el lector salven de un salto una distancia de cientos de leguas y de muchos años y puede también extender un solo día a lo largo de cientos de páginas, pero siempre y cuando que consiga dar al lector, en todo momento, la idea de la continuidad del acaecer interior. Donde con mayor claridad resalta el carácter espiritual de este concepto de la continuidad es en la lírica. El
poeta lírico puede permitirse el lujo de involucrar todas las magnitudes del mundo exterior, las determinaciones temporales, las nociones
del espacio y del mundo físico, a condición de que con ello sepa expresar intensivamente la continuidad en la trayectoria del sentimiento.

5

Toda ciencia que sea verdadera ciencia y no simple técnica artesanal, o incluso mera descripción de la llamada realidad por obra de un diletante, tiene que parar mientes en las leyes lógicas que rigen su campo especial de trabajo, determinar su método con arreglo a ellas y aplicar ese método a la materia que trata de investigar. La simple acumulación y compilación de la materia, por bien que se clasifique, no basta. Por consiguiente, también el historiador de la literatura tendrá que esforzarse en desarrollar en sí una inteligencia científica, llamada a ser el legislador de su ciencia. Tendrá que determinar las leyes de su método partiendo de la lógica. En las páginas anteriores, hemos intentado poner de manifiesto cómo puede proceder para ello.

Y con respecto a quienes, a la vista de la teoría de la ciencia expuesta en estas páginas, abriguen el temor y apunten el reproche de que por este camino se amenaza con convertir una ciencia histórica en una especie de matemática, con transformar una vida lozana en una lógica muerta, advertiremos que en este ensayo dedicado a estudiar el concepto de la ley sólo se trata y sólo puede tratarse, en rigor, de uno de los aspectos de la ciencia literaria: el aspecto lógico-metódico. Y creemos que no está de más subrayar con gran fuerza este aspecto, en los días en que vivimos, en que todo el mundo puede observar cómo vuelve a amenazar a nuestra ciencia el peligro de verse inundada por una ola de positivismo vuelto de espaldas a todo lo que sean principios. Claro está que este armazón lógico del método no constituye por sí solo todo el sentido y todo el contenido de los estudios histórico-literarios, como lo indica ya nuestro cuidado en subrayar el significado cualitativo e individual del objeto sobre que versa la ciencia literaria.

Se dice, a veces, que la historiografía literaria es un arte, y no cabe duda de que las más grandes obras producidas por ella nos mueven a compartir este punto de vista. Pero tampoco la obra de arte surge, como creen los diletantes, por una simple efusión de entusiasmo y por inspiración divina, sino que se acusa siempre en ella una determinada sujeción espiritual a leyes, que cambian según el tipo de la obra de arte, y con arreglo a leyes se desarrolla también la vida histórica. Pues bien, el elevar estas leyes a método lógico es el deber de la ciencia literaria, aun considerada desde el punto de vista artístico, si es que quiere afirmar su dignidad y su independencia frente a la obra de arte del poeta. La historia de la ciencia literaria nos enseña

que sus más grandes artistas han sido precisamente los representantes
de esta ciencia que, dotados de una formación filosófica, eran al mismo tiempo grandes lógicos, mientras que los positivistas, cuando se
trata de conocer la vida histórico-literaria y de analizar las personalidades y las obras poéticas procuran encubrir su diletantismo metodológico acumulando una muchedumbre de datos materiales o también
apoyándose en las muletas de otras ciencias.

El concepto de la naturaleza requiere orden interior y plenitud
exterior, razón y sensaciones; pues bien, la característica de la grande y natural personalidad, es el ordenar su interior hasta formar con
él un claro cosmos y, al mismo tiempo, el saber presentar sus visiones
con viveza y con plenitud. Esto precisamente es lo que implica el concepto de lo individual como característica del objeto histórico-literario. La frase de *individuum est ineffabile* procede de Spinoza. Pero
aquí, lo *ineffabile* significa que lo individual no puede *expresarse* por
medio del lenguaje puramente lógico de los conceptos.

Por eso la misión de la historiografía literaria impone a la personalidad artístico-humana del historiador, a su capacidad de simpatía y de exposición, las más altas exigencias. Pues en este sentido debemos completar la frase del matemático Spinoza, pronunciada con
vistas a las ciencias naturales: lo individual sólo puede representarse
a través de lo individual, sólo lo vivo puede pintar lo vivo. La ley de
la polaridad como actitud crítica rige también para la obra del cultivador de las ciencias del espíritu. Sólo la aplicación de esta ley infunde vida a la obra, mientras que la mera descripción, por muy
abundantes que sean los materiales acumulados, produce siempre, en
fin de cuentas, una sensación de hastío.

Por tanto, será una obra ideal de ciencia literaria aquella en que
una personalidad sea capaz de exponer una materia captada certeramente y a fondo con absoluta claridad en lo tocante a las leyes lógicas
de su ciencia y en un lenguaje artísticamente modelado y vivo.

X

JOSEF NADLER

EL PROBLEMA DE LA HISTORIA DEL ESTILO

ESTE TRABAJO no puede presentar las cosas como son, sino tal como las abordamos para conocerlas y como las dominamos para exponerlas. La trayectoria del conocimiento y de la exposición es, a la par, la ley de su estructura.

La tarea que nos planteamos no podría ser resuelta si antes no intentásemos esclarecer la relación de principio que existe entre el método especulativo y el método empírico. Es así, en efecto, como nosotros planteamos el problema y no así: filosofía e historia. Estos conceptos tienen hoy perfiles tan vagos, que partiendo de ellos sería tiempo perdido pretender llegar a ver claro sin gastar muchas palabras. En cambio, cuando decimos método especulativo y empírico o, más exactamente, método deductivo e inductivo, empleamos términos tan claros, que ambas partes saben perfectamente bien lo que se dice y lo que se quiere. Son dos métodos que no es posible acoplar *in toto*. No cabe cultivar una ciencia deductiva e inductivamente al mismo tiempo . Pero sí puede admitirse la posibilidad de que existen dos ciencias distintas sobre el mismo tema: *more philosophico* y *more historico*. Lo cual, aplicado al problema del estilo, viene a significar: *1)* la posibilidad de trazar especulativamente un sistema deductivo del estilo, la poética. Es cosa que puede hacerse y que se ha hecho efectivamente en todos los tiempos. Pero esta empresa sólo puede abordarse por el lado de la metafísica. La llamada poética psicológica es, en realidad, como ocurre con la de Wilhelm Scherer,[1] una historia del estilo o, de

---

[1] Scherer, W. *Poetik*, ed. por Meyer, R. M., Berlín, 1888. Ponemos esta obra como ejemplo, ya que trata de describir de un modo completo la producción poética, la real y la posible, en su trayectoria, en sus resultados y en sus efectos, p. 65. También podríamos citar a los géneros literarios *(Deutsche Kultur*, 2. Viena, 1924) ; este autor trata de partir "naturalmente" de la obra de arte objetiva, con lo que su obra se convierte también, realmente, en una investigación sobre el estilo. Este autor no tiende hacia la norma, cosa que por lo demás sólo podría hacer una poética metafísica, sino hacia el tipo, lo que supone una concepción histórica.

no serlo, resulta verdaderamente algo tan imposible como una ética psicológica, derivada de la conducta moral observada. En efecto, tanto la poética como la ética son, por su esencia, norma. Hay una historia de las costumbres y una historia del estilo. Pero por la vía psicológica o, lo que es lo mismo, en rigor, por la vía empírica, no se llegará nunca a construir una poética ni una ética.[2] Como la poética especulativa sólo puede concebirse en cuanto metafísica y toda metafísica es concepción del mundo, llegamos a la conclusión de que toda poética deductiva se halla y tiene que hallarse orientada también en este sentido. En efecto, las luchas en torno a una concepción del mundo libradas en el campo de la literatura se han desarrollado, siempre primordialmente, en el terreno de la poética y desde ahí han sido decididas. Y, aplicado lo que decimos al problema del estilo, significa: 2) la necesidad de que todo método empírico o inductivo, ya tenga una orientación "filológica" o "psicológica", siempre y cuando que se emplee de un modo consecuente, conduzca exclusivamente a una historia del estilo. Los conceptos cada vez más generales a que se llega partiendo inductivamente de los hechos del estilo son siempre simplificaciones del inmenso material de hecho de que se dispone, nunca elementos constructivos para una poética absoluta. A lo sumo, podremos llegar a inferir de ellos, dentro del material de observación valedero en cada caso, la poética, vigente en cada caso, de un poeta, de un círculo de gentes, de una capa social o de una época. Pero el resultado de todo esto sería, a su vez, simplemente una historia de la poética, nunca la poética absoluta. Esta incompatibilidad entre estos dos métodos fundamentalmente distintos no hace más que velarse cuando los tratadistas especulativos de la poética ilustran sus puntos de vista por medio de ejemplos tomados de la literatura, ejemplos que son siempre, necesariamente, arbitrarios, o cuando las historias del estilo intentan atribuirse el carácter de una poética "empírica" mediante el recurso de renunciar a la ilación histórica y de generalizar los hechos observados.[3] Entre dos fuerzas que marchan en direcciones opuestas —el método deductivo y el inductivo— no cabe acoplamiento, por la sencilla razón de que no se traducen ni pueden traducirse en ninguna resultante.

Problema distinto es el de saber qué relación guardan entre sí las categorías de la poética y las características de observación de la

[2] Y de modo parecido Ermatinger, E., *Das dichterische Werk*, 2a. ed. Berlín, 1923; con especial fuerza Hirt, E., *Das Farmgesetz der epischen, dramatischen und lyrischen Dichtung*, Leipzig, 1923.

[3] Se alude con esto, principalmente, al libro de Hirt.

historia del estilo. Poética e historia del estilo son disciplinas autóno-
mas, cada cual dentro de su propio campo. Las categorías de la poética especulativa —y no existe ninguna que no lo sea— no pueden
tener la pretensión de una urgencia empírica ni necesitan ser confirmadas por la realidad, como no lo necesita la misma metafísica. Pueden influir, a través del acto creador, en lo que se está gestando, en
lo que aún no ha llegado a plasmarse, pero nunca poner a contribución lo ya creado y terminado.[4] Y como la poética especulativa versa
sobre la esencia misma de los fenómenos poéticos,[5] lo que ella llama
lírica, epopeya, drama, son simples imágenes primigenias que se mueven en un mundo completamente distinto del de la lírica de Goethe,
la epopeya de Tasso, el drama de Sófocles. Y tampoco pueden regir
dentro del campo de la poética pura las características de observación
de la historia del estilo, tomadas de la realidad condicionada por el
tiempo y el espacio. A lo sumo, podremos inferir de ellas la poética
vigente en cada caso. La historia del estilo, que es un método empírico, no puede partir en modo alguno de las categorías fijas del ver
o del oír.[6] Estas categorías sólo pueden abrirse ante ella al final de sus
investigaciones, como resultado de su proceso gradual de creación de
conceptos. En cambio, si se establecen al principio se convertirán en
un andamiaje deductivo e impondrán una coacción de tipo sistemático. Lo cual no quiere decir, naturalmente, que no tengan ningún valor
científico-pedagógico. Pueden, por el contrario, prestar valiosos servicios como recursos para ayudarnos a ver y a oír, como fuerzas estimulantes de la apercepción, llamando nuestra atención hacia aquello
que debe ser tenido en cuenta. Pueden auscultar, señalar un cambio,
funcionar como aparatos de alarma, por decirlo así. Pero aquí se trata de los problemas de conocimiento de los hechos relacionados con
el estilo y no de las normas de pensamiento de que brotan las categorías de la poética.

   4 Con ello no pretendemos, ni mucho menos, negar la "transformación de valores"
que Walzel, O., *Gehalt und Gestalt*, Berlín (1923), p. 142, reconoce al historiador. Pero
sí negamos el derecho a violentar los hechos históricos para encuadrarlos en un sistema
de poética.
   5 Debemos llamar la atención aquí hacia el libro anónimo lleno de sugestiones y al
parecer olvidado, que lleva por título *Gundriss einer Methodologie der Geisteswissenschaften mit besonderer Berücksichtigung der Poetik*, Viene, 1908.
   6 Pongs, H., "Zur Methode der Stilforschung", en *Germanisch-Romanische Monats-
chrift*, 17 (1929), pp. 256 ss. "Aquí partiremos simplemente de la conciencia prácticamente comprobada de que una visión certera sólo puede determinarse a base del objeto
mismo", p. 265. Citaremos aquí de una vez por todas este estudio extraordinariamente
interesante, en que se cita abundante bibliografía. Esta imposibilidad puede hacerse
extensiva también a las numerosas categorías del "ver" que enumera Hirt, pp. 4 ss.

Ahora bien, ¿qué es el estilo? Si nos fijamos en las parejas antitéticas contenido y estructura, materia y forma, vemos que los límites del concepto del estilo no coinciden ni pueden coincidir, ni en cuanto a la extensión ni en cuanto al contenido, con la "estructura" ni con la "forma".[7] Estos dos conceptos son de los que hacen referencia a su antagónico, ni más ni menos que el de estilo. Desde este punto de vista, ha sido acertado separar los conceptos de contenido y forma, aludiendo con lo primero a lo que se trata de hacer oír, escuchar, y con lo segundo a lo que hace oír, escuchar. Claro está que no hay más remedio que reconocer como algo evidente por sí mismo que en el contenido se encierra ya el germen innato de la estructura y que la materia lleva ya implícita la ley de la forma.[8] También al concepto de estilo se contrapone otro concepto correspondiente. Del mismo modo que la materia y la forma, el contenido y la estructura se complementan mutuamente, el estilo tiene como contrapartida la norma. Estilo, estructura, forma, se hallan todos tres en uno de los lados y sus conceptos respectivamente contrapuestos, norma, contenido, materia, en el otro lado, pero las relaciones de interdependencia entre estas tres parejas conceptuales se desarrollan en tres planos distintos. El estilo es lo particular frente a lo que en cada caso representa lo general. El estilo es el *principium individuationis*. Es, desde el punto de vista del creador, el organismo —no la mera suma— de medios individuales que permiten hacer visible y audible un algo espiritual y particularizar un algo general. Y, desde el punto de vista del investigador, el conjunto orgánico de los indicios partiendo de los cuales cabe inferir lo espiritual, lo actuante y lo general. Pues, así como el creador actúa siempre partiendo de un todo y de un algo espiritual, lo por él creado, por el contrario, sólo puede ser asequible a un conocimiento racional por el lado de los sentidos y lo general a base de echar una ojeada de conjunto sobre lo particular. No se debe confundir el camino por el que algo deviene, con el camino por el que se llega a su conocimiento. Así, por ejemplo, el estilo no puede llegar nunca a conocerse más que por contraste con otro algo individual; por eso el estilo es siempre lo individual frente a la norma de algo supraordinado. Por tanto, el estilo aparece visible cuando se contrapone un hombre a otro, una sociedad a una sociedad, un paisaje a otro paisaje, un pueblo a otro pueblo. El estilo aparece visible cuando, individualmente,

---

[7] Ver sobre el conjunto de estos problemas el libro de Walzel, especialmente pp. 178 *ss.* Sobre este concepto, ver también Ermatinger, p. 189.

[8] Ermatinger retorna de nuevo a la diferencia entre la forma "interna" y la "externa". Sólo la externa equivale al estilo, p. 146.

el individuo se disocia de la sociedad, la clase o la estirpe de la nación, el pueblo de la comunidad de los pueblos. El estilo tiene tres límites, dos que discurren a derecha e izquierda del individuo y otro que lo separa de lo más general colocado por encima de él. El estilo es, por tanto, el punto en que la norma de la poética metafísica vigente en cada caso se individualiza en la realidad creadora y en que lo general se individualiza en lo particular. El estilo representa las imágenes primigenias realizadas e individualizadas de la poética metafísica vigente en cada caso.

Se puede reconocer el derecho de la historia del estilo, como el de cualquier otro planteamiento de un problema de peso. Pero ni puede interrumpirse allí donde haya de plantearse el problema de la causación, pues de otro modo quedaría limitada simplemente a la obra de fijar y describir, ni puede tener tampoco el propósito de permanecer sola. Pese a todo lo que se alega en favor de ella, no podemos reconocer la necesidad de distinguir entre la historia de la poesía y la historia literaria.[9] De una parte, porque semejante distinción tiene necesariamente que estrellarse contra la imposibilidad de trazar en este punto límites objetivos; de otra parte, porque el estrechamiento arbitrario del tema tropieza con graves reparos desde el punto de vista de la crítica del conocimiento.[10] La expresión, en sí muy feliz, de "obra literaria de arte"[11]* designación del objeto sobre que recae nuestra actividad, creemos que debe formularse como "obra literaria" —*Wortwerk*— simplemente, por idénticas razones y teniendo en cuenta la terminología empleada en los campos vecinos: "obra plástica", "obra escultórica", "obra musical", etc. También el problema de la historia del estilo tiene dos aspectos: el de la investigación y el de la exposición. La investigación, partiendo de las características individuales, se orienta siempre hacia una visión del todo. Es ella la que "construye". La exposición sigue el camino inverso: parte del todo logrado para proyectarse sobre lo particular. "Reconstruye." El alfa y omega de la historia del estilo es el ver, la capacidad de visión,[12] la perspicacia.

---

9 Tal como hoy se admite casi en general. Los puntos de vista decisivos acerca de esto, ver en Walzel, p. 8.

10 Scherer lo dice con frase muy feliz: "No toda poesía consiste en el empleo artístico del lenguaje", pp. 2 *ss.* "No todo empleo artístico del lenguaje es poesía", pp. 7 *ss.*

11 Así sobre todo, Walzel. En cuanto a la acuñación y a la historia lingüística de la expresión, parece importante Arno Holz.

* *Wortkunstwerk*, a la letra, "obra de arte" verbal.

12 Walzel y Pongs y en cuanto al fondo del asunto también Ermatinger. Conato de una "teoría de la visión" en Hirt, aunque no consecuentemente desarrollado. Hirt reincide constantemente en las reducciones.

Esta capacidad sólo puede aprenderse hasta cierto punto o a partir de cierto punto. Lo que no puede es ser enseñada. No es doctrina, sino ingenio, y se tiene o no se tiene.

Por consiguiente, la historia del estilo recorre el camino dos veces, una de ida y otra de vuelta: en un plano de conocimiento, partiendo de los hechos de la producción literaria, siguiendo el camino que arranca de la mayor cantidad posible de casos para desembocar en sus observaciones conceptualmente ordenadas; en un plano de exposición, que es el camino de vuelta, partiendo de las causas ya descubiertas para descender a las más finas ramificaciones de lo realizado.

I. La capacidad de ver, de percibir, de distinguir, se enfrenta con su objeto, con la obra estudiada.[13] Al principio, sólo se ven y se distinguen una serie de caracteres sueltos. No cabe establecer, en este punto, categorías exhaustivas y dispuestas para ser utilizadas, pues la realidad con la que hay que enfrentarse no puede ser calculada de antemano, es inagotable y el hecho de que lo sea constituye precisamente la premisa del método empírico en el plano de la crítica del conocimiento. Lo único que puede hacerse es partir de lo inmediatamente dado para ir remontándose hasta lo que sigue y pasar a lo que queda más allá.

1) Lo primero y lo más inmediato que entra en el campo de nuestra percepción son, lo mismo si leemos lo que está escrito que si oímos lo que otros hablan, los signos de transmisión del pensamiento, es decir, el lenguaje. Para trazar un límite entre el lenguaje y el estilo no tenemos otro criterio que el de la distinción entre lo involuntario y lo voluntario, el de la distinción entre la norma y la libertad.[14] Ya aquí, al tropezar con la primerísima percepción, salta lo individual como concepto y campo de acción del estilo. Las observaciones y los signos característicos de lo involuntario caen dentro de la zona del "lenguaje" (gramática), las observaciones y los signos característicos de lo voluntario, dentro de la zona del "estilo". Lo que las categorías gramaticales nos ofrecen[15] sólo es aprovechable para las características del estilo en la medida en que tenga sus raíces en el campo de lo voluntario, de la libertad, de la responsabilidad, en la medida en que sea obra de la voluntad y se imponga frente a la norma del lenguaje. Pero aquí surge inmediatamente una distinción. Hay características

---

[13] Así ven el problema la mayoría de los autores. Pero saliéndose continuamente del marco de él.

[14] Es imposible desarrollar todo el problema y la bibliografía correspondiente dentro de este estrecho marco.

[15] Razones decisivas acerca de esto, en Walzel, pp. 383 *ss.*

que pueden ser fijadas y percibidas a primera vista, como ocurre, por ejemplo, con una selección peculiar de las palabras. En cambio, otras sólo se ofrecen a la comparación racional echando una mirada retrospectiva a la unidad total ya lograda, que es lo que ocurre con el vocabulario. Tenemos, pues, una primera oposición entre lo inmediato y lo derivado o indirecto y, luego, de la naturaleza del lenguaje mismo obtenemos tres grupos de características.

a) La fonética. Con ayuda de la psicología experimental, es necesario erigir sobre nuevas bases las observaciones relacionadas con los medios fonéticos del estilo. Los medios de investigación[16] hasta ahora empleados son demasiado toscos para que puedan llegar al meollo del problema y tienden de un modo tan poco recatado a un sondeo puramente sentimental y aproximativo, que no poseen la menor fuerza probatoria. En principio, resulta imposible y no es tampoco conveniente distinguir entre prosa y verso. Ritmo y melodía, la intensidad, la duración y la altura del tono, el calor melódico de las vocales, la deseada entonación de las consonantes, la armonía sonora de las palabras, el ritmo del lenguaje: son todas cosas que interesan desde el punto de vista de las características en la medida en que aparezcan como resultados apetecidos por la voluntad de la forma. Aún no disponemos de investigaciones sistemáticas de esta clase, que sólo pueden tener un sentido cuando se realizan a través de obras enteras, pasando de una obra a otra y de uno a otro individuo. Y antes de que llegue a desarrollarse un método seguro en este sentido y se disponga de resultados seguros extensivos a grandes zonas, no servirá de nada empeñarse en escribir historias del estilo e historias de la poesía. Y ante todo, se necesita contar con un procedimiento gráfico eficaz y adecuado que nos permita retener para nosotros mismos y para que puedan ser contrastadas por un examen posterior, todas las observaciones descubiertas y que sirva para reproducirlas en todo momento, algo así como la escritura de las notas musicales. Desde el punto de vista de la teoría del conocimiento, interesa solamente el método estadístico, por ser el único seguro y, además, no nos asusta la palabra, el medio positivista de fijación de los hechos. Es cierto que es posible tener estas cosas en la punta de los dedos. Pero el tacto de las yemas de los dedos, que constituye evidentemente una premisa inexcusable y un recurso heurístico valioso para el individuo, no tiene en cambio fuerza probatoria alguna para los demás.

b) Sentido del lenguaje. Toda transmisión del pensamiento por el lenguaje es una especie de magia. El misterio de cómo se transmi-

16 Cfr. Walzel, p. 185.

ten de unos hombres a otros los sentimientos, las ideas, los impulsos de la voluntad, nunca puede llegar a revelarse de un modo completo exclusivamente a base del lenguaje.[17] Y es precisamente en este campo donde la fuerza de lo voluntario y, por tanto, la zona del estilo trasciende más ampliamente, y de un modo sólo vagamente deslindable, la norma del lenguaje. Los vocabularios que acompañan a obras y autores determinados se hallan, metodológicamente, en el camino justo. Pues aquí se trata, primordialmente, del significado absolutamente individual, personal, de las palabras, aunque generalmente, claro está, de tonalidades y matices muy suaves. Pero precisamente el hacer perceptibles estos matices es, no pocas veces, lo que condiciona la comprensión del sentido de la obra. Conceptos como los de "tropo" o "metáfora" constituyen, indudablemente, un recurso heurístico cómodo y grato, aunque demasiado al alcance de la mano. El deslindar la metáfora individual, la acción de los sinónimos y los homónimos frente a lo que se nos da ya en el lenguaje, lo que vale tanto como deslindar lo individual frente a la norma, es algo muy difícil y no pocas veces imposible. Desde el punto de vista de la historia del estilo, este problema sólo puede resolverse paralelamente con el de la historia del lenguaje. Pero la tendencia a esfumar lo plástico en el plano de lo abstracto, para luego hacer que las cosas abstractas esfumadas revivan en forma verbal, como encontramos, por ejemplo, en Spitteler, es muy difícil de captar dentro de la historia del estilo porque la historia del lenguaje no tiene más remedio que atenerse a lo homogéneo de lo escrito, a lo igual, razón por la cual le está vedado en cierto modo el campo del habla viva, el uso del lenguaje en cada caso. El desconocimiento del vocabulario y de los giros de los pasados siglos nos obliga a argumentar a base de libros, lo que hace que aparezca llena de lagunas a largos trechos la línea divisoria entre el estilo y la norma, entre el estilo del lenguaje escrito y el del lenguaje hablado. Muchas palabras y frases pertenecientes exclusivamente al lenguaje del trato se nos antojan elementos individualmente creadores, parte integrante del estilo. Claro está que ya el tener el valor de usarlas constituye de por sí un criterio de estilo, pues esta audacia en el uso es capaz de convertir un lugar común en un atributo de estilo personal. En este punto, de nada sirven las categorías; de nada sirve, por ejemplo, que el maestro aconseje al discípulo, por propia experiencia, fijarse en los *leitmotive*, en los adjetivos constantes o variables, en los gestos que animan el lenguaje, en la importancia

---

[17] Pongs, H., *Das Bild in der Dichtung. 1. Versuch einer Morphologie der metaphorischen Formen*, Marburgo, 1927.

primordial del pensamiento traducido en sustantivos o en verbos, etc., etc. Todo esto no sirve de nada, ciertamente, pues cada caso es nuevo y plantea a la capacidad de visión tareas nuevas.

c) Sintaxis. Es el campo racional de la transmisión verbal del pensamiento y también, por tanto, el terreno más seguro de observación para la historia del estilo. Es aquí donde se hallan las más claras líneas divisorias entre la norma y el estilo. El "qué" —lo que se dice— apenas deja margen aquí a la voluntad creadora; en cambio, el "cómo" —cómo se dice— abre un ancho campo a esta voluntad. La oración principal y las subordinadas, las formas de introducirlas y de cerrarlas, se hallan establecidas de un modo fijo y son norma. Donde el poeta se mueve libremente y puede crear estilo es en el empleo preferente de tal o cual tipo de oración, en el modo de combinarlas y estructurarlas arquitectónicamente, en una palabra, en cuanto al modo de aplicar las reglas. Y lo que la estilística llama "figuras del lenguaje" sirve también, no pocas veces, si se maneja con fortuna, de punto de partida para certeras observaciones. Sin embargo, aquí nos encontramos, al mismo tiempo, con un cambio de dirección. En todas estas observaciones, los signos característicos podrían ser fijados y percibidos ya a primera vista. No ocurre así, en cambio, con la construcción. En este campo, los rasgos decisivos sólo son descubiertos por la mirada retrospectiva, razón por la cual tienen que ser puestas de manifiesto por un método racional.

2) El lenguaje, como algo en marcha, lleva consigo el que sólo se trasluzcan de él, a primera impresión, aquellos rasgos estilísticos que actúan al pasar. Desde aquí hasta adentrarse profundamente en el interior hay que recorrer un gran trecho si queremos captar aquellas características y aquellos recursos estilísticos que convierten lo pasajero en un todo que se halla frente a nosotros.[18] Se trata de recursos y rasgos que, a fuerza de repetirse, se condensan para formar una impresión total: palabras que se repiten, características sintácticas, imágenes reiteradas, impresiones sensoriales. Trátase también de elementos que se combinan para ir formando, poco a poco, un todo: ritmo, tono fundamental, *leitmotiv*, figura principal, acción. Trátase, asimismo, del marco externo: lugar, tiempo, papel del que relata. Y, finalmente, de partes que gradualmente se articulan en un todo, es decir, de todas las características que determinan al todo en su rela-

---

18 Trátase de un discutidísimo problema crucial de la historia del estilo, desde el famoso pasaje del *Laoconte* y la crítica de Herder sobre él. Lo más importante sobre este punto ha sido dicho por Walzel, pp. 274 s. Son muy bellas las manifestaciones de Hartl, p. 51.

ción con las partes y a éstas en sus relaciones recíprocas:[19] el número
y la clase de los miembros; la relación entre el comienzo y el fin; el
colorido especial de cada parte, de los personajes y de sus palabras;
elementos paralelos o antitéticos emparejados; deliberadas incompati-
bilidades o contradicciones en una misma unidad; principios constructivos dinámicos, pictóricos, arquitectónicos. Es éste el campo de lo
que fácilmente puede ser calculado de antemano y, por tanto, el campo en que las categorías preformadas tienen el relativamente mayor
valor heurístico para la historia del estilo. Trátase, en efecto, del
campo en que el artista creador puede hacer que se manifiesten con
mayor vigor sus fuerzas racionales. Y mientras que en los casos estudiados en el apartado 1, las percepciones sensibles ocupaban el primer
plano en la investigación, aquí, en que se trata de observar todo aquello que convierte lo pasajero en permanente, las impresiones parciales
en una impresión total, el investigador del estilo se deja guiar exclusivamente por la razón reflexiva y ordenadora.

II. De este modo, la historia del estilo, primero observando, investigando y reuniendo características, partiendo de los datos más
inmediatos, avanza hacia la meta que necesariamente debe proponer-
se. Analiza críticamente las características descubiertas y, al comparar aquellas entre las que existe afinidad y las orgánicamente vinculadas entre sí con las innegablemente distintas e incluso incompatibles
entre sí, se ve situado metódicamente ante nuevas tareas. Esto le permite ir llegando paso a paso hasta una visión conceptual completa del
estilo de cada obra y, sobre esta base, a una visión total del estilo de
cada poeta. Ahora bien, ¿hasta qué punto puede, de por sí, trazar los
límites entre las diversas unidades estilísticas individuales y, a su vez,
entre éstas y otras unidades de estilo superiores?

1) Comparando las características estilísticas obtenidas y separando las que se diferencian entre sí, es posible llegar a distinguir los
"géneros". Pero estos, desde el punto de vista de la historia del estilo, sólo pueden abarcarse histórico-estilísticamente, es decir, como
unidades estilísticas de hombres orientados en un sentido "lírico",
"épico" o "dramático".[20] No le interesa a la historia del estilo si existen géneros poéticos que puedan ser captados conceptualmente y deslindados entre sí, y hasta qué punto pueden estos géneros encontrar

---

[19] Que la forma presupone siempre un todo hecho de partes y que lo absolutamente
simple carece de forma ha sido expuesto por Hartl, p. 49. Sobre lo demás, Walzel, páginas
220 ss., 238 ss.

[20] Es éste tal vez el pensamiento más fecundo del libro de Ermatinger. En términos
parecidos, antes de él, Hirt.

una realización efectiva. Ella entra en acción cuando se enfrenta con hechos estilísticos que no pueden ser atribuídos ni al modo de trasmitir pensamiento (1) ni a la ley de la unidad (2), sino que se desprenden, por sí mismos de tareas diversamente planteadas o de la tendencia predominante[21] de hombres diversamente dotados. "Género" en el sentido de la historia del estilo es el grupo de características que se manifiestan predominantemente en todas las obras agrupadas por una unidad estilística, y no debe confundirse en modo alguno con el común denominador crítico-estilístico de una determinada unidad de estilo. Así, por ejemplo, podemos decir que "Kleist" y "Eichendorff" son los comunes denominadores crítico-estilísticos de las respectivas unidades de estilo. En cambio, el grupo de características predominante en Kleist es el "dramático" y en Eichendorff el "lírico". En razón de disposiciones análogas, por las tradiciones del mismo mundo circundante y por no importa qué otras fuerzas, puede ocurrir que el grupo de características igualmente predominantes se asemejen "dramáticamente" tanto entre diversos escritores que se las pueda enfocar también desde el punto de vista de la historia del estilo y que sea posible connotarlas como algo suprapersonal. Pero no es tampoco, a su vez, más que algo relativo, históricamente condicionado e "individual", que no puede concebirse en modo alguno como acercamiento a un concepto objetivo de "género". La historia del estilo como tal no puede contribuir en lo más mínimo a la obtención de semejante concepto de género, dotado de validez absoluta. Si a pesar de ello, nos empeñásemos en enhebrar en una sola línea o en un solo plano, desde el punto de vista "dramático" todos estos grupos predominantes de características, lo único que conseguiríamos sería arrancarlos a la realidad, sin que con ello consiguiéramos crear un concepto de género, sino simplemente formar una ristra de cebollas secas, cada una con su forma, tamaño, clase y color.

2) Comparando entre sí las características obtenidas y separando lo diferente, se logra, ciertamente, llegar a contemplar el ser singular y su evolución. Sin embargo, la historia del estilo no puede proporcionarnós de por sí ninguna certeza absoluta acerca de la sucesión incondicionada ni siquiera relativa en el tiempo de las obras de un determinado autor. Lo único que puede hacer es formar grupos de estilos y poner de relieve la unidad orgánica de éstos. Si pretendiera derivar del cambio de estas características de los diversos grupos estilísticos una sucesión cronológica, tendría que partir para ello del

---

21 Con el "predominio" se contentan Hirt, Ermatinger, Hartl y también —a lo menos, eso nos parece a nosotros— Walzel.

supuesto de que el hombre se desarrolla en una línea ininterrumpida y sin lagunas que asciende hasta lo perfecto, para descender de nuevo hacia lo imperfecto.[22] La única seguridad y la única garantía metódicas a que no es posible renunciar sólo nos la puede ofrecer el documento auténtico. Tales aspiraciones de la historia del estilo, a que tiene necesariamente que renunciar, encuentran un sustitutivo bastante precario en el hecho de que, si reúne abundante material comparativo, clasificado y garantizado en cuanto a su sucesión en el tiempo por los documentos correspondientes, pueda ordenar elementos aún no ordenados cronológicamente. Pues también esta labor se desarrolla bajo el supuesto impugnable de que lo que en la obra de un poeta presenta rasgos iguales o análogos pertenece necesariamente a la misma época. Para ello tendríamos que encontrar previamente la manera de captar con una diafanidad incomparablemente mayor de lo que hasta ahora podemos hacerlo, lo que hay en el estilo de involuntario e inconsciente, sustrayéndose como tal a la voluntad creadora. Y tendríamos, ante todo, que estar seguros de que, en el caso en cuestión, no existe el propósito de nivelar estilísticamente lo posterior con lo anterior. Lo que desde luego carece de todo valor metodológico para el problema que aquí nos ocupa es el cuadro típico de las edades. Y esto aunque concedamos que las obras de distintos hombres, de la misma edad, presentan determinados rasgos parejos supraindividuales. Es evidente que la juventud, la madurez y la vejez fluctúan en cuanto a sus límites según los distintos hombres. Por tanto, aun suponiendo que supiésemos, y lo supiésemos por la típica de las edades, que lo que tenemos ante nosotros es una obra de juventud, ello no nos indicaría por sí solo si esa obra surgió temprana o tardíamente y cuándo. Imaginémonos cuán falsa sería la tabla cronológica, que a base de semejantes criterios, formaríamos en el caso de un Hugo de Hofmannsthal. No puede negarse el valor auxiliar de esta clase de métodos, sobre todo cuando no se dispone de otros mejores. Pero nos parece que es conveniente llamar la atención acerca de su validez puramente relativa y estrecha ante los que se inclinan a creer que la fe en ellos puede mover montañas.

3) La historia del estilo puede distinguir unos autores de otros por medio de la comparación, de la formación progresiva de conceptos y de la separación diferenciadora. Pero esto puede llevarlo a cabo porque los elementos documentales le señalan el camino para ello. Desde el punto de vista de la crítica del conocimiento, sería un inne-

---

[22] Los casos límites de lo marcadamente infantil, maduro y senil no constituyen ninguna prueba en contra.

gable círculo vicioso el empezar derivando del mismo material criterios de estilo para luego, a base de estos criterios de estilo precisamente, clasificar dentro de la historia del estilo el mismo material. Por eso, en rigor, es una empresa muy problemática la de tratar de señalar la paternidad de las obras basándonos exclusivamente en indicios estilísticos. Y en los casos en que hasta ahora este método se ha visto confirmado *a posteriori* por descubrimientos documentales debe verse en ello un favor especial de la suerte, y no otra cosa. Es evidente que la observación certera y la sensibilidad para el estilo no hacen más que acentuar la probabilidad de los juicios, pero no pueden evitar la insuficiencia inherente al problema mismo. Lo que hace que sea tan insegura la delimitación de las paternidades literarias a base de los criterios de la historia del estilo exclusivamente, es la posibilidad de imitar todo estilo hasta entrar en la zona de lo involuntario. Sabido es hasta qué grado de engaño han podido llegar el genio y la escuela con estas imitaciones en el terreno de las artes plásticas. Y si esta capacidad de imitación en el campo de la literatura no se desarrolla con mayor intensidad y refinamiento es, sencillamente, porque aquí resulta mucho menos rentable, en lo material, que en el campo de las artes plásticas, es decir, en el del comercio del arte. Sin embargo, también la literatura conoce casos verdaderamente pasmosos de maestría en el engaño, casos que se dan en el campo de la parodia. Es en este rincón donde hay que recoger también los reparos que inspira la famosa demostración de la paternidad literaria de Franz Schultz, objeto constante de discusiones críticas. Si en este libro de buenaventura el autor quiso borrar conscientemente sus huellas e imitó deliberadamente un estilo, cosa que habría que aclarar ante todo, es evidente que los indicios estilísticos tendrán que resultar inoperantes. A la historia del estilo le ocurre, pues, algo parecido a lo que le ocurre al juez penal. Condenar a base de indicios es siempre arriesgado. Lo único decisivo y lo único que descarga la conciencia de ambas partes es la confesión.

Una vez que la investigación histórico-estilística ha llegado al punto en que ve cómo se aglutinan sin dejar lugar a dudas grupos de características y unidades de estilo, surge ante ella su problema más difícil: el problema de la causa o, si se quiere, del causante. La exageración del concepto individual y de la autonomía artística, el miedo infundado, nacido de una psicosis del tiempo, a deslizarse hacia el terreno de las ciencias naturales, conduce con harta facilidad a presentar como el causante de lo que aparece ante uno como un todo estilístico fácilmente descriptible al individuo, no tan fácilmente ex-

plicable, que da su nombre a la obra. Ya se ha puesto de manifiesto
en un lugar importante que las investigaciones histórico-estilísticas no
pueden dar resultados seguros sin la ayuda de métodos secundarios y
paralelos, tales como el aseguramiento crítico de los textos, los datos
documentales y de historia del lenguaje, etc. Y esto debe ser recor-
dado muy expresamente aquí. El proceso creador no es, ni mucho
menos, autónomo, de tal modo que sólo pueda comprenderse partiendo de los seres concretos responsables. Todo creador se halla, cualesquiera que sean los casos fronterizos, sujeto a la ley de la norma.[23]
Y la norma quiere decir dos cosas: poética y público. Y poética y
público significan, a su vez, potencias sociológicas que, por tanto, influyen sobre el proceso creador desde la raíz, al incorporarse al individuo partiendo de fuera o por obra de la procedencia y la cultura.
Poética y público son fuerzas que contribuyen al estilo, no equiparables, ciertamente, al espíritu creador individual, pero que —cosa que
debe ser puesta de manifiesto de caso en caso— también lo determinan o lo condicionan.

   a) La poética.[24] La creación literaria, ya actúe partiendo de lo
inconsciente de un modo total, esencial o secundario, se halla desde
el primer momento o en su marcha ulterior bajo la ley de su poética.
Y no existe ninguna diferencia objetiva entre el hecho de que se trate
de una poética personal o de la poética de una clase, de un círculo de
cultura o de las gentes de una época. Goethe y Schiller se crearon en
sus pláticas una poética "individual" de este tipo, siendo indiferente
o, por lo menos, puramente accidental para estos efectos, el que esta
poética vaya por delante o acompañe a la obra. Otto Ludwig supo
crearse una poética "individual" del drama, y lo mismo Hebbel, a
juzgar por el testimonio de sus diarios y de sus cartas. También Arno
Holz y muchos otros. La lírica cortesana de la Edad Media se halla
bajo la ley no escrita de una poética estamental, difícilmente y sólo
de un modo incompleto comprensible para nosotros. Más clara y co-
dificada de un modo más completo que ninguna otra era la poética
estamental de los maestros cantores. Desde el siglo xv hasta el xvii
rigió una poética constantemente transformada, poética entendida es-

---

[23] Enfocando aquí la expresión como concepto relacional con respecto al "estilo",
del mismo modo que se desdobla en los de "poética" y "público", cabe pensar más o menos a este propósito, en sinónimos como los de "tradición" y "convención". Ambos son
invocados por Ermatinger, pp. 5 y 308 como resortes que contrarrestan las fuerzas ego-
tistas creadoras de la personalidad individual.

[24] Nos limitaremos a remitir al lector a la copiosa bibliografía que da Hartl, páginas
127 ss. Apenas nadie discute el carácter de norma de la poética histórica vigente en cada
momento.

tereotípicamente en cuanto a su forma externa y que acabó desembocando en el librito de Opitzen. El creador literario puede afirmar o negar esta norma. Si la afirma, la norma se individualiza y se convierte en estilo. Si la niega, el estilo se inflama precisamente al choque con sus resistencias. Pero, modelo o blanco de resistencia, la poética es siempre, por tesis o por antítesis, ya provoque un reflejo o una imagen contraria, una fuerza formadora de estilo. La poética es la zona a través de la que una teoría del arte especulativa y metafísica trasciende a la vida y pugna por realizarse. Por tanto, en este punto e *in genere*, conducen a resultados conjuntos la poética deductiva y la obra de creación individual. No es nunca una *poética perennis*, sino una poética particular, condicionada por el espacio y por el tiempo, la que muestra su eficacia en la obra de creación artística. El prestigio que una determinada poética, la de Aristóteles por ejemplo, disfrute a lo largo de los siglos no debe confundirse con la validez absoluta de una *poética perennis* como norma eterna. El problema de la historia del estilo no reside, pues, en la fuerza establecedora de valores, retrospectiva, de las poéticas metafísicas, sino en la vigencia que actúa hácia el futuro, de las poéticas históricas. Lo cual representa, para la ciencia prácticamente, la tarea de examinar los estilos históricamente captables de determinados poetas para ver hasta qué punto influyen en ellos ciertas poéticas modelos, sean individuales o colectivas. Y, teóricamente, esto significa sin duda, el reducir por uno de sus lados al campo individual, aparentemente ilimitado, del poeta. Todo paradigma restringe la creación autónoma, lo mismo si se le reconoce que si se le discute. No sólo la lucha significa límites y fronteras, sino también la victoria ganada. Y como toda poética —y todo poeta se halla bajo la influencia de una, aunque sea una poética no escrita— proviene de la comunidad y actúa dentro de ella, tenemos ya aquí una zona en que la historia del estilo no tiene más remedio que reconocer un problema sociológico. Por mucho que el estilo del individuo se particularice en el cauce de la poética o en lucha contra ella, no hace sino particularizar un algo sociológicamente existente, exigido y vigente.

b) El público.[25] La obra de creación literaria no carece de fines. Toda obra busca, por esencia, ser compartida y asimilada; se dirige, por tanto, a un público. La mayor o menor amplitud o estrechez del

[25] Esto ha sido reconocido teóricamente desde la *Poetik* de Scherer, en la que figura un extenso capítulo titulado "El poeta y el público", entre otros por Roetteken, *Poetik*, 1902, y Ermatinger, p. 308; pero hasta hoy nadie ha intentado todavía ponerlo a contribución en lo tocante a la historia del estilo.

círculo de los que por ella se interesan no altera en lo más mínimo el
tipo de esta relación y de sus repercusiones. Y la acogida que una obra
literaria encuentra no puede ser nunca, por su propia esencia, muda,
sino que se traduce en la actitud crítica adoptada ante ella y en el
modo como contesta a lo que acoge. Público y crítica se hallan en
el plano de enfrente del poeta y asumen directamente el papel de control de hasta qué punto actúan en la obra de arte la poética y la tradición. Ya no es hoy ningún postulado nuevo incorporar al campo de
la investigación y la exposición, al lado de los que crean, los que aco-
gen lo creado. Sin embargo, para la historia del estilo no se trata
exclusivamente de esto, sino de mucho más. La poética es una de las
fuerzas sociológicas formadoras de estilo; la otra es el público.
Esta fuerza formadora de estilo que son el público y la crítica —y
cuyo círculo de acción podemos imaginarnos más amplio o más reducido, según ocurra en cada caso— no puede ser discutible. Sobre
todo en cuanto al aspecto negativo, ya que la necesidad de tener
en cuenta a quienes han de recibir la obra obliga al autor a seleccionar
la materia en una determinada dirección, a no chocar demasiado con
las opiniones y los sentimientos imperantes, a respetar hasta cierto
punto las tradiciones. Es muy instructivo, allí donde se den las posibilidades para ello, comparar entre sí las obras de un mismo autor
dirigidas a un público extenso y las que buscan solamente un público
reducido, las compuestas para unos cuantos solamente y las escritas
para todos. Desde este punto de vista, la presión del público adquiere,
en lo que a la historia del estilo se refiere, un gran valor metodológico. La crítica literaria, sobre todo cuando controla e impone el respeto de las nuevas normas, es la potencia formadora de estilo más
fuerte que existe fuera del individuo creador. Desde el punto de vista
de la historia del estilo, presenta también una nueva faz la censura, la
vigilancia ejercida por el estado sobre la literatura. La censura ha
existido en todas las épocas, aunque enmascarada bajo muchos velos.
Y se expondría, por tanto, a un fracaso completo quien pretendiese
captar de un modo seguro el estilo de determinados creadores, de determinadas zonas poéticas en el espacio o en el tiempo, prescindiendo
de estas fuerzas formadoras tan influyentes. Público, crítica, censura,
constituyen tres fases de este control. Pero, aunque la cosa sea muy
clara desde el punto de vista teórico, en la práctica y en el caso concreto resulta harto difícil deslindar prácticamente estas influencias.
Como fácilmente se comprende, en este punto de nada sirven las
consideraciones generales. Es necesario hacer hincapié en el caso
concreto objetivamente aceptable. Es necesario explotar sistemática-

mente las fuentes de información al alcance de la mano. Es necesario aguzar la mirada para ver lo que para nuestro problema represéntan las distintas "versiones" de determinadas obras literarias, sobre todo cuando disponemos de críticas epistolares o públicas en relación con ellas. La comparación de los ejemplares censurados y los papeles originales del mismo drama nos permiten llegar, en este punto, a conclusiones inimpugnables. Basta pensar en Grillparzer.[26] La historia del estilo no puede, pues, volverse de espaldas desde su punto de vista a las actas de la censura. Son muy elocuentes, en este sentido, los casos en que ciertos poetas, en la década de 1890 a 1900, hubieron de comparecer ante los tribunales para responder de sus obras. La comparación de estas obras antes y después de los procesos ofrece abundantes datos para la historia del estilo. Tal ocurre, por ejemplo, con Panizza. Y no solamente en lo que se refiere a los poetas directamente interesados. Los fallos judiciales y la práctica judicial correspondiente se proyectan sobre toda una generación. No es que la literatura cambie por ello los problemas que tiene planteados. Pero sí se ve obligada a crearse un lenguaje y recursos estilísticos que la pongan a salvo de las iras del fiscal. La historia del estilo llegaría a resultados muy falsos por lo que se refiere a largos períodos del siglo XIX, si valorase sus materiales desde un punto de vista absolutamente individualista. Esto la expondría al riesgo de atribuir a la voluntad estilística autónoma e individual multitud de características de estilo detrás de las cuales no hay, probablemente, más que la preocupación, por parte de los autores, de esquivar la censura y la práctica judicial de su tiempo. En estos períodos, es necesario comparar metódicamente, en principio, las obras del mismo poeta sujetas a censura y las libres de ella: de una parte, las obras editadas bajo el imperio de la censura o dentro del radio de acción de los tribunales alemanes, de otra parte, las cartas, los diarios, los papeles íntimos y las obras impresas en el extranjero. Y sobre todo, no debe perderse de vista que el estilo presionado por la censura puede convertirse para el poeta en algo inconsciente e involuntario hasta el punto de que se manifieste incluso allí donde no sea necesario recurrir a él. Es esta la otra zona en que la autonomía de la obra de creación artística se ve coartada o restringida por las potencias sociológicas.

c) En la norma, tanto en lo tocante a la poética como en lo referente al público, la historia del estilo tropieza ya, como vemos, en lo más interno, con la antesala, como si dijéramos, de los efectos socio-

---

[26] Esto se tiene en cuenta en el aparato que acompaña a la edición de las obras de Grillparzer por A. Sauer.

lógicos. Son vinculaciones del ser individual que surgen del concepto de la cosa misma, de la creación literaria como tal. Hasta ahora, la historia del estilo se atenía exclusivamente a la obra individual y al creador de por sí. Mucho más seria es la responsabilidad que sobre ella recae cuando, al seguir avanzando en sus observaciones, tropieza con características de estilo supraindividuales. Una vez eliminado lo que tiene su raíz en una norma, la poética y el público, si descubre todavía un resto notable de características de estilo supraindividuales que no provienen de la misma norma, no son ya muchas las posibilidades que se abren ante ella. Es fácil de reconocer y de disociar del material o modelo estilístico de obras de amplio radio de acción o de poetas influyentes. Ahora bien, allí donde estas características estilísticas supraindividuales y comunes aparezcan coexistiendo en el tiempo y puedan reducirse a un corte transversal, se sentirá uno tentado por fuerza a pensar en una comunidad que se debe al tiempo. Sin embargo, el concepto de "estilo de la época", convertido ya en un tópico, encierra un engaño y un error de pensamiento. Si con ello se quiere hacer referencia a un haz más o menos amplio de coincidencia en el tiempo, hay que señalar que el tiempo fluye sin cesar y que toda delimitación o división del tiempo en épocas es siempre algo arbitrario. Ahora bien, con la delimitación de las épocas se desplaza también la extensión y con ésta el contenido del material de observación y se desplazan también, por tanto, los indicios estilísticos. ¿Y a qué "época" nos referimos? ¿Al quinquenio, al decenio, a un período de treinta años, a un siglo? ¿Y desde dónde empezamos a calcularla? ¿Desde 1800, desde 1802, desde 1805? ¿Dataremos el período arrancado de una obra? ¿Pero, de cuál? ¿Tomaremos como punto de partida su aparición, que nada dice en cuanto a sus efectos, o más bien el momento en que empieza a surtir efecto, a influir, lo que en algunos casos se produce con la rapidez del rayo y en otros de un modo gradual y paulatino? Y no es esto todo. Aun cuando no tengamos en cuenta que los acontecimientos espirituales necesitan de tiempo para imponerse en el espacio, que en Alemania, por ejemplo, no se dió nunca el caso de que en un determinado día reinase en todo el país, simultáneamente, la misma "época espiritual", hay algo que no podemos olvidar nunca, y es el hecho de que toda época representa la coincidencia de las clases de edad más diversas. Basta examinar, para convencerse de ello, el cuadro cronológico de cualquier época rica en acontecimientos literarios. Pues bien, con las edades más incompatibles, toda época encierra el contenido más incompatible y el estilo más incompatible. No. La frase de "estilo de la época" no es tal concepto, ni siquiera es la posibilidad de un concepto. Sólo hay una posibilidad racional, que consiste en hablar del estilo de los compañeros de edad,[27] es decir, llegar a la conclusión de que las características comunes de estilo de los compañeros de edad tienen su raíz en el hecho de que su vida transcurre cronológicamente pareja. Coincidencia de edad significa igualdad de vivencias, igualdad de formación, una actitud espiritual afín y puede también significar, por tanto, dentro de ciertos límites, semejanza de estilo. Pero esto no tiene nada que ver con la "época", sino simplemente con la clase de edad. Lo que tiene cierto sentido es hablar del estilo de las gentes de cierta edad. Ahora bien, ¿qué sucede si estas características comunes y supraindividuales de estilo no se revelan en un corte transversal a través del tiempo, sino en un corte longitudinal, e incluso en éste y, al mismo tiempo, dentro de ciertos límites en el espacio? Fácil es comprender que estos problemas de la historia del estilo no pueden resolverse nunca en abstracto, sino que sólo pueden ser resueltos en concreto, a la luz de determinados casos, objetivamente enfocados. En todo caso, con ellos entramos, ya con el individuo mismo, y directamente, en el campo de las potencias sociológicas, del mismo modo que antes entrábamos indirectamente, a través de la norma, de la poética y del público. Una voz muy digna de ser tenida en cuenta[28] nos ha advertido contra la tendencia de dejarnos llevar demasiado por encima del individuo, arrastrados por un impulso de conocimiento demasiado peligroso. De una parte, porque los conocimientos así obtenidos son siempre harto problemáticos; de otra parte, porque corremos el riesgo de deslizarnos por este camino al campo de las ciencias naturales. Y no cabe duda

---

27 Pinder, W., *Das Problem der Generation*, 1927. Müller, H., *Zehn Generationen deutscher Dichter und Denker*, Berlín, 1928. Nadler, J., ya en 1914, en un ensayo que pasó completamente inadvertido: "Die Wissenschaftslehre der Literaturgeschichte", en *Euphorion*, 21, pp. 58 s.

28 "El aclararla [la obra de arte] como un fenómeno en vez de captarla como un resultado de causas constituye un problema soluble", Walzel, p. 6. Contra la tesis, dirigida hacia una meta mucho más lejana, de Ermatinger cuando dice que la realidad es incognoscible porque el mundo es una creación del yo humano, podría objetarse: 1° que la razón no se toma de la cosa misma, sino de la concepción del mundo, siendo por tanto puramente subjetiva y no constituyendo, por tanto, una razón desde el punto de vista de quien no concibe el mundo como una creación del yo; 2° que la realidad del texto, del que evidentemente tiene que partir la ciencia, es manifiestamente cognoscible. De otro modo, no sería posible en modo alguno nuestra ciencia. Pero la cognoscibilidad de la realidad más allá de los textos no se discute porque desde el punto de vista de la concepción del mundo se pueda adoptar esta o la otra actitud ante la "realidad", sino según la actitud que se adopte ante la posibilidad de conocimiento de lo histórico. A nosotros nos parece que Ermatinger debiera razonar su objeción de otro modo.

de que el llegar, partiendo de características de estilo iguales o parecidas, a la conclusión de que existen causas comunes que las determinan, no pasa nunca de ser una hipótesis. Pero, desde el punto de vista de la teoría del conocimiento, ambas conclusiones, la que parte de obras comunes para llegar a un individuo y la que arranca de características de estilo suprapersonales para llegar a algo sociológico, son igualmente inseguras e igualmente seguras. Pretender derivar la peculiaridad de las obras de Goethe de una esencia Goethe completamente inexplicable para nosotros es algo tan arriesgado como creer que ciertas características suprapersonales se hallan condicionadas por factores sociológicos. Lo único seguro es lo que cae dentro del campo de nuestras percepciones directas, que son exclusivamente las obras que vemos y las operaciones que con ellas realizamos. Pero si nos empeñamos en atenernos tan sólo a lo que puede demostrarse con métodos positivistas, lo que no pasa de ser un punto de vista, no sólo no podremos marchar de los hechos de la historia del estilo que la experiencia nos revela al terreno sociológico, sino que se nos cerrará también el paso al campo de lo personal. En ninguno de los dos casos puede tratarse realmente de "derivar" nada. En efecto, intentar determinar a base de sus obras la índole esencial de Goethe, acerca de la cual sólo sabemos lo que sus obras nos dicen, para luego "derivar" estas obras de aquella índole personal, sería un círculo vicioso acerca del cual no merecería la pena perder muchas palabras. Se trata más bien de un método deductivo. Del mismo modo se pueden sacar conclusiones acerca del autor partiendo del estilo de las obras de Goethe como acerca de las potencias sociológicas a base de las características de estilo suprapersonales. La seguridad de las conclusiones y el valor de las hipótesis dependen en ambos casos, exclusivamente, de que se reúna el mayor número posible de observaciones y de la fuerza explicativa de la hipótesis. Y de esta línea de razonamiento se desprende también, de un modo inimpugnable, que no hay razones para hablar de un deslizamiento hacia el terreno de las ciencias naturales.[29] En primer lugar, porque se trata de una operación puramente lógica que

---

[29] No cabe duda de que se ha intentado cultivar las "ciencias del espíritu" con criterios y métodos propios de las "ciencias naturales". Pero también es cierto que muchas cosas se encuadran dentro de las "ciencias naturales" por el empeño de considerar como exclusivas de éstas métodos que no son tales, sino propios de toda ciencia en general. Y lo mismo ocurre con ciertos problemas, que se consideran como problemas propios de las "ciencias naturales" simplemente porque encuadran en el marco de la observación cosas que objetivamente forman parte de la "naturaleza", pero enfocadas en un sentido "histórico". No se tiene en cuenta que esa división, para muchos ideal, de los problemas y las funciones entre las "ciencias naturales" y las "ciencias del espíritu" es totalmente impo-

es el pan nuestro de cada día no sólo en las llamadas ciencias naturales, sino también en las llamadas ciencias del espíritu. En segundo lugar, porque lo sociológico no significa aquí una simple suma de fuerzas materiales, físicas, sino también un algo espiritual, aunque sólo nos lo representemos bajo una forma física, del mismo modo que no acertamos a representarnos la espiritualidad de Goethe más que encarnada en la figura humana del gran poeta.[30] Por tanto, nuestra ciencia no llega a la encrucijada allí donde la gente reflexiva se detiene al llegar al individuo y donde la gente ligera se lanza a la aventura de lo sociológico, sino que su camino se bifurca al llegar al punto en que unos se detienen ante la obra, mientras que otros siguen andando con la pretensión de llegar hasta el individuo y, más allá de éste, hasta lo sociológico. ¿Quién es, pues, en realidad, "positivista" y quién no? La observación y la determinación, de las características de estilo suprapersonales es, según esto, la cinta de llegada en que termina la marcha inductiva de la historia del estilo y gira para orientarse hacia la exposición.

III. La historia del estilo como problema de exposición representa el camino inverso, el camino de lo general a lo particular, de la comunidad al individuo, del individuo a la obra. Pero no es posible optar entre ambos caminos, pues no puede seguirse el uno sin recorrer también el otro. En el campo de la historia del estilo el método expositivo presupone, al igual que el individuo —que está basado en observaciones y en la formación de conceptos abarcadores y requiere dones de perspicacia—, una determinada capacidad. Capacidad que, como la otra, no puede aprenderse y que es aún más que aquélla un don del ingenio. Trátase ante todo de la capacidad de ver y hacer ver a los demás, plásticamente, un todo a través de los detalles. ¿Cómo es posible captar y exponer, ante todo, los factores sociológicos?

1) Partiendo de toda la amplitud de los fenómenos, de todos los testimonios aportados por la vida. Lo que equivale a plantear por enésima vez la posibilidad de establecer comparaciones entre las distintas artes con respecto al estilo. Sería más fácil llegar a entenderse separando aquí dos cosas que no guardan relación alguna entre sí. En

sible. Pues el hombre es ciudadano de ambos reinos, y una antropología en sentido amplio no puede ser limpiamente encuadrada ni en un campo científico ni en el otro.

[30] Por lo demás, si según Ermatinger lo decisivo es "el inquebrantable punto de vista de la concepción del mundo del enjuiciador", ya la sola apropiación de esta tesis aseguraría nuestro punto de vista frente al de él. Sin embargo, las concepciones del mundo escapan a la lucha de razones y, en cambio, la ciencia es por esencia capaz de examen crítico.

efecto, una cosa es transferir categorías estilísticas de un arte a otro y otra cosa muy distinta comparar entre sí, desde el punto de vista de la historia del estilo, las distintas artes. Claro está que sólo es posible comparar disponiendo de un *tertium comparationis*. Pero no es necesario, ni muchos menos, que este *tertium* sea precisamente el sistema de categorías de un arte.[31] Por el contrario, este *tertium comparationis* deberá quedar fuera del campo de las distintas artes, hallarse por encima de ellas. El procedimiento para reducir a un quebrado único fracciones distintas no consiste en calcular los denominadores de todos los demás a base del denominador de uno determinado, sino en reducirlos todos a un denominador común en el que todos los demás se contengan. El hecho de que este denominador común sea, al mismo tiempo, el de un determinado quebrado individual no hace cambiar en lo más mínimo la esencia del proceso. Pues bien, si queremos saber lo que es la esencia de la vida en general, el camino no consiste tampoco en transferir las categorías propias del hombre a otros seres. Además, la posibilidad de establecer comparaciones entre las artes constituye hasta tal punto una premisa inexcusable[32] de la operación encaminada a hacer visibles los efectos sociológicos en los indicios estilísticos, que es necesario dilatar mucho más todavía el círculo de lo comparable. Hay que admitir, en efecto, la posibilidad de comparar entre sí no sólo las artes todas, sino de comparar también en el plano de la historia del estilo todas las manifestaciones de la vida, no sólo las de las artes, sino también las del estado, la ciencia, la religión, el modo de concebir la vida. Sólo a base de esta comparación estilística será posible demostrar, como aparentes o reales, los intimados efectos de las formaciones sociológicas que se entrecruzan, deslindarlos unos de otros, separar lo general de lo particular y marcar campos de acción. Lo único que debe tenerse en cuenta en este supuesto "entrecruzamiento" de lo personal, lo social, lo estatal, lo propio de la época y de la nación, es que no se trata de potencias democráticamente iguales, sino que entre ellas existe un orden jerárquico en cuanto a la

---

31 A favor de esto, sobre todo, Walzel y en contra Ermatinger.

32 Esto es lo que a nosotros nos parece lo esencial, y hay que reconocer que ello es mérito histórico de Walzel. Por desgracia, son éstos los principios que sólo se destacan en pocas obras del "Manual". Y precisamente este pensamiento de Walzel, en el giro que necesariamente hay que darle, es para nosotros el más valioso de los motivos. Si en todas las formas de vida se manifiestan características iguales de estilo absolutamente suprapersonales, constituye un deber científico la valentía de esclarecerlos. La luz de las artes, con la que se alumbran unas a otras, no debe dominar solamente la línea que las une, sino que tiene precisamente fuerza para brillar sobre un algo común por encima de todas ellas.

formación del estilo, que las potencias voluntarias figuran entre las involuntarias, que el estilo es siempre algo individual, el de las gentes de una edad a diferencia del de las de otra, el del espacio más reducido frente al de un espacio mayor. La igualdad completa equivale a la desaparición del concepto de estilo. Donde todos hablan igual, las características del lenguaje dejan de ser características de estilo. El uniforme sólo tiene estilo con relación a otros uniformes. Por tanto, para captar de modo científico las potencias sociológicas, como causas potentes de características de estilo fijadas inductivamente, tendremos que partir de las observaciones de todas las formas y manifestaciones de la vida.

2) Lo involuntario constituye el criterio más importante de las vinculaciones sociológicas. Y esto hace que aparezca en primer plano el lenguaje. El hecho de que las lenguas puedan aprenderse no quiere decir que no sean potencias involuntarias. El hecho de que sea necesario aprenderlas constituye la prueba más poderosa en apoyo de ello. El lenguaje es, en el sentido más riguroso, norma y, al mismo tiempo, control. En el lenguaje se manifiesta del modo más potente toda la *physis* y la *psyché* de las vinculaciones sociológicas. Por eso, desde este punto de vista, la expresión "obra literaria de arte" es acertada y feliz, aunque la de "obra literaria" simplemente, más incolora en lo estético, prejuzgaría menos. Por tanto, es partiendo del lenguaje como más palmariamente cabe hacer ver los componentes suprapersonales del estilo en su condición de sociológicos. Y son precisamente las características involuntarias las que permiten deslindar entre sí las influencias de distintas vinculaciones sociológicas, ya se trate de los vínculos creados por la clase, por la igualdad de origen o por comunidades de tipo religioso. Lo que ocurre es que estos campos lingüísticos no deben concebirse en el sentido estrecho y puramente externo de "modos de hablar". Lo que importa es el modo de ser característico del espíritu del lenguaje, que teniendo mucho que ver con la lengua, no se halla vinculado, sin embargo, a las formas puramente fonéticas. Para evitar equívocos, diremos que las características involuntarias de estilo en lo que se refiere al lenguaje constituyen el mejor recurso metódico para el mutuo deslinde de los campos sociológicos; dentro de los distintos campos sociológicos, lo voluntario es el único criterio para deslindar el estilo con respecto a la lengua.

3) La sociología, formadora de estilo, de la norma (poética y público), aunque fácilmente asequible al conocimiento teórico, es muy difícil de ilustrar en un plano expositivo, pues se halla sujeta a la voluntad optativa, al libre arbitrio del ser individual. Hay, sin embargo, numerosos casos históricamente comprobados en que formaciones sociológicas fijamente delimitadas y unívocamente comprensibles aparecen como exponentes de determinadas normas y en que, incluso, semejantes en ello al individuo que pugna por abrirse paso preferentemente a través de determinados géneros literarios,[33] actúan incluso como formadores de géneros: pueblos o grupos de pueblos de determinadas dotes artísticas, una idea de estado que todo lo domina y que imprime su sello a toda la comunidad,[34] asociaciones religiosas con actividades artísticas rigurosamente ordenadas.[35] En estos casos, en que los límites de la comunidad coinciden casi totalmente con la vigencia de la poética y del público, de la tradición y del control, cabe captar y exponer científicamente casi sin ninguna duda el poder sociológico de la norma.

4) Sólo cuando el expositor disocia así de la masa total de observación las características suprapersonales de estilo y domina y perfila a través de ellas las potencias determinadas suprapersonales, se hallará en condiciones de poder decir y exponer lo que el individuo es desde el punto de vista de la historia del estilo. El campo de acción de lo individual es relativamente reducido, más reducido de lo que se inclina a creer una idea sentimental de lo que es el artista. Una investigación del estilo que prescindiera de las fuerzas estilísticas sociológicas, de la poética y del público y de lo que con ellas se relaciona, tendría necesariamente que considerar como individuales todas las características de estilo documentadas por el individuo. Con ello incurriría en una *praesumptio* y se situaría fuera de la experiencia histórica. En cambio, sobre la base de una historia crítica del estilo como la que aquí dejamos esbozada, la exposición podrá hacer surgir a los individuos, sin peligro alguno de "presunciones", de *individuatio* en *individuatio*, progresivamente, para hacer perceptibles en las diversas obras las últimas ramificaciones de lo particular y singular.

Una historia del estilo así concebida y desarrollada sería una historia del estilo en su totalidad, sin perjuicio de las innumerables

---

[33] Esto se dice en el sentido de las palabras de Ermatinger: el género poético es un tipo humano. También este pensamiento debe ser desarrollado consecuentemente. En la creación de determinados géneros poéticos actúa de un modo totalmente paralelo la diversidad entre las personalidades creadoras y la de los grupos de pueblos deslindables.

[34] Nadler, J., *Von Art und Kunst der deutschen Schweiz*, Leipzig 1922, donde se intenta explicar el género literario, a la luz de un determinado caso, como un problema sociológico.

[35] Los benedictinos de la alta Edad Media, las órdenes mendicantes de la baja Edad Media, los jesuitas, las comunidades de hermanos y los hermanos moravos.

tareas especiales y deslindables a voluntad que se pueda plantear, como historia del estilo de un pueblo, de un país, de una época, que es siempre simultaneidad de diferentes espacios, de una clase o de un estado, de un individuo, de una obra, de diversos rasgos estilísticos concretos. Ahora bien, si hay historias del estilo que disocian totalmente su tarea de los individuos, el hecho de que existan no es todavía, para nosotros, ninguna prueba de su posibilidad.

La historia del *estilo* ha realizado ya, a pesar de lo joven que es, asombrosos progresos. Es cierto que la capacidad de conocer, interpretar y exponer las unidades de estilo con arreglo a sus características esenciales sólo se ha acreditado dentro de un círculo muy reducido, pero con tal fuerza, de un modo tan convincente y tan fecundo, que apenas se reconoce hoy el punto de partida. Tan lejos parece estar. Pero la *historia* del estilo, la exposición cerrada, crítica, realizada sobre el objeto histórico mismo, sigue siendo un deseo irrealizado. Y seguiría siéndolo por siempre si la ciencia, por razones de crítica del conocimiento que nada tienen de tales, se detuviese ante la línea de las obras escritas sin dejarse llevar por la curiosidad, ni sentirla siquiera, de saber qué mundo vive y vibra detrás de esta línea. El miedo a comprometerse en el terreno de las ciencias naturales no debe convertirse en una psicosis en la que se olvide lo más natural y lo más evidente.

XI

MAX WUNDT

LA CIENCIA LITERARIA Y LA TEORIA DE LA CONCEPCION DEL MUNDO

TODA CIENCIA especial, siempre y cuando que se mantenga dentro de sus propios límites y no invada el campo privativo de la filosofía, tiene dos premisas que no pueden explicarse dentro de sus propios dominios y para esclarecer las cuales tenemos que recurrir necesariamente a consideraciones de orden filosófico dentro de la ciencia específica de que se trata. Estas dos premisas son: el *objeto* sobre el que la ciencia en cuestión hace recaer sus investigaciones y el *método* aplicado por ella para realizarlas. Entre las dos existe, indudablemente, una íntima conexión, que Kant con su pensamiento trascendental, puso en claro con vistas a un determinado aspecto y a una determinada ciencia, pero que llega, evidentemente, mucho más allá y recorre la trabazón de conjunto de todas las ciencias. Por eso, en última instancia, podemos considerar estas dos premisas como una sola, premisa implícita en el acto originario del pensar que hace nacer por primera vez el objeto de la ciencia. Es la orientación concreta de la mirada, de la atención del hombre, que aísla una zona en medio del panorama de conjunto de la realidad, fijándola así en su peculiaridad lógica. Los motivos lógicos que condicionan la acotación del objeto para una determinada ciencia encierran, a su vez, envueltos aún, los motivos que presiden el método desplegado para el estudio de este objeto. El objeto determina ya de antemano el método, éste va implícito ya en aquél, pues no consiste, en realidad, sino en el adentrarse en el objeto de un modo cada vez más profundo.

Para la ciencia, esta unidad de objeto y método permanece casi siempre recatada en el fondo del cuadro, precisamente porque ambas cosas figuran entre las premisas que ella misma no tiene por qué preocuparse de esclarecer. Pero estas premisas tienen especial importancia cuando se trata de descubrir la conexión entre la ciencia concreta que se estudia y la filosofía. Es precisamente en estas premisas

donde más fácilmente pueden ponerse de relieve los fundamentos fi
losóficos implícitos en toda ciencia.

Las consideraciones que siguen se refieren a la ciencia literaria;
se trata de esclarecer aquí la conexión de esta ciencia con la filosofía
como teoría de la concepción del mundo. Nos esforzaremos en abordar este problema en torno a las dos premisas de que hablábamos al
principio. Ellas nos facilitarán el hilo conductor que nos ayudará a
encontrar el camino a través de todos estos dominios tan embrollados.

La ciencia literaria parte de las dos premisas que aparecen en
los umbrales de toda ciencia especial. Por una parte, tenemos el objeto sobre el que esta ciencia recae y que considera como algo dado.
Este objeto es la vasta riqueza de la literatura, entre la que ocupa un
lugar especial la llamada bella literatura, es decir, el conjunto de
creaciones de la fantasía poética, ya que la literatura técnico-científi-
ca cae más bien dentro del campo especial a cuya elaboración se consagra. De otra parte, las reglas generales de examen que la ciencia
literaria toma, consciente o inconscientemente, de la filosofía y ante
todo, como es lógico, de aquella disciplina filosófica que más directamente le interesa, o sea de la estética.

Comencemos por el segundo orden de problemas; es decir, estu-
diemos ante todo la influencia ejercida aquí por la teoría del arte (estética), para pasar a examinar después la influencia que ejerce la
poesía.

1

LA CIENCIA Y LA TEORIA DEL ARTE

Muchas de las profundas diferencias que se advierten en cuanto
a la concepción de lo que es la ciencia literaria y de la función que
viene llamada a cumplir encuentran su explicación en los distintos
principios estéticos profesados por el investigador. Allí donde la ciencia literaria se atiene estrictamente a sus límites propios específicos,
no necesita para nada tener conciencia de estos principios. Sólo algún
que otro investigador, filosóficamente dotado y estimulado, se remon-
tará a la conciencia de ellos, con lo cual, en rigor, traspasará los linderos de su campo propio de acción para penetrar en los dominios de
la filosofía. Pero, prescindiendo en absoluto del grado de conciencia
que estos principios alcancen en el ejercicio de la ciencia literaria,
es indudable que se hacen valer siempre de un modo o de otro y que
informan toda una serie de diferencias esenciales en cuanto al modo
metodológico de tratar los problemas.

Una primera diferencia que se pone de manifiesto aquí es la que se refiere al problema de si estas reglas generales de estética deben considerarse valederas para la ciencia literaria o si, por el contrario, deberá rechazarse su vigencia en este terreno, que se supone ser un terreno puramente empírico. Claro está que también una contestación puramente negativa a la pregunta que acabamos de formular entra-ñará una determinada actitud ante estas reglas y una determinada premisa o supuesto previo sobre las relaciones entre la estética y la ciencia de la literatura. El hecho de rechazar en absoluto todo punto de vista filosófico envuelve ya un punto de vista filosófico y sólo pue-de explicarse partiendo de premisas filosóficas determinadas y con-cretas. Por eso, en realidad la repulsa de toda regla general emanada de premisas filosóficas no pasa nunca de ser una intención que no es posible poner en práctica. No obstante, es evidente que ante este pro-blema de si se reconoce expresamente o se rechaza de un modo expre-so, aunque de hecho no pueda aplicarse la repulsa, el empleo de estas reglas generales a que nos venimos refiriendo, se bifurcan varios ca-minos metodológicos muy claramente determinables.

La repulsa completa de estas normas generales equivale a dirigir la reflexión exclusivamente sobre el objeto. Prevalece el grado mínimo de conciencia sobre el propio método. Con ello no queremos decir, evi-dentemente, que deba considerarse el método como algo secundario. Sabido es que han existido en todos los campos de la ciencia, sin excluir el de la ciencia literaria, grandes investigadores que han salido ade-lante con un grado mínimo de claridad en cuanto a su propio método o acerca de las normas de valoración empleadas por ellos para el en-juiciamiento de las obras poéticas. Y sería de todo punto falso no ver en esto más que una falta. A veces, es precisamente todo lo contrario. Para la ciencia especial sólo existe, de momento, el objeto, y las reglas que han de guardarse para su elaboración y enjuiciamiento se despren-den sin más del objeto mismo, desde el punto de vista del investigador engolfado en el objeto que estudia. La pasión del investigador brota siempre de una pasión por el objeto, y cuanto más entera permanezca esta voluntad de investigación con mayor fuerza se consagrará exclu-sivamente al objeto investigado. Por eso, cuando se posee una concien-cia demasiado clara del método y se dedica a éste un derroche dema-siado grande de fuerzas espirituales, en vez de consagrarlo al objeto mismo, podemos pensar incluso que decae la voluntad pura de inves-tigación. Una preocupación demasiado grande por el método puede incluso ser un obstáculo para realizar nuevos descubrimientos en cuanto al objeto, que es lo que en realidad interesa. Pero, de otra parte, la mayor claridad acerca del método, sobre todo si al mismo tiempo esta mayor claridad va unida a una intensa preocupación por el objeto, puede resultar también estimulante e incluso iluminar ciertas facetas del objeto que de otro modo quedarían oscuras, pues así se desprende de aquella unidad interna existente, como veíamos, entre el objeto y el método.

En todo caso, las orientaciones de la ciencia literaria se distinguen muy claramente según la mayor o menor influencia que conscientemente se reconoce a los principios derivados de la filosofía. El punto de vista *filológico* y el *filosófico* representan aquí los dos puntos extremos a que responden, respectivamente, la *filología positivista* y la *idealista*. Podría trazarse, en este sentido, una especie de escala que, partiendo de un grado mínimo, va subiendo hasta alcanzar el grado máximo de contenido filosófico en el modo de tratar los problemas de la ciencia literaria. El grado mínimo lo representa el tratamiento puramente filológico de la obra concreta, en que la finalidad de la ciencia se considera conseguida, en lo fundamental, cuando se logra restablecer en su forma originaria el texto de la obra, depurada de todos sus errores. Este punto de vista rechaza de plano toda explicación superior, orientada hacia el contenido espiritual de la obra que se estudia o, en el mejor de los casos, la considera como una aportación artística propia, situada ya al margen de la ciencia literaria en sentido estricto. El grado máximo lo tenemos en el análisis puramente estético, que en el último resultado contempla la obra concreta de creación poética como simple ejemplo de una regla general. Mientras que en el primer caso importa sólo lo concreto y singular y cualquier punto de vista general que pueda deslizarse en el estudio de la obra analizada se considera como una tergiversación de su carácter particularísimo, en el segundo caso lo concreto se disuelve casi totalmente en las conexiones generales de las valoraciones estéticas. Huelga decir que entre estos dos puntos extremos existen numerosas fases de transición.

Ahora bien, esta diferencia que hemos puesto de relieve se entrecruza con otro punto de vista. No se halla sujeta a variación solamente la cualidad, sino también, naturalmente, el carácter del contenido filosófico. Entra en juego aquí *la variedad de las posibles concepciones del mundo*. E, indudablemente, estos dos puntos de vista no son, ni mucho menos, completamente independientes entre sí. Como ya hemos dicho, la repulsa de todo punto de vista filosófico entraña ya un punto de vista filosófico, el cual sólo es posible, en realidad, partiendo de una concepción del mundo muy determinada. Del mismo modo, la amplia disolución de una obra literaria concreta en conceptos estéticos generales presupone también una concepción del mundo que la tolera e incluso, tal vez, la estimula. La cantidad de contenido filosófico que entra en el tratamiento de los problemas se halla determinada por la importancia atribuída en unos casos a lo singular y en otros casos a lo general. Pero este problema del predominio de lo singular o de lo general es también decisivo en cuanto al carácter de la concepción del mundo. También las concepciones filosóficas pueden clasificarse según que en ellas se haga hincapié en lo general o en lo singular y concreto. También ellas pueden ordenarse en una serie en la que, partiendo de la afirmación de la realidad exclusiva de lo singular, se llegue a la afirmación de la realidad exclusiva de lo universal, al lado de lo cual lo singular queda reducido a una existencia meramente aparente. En este sentido, la cantidad y el carácter del contenido filosófico en el tratamiento de los problemas de la ciencia literaria discurren, pues, por cauces paralelos.

Cuando hoy se habla de los distintos tipos de concepción del mundo, se toman como base casi siempre los tres tipos diferenciados por Dilthey: el del naturalismo, el del idealismo de la libertad y el del idealismo objetivo. Estos tres tipos parecen a veces disfrutar de un prestigio casi canónico y precisamente se los da por supuestos como premisas evidentes en lo tocante al problema de la influencia de la concepción del mundo en las distintas ciencias especiales. Pero, por muy ingeniosa y muy concluyente que en algunos respectos sea esta clasificación diltheyana, nadie se atrevería afirmar que con ella se haya pronunciado ya la última y definitiva palabra en cuanto a un problema tan complicado como éste. El propio Dilthey reconoce toda otra serie de posibilidades de clasificación además de la suya y, por tanto, no pretende que ésta sea tan definitivamente decisiva como quieren algunos de sus partidarios. A un pensamiento como el suyo, orientado en absoluto hacia la riqueza de las formaciones históricas, no podía ocurrírsele, menos que a nadie, colgarlo todo de una sola percha, por decirlo así. Además, aquellos tipos fueron descubiertos por él pura y simplemente internándose en la realidad histórica, es decir, simplemente por la vía de la experiencia. Y es evidente que por este camino no podrá tenerse nunca la seguridad de haber descubierto realmente todos los tipos o de haber llegado a descubrir los tipos fundamentales. Como tampoco se puede llegar a penetrar por este camino, en rigor, en la conexión interna existente entre estos diversos tipos. El sistema queda así absolutamente abierto, pues no se deriva de un

principio unitario, y la serie de los tipos de concepciones del mundo
podría ser alargada, según parece, a gusto de cada cual.

Como es natural, no podemos desarrollar aquí en todo su alcance
un problema como éste, que nos llevaría muy lejos; para ello, sería
necesario proceder a una investigación especial y muy profunda. Y,
sin embargo, tampoco podemos pasar completamente por alto este
problema. Pues sólo si acertamos a ver claro en cierto modo en cuanto
a los posibles tipos de concepción del mundo podremos enjuiciar certeramente sus repercusiones dentro del campo de la ciencia literaria
y las formas especiales que ésta reviste bajo la influencia de aquellos
distintos tipos. Sin embargo, para no desviarnos demasiado de nuestro
tema, tomaremos como punto de partida los tres tipos señalados por
Dilthey, limitándonos a completarlos en distintos sentidos, ya que se
hallan, indudablemente, necesitados de ello.

Dilthey llama al primero de los tipos establecidos por él el naturalismo, entendiendo por naturalismo la concepción del mundo para
la que la experiencia constituye el contenido verdadero y decisivo del
pensamiento. En realidad, ya aquí se entrecruzan en él dos direcciones distintas, que no podrían ser equiparadas pura y simplemente, sobre todo si tenemos en cuenta que pueden presentar en sus manifestaciones una fisonomía completamente distinta y hasta contrapuesta.
Una es la corriente más bien empírica, a la que podríamos dar tal vez
el nombre de sensualismo; otra, la corriente marcadamente metafísica del materialismo. Estas corrientes no coinciden siempre, ni mucho menos, y a ambas se unen, a su vez, otras corrientes afines, entre
las cuales la coincidencia es aún menor que entre aquéllas; así, el
materialismo lleva consigo todas las corrientes que podríamos agrupar bajo el nombre de dogmatismo en sentido kantiano y el sensualismo la del psicologismo, que tiende a convertirse, sin fronteras fijas
que los separen, en el escepticismo. ¿Y cómo podrían reunirse bajo
un tipo común el escepticismo y el dogmatismo? Es cierto que, como
ya señalaba Kant y como habremos de ver en seguida, ambos brotan
de un terreno común, pero no por ello puede desconocerse la diferencia de principio que los separa.

La apelación a la experiencia, que después de superar el punto
de vista mitológico representa, indudablemente, la primera fase de la
concepción del mundo, reviste desde el primer momento una doble
forma. Esta experiencia puede ser concebida como una realidad sustantiva, que existe independientemente de toda conciencia, y surgen
así las grandes interpretaciones metafísicas del mundo, que en realidad
ostentan el carácter del *naturalismo*, siempre y cuando que entenda-

mos por naturaleza este mundo exterior de la experiencia, concebido como algo independiente de la conciencia. Pero esta apelación a la experiencia puede revestir, además, otra forma, en la que no se excluya la relación con la conciencia, sino que, por el contrario, se la retenga y se la coloque incluso en el primer plano de la atención. Es posible que esta atención del pensamiento dirigida sobre sí mismo se considere como algo menos originario que la entrega incondicional e incuestionable al objeto, tal como la practica el naturalismo. Pero, por otra parte, la precaución escéptica que va implícita en esta actitud vuelta hacia el sujeto viene impuesta, a su vez, por todas las consideraciones escépticas que acompañan al derrumbamiento de la concepción mitológica del mundo y que contribuyen a reforzar las contradicciones en que se ve envuelto el pensamiento naturalista. Ello explica por qué esta primera fase de la concepción filosófica del mundo que lleva consigo la apelación a la experiencia se presenta también bajo esta segunda forma, en que la experiencia es enfocada esencialmente como contenido de la conciencia y sólo aparece comprensible en la medida en que ofrece a ésta su contenido propio y específico. Podemos dar a esta corriente en su conjunto el nombre de *psicologismo*, teniendo en cuenta que la filosofía griega entiende por *psique* precisamente la conciencia. Este psicologismo presenta, naturalmente, toda una serie de matices: el del sensualismo, el del empirismo, el del fenomenismo y, por último, el del escepticismo, pero todos ellos coinciden en retener como esencial esta relación entre la experiencia y la conciencia. El hecho de tomar la experiencia como base une a ambas corrientes en una fase común; en cambio, el modo como se concibe esta experiencia, una vez en sentido objetivo y otra vez en sentido subjetivo, las diferencia, en ocasiones, de un modo tan profundo, que pueden llegar incluso a aparecer antagónicas entre sí.

Tampoco las consideraciones que hace Dilthey acerca del *idealismo* son suficientes, a pesar de que él mismo se encarga de contraponer las dos formas esenciales de idealismo: el idealismo de la libertad y el idealismo objetivo. Primero, siguiendo su modo histórico-psicológico, se limita a enlazar estas dos formas con el naturalismo, sin que por ese camino se ponga de relieve que el idealismo enfoca de antemano los problemas de la concepción del mundo en un plano superior que el naturalismo y —añadiríamos nosotros— que el psicologismo. En general, el idealismo sólo surge una vez que el naturalismo y el psicologismo han cumplido ya su papel, lo que, naturalmente, no impide que en un momento posterior, cobren, a su vez, una nueva forma. Aquél se enlaza en la antinomia entre estas dos corrientes y a las contradicciones nacidas de ella; pretende evitar las unilateralidades inherentes a estas dos corrientes, haciendo honor a la verdad de ambas. Y ya por el solo hecho de enlazarse conscientemente a las dos corrientes que lo preceden, busca nuevo terreno frente a ellas, y no se tiene en consideración como es debido el carácter propio y peculiar de estas corrientes cuando se las coloca a todas ellas en una sola serie, como hace Dilthey.

Pero no bastan tampoco los tipos que Dilthey distingue dentro de la corriente general del idealismo. Es evidente que el idealismo de la libertad y el idealismo objetivo se enfrentan como formas claramente diferenciables. Tal vez podríamos llamar al primero, sin temor a incurrir en equívocos, *idealismo subjetivo*. El progreso de una a otra forma se advierte claramente tanto en la evolución antigua como en la moderna. En la trayectoria del idealismo en Sócrates y Platón empieza predominando totalmente el punto de partida del sujeto. Aparece en primer plano el punto de vista ético y la atención se concentra en la libertad moral del hombre. Pero en el Platón de la última época y más todavía en Aristóteles, se desarrolla a base de este idealismo primero una forma a la que se ha dado acertadamente el nombre de *idealismo objetivo*. Y, viniendo ahora a la trayectoria moderna, es indudable que en Kant, si enfocamos su teoría en toda la variedad de sus intenciones, encontraremos los conatos de todas las formas del idealismo; pero no cabe duda de que empieza prevaleciendo el punto de vista del sujeto. En la primitiva exposición de su teoría de la ciencia, Fichte lo coloca decididamente en el primer plano, lo que hace que el idealismo de la libertad aparezca especialmente acentuado en él. Más tarde, Schelling se remonta sobre Fichte, al llevar a cabo la "irrupción al campo libre de la ciencia objetiva". Schelling deberá ser considerado siempre, con su filosofía de la naturaleza y su sistema del idealismo trascendental, como el principal representante de este idealismo objetivo. El rasgo característico de este segundo tipo de idealismo reside precisamente en el hecho de que la idea no se incorpora a la experiencia solamente como una regla general basada en el sujeto, sino que al mismo tiempo rige como algo objetivo que se realiza en la experiencia y determina el contenido sustancial de ésta.

Pero con ello queda ya puesto en claro que no puede ser ésta la forma definitiva y concluyente del idealismo. El hecho de que Dilthey la considere como tal lo caracteriza a él mismo y caracteriza su punto de vista, el cual correspondía tal vez más que nada a lo que podemos llamar idealismo objetivo. Pero, en realidad, estas dos formas contrapuestas del idealismo, el subjetivo y el objetivo, reclaman, a su vez, una unión, en la que se revela en lo absoluto la raíz común de la idea, que luego se desdobla en las dos ramas de su vida subjetiva y objetiva. Esta tercera forma unitaria es la del *idealismo absoluto*, en el que la idea se presenta bajo su forma última y definitiva. En la filosofía antigua, este tipo del idealismo absoluto sólo se presenta en el neo-platonismo. En la filosofía moderna, Fichte y Schelling pugnan, partiendo de puntos de arranque diferentes, por alcanzar la misma meta y la logran en su teoría de la identidad. Pero es en Hegel donde este idealismo absoluto alcanza su pleno desarrollo.

Pero, como es natural, estas distintas corrientes no se hallan vinculadas a los tipos históricos especiales que acabamos de señalar. Estos no son más que ejemplos de tendencias generales, que aparecen una y otra vez y actúan constantemente. Todavía se hallan vivas hoy, aunque no todas del mismo modo, y permanecerán vivas siempre en la ciencia y en su movimiento espiritual. Por eso deben ser tomadas ahora como base de investigación. A la luz de ellas deben examinarse las distintas actitudes de la ciencia literaria ante la concepción del mundo. Lo cual no quiere decir, naturalmente, que deba excluirse, en realidad, ninguno de los tipos históricos señalados con anterioridad. Lo que aquellos ejemplos históricos deben poner de manifiesto no es más que la tendencia general de la concepción del mundo. Es especialmente importante hacer notar esto, ya que los mismos representantes de la ciencia especial se enlazan frecuentemente, de un modo más o menos constante, a un determinado tipo de concepción del mundo, enlace que en la realidad aparece muchas veces bastante más claro de lo que ellos mismos lo ven. Ya hemos apuntado más arriba que el grado de esta conciencia se halla, a su vez, en parte, relacionado con la peculiaridad de una determinada concepción del mundo.

El *naturalismo* es aquella concepción del mundo en la que, al mismo tiempo, parece contenerse la mínima cantidad de contenido filosófico. Es, en la generalidad de los casos, la concepción del mundo que se trasluce al fondo cuando se rechaza toda concepción del mundo en general. Es la actitud del conocimiento científico puro, que en la intención no se deja influir por ningún punto de vista superior a la ciencia misma. La meta del conocimiento es, aquí, la captación de los hechos escuetos, no disueltos en ninguna clase de conceptos generales. Aquí, lo singular ocupa totalmente el centro de la atención. Sólo lo singular se considera como el hecho real, mientras que toda generalidad se tiene por una adición subjetiva injustificada. La objetividad de la ciencia se enfoca aquí desde el punto de vista puramente externo, pues para el naturalismo todo lo verdaderamente real tiene una existencia exclusivamente externa. Y como son las ciencias naturales las que han desarrollado un método más fino para el conocimiento de esta existencia puramente externa, este método sirve de modelo para todas las demás ciencias. Su cientificidad es tanto mayor cuanto más tiende a imitar el método de investigación propio de las ciencias naturales.

En el campo de la ciencia literaria, esto equivale al predominio de la *filología* pura. Lo que trasciende del marco de sus posibilidades, no se considera ya como verdadera ciencia. La función de la ciencia termina allí donde se agota la elaboración del hecho externo, por ejemplo, en lo que a la ciencia literaria se refiere, donde se pone en claro el texto originario de una obra poética. Lo que el investigador pueda añadir, si lo cree oportuno, a la explicación interna de la obra es ya de la incumbencia de su libre imaginación personal, es ya una especie de arte, que no tiene nada que ver, en rigor, con la verdadera ciencia. En el fondo, todo el contenido espiritual de estas recreaciones de carácter más bien artístico se deja al arbitrio de su autor, pues en su interioridad queda totalmente sustraído al dominio de este método científico, que sólo versa sobre lo externo. Pero cuando —tal vez por obra de otras corrientes espirituales— este algo interior figure ya hasta tal punto en el centro de la atención, que sea difícil dar de lado a su tratamiento científico, se tiende en lo posible a explicarlo partiendo de lo puramente externo, campo abierto siempre verdaderamente a este punto de vista. El mundo circundante, el llamado medio ambiente, es considerado como su causa verdaderamente determinante. Sabido es cómo el positivismo consideraba esta explicación de lo espiritual partiendo de las condiciones del medio como la única explicación definitiva posible. Lo que equivale a reconocer la primacía de la existencia natural externa aún en el campo espiritual, sometiendo lo espiritual, en la medida de lo posible, a las leyes de aquélla.

La ciencia literaria se desarrolla de un modo completamente distinto cuando toma como base el *psicologismo*. Y los resultados radicalmente distintos a que conducen estas dos corrientes en el campo y para el método de la ciencia especial demuestra precisamente la necesidad de distinguir el naturalismo del psicologismo. También el psicologismo rechaza las reglas generales de consideración, derivadas de principios filosóficos. También él pretende que sólo se tengan en cuenta los hechos concretos como tales y sólo ve en la insinuación de puntos de vista generales un falseamiento de los hechos del caso. Lo que ocurre es que esta corriente enfoca el hecho, que en este caso es la poesía, de un modo completamente distinto que el naturalismo. No ve en él un hecho externo precisamente, sino un hecho interior. Para él, la poesía no es el texto fijado a través de la tradición, cuyos orígenes se trata de explicar por medio de circunstancias más o menos externas. La poesía se concibe aquí más bien como la vivencia interna de su creador, que, por tanto, es necesario interpretar y comprender a base de las condiciones internas de su alma. La poesía es, aquí, el contenido de una conciencia: tal es el verdadero pensamiento que se abre paso en el psicologismo, por oposición a la concepción puramente externa del naturalismo. Sólo llega a ser poesía por el hecho de despertar a la vida dentro de una conciencia, sin que fuera de ella tenga existencia alguna. Pues la obra de arte es, indudablemente, algo distinto del papel impreso o del lienzo pintado. Pero la vivencia decisiva, por decirlo así, no es precisamente una vivencia externa que se asimila, sino la vivencia del propio creador. Y la verdadera misión de la ciencia literaria estriba en explicarla del modo más completo posible como un producto de las dotes espirituales, de los destinos de vida y de las circunstancias del momento.

La ciencia literaria se reduce así a una *psicología*. Puede ocurrir que los trabajos preparatorios sigan siendo de carácter filológico, puesto que lo primero que hay que hacer antes de interpretarla psicológicamente es, naturalmente, fijar su hecho externo. Pero esta clase de trabajos no son, en efecto, más que una preparación, no la función principal en que la ciencia pueda ver su verdadera meta. Esta reside más bien, totalmente, en la vivencia interior del creador de la poesía. Por tanto, la verdadera misión de la ciencia literaria, así concebida, es de carácter psicológico. El primer paso consiste en destacar en todos sus rasgos la vivencia misma que sirve de base a la poesía. El segundo, versa sobre el acto especial de creación que saca la poesía de la vivencia. En el trabajo del investigador predomina una veces una función y otras veces otra, según que se sienta más inclinado al lado biográfico o al lado estético del problema. En el primer caso, la investigación sigue girando más bien en torno a la poesía concreta como tal, y la razón de su nacimiento se busca exclusivamente en las circunstancias concretas de vida de su creador. En el segundo caso, entran en juego ya puntos de vista más generales, pues la plasmación de la vivencia para convertirse en poesía se explica recurriendo a reglas estéticas generales. Pero en ambos casos, el punto de vista desde el que se enfoca el problema sigue siendo un punto de vista psicológico y el proceso de creación se trata, por tanto, como una experiencia de vida puramente psicológica. Por lo demás, apenas aparecen jamás separados ambos problemas, sino siempre combinados, aunque en unos casos prevalezca más o se destaque menos uno de los dos puntos de vista.

También el psicologismo puede tener nexos con la "teoría del medio". Así acontece cuando la vivencia no se considera como un proceso puramente personal, sino como la vivencia común de un determinado círculo de personas y al individuo, esencialmente, como miembro y expresión de este círculo y de su experiencia vivida. En estos casos, el investigador recurre también, como se ve, a la sociología, pero los problemas sociológicos se conciben, asimismo, siempre desde el punto de vista que aquí prevalece, como problemas psicológicos. Estamos, al igual que antes, ante la exposición de un proceso de vida interior, con la diferencia de que este proceso no se desarrolla en el alma de un individuo, sino en el seno de una colectividad.

La forma de la ciencia literaria cambia cuando brota del terreno del *idealismo*, con arreglo a las diversas fisonomías que el idealismo puede asumir. Todas estas corrientes coinciden en reconocer en la obra poética un contenido superior, y de validez universal, que no trasciende solamente de la realidad externa, sino también de la realidad interna, psicológica; un contenido que sólo puede captarse con referencia a principios universales, a principios de carácter filosófico. Este algo suprarreal es lo que llamamos en realidad *idea*, a la que no se remontan las dos corrientes estudiadas más arriba. El reconocimiento general de la idea es lo que distingue al idealismo de las otras tendencias; la concepción especial de esta idea diferencia al idealismo dentro de sí mismo. Veamos ahora cómo se manifiestan estas diferencias en el campo de la ciencia literaria.

Cuando la ciencia literaria se halla colocada bajo la influencia del *idealismo subjetivo*, es cuando más se aleja de la realidad inmediata de la obra poética misma. La idea se concibe aquí como la regla de validez universal que tiene su base en el sujeto y se aplica como pauta a toda realidad para contrastar su verdad, su bondad o su belleza. Sólo se considera como asequible a un conocimiento rigurosamente científico lo que puede ser derivado de estas reglas; todo lo demás puede, a lo sumo, compilarse y ponerse de manifiesto por la vía empírica. Pero una ciencia rigurosa se preocupa siempre y en todas partes por las leyes que gobiernan los fenómenos; sólo cuando puede poner de manifiesto estas leyes, ha cumplido la ciencia su verdadera misión. Y las tales leyes sólo se ponen al descubierto dentro del campo presidido por las reglas basadas en la razón misma. Los dominios de ésta son, por tanto, el campo de la verdadera ciencia, y todos los hechos de la experiencia sólo pueden servir como medios para mostrar cómo actúan y rigen sobre ellos aquellas reglas de la razón.

Esta concepción se ha desarrollado en los tiempos modernos, principalmente bajo la influencia del *neokantismo*. Le sirve de base, indudablemente, algunos pensamientos kantianos; pero en este caso, como en los demás del neokantismo, sólo es un aspecto muy concreto y determinado de la filosofía de Kant el que se destaca, pues la auténtica teoría kantiana es mucho más variada y polifacética. Esta y otras corrientes parecidas de nuestro tiempo han repercutido también en los dominios de la ciencia literaria, y bien podemos afirmar que esta concepción no estuvo nunca del todo ausente del campo de esta ciencia. Trátase de una concepción estrictamente normativa; la obra concreta se considera solamente como un ejemplo de las reglas generales, que deben derivarse, no de la poesía misma, sino de las condiciones universales de la razón. Por eso esta corriente es la que menos importancia da al carácter particular y concreto de cada obra poética de por sí. Esta se disuelve en ciertas generalidades abstractas que sirven de nexo de unión a gran número de obras, razón por la cual esta teoría es también la que menos en cuenta toma la peculiaridad de cada obra. Allí donde esta tendencia se impone con especial fuerza, la ciencia literaria queda reducida a una zona especial de aplicación de la teoría estética.

El *idealismo objetivo* imprime una fisonomía completamente distinta a la ciencia literaria. Aquí, la idea no rige como regla abstracta a la que haya de ser sometido el objeto en la plenitud de sus manifestaciones y que pone de relieve a la luz del objeto solamente lo que es dignamente de ser conocido y asequible a la ciencia. La idea rige, aquí, como la vida concreta del objeto mismo. Se "representa" por sí misma en las manifestaciones del mundo objetivo y no necesita ser incorporada a éste por el sujeto. Esto hace que la idea por sí misma cobre una vida rica y variada. Se remonta sobre aquella unidad abstracta y un tanto seca que representa en el idealismo subjetivo de por sí y se despliega en una muchedumbre de formas vivas. La riqueza real afluye así de nuevo a la investigación científica. Pero no se la enfoca simplemente, como en las dos primeras tendencias, con arreglo a su exterioridad fortuita, sino que se le reconoce un contenido universal, el cual constituye la verdadera meta del trabajo científico. Esta corriente coincide con la del idealismo subjetivo en que la ciencia tiende en ambas a remontarse hasta las normas de vigencia universal, enfrentándose así las dos tendencias por igual a las del naturalismo y el psicologismo. Pero aquí, a diferencia de lo que ocurre con el idealismo subjetivo, estas normas de validez universal no aparecen sobrepuestas a toda realidad ni entronizadas sobre ella en una inmovilidad pura, sino que cruzan en movimiento vivo a través de todo lo real, lo extraen en su conexión común con los acaecimientos externos y lo refieren directamente a lo eterno y lo divino. Lo real no representa aquí, como en el idealismo subjetivo, una escala que no llega jamás a las alturas puras de la idea, sino que todo está por igual cerca de Dios y lleva en sí la idea como su alma propia.

Esta concepción sirve, en lo esencial, de base a la historia de las ideas que hoy tiende a predominar más y más en numerosos campos de las ciencias históricas, incluyendo el de la ciencia literaria. Aquí, la obra poética vuelve a ser concebida totalmente en su vivacidad concreta, sin verse reducida a simple ejemplo de las reglas generales. Su contenido interior es la meta, y todo el trabajo externo realizado por medios puramente filológicos, labor simplemente preparatoria. Pero debe tenerse en cuenta que este contenido no se enfoca en la realidad concreta de la vivencia espiritual de que brota la poesía. Es más bien un contenido de carácter universal y da a la poesía un sentido, que, en ciertas circunstancias, trasciende con mucho de la simple vivencia del poeta, aunque se revela en ella. La idea es, aquí, la ley de formación de la obra poética misma; en ella se concibe su desarrollo vivo y su estructura organizada. Lo que aquí se investiga es la necesidad interna a que responde la obra poética y que constituye su valor; el contenido de validez universal que sólo se sirve de las circunstancias exteriores y del ropaje fortuitos como de la forma en la cual se expresa.

Esta tendencia de investigación dentro del campo de la ciencia literaria es hoy tan conocida y se halla representada por trabajos tan abundantes y, en parte, tan valiosos, que no es necesario detenerse a caracterizarla más de cerca. Tal vez sea más importante señalar los límites de que esta tendencia no puede pasar y que impiden el desarrollo de un tratamiento idealista de la poesía en toda su pureza. La idea, en su forma objetiva, es la vida, y es a la vida en su riqueza a lo que aquí tiende la investigación. Pero, al hacerlo, pierde fácilmente la forma lógica sin la cual no es fácil concebir la idea, y a veces esta forma es rechazada incluso de un modo expreso. Si el idealismo subjetivo peca por carta de más en este respecto, el idealismo objetivo peca por carta de menos. Se pierde, en cierto modo, entre la multiformidad y las contradicciones de la vida. La idea, en vez de desplegarse en una estructura abarcable lógicamente, crece frondosamente y se expande en una multitud inmensa de plantas trepadoras, que parecen crecer y crecer sin meta ni medida, como la vida misma. De este modo, se destaca una gran multiformidad de creaciones poéticas, pero sin que se llegue nunca a ver clara la unidad que sirve de enlace a todas ellas ni, por tanto, sus conexiones. Ninguna necesidad interna une entre sí estas creaciones y parece como si su serie quedase abierta y pudiera ser continuada a capricho de cada cual. La dialéctica, cuando se practica aquí, parece conocerse solamente en su forma negativa, es decir, se ponen de manifiesto en todos los tipos contradicciones que hacen brotar de ellos otros tipos nuevos, de los que por obra de nuevas contradicciones, brotan a su vez nuevos y nuevos tipos. Por consiguiente, la dialéctica aquí sólo sirve para multiplicar hasta el infinito el número de tipos, y todo aparece en un plano de mutuas contradicciones. Pero no se tiene en cuenta que la contradicción presupone una unidad superior de la que brota y a la que, por tanto, tiene que retornar aquélla, enriquecida. También para esta concepción rige solamente lo vario y la dialéctica aparece, por tanto, considerada simplemente como un medio para deslindar cada cosa concreta con respecto a las demás, pero no, por el contrario, para enlazarla y articularla con todas.

Lo que aquí se manifiesta es la sensibilidad ingeniosa y viva del *romanticismo*. Pero en sus últimas consecuencias, esta tendencia entraña algo negativo, a la que tampoco el romanticismo pudo sustraerse. Cada forma se resuelve en otras formas, cada cosa concreta aparece como algo plenamente distinto de lo demás y la dialéctica sólo sirve para disolver todas las posiciones fijas, para no reconocer nada como algo último y definitivo, para deslindar cada cosa concreta de cualquier otra en su diversidad. Pero, con esta negación de la forma unitaria y fija, lo que se niega, en último resultado, es la idea misma. Pues ésta es el fundamento de toda unidad, y donde ha dejado de existir la unidad ha dejado de existir también la idea. Por eso, para retener la idea no hay más remedio que avanzar hasta una dialéctica positiva que mantenga a salvo la unidad a través de todos los cambios y de todas las variedades y la ponga de manifiesto como la base de todo lo real. Esta es, en efecto, la dialéctica en que convierte Hegel, desarrollándolo, el método del romanticismo.

Con lo cual nos elevamos ya al plano del *idealismo absoluto*. Podemos considerarlo como la asociación del idealismo subjetivo y el objetivo, puesto que encierra los pensamientos contrastados de ambos. Al igual que el idealismo objetivo, reconoce la idea como la fuerza constructiva de la realidad misma y la va siguiendo a través de sus múltiples formas. Pretende, pues, tener tan en cuenta como el idealismo objetivo la riqueza de la realidad. Pero, coincidiendo en esto con el idealismo subjetivo, ve en la idea una regla de validez universal, la cual no sólo penetra en una serie de cambios abigarrados a través de todo lo real, sino que al mismo tiempo informa como unidad la realidad toda. Por consiguiente, la ley no es considerada aquí, al modo como lo es en el idealismo subjetivo, como algo extraño que se incorpora desde fuera al objeto, sino como algo que se descubre en el despliegue del mundo objetivo mismo. Aquí, sujeto y objeto se enlazan para formar una unidad. La regla de la ciencia y su objeto se reconcilian entre sí, en cuanto que aquélla sólo se realiza en éste y éste sólo se realiza por medio de aquélla. Sólo así cobra la dialéctica un contenido positivo, en cuanto que no sólo sirve para poner de manifiesto los objetos en su antinomia y para separarlos, por tanto, unos de otros, sino que además reduce las antinomias a unidad, con lo cual hace que todas las formas broten de una unidad y de una regla que los enlaza y los ensambla a todos.

Este idealismo absoluto hace sentir también su influencia en la ciencia literaria. Y también aquí se remonta sobre el idealismo objetivo, en cuanto que domeña bajo unidades superiores la muchedumbre dispersa de las formas y pone de manifiesto las creaciones singulares de la poesía no solamente en lo que las diferencia, sino también en lo que las une. No va a la zaga del idealismo objetivo en cuanto a la riqueza de formas, pero procura articularlas en un todo y concebir las diversas formas sueltas como emanaciones de una regla unitaria que les sirve de base a todas ellas. Indudablemente, esto hace que la ciencia literaria se acerque más a la estética, puesto que aquí la muchedumbre de las formas poéticas que revela la historia vuelven a ser concebidas en su trabazón bajo el imperio de una serie de reglas. Pero estas reglas no aparecen sacadas de una estética puramente normativa, cosa que, desde el punto de vista de un tratamiento empírico, tiene que considerarse siempre, necesariamente, como un avasallamiento de la realidad, sino que estas reglas deben salir de la riqueza misma de lo real, en cuanto que el contenido de ideas que aquí se abre a la consideración se concibe y pone de manifiesto como el foco mismo de tales reglas y como algo que se despliega necesariamente y por grados, sujeto a leyes, a base de una unidad.

La ciencia literaria sólo llegará a adquirir rango pleno de ciencia cuando sea capaz de ascender de la fase del idealismo objetivo en que hoy se halla en la mayoría de los casos, a la fase del idealismo absoluto y, con ello, dentro del reino de las ideas que ella misma ha reconocido con razón como el verdadero centro de sus investigaciones, reconozca también la ley y la regla que son las que convierten a toda ciencia en verdadera ciencia.

2

LA CIENCIA LITERARIA Y LA POESIA

La ciencia literaria se halla también bajo la influencia de la teoría de la concepción del mundo en lo tocante a su objeto, es decir, en lo tocante a la poesía. Y son dos, concretamente, los puntos de vista desde los cuales se hace sentir esta influencia. De una parte, desde el punto de vista de la forma, de otra parte en lo que se refiere al contenido de la poesía.

Si nos fijamos en la poesía desde el punto de vista de su *forma*, observamos que es aquí tal vez donde mejor se oculta su enlace con el problema de la concepción del mundo. Anteriormente, la forma del arte era tratada exclusivamente desde puntos de vista estéticos generales. Pero como entonces la estética gustaba de situar en primer plano el problema de la belleza como tal, el tratamiento presentaba un carácter tan general, que jamás eran tenidas en cuenta debidamente las especiales peculiaridades de las obras poéticas, que eran precisamente las de tipo formal. El tratamiento puramente empírico del arte —pues en todos los campos del arte se revelaba el mismo antagonismo— se sobrepuso más tarde, resueltamente, a este punto de vista y afrontó por sí mismo, sin remontarse para nada a los principios generales, el empeño de caracterizar las formas de la creación artística. También en este terreno se impuso el positivismo, y la ciencia creía haber cumplido su misión con coleccionar los rasgos externos de las formas de arte y seguir sus huellas por procedimientos cada vez más finos. Indudablemente, esto agudizó de modo extraordinario la mirada para descubrir la variedad de las formas y se pusieron de manifiesto una gran multitud de formas y posibilidades. Pero ello no era obstáculo para que quedase en la sombra precisamente el nexo interno que daba unidad a este mundo de formas; poníanse al descubierto innumerables detalles, pero la ley superior sin la cual era imposible comprender todos aquellos detalles, permanecía por este camino, y tenía necesariamente que permanecer, oculta.

Frente a esto se hace valer hoy, con razón y cada vez con mayor intensidad, un movimiento que acentúa la conexión con la concepción del mundo, precisamente en lo que se refiere a la forma pura del arte.

Es comprensible tal vez que esta conexión se haya descubierto aquí
más tarde que en ningún otro campo —pese a los puntos de vista decisivos de nuestra estética clásica—, puesto que la concepción del mundo
parece referirse siempre, de un modo o de otro, al contenido, considerándose menos claro que pueda dominar también la forma pura,
como tal. Pero, a medida que fueron comprendiéndose las concepciones del mundo y sus diferencias características, fué viéndose cada vez
más claro que sus leyes especiales determinaban también la forma de
la obra de arte, ya que ésta obedece siempre a un determinado tipo
de concepción del mundo. Tomando pie de nuestras anteriores consideraciones, podemos decir que la ciencia literaria necesitó alcanzar
un cierto grado de conciencia en lo tocante a la concepción del mundo
para poder ver claro en cuanto a este nexo entre la concepción del
mundo y la forma artística. Claro está que el naturalismo y el psicologismo rechazarán este pensamiento, ya que ellos ven siempre en la
creación artística un algo concreto en que no es posible descubrir ninguna regla general. Por su parte, el idealismo subjetivo sólo reconocerá la existencia de semejante conexión en el sentido de una estética
normativa que aporta a la riqueza del mundo del arte determinadas
reglas existentes de antemano, incurriendo con ello fácilmente en el
peligro de avasallarlo. Este problema sólo puede ser tratado de un
modo realmente fecundo a base del idealismo objetivo y del idealismo
absoluto, derivado de él. En efecto, la forma es considerada aquí
como una forma de la concepción del mundo, aunque el idealismo
objetivo, en este caso como en todos, hace valer más bien la plenitud
en la diversidad, mientras que el idealismo absoluto, por su parte, se
preocupa de investigar la conexión interna y necesaria de esta diversidad. Sólo a base de este planteamiento del problema se llega a comprender que también la forma de la obra de arte expresa el sentido
de una concepción del mundo. La idea es plasmada aquí en su forma
objetiva, y esto la convierte en la ley de formación que preside la estructura de la obra de arte, tanto en cuanto a su contenido como en
cuanto a su forma.

Sin partir de algún concepto filosófico-fundamental, jamás podrá
llegar a comprenderse verdaderamente el estilo de una obra literaria.
En este aspecto como en todos, son siempre en última instancia móviles de orden filosófico, relacionados con una concepción del mundo,
los que impulsan al artista a elegir esta o aquella forma, aunque él
mismo rara vez llegue a tener una conciencia clara de estos móviles.
Y esto que decimos se refiere tanto a los géneros literarios en general
como a los tipos estéticos fundamentales y específicos que actúan a

través de todos los géneros. Diremos unas cuantas palabras acerca de los dos aspectos del problema.

Todo *género literario* entraña ya de por sí una determinada actitud ante la realidad, que a su vez presupone una determinada concepción del mundo. Claro está que no debe esto interpretarse en el sentido de que los géneros literarios puedan clasificarse exteriormente tomando como base las distintas concepciones del mundo. La realidad de la obra de arte es siempre demasiado complicada para que pueda procederse así. Los géneros influyen los unos en los otros y se entremezclan, razón por la cual cada cosa de por sí se desarrolla bajo las formas más diversas, y hasta podría afirmarse que en cada género puede cobrar expresión cada una de las concepciones del mundo. No obstante, cada género tiene su propio centro de gravedad, el cual reside en un determinado tipo de concepción del mundo, aquel en que se realiza con mayor pureza la esencia del género de que se trata. Hay epopeyas líricas y epopeyas llenas de contenido dramático, como hay poesías líricas que tienden más bien hacia la epopeya o hacia el drama, y dramas que tienen algo de novela o algo de poesía lírica. Pero esto no altera para nada el hecho de que la forma fundamental de cada uno de estos géneros tiene sus características especiales, las cuales se imponen siempre, por muy grande que sea su afinidad con otros géneros literarios.

Podemos, pues, afirmar, con la reserva a que acabamos de aludir, que la *epopeya* se basa en una concepción naturalista del mundo. Este naturalismo se trasluce de un modo claro e indubitable allí donde la forma épica se acusa con la mayor pureza, sin que otras formas artísticas la hagan desviarse de sus derroteros, por decirlo así. Lo que caracteriza a la epopeya es la entrega pura a lo objetivo-real, en sus conexiones exteriores. Una mayor riqueza en el despliegue de valores interiores se considera siempre como emoción lírica, mientras que la epopeya pura tiende siempre, esencialmente, a expresar las emociones interiores mediante el despliegue de la vida externa. La lucha entre lo interior y lo exterior, entre el hombre y el destino, lucha que da su vida al drama, rompe en la epopeya los límites puros del género. La novela es el verdadero centro de esta épica orientada hacia lo dramático. Pero la epopeya como tal vive vuelta hacia el mundo objetivo; ésta es, para ella, la única realidad, como corresponde al punto de vista del naturalismo.

En cambio, la *lírica* abraza el punto de vista del psicologismo. Su mundo es el de la vida interior, la única que existe para el lírico puro. Como corresponde por entero al sentido del psicologismo, todo el contenido del mundo se convierte aquí en simple vivencia interior, sólo como tal vivencia interior existe y es reconocido. No cabe duda de que también la lírica puede llenarse de figuras del mundo exterior, pero si estas figuras permanecen dentro de su fría exterioridad y no se disuelven en la vida palpitante del interior del hombre, estaremos ante una influencia épica en la trama lírica, influencia que se percibirá claramente como tal. También el fuerte movimiento del drama que nace de los choques entre el mundo interior y exterior puede revestir, evidentemente, una forma lírica, pero ello no hará otra cosa que destruir la actitud lírica pura.

Finalmente, el idealismo es la base sobre que descansa la más alta forma poética, el *drama*. Del mismo modo que el idealismo aúna los pensamientos legítimos del naturalismo y del psicologismo, el drama hermana en su acción la variedad desplegada de los sucesos épicos y la vida interior de la lírica, interioridad que aquí no aparece solamente como la confesión subjetiva del poeta, sino como la interioridad conmovida de los personajes. Mientras que el naturalismo y el psicologismo sólo reconocen el mundo exterior o el mundo interior, el idealismo reconoce los derechos de estos dos mundos, actuando como mediador entre ambos y presentándolos en su unión interior. Y esta relación interior entre los personajes y el mundo exterior que los rodea constituye, en efecto, el verdadero objeto del drama. El conflicto entre estos dos mundos, conflicto que no conocen la epopeya ni la lírica, constituye la verdadera vida del drama, y es ese conflicto el que plantea al idealismo su problema.

Y así como el idealismo se desarrolla en varias formas, el drama cuenta también con más abundantes posibilidades que los otros géneros literarios, circunscritos dentro de límites relativamente más estrechos. A través de las distintas formas del drama podemos observar también las distintas formas del idealismo. El tema eterno del drama es la lucha del hombre contra el destino. La forma específica del drama depende del modo como se determine la relación entre ambos términos en lucha, del peso que se atribuya a los dos términos de esta antinomia. Pues bien, esta relación entre lo subjetivo y lo objetivo es también la que determina las distintas formas del idealismo; también aquí vemos cómo se compaginan las formas poéticas y las formas filosóficas. En el idealismo subjetivo tiene sus raíces la forma del drama que concentra toda su luz en el héroe, en la personalidad actuante. Aquí, el mundo externo, que le impone su destino, sólo aparece como lo absurdo, como lo vil y lo nulo, como la potencia extraña contra la que se estrella la voluntad pura del héroe. Esta forma se presenta sobre todo en el drama retórico. Podemos poner como ejemplo de esto los dramas del clasicismo francés y sus imitaciones alemanas. El idealismo objetivo, en cambio, ve la idea realizarse también en el mundo exterior. A ella corresponde una forma del drama cuyo verdadero tema son los embrollos y las complicaciones de los sucesos exteriores, las rarezas del destino, frente a las que el héroe no aparece, al igual que bajo la primera forma, como el voluntario creador de su vida, sino como la criatura de las potencias universales del destino. Es ésta la característica que podemos observar en los dramas del naturalismo, tanto en el período del *Sturm und Drang* como en el llamado drama moderno. Con frecuencia, este tipo de drama se acerca, por tanto, a la concepción naturalista del mundo, mientras que, por su parte, el drama retórico, con su *pathos* subjetivo, se inclina a la lírica. Pero esta segunda forma del drama puede presentar también un carácter romántico, pues no en vano el idealismo objetivo es, en rigor, la concepción del mundo propia del romanticismo. En este caso, el mundo objetivo se transfigura míticamente y el héroe aparece, en su modo de ser y de actuar, como condicionado por poderes objetivos muy superiores a su propia voluntad.

Es sobre la base del idealismo absoluto como el drama puede llegar a desplegar su esencia plena, por ser ésta la concepción en que se equilibran el idealismo subjetivo y el objetivo, la concepción que permite derramar la misma luz sobre el lado subjetivo del héroe y el lado objetivo del destino. Sólo cuando se atribuye el mismo peso a estas dos potencias que determinan el drama, es posible llegar a captar realmente en toda su profundidad el contenido trágico o cómico. Esta es, en efecto, la forma clásica del drama, convertida en clásica precisamente por este equilibrio entre lo subjetivo y lo objetivo. No en vano la concepción clásica del mundo establece una verdadera reconciliación entre la personalidad y el medio, por ser ella la que descubre la verdadera ley de la estructura tanto en el sujeto como en el objeto. Esto es lo que hace, en efecto, el idealismo absoluto. Por eso el auténtico drama, aquel en que se realiza verdaderamente el sentido de lo dramático, es una ofrenda de los raros períodos que saben remontarse hasta la madurez clásica y, por tanto, hasta el idealismo absoluto.

Las últimas observaciones nos han conducido ya al otro lado del problema de la forma. La referencia a lo clásico nos ha colocado ante el problema de las *formas estéticas fundamentales* que se manifiestan a través de todos los géneros literarios. Como es lógico, también en este respecto tenemos que limitarnos a exponer unas cuantas ideas

muy generales, pues no es posible que penetremos aquí en la plenitud
de las formas fundamentales de la estética, para esclarecerlas desde
el punto de vista de las concepciones del mundo. Nos referimos solamente a las diferencias fundamentales. Para ello, podemos atenernos
a la clasificación decisiva para todas las artes establecida por Goethe
en su estudio, pequeño pero muy importante, titulado "Simple imitación de la naturaleza, manera y estilo" (1789).

Dice Goethe en este estudio que el estilo, en que él reconoce la
verdadera forma del arte, descansa "sobre los cimientos más profundos del conocimiento", a lo que podemos añadir que también su distinción de los estilos descansa sobre los mismos fundamentos. Pues,
quiérase o no, se manifiestan aquí también las grandes tendencias
fundamentales de la concepción del mundo, que se revelan así como
los verdaderos exponentes de estas formas estéticas fundamentales.
Goethe no sigue en modo alguno, por su parte, las huellas de estas
conexiones, pero precisamente el hecho de que no abrigue semejante
propósito da mayor elocuencia a sus palabras.

La simple *imitación de la naturaleza* se preocupa solamente de
lo exterior y ve en la fiel representación de esto la verdadera y genuina misión del arte. En ello se mezcla lo menos posible la subjetividad
del artista; ésta se disuelve en la exposición de una realidad externa
puramente objetiva. Es la tendencia a que nosotros damos el nombre
de naturalismo y responde a una concepción naturalista del mundo.
Lo que Goethe llama la *manera* surge, por el contrario, cuando el artista destaca fuertemente en primer plano la subjetividad. Aquí, en
vez de someterse a las formas objetivas de la naturaleza, sólo quiere
hablar en su propio lenguaje y ve, por tanto, en esta confesión de su
propia peculiaridad la verdadera esencia del arte. Es evidente que
semejante modo de tratar el problema presupone una concepción del
mundo que pretende captar en la conciencia el verdadero contenido
de la realidad, una concepción del mundo como la que se nos ha revelado en el psicologismo. Huelga decir que, aquí como en cualquier
otra forma estética fundamental, no es necesario que el artista abrace
consciente y expresamente esta concepción del mundo. Ambas tendencias estilísticas se caracterizan también por el hecho de que sólo tratan
el objeto como algo singular y concreto, sin reconocerle en modo alguno una validez universal. La tendencia que Goethe llama *estilo* en
sentido estricto se halla, desde este punto de vista, por encima de las
otras dos. Esta se remonta a las formas universales, permite abarcar
con la mirada toda la serie de formas de un objeto y penetra así en su
esencia verdadera y eterna. En este aspecto, el estilo en sentido estric-

to descansa sobre los cimientos profundos del conocimiento, o sea, según las palabras que Goethe añade, "sobre la esencia de las cosas, en cuanto que nos es permitido reconocerla en las formas visibles y tangibles". Este conocimiento es, en realidad, el del idealismo, que aspira a captar en los objetos su esencia universal, y no en una forma conceptual abstracta, sino como una forma plástica y viva. De este modo, el verdadero estilo, que es precisamente lo que caracteriza al arte clásico, presupone el pensamiento fundamental del idealismo; por eso es lógico que las mismas épocas que se elevan al arte clásico se eleven también a la concepción idealista del mundo. También dentro de este estilo pueden darse a la vez, naturalmente, diversos cambios y modalidades, del mismo modo que el idealismo se presenta bajo diferentes formas. Y también aquí observamos cómo predomina unas veces el lado subjetivo y otras el lado objetivo, conforme al desarrollo del idealismo, pues sólo al llegar a su fase más alta consigue el estilo conciliar plenamente ambos aspectos, al modo como lo hace, a su vez, el idealismo absoluto.

Pero, mientras que de este modo también la forma de la poesía aparece determinada por la concepción del mundo, se ve claro, al mismo tiempo, que no se trata exclusivamente de un problema de forma, sino de algo que afecta asimismo al *contenido*. En realidad, en todo arte auténtico existe una unidad completa entre el contenido y la forma. Por eso es la misma la concepción del mundo que a través del contenido determina la forma y por medio de ésta el contenido. El contenido hace que la concepción del mundo del artista se trasluzca con tal claridad, que llega uno a pensar que habría sido imposible no echarla de ver. Y, sin embargo, durante mucho tiempo la ciencia literaria no se fijó para nada en este aspecto de la poesía o vió en esta influencia filosófica simplemente algo perturbador en la estructura de la obra literaria. Desde el punto de vista del naturalismo y del positivismo, la obra literaria aparecía como una obra pura de la fantasía o de las emociones sentimentales del autor, en que la intervención de factores intelectivos no podía hacer otra cosa que estorbar. Y también el punto de vista psicológico dirigía su atención principalmente a aquel aspecto de la actividad creadora del poeta sustraído al entendimiento.

Ahora bien, es indudable que tampoco el entendimiento desempeña un papel secundario en la estructura y en la plasmación de una obra de arte. Pero este factor se manifiesta más bien en la plasmación artesanal de la forma artística. En cambio, el contenido filosófico de su obra permanece casi siempre, de hecho, oculto a los ojos

del propio artista. Hay excepciones a esta regla: artistas con una conciencia muy despierta; pero estas no son, en efecto, más que excepciones, y en modo alguno podemos llegar a la conclusión de que solamente estos artistas poseen una concepción del mundo así. Esta concepción
del mundo se manifiesta también en los demás, aunque éstos no quieran proclamarla ante sí mismos.

Con lo cual queda dicho, implícitamente, que en la concepción
del mundo no debe verse precisamente una conexión de tesis intelecti-
vamente probadas. Descansa más bien sobre una actitud directa ante
el mundo y se basa en todo el ser y en la vida entera de quien la posee.
El hecho de que éste se dé cuenta de ella y de que su concepción del
mundo se refleje conceptualmente en su conciencia es un problema
de segundo orden, que no afecta para nada al contenido de la concepción del mundo como tal. Esto se halla relacionado con otros aspectos
de las dotes humanas, que muchas veces no tienen importancia alguna
en lo que a la capacidad creadora del artista se refiere. Es evidente
que una claridad excesivamente grande puede perjudicar a esta capacidad de creación, pero esto no es un argumento en contra del contenido filosófico de la poesía en general, sino que sólo habla de la forma en la que ese contenido vive en la personalidad del artista. La
concepción del mundo misma es un patrimonio directo y no un saber
transmitido. Podría admitirse que se la designase con el nombre de
fe, si esta palabra no llevase adherida todavía, por lo menos en su
acepción corriente, una dosis demasiado grande de saber transmitido
para poder indicar el carácter totalmente directo de este patrimonio,
fundido con el ser total del hombre. Por eso creemos que la intuición,
sigue siendo, a pesar de todo, la mejor que en este sentido puede emplearse. Pues, del mismo modo que la intuición sensible nos es dada
como algo evidente por sí mismo y de lo que no podemos desprender-
nos en modo alguno, esta intuición espiritual del mundo es también
un don originario que nos brinda la forma bajo la cual concebimos
todas las creaciones de la realidad. Nos proporciona una determinada actitud ante la realidad, la cual, por tanto, no se hace valer solamente en nuestro pensamiento, sino también en nuestros actos y en
nuestras creaciones.

Pero con esto no queremos, ni mucho menos, preconizar una
pluralidad indeterminada de concepciones del mundo, en el sentido
del relativismo usual hoy, que querría conceder a cada cual el derecho a tener su propia "concepción del mundo". Esto no es más que
un abuso de la palabra. No cabe duda de que todo lo personal desempeña aquí un papel y provoca ciertos cambios y modalidades, tanto

más, probablemente, cuanto más pujante sea la personalidad de que se trate. Pero, por otra parte, es indudable que una personalidad es tanto más pujante cuanto mayor expresión cobre en su pensamiento y en sus actos un algo universal y valedero para siempre. El aferrarse a la plena peculiaridad del propio ser es siempre signo de la insignificancia de un hombre, por mucho que éste lleve en sus labios la palabra personalidad. Los hombres importantes, que tienen realmente derecho a ser considerados como personalidades, aspiran siempre a lo universal y creen cumplir tanto mejor su misión cuanto más pospongan en sus palabras y en sus obras lo puramente personal. Por eso es precisamente en las obras de los grandes poetas donde se expresa siempre una concepción del mundo de universal alcance. Y, como hemos visto, estas concepciones generales del mundo no aparecen, ni mucho menos, las unas al lado de las otras como magnitudes completamente sustantivas e independientes. Aparecen más bien ordenadas en una serie, en la que cada eslabón siguiente encierra la verdad del anterior. En este sentido hemos desarrollado nosotros en las páginas anteriores los tipos fundamentales de concepción del mundo. Forman todas ellas, en efecto, una serie como la que indicamos, pues el psicologismo complementa y corrobora la verdad del naturalismo y ambos se hermanan en el idealismo, que primero se manifiesta bajo las formas unilaterales del idealismo subjetivo y objetivo, para articularse luego, bajo el idealismo absoluto, en una unidad definitiva, que lo abarca todo.

Y como esta concepción del mundo no es algo que se refiere al entendimiento, no impone a la poesía ningún elemento exterior a ella, que pueda perjudicar a la creación poética pura. No se trata aquí, ni mucho menos, de programas intelectuales a cuyo servicio haya de ponerse la poesía, ejerciendo violencia sobre ella. Esto, como es lógico, mataría la intuición poética en su raíz. Se trata de algo mucho más alto, de algo sin lo que no podría concebirse una poesía verdaderamente grande: de la *sabiduría*. Esta no tantea, como el intelecto, por medio de conceptos abstractos, la superficie de las cosas, sino que ayuda a penetrar el sentido interior de la realidad. También la filosofía tiene por misión penetrar en este sentido, pero sólo dispone para ello del camino del concepto, el cual, como más concreto, llega más allá que la abstracción del entendimiento pero sólo puede remontarse al todo a través de las distintas partes que lo forman. La poesía, en cambio, nos ofrece este sentido total a través de imágenes plásticas y, por tanto, como un todo directo. En ella, cada cosa concreta se articula y ocupa su supuesto dentro de una concepción total, presente en todo

momento y que, por consiguiente, abarca todos y cada uno de los detalles.

Por eso la poesía ha sido en todas las épocas afín a la filosofía.
Fué, en realidad, la madre de ésta, pues los pueblos sólo por boca de
ella sabían expresar su concepción del mundo, antes de aprender a
vivir en la atmósfera pura, pero muy tenue, de los simples conceptos.
Pero esta poesía antiquísima ha engendrado siempre nuevas y nuevas
formas de poesía. Por eso ésta, después de nacer la filosofía, sigue
viviendo a su lado, como hermana suya, y el destino de ambas es frecuentemente el mismo. Ambas florecen y se marchitan conjuntamente y a ambas se les revela conjuntamente en ese destino el sentido del
mundo.

Por tanto, una poesía no llega nunca a comprenderse en toda su
profundidad cuando no se comprende también la concepción del mundo que alienta en ella. Tal es la última y decisiva razón de que la
ciencia literaria no pueda prescindir en sus investigaciones de la teoría de la concepción del mundo.

XII

FRITZ STRICH

LITERATURA UNIVERSAL E HISTORIA COMPARADA DE LA LITERATURA

EL NOMBRE DE "historia comparada de la literatura", que por analogía con las ciencias naturales se ha formado para designar la ciencia de las relaciones internacionales entre las literaturas de los distintos pueblos y que es usual en todas partes, lo mismo en Francia que en Alemania, en Italia y en Inglaterra, no parece ser una denominación muy afortunada precisamente. El método de la comparación no es, ni mucho menos, el método característico de esta ciencia. Toda exposición de una literatura nacional tiene que valerse forzosamente de la comparación. Comparamos a Goethe con Schiller y el clasicismo alemán con el romanticismo para comprender así lo que es peculiar en una personalidad o en una corriente espiritual y los cambios operados en la historia del espíritu. Por tanto, la comparación no es algo tan característico de la ciencia de las relaciones internacionales entre las literaturas que pueda distinguirla manifiestamente de otras disciplinas de la ciencia literaria. Y a esto hay que añadir que el método comparado no es tampoco, ni mucho menos, el único con que esta ciencia puede resolver sus problemas. Por medio de la comparación puede resolver solamente una parte de ellos, y no, por cierto, los más importantes. Esta disciplina, al igual que cualquiera otra de la ciencia literaria, tiene que recurrir, además del de la comparación, a otros métodos, al filológico y al histórico. Cuando Wilhelm Wetz, uno de los fundadores de esta ciencia, en su obra *Shakespeare, vom Standpunkt der vergleichenden Literaturgeschichte* ["Shakespeare, desde el punto de vista de la historia literaria comparada"] (Hamburgo, 1897), compara al dramaturgo inglés con Corneille, Racine y los españoles para "penetrar por medio de la comparación de manifestaciones análogas entre sí en la esencia más íntima de cada una de ellas y descubrir las leyes que han determinado tanto las semejanzas como las diferencias", no cabe duda de que sus investigaciones pueden presen-

tarse legítimamente, como historia comparada de la literatura. Pero
en los órganos centrales de esta ciencia, como en la *Zeitschrift für vergleichende Literaturgeschichte* de Koch y en la *Revue de la littérature
comparée* se publican multitud de trabajos sobre las emigraciones de
temas, materias y formas, sobre las influencias de unas literaturas en
otras, las vicisitudes de un poeta en otros pueblos, etc., que nada tienen
que ver con la historia literaria comparada. Por eso sería recomen-
dable ponerse de acuerdo acerca de otra denominación que, aunque
no tan unánime, se expusiera menos a error que la actual; las que primero se nos ocurren a nosotros son las de "Historia literaria universal" o "Ciencia literaria universal".

Pero no es solamente el nombre; también el concepto de la literatura universal es algo extrañamente tornasolado y vago. No habrá
probablemente dos personas, ni en la ciencia ni en la práctica, que lo
empleen con idéntico significado. Más aún, cada cual lo emplea con
una acepción distinta según los casos, y apenas habrá un solo trabajo
científico realizado dentro de este campo de investigación que no ado-
lezca de semejante confusionismo. Este confusionismo hace difícil
llegar a entenderse y, lo que es peor, quiere decir, en el fondo, que
esta ciencia que versa sobre la literatura universal no ve claro cuál es
el objeto sobre que recae ni puede ver claro tampoco, como es lógico,
acerca de los problemas que viene llamada a resolver. El concepto
sólo aparece unánimemente perfilado en todas las llamadas "Historias de la literatura universal", que entienden por tal, pura y simplemente, las obras literarias de todos los tiempos y todos los pueblos, la
literatura del mundo, aquellas coordinaciones de las historias literarias nacionales de Alemania, Inglaterra, Francia, Italia, China, la
India, etc., cuyos títulos de unificación residen exclusivamente en
la unidad de la edición y del volumen. La unanimidad de concepto
aparece condicionada aquí, pues, por la ausencia de todo concepto,
razón por la cual estas historias de la literatura universal deben dejarse a un lado como indiscutibles.

La confusión llega tan allá, que ni siquiera se ve claro lo que, al
hablar de literatura universal, ha de entenderse por "universo" y por
"literatura". Cuando se habla de "universo" o de "mundo", se piensa
generalmente en Europa y se confunde la literatura universal con la
literatura europea, sencillamente. En todo trabajo científico es bueno,
y además indispensable, circunscribir el campo de investigación. Ya
resulta punto menos que imposible llegar a abarcar en su totalidad y
a fondo la literatura de un solo país, cuanto menos la del mundo entero. Pero, a pesar de ello, Europa no es el mundo y hasta cabría pre-

guntarse cabalmente si la literatura europea no comenzará precisamente allí donde se cruzan las fronteras de Europa. Pues Europa, pese a todas las diferencias existentes entre sus pueblos y sus literaturas, sigue representando, en lo cultural, una unidad coherente y cerrada, y las relaciones internacionales entre sus literaturas sólo abarcan, en rigor, este círculo cultural. Por consiguiente, para poder hablar de literatura universal, empleando esta expresión de un modo legítimo, lo primero que tenemos que hacer es abandonar el punto de vista egocéntrico de Europa.

Tal vez podría afirmarse que una obra literaria empieza a formar parte de la literatura universal desde el momento en que no pertenece a la literatura europea.

Pasemos ahora al otro campo, al concepto de la literatura: ¿a qué queremos referirnos, cuando hablamos de literatura: solamente a la poesía, o también a la filosofía, a la historia, a la retórica y a la crítica? También en este respecto estamos obligados a decir, por lo menos, lo que entendemos por el concepto empleado. Cabría, tal vez, una posibilidad de llegar a entenderse: incluir en el concepto de literatura todo lo que aparece redactado bajo una forma artística y requiere como algo intrínsecamente necesario la forma del lenguaje artístico. Según esto, habría que incluir en el campo de la literatura tanto a Tácito, Montesquieu, Ranke y Mommsen como a Schopenhauer y Nietzsche, mientras que Kant no formaría parte de la literatura universal, sino de la filosofía universal.

Vemos, pues, que existen muchas y diferentes posibilidades de atribuir al concepto de la literatura universal un sentido relevante, esbozando de este modo los grupos de problemas que corresponde estudiar a esta disciplina de la ciencia literaria. Pero vemos, asimismo, que según la profundidad y el relieve asignados al sentido que demos al concepto, estos grupos no pueden, ni mucho menos, equipararse entre sí como grupos de problemas de idéntico valor, sino que la ciencia de la literatura universal forma un edificio escalonado.

Basta echar una ojeada de conjunto a las literaturas nacionales de Europa para darse cuenta de que, pese a todas las diferencias de carácter nacional que median entre ellas, siguen una trayectoria paralela, informada por principios supranacionales, y muestran un desarrollo bastante uniforme. El estilo románico y el gótico, el estilo del renacimiento, el del barroco, el del clasicismo y el del romanticismo: ninguno de ellos se circunscribe, ni mucho menos, a la literatura de un país ni el orden en que se suceden es tampoco, en modo alguno, fenómeno peculiar y exclusivo de una literatura nacional: todas las literaturas europeas presentan, aunque con diversas variantes en el tiempo, sobre poco más o menos los mismos cambios de unos a otros estilos. El problema de si este proceso evolutivo paralelo trasciende fuera de Europa, de si también en las literaturas orientales —y, además, al mismo tiempo o casi al mismo tiempo que en las europeas— se presentan estos estilos y estos cambios espirituales, apenas se ha planteado hasta hoy, a pesar de figurar entre los problemas más esenciales de la historia del espíritu. No cabe la menor duda de que la existencia de un proceso evolutivo supranacional, proceso que se revela a quien tienda una mirada de conjunto sobre Europa, nos permite hablar de una literatura europea, en este sentido. Lo que aún no sabemos, pues no es problema resuelto todavía, es si en este mismo sentido cabe hablar de una literatura universal. Y si, en gracia a una limitación provisional del concepto, entendemos por literatura universal la literatura europea concebida en este sentido, nos encontraremos aquí con el primer grupo de problemas a que la ciencia literaria tiene que dar solución. Se trata de exponer como un panorama de conjunto la trayectoria supranacional y unitaria de las literaturas y descubrir los motivos a que responde semejante unidad. ¿Tiene por base esta unidad los fundamentos comunes sobre que descansan las literaturas europeas, la Antigüedad y el cristianismo, y se manifiesta en ella una espiritualidad humana general, una coincidencia arraigada en la esencia misma del espíritu humano, o es sencillamente el mismo momento de la historia, la misma época en que los pueblos viven y a que se adaptan y que condiciona de un modo tan lleno de destino el mismo espíritu y el mismo estilo? ¿O es, quizá, el noble motivo de la emulación el que espolea a los pueblos y los lleva a creaciones uniformemente orientadas? ¿O habrá que buscar las causas de esto en la influencia, la imitación y el estímulo mutuos? Pero, además, este grupo de problemas tiene, naturalmente, otro aspecto. No se trata solamente de investigar la unidad supranacional de las literaturas europeas, sino de escrutar también la diversidad de caracteres nacionales que se destacan con singular plástica precisamente sobre el fondo de aquella unidad supranacional. Aquí es donde el método de la comparación entra en acción y, contrastando por ejemplo el clasicismo alemán y el francés, el romanticismo inglés y el italiano, llegaremos tal vez a la conclusión de que las diferencias nacionales que se acusan dentro de estas corrientes uniformes son mayores que sus coincidencias. Aquí, como en todos los demás aspectos de la vida, la unidad sólo se revela precisamente en la pluralidad y en la plenitud.

Algo falta todavía a este concepto de la literatura universal, y es el principio de la selección. No todo, podríamos afirmar, pertenece a los dominios de la literatura universal, aunque encaje en esta trayectoria supranacional de las literaturas. Podríamos dar al concepto de la literatura universal un perfil más preciso, diciendo que sólo forma parte de la literatura universal en sentido estricto lo que realmente rebase las fronteras de la propia nación, lo que realmente haya llegado a conocerse y estimarse por medio de traducciones fuera de los ámbitos del propio pueblo, influyendo así en otras literaturas; es decir, lo que ocupe un lugar en el intercambio espiritual y en el comercio literario mundial entre los pueblos. El hecho de que conceptos como los de "conocer", "estimar", "influir" constituyan magnitudes extraordinariamente relativas no es, de por sí, un argumento en contra de esta manera de concebir la literatura universal. Ya va siendo hora de que, de una vez por todas, comprendamos que todos los conceptos manejados por la historia del espíritu sólo tienen una validez puramente relativa. Es de todo punto imposible llegar a establecer con fijeza en cuáles y en cuántas literaturas, en qué extensión y con qué profundidad tiene que llegar a penetrar e influir una obra literaria para poder asignarle un puesto en la literatura universal. En todo caso, la misión de la ciencia literaria universal que se desprende de esta determinación del concepto consiste en investigar las relaciones verdaderamente históricas y activas existentes entre las diversas literaturas, en indagar las migraciones de temas, motivos, formas, figuras y obras de unos países a otros, en ver cómo cambian según las diferentes características del nuevo suelo en que prenden, cómo son concebidos y elaborados de un modo diferente, cómo actúan como estímulos y fecundan, de diverso modo según cada país. ¿Cuándo una literatura nacional se incorpora a la literatura universal así concebida, y por qué precisamente en este momento y no en otro? ¿Qué ha dado un pueblo a los otros, qué ha recibido a cambio de ellos, y por qué razones se han operado estas relaciones e influencias mutuas?

Las dos últimas preguntas entrañan, indudablemente, los más importantes de este grupo de problemas.

Por lo que al primero se refiere, el historiador advertirá que los pueblos van incorporándose sucesivamente a los ámbitos de la literatura universal y se suceden unos a otros en la dirección y la hegemonía espirituales mantenidas dentro de estos dominios. Después de pasar largos siglos sin hacer otra cosa que recibir y asimilarse las influencias extranjeras, cuando su hora llega, un pueblo se revela de pronto con creaciones humanas tan peculiares y tan necesarias, que el mundo ya no puede sustraerse a su influjo y este pueblo pasa a ocupar un puesto de dirección y a entregar en vez de recibir. Tal fué lo que aconteció con Italia en la época del renacimiento, con Francia en la época del clasicismo, con Alemania en la época del *Werther,* del *Fausto* y del romanticismo. A través de este incremento cada vez mayor de nuevos y nuevos caracteres nacionales, va desarrollándose poco a poco el hombre íntegro con arreglo a todas sus posibilidades en la historia.

Ahora bien, ¿cuándo llega esta hora en la historia de un pueblo?

Podemos percibir, en el transcurso de la historia, cómo el espíritu mantiene en cada momento una exigencia nueva y específica tan supranacional, que no se halla circunscrita por las fronteras de una determinada nación, sino que se impone y se realiza por doquier. Cada nuevo estilo, sea el del renacimiento, el del gótico o el del barroco, acaba convirtiéndose en un estilo europeo. Pero, del mismo modo veremos que todo nuevo estilo nace en un determinado pueblo, que es el que se encarga de llevarlo a su perfección y de transmitirlo a otros pueblos. Los pueblos manifiestan siempre su carácter propio y peculiar en un determinado estilo y cumplen en él su misión en el mundo, mientras que en los demás períodos estilísticos se limitan a recibir las influencias de otros. Por tanto, la hora histórica de un pueblo habrá llegado cuando la exigencia general del momento histórico coincida con la exigencia y la misión específicos de este pueblo, cuando un pueblo, por virtud de su carácter peculiarísimo y de sus dotes especiales, sea capaz de dar cumplimiento a las exigencias del momento histórico universal. Esta será la hora estelar de un pueblo, la hora en que este pueblo podrá lanzarse a la conquista espiritual del mundo. Este momento llegó, por ejemplo, para el espíritu alemán cuando Europa, en el siglo XVIII, dominada por el clasicismo francés y la Ilustración occidental, empezó a cansarse hacia fines de siglo de aquella dominación; cuando esta cultura occidental, pasada ya su madurez, había cumplido su misión en el mundo y estaba expedito el camino para que se impusiera un nuevo espíritu, llamado por su carácter y su misión a superar el clasicismo y a inaugurar una época romántica. (Cfr. mi libro *Deutsche Klassik und Romantik* ["El clasicismo y el romanticismo alemanes"], tercera edición, pp. 386 *ss.*)

Partiendo de esta peculiaridad nacional de un pueblo, podemos contestar también el segundo de aquellos problemas que planteábamos más arriba: el problema de lo que un pueblo, con su literatura, ha dado al mundo y de lo que ha recibido de éste. Los pueblos dan al mundo lo que de tal modo corresponde a su propio modo de ser que sólo puede ser creado por ellos y por nadie más y lo que, por tanto, otros pueblos, al llegar la hora del predominio de este modo espiritual de ser, sólo pueden recibir y tienen necesariamente que recibir de aquéllos. Y reciben lo que no pueden producir por sí mismos, sino solamente con la ayuda de otros. El espíritu alemán, por ejemplo, al llegar la hora de las tendencias clásicas en el arte, se ha visto siempre obligado a requerir la ayuda de la Antigüedad y de las culturas latinas. Pero al sonar la hora de la libertad, de la ruptura de moldes, del despeje de caminos, la hora en que el espíritu humano emprende el vuelo fáustico hacia lo infinito, es el impulso alemán el que arrastra consigo a los demás pueblos. Uno de los problemas más importantes de la ciencia literaria universal consiste precisamente en investigar cómo las características nacionales de un pueblo condicionan su misión creadora en el mundo y lo que este pueblo se ve obligado a recibir de otros y cómo de este modo, complementándose y perfeccionándose unos pueblos con la ayuda de otros, se va desplegando la imagen del hombre a través de la historia. La literatura universal se asemeja así a un organismo vivo al que las literaturas nacionales sirven de miembros y en el que cada uno de estos miembros tiene una función específica y necesaria que cumplir.

Este concepto de la literatura universal de que hemos hablado aquí se basa, por tanto, en el criterio de una validez y una difusión supranacionales.

Ahora bien, con arreglo a este concepto resultaría que Kotzebue, por ejemplo, sería una figura más relevante en la literatura universal que Goethe, Sudermann tendría en este plano más relieve que Hauptman, y Wallace, con sus novelas policíacas, eclipsaría en los ámbitos de la literatura universal a Cervantes, con su *Don Quijote*. Una salida fácil para escapar a este embrollo consistiría en decir: no, Kotzebue y Wallace no forman parte de la literatura universal por una sencilla razón, y es que no forman parte de la literatura. Pero, ¿qué obras son las que encuentran más amplia difusión en el mundo y mayor validez universal? Son, evidentemente, aquellas que no encierran un contenido eterno precisamente, sino un contenido temporal. El tiempo, la coincidencia del momento, es, indudablemente, el destino supranacional que todos los pueblos comparten. Los problemas temporales interesan a todos los pueblos, porque se les plantean a todos por igual. Por eso las obras literarias que plantean y resuelven los problemas del tiempo, que ponen el dedo en las llagas de la época e intentan curarlas, es decir, las obras de actualidad, conquistan el mundo con una facilidad tan grande. Y así se explica también por qué la novela, género literario que se presta por esencia a trazar la imagen de la época, logra de un modo tan fácil imponerse en la literatura universal. Pero no son sólo el *Werther* de Goethe, el *Nils Lyne* de Jacobsen, y el libro de guerra de Remarque los que se abren paso así: también los dramas sociales de Ibsen deben su incorporación a la literatura universal a la problemática de actualidad contenida en ellos. Tan pronto como el problema se resuelve y las heridas se restañan, esos libros caen en el olvido, precisamente porque se impusieron en el mundo gracias a su vigencia temporal. En cambio, los poemas·de guerra de Homero poseen una vigencia eterna. ¿La poseerá también el libro de guerra de un Remarque? Difícilmente. El *Wilhelm Meister* de Goethe es una obra de valor permanente. ¿Podríamos decir lo mismo de *La Montaña mágica* de Thomas Mann?

No es cosa de aventurar profecías. Lo que interesa es dejar sentado que existe, indudablemente, un concepto más profundo de la literatura universal que no entraña solamente una vigencia superior al espacio, sino también superior al tiempo. Literatura universal es precisamente aquello que no llega a olvidarse ni a irse a pique, y de ella no forman parte las obras precarias o llamadas a perecer, por mucha difusión y mucha influencia que lleguen a alcanzar en una época dada. A la difusión universal viene a unirse, pues, para formar este concepto, la duración universal, a la vigencia supranacional, la vigencia supratemporal. Claro está que puede darse perfectamente el caso de que lo temporal-actual coincida en una obra con lo eterno, como ocurre con el *Werther* de Goethe. Pero si el *Werther* pertenece a la literatura universal en este sentido profundo de que hablamos es, precisamente, porque no posee una vigencia puramente temporal, sino eterna, porque no sólo influyó de un modo decisivo en todas las literaturas durante una cierta época, sino porque se ha impuesto hasta más allá de ella. Pero no es necesario, ni mucho menos, que esta duración sea ininterrumpida. Puede ocurrir que una obra o la figura de un poeta queden ahogadas por una moda pasajera y caigan temporalmente en el olvido. Pero si esa obra o esa figura tienen realmente contenido supratemporal, volverán a emerger de la corriente del olvido cuando llegue de nuevo su hora, como ha ocurrido, por ejemplo, con un Shakespeare y un Cervantes.

Pero la difusión universal y la duración universal por sí solas no bastan. Existe un cierto gusto por parte del público que es siempre y en todas partes el mismo: el que podríamos llamar gusto por Kotzebue. Pero este eterno Kotzebue no pertenece, ni mucho menos, a la literatura universal, aunque se halle difundido por el mundo entero y tenga una duración universal. ¿Por qué? Pues también interesan las razones en que se basan esta difusión y esta duración.

Pero, ¿acaso es posible decir nada acerca del verdadero carácter de la literatura universal? ¿Qué es entonces lo que, en este sentido, hace que una obra pertenezca a los ámbitos de la literatura universal? ¿Es que existe, en términos generales, semejante carácter?

Se dirá tal vez que existen obras de contenido cosmopolita o, si queremos delimitar los términos del problema, de contenido europeo, obras que hablan a todos los europeos en general por no tener un carácter nacionalmente acusado.

Y existe realmente un tipo de literatura que debe su vigencia en el plano de la literatura universal a su espíritu cosmopolita. Nos referimos, al decir esto, a la literatura francesa, cuya idea central es la idea de Europa y cuya meta es la civilización europea. Esta idea y las características de su forma, la claridad, la unidad y el orden, abrieron a la literatura francesa las puertas de la literatura universal. Montaigne, Pascal, La Rochefoucauld, no escriben como personalidades individuales ni como franceses específicos, sino como representantes del espíritu de la civilización europea, hablan como voces de la razón humana que Europa se había propuesto por misión realizar. Podemos recordar a este propósito la ley del clasicismo francés según la cual el drama debe someterse a la unidad de lugar y tiempo. Pues lo que en el fondo quiere decir la unidad de lugar y tiempo es que el tiempo y el lugar no desempeñan aquí ninguna función importante. De lo que se trata es, precisamente, de que el drama se desarrolle al margen de todo tiempo y de todo lugar. Esta ley formal es, en cierto modo, un símbolo, y además un símbolo extraordinariamente representativo del espíritu francés. Lo que se postula es, en realidad, el imperio de la razón, situada por encima de todo lugar y de todo tiempo.

Pero no haremos simplemente un juego de palabras si decimos que este espíritu racional de la literatura francesa es, en rigor, un espíritu muy nacional, el espíritu de Francia, cuya peculiaridad nacional estriba cabalmente en la idea de que tiene una misión europea que cumplir. El carácter cosmopolita no es, ni mucho menos, uno de los elementos necesarios de la literatura universal. Por el contrario. Cuando este carácter encarna en una obra no francesa, lo que hace es precisamente entorpecer su acceso a la literatura universal. La causa de que Heinrich Mann, por ejemplo, no haya logrado conquistar un puesto en la literatura universal, mientras que Thomas Mann lo ha conseguido, no debe buscarse, ni mucho menos, en el diferente calibre de su valor literario, sino en el hecho de que las novelas de Heinrich Mann presentan aquel carácter cosmopolita que distingue a la literatura francesa, razón por la cual no tienen nada que decir al mundo que Francia no hubiese dicho ya. El mundo, tratándose de Alemania, quiere oír algo distinto y algo propio. Son, por tanto, obras de un carácter nacional muy acusado las que se agrupan para formar la literatura universal. La posición que Goethe ocupa dentro de ésta se debe primordialmente a la más alemana de sus obras, al *Fausto*. Y se comprende que sea así. Los pueblos buscan en los demás precisamente aquello que ellos no poseen, lo que no son capaces de engendrar por sí mismos. La literatura universal, podríamos decir, es una armonía formada por voces de la más diferente resonancia.

Pero inmediatamente debemos añadir que esta armonía sólo se produce, que una obra sólo puede ser comprendida, aceptada y asimilada por el mundo cuando sus rasgos característicos nacionales sean al mismo tiempo rasgos esenciales del rostro humano en general, de la imagen eterna del hombre, un miembro necesario de aquel organismo humano total, es decir, de aquella imagen humana que va desplegándose y destacándose en la historia del espíritu mediante la incorporación de nuevas y nuevas naciones. Una obra conquista la literatura universal cuando puede dar al mundo algo sin lo que la imagen espiritual del hombre no sería completa, cuando sus raíces están profundamente enterradas en el suelo de su propia nación y su copa descuella en el eterno espacio humano, cuando se nutre de la sangre de la nación, pero se halla animada por el espíritu universal de la humanidad. ¿Se quiere que pongamos algunos ejemplos de obras que, por tener este carácter, han podido entrar en los ámbitos de la literatura universal? Pues bien: ahí tenemos la *Odisea*, que es a la par el más griego y el más humano de los poemas; ahí tenemos el *Don Quijote*, suma y compendio del espíritu caballeresco español y, al mismo tiempo, del eterno idealismo humano. La *Divina Comedia* del Dante, en la que el catolicismo italiano se depura para convertirse en la perenne nostalgia humana de Dios. El *Till Eulenspiegel* de Coster, en el que el apego a la tierra flamenca aparece convertido en símbolo del apego del hombre, de todo hombre, a su tierra natal. El *Hamlet*, cuyo escepticismo inglés tiene sus raíces en el primigenio pesimismo del mundo. Los *Viajes de Gulliver*, el *Don Juan* de Byron, el *Gargantúa* de Rabelais, *Resurrección* de Tolstoy, los *Hermanos Karamazoff* de Dostoyevski, *Madame Bovary* de Flaubert. Todos ellos mitos surgidos de un paisaje nacional y creados por el genio de un pueblo, pero cuyas copas se mueven en el eterno y universal espacio humano, figuras que representan maravillosamente a sus pueblos respectivos, por cuyas venas corre, innegablemente, sangre inglesa, francesa, española o rusa, pero que son tan sustancialmente humanos, que cualquiera que lea estas obras, sea inglés, francés, español, ruso o alemán, con tal de ser hombre, siente latir en ellas algo de su propia sangre o de su propio espíritu.

Las figuras literarias que conquistan el mundo son, pues, principalmente, figuras mítico-simbólicas en la que el espíritu nacional cobra una forma general humana, como ocurre con las figuras de don Quijote, de Gargantúa, de Till Eulenspiegel, de Fausto, de don Juan, de Ahasver. En general, el carácter nacional de un pueblo destaca sobre un fondo humano eterno en sus poesía populares, en sus leyendas, en sus mitos, en sus cuentos, y ello hace que estas creaciones literarias presenten rasgos afines en todos los países del mundo.

. Es altamente instructivo observar con qué distinta facilidad o dificultad se imponen a la literatura universal las diversas literaturas. Ello no depende, en modo alguno, de su valor o de su carencia de valor, sino del tipo y del carácter de la aportación que una literatura haga a la literatura universal por virtud de sus características nacionales. La literatura francesa ha sido siempre la que más expedito ha tenido ante ella el camino del mundo. Ha tropezado siempre con las menores resistencias, evidentemente porque, gracias a su carácter cosmopolita, se dirigía de antemano a la razón humana, lo que hacía que se la entendiese en todas partes. En cambio, la literatura alemana ha tropezado siempre con las mayores dificultades para extenderse por el mundo. Existen poetas que figuran entre los primerísimos de Alemania, como Hölderlin y Kleist, que todavía hoy no han logrado conquistar un puesto digno de ellos en el plano de la literatura universal. Estas dificultades radican en la clase de contribución que la literatura alemana podía aportar a la imagen del hombre que se estaba desplegando. Esta contribución consistía en la idea alemana del valor de la individualidad y en la voluntad alemana de expresar en obras la fuerza libre y creadora de la individualidad humana. Cuando madame Staël, en su libro sobre Alemania, que abrió a la literatura alemana el camino del mundo, explica la diferencia existente entre el poeta alemán y el francés diciendo que el poeta alemán, sin sentirse vinculado para nada a una sociedad, a una convención nacional, a una tradición ni a unas costumbres, tiende a vivir y actuar para sí mismo como un ente solitario, razón por la cual cada poeta tiene que seguir su camino desde un principio, como si nadie lo hubiese descubierto antes que él, y crearse su lenguaje propio, no sólo señala un destino trágico, sino que pone de manifiesto además la idea consciente y el valor peculiar de la poesía alemana. Pero esta idea de la individualidad libre, mal puede convertirse fácilmente en un nexo entre los pueblos, encerrando de por sí tan poca fuerza como vínculo. Fué esta misma idea la que opuso dificultades incluso a la difusión europea de un Goethe, a pesar de tratarse de un poeta cuya individualidad había llegado a depurarse y a remontarse a las alturas de la humanidad en general como ningún otro espíritu alemán. Aquella manera con que Goethe plasmaba en su poesía una vivencia enteramente personal y se servía de la poesía como confesión y salvación de sí mismo era algo extraño y difícilmente comprensible para otros pueblos. En una revista francesa, el *Globe*, se publicaron las siguientes líneas (que tomamos literalmente de la traducción hecha por el propio Goethe): "Lo que más ha contribuído a la lentitud con que la fama de Goethe se ha extendido entre nosotros ha sido la mejor de las cualidades de su espíritu: la originalidad. Es difícil encontrar el gusto a lo extraordinariamente original, es decir, a lo que lleva fuertemente impreso el sello del carácter de un hombre o de una nación, y la originalidad constituye el mérito más saliente de este poeta. Hasta podríamos decir que, llevado de su independencia, exagera incluso esta cualidad sin la que no existe ningún genio. Todos los demás poetas tienen una trayectoria uniforme, fácil de conocer y de seguir; pero éste es siempre tan distinto de los demás y de sí mismo, es tan difícil, no pocas veces, descubrir hacia dónde va, trastorna de tal modo la marcha normal de la crítica y hasta el rumbo de la admiración, que para poder gozar plenamente de él hace falta estar tan libre de prejuicios literarios como lo está él mismo, y acaso sea tan difícil encontrar un lector completamente libre de prejuicios literarios como un poeta que sepa pisotearlos todos, como lo hace él. Por eso no puede extrañarnos que aún no se haya hecho popular en Francia, donde la gente rehuye el esfuerzo y el estudio, donde todo el mundo se apresura a burlarse de aquello que no entiende, por miedo a que otro le tome la delantera en la burla, entre un público que sólo admira lo que ya no tiene más remedio que admirar".

Así, pues, fué la idea alemana de la individualidad y la originalidad, parte importante de la aportación de los alemanes a la imagen del hombre, la que opuso la primera dificultad en el camino de la literatura alemana hacia el mundo. Pero hay otra idea profundamente relacionada con ésta. El hombre alemán, recluído en su soledad interior, rara vez, de mala gana y lleno de reservas sale de esta interioridad solitaria para aventurarse por los espacios comunes y solidarios. Rara vez y de mala gana da forma tangible, gesto y figura a este su mundo interior. No le interesa en lo más mínimo hacerse entender de la generalidad de las gentes. Habla en monólogos y comprende harto profundamente que ninguna forma visible y de bulto es capaz de servir de expresión adecuada al espíritu interior. La idea es, para él, más valiosa que la forma, la verdad del sentimiento vale más, a sus ojos, que la palabra, y el gesto y la intención más que las buenas obras. Y así, se explica que su poesía, por razón precisamente de lo que es su característica más valiosa y cabalmente por obra de este rasgo de la interioridad que es su peculiar aportación a la imagen del hombre, carezca de esa fuerza vinculatoria y de esa cualidad de lo generalmente comprensible que son siempre atributos de una forma apreciable por los sentidos, tangible y mensurable.

Pero todos estos obstáculos palidecen ante el más difícil y el más trágico de todos. En efecto, la idea de la literatura universal se halla indisolublemente relacionada con la idea de civilización, de nivelación, de intercambio y mutua tolerancia de los pueblos, basada en un ambiente de costumbres, de prudencia y de acomodación generales. No en vano estas dos ideas surgieron y se extendieron a un tiempo. Pero el mensaje que Alemania trae al mundo, la idea característica y peculiar que el espíritu alemán lleva consigo es diametralmente opuesta a la de la civilización y se propone precisamente salvar y conservar los valores que la civilización amenaza destruir; por eso contrapone al proceso cada vez más generalizado de la mecanización, la vida creadora y orgánica; al imperio de la razón, el alma irracional; al materialismo práctico, el eterno ideal; a la nivelación, los valores nobles; al espectícismo, la fe; al empirismo, la metafísica. Esto es lo que hace, en efecto, el más alemán de todos los poetas alemanes: Hölderlin. En una palabra: el destino alemán quiso que el espíritu de este pueblo conquistase el mundo en una época en que no tenía más remedio que intentar poner coto al necesario progreso de la historia universal, que hubiera de incorporarse a la literatura del mundo con una aportación que amenazaba con destruir la forma de una literatura universal basada interiormente en la civilización.

Todo esto junto hizo necesaria en Alemania, más que en ningún otro país del mundo, la aparición de un genio de proporciones inauditas, capaz de hacer que la voz alemana fuese escuchada en el mundo y arrastrase a éste y lo subyugase. Este genio fué Goethe, y a él le estaba reservado, precisamente por ello, el triunfar en una obra tan indeciblemente difícil.

Podríamos expresar también este fenómeno en los siguientes términos: una obra clásica por su carácter (no por su valor) puede conquistar el mundo más fácilmente que otra, ya que es propio de la esencia de una obra clásica el vivir al margen del tiempo y del espacio, pues estas obras son siempre, por su contenido, típicas y eternamente humanas, y además mensurables con arreglo a su forma. Mucho más difícil será esto, en cambio, para la literatura barroca o romántica.

Existe también, en este respecto, una diferencia notable entre los diversos géneros del arte poético. La lírica tropieza, manifiestamente, con dificultades mucho mayores para extenderse por el mundo que la novela, lo cual se debe en buena parte, indudablemente, al hecho de que una poesía lírica es siempre intraducible en lo que a su contenido lírico se refiere, pues al trasladarse a otro idioma pierde forzosamente su más profunda belleza, su sonoridad y su perfume. En cambio, la materia, la acción, los personajes de una novela son susceptibles de ser traducidos y la prosa permite, por lo menos hasta cierto punto, una versión más o menos aproximada. Prescindimos aquí de otras razones más profundas.

Literatura universal en este último sentido, en el sentido que hemos ido perfilando aquí para concretar este concepto tan multívoco, será, pues, aquella literatura que, gracias a su contenido peculiarmente nacional y universal humano, tiene una vigencia sobrepuesta al espacio y al tiempo.

Acaso podría decirse que, desde este punto de vista, no interesan para nada la difusión efectiva en el espacio ni la duración a través del tiempo y que lo único que importa son el contenido y el valor eternos, la vigencia absoluta, cualidades que pueden darse también en una obra que no haya encontrado difusión ni tenido duración. No es el éxito lo que aquí decide.

Indudablemente, no es el éxito por sí solo el que decide, sino el éxito basado en la existencia de un valor absoluto. Pero tampoco decide por sí solo el valor absoluto, sino solamente aquel que logra imponerse en la realidad de la historia a través de la difusión y la duración. No hay ninguna ciencia capaz de entregar al juicio una pauta con arreglo a la cual pueda fallar acerca del valor absoluto de una obra de arte. Cualquier juicio de esta clase que se emita quedará al margen de la órbita científica por su obligada subjetividad. Lo cual nada quiere decir, naturalmente, en contra del derecho y de la necesidad de formarse un juicio en lo tocante al valor absoluto de una obra de arte. Más aún, debemos alegrarnos como de algo muy plausible de que el terreno del arte nos ofrezca el último refugio en que el hombre, en esta época que todo lo mide, lo calcula y lo prueba por medios racionales, puede asumir todavía la responsabilidad personal de la verdad de sus juicios, sin necesidad de recurrir a esos puntos de apoyo y a esas muletas. ¿Por qué, entonces, empeñarse en confundir la literatura universal con la literatura absoluta? El mundo es una realidad y la literatura universal es otra realidad, que sólo así puede convertirse en objeto científico en manos del historiador. Literatura mundial es, como queda dicho, aquella que ha contrastado su valor mediante su vigencia por encima del espacio y del tiempo, que se ha convertido en realidad a través de sus efectos. La historia universal es el juicio final:* esto lo dijo Schiller, que no era precisamente un adorador del éxito. Por consiguiente, superior al tiempo quiere decir, aquí, lo que ha sido realmente capaz de sobrevivir a los tiempos, y superior al espacio lo que ha sido realmente capaz de traspasar las fronteras nacionales.

En cuanto a la historia de la literatura universal, ésta presentará un aspecto u otro según el concepto que nos formemos de la literatura universal sobre la que versa. De este concepto dependerá, en efecto, el objeto manejado por el historiador.

Es corriente, indudablemente, escuchar estas preguntas: ¿Desde cuándo existe una literatura universal? ¿Es éste un fenómeno moderno, que date por ejemplo de Goethe, el creador de la denominación "literatura universal"? ¿O existía ya una literatura universal en la Edad Media e incluso en la Antigüedad? La confusión que se advierte en la contestación a estas preguntas es, naturalmente, tan grande como la que reina en torno al empleo de las palabras "literatura universal". ¿Ya poseía la Antigüedad algo parecido a esto? Si por tal entendemos la unidad de las literaturas en el tiempo, apenas encontraremos en la Antigüedad testimonio alguno acerca de esto. No existe todavía ninguna investigación sobre el problema de si las literaturas que conocemos de aquellos tiempos llegaron a tener una trayectoria unitaria, supranacional. Si de lo que se trata es de las relaciones internacionales entre las diversas literaturas, es indudable que ya encontramos atisbos de ellas en la Antigüedad. Así, por ejemplo, Tácito informa a los romanos acerca de Alemania, Herodoto les habla a los griegos del Egipto. En los últimos tiempos de la Antigüedad existía, además, un vivo intercambio de dioses y cultos y, por tanto, de formas y figuras poéticas entre Asia, Grecia y Roma. Si por literatura universal se entiende un patrimonio común de los pueblos formado por obras literarias, es indudable que la literatura romana llegó a adquirir tal difusión y tanta importancia a lo largo de todo el imperio, que podemos afirmar, indudablemente, que era la literatura universal de la Antigüedad. Pero en aquel sentido profundo de la palabra, en que no se trataba, como veíamos, solamente de difusión universal, sino también, de duración universal, apenas puede decirse que la Antigüedad llegase a tener una lite-

---

* Die Weltgeschichte ist das Weltgericht, a la letra: La historia del mundo es el tribunal del mundo. [E.]

ratura de este tipo. No existía entonces, en efecto, un acervo tradicional
de obras sobrepuestas al espacio nacional y al tiempo. Sin embargo, la
literatura griega y romana demostró poseer las cualidades nacionales
para llegar a *convertirse* más tarde en una literatura tan universal como
no habría de llegar a serlo ninguna otra en el mundo. Hasta el punto
de que no se convirtió simplemente en parte, sino precisamente en el
fundamento de la literatura universal, gracias concretamente a su idea
fundamental, sin la cual jamás habría podido llegar a existir: la idea
de la *humanitas* y de la forma de belleza en que se realiza, idea que
parecía coincidir con la de una humanidad sobrepuesta al tiempo y al
espacio.

    ¿Y la Edad Media, poseía una literatura universal? Concebida
ésta en el sentido de una trayectoria unitaria y de un carácter unitario
de las literaturas europeas, es evidente que sí la poseía. Pues el cristianismo unitario de la Edad Media llegó a crear también, realmente,
una Europa espiritualmente unitaria. La unían los vínculos de un solo
Dios, una sola religión, una sola iglesia y el de una lengua universal,
que era el latín. También existía ya por aquel entonces un intercambio
muy activo entre las literaturas, no sólo entre las europeas, sino también entre las de Europa y Asia. Los temas, los motivos, las fábulas,
las leyendas, las formas, las figuras emigraban de unos países a otros.
Pero, además, en la Edad Media existía ya una literatura universal en
aquel sentido último y muy profundo de que hablábamos más arriba:
esta literatura universal estaba formada sobre todo por la Biblia y por
la literatura romana, en la medida en que ésta tenía en aquel entonces
cotización, principalmente por Virgilio. Había incluso una parte de la
misma literatura medieval que encerraba un contenido humano tan
eterno que la permitía llegar a *convertirse* en literatura universal e incorporarse al patrimonio permanente y supranacional del espíritu: nos
referimos sobre todo, al decir esto, al Dante y a las figuras del ciclo
de la *Tabla Redonda*, y ¿quién podría concebir la existencia de una
literatura universal sin la idea universal del cristianismo? Era necesario que al prototipo antiguo del hombre bello viniesen a unirse el espíritu del amor, de la tolerancia, de la fraternidad y de la humanidad
y la conciencia de la unidad superior de todos los pueblos en un solo
Dios.

    ¿Poseía el Renacimiento una literatura universal? La unidad que
en esta época formaban las literaturas europeas, salta a la vista. Pues,
¿qué era el Renacimiento sino un movimiento europeo? El comercio
literario mundial de aquel entonces constituye un hecho innegable. La
literatura italiana era patrimonio común de los pueblos. Pero también

en el sentido de la difusión y la duración universales podemos decir que el Renacimiento poseía una literatura universal, gracias a su contenido eternamente humano: esta literatura universal hallábase integrada sobre todo por la Biblia, por la literatura griega y romana y por la literatura medieval, en aquello en que sobrevivió a la Edad Media. Y, a su vez, la literatura del Renacimiento italiano, que daba la pauta al mundo europeo de aquel entonces se reveló también capaz de llegar a *convertirse* en parte de la literatura universal (Petrarca, Boccaccio, Ariosto y Tasso).

De este modo, podríamos ir recorriendo en su desarrollo a través de los tiempos la historia de la literatura universal según el sentido que asignásemos a este concepto y sería, sobre todo, uno de los temas más provechosos de la historia del espíritu el exponer de un modo panorámico en qué momentos, por qué caminos y a base de qué motivos llegaron a conquistar el mundo las obras de la literatura sobrepuestas a las fronteras del espacio y el tiempo, cuándo desaparecieron y volvieron a reaparecer estas obras, de qué manera transformaron el mundo y cómo, mediante la incorporación de nuevas y nuevas naciones, de nuevas y nuevas creaciones nacionales, fué desplegándose poco a poco en la historia, con arreglo a todas sus posibilidades, la imagen universal del hombre.

Pero aún nos queda un último problema por plantear: ¿Es la historia universal, en realidad, solamente una realidad histórica cuya existencia y cuyo desarrollo corra a cargo de la ciencia exponer, o es también un postulado necesario del espíritu y un valor supremo, cuyos beneficios se deban demostrar? ¿Deben fomentarse y estimularse incondicionalmente todos los esfuerzos realizados por los mediadores entre las diversas literaturas, los esfuerzos de las revistas y publicaciones que trabajan en el seno de un pueblo por el conocimiento y la difusión de las literaturas de otros pueblos, y sobre todo los esfuerzos de los traductores, empeñados en la empresa de dar a conocer las literaturas extranjeras? Es también éste un problema susceptible de ser tratado de diverso modo según el concepto que se tenga de la literatura universal. Independientemente de esto, la respuesta que se dé a la pregunta no podrá ser nunca unánime, pues se entrecruzan aquí diferentes elementos en pro y en contra, que es necesario sopesar. Fijémonos, en primer lugar, en el problema de las traducciones. La literatura universal, cualquiera que sea el sentido que se dé a esta palabra (con excepción del que entiende por literatura universal el carácter unitario de las diferentes literaturas en un momento dado de la historia), vive de traducciones, y toda traducción, aun la mejor y más genial de todas es siempre un sustitutivo e incluso, forzosamente, una falsificación. Toda lengua tiene dentro de su carácter espiritual y musical sus límites, que le impiden recrear verdaderamente, a base de ella misma, el espíritu, la sonoridad y el ritmo de una poesía escrita en otra lengua. Toda época tiene en la peculiaridad de su estructura y del grado de desarrollo a que han llegado su lengua y su espíritu límites fatales contra los que tiene necesariamente que estrellarse la recreación de obras literarias producto de otra fase del espíritu y de la lengua. Otro obstáculo con que tropiezan las traducciones, por muy genial que sea la capacidad del traductor para adaptarse a los sentimientos y a las ideas del autor, es la diferencia necesaria entre estas dos personalidades. Pero no vale decir, por otra parte, que la difusión y la profundización en el conocimiento de las lenguas extranjeras llegará a hacer superfluas las traducciones, pues a esto podríamos replicar que el mejor conocedor de una lengua extranjera jamás vivirá una obra escrita en ésta con la misma fuerza que si estuviese escrita en su propio idioma. No queda, pues, otro remedio que resignarse a que la literatura universal se alimente de esos sustitutivos poco satisfactorios que son las traducciones.

Otro inconveniente consiste en que el modo de ser nacional de una literatura y de un pueblo, si se deja llevar demasiado profundamente del espíritu extranjero, pierde carácter y peculiaridad. El comercio literario mundial, el intercambio mundial de bienes espirituales, impone, sin duda alguna, sacrificios a todos los pueblos. El problema está en saber si las ventajas superan a los sacrificios; Goethe, para quien la literatura universal no era simplemente una realidad en gestación, sino que era un verdadero postulado del espíritu, contesta desde luego afirmativamente a esta pregunta.

Goethe, que fué —ya lo hemos dicho— el creador de la denominación de literatura universal y cuyos pensamientos, durante la década del veinte del siglo XIX, giraban incansablemente en torno a esta idea, entendía por literatura universal el ámbito espiritual en que los pueblos, por medio de sus literaturas, se hablaban unos a otros en vez de hablarse a sí mismos, se escuchaban y se entendían unos a otros, es decir, el comercio literario mundial, el intercambio de bienes del espíritu, el mutuo dar y recibir, conocerse, juzgarse y traducirse (cfr. mi estudio "Goethe Idee der Weltliteratur" ["La idea de la literatura universal en Goethe"], en *Dichtung und Zivilisation* ["Poesía y civilización"] Munich, 1928, p. 58). Pero no se limitaba a ver que esta idea empezaba a realizarse en su tiempo con especial intensidad, sino que la consideraba también como un ideal, ideal que proclamaba y que procuraba fomentar con todas sus fuerzas. Goethe asignaba a la literatura universal una función y una misión. En primer lugar, la de enseñar a todo pueblo a conocerse a sí mismo en su modo de ser peculiar, al verse reflejado en otros pueblos y la de ayudarle a refrescarse y a sentirse estimulado a trabajar creadoramente por el interés y la comprensión que otros pueblos demuestran por sus obras. Pues toda literatura —dice Goethe en alguna parte— acaba sintiéndose hastiada dentro de sí misma, si no se siente estimulada y refrescada por el interés de fuera. ¡Qué naturalista no se recrea viendo las cosas maravillosas que producen los reflejos de un espejo! Y lo que llamaríamos los reflejos morales todos los hemos experimentado en nosotros mismos, siquiera sea de un modo inconsciente y, a poco que nos fijemos en ellos, comprenderemos cuánto les debemos en lo tocante a nuestra educación. Goethe observa, además, cómo la distancia permite a los espíritus extranjeros influir de un modo esclarecedor y estimulante sobre otras literaturas. Así, por ejemplo, Carlyle pudo, al intervenir de un modo sereno, claro y entrañado en la literatura alemana, resolver el conflicto existente dentro de ella e inevitable en la literatura de cualquier pueblo. En efecto, vivir y obrar vale tanto como tomar un partido y abrazar una causa. Y si esto hace que se enturbie a veces durante muchos años el horizonte interior de una literatura, el extranjero deja que el polvo, el vapor y la niebla se posen o se disipen y entonces ve ante sí, iluminadas, aquellas lejanas regiones, con sus parajes luminosos y sombríos y con esa serenidad de espíritu con que acostumbramos a ver la luna en las noches claras.

Tal es, pues, la ventaja de la literatura universal, desde el punto de vista de la propia introspección nacional precisamente.

Pero la literatura universal persigue, además, otra finalidad: enseña a los pueblos a conocerse los unos a los otros y de este modo ahuyenta el odio y el chauvinismo y abre paso a la tolerancia general. Más para ello no tiene más que un camino, y es hacer que se despliegue y entre en acción cada vez con mayor fuerza el ideal de lo eternamente humano. Goethe observó como naturalista que las más diversas metamorfosis de la naturaleza tenían todas como punto de partida un fenómeno primigenio, un prototipo que se afirmaba siempre a través de toda la pluralidad de formas. Lo mismo acontece con el hombre: los hombres, donde quiera que estén; no son más que metamorfosis del prototipo hombre, como los pueblos no son más que metamorfosis del prototipo humanidad. La idea goethiana de la literatura universal responde a la fe de Goethe en un prototipo hombre sobrepuesto a todas las diferencias que se advierten en el tiempo y en el espacio. Es manifiesta, dice una vez, la tendencia de los mejores poetas y escritores estéticos de todas las naciones, tendencia encaminada desde hace ya mucho tiempo o lo humano-universal. En todo lo particular se lo ve siempre relumbrar y traslucir cada vez con mayor fuerza a través de la nacionalidad y la personalidad. Pues bien, lo que en la poesía de todas las naciones tiende a eso y labora por eso, es precisamente lo que las demás deben apropiarse y asimilarse.

Por tanto, la literatura universal debe hacer que la imagen del hombre se despliegue, depurándola y esclareciéndola. En el desarrollo de esta literatura universal se opera el proceso de una humanidad en gestación y, a través de ella, recibiendo del mundo lo que aún no poseen, todos los pueblos deben esforzarse en llegar a la totalidad humana.

También la ciencia de la literatura universal puede laborar por alcanzar estas metas y esto la convierte, a su vez, en parte de la misma literatura universal. No sólo porque es de todo punto imposible llegar a comprender o a exponer una literatura nacional sin tener en cuenta las relaciones en que todas ellas se hallan con las demás literaturas, sino porque la ciencia de la literatura universal, al comparar entre sí las literaturas, se propone también estimular el conocimiento de las características peculiares de una nación dentro del mundo y del mensaje que aporta a éste y, de otra parte, porque por este camino tiene que servir a la comprensión el respeto y la tolerancia entre los pueblos, haciéndoles ver cómo dependen los unos de los otros, en la vida espiritual.

Tales fueron, realmente, los motivos que dieron nacimiento a esta ciencia. El primer móvil que encontramos en sus orígenes es un móvil de carácter nacional. Al despertar la idea de nación bajo el Renacimiento, acometióse en diversas literaturas el intento de realzarse a sí mismas mediante la comparación con las otras o, por lo menos, de afirmarse en su propio derecho frente a ellas. Así se hizo, por ejemplo, en aquella famosa *Querelle des anciens et modernes*, en Francia, en que se trataba de demostrar la igualdad e incluso la superioridad de rango de los poetas modernos con respecto a los griegos y los romanos. Y todavía en Lessing era el móvil nacional el que le inducía a establecer un paralelo entre el drama alemán y el francés y el inglés. Por la vía de la comparación, proponíase despertar en el espíritu alemán la conciencia de su propia peculiaridad y de su misión en el mundo.

En Herder, en cambio, era tanto su espíritu cosmopolita como nacional el que servía de motor y el que convirtió a esta figura en uno de los más importantes fundadores de la ciencia de la literatura universal. Pues la experiencia de su vida era que la belleza del mundo espiritual descansaba precisamente en su variedad y en su plenitud. No existe en el arte ningún canon eternamente válido y cuyo sentido y razón de ser rijan para todos los lugares y todos los tiempos. No existe ninguna estética, ninguna poética capaz de dictar leyes absolutas y de suministrar criterios valorativos absolutos. Lo que existen son infinitas posibilidades e infinitas metamorfosis. Homero, la Biblia, Osián, el Dante, Shakespeare, Petrarca y Cervantes no pueden medirse por el mismo rasero. Las voces de los pueblos forman una gran sinfonía polifónica (por lo demás, así lo había sostenido ya antes de Herder Voltaire, en su *Essay sur les moeurs et l'esprit des nations* y en el *Essay sur la poesie épique)* El cosmopolitismo herderiano era también fruto de una concepción irracional del mundo: la vida infinita, siempre nueva y en todas partes distinta enfrentábase aquí a la razón, que era siempre y en todas partes la misma y se creía capacitada para dictar reglas y leyes obligatorias para todos los tiempos y todos los lugares.

Pero también el racionalismo podía, naturalmente, elevar la literatura mundial al plano de un postulado y de un ideal. Sólo que para él no se trataba ya de una armonía formada por las más dispares voces de los pueblos, sino de un acorde monotónico, de una sola voz: la de la humanidad. Desde que en los siglos XVIII y XIX se consideró como misión del espíritu europeo racionalizar y, por tanto, nivelar y unificar la vida, la ciencia literaria intentó también establecer como un postulado la unificación de las literaturas europeas.

Fueron, pues, motivos nacionales y cosmopolitas, combinados, los que dieron nacimiento a la ciencia de la literatura universal, y nos parece que esta ciencia responde a una necesidad y tiene una misión más grande que nunca en tiempos como los actuales. Pues pocas como ella pueden ayudar a dirimir ese gran litigio, hoy tan enconado, entre la idea de la nación y la idea de la humanidad.

BIBLIOGRAFIA

Mazzini, *Antologia*, 1829 (en ella: "D'una letteratura europea"). E. Quinet, "De l'unité des littératures modernes" (en *Revue des deux mondes*, 1838).

Posnett, *Comparative literature*, 1886.

M. Kochs, *Zeitschrift für vergleichende Literaturgeschichte*, 1887 ss.

M. Kochs, *Studien zur vergleichenden Literaturgeschichte*, 1901 ss.

J. Texte, *Rousseau et les origines du cosmopolitisme littéraire*, París, 1895.

W. Wetz, *Shakespeare vom Standpunkt der vergleichenden Literaturgeschichte*, Hamburgo, 1897.

Georg Brandes, *Hauptströmungen der Literatur des 19. Jahrhunderts*, Berlín, 1924.

El Mismo, "Weltliteratur" (en *Literarisches Echo*, octubre, 1899).

E. Martin, *Goethe über Weltliteratur und Dialektpoesie* (Strassburger Goethevorträge, 1899).

F. Brunetière, "La littérature européenne" (en *Revue des deux mondes*, 1900, t. 161).

R. M. Meyer, "Die Weltliteratur und die Gegenwart (en *Deutsche Rundschau*, agosto, 1900).

El mismo, *Die Weltliteratur im 20. Jahrhundert vom deutschen Standpunkt aus betrachtet* (Stuttgart y Berlín, 1913). 2ª edición. Continuada por Paul Wiegler, Stuttgart y Berlín, 1922.

L. P. Betz, *La littérature comparée* (Estrasburgo, 1900).

El mismo, "Weltliteratur, Goethe und R. M. Meyer" (suplemento a *A. Z.*, 10 noviembre, 1900).

El mismo, "Literaturvergleichung" (en *Literarische Echo*, febrero 1901).

E. Kühnemann, "Zur Aufgabe der vergleichenden Literaturgeschichte" (en *Zentralblatt für Bibliothekswesen*, 1901, cuad. 1).

E. Elster, "Weltliteratur und Literaturvergleichung" (en *A. f. d. St. d. n. Spr.*, t. 107).

B. Croce, "La letteratura comparata" (en *La Critica*, t. I, 1903, pp. 77, t. II, 1904, p. 483).

Journal of comparative literature, 1903.

E. Beil, *Zur Entwicklung des Begriffs der Weltliteratur*, Leipzig, 1915.

Revue de la littérature comparée, ed. por Baldensberger y Hazard, 1921 *ss.*

M. Genast, "Voltaire und die Entwicklung der Idee der Weltliteratur" (en *Romanische Forschungen*, 1927).

G. Simmel, en *Logos*, t. III, p. 25.

F. Strich, "Goethes Idee einer Weltliteratur" (en *Dichtung und Zivilisation*, 1928, p. 58).

K. Vossler, "Nationalliteratur und Weltliteratur" (en *Zeitwende*, marzo, 1928).

J. Petersen, "Nationale oder vergleichende Literaturgeschichte" (en *Deutsche Vierteljahrsschrift*, t. VI, cuad. 1).

XIII

DETMAR HEINRICH SARNETZKI

LA CIENCIA LITERARIA, LA POESIA Y LA CRITICA COTIDIANA

1

Poesía, ciencia literaria, crítica cotidiana: tres mundos espirituales que han venido formándose en una trayectoria cada vez más acusada desde la segunda mitad del siglo XIX y desarrollándose dentro de una órbita propia muy acentuada y que actualmente mantienen entre sí relaciones muy curiosas. Rigen entre ellos leyes de atracción y repulsión a las que, al parecer, es difícil encontrar un fundamento, pero que cabe atribuir a orígenes históricos, espirituales y psicológicos, corrientes que se encuentran, se repelen o se entrecruzan y que, aun estando alimentadas por la misma fuente, se separan unas de otras en el camino espiritual hacia una meta concebida de distinto modo por cada una de ellas. Estos tres mundos, cada uno de los cuales se esfuerza a su modo por trazar una imagen del mundo a sus contemporáneos y a través de ellos al porvenir, por servir al arte y, por tanto, al desarrollo superior de la humanidad, se hallan tan estrechamente vinculados entre sí como sólo pueden estarlo los parientes unidos por lazos de la sangre, y sin embargo se hallan sujetos —desde el punto de vista de la historia del desarrollo— a leyes propias y distintas, cada uno de ellos se mueve por sus propios derroteros y, a pesar de ellos, los tres se hallan, por decirlo así, unidos por la sangre y por el espíritu y son solidarios entre sí. Pero, como con tanta frecuencia ocurre entre parientes muy cercanos, surgen entre ellos conflictos, obstáculos, incomprensiones, se echa de menos en sus relaciones la confianza nacida de la mutua comprensión, a veces los motivos de odio se enconan entre ellos y otras veces se desencadenan entre ellos las pasiones no menos inflamadas del amor, y unos y otras empañan su horizonte visual y hacen que las potencias espirituales y anímicas activas que albergan en su interior se atraigan y se repelan constantemente. Cuanto más avanzamos en el tiempo, con progresos casi visibles y tangibles de año en año, y si vivimos más aprisa que antes, más ostensibles son los conflictos —por razones que traen consigo los tiempos—, más hostiles son las barreras que se alzan entre estos tres mundos, más enconados se hacen de vez en cuando los pleitos que los separan: los de la poesía (aunque no siempre en guerra abierta y declarada) contra la ciencia literaria y la crítica ajena a los tiempos, los de la ciencia literaria, en su tenacidad no pocas veces autárquica, contra la obstinada poesía y contra los juicios superficiales de la prensa y ésta, a su vez, si se halla bajo la influencia de elementos políticos o de otros factores cualesquiera ajenos al campo del arte, contra la poesía y, por impulso de su propia ligereza y movilidad, contra la marcha pesada, adusta y más que cautelosa de la historia literaria. Llegan a echarse en cara como defectos aquellas cosas que son o se han convertido en parte de su propia esencia, partes importantes y vitalmente necesarias gracias a cuyo carácter se hallan en condiciones de poder decir lo adecuado a cada uno de estos tres mundos. Tal vez la distanciación, llamémosla así, la desproporción entre estas potencias espirituales no resida tanto en lo que son y necesariamente tienen que ser con arreglo a sus rasgos esenciales como en lo que, desviándose de ellos, pretenden ser, no tanto en lo que es su misión como en el modo como ellas la exageran (como aquel tipo de *régisseur*, ya superado, gracias a Dios, que sólo veía en la obra del poeta un pretexto para su propia "idea escénica creadora"), dejándose llevar de móviles que nada tienen que ver con su verdadera y auténtica función, sino que, por el contrario, le impiden cumplirla o la invierten en lo contrario de lo que realmente es.

Por eso, por ver las cosas así, creo que mi cometido consiste en definir —sin pretender decir, a este propósito, nada concluyente o definitivo— en qué consisten realmente la esencial y la finalidad de estos tres mundos del espíritu, cuáles son los extravíos en que incurren en su camino y en qué medida, por tanto, pueden volverse contra sí mismos los reproches que se hacen los unos a los otros, y cuáles son los rasgos esenciales que pueden descubrirse en cada uno de ellos, rasgos que, aunque sean impugnados, no pueden abandonarse, porque conducen a una meta clara y pura. Y esta meta no puede ser hoy más que la siguiente: salir de la burda concepción materialista del mundo que desde las últimas décadas del siglo anterior viene socavando, matando y convirtiendo en una bobina engañosa y mecánica toda nuestra vida espiritual, para remontarnos de nuevo al espíritu como única fuerza creadora, en infundir de nuevo un alma a la vida, en ver en cuanto vive y actúa, no ya una simple función de la naturaleza, sino un mundo eficaz y fecundo de ideas con un contenido metafísico. Cierto que es difícil conseguir esto, cada día más difícil, al parecer, a medida que avanza la mecanización de la vida toda; pero ello hace que sea tanto más elevada la misión de conducir a nuestro pueblo hacia un porvenir más venturoso. Y sólo el espíritu, nunca una actitud puramente materialista ante las cosas del mundo, puede dar a los hombres y a los pueblos la dicha y la liberación.

Para emplear un símil tal vez un poco audaz: yo considero la *poesía*, de la que empezaremos tratando como del centro espiritual, como un astro inmóvil, como una gran masa ígnea de origen cósmico, dotada de fuerzas no menos misteriosas, en torno a la cual giran como planetas de primer orden la ciencia literaria y la crítica cotidiana —planetas formados por su misma materia y alimentados por su misma masa de luz—, los cuales, sin embargo, han sabido formarse a su vez, a su modo, un mundo propio e independiente y que, aun obedientes a las grandes leyes cósmicas, en el transcurso del tiempo se han creado también leyes propias que rigen dentro de la órbita en que estos planetas se mueven. Lo cual quiere, de una parte, decir lo siguiente: que estos mundos, para no salirnos de nuestro atrevido símil, circundan el gran astro fijo de la poesía, la crítica cotidiana dentro de una órbita más estrecha, describiendo curvas irregulares y con un ritmo más rápido, la ciencia literaria a una distancia mayor, con paso mesurado y sereno, de un modo más uniforme y cruzándose de vez en cuando con la curva de la crítica del día. En conjunto, un sistema que forma una unidad cerrada y condicionada por sí misma, sistema que, a nuestro modo de ver se mueve en unión de los sistemas de otros artes y de otras ciencias, que forman con él el universo del espíritu en torno al centro del universo, eternamente inescrutable, en torno a ese algo suprasensible y misterioso a que nuestra alma, empavorecida y sin llegar jamás a comprender del todo, suele llamar Dios. Y quiere decir, de otra parte, esto: que cada mundo tiene su importancia propia, aunque mudable, en la cadena de los acaecimientos, que ninguno de ellos puede ser considerado inferior al otro, servidor del otro ni obediente tampoco a leyes ajenas, sino solamente a la suprema ley divina depositada en nuestra alma como nostalgia de los sagrarios del arte y como gozo en la belleza, que es también la verdad.

Cuando contemplamos una *obra poética de arte*, consumada, de cualquier clase que sea, tenemos la sensación oscura y reverente de que esta obra ha brotado de un proceso insondable que no somos capaces de explicar ni de interpretar, sino que debemos aceptar como uno de aquellos grandes misterios suprasensibles que escapan al poder de captación de nuestros sentidos. Es como un mundo nebuloso y sin fondo en el que nuestra mirada contemplativa no ve nada; son formaciones maravillosas, que brotan de lo profundo como las plantas, formando una unidad orgánica; pero, así como no sabemos nada del misterio de la vida y de los seres vegetales, sólo sabemos aquello que ve nuestro ojo y reproduce el microscopio, la estructura, el tejido sanguíneo y la función, pero nada acerca de su alma viviente, así acontece también con la obra de arte poético: vemos su medida y la selección de sus palabras, escuchamos la música de sus versos, nos damos cuenta de cómo se acuñan concretamente en ella los pensamientos, pero ignoramos e ignoraremos siempre de qué profundidades ha surgido esa obra de arte, cómo los detalles que sueltos carecen tal vez de importancia se articulan en ella para formar un todo importante y armónico, cuáles son las fuerzas *interiores* que la han plasmado. Vemos la boca por la que mana la fuente, con la que cabe comparar mejor que con nada este proceso espiritual, pero jamás podremos escrutar los miles de venas enraizadas en las entrañas de la sierra, el verdadero corazón que da vida y riego a este proceso. Ni el mismo poeta puede decirnos cómo produce: lo mueve la "inspiración" (y este concepto de inspiración entraña ya algo místico y trascendente), que es en realidad, no pocas veces, como un milagro del cielo, y ningún arte, por diestro que él sea, ninguna regla, por concienzudamente que se siga, ninguna palabra, por muy elocuente que sea o por muy bien elegida que esté, podrán crear o suplir jamás este algo primario. Entre la inspiración y sus sustitutivos media la misma diferencia que entre el oro y el similar, y por mucho que la ilusión pueda atenuar la diferencia sólo aquella causa primaria mágica puede producir efectos mágicos. Aquí es donde radican las premisas de ese brillo eterno con que una poesía puede resplandecer a lo largo de los siglos y de los milenios, como algo nacido de la gracia de un pueblo y mantenerse vivo después de desaparecido el pueblo que la creó, sin dejar de ser nunca un misterio y una gracia para otros pueblos y para las venideras generaciones. Por tanto, los efectos supratemporales, el estigma de lo eterno, no pueden arrancarse a la fuerza. El *Cantar de los cantares* y los *Salmos* de los judíos, los poemas homéricos, la peregrinación del Dante a través de todos los horrores del infierno para ascender luego a las delicias luminosas del paraíso, todas las formidables creaciones animadas por la fuerza poética del espíritu hasta llegar al arte de la canción de Goethe y al universo espiritual de su *Fausto*, hasta los más pequeños astros eternos a que rendimos adoración: son todos misterios que se abren constantemente ante nosotros y que permanecen, sin embargo, inescrutables en lo más profundo de sus orígenes. El *Fausto* de Goethe, sobre todo su segunda parte, necesitó cerca de cien años para ir ganando la conciencia de la humanidad y pondrá al desnudo toda una serie de problemas no resueltos mientras la humanidad siga viendo en la poesía un milagro del espíritu humano. Nos sentiremos conmovidos, interpretaremos y comprenderemos —y aquí es donde reside y donde debe buscarse la misión de la ciencia y de la crítica, llamadas a *comprender los valores espirituales como símbolos de los orígenes divinos*— lo que flota en la magia de la palabra y en la atmósfera de los estados de espíritu, percibiremos el eco vivo que esas obras despiertan en nuestra alma, pero jamás nos acercaremos ni un paso al misterio de sus orígenes aunque pesemos y sopesemos en nuestras manos, una por una, las piezas del gran todo y acerquemos a ellas el oído escrutador de nuestra alma investigadora. El detalle es algo muerto y el todo es la vida. Ya la vida es y seguirá siendo un misterio para nosotros.

Pero ¿qué es lo grande, qué es lo eterno? Nosotros, gentes enredadas en las mallas del tiempo y vinculadas a él, sólo podemos emitir juicios basados en impresiones subjetivas o expresar las impresiones que todos los días y a todas horas nos sugieren el libro o la prensa; sólo después de haber vivido a lo largo de varias generaciones nos damos cuenta de la relatividad de todo juicio. Verdaderas oleadas nos asaltan con obras poéticas de todas clases, aparecen en el firmamento grandes figuras a la moda, la palabra erudita de los especialistas o la crítica jubilosa las acoge y las rodea de cariñosos estímulos, pero ¡cuán rara vez se da el caso de que una obra poética sobreviva a su propio creador! Todo fluye y se deshace, y en los juicios de la crítica cotidiana hay infinitas cosas que no son más que errores excusables. Un nombre echado a volar llena los sentidos de miles y su obra aparece situada en el centro de las cotizaciones del día; la obra de un innominado, en cambio, apenas es leída por nadie, aunque sea mil veces más valiosa. Y de nuevo volvemos a encontrarnos aquí con el misterio: imposible saber cómo una obra, por ejemplo la lírica de Mörike, conquista fama permanente saliendo de las sombras profundas de lo desconocido. Y, del mismo modo que ignoramos cómo nace una obra de arte y dónde reside el secreto de sus efectos específicos, no sabemos, a través de los cambios de los tiempos y de las generaciones, dónde encontrar una *pauta* para calibrar el valor de lo grande e incluso de lo inmortal; más aún, pese a todas las investigaciones eruditas sobre la esencia del arte y de la obra de arte, conocemos tal vez las condiciones de su vida espiritual, pero apenas si sabemos nada de las pulsaciones de la vida misma. Goethe, lo mismo en sus años de juventud que en su vejez, no dudó jamás acerca de esta relatividad del juicio en materia de arte, y así vemos cómo en su *Poesía y Verdad* escribe: "Me empeñaba en buscar una pauta de juicio y creía poder comprobar que no la posee absolutamente nadie." Y en sus conversaciones con Eckermann se expresa así (1827): "Lo bello es un fenómeno primigenio, que no se manifiesta ciertamente por sí mismo, pero cuyo reflejo se advierte en mil manifestaciones distintas del espíritu creador y es tan múltiple y tan diverso como la naturaleza misma." Y el propio Goethe, que al igual que Lessing y Herder y más tarde Schiller y los románticos, aportó cosas tan importantes e imperecederas en el terreno de la crítica creadora, y que, a través de la crítica de Herder en el período del *Sturm und Drang*, se remontó a las fuentes de la nacionalidad alemana y, con ello, a una de las líneas fundamentales de su creación artística, es un ejemplo elocuente de los errores del juicio profundamente enraizados en cuanto a sus efectos, errores muy naturales y que en nada merman su grandeza. Así, por ejemplo, cuando reconoce en Günther un talento, pero sin llegar a ver en él el más grande de los genios de toda una época y cuando entierra su fuerza primigenia creadora bajo los escombros de un juicio *moral* que había de mantenerse en pie durante todo un siglo y que la ciencia literaria —hasta llegar a los días presentes, más justos— fué transmitiéndose de mano en mano a lo largo de las generaciones. Y tenemos también el caso de Kleist, comprendido por Wieland, pero no por Goethe; impulsado por el íntimo antagonismo entre los dos temperamentos, el intendente teatral Goethe descoyuntó su drama en un acto *El jarro roto* para desdoblarlo en tres actos sin vida y rechazó casi con repugnancia la *Pentesilea* que Kleist puso en sus manos "postrado de rodillas sobre el corazón": decisiones ambas llamadas a tener una significación casi fatal.

Con las palabras de Goethe sobre la relatividad del juicio estético, transcritas más arriba, y los ejemplos de sus errores quiero dar a entender ya de antemano —junto al importante problema de si los poetas son *siempre*, como ellos pretenden, los más competentes para enjuiciar las obras de poesía, problema sobre el que he de volver más adelante— cuán difícil es emitir juicios válidos y que pasen al porvenir como indiscutibles. Lo mismo para la crítica cotidiana demasiado dominada por el espíritu de la época (dando por supuesta como evidente la buena voluntad), cuando pretende enjuiciar el valor o la carencia de valor de una obra de arte, como para la misma ciencia literaria —siempre que venza el temor de debatirse en medio del presente vivo con la obra de un poeta vivo o no se nutra exclusivamente de los juicios transmitidos por la tradición— cuando trata de esclarecer los grandes valores o los valores eternos. Federico Augusto Wolf intentó matar a Homero y sus esfuerzos no pasaron de ser una farsa grotesca, como cuando un toro intenta derribar una roca con los cuernos; la grandeza de un Grimmelshausen y de un Günther, que hizo época, sólo ha sido descubierta por los sabios de hoy; y las tan leídas cumbres literarias de la segunda mitad del siglo XIX, para poner un ejemplo más cercano a nosotros, pasan hoy casi totalmente desapercibidas y, en cambio, un Raabe, un Keller, un Conrado Fernando Meyer van convirtiéndose cada vez más en estrellas de primera magnitud, en nuestra época.

En los siglos o milenios pasados, cuando ni siquiera se pensaba en la ciencia y en la prensa en el sentido que hoy damos a estas dos manifestaciones del espíritu, era el juicio simplista de las gentes el que daba casi siempre la pauta para la persistencia o la caducidad de las obras de arte, y es maravilloso ver cómo este juicio, en el que se revela el conocimiento de una *personalidad* artística descollante en su mundo del espíritu o de los sentimientos, ha podido desafiar los siglos, cómo dejaba hundirse no pocas veces a figuras consagradas por el estado y los príncipes y conservaba, en cambio, a otros su reverente fidelidad. La ciencia literaria y la prensa, es decir, la consideración erudita y la crítica cotidiana en torno de las obras de arte, entendidas en el sentido actual, comienzan con el siglo XVIII y, al principio, aparecen todavía consustanciadas, en muchos casos, con el arte poética (no pocas veces, abundantemente intelectual). Gottsched, aquella figura tan denostada como un pedante erudito, absolutamente sin razón, escribió ya un estudio comparado, muy meritorio para su época, acerca de la historia del drama europeo y fué, al mismo tiempo, con sus *Criticonas razonables*, como correspondía al espíritu de la época, un precursor de la crítica teatral cotidiana, a la par que en sus dramas de muy dudoso valor tenía la pretensión de crear ejemplos prácticos que sirviesen de modelo para la escena alemana. Y Lessing, su gran antípoda y destructor, figura de formato mucho mayor que él en todos los terrenos, era también, como el espíritu dirigente de la época de la Ilustración, *poeta, científico* y —con su *Dramaturgia hamburguesa*— *crítico*, todo en una pieza, habiendo influído de un modo incalculable entre sus contemporáneos y en la posteridad por la veracidad y la pureza de su personalidad. También Herder, el iniciador de la moderna literatura comparada y descubridor de las fuentes más importantes de la poesía popular internacional, Goethe, Schiller y los hermanos Schlegel seguían reuniendo en sus personas aquellas tres funciones espirituales y a la par que como artistas creadores se esforzaban por ahondar en la esencia de la "literatura universal" para conquistar, al mismo tiempo, un rango superior para la poesía alemana, profundizaban en las consideraciones sobre estética y en los problemas de la historia del arte y no creían rebajarse al escribir "recensiones" y descender a los fenómenos del día para encontrar pautas y formar juicios valorativos con que poder educar su propio espíritu y aguzar la mirada de sus contemporáneos para enseñarlos a distinguir lo verdadero de lo falso, lo grande de lo perecedero. La unión de estas tres funciones en una sola persona se conservó durante largo tiempo, aunque combatida en ocasiones y a veces declarada incluso ilícita. El siglo XIX, que es el siglo de la especialización en todos los terrenos, sobre todo después de la decadencia de la concepción del mundo del idealismo clásico-romántico, que derivó hacia la estrechez y el achatamiento del psicologismo materialista, estableció una nítida separación entre la poesía, la ciencia y la crítica, creó el tipo del sólo-poeta, del sólo-científico y del sólo-crítico en forma pura y desdobló lo que primitivamente y sobre todo en la época clásica era un espíritu envuelto por la concepción del mundo, para formar elementos en cierto modo antagónicos. Lo cual no excluye que, muchas veces, varias de estas funciones apareciesen todavía reunidas en una sola mano: así, los poetas del círculo de George siguen siendo estéticos y críticos a la par que poetas, un Hofmannsthal incluso en una medida muy acusada, y Bertram es poeta e historiador de la literatura; y, del mismo modo que Thomas Mann se dedica también a problemas de forma y a problemas de su tiempo, Lissauer es casi tan importante en su personalidad de crítico como en su personalidad de poeta. Pero éstas son excepciones. ¿Acaso es extraño que hoy el poeta, llevado de motivos egocéntricos, sólo quiera que prevalezca en su obra su propia pauta de juicio, porque sabe o siente que no existen criterios absolutos y que se resigne de mala gana a aceptar los juicios críticos de quienes no son poetas, si estos juicios no coinciden con el suyo propio, proclamando como un punto programático nuevo y al mismo tiempo viejo que sólo el creador puede, dentro del marco de lo posible, emitir un juicio acerca de lo creado? ¿No residirá aquí una de las causas de esa impotencia muchas veces vergonzosa, de ese desgarramiento, de esa tendencia a lo fragmentario, de esa carencia de ideas que caracterizan a nuestra poesía actual? ¿Tiene nada de extraño que la misma crítica —que es ya de por sí un barómetro de las opiniones y estados de ánimo fácilmente influenciable y sujeto a los cambios atmosféricos—, que en la muchedumbre de fenómenos que se abaten sobre ella no deja siquiera traslucir una línea unitaria en su camino y en su meta, esté dispuesta en todo momento a emitir juicios con la misma facilidad con que el panadero amasa y cuece por la noche el pan que hemos de comer al día siguiente? ¿Y acaso la misma ciencia literaria, tercera potencia de esta alianza, si es que se digna descender a esta caldera de brujas de los manejos literarios de nuestro tiempo, no pocas veces repelentes, y aceptar la lucha *por el espíritu* de los espíritus, saliendo de su retraimiento contemplativo en que sólo presta atención al pasado, no se dedica a ver más la pauta y la "legalidad' de esta época, la regla y no lo que hay de particular en cosas contrarias acaso a la regla, pero que tienen *de por sí* una ley? ¿Acaso no tiende con harta frecuencia a medir las obras de la época por el rasero de lo tradicional, en vez de esforzarse en comprenderlas a base del espíritu de su tiempo?

De un modo o de otro, todos yerran. El *poeta* tiende con demasiada facilidad a olvidar, entre la balumba de sus intuiciones personales y la consiguiente orientación unilateral de su concepción poética, que —en un sentido especial— también la ciencia literaria y la crítica pueden o deben encerrar altos *valores artísticos* al lado de su significado específico y espiritual, siempre y cuando que no se arroguen un papel de hegemonía. Casi me atrevería a afirmar lo siguiente: si el hombre que tiene a su cargo la ciencia literaria o la crítica no es *un artista en lo más profundo de su ser* (sin que por ello necesite crear grandes obras poéticas), si no ve flotar en sus sueños el espectro de ninguna obra de arte ideal, si su alma no tiembla de emoción ante lo creado y lo vive y lo recrea, si no ve en ello más que un objeto interesante en el que hurga como un naturalista en su laboratorio, ese hombre no puede cumplir satisfactoriamente la misión que le está encomendada. Es injusto exigir del científico o del crítico —como constantemente se exige— que cree obras de arte equiparables por su genio a las obras poéticas, negándoles si no son capaces de hacerlo toda capacidad para emitir un juicio acerca de las creadas por otros. También en el científico y en el crítico *pueden* obrar mágicas fuerzas subterráneas y no tener sin embargo el vigor o sentir el impulso necesarios para vestir lo que interiormente ven, con el ropaje visible de las palabras.

Por su parte, la *ciencia literaria* yerra cuando se cree llamada a ser, por su energía investigadora, su método científico y su concepción estética del mundo, el juez y el administrador de todos los valores artísticos, cuando, pese a los reproches que se le han dirigido, cree que debe seguirse manteniendo al margen del tiempo en que vive y —sugestionada por la relatividad de todo lo artístico— se considera autorizada a 'desdeñar lo que se crea en su época en comparación con las obras creadas por el pasado. Para el tipo puro de erudito y maestro de escuela, para el tipo de no-artista en todo el sentido negativo de la palabra, para quien el investigar los conceptos y los hechos es más importante que el percibir el valor humano y artístico de la obra, la vida profunda que palpita en una obra de arte será siempre un arcano, y ningún trabajo de investigación, por sutil que él sea, ningún descubrimiento de detalles en la crítica histórico-filológica, por meritorio e ingenioso que debamos considerarlo, es capaz de suplir la carencia de sentido intuitivo para captar lo esencial de una obra de creación. Ciencia viva en vez de amontonamiento de saber muerto o, lo que tanto vale, talento para enlazar estrechamente el pasado con el presente, para hacer que los conocimientos del uno sean fecundos para el otro, para descubrir las corrientes que vienen desde lejos a desembocar en los fenómenos de nuestros días, para rectificar por el conocimiento del ayer los errores del hoy. Quien como científico se desentienda altaneramente de los sucesos del día y de los juicios de la época, trabajará para los archivos, pero no para la vida.

Por eso es un error que los científicos, llamados a ello en virtud de su capacidad para mirar al fondo de las cosas literarias corrientes, pretendan sustraer sus conocimientos a la crítica cotidiana porque no quieren que se les tache de "popularizadores científicos" y, por tanto, de hombres infieles a la ciencia, y prefieren hacerse leer de un puñado de eruditos en gruesos volúmenes llenos de miles de notas de pie de página y de otras tantas al final de la obra, que entrar en contacto vivo con millares de personas a través de los órganos de la "opinión pública". Es ese desdichado temor a verse sobrepasados por el tiempo y a que, al cabo de los años, se les pueda echar en cara algún error. ¿Acaso no está todo el mundo expuesto a errar, incluso en las "ciencias más exactas", o es que se cree en la existencia de la "verdad absoluta"? ¿Acaso no rige para todas las ciencias, lo mismo las que versan sobre las cosas "fijas" del pasado que las que recaen sobre las cosas "fluctuantes" del presente, la frase de Schiller según la cual sólo el error es la vida y el saber es siempre la muerte? ¿No sigue siendo un error que los germanistas de nuestras universidades sigan rechazando todavía, por principio, de antemano y sin entrar a discutir, toda tesis doctoral que se ocupe de un poeta vivo, por mucha importancia fundamental que tuviese o tenga en su tiempo y aunque haya rendido ya, en lo esencial, la obra de su vida? ¿Acaso no brindan temas fecundos los poetas del círculo de Stefan George, la *Montaña mágica* de Thomas Mann, los modernos dramas que giran en torno a los temas de la

Tabla Redonda, las novelas sobre Paracelso de un Kolbenheyer? ¿Y acaso estos trabajos y otros por el estilo no sirven para esclarecer y animar la ciencia literaria de la época más que tantos y tantos temas más o menos espinosos sacados de los mil terrenos trillados de otro tiempo, que no está en mi ánimo desdeñar, pero que no estoy tampoco dispuesto a admitir como piedra de toque única y de valor absoluto?

Y también se equivoca la *crítica* cotidiana cuando se cree arrogantemente con derecho a establecer juicios valorativos inconmovibles, cuando se desvía del terreno firme del examen reflexivo y el adentramiento intuitivo en una obra de arte al margen de toda influencia, métodos indudablemente subjetivos, pero establecidos sobre bases sólidas, para dejarse llevar de criterios políticos o de otras motivaciones cualesquiera ajenas al terreno del arte e influídas por las luchas del día y convertirse en servidora de una parcialidad unilateral o rendir un culto no menos parcial a la amistad, sacrificando las propias convicciones, cuando realmente las tiene y no se limita a copiar sumisamente lo que le dicen los comunicados editoriales u otras recetas cualesquiera, amañadas para imponer determinados juicios valorativos a la tiranía de la opinión pública. Todos los días asistimos al espectáculo de que se abuse del formidable poder de la prensa, de que en vez de cribar y ordenar con la mejor buena fe lo que se envía a ella —como hacen los mejores de su profesión en continuo y callado sacrificio—, y establecer criterios serenos de juicio (aunque más tarde, como ya he dicho y repito una vez más, resulten a veces ser errores), se sacrifique ante los ídolos de la moda y hasta se les den alas, para olvidarse de estos falsos criterios cuando se trata de enjuiciar otras épocas, porque no existe nexo interno alguno ni el menor interés espiritual por lo que se analiza, y esto hace que se pase por alto a los que luchan apasionadamente, se inflen cosas carentes de todo valor y la mirada empañada o roma acabe sintiéndose ciega para ver lo verdaderamente esencial. Como también es un error que la crítica se coloque en el centro de las cosas, que —convirtiéndose en una rama de la ciencia literaria a la que la obra de arte le sirve, a vuelta de una serie de disquisiciones filosófico-estéticas, fantásticas y vueltas de espaldas al mundo, para erigir la ciencia de *l'art pour l'art* en una especie de poesía *superior* a la obra de arte— sólo se sirva de la obra poética como un pretexto para derramar sobre ella el propio espíritu como jugando y danzando, convirtiendo la obra en lo accesorio y la paráfrasis *en torno* a la obra en lo principal. *El que sale perdiendo siempre con esto es el arte, es la poesía*, que, desgarrada hoy por un sinnúmero increíble de "corrientes", se siente todavía más desorientada por los manejos de los *charlatanes* que se meten a hacer "crítica" de arte (contra los que ya Fontane se volvía airado, en diferentes ocasiones), hasta el punto de que anda de acá para allá como barco sin timón ni brújula en medio de la tormenta, habiendo perdido su derrotero y sin poder orientarse por las luces parpadeantes de la crítica y la ciencia que, faltas también de firmeza y de meta, no son para ella, desgraciadamente, más que fuegos fatuos en medio del temporal de los tiempos. ¿Qué valor *fecundo y estimulante* pueden tener para el desarrollo de nuestra nación *esta clase* de trabajos de ciencia o de crítica literaria? No ayudan, sino que entorpecen; no dan al pueblo hambriento pan espiritual, sino piedras. ¿Dónde crean estos trabajos conocimientos nuevos y orientadores capaces de infundir al espíritu del pueblo confianza e ideales, la conciencia de una humanidad mejor y más bella; dónde dan ni pueden dar la pauta trabajos como éstos, que sólo viven para sí mismos y no para la nación; dónde suministran a quien los lee la sustancia que corresponde a su verdadera esencia, a su misión más elemental?

¿Dónde —y esto es lo fundamental— sirven para encauzar a nadie hacia la sola y única meta verdadera, para ayudarle a encontrar en medio de la masa en fermentación de los fenómenos del día lo que encierra aquella fuerza mágica y primigenia que constituye el signo misterioso de la auténtica obra de arte? ¿Dónde sirven a lo que yo he querido sugerir con el símil del astro fijo y de los planetas que giran en su derredor, a lo que yo llamaba, y lo repito, "la suprema ley divina", sólo y únicamente a lo que está "depositado en nuestra alma como nostalgia de los sagrarios del arte y como gozo en la belleza, que es también la verdad?

En todo esto residen, además, las razones profundas que explican por qué entre estos tres mundos espirituales se abren hoy y se ensanchan y ahondan cada vez más esos abismos infranqueables de incomprensión y desconfianza. En vez de unirse de algún modo en beneficio del arte, a base de una concepción del mundo, por lo menos en su orientación hacia una meta, cada uno tira por su lado, cada cual se dirige hacia una meta distinta, real o imaginaria. Estas tres potencias del espíritu viven en un aislamiento egoísta, encerrada cada cual dentro de su mundo. Las voces, no aisladas ni mucho menos que, tanto en el campo de la poesía como en el de la ciencia literaria o el de la crítica, saben qué es lo que se ventila, que han sabido concentrar en torno a ellas todas las fuerzas ideales y representan verdaderos tipos dentro de su mundo espiritual, no logran imponerse al coro desacordado de las demás. Y sin embargo, son ellas las que, aunque parezca un contrasentido, acabarán haciéndose dueñas del terreno: no el individuo de por sí —¡qué significa el individuo!—, sino la idea, la idea de un idealismo constructivo puesto al supremo y más hermoso servicio de nuestra nacionalidad.

2

Hasta aquí, nuestras consideraciones venían girando en torno a la poesía, al sol mágico; ahora, colocaremos en el centro de nuestra atención la *ciencia literaria* para iluminar los problemas que nos ocupan y sus relaciones con las potencias espirituales hermanas desde otro ángulo visual, tomando como eje dicho factor y abordando de un modo nuevo los problemas tratados anteriormente, a la par que planteamos otros nuevos desde este mismo punto de vista. Al tratar de la filología alemana, debe tenerse presente que se trata de la rama más joven de la filología *clásica*, rama que no se emancipó definitivamente de ésta para convertirse en disciplina aparte hasta la segunda mitad del siglo pasado. Las universidades sólo a regañadientes le dieron acogida como ciencia con existencia propia —hecho harto característico del espíritu que las dominaba cuando se trataba de dar entrada a nuevas ideas y nuevas formas de desarrollo— y antes de que su personalidad fuese reconocida y admitida dentro del bloque de las ciencias tradicionales como la de una ciencia nueva, hubo de servir largo tiempo como criada de la ciencia lingüística, supeditada a ella y sujeta a los dictados de su espíritu. Este hecho histórico, el poco tiempo que lleva existiendo como disciplina independiente, explica muchas cosas en que todavía se traslucen, como en otras tantas taras, sus orígenes espirituales. Karl Lachmann y Moritz Haupt fueron los últimos espíritus científicos representativos de la unión personal de la filología clásica y la filología alemana. Nos sentimos inclinados a pensar que la filología germánica, obligada a empezar por preparar su terreno y por acotar su campo de acción, por roturar las tierras de sus dominios, optaba y sigue optando todavía hoy por obrar cautamente, por no apartarse demasiado de los principios fundamentales de la tradición, para no exponerse al peligro de perder su fama científica a los ojos de sus vecinos, los cultivadores de la filología clásica. Ya los románticos, en su pugna por salirse del marco de las ideas del alto clasicismo, declararon la guerra al código de los gustos de la antigüedad, colocaron en primer plano lo nacional-germánico, aspiraban a vivificar el convencionalismo con elementos extraídos de las fuentes personales y sentimentales frente al imperio del intelecto, y la filosofía de la naturaleza de Schelling sentó las bases científicas y sistemáticas de esta corriente. Vivía en cuantos la sustentaban una gran idea basada en una *concepción del mundo*, idea que Gervinus y Hettner, entre otros, continuaron a base de su concepción del mundo personal. Pero, a pesar de todo esto, la tendencia tradicional a seguir tomando como pauta para enjuiciar toda creación artística las obras de un pasado grande, pero ajeno a nuestro pueblo, ha llegado hasta nuestros días.

Hay que reconocer a Wilhelm Scherer y Michael Bernay el mérito de haber reunido un cúmulo gigantesco de materiales biográfico-bibliográficos a través de una labor de detalle, descompuesta en miles de facetas, y de haber puesto a contribución estos materiales en una serie de obras de conjunto, una vez que la ciencia literaria alemana había logrado afirmar su propia personalidad. Mientras que la ciencia literaria anterior sólo se preocupaba de investigar el pasado, pues la distancia en el tiempo era premisa fundamental de sus estudios científicos y de sus consideraciones estéticas, Scherer abordó el estudio de la historia *moderna*, informada sobre todo por la personalidad de Goethe, y aplicó un método que —mediante el paralelismo con el desarrollo de las ciencias naturales, cuyos criterios y métodos peculiares fueron conquistando poco a poco y con consecuencias verdaderamente funestas el campo de todas las ciencias del espíritu— abandonó los antiguos puntos de vista de las "ideas" para basar todas sus conclusiones en la intuición y en la observación, en el mundo real de la naturaleza y en el medio sociológico. Este psicologismo historicista convertía al poeta en mero objeto natural percutido, auscultado y valorado, estudiado analítica y sintéticamente por los medios de investigación propios de las ciencias naturales; pasaba de largo, en cambio, por delante de aquel "misterio" de que hablábamos más arriba y empeñábase en someter a experimentos, a base de la poesía, lo imponderable y lo infinito, la verdadera alma poética de la vida. Este método miope y unilateral terminaba precisamente allí donde empezaba el contenido metafísico, el espíritu, matriz y motor de la vida.

No obstante, el materialismo positivista hizo escuela y todavía sigue actuando hoy y creando cosas importantes en la crítica filológica de detalle, pero si queremos remontarnos sobre el estudio del ambiente histórico y del *milieu* en que vivió y tenía sus raíces el artista hasta llegar a la comprensión viva de la creación poética, hasta la entraña misma de su poesía, si queremos enfocar a nuestros poetas como figuras del espíritu, del alma de los hombres, tendremos que recurrir a otros métodos y partir también de otras premisas científicas y humanamente artísticas. Precisamente en el momento en que estoy escribiendo esto, han caído en mis manos unos estudios sobre Heinrich von Kleist, de que es autor un prestigioso hombre de ciencia que profesa en una de nuestras grandes universidades, y en los que se leen cosas como la siguiente: "En 1000 versos de la primera obra [*El Cántaro roto*] he contado 77 infracciones del tipo señalado más arriba [descuidada construcción], figurando entre ellas 39 faltas contra el modo normal de contar las sílabas (entre las que resaltan especialmente los versos 605 y 963) y 24 faltas de acentuación de las más burdas... En los primeros 1000 versos [del *Anfitrión*...], he encontrado 14 anomalías de distintas clases, siete de ellas debidas a las dificultades con que tropezó el autor para meter en los versos la palabra 'anfitrión'......", etc., etc. ¡Linda manera, como se ve, de enfrentarse con el espíritu y la poesía de Kleist, con la esencia de este poeta en general, y de encariñar a nuestro pueblo con su grandeza! Pero, ¿acaso el mismo Scherer no se puso a analizar con la palmeta en la mano el *Fausto*, sacando defectos, por ejemplo, a la canción de Margarita junto a la rueda de hilar, "porque Margarita no sabía hacer versos"? El uno se pone a mirar con lupa, uno a uno, los pétalos que forman la flor de una poesía y los censura por no encontrar en ellos lo que sus reglas preceptivas creen tener derecho a exigir del autor y el otro, su maestro y arquetipo, está tan poco enterado del proceso de creación del poeta, que establece arrogantemente una norma (y, al lado de ella, otras muchas por el estilo) de la que hoy se reirá cualquier alumno de primer curso un poco versado en poesía. Se explica que un hombre como Eduard Engel, saturado de juvenil espíritu combativo a pesar de sus ochenta años, fustigue en su libro *Was bleit?* ["Qué queda?"] la irremediable incomprensión de la escuela de Scherer para los verdaderos valores poéticos y niegue en redondo a los sabios puros el derecho a intervenir "en cosas de poesía", pues la multitud de ejemplos en los que se apoya para ello justifican plenamente sus conclusiones.

El espíritu de Scherer es, pues, el principal responsable del descontento cada vez mayor incubado entre los poetas y de la desconfianza extendida hacia la ciencia a medida que ésta se mostraba cada vez más obstinada y arrogante en sus pretensiones, el principal responsable de que la ciencia se alejase de la vida (interior) de otro modo, pero a pasos tan agigantados, como su antecesora la ciencia vuelta hacia lo clásico. Dilthey, en sus estudios recogidos en el volumen *Erlebnis und Dichtung* ["Vida y Poesía" (*)], rompió el pesado

* Editada por el Fondo de Cultura Económica. México, 1945.

hechizo de los muchos que desconfiaban de la dominación absoluta de la naturaleza y no se resignaban a renunciar al espíritu y a lo metafísico en las cosas. Fué su gran talento el que señaló los primeros caminos que conducen de la *descripción* de la personalidad y la obra de un autor a su vivencia y a la *interpretación* de su vida y el que nos condujo del campo del análisis, de la seca recopilación de materiales, al de la síntesis de la nueva vida creadora de la poesía. Los efectos y la confianza revivieron cuando, por fin, la mirada retornó de lo externo a lo interior, de la investigación mecánica de una serie de detalles mecánicos a la captación de la gran cohesión orgánica, de la búsqueda de reglas, influencias o modelos a la comprensión de la obra de arte como un todo y al foco de vida del que este todo irradia. Dilthey, que en sus comienzos sigue todavía muy de cerca a sus predecesores, se convierte históricamente en un iniciador de caminos nuevos; nuevos métodos conducen luego a la ciencia literaria por encima de él. No es misión mía esbozar aquí todas esas corrientes que hoy se presentan en tantas ramificaciones y en una multiformidad tan aturdidora como nuevos "métodos", oscilando entre el método positivista-histórico y el filosófico-estético, unos métodos sin espíritu y otros con demasiado espíritu y hasta podríamos decir que solamente con espíritu, incumbencia esencial o exclusiva de eruditos. Las ciencias del espíritu corren gran peligro de volver a convertirse (como en el siglo XVII) en entretenimiento privado de eruditos diplomados por el estado para ello o en ringleras de libros condenadas a cubrirse poco a poco de polvo. Lo cual no impide, por ejemplo, que las grandes figuras poéticas encarnadas en el círculo de George, los poetas, la poesía y todo lo que ha sido y ha acaecido se exalten hasta convertirse en mitos, se alejen de lo real en el vuelo de la fantasía poética y la especulación filosófica, en gracia precisamente a su contenido artístico y metafísico y a su elevado arte de la forma, con el que han sabido animar las figuras espirituales dentro de su propio mundo ideológico y hacer que encontrasen profunda y duradera resonancia. La nostalgia empujaba irresistiblemente hacia la nostalgia, el espíritu hacia el espíritu. Pero este método no tiene nada que ver con la historia *científica* de la literatura, la cual se halla obligada a tomar *también* en cuenta *los hechos*, los procesos reales de lo sucedido. Y allí donde esta suprema floración del tipo de interpretación poético-filosófica es imitada por los *dii minorum gentium,* tropezamos con un fárrago charlatanesco pseudoartístico más repelente aún que la pedantería de los maestros de escuela, pues pretende encubrir la vacuidad de una serie de frases bien sonantes con la oscuridad de una insoportable arrogancia. A todos estos estetas es aplicable, a veces sin ironía y a veces con ella, la frase de Mefistófeles: "Es el propio espíritu de estos señores, en el que se reflejan los tiempos" [y los poetas].

Ahora bien, ¿en qué consisten primordialmente, a nuestro juicio, las tareas de una ciencia literaria a tono con los tiempos modernos? La respuesta a esta pregunta no puede referirse al valor de los métodos concretos de trabajo, sino que debe esforzarse en encontrar un tipo *ideal* de hombre de ciencia hacia el que tiendan todos, aun con sus "métodos" dispares. Pues bien, este tipo de científico guarda la siguiente relación con el poeta: tiene que esforzarse en acercarse lo más posible al "misterio" de la poesía, en adentrarse bajo la forma para penetrar en la concepción del mundo que la anima, en articular unitariamente los hechos reales con una interpretación basada en el espíritu; tiene que dejar a un lado lo externo para entrar en el foco de vida de todo arte, volver la espalda a la exageración de lo psicológico para retornar al mundo de las "ideas", conceder a lo metafísico, al reino del misterio primigenio y eterno, el lugar que le corresponde, pues es del misterio del espíritu de donde brota y sigue naciendo diariamente el arte auténticamente grande. Nada, pues, más natural que el entregarse a él con fervoroso corazón, de un modo intuitivo y con el gozo de la confesión. Sin desconocer que el misterio del espíritu no es más que la médula, pero no es aún la obra misma. Sin ignorar, por tanto, que la interpretación filosófica por sí sola y con sus propios designios no puede ser la meta de la ciencia. La capacidad creadora es un movimiento que arranca del centro y la misión de la ciencia consiste en investigar, en captar, en interpretar este movimiento. Toda la sabiduría descansa en acertar a descubrir el punto en que confluyen las corrientes del proceso de la creación poética: al intuir el origen y contemplar el movimiento, no se explica la obra partiendo del todo, sino que el intérprete va acercándose paso a paso a su comprensión. Partiendo del curso vivo del movimiento es como podemos remontarnos luego a conclusiones inequívocas sobre la esencia misma del misterio. Por eso debemos rechazar, lo mismo la pedantería de los ordenadores de fichas vuelta de espaldas al movimiento vivo, que ese modo estético y unilateral de enfocar la literatura que pasa por alto aquel movimiento. La ciencia tiene que esforzarse también en llegar al conocimiento de una obra a base del espíritu de la época que la engendró y concibió, aun cuando, remontándose sobre la época de que data, su característica esencial la sustraiga al tiempo y su repercusión sobre la generación siguiente atestigüe su importancia duradera. Pero captar el espíritu de una época no quiere decir comprender solamente el espíritu del pasado, sino también el del presente. Sólo así se convertirá la ciencia literaria en lo que debe ser, en una "ciencia viva", en una ciencia capaz de comprender certeramente los problemas del pasado porque, lejos de rehuir los del presente, los busca y los afronta. Su misión exclusiva no puede consistir en husmear las influencias secundarias o indiferentes, en desmontar mecánicamente las obras ya históricas de los grandes maestros para volver a armarlas como un aparato de relojería, en derrochar enormes cantidades de tiempo y montañas de papel impreso en investigaciones en el fondo superfluas y baladíes sobre las fuentes. Su deber es concentrarse primordialmente en lo típico, en lo que es importante, esencial clave de interpretación desde el punto de vista espiritual, histórico, estético-literario y psicológico, en torno a lo que tiene una importancia de principio en el plano del tiempo y alrededor de los detalles de cada caso, pero concebidos en su conexión: poner el análisis al servicio de la síntesis. Quien sienta oreado su espíritu por el aire primaveral de una nueva creación no verá tampoco en el pasado un camposanto invernal del que es sagrado guardador. Pero, a pesar de ello, la ciencia seguirá siendo una misión sagrada, pues de sobra sabemos cuán interiormente pobre, mísero y mecanizado se ha vuelto nuestro tiempo y cuán grande es su penuria espiritual; en estas condiciones, es misión de la ciencia acudir en su ayuda e infundirle de nuevo, con vigoroso valor y alma pletórica, el aliento vivo de la vida cultural. Y este aliento sólo puede nacer de un concepto vivo de la humanidad. El científico literario debe ser también un hombre que luche por los bienes de la cultura, por lo que hay de grande en una época, aunque luche en medio del desprecio de las gentes y del sufrimiento. Las almas pedantes, secas y ajenas al mundo del arte, no saben nada de estos bienes, los ven solamente a través del polvo de los archivos; en cambio, el espíritu capaz de sentir el gozo del arte y de simpatizar con él, el espíritu que sabe *convivir* lo que estudia será siempre un constructor y un salvador en medio de la penuria y la angustia de la vida espiritual de hoy. Queda trazada con esto la línea que es necesario seguir para rescatar a la ciencia de su aislamiento con respecto al mundo y a la vida: que el científico sepa tener el ayer y el hoy en sus manos ponderadoras, que se esfuerce en llegar a conocer el espíritu que aún actúa y lucha, que conozca por sí mismo el corazón humano (sin ser un Parsifal en el mundo de la poesía), que sea tolerante y se halle por encima de todo prejuicio (no un dogmático apegado a la letra), que sea un idealista en el más alto sentido de la palabra, que, al profesar los valores del espíritu, actúe también en la cultura de su pueblo en el más bello de los sentidos (que no sea un hombre apegado a la materia, un propugnador de puros principios por principio, uno de esos especuladores estéticos en el vacío). Allí donde existe una poesía viva que sólo mana de la riqueza del espíritu y del alma, el verdadero científico tiene la misión de encarrilarla fecunda y bienhechoramente hacia su pueblo y hacia su tiempo por medio de su comprensión profunda y recreadora.

Uno de los problemas fundamentales más importantes de las relaciones entre la poesía (y el arte en general), la ciencia y la crítica, que contribuye primordialmente a determinar su respectiva posición es el que ya hemos tocado en la primera parte de este ensayo: *¿quién tiene títulos o capacidad para enjuiciar críticamente una poesía?* ¿Acaso solamente el *poeta*, capaz por el hecho de serlo de sentir y comprender al poeta? Cuán importante es este problema lo indica el mero hecho de que, caso de que se conteste afirmativamente a esta pregunta, se derrumbará por falta de base una parte importante de la función de vida de la ciencia y la crítica, tal como vienen desarrollándose hasta hoy y, caso de que la respuesta sea afirmativa, podría llegar a imponerse al poeta la carga insoportable de una tutela erudita o crítica. Los poetas y los artistas en general vienen resistiéndose desde hace ya varios siglos a aceptar los juicios de quienes no lo son con el argumento o el postulado de que el no artista tiene que *practicar* por sí mismo el arte para poder comprenderlo: "El arte de la pintura —dice Durero— difícilmente podrá ser juzgado por quien no sea, a su vez, un buen pintor". Y el propio Goethe se manifestó reiteradas veces en idéntico sentido: "Sólo podemos juzgar certeramente aquello que somos capaces de crear por nosotros mismos". O en los siguientes versos:

> *¡Oh, jueces cotidianos y analíticos,*
> *No analicéis ni desmenucéis tanto,*
> *Pues os aseguro que el peor de los poetas*
> *Puede llegar a ser todavía maestro vuestro!*

También Novalis subraya este postulado cuando afirma lo que sigue: "El auténtico crítico tiene que ser capaz de crear por sí mismo el producto criticado". Quienes así piensan dan por supuesto como algo evidente por sí mismo que para poder hacer plena justicia al espíritu y al propósito del poeta no basta con "penetrar en los dominios de la poesía", sino que hace falta pisar este suelo como ciudadano con plenitud de derechos del reino poético. Lo cual nos lleva a la necesaria conclusión de que los poetas quieren vivir en un olimpo propio en el que sólo puedan poner la planta del pie los iguales a ellos, los iniciados en los misterios del arte, lo que equivaldría a establecer un culto del templo, un misterio para los iniciados y los escogidos, tendencia que en estos últimos tiempos ha llevado al tantas veces mentado principio del arte por el arte y, dentro de los círculos de poetas agrupados en torno a Stefan George, a un aislamiento no sólo artístico, sino también personal, con respecto a las cosas profanas del mundo. Este postulado sigue siendo mantenido todavía hoy por algunos, y las manifestaciones de la poesía marcadamente postclásica en sus últimos representantes, incluso dentro de los círculos de los realistas, vienen a desembocar a este modo de concebir, que se ha convertido también en patrimonio de casi todas las fuerzas poéticas creadoras. Un poco más cauta es la actitud que se manifiesta en el verso de Heyse:

¿Quién jamás haya sido un poco poeta
Cómo puede atreverse a penetrar en el espíritu de la poesía?

Pero ya Fontane se expresa en términos más tajantes, en términos enérgicos probados por ciertos motivos de orden externo. En una carta dirigida por Fontane a su mujer el 10 de abril de 1880, leemos las siguientes palabras (a propósito de un artículo de Ludwig Pfau sobre Zola): "Cada vez comprendo mejor el odio de los artistas plásticos por los *filósofos* del arte; la *historia* del arte puede pasar, mientras no sea más que historia, pero tan pronto como deja de serlo para convertirse en razonamiento, resulta algo espantoso. El juicio de un profano con sensibilidad es siempre valioso, pero el de un esteta educado como tal casi siempre carece de todo valor. Estas gentes nunca dan en el blanco; ignoran *qué es lo que realmente interesa* y muchas veces ni siquiera tienen la menor idea de ello. Y exactamente lo mismo acontece con la poesía, cuando se trata de poesía representadora y plástica. El contenido conceptual puede en ciertos casos ser lo principal, pero generalmente *no* lo es. Y siempre que se trata de una obra de "creación", los filósofos no dicen más que tonterías. Carecen en absoluto de órgano para apreciar dónde reside lo fundamental. Se puede destruir a Zola, pero aun destruyéndole, hay que *admirarle*. Es éste un sentimiento al que jamás sería capaz de remontarse el estético". Y en otra carta de 5 de abril de 1880, dirigida también a su mujer (acerca de Friedrich Eggers contra Menzel) emite un juicio no menos despectivo coincidente con el anterior: "No me cuento, ni mucho menos, entre los que se empeñan en tapar la boca a la crítica; pero sí hay que exigir que la crítica se ejerza de un modo sabio y modesto y que tenga, en cada una de sus palabras, *conciencia de cuáles son sus límites.* Quien no ejerza por sí mismo un arte, es mejor que silencie sus censuras o sus elogios al llegar a un determinado sitio, allí donde su falta de capacidad artística paraliza también su ciencia. Es absurdo y además una pretensión arrogante creer que el pintor debe hallarse por encima de *todas* las críticas de quienes no lo sean. [Manifestación, como se ve, diametralmente opuesta al criterio expresado por Durero.] No cabe duda de que hay ciertos puntos acerca de los cuales puede y debe el estético, el especializado en los problemas de la belleza, decir su opinión. Pero no... en tono arrogante, y menos aún cuando se trata indiscutiblemente de un artista de primer rango y el crítico no pasa de ser, en el mejor de los casos, un crítico de segunda fila".

Ahora bien, ¿cómo ocurren las cosas en la realidad? Hay que dejar a un lado, ante todo, todo lo que sea obstinación personal y afán de personalización, la exageración del concepto de la misión poética (exceptuando a los pocos llamados *realmente* a ejercerla), para abordar más de cerca el problema fundamental que se discute. Si el propio poeta no sabe nada acerca de los últimos misterios de su propia creación, ¿por qué ha de estar enterado acerca de los que se refieren a los demás, que él sería el único autorizado o capacitado para entender, y por qué un científico o un crítico dotado de una *capacidad especial para sentir* la poesía, no ha de estar capacitado, por lo menos en la misma medida que el poeta, que es por sí mismo creador, para emitir un juicio acerca de ella? Tampoco el poeta escribe para un círculo de elegidos, para otros poetas, sino para el mundo. ¿Cómo quiere que sus obras encuentren comprensión, entusiasmo, devoción, si ya él parte del supuesto de que todos los considerados por él como "profanos" carecen por el mero hecho de serlo de los órganos necesarios para poder entender su poesía? En este punto, es difícil establecer principios. Hay, indudablemente, juicios de poetas sobre poesía muy sensibles, muy profundos y que alumbran las reconditeces de los misterios de la creación, descubrimientos felices, faros visibles desde muy lejos por hombres aún desconocidos, pero hay también no pocos errores y juicios descaminados, nacidos de la actitud impulsiva del poeta, de su encadenamiento al círculo de las nieblas estéticas, de la estrechez de su mundo de ideas que le lleva a dejarse guiar exclusivamente de sus propias creaciones, perjudiciales muchas veces a su facultad de discernimiento crítico.

El poeta puede ser un juez literario bueno o pasable dentro de la órbita relacionada con su propio mundo de ideas (entre los hombres de nuestro tiempo que no son más que poetas es precisamente entre los que se advierte un egoísmo espiritual más apasionado), pero fracasará en aquellas cosas que contradigan a su modo de sentir o de pensar. Quien se fije en la obstinación verdaderamente increíble con que, por ejemplo, un Spitteler se aferra a los puntos de vista desde los que quiere ver interpretada su propia poesía, puntos de vista que incitan abiertamente a la contradicción, se sentirá constreñido a recusar sin más a este poeta como juez objetivo en lo tocante a las obras de otros. Un poeta como Gerhart Hauptmann, al final de su drama *El retorno de Ulises,* pone en duda la fidelidad de Penélope y no ha considerado necesario modificar este final a pesar de las protestas casi unánimes de la crítica, sellando de este modo, con su obstinación, la suerte de la obra. Los poetas suelen reconocer a los poetas (muchas veces, por un espíritu corporativo de contradicción) el derecho a volver del revés, obedeciendo a su convicción interior y aunque la inversión carezca de todo sentido, las concepciones tradicionales. La ciencia y la crítica enfocan estas cosas de un modo más nítido, más claro, más "objetivo": conceden al poeta todas las libertades imaginables, pero se enfrentan con él allí donde se equivoca, donde se deja llevar por opiniones insostenibles, donde ya no se trata precisamente de los misterios de la creación, que nadie conoce, sino de evidentes yerros estéticos o lógicos, donde el poeta insinúa o mantiene imposibilidades históricas o humanas y se trata solamente de curiosidades poéticas. Lo cual exige, naturalmente, que el científico o el crítico pertenezcan a la categoría que quedó definida más arriba: a la categoría de los *artistas* de su profesión, dotados de aquella chispa de espíritu poético que les impulsa, no a crear obras propias, pero sí a comprender profundamente las de los demás; que son, por decirlo así, artistas pasivos.

¿Pero, quien negará que para ello —por oposición, en cierto sentido, al espíritu del poeta— son necesarias dos cosas: de una parte, que la crítica cotidiana, si sabe comprender certeramente su misión y da pruebas de una voluntad indomable de justicia basada en su capacidad para juzgar y, de otra parte, que se sienta movida por aquel idealismo capaz de luchar contra un mundo entero de prejuicios y de mala voluntad o de parcialidad egoísta, contribuyendo así a acrecentar y mejorar los dominios del arte? Ninguna palabra de elogio y de respeto sería excesiva para enaltecer a estos jornaleros al servicio de las necesidades de la vida diaria que han sabido mantener indemnes su capacidad de entusiasmo y su espíritu combativo para la defensa de lo bueno y de lo más alto, por oposición a los artesanos, funcionarios de cualquier partido y especuladores sin conciencia metidos a ejercer esta profesión. Los juicios afirmativos o negativos que pueden serle perdonados al poeta como reflejos de su plétora subjetiva e incluso poética y que, tratándose de él, se repetirían incluso, en sugestiva sumisión, como manifestaciones espirituales peculiares, se rechazan violentamente, a veces, cuando proceden de un crítico. Este tiene que decidirse inmediatamente. Su mirada debe distinguir en un momento lo esencial de lo accesorio, debe abarcar con mirada de águila el campo del poeta, debe intuir su procedencia espiritual, apreciar su valor, definir su significación para el porvenir. ¡Cuántos no habrán sido fielmente guiados por él hasta los bordes del manantial de la verdadera poesía, cuántos poetas no habrán sido elevados por él a las alturas de la fama y de la gloria! ¿Y la ciencia literaria? Aquí es precisamente donde se advierte la laguna. Esta se mantiene —por lo menos, en parte— temerosamente alejada de las opiniones del día, deja el odio del error a cargo de la crítica cotidiana, se dedica a reunir materiales, a ordenarlos y a sopesarlos hasta que llega el momento en que, pasada la hora del peligro, sea posible recorrer en ingeniosa construcción metódica la vida y la obra del poeta. Siempre la misma dualidad: teóricamente, el poeta sólo reconocerá la crítica de otro poeta, pero en el terreno práctico arderá en deseos de verse enjuiciado por el crítico inteligente y razonable, echará de menos siempre el juicio del hombre competente en materia literaria, aun echándole en cara su actitud despectiva ante las manifestaciones de la obra del día; el científico capaz de crear una masa inmensa de *crítica productiva* —y de ellos tenemos unos cuantos ejemplos brillantes en nuestros días— procurará no "descender" a la polémica crítica cotidiana y trazará un lindero neto entre él y la despreciada crítica del día, de la cual no puede, sin embargo, prescindir; el crítico que se considere como una especie de señor espiritual sobre la poesía y la ciencia se sentirá, a menos que padezca de orgullo profesional, solitario entre los dos polos, tratado con conmiseración o despreciado por una y otra parte según su antojo y su capricho.

Ahora bien, ¿cómo se han producido aquellos juicios de poetas transcritos más arriba sobre el juicio de los eruditos y los críticos, y hasta qué punto tienen razón de ser? Hay que suponer que los tales juicios nacerían al impulso de un choque exterior cualquiera. Los provocarían, seguramente, algunos necios juicios de esos críticos a quienes Dios ha negado hasta el don más elemental de enjuiciar con comprensión y con amor una obra de arte, que sólo saben fijarse en lo externo y no siente trasfundirse a su espíritu ni la menor huella del que anima la obra de arte por ellos enjuiciada. Por una de esas almas de sastre capaces de medir al milímetro el metro y la rima, pero impotentes para percibir las corrientes subterráneas y los acordes del más allá que hacen la obra de arte, y que pasan de largo por delante de pensamientos concebidos acaso una sola vez en la vida. Por uno de esos estudios eruditos que no saben nada del espíritu de los nuevos tiempos con sus leyes formales propias y pretenden estrangularlo con juicios estéticos propios de tiempos pasados. Goethe, que era un genio tan descollante en su época, podía permitirse el lujo de dar salida a su malhumor en observaciones despectivas cuando alguno de sus contemporáneos se resistía a marchar por los derroteros trazados por él; y otro tanto hacía Novalis, llevado de su misantropía. El hecho de que los grandes y pequeños realistas, precisamente aquellos que llegan ya hasta la época de la transformación moderna (prescindiendo en absoluto de los epígonos de la época postclásica) exterioricen juicios tan duros contra la ciencia literaria se debe al carácter de la ciencia y sólo demuestra una cosa: que aquellos hombres eran demasiado *artistas* para dejarse dominar por las corrientes de la época y que contemplaban con repugnancia o, por lo menos, con un escepticismo muy fundado los defectos, la unilateralidad, ese afán infecundo de coleccionar fichas de la escuela de Scherer y su incapacidad para acercarse a la obra de arte con el respeto necesario. Por otra parte, no se resignaban a aceptar como una sabiduría valedera para ellos todas aquellas consideraciones estéticas que pasan por delante de los verdaderos valores de una obra de arte. Las mejores figuras de esta época eran demasiado poetas para no percibir penosamente el dualismo tan gigantesco que se advertía entre el creador y el juicio estético; por eso sus gritos pidiendo que el crítico fuese un poeta, un hombre que compartiese sus mismos afanes y que, por tanto, fuese capaz de sentirlos, era la única arma a su alcance contra la arrogancia del maestrillo de escuela con su dedo levantado y contra la papilla de palabras del estético puro. Por tanto, el caso se plantea ahora en distintos términos que antes y la escuela de Scherer se tenía bien merecida, en muchos casos, la reprimenda. He aquí lo que acerca de este crítico hubo de decir Dahn: "No tiene ni rastro de sombra de comprensión para lo que es la poesía". Un testigo de mayor excepción de esta tendencia, adverso en general lo mismo a la crítica que a la ciencia literaria y también al modo como manejaban una y otra los representantes de este oficio que no tenía nada de arte y era incapaz de captar lo artístico, es Gottfried Keller. En sus cartas encontramos numerosas manifestaciones, despectivas en su mayoría, de disgusto y repugnancia acerca de estos juicios críticos, a pesar de que tenía motivos para sentirse satisfecho, por ejemplo, ante los de Scherer a propósito de sus *Siete Leyendas* y de que le saludó en Suiza como huésped suyo. Lo que provocaba la re- acción de los poetas eran precisamente el espíritu y el modo de ser de la escuela de Scherer.

Y como en Keller se reflejan precisamente todos los puntos de vista de que vengo hablando, incluso aquellos que se refieren a la ne- cesidad de que los críticos y los científicos traten a la obra de arte con comprensión y tacto, aun cuando el juicio recaído no sea positivo —como no lo eran, a veces, los juicios de sus contemporáneos sobre este escritor—, séame permitido citar aquí los pasajes más importantes de las cartas de Gottfried Keller, sobre todo teniendo en cuenta que se trata de un poeta que pisa ya los umbrales de las nuevas generaciones y co- rresponde ya, por tanto, a la historia de la literatura contemporánea. Tomo las citas de la gran edición de las cartas de Keller dirigida por Ermatinger y Baechtold. Ya en una carta de 9 de febrero de 1877 dirigida a Jacob Baechtold se expresa en términos muy destemplados acerca de "la falta de lecturas" de Scherer, que no es precisamente "un buen comienzo para aquella filología goethiana" predicada por él. El 18 de marzo de 1878 escribe a Julius Rodenberg en los siguien- tes términos irónicos: "Aguardo con el corazón en un puño la crítica del señor profesor Scherer, seguro de que esgrimirá la palmeta del especialista para castigarme por difundir afirmaciones falsas". Y cuando, en efecto, Scherer sacó la palmeta para criticar la obra de que se trataba, Keller le dió la razón, aunque con esta mordaz obser- vación de pasada hecha en un carta a Justina Rodenberg, el 14 de no- viembre de 1878: "¡ojalá tuviese siempre tanta razón como en este caso!" Años más tarde, cuando publicó la versión refundida de su *Enrique el Verde*, deja trasparentar la siguiente duda, en una carta a Julius Rodenberg (27 de junio de 1880): "Tengo gran curiosidad por saber qué dirá acerca de la obra el señor profesor Scherer, si se digna ocuparse de ella". Leyendo entre líneas, se percibe fácilmente su an- siedad por escuchar una palabra de simpatía del crítico. Hay una larga serie de pasajes de cartas dirigidas por Keller a sus amigos en que se reflejan los resultados de esta crítica publicada en varios ar- tículos por el discípulo de Scherer, Otto Brahm; estos pasajes repre- sentan el punto culminante de su actitud ante la escuela de Scherer en general. Así, escribe a Paul Heyse, el 30 de noviembre de 1880: "De este modo, la nueva escuela filológica de Wilhelm Scherer me ha de- mostrado metódicamente, mediante el cotejo y la crítica de los textos de las 'ediciones A y B', que no he hecho más que adulterar mi pro- pia obra. No tienen la menor razón, pero ello demuestra que ya va

siendo hora de quitar los viejos báculos de las manos de esas gentes".
En carta a Julius Rodenberg de 5 de enero de 1880 sigue dando rienda suelta a su disgusto, aunque aquí éste toma ya un tinte humorístico: "Aunque el elogio es, en todo caso, excesivo y las censuras lo son en algunos sitios, pese a la exactitud del método (que no llegará a viejo en la crítica de cosas contemporáneas), obedece sencillamente al no saber leer o a cierta inexperiencia juvenil en asuntos humanos, la cosa en conjunto es bastante divertida y nos hemos reído de buena gana acerca de las ediciones A y B y de las minuciosas pruebas de adulteración por la vía de la crítica filológica". Y el 13 de agosto de 1882 escribe a María von Frisch: "El autor de ese concienzudo artículo es un hombre de la escuela de Scherer, la cual nos trata a los pobres autores vivos con su método histórico-realista y, sudando la gota gorda, no indaga por todas partes más que las cosas vividas, de las que se empeña en saber siempre más que lo que sabe uno mismo". Con otro motivo, Keller vuelve al tema de Scherer más adelante, en una carta a Theodor Storm fechada el 22 de septiembre de 1882, en la que leemos: "Su Erich Schmidt es un hombre ingenioso y amable. Es cierto que [!] pertenece a la escuela germanista de Scherer, que aun tratando de autores vivos oye crecer la hierba y quiere saber mejor que ellos mismos de dónde y cómo viven y crean. A pesar de ello, no puede negarse que estas gentes tienen un carácter fresco, imparcial y benevolente; pronuncian sus juicios sin preocuparse en lo más mínimo de que nadie se los agradezca ni de reclamar ninguna contraprestación, y en fin de cuentas tienen, por lo menos un punto de apoyo y un método, lo que vale más que no tener *nada*, como les ocurre a la mayoría de los críticos". Aquí, la actitud despectiva de Gottfried Keller se ha tornado ya en una cierta benevolencia indiferente, la cual viene a corroborar, sin embargo, todos sus juicios anteriores.

Es fácil ver qué es lo que se debate. Los poetas se quejan de que la ciencia literaria no sabe ocuparse suficientemente ni de un modo certero de las obras literarias de autores vivos y que no posee capacidad para comprender dónde reside lo esencial, a saber: en la poesía y en el espíritu poético. Ya Grillparzer lo había dicho de Gervinus: "Gervinus no tiene ni la menor idea de su objeto, que es la poesía." La poesía, indudablemente. Si esto era cierto antes, con mayor razón sigue siéndolo hoy. Y para conseguir que nuestra ciencia literaria, cuya mirada se vuelve casi siempre hacia el pasado o aparece empañada por el polvo de los archivos, se desarrolle hasta convertirse en un órgano de la vida científica viva para el presente, queda además de los caminos ya citados, otro directo: que las personas llamadas a hacerlo, no rehuyan el intervenir activamente en las luchas literarias cotidianas, atestiguando y enjuiciando, ayudando y arbitrando. Observando de un modo permanente, situándose como guías ante el espíritu, como conocedores ante el talento y como obstáculos frente a los especuladores y esnobistas. O, dicho en otros términos: es a los artistas, entre los científicos, a quienes está reservada la misión de restablecer, a través de la prensa y a través de la crítica cotidiana, la confianza, hoy obstruída y perturbada, en la poesía y en los poetas con quienes conviven.

3

Llegamos así al último capítulo de nuestro estudio: el que se refiere a la *crítica cotidiana*. Y precisamente por encontrarme yo metido de lleno dentro de ella y ocupar en la literatura alemana un puesto de cierta importancia, se me hace un poco difícil manifestar lo que estoy obligado a manifestar aquí, en este informe y en este juicio, a saber: que la situación de la crítica cotidiana, siendo como es un factor importante en la vida literaria de los tiempos actuales y, dado el estado actual de la mediación espiritual, el llamado no pocas veces a decidir acerca de la existencia o inexistencia del poeta y de la obra, deja bastante que desear. Se me hace tanto más duro decir esto cuanto que esos hombres relativamente escasos que se esfuerzan por hacer valer su voz serena y entregada solamente a la causa en el coro de los espíritus en pugna los unos contra los otros despiertan en mí la admiración ilimitada que es obligado tributar a quienes han sabido educar su carácter, su talento, su personalidad humana para cumplir la misión de guías espirituales en el sentido más noble de la palabra, consagrando todo su tiempo a educar a otros. No cabe duda de que los críticos obran casi siempre movidos por la más pura de las voluntades y la más honrada de las convicciones, deseosos de servir al arte en aquel elevado sentido de que varias veces hemos hablado; pero, a pesar de todas sus buenas intenciones, no aciertan a hacerlo, pues no son capaces de desprenderse de la atmósfera nebulosa en que se encuentran metidos: influencias políticas, pretensiones culturales estéticas y charlatanerías sin sentido alguno, tendencia esnobista al sensacionalismo.

Y hay que tener en cuenta que el valor y la importancia del periódico son hoy indiscutiblemente mayores que antes, pues dado el nivel cultural extraordinariamente alto de nuestra prensa, se advierte cómo el interés del lector va desplazándose más y más del libro al folletón. El hecho de que muchos poetas y hombres de ciencia publiquen en la prensa las primicias de sus ensayos literarios o de sus estudios científicos antes de darlos a la publicidad en forma de libro, hace que nuestros periódicos ofrezcan un nivel y un contenido espirituales que, a diferencia de lo que ocurre en otros países, los capacita para satisfacer, además de las necesidades de información actual sobre hechos, las apetencias de cultura del lector medio, en un grado muy considerable. Podríamos incluso afirmar que nuestra prensa ha sido y sigue siendo hoy la que, durante la guerra y después de ella, ha facilitado y facilita a la poesía alemana contemporánea los medios para poder sostenerse, en su lucha por la vida. Y, a su vez, el hecho de que el periódico se alimente en las fuentes de la poesía y de la ciencia es lo que le confiere esa importancia tan grande que le permite tender un puente espiritual hacia la masa y actuar como constante mediadora de valores culturales.

El estado cultural de la prensa es el barómetro espiritual de una nación, y las cabezas dirigentes que, llevadas de su abnegación y de un retraimiento personal lleno de renuncia, desaparecen detrás de las obras de creación diaria, olvidadas apenas nacidas, creando valores importantes para el día y no para la posteridad —aunque, en realidad, lo mismo o algo parecido acontece con las obras de un gran número de poetas que se hacen ilusiones de crear para toda una eternidad—, ven no pocas veces despreciado su trabajo (en el que brillan con harta frecuencia la belleza de la forma y el interés del contenido), desdén de tipo profesional en el que parece considerarse a la prensa como una potencia espiritual de rango inferior. Para la poesía, la prensa es el símbolo del momento actual y fugaz, de lo destinado a satisfacer las necesidades de la vida espiritual cotidiana, es decir, de lo perecedero, mientras que la poesía misma, y en ello consiste su meta, rehuye el instante y sublima también los problemas del día para situarlos más allá del tiempo, en el plano de lo eternamente humano. Para el hombre de la ciencia literaria, la prensa es el prototipo de lo acientífico, de lo "popular", de lo superficial, aun en aquellos casos en que los mejores representantes de su disciplina se "rebajan" a servir en los periódicos. Podemos lamentarlo cuanto queramos, pero el hecho es innegable: la trayectoria futura tiende a dar al periódico —tanto en la poesía como en la ciencia— una participación cada vez mayor al lado del libro y a nivelar más y más el terreno espiritual entre estos dos medios de difusión, prescindiendo de las grandes novelas de carácter puramente literario y de las grandes apisonadoras científicas, para citar algunos de los productos del espíritu inadecuados para el periódico y que también en lo sucesivo seguirán llevando una vida espiritual propia e indeterminable.

Tal vez pueda explicarse, partiendo de esta sensación de no ser suficientemente apreciado que tiene el que escribe para los periódicos, una parte de la tensión interior y de los juicios irónicos, no pocas veces injustos, que estos escritores emiten sobre la poesía y la ciencia en general, su tendencia a exagerar la ironía con respecto a éstas y a exagerar tal vez hasta la arrogancia su propia obra. Pero no cabe duda de que es de todo punto falso querer juzgar el periódico ateniéndose exclusivamente a lo que representa para la vida cotidiana, aunque sea aquí, evidentemente, donde reside su fuerza y su razón de ser. Es él quien, unida a los más diversos materiales de cada edición, con su actualidad siempre despierta y entrelazándola con todo lo que es espíritu y trabaja espiritualmente en el seno de un pueblo, se encarga de llevar a la masa la idea como tal, sea la que fuere, de difundirla, y esto hace que su efecto, en todo lo que se refiere al progreso cultural, trascienda del momento presente para influir también en el porvenir. Por eso los periodistas, refiriéndonos a las mejores cabezas entre ellos, son guías espirituales de un pueblo exactamente tan valiosos como los poetas y los científicos, y podemos afirmar que aunque su obra sea difícilmente ponderable, es indiscutiblemente poderosa, y si aquéllos construyen para el porvenir, sin la prensa su obra sería hoy, no pocas veces, como un grito en la noche y en el vacío.

Por eso, nosotros estamos convencidos de que el periodista tendrá en el porvenir mayor importancia todavía que la que tiene hoy. Pese al régimen de división del trabajo que reina ya en las grandes redacciones, la redacción de un gran periódico como tal llegará a representar un complejo universal del espíritu humano. ¿Es capaz realmente de llegar a cumplir esta función? ¿Y cumple ya en el actual período de transición estos postulados espirituales y morales? No cabe duda de que por todas partes acechan aquí los peligros. Pero estos peligros serán cada vez menores a medida que el nivel espiritual o moral del periodista medio sea o vaya haciéndose más alto, sin entrar a discutir aquí el reproche tantas veces apuntado de que los hombres que se dedican el periodismo son los que han "fracasado en su vocación": esto que originariamente se consideraba como algo despectivo, representa también, desde otro punto de vista, el reconocimiento de una aptitud muy especial para desempeñar *exclusivamente* esta profesión, no como última áncora de salvación, sino como determinación interior. El periodista del presente y, más aún, el del porvenir, sería inconcebible sin

esta aptitud especial, sin una suprema autodisciplina y la capacidad
para atenerse modestamente a su función, sin el sentimiento siempre
alerta de su responsabilidad, teniendo presente, al decir esto, la imagen ideal de la prensa futura. Esta imagen no pasará de ser, naturalmente, un sano deseo, pero el aspirar a ella, el pugnar por conseguir
que nuestra prensa alcance la más alta calidad cultural y moral debe
constituir, indudablemente, uno de los deberes interiores del periodista, por insignificante que, en apariencia, sea el papel que a la prensa
se le asigne.

La concepción del mundo, la pertenencia a un partido, el gusto,
dividen naturalmente a los espíritus. Estos antagonismos y estas divergencias van acentuándose poco a poco por obra de la lucha de la
prensa por su vida económica y de la lucha cada vez más enconada
entre los partidos. Es aquí donde apuntan los primeros peligros, sobre todo en lo referente a un folletón neutral y a una crítica situada al
margen de las influencias partidistas. Los recursos de la técnica dan
hoy al periódico una cierta uniformidad, lo que hace que, para dis-
tinguirse unos de otros, recurran, siguiendo el modelo norteamerica-
no, a los titulares sensacionalistas, a los reportajes llamativos y a un
tipo de literatura ingeniosamente corrosiva, que envuelve con harta
frecuencia una crítica puramente negativa y sin nada de constructivo.
El poeta y la obra poética no son, por lo general, más que objeto, materia, pretexto para ejercer sobre ellos el propio ingenio y dar a la
prensa un entretenimiento "divertido". Es éste uno de los grupos en
que apuntan los peligros: impera en él la necesidad de *llamar la atención* a toda costa, de poner los intereses comerciales del periódico por
encima de los elevados intereses del arte y de sus múltiples leyes internas y externas, que son, a pesar de todo, leyes, por muy obstinado,
descarriado y contrario a las reglas que se manifieste el arte (como
suele hacer, precisamente, de un modo poco glorioso, para llamar la
atención de esta clase de crítica y lograr éxito cerca de ella).

Otro segundo grupo lleno de peligros es aquel en que reina el
esnobismo. Lo nuevo, lo no cotidiano en el modo de plantear los problemas o en la forma, lo que no se limita a transmitir impresiones
corrientes, aparece destacado con todo el aparato de una prensa dispuesta a ello y entre grandes fanfarrias, dando lo mismo que se trate
de verdadero arte o de pseudoarte, de auténticos valores o de valores
falsos, sencillamente por tratarse de algo "nuevo", porque la función
de las "relaciones" opera sin lagunas o porque el culto de la amistad
impone el servicio mutuo.

Viene luego un tercer grupo: el de los puntos de vista *políticos* o de *concepción del mundo*. En este punto se refleja en la crítica, sobre todo desde la transformación política posterior a la guerra, la parcialidad desintegrada y sin escrúpulos, aun allí donde menos puede esperarse, en la crítica de las manifestaciones de arte, y el tópico de la "poesía del día" como única poesía admisible —si bien es cierto y evidente que tanto la poesía como la crítica deben mantener las más estrechas relaciones con los acaecimientos del día y explicar y esclarecer todas las realidades— engendra opiniones torcidas, falsas y unilaterales. Esto hace que la crítica tienda demasiado fácilmente a reaccionar a todas las escisiones públicas de los acaecimientos del día de un modo harto parcial, que enjuicie a los poetas fijándose, no en el contenido interior y artístico de sus obras, sino en el patrón de partido de sus ideas políticas: en si el poeta propende a la derecha o a la izquierda, en si es monárquico o republicano, en si es "interesante" por el matiz de su intelectualismo comunista o es o no grato a una concepción católico-política del mundo (muy bien organizada, como es sabido). Los ejemplos grotescos de una crítica contradictoria se hallan a la orden del día; los tópicos ingeniosos e impresionistas sustituyen a los juicios objetivos.

Otro grupo de críticos es el que, continuando los *más antiguos métodos de la crítica filológica*, sólo contempla la obra como tal, toma notas y hace fichas, pasa de largo por delante de las grandes conexiones, ejerce su oficio como cualquier artesano, escribe para las modestas necesidades diarias y sirve al filisteo medio a la hora del desayuno, junto al café o el chocolate, un artículo crítico salpicado de elementos tradicionales de cultura, preparado y bien aderezado para que no tenga más que llevárselo a la boca. No percibe ni remotamente los cambios de los tiempos, marcha por caminos trillados, opera con artilugios estilísticos rutinarios y archisabidos. No aparece por ningún lado en ella la capacidad ni el deseo de conocer la época ni la preocupación de velar con todas sus fuerzas por que también ese importante factor de mediación espiritual que es la crítica de la prensa contribuya de un modo determinante, dirigente, activo, a la construcción del tejido cultural en perpetua renovación. No se muestra capaz de pulsar el eterno movimiento que vibra en las cosas, sino que parte del punto de vista fijo e inconmovible de los conceptos tradicionales. El colmo de esta inercia de espíritu es el *prospecto* editorial como pauta para la crítica de libros, este pecado del espíritu, el más espantoso de todos, inventado por el demonio del vicio de la comodidad, este vaso de mentiras culturales y de amaños especulativos, una especie de anuncio comercial entreverado en el texto y pagado con un ejemplar de una obra más o menos valiosa. Quien sepa un poco de estas cosas, se queda aterrado viendo cuán extendido se halla este mal en la prensa pequeña y mediana (que representa, con mucho, la gran mayoría de los periódicos de un país), lo que hace que los juicios del verdadero crítico queden reducidos a voces aisladas y perdidas en medio del marasmo. Un prospecto editorial bien "lanzado" es una muralla contra la que se estrellan, en la prensa sumisa, la mayor parte de los juicios bien intencionados. Si ello fuese factible, habría que lograr que la ley, para purificar el ambiente, prohibiese estos prospectos editoriales como una estafa contra la opinión pública. Junto a ellos hay que mencionar los juicios, que no pocas veces parecen una burla descarada, de poetas famosos sobre obras muertas ya antes de haber llegado a nacer, juicios destacados como una especie de prospectos de lujo en los boletines de las editoriales y librerías y de las cámaras del libro; también ellos contribuyen poderosamente a desorientar al público, y muchas veces no se sabe a ciencia cierta cuáles son los móviles a que responden los tales ditirambos: si a un servicio prestado a la amistad, a una complacencia hacia el editor o simplemente a un impulso de vanidad: al deseo de ver su nombre destacado como un nombre importante al lado de otros. En todo caso, estamos ante un caso de ausencia de crítica (que constituye, por tanto, una contribución al capítulo de la capacidad del pöeta para enjuiciar a otro poeta) o de una falta de conciencia capaz de sobreponerse a toda clase de escrúpulos.

Lo que *queda al margen* de todo lo anterior es el *campo esencial de acción en que debe desenvolverse el crítico* que se deje llevar exclusivamente, en sus juicios críticos, del más alto *sentido de la responsabilidad* y de la más estricta severidad moral y artística para consigo mismo. Aunque el crítico sea modesto, su modestia personal queda compensada por la confianza que inspira la plataforma desde la que habla y por la estricta seriedad de su misión, que lleva en sí misma su pago y su eficacia. Lo vil y lo desatentado hace estragos en todas las callejuelas, pero el alto destino de la vida encuentra su lugar bendito en los corazones de cuantos piensan y sienten igual que esta clase de críticos. Y la misión callada, agradecida y nobilísima de la crítica ejercida por estas personalidades descollantes consiste precisamente en multiplicar el número de quienes así piensan y sienten.

En el crítico debe vibrar, lo mismo que en el hombre de ciencia, una sensibilidad *artística* latente y pasiva, que, aunque no disponga de lo que Nietzsche llama el "tercer ojo" del poeta, tenga sin embargo en los otros dos una capacidad de visión superior a lo normal. Es ésta la robusta fuerza de pasión que percibimos en las obras críticas de un Diderot, de un Lessing o de un Börne; es aquí donde comienza lo que esperamos y tenemos derecho a esperar tanto del científico como del crítico: que tengan en todo momento conciencia de que son educadores del pueblo, intérpretes de bienes espirituales, mediadores de valores culturales. Es indudable que los problemas "actuales" del día acucian muy de cerca al crítico, le espolean de un acontecimiento a otro, le imponen, trastornándole, un criterio de cantidad, pero en esto es precisamente en lo que tiene que brillar su talento: en no dejarse dominar por la cantidad, en saber descubrir en lo actual lo supratemporal, en saber ver lo típico dentro de la pluralidad. Es él quien tiene que dar al lenguaje exclusivo y a los símbolos del poeta la forma y la explicación objetivas y adecuadas a la época, y el científico es el llamado a interpretarlos dentro de las grandes conexiones y a tono con el medio espiritual del espacio y el tiempo. Esto hace que las tres potencias estudiadas por nosotros aquí aparecen estrechamente yuxtapuestas y entrelazadas. Sus curvas de vida se entrecruzan cuando, persiguiendo determinadas ideas políticas o ideológicas, el poeta se convierte en periodista y el hombre de ciencia en educador del pueblo en el sentido superior de la palabra. Esto veda por sí mismo al crítico expresarse en términos ingeniosa y elegantemente "charlatanescos" acerca del poeta; Ernst von Wolzogen llamó a este método una vez —al dar la razón a Sudermann, quien había escrito contra el "adocenamiento de la crítica", convirtiéndose con ello en autor "liquidado" para los críticos—, convertir al poeta, desde el punto de vista de la crítica, en "material para el deporte del tiro de pichón". Pero también existen hoy modelos de crítica productiva, como nos lo demuestra —para no citar más que un ejemplo— la personalidad de Hermann Bahr (quien, dicho sea de paso, auna en su persona las tres funciones, la de poeta, la de científico y la de periodista), de quien el historiador de la literatura Josef Nadler dijo en una ocasión: "En él cobra su estilo peculiar la nueva forma de la época, la prosa del diario. Ha exaltado el arte de la prensa diaria transformando la experiencia vivida del día en algo místico, como un fantasma imperioso en que palpita un pulso humano". Bahr veía más claro que muchos que eran solamente poetas; estaba dotado de un sentido intuitivo que le llevaba a percibir los nuevos cambios y fué en más de un sentido uno de esos hombres-guías que dan la pauta, e intangible como personalidad crítica.

¿Cuáles son, según todo lo expuesto, las funciones específicas del crítico de nuestro tiempo? La primera es ésta: esforzarse en superar mediante el carácter de su crítica el *prejuicio* de que se halla vinculado por ninguna clase de nexos ajenos al arte, sean internos o externos; la persona del poeta debe ser indiferente para él, lo único que debe interesarle es la poesía misma. El crítico es —y esto es lo que hace tan importante su cometido— el primero que piensa a fondo y define las condiciones y los efectos de una obra de arte. Pero sería equivocado exigir de él que aspirase a la mayor "objetividad" posible, pues, vista la cosa en un terreno filosófico, no existen "conocimientos puros"; según Schopenhauer, todo conocimiento pasa a través de la voluntad, la cual se encarga de teñirlo con su matiz propio y de convertirlo así en expresión de una personalidad fuerte o endeble. Lo que hay que exigir del crítico es que sea, ante todo, una personalidad, que refleje con el mejor de los conocimientos y sin reserva alguna sus impresiones subjetivas, que las defienda con voluntad vigorosa por su propia convicción y no para dar gusto o molestar a nadie, que mantenga viva en su interior la llama de la capacidad de entusiasmo, pero sabiendo refrenar sus pasiones, que no se convierta en una máquina crítica, que no escriba ateniéndose servilmente a los gustos del público, sino que procure atraer y elevar a éste hacia sí, pues el público, si procede como aquí decimos, no tardará en advertir en él una personalidad certera y dotada de una voluntad fuerte e indomable. Este crítico que sólo se preocupe de los intereses del arte será el que más se acerque a la meta de la valoración objetiva a base de la honradez de sus opiniones subjetivas. Tanto el elogio como la repulsa deberán apoyarse en buenas razones. También los juicios críticos negativos cuando se apoyan en bases serias, envuelven una crítica constructiva y crean conocimientos nuevos. Debe saber destacar en medio de la abundancia lo específico y lo extraordinario, de entre lo bueno lo mejor, entre la capacidad o la incapacidad técnica los factores intuitivos creadores, del cotejo entre el ayer y el hoy una pauta viva para sus juicios. Su misión de primer mediador de valores espirituales le obliga a guardarse mucho de ser un maestro de escuela con su palmeta en la mano o un charlatán estético. ¿Acaso la función auxiliar de la crítica cotidiana de la prensa no ofrece al científico, para este magisterio, las más ricas posibilidades de poner su ciencia, su voluntad y su capacidad al servicio de una elevada misión artística e incluso moral?

¿Quién se atreverá a negar que la crítica cotidiana, así interpretada y representada por personalidades a tono con esto, no es en modo alguno una actividad de rango inferior a la poesía ni a la ciencia? Pero de lo dicho se desprende para el crítico un segundo postulado, a saber: el de no entrar en una competencia ideal con la poesía ni con la ciencia, esforzándose en crearse un *estilo propio*, un lenguaje propio.

El sentido del periodismo crítico estriba en servir de mediador y la única expresión adecuada a él consiste en traducir los valores de las otras potencias del espíritu al lenguaje de la época o, más exactamente, del día. En trabajarlo, en destacarlo de lo que solemos llamar estilo periodístico en el sentido malo (el estilo de los telegramas y las informaciones de los corresponsales); en dar a la obra periodística el más alto desarrollo posible: en esto debe consistir la vida espiritual y la meta profesional del crítico. La sensibilidad artística pasiva que vibra también en los críticos de rango desvirtuará en este sentido las objeciones del artista creador en el sentido de que él, el hombre artísticamente estéril, el envidioso y fracasado, obligado a refugiarse en la crítica, no tiene dotes para más que para seguir los pasos del poeta por una senda de dolor y de desengaño, para recoger el eco de sus sensaciones y echar agua a sus pensamientos creadores: la crítica productiva es también, en cierto sentido, inspiración creadora, siempre y cuando que no vaya, sin voluntad propia, a la zaga del poeta, repitiendo servilmente sus palabras o sus ideas, ni lo convierta en juguete de sus caprichos charlatanescos, sino que camine dignamente al lado de él y sirviéndole de guía. De este modo, el crítico no se convertirá en el vehículo indiferente de las opiniones de una "compacta mayoría" del público o en un envidioso lleno de malignidad, sino —aun allí donde sus juicios sean adversos— en el amigo bondadoso y comprensivo del artista. Sabido es que los románticos, que renunciaban incluso a un mínimo de modestia, que como artistas creadores gustaban de endiosarse —a pesar de todo su escepticismo y su ironía interiores— y se asignaban arrogantemente la misión de recomponer a través de su poesía la unidad originaria de lo ideal y lo real de un mundo desgarrado, rechazaban la crítica como una actividad poco importante, y es muy significativo que también el círculo de los neorrománticos, el círculo de Stefan George —pese a todas las diferencias fundamentales que separan a éstos de aquéllos— reincidan esencialmente en este punto de vista desdeñoso sobre la crítica. La razón es, naturalmente, la misma en ambos casos: la sobreestimación del artista que ejerce su arte como si se tratase del *único* artista "productivo" —claro está que el poeta verdaderamente genial debe ser considerado siempre como la excepción, al igual que cualquier otro hombre de excepción en el mundo del espíritu—, cuando en realidad ocurre a la inversa: la virtud de crear nuevos valores, de transmitir nuevos conocimientos, de suministrar nuevos sillares para el desarrollo de la humanidad no corresponde exclusivamente al arte, sino que corresponde también y en la misma medida a la crítica y a la ciencia, que en sus mejores manifestaciones son, al igual que aquél, fuerzas creadoras.

Examinemos ahora un tercer aspecto: las fuerzas auxiliares de la prensa representan un peligro muy grande para el servicio que la crítica debe prestar al arte. Ya nos hemos referido a esa moneda falsa que son los prospectos editoriales. Aquí, nos referimos al diletantismo estético, el cual hace también estragos en los periódicos, puesto que el crítico literario, al igual que cualquier otra persona, sólo dispone de fuerzas humanas limitadas en cuanto al tiempo y al espacio. Por lo general, la selección de los colaboradores no es muy rigurosa. La falta de ideas literarias, la arrogancia personal, la aplicación de raseros muy desiguales para medir y, lo que es aún peor, el afán de tener razón a toda costa y las pretensiones de cultura con que se ostentan retazos de cultura pasada de moda hace ya mucho tiempo, se deslizan a cada paso en las críticas, defectos que en asuntos puramente privados no serían graves, pero que llevados a la publicidad causan daños importantes. Son poquísimos los periódicos que disponen de un redactor de folletones serio, culto, competente desde todos los puntos de vista de la crítica y que mantiene una línea clara, unitaria, sólo empañada de vez en cuando, desgraciadamente, por actitudes partidistas unilaterales. El lucimiento estilístico diletante propio de la persona no capacitada para el ejercicio de esta función, que en las reseñas de las obras de teatro recientemente representadas sólo puede darse en una medida muy pequeña, pues aquí media el correlativo de los miles de ojos y de espíritus que han vivido también la representación, no se considera como un defecto en la crítica de libros, ya que ésta es considerada como algo puramente secundario y sin importancia en la marcha del periódico. Son relativamente pocos los periódicos que publican hoy un suplemento literario de publicación regular, cuidado por hombres conocedores de la materia, ejemplarmente redactado en todos sus detalles, capaz de distinguir lo importante de lo accesorio y situado a un alto nivel espiritual. En este aspecto como en otros, todo depende de lo siguiente: de que el hombre que se halla al frente del folletón crítico sea una personalidad recta, firme y consciente de sus fines. No tengo empacho en afirmar que no es la crítica teatral la que menos responsabilidad tiene en el estado lamentable en que hoy se encuentra nuestro teatro, por no haber sabido oponer *como pauta* a su afán de ganarse el pan, al sensacionalismo de los poetas, a la arbitrariedad de los actores y al ridículo deseo de los directores teatrales de darse a conocer en el extranjero, la alta solidaridad de los intereses nacionales y artísticos de la cultura.

Pues bien, aún es más deplorable el estado de cosas con que nos encontramos en el campo de la crítica de libros. Quien se fije un poco en ello, observará el caos de juicios críticos que provoca el estreno de cualquier obra importante, la falta de perspectivas, el embrollo de pequeñeces locales sin la menor claridad de horizontes. Pero quien haya tenido ocasión de echar un vistazo a los paquetes de críticas de libros que se acumulan sobre las mesas de los editores, se habrá avergonzado ante aquel mínimo de sentido cultural y espiritual de la responsabilidad. Es éste uno de los puntos débiles de nuestra prensa, a pesar de no hallarse superada por la de ningún otro país del mundo en cuanto a su nivel y a su seriedad, tanto en lo interior como en lo externo. Si el periódico ha de ser o ha de llegar a ser lo que parece que constituye su meta: un factor cultural de primerísimo orden, llamado en cierto sentido (podemos lamentarnos de ello, si queremos, pero no detendremos con lamentaciones la trayectoria de las cosas) a suplir al libro, es necesario que, dentro de su uniformidad general, se desarrolle dentro de él hasta el máximo la personalidad periodística individual que, al mismo tiempo que cuida la vida propia de un estilo periodístico ennoblecido, haga de la crítica en todos los sentidos una actividad verdaderamente "productiva", colmando de ese modo una laguna fatal, y no precisamente desde hoy, para el desarrollo de nuestra cultura nacional.

El desarrollo interno de los espíritus activos de la prensa no ha estado a tono con los rápidos progresos externos de ésta. ¿No sería tal vez posible utilizar más de lo que se ha hecho hasta ahora las capacidades importantes latentes en nuestras universidades para una misión tan esencial como ésta? ¿No sería posible establecer vínculos más estrechos entre la ciencia y la prensa (del mismo modo que la prensa y la poesía se han acercado, obligadas por la necesidad de la situación), hacer que los profesores universitarios acaben dándose cuenta de cuáles son los signos de los tiempos y se decidan a transmitir bajo una forma más clara y más asequible a muchos, los conocimientos que hoy comunican, en un lenguaje difícil y oscuro, a una reducida secta de iniciados? ¿Que los juicios del hombre competente, del especialista, del que sabe mirar intuitivamente, del hombre libre crítico y libre de prejuicios, acorralasen al diletantismo; que las personalidades sean juzgadas por otras personalidades, en beneficio de los altos intereses generales de la cultura? El científico tiene forzosamente que acabar dándose cuenta de que, en el ritmo vivo de la experiencia viva del presente, los días de esa ciencia misántropa están contados y de que el cosmos de un periódico es lo suficientemente grande y rico para que encuentre cabida en él el sabio que está dispuesto a plegarse al espíritu y al estilo de este mundo, para que pueda actuar y derramar plenamente sus luces dentro de sus columnas. Hace algunos años se fundó en la universidad de Heidelberg una correspondencia que, a través de ensayos sobre temas de todas las ciencias, incitaba a los profesores universitarios a colaborar regularmente en la prensa: he aquí una empresa creadoramente fecunda, un puente de mediación muy a tono con los tiempos, la expresión de un propósito de cultura progresivo y absolutamente moderno. La ciencia pura y cuidadosamente guardada no se profana por el hecho de comportarse con un poco de "alegría"; lejos de ello, será extraordinariamente útil si, mediante el contacto directo de la prensa, se coloca dentro del círculo luminoso de una cierta "actualidad" y procura hacerse presente en la vida espiritual del pueblo precisamente desde aquel lugar en que puede ejercer, con lo que vale, una influencia visible. El hombre de ciencia se halla siempre, esencialmente, menos dominado por el espíritu de la época, su entendimiento crítico sabe hacer frente siempre a los excesos en los elogios y las censuras, sabe observar y enjuiciar de un modo más desapasionado, interviniendo así como un poder conciliador y moderador en los conflictos que desgarran la vida espiritual de nuestro pueblo. Quien como él está llamado a ser el intérprete y esclarecedor de cuanto acaece en el mundo es también el más indicado para prestar una ayuda leal, segura y eficaz a los más nobles afanes del crítico cotidiano y del periodista, siempre y cuando que se muevan dentro de las formas puras delineadas en nuestras páginas anteriores.

4

Unas pocas palabras, para terminar. Esta investigación tenía dos finalidades. La primera era poner de manifiesto la esencia de las tres potencias espirituales hermanas, la poesía, la ciencia literaria y la crítica cotidiana, el radio de acción de sus actividades y los límites de sus funciones. En tiempos tan revueltos como los nuestros, tiempos de luchas y escisiones tan enconadas, se siente de un modo muy especial la tentación de llegar, siguiendo caminos propios, a metas propias, que a veces no llegan siquiera a verse con claridad. Esto nos lleva a perder muchas veces de vista lo que yo he llamado los bienes culturales comunes. Sin embargo, son tantos los vínculos manifiestos y ocultos existentes entre las fuerzas creadoras, que a veces se encuentran en los ámbitos del espíritu, unas veces en unos sitios y otras en otros, y se ven obligadas a saludarse solemnemente sin tener en cuenta si su campo de acción o su ritmo de trabajo es una característica especial de su modo de actuar, pues todas ellas aspiran a remontarse sobre la condicionalidad terrenal para elevarse a una espiritualidad más alta y a una meta situada en el plano ideal. Indudablemente, el destino final del poeta consiste en poner un sello supratemporal a los acaecimientos temporales a través de las creaciones de su inspiración; la ciencia literaria, por su parte, es la encargada de investigar hasta qué punto lo ha conseguido o no, hasta qué punto el poeta merece ser incorporado y lo será a un plano de tiempo superior, la llamada a interpretar y esclarecer cuál es el modo de ser esencial de este poeta; finalmente, la crítica cotidiana registra y transmite las primeras impresiones que, partiendo del poeta, se consideran importantes para el día y para el espíritu de la época y se esfuerza en poner al descubierto las condiciones y los efectos psicológicos e históricos que la obra lleva consigo, tal como ella, la crítica, los ve, y de abrir con su lenguaje los primeros caminos al lenguaje y a los símbolos del poeta. Las funciones de estas tres potencias son tan afines, que se tocan y complementan desde mil puntos de vista, a pesar de todas las diferencias esenciales y sustantivas que las separan.

Por eso, la segunda finalidad de nuestra investigación consistía en hacer ver que la sustantividad esencial de cada una de estas tres potencias no debe conducir a un aislamiento orgulloso de ninguna de ellas, sino que las tres, sin llegar a perder su propia personalidad, deben llegar en entenderse y a reunir sus fuerzas sobre la base de un algo común, y confiando las unas en las otras, y coincidiendo en un plano superior, aunque cada una de ellas aspira a moverse dentro de su órbita. El lenguaje en que se expresan es distinto, el mundo en que se mueven sus motivaciones objetivas lo es también, pero la fuerza espiritual de su determinación primaria orienta estas motivaciones hacia una línea de vida relativamente sencilla. La lucha de los antagonismos nacidos de las distintas concepciones del mundo seguirá su curso, pues lo que nosotros hemos llamado la vida fecunda del arte y el triunfo de la verdad sólo nace de la voluntad de esclarecer lo divergente y lo contradictorio. En las tres potencias que hemos examinado palpita la corriente poderosa del espíritu cultural, que rueda arrolladora a través de los tiempos sin estancarse nunca, brindando diariamente un nuevo espectáculo y una nueva experiencia de vida y ofreciendo a cada cual la posibilidad y la necesidad de llegar a ver claro, a su modo, en medio del mundo eternamente fluyente y eternamente cambiante de los fenómenos: el poeta, captando con su sensibilidad los poderes suprasensibles que alientan detrás de todos los acaecimientos terrenos y esforzándose en dar forma visible a las vivencias interiores, el hombre de ciencia ordenando lo creado por la poesía y encontrándole un sentido, la crítica cotidiana traduciendo los valores poéticos al lenguaje comprensible para todos y descubriendo el estilo de la época que vibra en el campo del espíritu del poeta.

De donde se deduce el tercero y último corolario: la poesía, la ciencia y la crítica deberán asomarse por encima de su vida propia y específica, allí donde hayan llegado a desarrollarse, reconocerse claramente entre sí, abrazarse cariñosamente y considerarse como factores de rango igual en la existencia cultural de su pueblo; ninguna de estas tres potencias representa un fin en sí, sino que se halla emparentada con las otras dos por la sangre y el espíritu, lo que quiere decir —y esto es lo más importante de todo— que en cada una de las tres vive y actúa una parte esencial de las otras dos. Y cuando no se entienden es, sobre todo, porque falta entre ellas esta comunidad esencial y necesaria: cuando el poeta sólo reconoce la poesía como fuerza creadora, cuando el científico no es más que un alma seca de archivero sin la centella de la divina gracia y cuando el crítico es, tal vez, un poeta fracasado sin la conciencia de la misión específica que a la crítica le está asignada. El algo común que estas tres potencias tienen en sus manos es una misión, un alto mensaje de fe: luchar en primera línea por el desarrollo y el ascenso cultural de su pueblo, del pueblo en que tienen sus raíces; hacer, con su función educadora, que las fuerzas más nobles de este pueblo se sobrepongan como símbolos de lo eterno a los conflictos entre las concepciones antagónicas del mundo; interpretar todos los acontecimientos aislados en conexión con el destino general del mundo y del hombre, y, finalmente, remontándose al último sentido artístico, moral e histórico de las cosas, sobreponerse a lo que hay de temporal en la nacionalidad para servir a la humanidad en su conjunto.

INDICE DE NOMBRES

INDICE GENERAL

Este libro se terminó de imprimir el día 15
de Febrero de 1983 en los talleres de Lito
Ediciones Olimpia, S. A. Sevilla 109, y se
encuadernó en Encuadernación Progreso,
S. A. Municipio Libre 188, México 13, D. F.
Se tiraron 3,000 ejemplares.